D1691604

Alle meine Rezepte

Vorwort

»Wer die richtigen Töpfe hat, nur frische Produkte verwendet und außer einer Bouillon noch ein Huhn richtig zubereiten kann, mit Lammfleisch umzugehen weiß und sich davor hütet, Gemüse matschig und Fisch trocken zu kochen, der braucht dieses Buch sicher nicht.«

Das schrieb ich in meiner »Kochschule für Anspruchsvolle« vor Jahrzehnten, und es ist immer noch richtig, gerade weil inzwischen in vielen deutschen Küchen mit soviel Hingabe und Einfallsreichtum so gut gekocht wird; da braucht es meine Vorschläge und Anleitungen eigentlich nicht mehr.

Dass nun schon die vierte Auflage von »Alle meine Rezepte« vor Ihnen liegt, zeigt aber offenbar auch, dass immer wieder neue Leser hinzukommen, die einerseits nach neuen Anregungen suchen, vielleicht aber auch, soweit das möglich ist, von mir noch etwas hinzulernen möchten. Darüber freue ich mich natürlich sehr.

Eine Reihe von sich zu sehr ähnelnden oder für die heutige Zeit zu kalorienschweren Rezepten wurden vor allem durch leichtere Fischrezepte ersetzt, aber auch klassische Rezepte wie Chateaubriand, Wiener Schnitzel oder Tafelspitz erhielten einen gebührenden Platz.

Es ist ein Kochbuch, das mehr will, als bekannte Rezepte in einer neuen Anordnung noch einmal vorzuführen. Deshalb halte ich es für wichtig, dass dem Leser auch gesagt wird, was er besser *nicht* tun sollte, wie er schwierige Phasen zum Beispiel beim Herstellen einer Sauce erkennt, und warum ich manches so und nicht anders mache. Erklärungen, die in der Praxis meist wichtiger sind als die Angaben der benötigten Quantitäten und die Anzahl der Kalorien.

Deshalb erscheint es mir auch wichtiger, die einzelnen Arbeitsschritte ausführlich zu beschreiben, statt mit von Food-Stylisten geschönten Fotos die heile Welt der großen Kochkunst vorzutäuschen, wie das oft üblich ist. Die Augen essen selbstverständlich mit, aber Kochen ist ein Handwerk, und die Tellerdekoration ist nur dessen Verpackung. Die Gestaltung auf dem Teller sollte deshalb dem persönlichen Geschmack der Köchin oder des Kochs überlassen bleiben. Außerdem kann ein hinreißendes Schmorgericht nun mal nicht so aussehen wie ein paar rosig glänzende Garnelen.

Viel Freude beim Kochen wünscht Ihnen Ihr

Copyright © 2006
Eurocultour Verlag Reinhold Tigges, Pöcking.
Vierte, überarbeitete Auflage 2006.
Alle Rechte vorbehalten, auch die des auszugsweisen
Abdrucks oder einer sonstigen Veröffentlichung.
Druck und Verarbeitung: Medienhaus Biberacher
Verlagsdruckerei GmbH & Co. KG, Biberach a.d.R.

ISBN 3-00-012133-1

Printed in Germany

Wolfram Siebeck

Alle meine Rezepte

Mein Kochbuch einer verfeinerten bürgerlichen mitteleuropäischen und mediterranen Küche

Eurocultour Verlag
Reinhold Tigges
Alpenblick 1   82343 Pöcking
Tel. 08157/900966   Fax 08157/900968
www.wolfram-siebeck.de   www.eurocultour.de

Vor- und Zwischengerichte

Salate

Bohnensalat mit Champignons	12
Champignonsalat	13
Feldsalat mit Geflügelleber	14
Feldsalat mit Champignons und Walnüssen	15
Fenchelsalat mit Ziegenkäse	16
Fischsalat	17
Gemüsesalat	18
Heringssalat mit Nüssen	19
Hühnersalat mit Oliven und Tomaten	20
Kartoffelsalat	21
Linsensalat mit Schafskäse	22
Linsensalat mit Wachtelbrüsten	23
Rucola mit Walnusskernen und Parmesan	24
Rucola mit Rosinen und Pinienkernen	24
Salade niçoise	25
Salat mit Kartoffeln und Speckkrusteln	26
Salat mit gebackenen Kartoffeln	27
Salat mit Kartoffeln und Ziegenkäse	28
Salat von Keniabohnen	29
Salat aus Paprikastreifen	30
Salat mit Roquefortkartoffeln	31
Salat mit weißen Bohnen	32
Selleriesalat mit Nüssen	33
Selleriesalat mit Pfifferlingen	34
Spargelsalat mit Eiervinaigrette	35
Spinatsalat	36
Winzersalat	37

Suppen

Blumenkohlsuppe	38
Bunte Fischsuppe	39
Bunte Gemüsesuppe	40
Erbsensuppe	280
Gazpacho	41
Gemüsebouillon mit Klößchen	42
Geeiste Buttermilchsuppe	43
Gurkensuppe mit frischem Lachs	44
Hühnersuppe mit Morcheln	45
Karottencreme mit Ingwer	46
Kartoffelsuppe(n)	47
Knoblauchsuppe	48
Kürbiscreme – 2 Varianten	49
Krebssuppe	50
Lauch-Kartoffelsuppe – Vichyssoise	51
Lauch-Kartoffelsuppe mit Frischkäse	52
Lauch-Kartoffelsuppe mit Trüffeln	53
Linsensuppe püriert	54
Minestrone	55
Normannische Muschelsuppe	56
Rote-Rüben-Suppe	57
Provençalische Fischsuppe	58
Spargelcreme	60
Soupe au pistou	61
Spinatsuppe mit Knoblauch	62
Tomatensuppe	63
Weiße Bohnen-Creme	64

Fisch/Schalentiere

Calamares mit weißen Bohnen	65
Fischcurry mit Äpfeln	66
Fisch- und Zwiebelnudeln	67
Fischterrine tricolor	68
Gambas »Butterfly«	70
Gambas flambiert	71
Gebratene Fischfilets mit Weißweinsauce	72
Gebratene Gambas mit Safran	74
Gebratene Sardinen	75
Hummer mit Spaghetti	76
Jacobsmuscheln mit Speckwürfeln	77
Jacobsmuscheln – Varianten	78

Krebse im Sud	80
Lachs-Forelle-Terrine	81
Lachshäppchen à la Outhier	83
Lachsmousse mit Wachteleiern	84
Lachs pochiert mit Rotwein-Vinaigrette	85
Lachstatar – frisch und geräuchert	82
Lauchtorte mit Räucherlachs	86
Matjestatar	87
Medaillons vom Kabeljau	88
Saiblingfilets in Folie	89
Seeteufel mit Gemüsevinaigrette	90
Seezungenrouladen mit Lachs	91
St.-Peters-Fisch mit zwei Saucen	92
Spaghetti mit Safran und Calamaretti	93
Tatar von Aal und Rettich	94
Zanderfilet Grenobler Art	95

Verschiedenes

Champignons gegrillt	96
Champignon-Pfannkuchen	97
Champignons provençalisch	98
Chicorée mit Sherry und Aprikosen	99
Chicorée-Gratin mit Gruyère	100
Crêpes mit Duxelles	101
Edel-Ratatouille	102
Erbsen mit Artischocken und Morcheln	103
Frühlingszwiebeln mit Sauce Gribiche	104
Gänseleberterrine	105
Gebratener Spargel	106
Geflügellebermousse	107
Gefüllte Tomaten	108
Gemüserisotto mit Oliven	109
Geflügelpastete	110
Gnocchi mit Salbeibutter	112
Gratin von Champignons	113
Gratinierter Chèvre	114
Grünkernrisotto mit Cidrekürbis	115
Gugelhupf à l'Alsace	116
Kalbsleberterrine	118
Kartoffelgratin mit Trüffeln	120
Käsesoufflé	121
Knoblauch eingelegt	122
Knoblauchsoufflé	123
Korianderzwiebeln	124
Krautpizokel	125
Kürbis-Chutney	126
Mangold mit Basmati-Reis	127
Mangold-Gratin	128
Mangoldstiele provençalisch	129
Morcheln unter Blätterteig	130
Nudeln à la »La Merenda«	131
Nudeln mit Gorgonzolasauce	132
Nudeln mit Radicchiosauce	133
Nudeln – Spaghetti – mit Tomatensauce	134
Nudeln, Tomaten, Erbsen, Champignons	135
Nudeln mit Morchelsauce	136
Nudelteller mit Pilzpaprika	137
Paprika mit Anchovis, Kapern und Oliven	138
Pfannkuchen mit Spinat und Parmesan	139
Paté maison – Terrine Hausfrauenart	140
Pellkartoffeln mit Kaviar	142
Quiche Lorraine	143
Quiche mit Gemüse	144
Quiche mit Steinpilzen	145
Ravioli mit Morcheln	146
Ravioli mit Champignonsauce	147
Rührei mit schwarzen Trüffeln	148
Sommerliche Gemüseplatte	149
Spargel in der Folie	150
Spargel mit Morcheln	151
Spargelflan mit roter Paprikasauce	152
Spinatgratin	153
Spinatknödel mit Butter und Parmesan	154
Tafelspitzsülzchen	155
Tarte aux Poireaux – Lauchtorte	156
Verlorene Eier in Rotweinsauce	157
Wildterrine mit Taubenbrüstchen	158
Vitello tonnato	160
Zwiebelkuchen mit grünem Pfeffer	161

Hauptgerichte

Fisch/Meeresfrüchte

Aal in Dill	162
Aalragout mit Speck und Champignons	163
Bouillabaisse	164
Dorada »mallorquin«	166
Dorade mit Curry-Gurken	167
Dorade mit Fenchelherzen	168
Elsässer Fischtopf	169
Fisch auf Gemüsebett	170
Fischklößchen mit Safransabayon	172
Garnelen mit Coulis	174
Garnelen provençalisch	176
Hecht unter Sahne	177
Hechtragout	178
Hecht gebraten	179
Hecht mit Senfsauce	179
Hummer mit Schalottenbutter	180
Hummer mit Basilikumöl	181
Lachs mit Kartoffelpüree und Parmesan	182
Lachs mit Blattspinat	183
Lachs mit Kräutern	183
Lachs in Schalottensahne	184
Lachs mit Meersalz und Olivenöl	186
Lachs mit Sauerampfersauce	187
Lachs mit Walnüssen	188
Lachsforelle mit Limonen	190
Loup-de-mer auf Fenchel	191
Paella	192
Risotto mit Scampi	194
Rotbarschfilet in Korianderwirsing	196
Rotbarschfilet provençalisch	197
Rotbarschfilet mit Curryreis	197
Rotbarschfilet in Rotweinsauce	198
Saibling in Buttersauce	200
Schellfisch mit Senfsauce	201
Seeteufel mit Speck und Zwiebeln	202
Seeteufel – Lotte – in Wirsing	203
Seezunge in Gewürztraminer	204
Steinbutt/Turbot auf Spinat	205
Tintenfische mit weißen Bohnen	206
Waller mit Kapernbutter	207
Wirsing-Lasagne mit Lachs	208
Wirsingreis mit Garnelen	209
Zanderfilet mit Gurkenwürfeln	210
Zanderfilet mit Champignons und Spinat	211

Geflügel

Brathähnchen mit Zitrone und Lauch	212
Brathuhn mit Gemüse	214
Coq au Vin	216
Curryhähnchen mit Reis	218
Entenbrust mit Datteln	219
Entenbrust in Portwein	220
Ente mit Pflaumen	221
Ente mit Äpfeln und Orangensauce	222
Ente mit Essigkaramelsauce	224
Entenkeule mit Balsamico und Portwein	226
Entenkeulen à la Barbara	227
Entenkeule in Court Bouillon	228
Entenkeule in Honig	229
Essighuhn – Poulet au Vinaigre	230
Fasan mit Rosenkohlpüree	232
Fasan mit Weinkraut und Kartoffelpüree	234
Hühnerbrust mit Estragon	235
Huhn mit Käsesauce	236
Huhn mit Morchelsauce	237
Hühnerbrust, Paprika und Kartoffelpüree	238
Hühnerbrust mit Spargel	240
Hühnerbrust mit Tomatensugo	241
Hühnerbrust in Wirsing	242
Hühnertopf mit Gemüse und Morcheln	244

Huhn provençalisch	246
Huhn in Riesling	248
100-Tomaten-Huhn	250
Knoblauchhuhn	252
Hühnerfrikassee mit Sherry	254
Perlhuhn mit Aprikosen	255
Perlhuhnfrikassee	256
Perlhuhn mit Ingwer und Zwiebelkompott	257
Perlhuhn mit Kartoffelpüree und Erbsen	258
Pot-au-feu Royal	259
Poulet à l'Estragon	260
Rebhuhn mit Weintrauben	262
Tauben mit Knoblauch	264
Taubenbrust pur	265
Taubenbrust mit Safran	266
Taubenbrust in Wirsing	268
Wachtelpfanne	270

Kalb, Lamm, Wild, Rind

Burgundischer Rinderschmorbraten	272
Carré d`Agneau	274
Chateaubriand m. Gemüsen u. S. Béarnaise	276
Daube provençale	278
Erbsensuppe – der deutsche Eintopf	280
Eintopf mit Kohl und Hammel – Irish Stew	281
Hasenrücken mit Rosenkohl und Karotten	282
Kalbsbries in Estragon-Gemüse-Sauce	284
Kalbsbries 3 Musketiere	285
Kalbsbrust mit Semmelknödel	286
Kalbsfrikassee – Blanquette de Veau	288
Kalbsfrikassee bürgerlich	290
Kalbshaxe im Zwiebelbett	291
Kalbshaxe – Ossobuco	292
Kalbskopf mit Sauce Gribiche	294
Kalbskotelett gefüllt	296
Kalbskotelett mit Salbei	297
Kalbskotelett überbacken	298
Kalbsleber mit Rosinen	299
Kalbsnieren in Senfsauce	300
Kalbsragout mit Oliven	302
Kalbsrücken mit Safran-Blumenkohl	304
Kalbsschnitzel mit Zitronensauce	305
Kaninchen mit Backpflaumen	306
Kaninchen mit Oliven	308
Kaninchen in Senfsauce	310
Königsberger Klopse	312
Kohlrouladen – aus Wirsing und Lamm	313
Kutteln – Tripes à la niçoise	314
Kutteln mit Morcheln	315
Lammcurry mit Zitronenreis	316
Lammfrikassee	317
Lammkeule mit und ohne Knochen	318
Lammkeule pochiert – mit Sommersauce	320
Lammkeule mit weißen Bohnen	322
Lammkeule mit Schafskäsefüllung	323
Lammkoteletts – aus dem Ofen	324
Lammkoteletts – vom Holzkohlengrill	325
Lammragout mit weißen Bohnen	326
Lammschulter	327
Ochsenbacken nach Paul Bocuse	328
Ochsen-Zwiebelfleisch – bœuf miroton	329
Pichelsteiner	330
Rehragout mit Apfelgratin	332
Rehrücken à la minute	334
Rehrücken à la Oma Kempchen	336
Rinderfilet in Blätterteig	338
Rindfleisch mit Salsa verde	340
Rindfleisch mit Vinaigrette	341
Rumpsteak im Senfmantel	342
Sauerbraten	344
Schweinebraten mit Kartoffelgratin	346
Tafelspitz mit Apfelkren	348
Wiener Schnitzel	349
Wildschweinkeule mit Rotkohl/Kastanien	350
Wildschwein-Ragout	352
Wirsingeintopf mit Lamm	354

Gemüse

– als Beilage oder Hauptgericht –

Baskische Gemüsepfanne – Pipérade	356
Bohnen-Tomaten-Gratin	357
Bratkartoffeln (vorgekocht)	358
Bratkartoffeln (roh)	359
Chicorée-Gratin mit Speck und Zitrone	360
Chicorée mit Eier-Vinaigrette	360
Courgetten-Gratin	361
Dicke Bohnen ohne Schale	362
Gebratener Weißkohl	363
Glasierte Karotten	363
Gefüllte Gurken mit Safranlamm	364
Gefüllte rote Paprika »Istanbul«	365
Gemüsereis sanft	366
Gemüsereis scharf	367
Gemüsereis mit Paprika und Pilzen	368
Glasiertes Zwiebelgemüse	369
Gratin Adrienne	370
Kartoffelgratin Dauphinois 1	371
Kartoffelgratin Dauphinois 2	372
Kartoffelgratin Savoyarde	373
Kartoffel-Sellerie-Gratin	374
Kartoffel-Zucchini-Gratin	375
Provençalisches Gemüsegratin	376
Petersiliengemüse	377
Ratatouille	378
Rosenkohlpüree	379
Safranisierter Chicorée	380
Sauerkraut-Varianten	381
Schalottenmus	382
Schalotten in Portwein	383
Tomaten-Zucchini-Gratin	384
Zucchini-Kürbis-Ragout	385

Desserts

– warm –

Apple Crumble	386
Arme Ritter	387
Auflauf mit Rum-Pflaumen	389
Besoffene Kirschen in Eierkuchen	388
Blaubeerpfannkuchen	390
Crêpes Suzette	391
Crêpes Grand Marnier	392
Dattelsoufflé	400
Heiße Banane mit Pinienkernen	393
Honigquarksoufflé mit Zitrone	394
Milchreis mit Aprikosen	395
Omelette Surprise	396
Orangen-Gratin	397
Pflaumenquark	398
Pflaumen mit Zimtsabayon	399
Portweinpflaumen	398
Quarksoufflé	400
Reisauflauf mit Trockenfrüchten	389
Soufflé Grand Marnier	401
Topfenknödel mit Zwetschgensauce	402
Weintraubensabayon	403

– lauwarm und kalt –

Ananaskompott mit Ingwer	404
Aprikosenkuchen mit Ingwer	405
Baba au Rhum	406
Bananensalat mit Ingwer	407
Birnen in Rotwein	408
Crème Caramel	409
Eisenkrautparfait mit Pfirsichbrioche	426
Erdbeerparfait	424
Erdbeer-Tiramisu	410
Feigen-Dessert	411
Feigen-Marmelade	412
Französische Brioche	413
Gâteau Berbelle	414
Ingwerkuchen	415
Käsekuchen	416

Kaiserstühler Caramelparfait	425
Kokoskuchen Calypso	417
Mahlberger Schlosskuchen	418
Mascarpone-Crème	419
Mousse-au-chocolat	420
Nusskuchen	421
Orangenmarmelade	422
Orangenparfait mit Mandelkuchen	427
Pflaumen-(Rhabarber-, Aprikosen)Kuchen	431
Pflaumentorte	432
Printencreme mit Orangensauce	430
Quark und Melone	433
Rhabarber-Ingwer-Quark	434
Rhabarbertorte	434
Rhabarberkompott	435
Rote Grütze mit Vanillesauce	436
Rumparfait	427
Schokoladenparfait	428
Schottischer Rosinenkuchen	447
Soufflé Glace au Café	428
Summer Pudding	437
Tarte au Citron	438
Tarte aux Fraises	439
Tarte Normande	440
Tarte Tatin	442
Thymian-Ingwer-Apfelkompott	444
Vanilleparfait mit Himbeersauce	423
Walnussparfait	427
Weiße Mousse mit Birnensauce	445
Weihnachtskuchen	446
Weihnachtsplätzchen	448
Zimtparfait mit Burgunderpflaumen	429
Zitronenkuchen	447
Zitronencreme – Crema Catalana	450
Zitronenschaum	451

Alphabetisches Rezeptregister .... **ab 474**

Kochseminar

Saucen
Saucen mit und ohne Fondbasis	ab 452
Gemüsesaucen und weiße Saucen	ab 457

Fisch + Schalentiere
Fischeinkauf und Zubereitung	ab 459
Austern, Hummer, Langusten usw.	ab 461

Geflügel
Hühner und Wildgeflügel	ab 463

Fleisch
Fleischeinkauf und Zubereitung	ab 464
Die 80-Grad-Niedrigtemperatur-Methode	465

Basisgemüse
Zwiebeln/Champignons/Lauch usw.	ab 466

Gewürze
Salz, Pfeffer, Safran, Curry, Ingwer, Kräuter, Vanille, Zitrone	ab 469

Vom Segen der Backkunst
Teige und Teigwaren	ab 472
Umluft, Ober- und Unterhitze	473

Bohnensalat mit Champignons

Für 4 Personen:

300 g Keniabohnen,
150 g Champignons,
1 kl. Salatmischung

Für die Vinaigrette:

1 – 2 Schalotten,
1 EL Zitronensaft,
Sherryessig,
Olivenöl,
Walnussöl,
Pfeffer, Salz

Menüvorschlag:

Bohnensalat mit Champignons, Hühnerbrust mit Estragon (S. 235), Portweinpflaumen (Seite 398)

Zum Salat passt junger, kühler Beaujolais.

Die Furcht vor Kalorien und vor Vitaminmangel hat unsere Gesellschaft in eine Kaninchenkolonie verwandelt. Unbegreiflich, was wir in den schlappen Blättern des Kopfsalats und den harten Strünken anderer Sorten Kulinarisches finden. Lediglich der winterliche Feldsalat ist ganz für sich allein in der Lage, unseren Speisezettel akzeptabel zu bereichern. Ansonsten sollten solche Salate nur als Unterlage für Feineres und Besseres dienen, wie bei diesem Bohnensalat mit Champignons.

1 Die dünnen Keniabohnen waschen und nur die Enden abknipsen; falls die Bohnen sehr lang sind, in mundgerechte Stücke brechen. In einem Topf mit sprudelnd kochendem, stark gesalzenen Wasser für einige Minuten kochen lassen. Immer wieder eine Bohne herausfischen und probieren: Die Bohnen sollen nicht mehr halb roh sein, aber auch nicht gummiweich gekocht. Das Kochwasser muss schwer versalzen sein, weil die Bohnen sonst in der kurzen Garzeit kein Salz annehmen. Nach dem Kochen in einem Durchschlag unter sehr kaltem Wasser abschrecken; so behalten die Bohnen ihre grüne Farbe und werden nicht nachträglich noch labberig.

2 Die Schalotten enthäuten und mit einem scharfen Messer in winzige Partikel schneiden. Aus 1 EL Zitronensaft, etwas Sherryessig, Salz, Pfeffer (schwarz, aus der Mühle), Oliven- und Nussöl zusammen mit den Schalotten eine Vinaigrette herstellen.

3 Eine Mischung aus in mundgerechte Stücke gezupften Salatblättern wie Frisee, Eichblatt usw. waschen, in einer Salatschleuder sehr gründlich abtrocknen und als untere Lage auf einzelnen Tellern anrichten (nicht in einer Schüssel). Darauf die Keniabohnen verteilen, in Scheiben geschnittene rohe Champignons (ohne Stiele) obenauf legen und mit der Vinaigrette mehr überträufeln als übergießen. Dazu gibt's Stangenbrot.
Statt der Champignons kann man auch Trüffeln nehmen.

Champignonsalat

Für 4 Personen:

500 g frische Champignons

Für die Vinaigrette:

3 EL Olivenöl,
3 EL Nussöl,
1 EL Zitronensaft,
3 EL Sahne,
6 EL Hühnerbrühe,
1 TL Estragonsenf,
1 Bund glatte Petersilie,
2 Knoblauchzehen,
40 g Butter,
Pfeffer, Salz,
Stangenbrot

Menüvorschlag:

Champignonsalat, Tintenfische mit weißen Bohnen (Seite 206), Heiße Banane mit Pinienkernen (Seite 393)

Zum Salat passt Weißburgunder.

Der Champignon ist der Champion unter den Küchenpilzen – wäre er so teuer wie die Trüffel, würde er sicher mit ebensoviel Ehrfurcht behandelt. Sein feiner Geschmack verleiht einer großen Zahl von Gerichten Delikatesse, in vielen Saucen ist er unerlässlicher Bestandteil, roh und mit Walnüssen vermischt rundet er viele Salate wunderbar ab, und auch als eigenständiger Salat, wie in folgendem Rezept, beweist er seine Klasse.

Für den Champignon gelten in der feinen Küche drei einfache Regeln: Die Pilze müssen ganz frisch sein, die Stiele werden nicht mitgegessen und die unsäglichen Champignons aus der Dose bleiben im Regal.

1 Die Champignons säubern: Die Köpfe vorsichtig mit Küchenpapier abwischen (nicht waschen), die Stiele entfernen und die Köpfe in dünne Scheiben schneiden.

2 Die beiden Knoblauchzehen enthäuten, mit dem Messer zerkleinern und mit wenig Salz im Mörser zu einem Brei zerdrücken. Die Petersilie auf einem Brett so fein wie möglich hacken oder schneiden.

3 Olivenöl, Nussöl und Zitronensaft mit einer Gabel oder mit dem Schneebesen zu einer Emulsion verschlagen, die kalte Hühnerbrühe, die Sahne und den zerdrückten, gesalzenen Knoblauch hineinrühren, mit Estragonsenf und Pfeffer würzen und alles mit der gehackten Petersilie vermengen; abschmecken.

4 Geröstete Scheiben Stangenbrot erst mit Butter und dann mit der Petersilien-Vinaigrette bestreichen.

5 Die Champignonscheiben mit dem Rest der Vinaigrette vermengen und zusammen mit den Brotscheiben sofort servieren; die rohen Pilze werden schnell unansehnlich.

Vor- und Zwischengerichte

Feldsalat mit Geflügelleber

Für 4 Personen:

200 g Enten- oder Hühnerlebern,
200 g Feldsalat,
200 g Champignons,
Butter,
schwarzer Pfeffer

Für die Vinaigrette:

1 – 2 Schalotten,
Senf, Zucker, Salz,
Sherryessig,
Olivenöl, Walnussöl

Stangenbrot

Menüvorschlag:

Feldsalat mit Geflügelleber,
Zanderfilet Grenobler Art (S. 95),
Mousse au Chocolat (S. 420)

Zum Salat passt Pinot noir.

Im sonnenarmen Winter bildet ein frischer grüner Feldsalat die erfreuliche Grundlage für eine Reihe leichter und köstlicher Vorgerichte. Die hier vorgestellte Variation mit Champignons und Geflügelleber lässt den grob geschroteten schwarzen Pfeffer sein volles Aroma entfalten.

Am besten schmeckt dieser Salat mit Entenlebern, aber auch Hühnerlebern sind durchaus akzeptabel; vor allem dann, wenn man die größeren, hellbraunen von ausgewachsenen Hühnern bekommt.

1 Den Feldsalat putzen, d.h. die Stiele abschneiden, wobei die Röschen in die einzelnen Blätter zerfallen. Bei einem sehr jungen Feldsalat kann man die Röschen auch ganz lassen, läuft aber Gefahr, dass es hinterher knirscht. Auf jeden Fall gründlich kalt waschen und in einer Salatschleuder sorgfältig trockenschleudern.

2 Die Champignons putzen (möglichst nicht waschen), dabei die Stiele flach abschneiden und die Köpfe dann in Scheiben schneiden.

3 Die Vinaigrette vorbereiten: Die Schalotte(n) in sehr feine Partikel schneiden, je eine Prise Salz und Zucker in 1 EL Sherryessig auflösen, 1 TL Senf sowie die Schalotten hinzufügen und mit dem Schneebesen je 1½ EL Oliven- und Walnussöl hineinschlagen und abschmecken.

4 Die Hühner- oder Entenlebern säubern und in heißer Butter bei mäßiger Hitze für wenige Minuten braten, so dass sie gerade steif werden, innen aber noch rosig sind. Salzen.

5 Den Feldsalat auf Tellern anrichten, die Champignonscheiben darauf verteilen, die Leberscheiben zu den Champignons legen, die Vinaigrette darüber träufeln und großzügig mit im Mörser zerstoßenem schwarzen Pfeffer bestreuen. Dazu Stangenbrot.

Vor- und Zwischengerichte

Feldsalat mit Champignons und Walnüssen

Für 4 Personen:

ca. 350 g Feldsalat,
8 – 12 Champignons,
10 Walnüsse

(evtl. Parmesan)

Für die Vinaigrette:

1 Schalotte,
Sherryessig,
Walnussöl,
Pfeffer,
Zucker, Salz

Vorschlag für ein Festmenü:

Feldsalat,
Garnelen provençalisch (S. 176),
Gefüllte Lammkeule (S. 323),
Apple Crumble (S. 386)

Zum Salat passt ein trockener Sherry.

Zu Recht ist der Feldsalat auch bei Feinschmeckern beliebt. Im Vergleich zum nichtssagenden Kopfsalat hat er Biss und Geschmack. Und obwohl ein Salat bekanntermaßen wenig vitaminreich und schwer verdaulich ist, weckt der Feldsalat in uns die Illusion, gerade im Winter etwas für die Gesundheit zu tun.
Der hier vorgestellte einfache Wintersalat mit Champignons und Walnüssen ist eine Art Grundversion; leicht herzustellen und durchaus delikat.

1 Den Feldsalat putzen, d.h. die Stiele abschneiden, wobei die Röschen in die einzelnen Blätter zerfallen. Bei einem sehr jungen Feldsalat kann man die Röschen auch ganz lassen, läuft aber Gefahr, dass es hinterher knirscht. Auf jeden Fall gründlich kalt waschen und in einer Salatschleuder sorgfältig trockenschleudern.

2 Sherryessig mit Salz, Pfeffer und einer Prise Zucker verrühren, die sehr fein gehackte Schalotte dazugeben und Walnussöl mit einer Gabel einrühren, im Verhältnis 1:3, d.h. 3 Teile Walnussöl auf 1 Teil Essig. Sherryessig ist sehr viel milder als der normale Essig, daher der verhältnismäßig große Anteil.

3 Frische Walnüsse entkernen und in kleine Stücke brechen. Die Champignons (pro Portion 2 bis 3 Stück) putzen (möglichst nicht waschen), dabei die Stiele entfernen und die Köpfe in 2 mm dünne Scheiben schneiden.

4 Den Feldsalat auf Tellern anrichten, Champignons drauflegen, darüber die Nüsse streuen und großzügig mit im Mörser grob zerstoßenem schwarzen Pfeffer bestreuen. Über alles die Vinaigrette mehr träufeln als gießen und zusammen mit Stangenbrot servieren.

Man kann übrigens über das Ganze noch etwas Parmesan hauchdünn hobeln (sehr einfach mit dem Trüffelhobel oder einem Kartoffelschäler).

Vor- und Zwischengerichte

Fenchelsalat mit Ziegenkäse

Für 2 Personen:

2 mittelgroße Fenchelknollen,
Olivenöl,
Pfeffer, Salz,
10 grüne + 10 schwarze Oliven,
1 Zitrone,
Koriander oder Petersilie,
2 kleine Ziegenkäse (Picodon)

Stangenbrot

Menüvorschlag:

Fenchelsalat,
Lammragout mit weißen Bohnen (Seite 326),
Aprikosenkuchen mit Ingwer (S. 405)

Zum Fenchelsalat passt gut ein Vin jaune, ein sherry-ähnlicher Weißwein aus dem Jura.

Mit seinem typischen Anis-Aroma dient der Fenchel in der mediterranen Küche meist als Basis zum gedünsteten Fisch (siehe Rezepte S. 168 und 191). In der Region von Nizza findet man ihn auch roh und feingeschnitten im »Salade niçoise«.

Das brachte Barbara auf die Idee, aus dem rohen Fenchel einen eigenständigen Salat zu fabrizieren, den wir gern als leichtes Mittagessen in der sommerlichen Provence genießen.

1 Von den Fenchelknollen alle unansehnlichen Stellen entfernen, die Knollen halbieren und den harten Strunk herausschneiden. Die halbierten Knollen auf dem Gemüsehobel in feine Scheiben raspeln, wobei sie meist in noch kleinere Stücke zerfallen.

2 Die kleinen grünen und schwarzen Oliven entkernen und kleinschneiden (schon entsteinte Oliven haben oft zu wenig Geschmack).

3 In einer großen, flachen Schüssel 1/2 Tasse sehr fruchtiges Olivenöl mit Salz und Pfeffer, dem Saft von 1 Zitrone und den kleingeschnittenen Oliven mischen. Etwas feingehacktes Koriandergrün oder Petersilie (falls jemand am Tisch sitzt, der Koriander nicht mag) kommen auch dazu sowie die Fenchelstücke.

4 Diese Rohkostschüssel ist einfach herzustellen, aber wenn sie nicht perfekt gewürzt ist, ergibt sie nur eine nach Gesundheit schmeckende Langeweile. Um sicherzugehen, kommt deshalb noch Käse hinzu. Und zwar die provençalische Spezialität Picodon, die es inzwischen auch in Deutschland gibt. Das sind kleine, runde Ziegenkäse, die mit zunehmender Reife immer trockener und schärfer werden. Davon genügen zwei. Die Rinde rundherum wegschneiden und den Käse sehr dünn über den Fenchelsalat hobeln oder stückeln.

Dazu gibt's Baguette oder Ciabatta.

Vor- und Zwischengerichte

Fischsalat

Für 4 Personen:

ca. 300 g gekochtes Fischfilet (z.B. Kabeljau),
2 Schalotten,
4 Tomaten,
Schnittlauch,
als Auflage wahlweise:
gekochte, enthäutete Bohnenkerne, gegarte Keniabohnen, gekochte Spinatblätter, gekochter grüner Spargel, Frühlingszwiebeln o.ä

Olivenöl, Salz, roter Pfeffer, Zitronensaft

Stangenbrot

Menüvorschlag:

Fischsalat,
Kalbsleber mit Rosinen (S. 299),
Munsterkäse

Zum Salat passt ein kräftiger, trockener Riesling.

Im Bemühen, den langweiligen Gesundheitssalat in den Rang einer Delikatesse zu erheben, schrecken moderne Köchinnen und Köche vor nichts zurück. Warum sollten sie auch? Jenseits der ordinären Gurkensalate oder der mit Essig und Öl angerichteten Tomate existieren viele Möglichkeiten zu einer erfrischenden Vorspeise, die gleichzeitig Zunge und Auge erfreut. Vor allem, wenn kalte Reste vom Huhn oder Fisch vorhanden sind.

Für einen Fischsalat eignen sich am besten Kabeljau oder andere weißfleischige Fische. Hier ist eine hübsche und delikate Version, die direkt auf Tellern zubereitet wird.

1 Die Tomaten kurz mit kochendem Wasser überbrühen, enthäuten, entkernen und das Fleisch kleinwürfeln.

2 Die Schalotten häuten und mit einem scharfen Messer in möglichst feine Partikel schneiden. In einer Pfanne in fruchtigem Olivenöl anschwitzen, ohne dass sie Farbe annehmen. Die Tomatenwürfel hinzufügen und zu einem säuerlichen Tomatenkompott dünsten; salzen und pfeffern nicht vergessen! Diese Masse wird zusätzlich mit gehacktem Schnittlauch verfeinert und auf die Teller verteilt.

3 Darauf werden entweder die garen Bohnenkerne; die lauwarmen Keniabohnen; hauchdünne Scheiben von jungen Frühlingszwiebeln oder gekochte und abgekühlte Spinatblätter oder kurze Stangen von gekochtem, wildem grünen Spargel plaziert. Es eignen sich noch viele andere Gemüse, solange es sich um zarte Pflanzen handelt und sie grün sind.

4 Obenauf die zerpflückten, kalten Fischstücke legen und mit rotem Pfeffer bestreuen. Aus Olivenöl, Salz und Zitronensaft eine Vinaigrette herstellen und über die fertigen Teller gießen. Dazu gibt's Stangenbrot.

Vor- und Zwischengerichte

Gemüsesalat

Für 2 Personen:

3 große Artischockenböden (Glas/Dose),
5 grüne + 5 schwarze Oliven,
1 Sardellenfilet,
1 große Tomate,
2 Hühnerlebern oder Gänseleber, Kaninchenrücken;
1 EL Butter,
Sherryessig,
Crème double,
Pfeffer, Meersalz,
Schnittlauch

Baguette

Menüvorschlag:

Gemüsesalat,
Lachs mit Walnüssen (Seite 188),
Zitronenschaum (Seite 451)

Zum Gemüsesalat passt ein Lagen-Beaujolais (Fleurie oder Moulin-a-Vent).

Ein warmer Gemüsesalat verbindet Schlichtheit mit Raffinement auf wohlgefällige Weise. Man darf ihn Salat nennen, obwohl sein vegetarischer Teil nicht roh, sondern gekocht gegessen wird. Die drei benötigten Artischockenböden dürfen sogar vorgekocht sein. In dieser Form kann man sie arbeitssparend kaufen. Sie werden in Würfel geschnitten.
Der Salat bekommt als Krönung ein Stück gebratene Hühnerleber. Oder gebratene Gänseleber. Oder Scheibchen von gebratenem Kaninchenrücken.

1 Tomatenkonkassee vorbereiten: Die Tomate mit kochendem Wasser kurz überbrühen, die Haut abziehen, vierteln, die Kerne entfernen, das Fleisch in Würfel schneiden.

2 Die Artischockenböden in mundgerechte Würfel schneiden, die Oliven entkernen und kleinhacken. Das Sardellenfilet in kleine Streifen schneiden. 2 EL Sherryessig sowie 1/2 Tasse Crème double dazugeben, mit Pfeffer und Meersalz würzen, alles vermischen und in einem kleinen Topf auf dem Herd kurz aufwärmen.

3 Einen gehäuften EL Tomatenkonkassee unter die noch gut warme Gemüsemischung rühren und 1 TL mit der Schere(!) feingeschnittenen Schnittlauch darüberstreuen. Abschmecken.

4 Die Lebern säubern: von allen Häuten, Sehnen, Adern befreien und ganz leicht bemehlen. In einer Pfanne 1 EL Butter schmelzen lassen und darin die Lebern auf beiden Seiten je 3 bis 5 Minuten sanft braten (mit einem Kaninchenrücken – siehe Bild – analog verfahren). Mit Salz und Pfeffer würzen – schwarz aus dem Mörser oder der Mühle. Ein paar Minuten ruhen lassen.

5 Die warme Gemüsemischung auf Teller verteilen. Die Lebern bzw. den Rücken in Scheiben schneiden und auf dem Gemüse verteilen.
Dazu passt Baguette.

Vor- und Zwischengerichte

Heringssalat mit Nüssen

Für 4 Personen:

4 Heringsfilets,
150 g Kalbfleisch (Brust oder Schulter),
100 g frische, rohe Rote Beete,
12 Walnusskerne,
1 Apfel,
1 Gewürzgurke,
2 große Kartoffeln

Für die Mayonnaise:

1 Ei, 1/2 TL Senf,
1 kl. Tasse Olivenöl,
Saft von 1/2 Zitrone,
Sahne,
Cayennepfeffer,
Zucker, Salz,
Stangenbrot.

Heringssalat eignet sich gut als kleines Abendessen mit einem süßem Dessert.

Zum Heringssalat Bier!

Der schlichte Hering hat es in seiner eingelegten Version zu kulinarischen Ehren gebracht, die er wohl verdient. Denn als Heringssalat gehört er zu den wenigen Gerichten der deutschen Küche, die sich bei Feinschmeckern großer Beliebtheit erfreuen. Obwohl er sich nicht leicht in ein Menü einfügt. Weshalb ihm eine Speise folgen sollte, die seinen Geschmack neutralisiert. Wie zum Beispiel eine Suppe.

Während die populäre Standardversion der Gaststätten aus Äpfeln, rohen Zwiebeln, Kartoffeln und Gewürzgurken besteht (alles kleingeschnitten und unter gepfefferter Sahne begraben), schlage ich hier eine etwas aufwendigere Variante vor.

1 Die rohe Rote Beete ungeschält in Wasser kochen, bis sie gar ist, was ungefähr 40 Minuten dauert. Dann schälen und in kleine Würfel schneiden.

2 Gleichzeitig die Kartoffeln in Salzwasser in 35 bis 40 Minuten gar kochen und noch heiß die Haut abziehen.

3 Das Kalbfleisch in kochendes Salzwasser legen und ganz leise gar ziehen lassen. Ein rundes, kompaktes Stück braucht ungefähr 40 Minuten, ein längliches, flaches ist schon nach 20 Minuten gar.

4 Pellkartoffeln und Rote Beete in mundgerechte Stücke würfeln, die Nüsse entkernen und in kleine Stücke brechen, die Gurke, den geschälten Apfel und das Kalbfleisch in kleine Würfel schneiden. Die Heringsfilets waschen, die Haut abziehen und ebenfalls in Stücke schneiden. Alles vermischen und mit Salz und Pfeffer würzen.

5 1 ganzes Ei (warm, nicht aus dem Kühlschrank!), 1 kleine Tasse Olivenöl, 1/2 TL Senf, der Saft von 1/2 Zitrone, Salz, Cayennepulver und 1 Prise Zucker mit dem Elektroquirl einmal gründlich durchquirlen. 3 EL steif geschlagene Sahne unterziehen, das macht die Mayonnaise leichter. Den Heringssalat damit beträufeln.
Dazu Stangenbrot.

Vor- und Zwischengerichte

Hühnersalat mit Oliven und Tomaten

Für 6 Personen:

1 größeres Huhn,
2 ½ Tassen Basmati-Reis,
3 Tassen Hühnerbrühe,
1 EL Madras-Curry,
je 1 Handvoll schwarze Oliven und Kirschtomaten,
Salz

Dieser Hühnersalat eignet sich ebensogut als leichtes Abendessen sowie als Teil eines kalten Buffets für ein Picknick im Grünen oder auf der Terrasse an einem sommerlich warmen Abend – statt des kulinarisch wenig anregenden Barbecues mit verbrannten Würstchen und angekohlten Fleischteilen.
Zu einem solchen Picknick passen sehr gut: Salate von Keniabohnen und Linsen (siehe Seiten 22/ 29), verschiedene Käse und Brote, süße und salzige Butter, Schinken, Melonen, frische Feigen, hartgekochte Eier, Ölsardinen mit Toast und Roastbeef sowie gebratene Tauben, welche man sehr gut kalt essen und deshalb ebenfalls am Vortag zubereiten kann (siehe Seite 265).

1. Das Huhn in einem Topf mit gesalzenem Wasser (es sollte knapp bedeckt sein) aufsetzen, zum Kochen bringen und auf kleiner Flamme rund 1½ Stunden sanft köcheln lassen.

2. Das Huhn herausnehmen, von der Haut und Knochen befreien, das Fleisch in kleine Stücke schneiden und in etwas Hühnerbrühe feucht halten.

3. 3 Tassen der Hühnerbrühe mit 1 EL Madras-Curry mischen, Rest der Brühe für andere Zwecke im Kühlschrank aufbewahren.

4. In einem Topf 2 EL Olivenöl heiß werden lassen, den Reis zugeben und glasig schwitzen, dann die 3 Tassen Hühnerbrühe hineinschütten, umrühren, aufkochen und bei kleiner Hitze etwa 20 Minuten köcheln lassen, bis der Reis gar und nur noch feucht ist. Abschmecken; vielleicht fehlt noch etwas Curry oder Salz.

5. Schwarze Oliven halbieren, entkernen, Kirschtomaten vierteln und beides zusammen mit dem Hühnerfleisch unter den Reis mischen. Noch einmal abschmecken.

Menüvorschlag:

Als Teil eines Picknicks oder als leichtes Mittag- oder Abendessen; evtl. mit etwas mehr Reis oder mit einer Obsttorte als Dessert.

Dazu passt Pinot noir oder Grauburgunder.

Vor- und Zwischengerichte

Kartoffelsalat

Für 4 Personen:

500 g festkochende Kartoffeln,
2 Schalotten,
fruchtiges Olivenöl,
Sherryessig,
Senf,
Pfeffer, Salz

eventuell:

Sardellen (Anchovis),
hartgekochte Eier,
Kirschtomaten,
schwarze Oliven,
Feldsalat

Menüvorschlag:

Kartoffelsalat,
Hühnerbrust mit Estragon (S. 235),
Rote Grütze (Seite 436)

Zum Kartoffelsalat passt junger, kühler Beaujolais.

Dass ein Kartoffelsalat ganz wunderbar schmecken kann, aber (wie die Schwarzwälder Kirschtorte) unter Kalorienverdacht steht, ist bekannt. Mit den uns heute zur Verfügung stehenden Produkten ist er jedoch leicht. Die erste Bedingung ist wieder einmal die Kartoffelsorte. Die von mir immer wieder erwähnten Bamberger Hörnla oder die französischen La Ratte sind auch und gerade für einen Salat unübertrefflich.

Soll der Kartoffelsalat ein leichtes Vor- oder Zwischengericht sein, empfehle ich einige (eventuell halbierte) Sardellenfilets und die obligaten, hart gekochten und in Scheiben geschnittenen Eier. Als weitere Anreicherung können halbierte Kirschtomaten und das Fleisch von entkernten Oliven dienen. Im Winter wird auch eine Beimischung von Feldsalat gut schmecken.

1 Die Schalotten häuten und in winzige Partikel schneiden. Mit Essig, Salz, Pfeffer, 1/2 TL Senf und 1 Prise Zucker mit fruchtigem Olivenöl zu einer Vinaigrette verrühren.

2 Zunächst die übrigen Vorbereitungen treffen, bevor die noch warmen Kartoffeln in Scheiben geschnitten werden (je nachdem, was in den Kartoffelsalat zur Anreicherung hineinkommen soll): Also die Eier kochen, pellen und vierteln; die Sardellenfilets abtupfen und bereitlegen; die Oliven entkernen und halbieren; die Kirschtomaten ebenfalls halbieren; den Feldsalat putzen, waschen und sorgfältig trockenschleudern.

3 In der Zwischenzeit die Kartoffeln kochen – das dauert ungefähr 35 bis 40 Minuten –, pellen und in Scheiben schneiden, solange sie noch warm sind. Die Zutaten hinzufügen und mit der Vinaigrette vermischen bzw. beträufeln.

Linsensalat mit Schafskäse

Für 4 Personen:

100 g kleine Linsen (du Puy-Linsen),
300 g kleine festkochende Kartoffeln,
2 Schalotten,
100 g Schafskäse (frisch aus dem Block),
2 Knoblauchzehen,
Olivenöl, Pfeffer, Salz, Estragonessig, evtl. Petersilie

Menüvorschlag:

Linsensalat,
Saibling in Buttersauce (Seite 200),
Crème caramel (Seite 409)

Zum Salat passt kühler Lagen-Beaujolais.

Bei diesem Linsensalat liegt der Reiz im Nebeneinander von warmen und kalten Bestandteilen. Linsen und Kartoffeln sind warm, Schafskäse und Vinaigrette kalt.

Bei Linsen kommt es auf die Sorte an. Bis vor kurzem verstand man unter Linsen braune und mehlige Kalorienträger von der Größe eines Hemdenknopfes. Seit einiger Zeit gibt es jedoch grüne Linsen zu kaufen. Diese sind zwar nicht grün wie ein Laubfrosch, sondern eher oliv-braun-grau, aber das ist nicht ausschlagebend. Entscheidend für die Feinheit dieser Linsen ist ihre Größe. Oder besser: ihre Winzigkeit. Eine so kleine Linse kann logischerweise keinen mehligen Kern haben. Das macht diese Linsen so delikat.

1 Die Schalotten feinhacken, in etwas Estragonessig eine Prise Salz auflösen, Schalotten, durchgepressten Knoblauch, 1 Schuss Weißwein, 1/2 TL Senf sowie groben schwarzen Pfeffer hinzufügen und alles mit einem kräftigen Guss Olivenöl zu einer Vinaigrette verrühren. Abschmecken.

2 Grüne Linsen muss man nicht einweichen; sie werden auch so in 30 Minuten weich: In kochendes und gesalzenes Wasser geben, nach rund 15 Minuten durch ein Sieb gießen und kurz kalt abspülen, dann erneut für 15 Minuten in frischem, gesalzenen Wasser kochen. Die garen Linsen abgießen und gut abtropfen lassen. Wieder im Topf warm halten.

3 Gleichzeitig mit den Linsen kleine Kartoffeln als Pellkartoffeln in ca. 15 bis 20 Minuten garkochen.

4 Den Schafskäse in kleine Würfel schneiden und im Topf unter die Linsen mischen.

5 Die Pellkartoffen abziehen und in kleine Scheiben schneiden (wenn sie jung und gut gebürstet sind, auch mit der Schale).

6 Die Scheiben im Kreis auf Teller legen, die Linsen jeweils in die Mitte häufeln und mit der Vinaigrette übergießen.

Vor- und Zwischengerichte

Linsensalat mit Wachteln

Für 4 Personen:

4 Wachteln,
250 g kleine Linsen,
1 kl. Kräuterbündel,
Baguette,
Salzbutter

Für die Vinaigrette:

1 – 2 Schalotten,
1 Knoblauchzehe,
1/2 TL Senf,
Sherryessig,
Olivenöl, Walnussöl,
Salz, Pfeffer

(Baguette)

Menüvorschlag:

Als Auftakt zu einem Festmenü mit Rehragout und Apfelgratin (Seite 332) und Zimtparfait mit Burgunderpflaumen (Seite 429)

Zum Salat passt Chardonnay.

Auch für diesen Linsensalat gilt das für das nebenstehend beschriebene Rezept mit Schafskäse: Man sollte sich im Reformhaus unbedingt die kleinen grünen, eher dunkel-grün-grauen Linsen besorgen, die so viel schneller gar sind und so viel weniger mehlig schmecken und sättigen als die bekannten hellbraunen.

Wachteln werden bei uns immer noch wenig gegessen, weil Tierfreunde fürchten, dass sie von bösen Jägern in den Nachbarländern geschossen oder gar in Netzen gefangen wurden. Wachteln werden heute aber ebenso wie Hühner gezogen; in Frankreich habe ich sie in großen Volieren gesehen, also weitgehend artgerecht aufgezogen. Am besten sind die großen, fetten Wachteln aus der Bresse.

1 Die Wachteln mit einem spitzen und sehr scharfen Messer am Brustbein entlang auf jeder Seite einschneiden und das Brustfleisch mit Haut von den Knochen (der Karkasse) vorsichtig ablösen und so abtrennen, dass der anhängende Schenkel mitsamt Knochen dranbleibt. Das ist nicht schwer; es ist eher ein Abschaben als ein Schneiden. Aus jeder Wachtel entstehen auf diese Weise zwei Hälften.

2 Pro Person ca. 60 Gramm Linsen in leicht gesalzenem Wasser 15 Minuten kochen. Durch ein Sieb abgießen, kalt abschrecken und erneut in leicht gesalzenem Wasser mit einem Kräuterbündel (*Bouquet garni*) aufsetzen und weitere ungefähr 15 Minuten kochen. Die Linsen sollten noch einen leichten Biss haben. Gut abtropfen.

3 Für die Vinaigrette 1/2 Knoblauchzehe in wenig Salz zerdrücken, mit einem Schuss Sherryessig verrühren, die Schalotten häuten und mit einem scharfen Messer in feinste Partikel schneiden und hinzufügen, mit Oliven- und Walnussöl im Verhältnis 1/3 zu 2/3 und 1/2 TL Senf vermischen und mit Salz und Pfeffer abschmecken. An Menge sollte diese Vinaigrette mehr sein als für einen grünen Salat und deutlich säuerlich schmecken.

4 Die Linsen mit der Vinaigrette vermischen, eventuell nachwürzen: Der Geschmack sollte eher herzhaft sein als sanft!

5 Die Wachtelhälften in reichlich schäumender Butter mit wenig Salz auf beiden Seiten nur kurz (2 - 3 Minuten) braten und auf die Linsen legen.

Die Wachteln dürfen traditionellerweise mit den Fingern gegessen werden, dabei dient der kleine Beinknochen als »Griff«. Der Salat schmeckt mir besonders gut, wenn er lauwarm ist. Dazu Stangenbrot und salzige Butter.

Vor- und Zwischengerichte

Rucola mit Parmesan

Für 4 Personen:

Variante 1:

1 Bund Rucola,
ca. 100 g Feldsalat,
1 Handvoll Walnusskerne,
100 g Parmesan,
Zitronensaft,
Rotweinessig,
Olivenöl,
Walnussöl,
Pfeffer, Salz

Variante 2:

2 Bündchen Rucola
2 EL Pinienkerne,
2 EL Rosinen,
100 g Sahne,
50 g Parmesan,
Zitronensaft,
Salz

Menüvorschlag:

Rucolasalat,
Kaninchen mit Oliven (S. 308),
Erdbeerparfait (S. 424)

Zu den Salaten passt Pinot grigio.

Der aus Italien stammende und zu einer Mode avancierte Rucola war als schlichte Rauke schon unseren Großmüttern bekannt. In italienischen Restaurants in Deutschland dient er häufig als nasse und zu penetrante Unterlage für ein Rinder-Carpaccio. Auch als Salat – pur genossen – kann er ebenso wie Radicchio- oder Sauerampfersalat pur den Feinschmecker nicht überzeugen.

Als würzige Beimischung zu einem Salat oder zusammen mit Rosinen und Pinienkernen ist Rucola aber durchaus geeignet. Hier zwei Varianten für einen Salat als leichtem Auftakt zu einem Menü. Dabei wirkt der Parmesan sowohl als mediterrane Würze wie auch als angenehmer Dämpfer für den leicht bitteren Rucola.

Rucola mit Feldsalat, Walnusskernen und Parmesan

1 Rucola und Feldsalat verlesen, dabei die Stiele entfernen, waschen und gründlich trockenschleudern.

2 Aus Rotweinessig, Salz, etwas Zitronensaft und wenig Pfeffer sowie Oliven- und Walnussöl im Verhältnis 2/3 zu 1/3 eine Vinaigrette herstellen.

3 Rucola und Feldsalat mischen, rasch mit der Vinaigrette befeuchten und auf Tellern anrichten.

4 Walnusskerne mit der Hand in kleine Stückchen brechen und über den Salat streuen; Parmesan darüberhobeln.
Wer es noch milder mag, kann auch in Scheiben geschnittene frische Champignons unter den Salat mischen.

Rucola mit Rosinen, Pinienkernen und Parmesan

1 Rosinen in Wasser einweichen und anschließend ausdrücken.

2 Rucolasalat verlesen und dabei die harten Stiele entfernen, waschen und gründlich trockenschleudern.

3 Etwas Zitronensaft, eine Prise Salz sowie einen Teelöffel Olivenöl in der Sahne verrühren.

4 Den Salat auf Tellern anrichten, mit den Pinienkernen und den Rosinen bestreuen und über alles die leicht säuerliche Sahne träufeln. Den frischen Parmesan hauchdünn drüberhobeln.

Zu beiden Salaten passt Stangenbrot.

Salade niçoise

Für 4 Personen:
4 – 6 Eier,
12 – 16 Anchovis,
4 Esslöffel Thunfisch (Filets in Öl; trocken getupft),
8 Esslöffel schwarze Oliven,
8 kleine Tomaten,
1 großer Kopfsalat,
Rotweinessig,
schwarzer Pfeffer,
Salz, Olivenöl,
(Baguette)

Menüvorschlag:
Salade niçoise,
Lachs mit Meersalz (Seite 186),
Feigendessert (Seite 411)

Zum Salat passt ein gut gekühlter, einfacher, frischer und nicht fruchtiger Weißwein, oder auch ein staubtrockener Rosé.

Es gibt zwei Salate, die der einfachen Küche entstammen und sich trotzdem ihren Platz unter den Delikatessen erobert haben: Der Winzersalat aus dem Beaujolais mit Brotstückchen, gebratenem Speck und pochiertem Ei, sowie die »salade niçoise«. Letztere ist bei den Mittelmeer-Touristen mit Recht beliebt, denn am Strand im heißen Sommer lässt sich kein schöneres Mittagessen denken als eine große Schüssel Salat »niçoise«.

Auch in unseren Breitengraden kann er ein Genuss sein – wenn er zur richtigen Zeit mit den richtigen Zutaten angemacht wird: Das Wichtigste sind gartenreife Tomaten, gefolgt von den kleinen, glatten Oliven aus Nizza, einem aromatischen Rotweinessig und einem fruchtigen Olivenöl. Hier kommt sogar der gute alte deutsche Kopfsalat einmal zum Zuge, wenn er nur frisch und möglichst trocken ist.

1 Rotweinessig mit wenig Salz (Anchovis!) und schwarzem Pfeffer aus der Mühle vermischen und Olivenöl im Verhältnis 1:4 hinzufügen, dabei mit dem Schneebesen rühren. (Besser geht es mit dem Mixstab.) Das Verhältnis 1:4 ist nicht verbindlich, das hängt von der Stärke des Essigs ab. Abschmecken ist deshalb unerlässlich!

2 Der gewaschene Salat wird in mundgerechte Stücke gezupft und sorgfältig trockengeschleudert. Wasser im Salat ist schlimmer als Mehl in der Sauce!

3 Mit den geviertelten Tomaten und den Oliven vermischen, mit einem Teil der Vinaigrette übergießen und kurz durchmischen, darauf die ebenfalls geviertelten oder geachtelten hartgekochten Eier sowie den zerrupften Thunfisch und die Anchovisfilets verteilen, von denen Öl und Salz vorher mit Küchenkrepp abgetupft wurde.

4 Mit dem Rest der Vinaigrette übertröpfeln und sofort mit Baguette servieren.

Vor- und Zwischengerichte

Salat mit Kartoffeln und Speckkrusteln

Für 2 Personen:

80–100 g Blattsalate (Feld-, Frisee, Eichblatt, Lollo Rosso),
6–8 kleine Salatkartoffeln (Bamberger Hörnla, La Ratte),
20 g geräucherter Bauchspeck

Für die Marinade:

2–3 EL Kürbiskernöl,
1 EL Apfelbalsamico,
1 TL Honig,
1 Knoblauchzehe,
Schnittlauch,
Salz

(würziges Bauernbrot oder Stangenbrot)

Menüvorschlag:

Salat,
Tafelspitz mit Apfelkren (S. 348),
Topfenknödel mit Zwetschgensauce (S. 402)

Zum Salat passt Grüner Veltliner.

Dieses Rezept eines verfeinerten steirischen Bauernsalats stammt aus Meixner's Gastwirtschaft, die zur Wiener Beislküche gehört. Der Salat ähnelt mit seinem gerösteten Bauchspeck dem deftigen Winzersalat aus dem Kaiserstuhl (S. 37), gewinnt seine Raffinesse aber aus der Marinade mit Apfelbalsamico, Honig und Kürbiskernöl, das in seiner reinsten Form in der Steiermark gepresst wird.

Entscheidend für das Ergebnis ist aber nicht allein die Marinade, sondern ebenso die Qualität der Salatkartoffeln (in Österreich Kipfler) sowie das sorgfältige Trockenschleudern der Salate.

1 Im Apfelbalsamico 1/2 TL Salz auflösen und zusammen mit dem Honig und dem Kürbiskernöl zu einer Marinade verschlagen. Die Knoblauchzehe häuten, zerdrücken und mit der Marinade verrühren. Abschmecken.

2 Die Kartoffeln als Pellkartoffeln garkochen.

3 Die Blattsalate waschen, in mundgerechte Stücke zupfen und sorgfältig trockenschleudern (notfalls zwischen Küchentüchern noch einmal abtrocknen). Etwas Schnittlauch kleinschneiden.

4 Den Rauchspeck in Würfel schneiden, in einer Pfanne gut anrösten und auf Küchenpapier entfetten.

5 Die noch warmen Katoffeln pellen, in Scheiben schneiden und mit den Blattsalaten in der Marinade gut durchmischen.

6 Die Salatmischung auf Tellern anrichten und mit dem Speck und etwas Schnittlauch bestreuen.

Salat mit gebackenen Kartoffeln

Für 4 Personen:

1 kg kleine junge Kartoffeln,
500 g Keniabohnen,
150 g Rucola,
16 Kirschtomaten,
getr. Rosmarin,
Meersalz

Für die Vinaigrette:

2 kl. Knoblauchzehen,
weißer Balsamico,
Zucker, Senf,
Olivenöl,
Pfeffer, Salz

Dieser Salat eignet sich gut als eigenständiges Mittag- oder Abendessen, vielleicht mit einer roten Grütze (S. 436) oder einem Schokoladenparfait (S. 428) als Dessert.

Zum Salat passt gut ein badischer Weißburgunder oder ein gekühlter Beaujolais Villages.

Bei Kartoffeln und Bohnen denkt man eher an einen Eintopf aus nördlichen Regionen, mit dem dieser Salat aber nichts gemein hat.
Es ist eine lauwarme Mischung aus mit Olivenöl gebackenen Rosmarin-Kartoffeln, Keniabohnen, Rucola und Tomaten mit einer Knoblauch-Balsamico-Vinaigrette, die als bäuerliches Abendessen im ländlichen Italien oder Frankreich nicht weiter auffallen würde. Erfunden wurde dieser Salat aber in Wuppertal – so amüsant können Vorurteile sein.

1 Die Kartoffeln gründlich waschen und ungeschält halbieren. Mit der Schnittfläche nach oben nebeneinander in eine flache Gratinform setzen, mit Salz und Rosmarin bestreuen und mit Olivenöl beträufeln. Im vorgeheizten Backofen (200 Grad) 1/2 Stunde garen lassen.

2 Inzwischen die Bohnen waschen, die Enden abzwicken und in sehr stark gesalzenem Wasser 6-8 Minuten sprudelnd kochen lassen. In einem Durchschlag mit kaltem Wasser abschrecken, damit sie knackig bleiben und ihre grüne Farbe behalten.

3 Die Knoblauchzehen im Mörser mit Salz zu einem Brei zerdrücken. 1 TL Zucker, 1/2 TL Senf, 2 EL weißen Balsamico, 1 Tasse Olivenöl und groben schwarzen Pfeffer hinzufügen und alles zu einer kräftigen, leicht süß-sauren Vinaigrette schlagen.

4 Die warmen Kartoffeln und Bohnen mit der Hälfte der Vinaigrette mischen und 1/2 Stunde ziehen lassen.

5 Die Kirschtomaten halbieren, den Rucola putzen, nur lange Stiele entfernen. Kartoffeln, Bohnen, Tomaten und Rucola kurz durchmischen; mit dem Rest der Vinaigrette beträufeln.

Vor- und Zwischengerichte

Salat mit Kartoffeln und Ziegenkäse

Für 4 Personen:

Je 1 Kopf Batavia-, Eichblatt- und Kopfsalat, 1 Bund Löwenzahn, 1 kl. Kopf Radicchio, 1 kg junge Kartoffeln (festkochend), 300 g Rollen-Ziegenkäse

Für die Vinaigrette:

1 Knoblauchzehe, Estragonessig, 1 TL Senf, Thymian, Olivenöl, Salz, Pfeffer

Menüvorschlag:

Dieser Salat eignet sich gut als leichtes Mittag- oder Abendessen, vielleicht mit einer saftigen Tarte Tatin als Dessert (Seite 442).

Zum Salat passt ein Sauvignon blanc.

Bei diesem Salatteller handelt es sich um eine frühlingshafte und daher leichte Mischung: Sie darf auch den beliebten Kopfsalat enthalten, aber davon nur kleine, innere Blätter. Den Hauptanteil stellen Bataviasalat, Eichblattsalat und Löwenzahn; sogar etwas Radicchio ist erlaubt. Aber bitte klein rupfen; seine Bitterkeit ist penetrant. Eissalat, Chicorée oder Feldsalat gehören nicht dazu; die sind bei anderen Zusammenstellungen willkommen.

Die Würze und Raffinesse dieses Salats liegt im Kontrast und Zusammenspiel des auf den heißen Kartoffelscheiben schmelzenden Ziegenkäses mit dem darüberliegenden, frisch und leicht angemachten Frühlingssalat.

1 Von den Salatköpfen die äußeren Blätter und die Strünke entfernen, vom Kopfsalat nur die inneren Blätter verwenden, alles kleinrupfen, waschen und gründlich trockenschleudern.

2 Die Vinaigrette zubereiten: Eine Prise Salz in einem Schuss Estragonessig auflösen, 1 TL Senf, etwas Thymian, eine in wenig Salz zerdrückte Knoblauchzehe und groben schwarzen Pfeffer hinzufügen und zum Schluss mit Olivenöl auffüllen und verrühren.

3 Junge Kartoffeln gründlich waschen, so dass man die Schale vielleicht mitessen kann. In Salzwasser gar kochen.

4 Vier große Teller etwas vorwärmen und den Ziegenkäse für den Schnitt auf einem Brett bereitlegen.

5 Die heißen Kartoffeln (mit oder ohne Schale) in Scheiben schneiden und auf die vorgewärmten Teller legen, auf jede Scheibe eine Scheibe Ziegenkäse legen, mit wenig Vinaigrette beträufeln, darauf den Salat häufeln und mit der Vinaigrette übergießen.

Vor- und Zwischengerichte

Salat von Keniabohnen

Für 4 Personen:

ca. 500 g Keniabohnen,
250 g Gänse- oder Entenleberterrine,
200 g Champignons

Für die Vinaigrette:

Olivenöl,
Walnussöl,
Sherryessig,
Salz, Zucker,
schwarzer Pfeffer

(Stangenbrot)

Menüvorschlag:

Salat von Keniabohnen,
Loup mit Fenchel
(Seite 191),
Baba au rhum
(Seite 406)

Zu diesem Salat würde ich eine halbtrockene Spätlese (wegen der Gänseleber) bevorzugen.

Tipp: Zu diesem Salat passen sehr gut auch Stücke gebratener Enten- oder Hühnerleber.

Eine der Erkennungsmelodien der Nouvelle Cuisine war »la salade folle«. Wer diesen Salat im Repertoire hatte, wusste, woher der Wind wehte. Auf gekochte haricots verts, diese kleinen, grünen Bohnen, die so dünn wie Stricknadeln sind, wurde alles gehäuft, was gut und teuer war, vor allem Trüffel und Gänseleber. Das ist inzwischen wieder aus der Mode gekommen. Dabei sind haricots verts – bei uns als Keniabohnen im Handel –, eine tragfähigere Basis für einen verfeinerten Salat als Lollo Rosso und ähnliche Büschelware. In meiner Version ist die wichtigste Zutat bei diesem Salat eine Gänseleberterrine, das heißt, kleine Stücke davon. Die Terrine selbst zu machen, wäre ideal, macht aber viel Arbeit und lohnt auch nur, wenn viele Besucher kommen. Also kaufe ich für 4 Personen 250 g fertige Terrine im Feinkostladen.

1 Die Bohnen putzen, das heißt, die Enden abknipsen und, wenn sie zu lang sind, einmal in der Mitte durchbrechen und waschen.

2 Die Bohnen in sehr kräftig gesalzenem Wasser 6–8 Minuten kochen. Immer wieder eine Bohne prüfen: Sie sollte sich leicht biegen lassen, also weder al dente noch matschig sein.

3 Sind die Bohnen gar, durch ein Sieb abgießen und in eine Schüssel mit Eiswasser legen oder zumindest sehr kalt abspülen. Das verhindert das Nachgaren und frischt gleichzeitig die grüne Farbe der Bohnen auf. Dann abtropfen lassen.

4 Aus Sherryessig, wenig Salz, einer Prise Zucker, schwarzem Pfeffer sowie aus gleichen Teilen Olivenöl und Walnussöl eine Vinaigrette herstellen.

5 Die Gänse- oder Ententerrine in kleine Würfel sowie die Champignons – ohne Stiele – in Scheiben schneiden und beides auf den Bohnen anrichten. Zuletzt die Vinaigrette darüber träufeln.

Vor- und Zwischengerichte

»Salat« aus Paprikastreifen

Für 4 Personen:

4 – 6 rote Paprikaschoten,
4 Knoblauchzehen,
Olivenöl,
weißer Balsamico,
grober schwarzer Pfeffer, Salz

Die »Drachenzungen« passen auf ein Vorspeisenbuffet ebenso wie zu einem Abendessen mit Brot, Schinken, Käse etc., aber auch z.B. zu Königsberger Klopsen (S. 312) oder zu Lamm oder Ente.

»Langues des Dragons« – Drachenzungen – heißt diese provençalische Vorspeise, wie sie provençalischer nicht sein kann. Rote (und auch grüne und gelbe) Paprika braucht man in deutsche Küchen nicht einzuführen, aber in Drachenzungen verwandelt, sind sie sehr selten. Das liegt an einem notwendigen, aber unbeliebten Arbeitsgang: Sie müssen enthäutet werden. Dazu legte man sie bisher auf ein Backblech unter den Grill, was dann trotz aller Vorsicht oft zu verbrannten schwarzen Stellen führte.

Dabei gibt es einen Trick: Man legt die Paprika – mit den roten funktioniert das am besten – für 8 Minuten in den auf 150 Grad vorgeheizten Backofen, dreht sie um und lässt sie dort für weitere 3 Minuten. Dann stopft man sie, äußerlich unbeschädigt, in eine Plastiktüte, verschließt diese luftdicht und lässt die Schoten darin auskühlen. Das kann über Nacht geschehen. Dann nimmt man sie heraus und zieht ihnen die Haut ab – und siehe da, es geht mühelos; die Paprika bleiben saftig zurück.

1. Die Paprika wie in der Einleitung beschrieben behandeln.

2. Die erkalteten Schoten halbieren, von Stegen und Körnern säubern und in lange Lappen schneiden. Sie sehen jetzt aus, wie man sich die Zungen von Drachen vorstellen könnte.

3. Eine Schicht Paprikastreifen in eine Porzellanschüssel legen, mit Salz, grobem schwarzen Pfeffer bestreuen, je nach Gusto dünne Koblauchscheiben darüberhobeln, mit einigen Tropen Balsamico beträufeln, die nächste Schicht einlegen, wieder salzen, pfeffern und so weiter. Zum Schluss reichlich Olivenöl darüber gießen, bis die roten Streifen fast bedeckt sind. Falls sich im Plastikbeutel etwas Saft gesammelt hat, diesen unbedingt auffangen und in die Schüssel geben! Mit Folie luftdicht abdecken und in den Kühlschrank stellen.

Natürlich reizt diese rustikale Vorspeise zu einem Spiel mit den Gewürzen: Zwischen die »Drachenzungen« passen z.B. Anchovis oder zerhackte Oliven oder Kapern. Diese Vorspeise kann süßlich-mild schmecken oder auch pfeffrig scharf.

Salat mit Roquefortkartoffeln

Für 4 Personen:

1 Kopf Batavia-Salat,
8 Wachteleier,
8 kl. festkochende Kartoffeln,
150 g Roquefort

Für die Vinaigrette:

1-2 Schalotten,
2-3 spanische Pfefferschoten (wahlweise 1 Knoblauchzehe)
Rotweinessig,
Olivenöl,
Zucker, Salz

Menüvorschlag:
Geeignet als Vorspeise, aber auch als leichtes Mittag- oder Abendessen.

Ein Menü, das mit diesem Salat beginnt, ist ein Wagnis. Es besteht nämlich die Gefahr, dass die Gäste hinterher sagen: »Warum haben die von dem Salat so wenig gemacht? Daran hätte ich mich gern satt gegessen!«
Auf den Tellern darf jedoch nicht mehr zu finden sein als vier halbe, noch warme, weichgekochte Wachteleier, etwas Batavia-Salat (der mit den braunroten Rändern) und vier heiße, mit geschmolzenem Roquefort gefüllte Kartoffelstücke. Die Kombination von kaltem Salat mit seiner säuerlichen Vinaigrette, den sanften Eiern und den kräftig aromatisierten, heißen Kartoffeln ist schlechthin unwiderstehlich.

1 Festkochende Kartoffeln schälen und aus ihnen kleine, längliche Schiffchen schnitzen, nicht größer als in der Länge halbierte Weinkorken. Jeweils mit der Spitze des Kartoffelschälers etwas aushöhlen.

2 Die Kartoffelstücke in Salzwasser gar kochen. Das dauert nur ein paar Minuten: aufpassen, dass sie nicht zu weich werden! Dann brechen sie bei der kleinsten Belastung auseinander! Abschütten und trockendünsten.

3 Den Salat putzen, in mundgerechte Stücke zupfen, waschen und gründlich trockenschleudern.

4 Die Wachteleier in sprudelndem Wasser 2 Minuten kochen, abschrecken, pellen und halbieren.

5 Die Schalotten und Pfefferschoten (wahlweise 1 Knoblauchzehe) in feinste Partikel hacken, und mit Salz, einer Prise Zucker, Rotweinessig und Olivenöl eine Vinaigrette herstellen.

6 In die Höhlungen der Kartoffelstücke ein Bröckchen Roquefort füllen – jeweils etwa 1 TL – und auf einer feuerfesten Unterlage unter den Grill im Backofen schieben. Braun werden soll hier nichts; der Käse muss heiß werden und schmelzen, mehr nicht.

7 Auf jeden Teller jeweils vier Hälften der Wachteleier ringsum an den Rand drapieren, in die Mitte den Salat häufeln und mit der Vinaigrette übergießen. Die Kartoffelschiffchen zwischen die Wachteleier setzen.

Zum Salat passt ein halbtrockener Riesling.

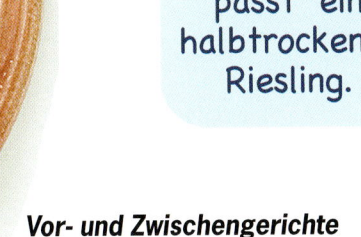

Vor- und Zwischengerichte

Salat mit weißen Bohnen

Für 4 Personen:

300 g weiße Bohnen,
1 gelbe Paprika,
4 Tomaten,
1/2 Knoblauchzehe,
1 Handvoll schwarze Oliven, Zucker

Für die Vinaigrette:

Rotweinessig,
Olivenöl,
Thymian,
schwarzer Pfeffer,
Salz

(Für die Brühe:
Lauch, Zwiebel,
Karotte, Fenchel)

Menüvorschlag:

Salat mit weißen Bohnen,
Lotte mit Speck und Zwiebeln
(Seite 202),
Käsekuchen
(Seite 416)

Zu diesem Essen passt durchgängig ein schöner weißer Burgunder: Meursault oder ein anderer von der Côte-de-Beaune.

Getrocknete weiße Bohnen gehören zu den beliebten Ballaststoffen; deshalb gibt es damit beim Einkauf auch keine Schwierigkeiten. Man kann sie zusammen mit einer »Weißen Soße« – das Mehl gibt einen zusätzlichen Sättigungseffekt – zu einer der gräßlichsten Gemüsepampen machen, deren deutsche Hausmannskost fähig ist.

Man kann sie aber – neben anderem: zum Beispiel mit Calamares (Seite 65) – zusammen mit Oliven und Tomaten zu einem leckeren bunten Salat verarbeiten, der nicht nur als Vorspeise zu einem Menü, sondern auch als leichtes Essen für fleischlose Tage dienen kann.

Für diesen Salat bevorzuge ich die größte Sorte der Bohnen. 300 g genügen für 4 Personen als Vorspeise. Aber warum nicht gleich die doppelte Menge? Man kann diesen leckeren Salat sehr gut aufbewahren.

1. Die Bohnenkerne 6 bis 8 Stunden in Wasser einweichen (im Spätsommer, wenn sie frisch sind, auch kürzer).

2. In einer kräftigen Gemüsebrühe aus Karotten, Lauch, Zwiebeln, Fenchel, Lorbeerblatt und weißem Pfeffer die Bohnen ca. 1 Stunde kochen; prüfen, ob sie gar sind.

3. Die gesäuberte gelbe Paprika in sehr kleine Würfel schneiden, in der Pfanne in etwas Olivenöl andünsten, mit wenig Wasser aufgießen, salzen und eine Prise Zucker hinzufügen. Kurz köcheln lassen, bis die Würfel gar, aber nicht zu weich sind.

4. Eine Handvoll schwarze Oliven entkernen und in grobe Stücke schneiden. Vorsicht: Es gibt enorme Qualitätsunterschiede! Oliven können muffig oder bitter oder faulig schmecken. Da heißt es wählerisch einkaufen!

5. Die Tomaten heiß überbrühen, häuten und daraus ein Konkassee herstellen: Halbieren, Kerne und das Weiche herausdrücken und das Fleisch in Würfel schneiden, die etwas größer sein dürfen als die vom Paprika. Salzen.

6. Aus Rotweinessig, Salz, der halben zerdrückten Knobauchzehe, Olivenöl, Thymian und grob geschrotetem schwarzen Pfeffer eine Vinaigrette schlagen.

7. Alle Zutaten vermischen und mit der Vinaigrette begießen. 30 Minuten ziehen lassen. Dazu geröstetes Brot!

Selleriesalat mit Nüssen

Für 4 Personen:

1 mittelgroße Sellerieknolle,
8 Walnüsse,
1 Zitrone

Für die Vinaigrette:

2 -4 Schalotten (je nach Größe), Sherryessig, Walnussöl, Pfeffer, Salz, Zucker

(Stangenbrot)

Menüvorschlag:

Selleriesalat, Brathähnchen mit Zitrone und Lauch (Seite 212), Apple Crumble (Seite 386)

Zum Selleriesalat passt ein Vin jaune (Jura).

Am häufigsten braucht man ein Stück Sellerie als Teil des Gemüses, um den Fond für eine Sauce herzustellen. Aber auch für sich allein gegessen kann Sellerie durchaus eine Delikatesse sein, zum Beispiel als Bestandteil eines Kartoffelgratins oder als Hauptfigur bei diesem Selleriesalat mit Nüssen.

1 Die Sellerieknolle schälen: Das geht am besten, wenn man sie zuerst in dünne Scheiben schneidet und dann die knorzigen Ränder ausschneidet. Aus den verbleibenden Scheiben dann kleine Stücke schneiden.

2 Die Selleriestücke in Salzwasser garkochen, dem man den Saft einer Zitrone beigefügt hat. Das dauert 8 bis 10 Minuten. Die Stücke sollen nicht weich sein, sondern noch etwas Biss haben. Sofort in einem Sieb mit kaltem Wasser etwas abschrecken; lauwarm im Sieb abtropfen lassen.

3 Für die Vinaigrette pro Person 2 Walnüsse knacken und mit einem schweren Messer in grobe Stücke hacken. Wenn es ganz frische Nüsse sind, vorher die bittere Haut abziehen.

4 Sodann pro Person eine halbe große oder eine ganze kleine Schalotte in allerkleinste Würfel schneiden. Zusammen mit den Nüssen in zwei bis drei EL Weinessig legen. Sherryessig ist der beste, aber es kann auch eine andere Sorte sein, nur kein Kräuteressig. Kräftig pfeffern (schwarz, aus der Mühle), je eine Prise Salz und Zucker dazu und abschließend Walnussöl langsam mit dem Schneebesen unterrühren.

5 Die Sellerieschnitzel auf einem Tuch abtrocknen und in der Vinaigrette umwälzen. Auf Tellern dachziegelförmig anordnen und mit dem Rest der Vinaigrette übergießen. Die essiggetränkten Schalotten frischen den etwas müden Geschmack des Selleries deutlich auf. Dazu Stangenbrot.

Vor- und Zwischengerichte

Selleriesalat mit Pfifferlingen

Für 4 Personen:

200 g frische Pfifferlinge,
1 Schalotte,
1 mittelgroße Sellerieknolle,
1 - 2 Zitronen,
1 Handvoll Walnüsse,
Olivenöl, Butter,
schwarzer Pfeffer,
weißer Balsamico,
Salz

(Baguette)

Menüvorschlag:

Selleriesalat,
Kalbsragout (S. 302),
Käsekuchen (S. 416)

Zum Salat passt badischer Grauburgunder.

Die Pfifferlinge zu diesem Selleriesalat können vorwiegend als Dekoration dienen. In diesem Falle sollte man wegen der Optik möglichst kleine Exemplare verwenden.

Wurden sie allerdings beim Braten nach allen Regeln der Kochkunst gewürzt, werden sie sich als Hauptsache herausstellen. Jedenfalls ist dieser Salat sowohl festlich als auch lecker. Überwiegend festlich wirkt er, wenn statt der Pfifferlinge Trüffelscheiben auf seiner Oberfläche angerichtet werden. Zusätzliches Glück: Er widersetzt sich einem Weißwein nicht.

1 Die Pifferlinge putzen (möglichst nicht waschen) und, je nach Größe, in kleinere Stücke schneiden. Die Schalotte häuten und feinhacken.

2 In einer Mischung aus Olivenöl und Butter die Schalottenwürfel weich dünsten, ohne dass sie braun werden. Die Pfifferlinge hinzufügen, salzen, pfeffern, für zirka 10 Minuten braten, mit dem Saft 1/2 Zitrone beträufeln. Abschmecken und beiseite stellen.

3 Die Sellerieknolle halbieren, die runzelige Schale abschälen und die verbleibenden Hälften auf dem Gemüsehobel in flache, 3 - 4 cm lange Streifen zerlegen.

4 Sofort in kochendem Salzwasser einige Minuten blanchieren, mit dem Schaumlöffel herausheben, in ein Küchentuch einschlagen und abtrocknen. In eine Servierschüssel legen und sofort mit dem Saft einer Zitrone beträufeln, da die Selleriestreifen an der Luft schnell braun werden.

5 Die Zitrone ist bereits Teil der Vinaigrette. Hinzu kommen die in kleine Stücke gebrochenen (nicht gemahlenen) Walnüsse sowie im Mörser grob zerstoßener schwarzer Pfeffer, Salz und ein Guss fruchtiges Olivenöl. Wem beim Abschmecken noch etwas fehlt, sollte einen Spritzer weißen Balsamico unterrühren. Die Pfifferlinge obenauf dekorieren und servieren. Dazu passt Baguette.

Spargelsalat mit Eiervinaigrette

Für 4 Personen:

1 kg Spargel,
2 Eier,
Sherryessig,
Olivenöl,
Walnussöl,
Petersilie,
Salz, Pfeffer,
Zucker

Vorschlag für ein Sommer-Festmenü:

Spargelsalat,
Hummer mit Spaghetti (Seite 76),
Tauben mit Knoblauch (Seite 264),
Besoffene Kirschen in Eierkuchen (Seite 388)

Zum Spargelsalat passt eine Silvaner Spätlese.

Spargel existiert in zwei Farben: weiß und grün. Der weiße ist manchmal violett angehaucht, der grüne hat unterschiedlich lange Köpfe. Im Geschmack unterscheiden sie sich ebenfalls: Der weiße hat mehr Finesse, der grüne signalisiert herzhafte Eindeutigkeit. Schmecken tun sie beide, wenn sie nur frisch sind. Woher der Spargel stammt, ist übrigens nicht so wichtig: Jede Spargelgegend schwört auf ihren als den besten.

Zum Spargelsalat passt der grüne vielleicht besser als der weiße, weil zu einem Salat immer eine Vinaigrette gehört, deren stets intensiver Geschmack – ob durch Essig, Öl oder ein markantes Gewürz – die Nuancen des rein weißen Spargels eher überdeckt. Falls die mit den blaß-lila Köpfen zu haben sind – sie heißen Cavaillon –, würde ich diese nehmen: Sie vereinen die Finesse des weißen mit der Robustheit des grünen Spargels.

1 Spargel muss so frisch sein wie nur möglich. Deshalb beim Einkauf darauf achten: Die Schnittenden dürfen noch nicht angetrocknet oder gar eingeschrumpft sein. Beim Zusammendrücken – nicht genieren – muss noch Wasser herausquellen!

2 Spargel schälen (den grünen nur an den Enden), die oft holzigen Enden abschneiden. In Salzwasser mit einer Prise Zucker 10 bis 15 Minuten kochen – er soll weder al dente noch zu weich sein! Gut abtropfen lassen. Grüner Spargel braucht eine kürzere Kochzeit.

3 Für die Vinaigrette Walnuss- und Olivenöl zu gleichen Teilen und mit wenig Sherryessig u. Petersilie mischen, salzen und pfeffern. Pro Person 1/2 gekochtes Ei hacken und dazugeben.

4 Spargel auf Tellern drapieren und mit der Vinaigrette übergießen.

Vor- und Zwischengerichte

Spinatsalat

Für 4 Personen:

400 g junger Blattspinat,
2 TL Sherryessig,
1 TL weißer Balsamico,
1 EL Walnussöl,
1 EL Olivenöl,
4–5 Walnüsse,
Pfeffer, Salz
(Baguette, Butter)

Menüvorschlag:

Spinatsalat, frischer junger Matjes mit gebuttertem Vollkornbrot, Rhabarberkompott (S. 435)

Zum Spinatsalat passt ein Weißburgunder, zum Matjes Acquavit oder Bier.

Spinat ist ein Tausendsassa von einem Gemüse. Er eignet sich als Suppe mit Knoblauch (S. 62), als Bestandteil eines Gratins mit Champignons und Gruyère (S. 153), als Füllung für einen Pfannkuchen (S. 139) oder als leckere Beilage vor allem zu Fischgerichten.

Kommt im Frühsommer der junge Blattspinat auf den Markt, freue ich mich schon auf den köstlichen Spinatsalat, angemacht mit Sherryessig und Walnussöl.

1 Den Spinat waschen, längere Stiele entfernen, in einer Salatschleuder vorsichtig trockenschleudern.

2 Walnüsse knacken und die Nüsse in kleine Stücke brechen.

3 Mit wenig Salz, dem Sherryessig, dem Balsamico und dem Walnuss- und Olivenöl eine Vinaigrette schlagen.

4 Den Spinat mit der Vinaigrette nur befeuchten, mit Walnussstückchen bestreuen und zusammen mit Baguette und Butter sofort servieren.

Vor- und Zwischengerichte

Winzersalat

Für 4 Personen:

Salat nach Wahl: Frisée, Eichblatt, Feldsalat, Löwenzahn, etc., auch als Mischung. Dazu passt auch etwas Rucola oder Radicchio.

150 g wenig fetter Räucherspeck, Weißbrot, Rotweinessig, Olivenöl, Butter, Thymian, Salz, Zucker

Menüvorschlag:

Winzersalat, Huhn in Riesling (Seite 248), Vanilleparfait (S. 423)

Dazu passt kühler Spätburgunder.

Geschmack wird nicht nur durch Gewürz und Kräuter bewirkt. Bei Gerichten der südlichen Küche ist der Knoblauch ein vielgebrauchter Aromaproduzent, und in unserer kann geräucherter Speck sehr schöne Effekte bewirken. Er darf nur nicht zu fett und sein Rauchgeschmack muss intensiv sein. Auch wirkt er delikat nur dort, wo er unorthodox eingesetzt wird, wo er sich nicht wieder der Bratkartoffeln annehmen muss oder zusammen mit Kohl gekocht wird.

Also Räucherspeck zum Fisch, zum Huhn, zum Kaninchen; beim Chicorée und im Salat. Letzteres bedingt, dass die Vinaigrette warm serviert wird, und das Resultat ist eine herzhafte, gleichzeitig aber delikate Vorspeise, wie sie die Weinbauern im Kaiserstuhl und im Beaujolais lieben.

1. Den Salat putzen, in mundgerechte Stücke zupfen, waschen und in einer Salatschleuder gründlich trockenschleudern. Für diesen Winzersalat kann es Frisée, Eichblatt, Feldsalat, Löwenzahn oder eine Mischung sein. Würzig ist auch eine Beimischung von Rucola, Sauerampfer oder Radicchio. Den Salat auf Tellern anrichten.

2. Den wenig fetten Räucherspeck in kleine Stücke schneiden, Knorpel herausschneiden. In kochendem Wasser für 2 Minuten blanchieren. Herausnehmen und abtupfen. In einer Pfanne Butter heiß werden lassen und den Speck darin auslassen, bis er knusprig gebraten ist. Herausfischen und auf Küchenkrepp entfetten.

3. Das Bratfett in der Pfanne bis auf einen dünnen Film weggießen. Den Bratensatz in der Pfanne mit Rotweinessig ablöschen, mit Thymian, Salz und einer Prise Zucker würzen, Olivenöl einrühren.

4. Weißbrot in Würfel schneiden und mit Butter in der Pfanne anrösten. Vorsicht: werden schnell zu braun! Den Speck und die Weißbrotwürfel auf dem Salat drapieren und mit der Vinaigrette übergießen.

Vor- und Zwischengerichte

Blumenkohlsuppe

Für 4 Personen:

z.B. 500 g Blumenkohl- oder anderes Gemüse,
1/2 l Hühner- oder Rinderbouillon,
200 g Sahne,
1 – 2 Eigelb,
Olivenöl,
Gewürze
(siehe Rezept)

Eine solche Gemüsesuppe eignet sich gut als leichtes Abendessen. Für diesen Fall sollten die Mengen mindestens verdoppelt werden.

Der dazu passende Wein hängt vom dominierenden Gewürz ab.

Es ist erstaunlich, dass aus diesem muffigen Kohl eine gute Suppe entstehen kann. Sie ist im Prinzip eine Resteverwertung, wenn nämlich vom Mittagessen noch Blumenkohl übrig ist. War es ein ganzer Blumenkohl – und nicht nur die delikateren kleinen Röschen –, dann wird das im Zweifel noch eine ordentliche Menge sein.

Es kann auch ein anderes Gemüse sein oder eine Mischung aus verschiedenen, wie Karotten, Bohnen, Sauerkraut oder Wirsing, denn die Suppe wird immer nach der gleichen Methode hergestellt. Es kommt letztlich nur aufs Würzen an, ob aus dem Gemüsebrei eine delikate Suppe entsteht.

Da eröffnen sich dem kühnen Koch viele Möglichkeiten. Meine Großmutter hätte wahrscheinlich immer nur Pfeffer, Salz und Muskat genommen, was natürlich nicht falsch ist, nur etwas eintönig.

1 Den gekochten Blumenkohl – oder ein anderes Gemüse – mit heißem Wasser abspülen und durch ein Sieb streichen oder im Mixer pürieren.

2 Den Gemüsebrei mit Bouillon aufgießen (im Notfall kann das auch eine Brühe aus Würfeln sein; immer noch besser als unverdünntes Wasser).

3 Die Sahne mit 1 oder 2 Eigelb verquirlen – das macht die Suppe sämig –, die Mischung in der Suppe verrühren und aufkochen lassen.

4 Nun kommt der wichtigste Teil: Das Würzen. In der Grundversion kann das nur Salz, Pfeffer und Muskat sein, aber der phantasiereiche Koch wird auch anderes (in einer Tasse neben dem großen Suppentopf) ausprobieren: Curry zum Beispiel passt zu vielen Gemüsen sehr gut, aber auch Zitrone, Kümmelpulver, Koriander oder frisch geriebener Ingwer – nur nicht alles gleichzeitig. Zum Schluss einen kleinen Guss fruchtiges Olivenöl in jeden Suppenteller geben.

Dazu passen in Butter geröstete Weißbrotwürfel – lecker!

Bunte Fischsuppe

Für 4 Personen:

Ungefähr 300 g Filets von Meeresfischen, 500 g Muscheln, 200 g Garnelen- oder Hummerkrabbenschwänze, vielleicht 200 g Tintenfische usw. (pro Person rund 150 g Fisch netto), 8 kleine Tomaten, 8-10 Frühlingszwiebeln, 1 Stange Lauch, 1 Karotte, 1 kl. Stück Sellerie, 1 Stück Orangenschale, 2 Chilischoten, 2 Knoblauchzehen, Safranpulver, 1 Stück Ingwer, Olivenöl, Weißwein, Pastis, Pfeffer, Salz

Dazu passt Grüner Veltliner.

Diese Fischsuppe kann genauso bunt sein wie eine Gemüsesuppe. Bunt bedeutet hier aber nicht multicolor, sondern bunt gemischt. Denn es ist völlig egal, welche Fische ich zusammen in den Topf werfe, es wird immer eine leckere Fischsuppe daraus. Ausgenommen sind Heringe (die schmecken tranig), Hecht (wegen der tückischen Gräten) und Lachs (weil sein Aroma zu sehr dominiert).

Was nach meinem Geschmack neben Fisch unbedingt hineingehört, sind Meeresfrüchte und Krustentiere; also Muscheln, Garnelen, Krebse, Langustinen, Tintenfische – es müssen nicht alle Sorten sein, aber wenn Muscheln fehlen, ist die Suppe nicht komplett.

1 Die Muscheln unter fließendem kalten Wasser abbürsten, in eine Pfanne mit kochendem Wein werfen, Deckel drauf: Nach 2 Minuten öffnen sich die Schalen. Abgießen, die Muscheln aus den Schalen lösen, beiseite stellen.

2 Schalentiere von ihrem Panzer befreien, Fischfilets und Tintenfische in kleinere Stücke schneiden.

3 Die Tomaten überbrühen und enthäuten, die Gemüse putzen, waschen und in Stücke bzw. Scheiben schneiden (nur das Weiße der Lauchstange und nur das Ende der Frühlingszwiebeln). Die Gemüse in einem großen Topf in heißem Olivenöl unter Rühren anbraten, ein Glas Weißwein angießen, mit gemörserten Chilis und Safran würzen, salzen, gehackten Ingwer und einige Fetzen Orangenschale zugeben. Anschwitzen, mit Wasser aufgießen und 15 Minuten kochen lassen.

4 Alle Fischstücke etc. hineingeben, die Hitze herunterschalten und bei ca. 70 Grad einige Minuten ziehen lassen (nicht kochen!). Sorgfältig abschmecken (mit Salz, Pfeffer, Pastis, Knoblauch etc.). Dazu Stangenbrot. Wenn diese Suppe Hauptgang sein soll, kann man sie mit vorgekochten, gewürfelten Kartoffeln oder Fenchel anreichern. Ganz wichtig ist der abschließende Guss Olivenöl in die Teller.

Vor- und Zwischengerichte

Bunte Gemüsesuppe

Für 4 Personen:

ca. 1 kg junges frisches Gemüse (Karotten, Lauch, grüne Bohnen, Kartoffeln, Sellerie, Spargel, Erbsen, usw.),
Olivenöl,
1 l Hühner-(Rinder)brühe,
Schinken- oder Speckschwarte,
Salz, Parmesan

(evtl. Morcheln)

Menüvorschlag:

Gemüsesuppe, Schellfisch mit Senfsauce (Seite 201), Rhabarber-Ingwer-Quark (Seite 434)

Dazu passt Silvaner.

Ursprünglich ernährten sich vor allem die Armen von Suppen. Das hat sich geändert. Wir essen immer noch Suppen, und wir essen sie gern. Im Winter wärmt uns eine heiße Linsensuppe, für den Sommer haben wir kalte Gemüsesuppen von großer Delikatesse erfunden. Ohne Suppen ginge es den Dosenfabrikanten schlecht, und wir Fernsehzuschauer wären um die dämlichsten aller Werbespots gebracht.

Mit Vergnügen kochen wir unsere Suppen selber und richten uns dabei nach den Jahreszeiten. Bei der folgenden bunten Gemüsesuppe macht schon die Vorbereitung Freude: frische Karotten, grüne Bohnen, junger Lauch, Kartoffeln, Sellerie, Spargel grün und weiß, enthülste Erbsen, von mir aus auch der elende Brokkoli (wenige Röschen!) und enthäutete (!) Saubohnen – kurzum alle Gemüse, die im Frühsommer am Markt sind.

1 Die Gemüse putzen und in Stücke schneiden. Junge, kleine Kartoffeln muss man die nicht einmal schälen, sondern nur waschen und bürsten. Nur die köstlichen Saubohnen machen Mühe. Man muss sie kurz blanchieren, dann flutschen die Kerne auf Fingerdruck leicht aus der dicken Haut.
Sehr verfeinert wird die Suppe durch getrocknete Morcheln, die man erst einweichen muss.

2 Die bunte Gemüsepracht wird in einem großen Topf in Olivenöl unter ständigem Rühren so vorsichtig angebraten, dass nichts anbrennt oder braun wird.

3 Nach ungefähr 10 Minuten mit der Brühe aufgießen, salzen und gar kochen. Eine Schinken- oder Speckschwarte darf mit in den Topf.
In den fertigen Teller kommt ein kräftiger Guss fruchtigen Olivenöls, und geriebener Parmesan verstärkt die Erinnerung an den letzten Urlaub.

Vor- und Zwischengerichte

Gazpacho

Für 8 Personen:

1 l Hühnerbrühe,
2 mittelgroße Gurken,
6 mittelgroße Tomaten,
1 große Zwiebel,
1 große grüne Paprikaschote,
4 Knoblauchzehen,
4 Tassen Weißbrotkrumen ohne Rinde,
1/4 Tasse Sherry-Essig (oder Rotweinessig plus Balsamico),
1 EL Tomatenmark,
6 EL Olivenöl,
Butter, Pfeffer, Salz

Für die Garnierung:

1 gr. Tasse geröstete Weißbrotwürfel,
2 Schalotten,
1 kleine gelbe Paprika,
1 kleine Gurke,
2 Tomaten

Dazu passt trockener Sherry.

Aus dem sommerheißen Andalusien stammt diese kalte Gemüsesuppe als Gegenstück zur französischen Lauch-Kartoffelsuppe »Vichyssoise« (Rezept Seite 51) und der deutschen Buttermilchsuppe (Seite 43).
Traditionell wurde die Gazpacho mühevoll mit Hilfe eines Mörsers hergestellt, heute nimmt man dazu den Mixer. Entscheidend für die Feinheit dieser aus einfachen Zutaten bestehenden Suppe ist eigentlich die Qualität des Sherry-Essigs, aber es geht auch mit Rotweinessig und einem Schuss Balsamico – an heißen Tagen ist die leichte Gazpacho wunderbar erfrischend.

1 Die Tomaten mit kochendem Wasser überbrühen, enthäuten, entkernen und in grobe Stücke schneiden. Gurken schälen, entkernen und in Stücke schneiden. Zwiebel und Knoblauch schälen und zerkleinern. Paprika halbieren, von Kernen und Stegen befreien, das Fleisch in Streifen und anschließend in Würfel schneiden.

2 Alles mit den Weißbrotkrumen mischen und im Mixer pürieren, Essig, Olivenöl, Tomatenmark hinzufügen und mit Salz und Pfeffer kräftig würzen. Mit Hühnerbrühe auffüllen und für mindestens 4 Stunden – oder über Nacht – in den Kühlschrank stellen.

3 Die Garnierung vorbereiten: Schalotten schälen und in winzige Würfel schneiden, Paprika, Gurke und Tomaten entkernen und etwas größer würfeln. Weißbrot entrinden und in Würfel schneiden. Alles in Schälchen bereitstellen.

4 Den jetzt gut gekühlten Gemüsebrei umrühren und noch einmal kräftig abschmecken. Kurz vor dem Servieren die Weißbrotwürfel vorsichtig in einer Pfanne in Butter anrösten; sie verbrennen sehr schnell. In eine Schale füllen. Die Gazpacho in Suppenteller füllen und die Schälchen zur Selbstbedienung dazu auf den Tisch stellen: Erst von den Gemüsewürfeln und zum Schluss von den Weißbrotwürfeln etwas über die Suppe streuen.

Vor- und Zwischengerichte

Gemüsebouillon mit Klößchen

Für 4 Personen:

750 g mageres Suppenfleisch,
4 Markknochen,
2 Stückchen Ochsenschwanz,
2 Schalotten,
2 Lauchstangen,
6 Karotten,
1 Stck. Sellerie,
1 Petersilienwurzel,
2 EL Butter,
1 TL Tomatenmark,
Pfeffer, Salz

Für die Klößchen:

65 g Butter,
65 g Instantmehl,
3 Eier,
Muskat, Salz,
Cayennepfeffer

Menüvorschlag:

Gemüsebouillon,
Quiche mit Steinpilzen (S. 145),
Portweinpflaumen (S. 398)

Hinter der harmlosen Bezeichnung Gemüsebouillon verbirgt sich eine gehaltvolle Rindsbrühe, wie sie in den Zeiten der Hochleistungsesser üblich war, als das Gesottene einen wichtigen Platz in den Küchen der Bürger einnahm. Auch die Herstellung eines Brandteigs gehörte früher zur fast täglichen Praxis der Hausfrau. Mithin haben wir es hier mit einem klassischen Beispiel der guten alten Küche zu tun.

1. Den Brandteig für die Klößchen herstellen: 1/8 l Wasser mit der Butter und etwas Salz langsam zum Kochen bringen, bis die Butter geschmolzen ist. Topf vom Feuer nehmen und mit einem Schneebesen schnell das Mehl einrühren, bis sich ein Kloß bildet, der sich zäh vom Topfboden löst. In eine Porzellanschüssel füllen und die Eier eins nach dem anderen einrühren. Mit Salz, Pfeffer und Muskat abschmecken. Es sollte ein nicht zu weicher, glatter Teig entstanden sein. Kalt stellen.

2. Die Gemüse putzen und waschen, 1 Karotte und das Weiße einer Lauchstange für die Julienne zurücklegen, alle übrigen Gemüse zerkleinern und in 2 EL Butter anschwitzen. Salzen, pfeffern und 1 TL Tomatenmark zugeben. Mit 1 1/2 l Wasser auffüllen, die Markknochen, das Suppenfleisch und die Ochsenschwanzstücke hinzufügen, umrühren und für knapp 2 Stunden leise köcheln lassen.

3. Die zurückbehaltene Karotte und die Lauchstange in feine Streifen (Julienne) oder Würfel schneiden.

4. Die Brühe durch ein Sieb gießen; abschmecken. (Man kann auch das Fleisch parieren, in kleine Würfel schneiden und in die Brühe geben.)

5. Die Julienne hinzufügen. Mit zwei Teelöffeln 12 bis 16 kleine Klößchen aus dem Kloßteig stechen und in der Bouillon ca. 15 Minuten ohne Deckel leise ziehen lassen. (Mit Deckel würden die Klößchen riesig aufgehen.)

Geeiste Buttermilchsuppe

Für 4 Personen:

1 l Buttermilch,
4 EL zerkleinerter Pumpernickel,
12 Kirschtomaten,
1 daumengroßes Stück Ingwer,
Basilikum,
Pfeffer, Salz

Menüvorschlag für ein Mahl aus deutschen Landen:

Geeiste Buttermilchsuppe,
Königsberger Klopse (Seite 312),
Pflaumenquark (Seite 398)

Zur Suppe passt ein Silvaner mit Restsüße.

Buttermilch ist nicht nur ein erfrischendes Getränk an heißen Sommertagen, als kalte Suppe lässt sie sich in ein überraschendes Vorgericht verwandeln. Die Herstellung ist kinderleicht, sofern man weiß, wie eine frische Ingwerwurzel gerieben und wie Pumpernickel geschrotet wird.
Wer jedoch glaubt, diese Suppe sei etwas für die Kinderküche, der sollte erst einmal probieren: Sie schmeckt nicht weniger als raffiniert! Die Süße der Tomaten, der exotisch-scharfe Ingwer, der liebliche Pumpernickel und das herbe Basilikum sind ein großartiger, bunter Cocktail meiner Sommerküche.

1. Das etwa daumengroße Stück Ingwer auf einer Muskatreibe reiben. Das dauert ein wenig, aber wiederum nicht allzu lange, wenn der Ingwer frisch und saftig ist. Doch aufgepasst: In der Ingwerwurzel sind haardünne Fasern! Die bleiben auf der Reibe, und ich achte darauf, dass sie nicht in die Suppe geraten. Insgesamt brauche ich für 4 Portionen 2 TL Ingwerbrei.

2. Wie man Pumpernickel schrotet, weiß ich nicht. Ich nehme mein großes Kochmesser und bearbeite zwei Scheiben Pumpernickel, als wär's Petersilie. Ich brauche 4 EL Krümel vom Pumpernickel.

3. Pro Person 3 Kirschtomaten halbieren und ein paar Basilikumblätter zerzupfen.

4. Ingwer und Buttermilch mit dem Elektroquirl schaumig schlagen. Den Pumpernickel hineinrühren, mit Pfeffer und Salz würzen. In kleine Schälchen oder Suppenteller füllen und in jede 6 halbe Kirschtomaten legen und mit dem Basilikum überstreuen.

Vor- und Zwischengerichte

Gurkensuppe mit frischem Lachs

Für 4 Personen:

2 Schlangengurken,
500 g frischer Lachs,
3/4 l Hühnerbrühe,
100 g Sahne,
1 EL feingehackter Dill,
Curry, 1/2 Zitrone,
Butter,
Salz

Vorschlag für ein Festmenü:

Gurkensuppe, Kalbsrückenbraten mit safranisiertem Blumenkohl (Seite 304), Orangenparfait mit Mandelkuchen (S. 427)

Diese Suppe vereint Wohlgeschmack mit Schönheit. Hellgrün und rosa ist nun einmal eine hübsche Farbzusammenstellung. Und was ihren Geschmack angeht, so gehört die Gurkensuppe ganz eindeutig in jene Kategorie von Delikatessen, die man gemeinhin nur in feinen Restaurants findet.

1 Die Gurken schälen, halbieren und die Kerne herauskratzen. In lange, schmale Streifen und dann in kleine Würfel schneiden.

2 1 EL Butter in einem Suppentopf heiß werden lassen, darin die Gurkenwürfel anschwitzen, mit der Hühnerbrühe aufgießen und gar ziehen lassen, was zirka 10 Minuten dauert. Abschmecken; evtl. etwas nachsalzen.

3 Das Stück Lachs sorgfältig enthäuten, dabei die dunklen, eher tranigen Stellen sowie die weißlichen, fettdurchzogenen Seitenlappen entfernen, das Lachsfleisch dann in dünne und kurze Streifen oder Stücke zerlegen, welche klein genug sein sollen, damit sie später beim Essen nicht über den Löffelrand hängen.

4 4 EL Gurkenstücke aus der Suppe fischen, den Rest im Topf mit dem Mixer pürieren. Die intakten Gurkenstücke wieder zurück in den Topf, die Sahne und den Saft der halben Zitrone dazugießen. Salzen. Mit ungefähr 1/2 TL Curry abschmecken. Den gehackten Dill einstreuen. Aber nicht so viel Dill! Er ist sehr penetrant, und ein Lachs ist schließlich kein Aal.

5 3 Minuten vor dem Servieren die Lachsstücke in die heiße Suppe legen, die nicht kochen darf. 3 Minuten brauchen sie, länger nicht!

Dazu passt weißer Burgunder.

Vor- und Zwischengerichte

Hühnersuppe mit Morcheln

Für 4 Personen:

1 Suppenhuhn,
Suppengemüse
(Lauch,
Karotte, Zwiebel,
Lorbeerblatt und
Selleriestück);
Cayennepfeffer,
Muskatblüte (Macis)

Für die Einlage:

1 Stange Lauch,
2 Karotten,
200 g frische
Erbsen,
200 g Kartoffeln,
12 mittelkleine
getrocknete
Morcheln

Menüvorschlag als sommerliches Essen:

Hühnersuppe,
Schellfisch in
Senfsauce
(Seite 201)
Erdbeerparfait
(Seite 424)

Dazu passt Chardonnay.

Diese Hühnersuppe unterscheidet sich in der Grundsubstanz wenig von anderen Gemüsesuppen mit Einlage; den Unterschied machen andere Gewürze und andere Zugaben.
Letztlich sind es die Morcheln mit ihrem eigentümlichen Geschmack, die dieser klaren Gemüsebouillon den Hauch von Luxus verleihen, für den im Winter die Trüffeln zuständig sind.

1. Am Vortag das Huhn in Salzwasser zusammen mit dem üblichen, in Stücke geschnittenen Suppengemüse ungefähr 2 Stunden sanft kochen.

2. Das Huhn total enthäuten und das Fleisch von den Knochen lösen, den Hauptteil davon für ein anderes Gericht verwenden (Hühnersalat oder Reisgericht), nur einige Stücke für die Suppe abzweigen. Die Brühe über Nacht in den Kühlschrank stellen.

3. Die Morcheln können auch schon am Vortag vorbereitet werden: 2 Stunden in Wasser einweichen, Morcheln ausdrücken, in eine Pfanne legen, mit Einweichwasser auffüllen (Vorsicht: Sand!), leicht salzen und mit einem guten Schuss Portwein für mindestens 30 Minuten einkochen, bis die Morcheln fast alle Flüssigkeit aufgesogen haben.

4. Am nächsten Tag die Fettschicht bzw. den Fettdeckel von der Hühnerbrühe sorgfältig entfernen, damit die Bouillon klar und fettlos ist. Erhitzen und mit Salz, Cayenne und Muskatblüte würzen.

5. Lauch, Kartoffeln und Karotten putzen, in sehr kleine Würfel schneiden und zusammen mit den Erbsen 10 - 15 Minuten in der Suppe kochen. Pro Person einige der am Vortag vorbereiteten Morcheln zugeben und servieren.

Vor- und Zwischengerichte

Karottencreme mit Ingwer

Für 4 Personen:

500 g Karotten,
3/4 l Hühnerbrühe oder Fleischbrühe,
1 Schalotte,
20 g Butter zum Andünsten,
1/2 – 1 EL Zucker,
1 pflaumengroßes Stück Ingwer,
100 g Crème fraîche,
100 g Sahne,
1 TL Curry,
2 TL Tomatenmark, Salz

Menüvorschlag:

Karottencrème,
Seeteufel mit Gemüsevinaigrette (S. 90),
Crêpes Suzette (S. 391)

Zur Creme passt Grauburgunder.

Im Süden Deutschlands heißen sie Karotten, im Westen und Norden Möhren, aber wie man sie auch bezeichnet, es gehört Glück dazu, solche mit ausgeprägtem Geschmack zu finden, ganz gleich, ob es sich um Bio- oder andere Ware handelt.
Findet man sie, sollte man zum nächsten Hauptgericht unbedingt glasierte Karotten planen (S. 363) oder als Vorspeise eine Karottencreme mit Ingwer servieren.

1 Die Schalotte und das Stück Ingwer schälen, erstere in kleine Würfel, den Ingwer in winzige Partikel schneiden.

2 20 g Butter in einer etwas größeren Kasserolle heiß werden lassen und die Schalottenwürfel für 10-15 Minuten leise anschwitzen (nicht bräunen!).

3 Die Karotten waschen, schälen und in Scheiben schneiden. Zu den Zwiebeln in die Kasserolle geben, etwas mitdünsten, den Zucker einstreuen, mit ungefähr zwei Dritteln der Hühnerbrühe auffüllen, salzen, und in 10-15 Minuten weich köcheln.

4 Die Karotten mit dem Mixstab pürieren und das Karottenpüree auf die richtige Konsistenz prüfen. Ist es zu dicklich, noch etwas oder den Rest der Hühnerbrühe nachgießen.

5 Die Sahne und die Crème fraîche zugeben und etwas einkochen lassen.

6 Mit Tomatenmark, Curry, weißem Pfeffer und Salz abschmecken. Karotten und Ingwer sollten deutlich hervortreten, vom Curry sollte nur ein Hauch zu ahnen sein. Mit dem Mixstab etwas aufschäumen und sofort servieren.

Dazu passen Fleurons aus Blätterteig (siehe Seite 285) oder knuspriges Käsegebäck.

Kartoffelsuppe(n)

Was wäre unsere Küche ohne die gute alte Kartoffel. Als Suppe ist sie herz- und magenwärmend, als pürierte Kartoffelsuppe regt sie den Erfindungsgeist der Köche an, und wegen ihrer einfachen Zubereitung gehört sie zu den Suppen, deren Variationsmöglichkeiten dem Laien die Feine Küche näherbringt. Denn vom Räucherfisch bis zur Currypaste läßt sich diese Suppe originell verfeinern.

Für 4 Personen:

Für die Grundsuppe:

175 g geräucherter Bauchspeck (ohne Knorpel, mit Schwarte)
300 g Kartoffeln,
2 Schalotten,
1 Stange Lauch,
1 Karotte,
1 kl. St. Sellerie,
3/4 l Fleisch- oder Hühnerbrühe,
1/4 l Sahne,
Cayennepfeffer,
Meersalz

Menüvorschlag für ein leichteres Abendesen:

Kartoffelsuppe mit Einlage, besoffene Kirschen in Eierkuchen (S. 388)

Dazu passt Bier.

1 Die Schwarte vom Speck schneiden und den Speck kleinwürfeln.

2 Kartoffeln und Schalotten schälen und ebenfalls würfeln.

3 Die Speckschwarte in einer Kasserolle ausbraten, die Speckwürfel zugeben und mit anbraten.

4 Die Kartoffel- und Schalottenwürfel in den Topf geben, alles umrühren und mit Fleisch- oder Hühnerbrühe auffüllen. Einmal aufkochen und bei geringer Hitze 30 Minuten köcheln lassen.

5 Inzwischen das geputzte Gemüse in Stücke schneiden; vom Lauch nur den weißen und hellgrünen Teil verwenden. Die Schwarte aus dem Topf nehmen, das Gemüse hineingeben und alles bei kleinster Hitze noch 15 Minuten köcheln lassen und dann pürieren.

6 Die Sahne zugeben, wenig salzen, kräftig pfeffern und unter Rühren aufkochen lassen. Abschmecken.

Nun kommen die vielfältigen Gestaltungsmöglichkeiten, entweder durch Einlagen oder Gewürze oder beides: Besonders delikat sind Stücke von Räucherfisch (Forelle, Renke, Saibling, Aal), aber auch angebratene Blutwurstwürfel, Scheibchen von Salami oder Chorizo sind möglich. Raffinierter wird die Suppe noch durch gemahlenen Kümmel oder 1 Prise Cayenne oder Safran, und ein ganz neuer und delikater Charakter entsteht durch die Verwandlung in eine milde oder scharfe Currysuppe.

Vor- und Zwischengerichte

Knoblauchsuppe

Für 4 Personen:

1,5 l Wasser,
12 – 20 Knoblauchzehen,
3 Salbeiblätter,
1 Lorbeerblatt,
Muskat, Salz,
schwarzer Pfeffer,
3 Eigelb,
3 EL Olivenöl,
4 Scheiben Brot,
z.B. geriebener Pecorino

Menüvorschlag:

Knoblauchsuppe, Kalbsnieren in Senfsauce (Seite 300), Quark und Melone (Seite 433)

Zur Suppe passt kühler Côte-du-Rhone.

Wie rustikal darf ein Gericht sein, dass es dennoch auch in einem Feinschmeckermenü seinen Platz haben kann? Ich meine, wenn die Produkte von erster Qualität sind und ein intelligenter Koch sich ihrer annimmt, kann auch eine Knoblauchsuppe eine Delikatesse sein.

Es ist eine lebensrettende Suppe einfachster Art. Keine Bouillon, keine Sahne; fast ein richtiges Krankensüppchen. In Zeiten großen Hungers weiche ich altbackene Brotscheiben zusammen mit Reibkäse, vorzugsweise vom Schaf oder von der Ziege, in Olivenöl ein. Die lege ich in die Teller und fülle mit der Knoblauchsuppe auf. Da werden selbst verkaterte Neurastheniker wieder lebenslustig!

1 12 dicke oder 20 kleinere Knoblauchzehen enthäuten und zusammen mit Salz, schwarzem Pfeffer, den Salbeiblättern, dem Lorbeerblatt und einer Prise Muskat in dem Wasser solange kochen, bis die Knoblauchzehen durch und durch weich sind. Das dauert ungefähr 30 Minuten. Dann die Blätter herausfischen und die Suppe durch ein Sieb streichen und dabei den Knoblauch mit einem Holzlöffel durch das Sieb pressen.

2 In einer Schüssel die 3 Eigelb mit den 3 EL Olivenöl vermischen. Eine Tasse der heißen Suppe hineinrühren und die Mischung zurück in die Knoblauchbrühe gießen, welche nun nicht mehr kochen darf.

3 Die in Olivenöl eingelegten und mit dem Käse bestreuten Brotscheiben in die Teller legen und die Suppe drumherum gießen.

Kürbiscreme – 2 Varianten

Für 4 Personen:

Grundsuppe:

1 Kürbis von ca. 1 kg,
3/4 l Hühnerbrühe,
Pfeffer, Salz

Variante 1:

1 Becher Sahne,
1 Stück Ingwer,
Thai-Curry,
Zitronensaft,
Salz, Pfeffer,
Crème fraîche

Variante 2:

2 Schalotten,
200 g Crème fraîche,
Olivenöl,
Balsamico,
Pfeffer, Salz,
100 g Brousse oder Fetakäse

Menüvorschlag:

Kürbiscreme,
Lachsforelle mit Limonen (Seite 190),
Walnussparfait (Seite 427)

Zu den Suppen passt trockener Weißburgunder.

Im Spätsommer und Herbst gehört eine Kürbissuppe zum Standardprogramm aller besseren Restaurants. Da sie schon mit Salz und Pfeffer ihren Eigengeschmack recht gut entwickelt, existieren nicht viele Versionen dieser Suppe. Meist genügen schon geröstete Weißbrotwürfel, um den Anspruch an Originalität zu erfüllen.

Meine Variante 1 verfeinert die Creme mit Ingwer und Curry; Variante 2 basiert auf den Aromen der Provence: Das Olivenöl aus dem Vallée des Baux gehört zu den besten und Brousse ist ein dort bekannter Schafsquark.

Den Kürbis vierteln, das weiche Innere herauskratzen, schälen und kleinschneiden. In der Hühnerbrühe in ca. 15 Minuten weichkochen. Mit dem Schaumlöffel herausheben und in wenig Brühe pürieren. Dabei verwandelt sich der Kürbis in einen gelben Brei. Soviel von der Brühe zugeben, bis eine sämige Konsistenz erreicht ist.

Für **Variante 1** mit Ingwer und Curry den Becher Sahne hinzugießen, erhitzen, mit Salz und Pfeffer würzen, abschmecken. Ein pflaumengroßes Stück Ingwer zu einem Brei reiben und in die Suppe rühren. Zusätzlich zur süßlichen Schärfe des Ingwer mit etwas grünem Thai-Curry würzen und abschmecken. Einige Tropfen Zitronensaft hinzufügen, oder aber – wenn die Suppe bereits im Teller ist – einen Klacks Creme fraîche in die Mitte des Tellers setzen.

Für die **Variante 2** die feingehackten Schalotten in wenig Olivenöl sanft glasig schwitzen, mit dem Kürbisbrei auffüllen, 200 g Crème fraîche unterrühren, mit Salz, schwarzem Pfeffer sowie einigen Tropfen Balsamico würzen. Kurz durchkochen lassen und abschmecken.

Den Brousse leicht salzen und davon 1/2 EL in jeden Teller geben (ersatzweise zerkrümelter Fetakäse). Darüber die Suppe gießen und darauf sehr fruchtiges Olivenöl, mindestens 1 EL pro Teller. In der heißen Kürbiscreme entwickelt sich das Aroma des Öls besonders gut. Es ist der Duft der Provence!

Vor- und Zwischengerichte

Krebssuppe

Als unsere Flüsse und Bäche noch nicht durch Chemie verpestet waren, lebten darin nicht nur Fische, sondern auch Krebse in großer Zahl. Damals war ein Krebsessen überhaupt nichts Besonderes. Heute werden sie mühsam in Bassins gezüchtet und sind entsprechend rar und teuer.
Man kann die Suppe nur aus den Panzern herstellen, etwa als Geschmacksanreger für das anschließende Krebsessen (siehe Seite 80), und sie gelingt ebenso mit den Panzern von Hummern, Langusten oder Garnelen.

Für 4-6 Personen:

8-12 lebende Flusskrebse,
1 Stange Lauch,
1 Karotte,
1 Schalotte,
1 Zweig Dill,
1 l Hühnerbrühe,
0,1 l Noilly Prat,
30 g Butter,
150 g Sahne,
50 g Crème fraîche,
2 TL Tomatenmark,
Cayennepfeffer,
Meersalz (fleur-de-sel)

Vorschlag für ein festliches Menü:

Krebssuppe,
Salat von Keniabohnen (S. 29),
Taube pur (S. 265),
Crème caramel (Seite 409)

Zur Suppe passt Riesling.

1 Die Krebse für eine gute Stunde im Wasser einer Wanne sich selbst säubern lassen. Dann jeweils 3-4 auf einmal in einen großen Topf mit sprudelnd kochendem Salzwasser geben, nach 2 Minuten mit dem Schaumlöffel herausheben und in sehr kaltem Wasser abschrecken. Schwänze und größere Scheren aufbrechen und das Fleisch herauslösen. Beiseite stellen.
Alle Krebsschalen im Mörser zerstoßen.

2 Karotte und Schalotte schälen und in feine Scheiben schneiden, Lauchstange waschen, Wurzel und dunkelgrünen Teil entfernen, den Rest ebenfalls in Scheiben schneiden. Den Dillzweig grob hacken.

3 In einer Kasserolle die zerstoßenen Krebspanzer in Butter anrösten, bis sie gut rot sind, die kleingeschnittenen Gemüse zugeben und anziehen lassen, das Tomatenmark einrühren und mit dem Noilly Prat ablöschen. Mit der Hühnerbrühe aufgießen, mit Salz und Cayennepfeffer würzen und 20 Minuten köcheln lassen. Alles durch ein Sieb gießen und den Sud um zwei Drittel einkochen.

4 Nun die Sahne und die Crème fraîche zugeben, noch einmal etwas einkochen und abschmecken – die Suppe sollte einen sehr würzigen Geschmack haben. Falls nötig, mit Salz, Cayennepfeffer und etwas Noilly Prat nachwürzen.
Die Krebsschwänze in Scheiben schneiden, in der Suppe etwas aufwärmen und mit Stangenbrot sofort servieren.

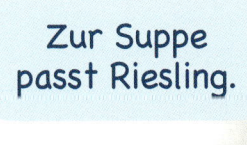

Vor- und Zwischengerichte

Lauch-Kartoffelsuppe – Vichyssoise

Für 4 Personen:

300 g Kartoffeln,
4 Stangen Lauch,
1 mittelgroße Zwiebel,
1 EL Butter,
1 l Hühnerbrühe,
1 Becher Sahne,
Salz, weißer Pfeffer,
Petersilie

Vorschlag für ein hochsommerliches und leichtes Festessen:

Vichyssoise, Lachshäppchen à la Outhier (Seite 83), Taubenbrust mit Safran (Seite 266), Crème caramel (Seite 409)

Zur Suppe passt ein Sancerre.

Statt Petersilie passen auch in Butter geröstete Weißbrotwürfel.

In den zwanziger Jahren des letzten Jahrhunderts erfand Louis Diat als damaliger Küchenchef des Ritz-Carlton-Hotels in New York die kalte Version der »potage Parmentier«: die »vichyssoise glacé«. Es ist die Lauch-Kartoffelsuppe für den Hochsommer, denn sie wird eiskalt gegessen.

An der Rezeptur dieses Klassikers hat sich bis heute nichts geändert. Tatsächlich ist die Kombination von gekochtem Lauch und gekochten Kartoffeln so ideal wie sonst etwa Parmesan und Spaghetti.

1. Den weißen Teil von 4 Lauchstangen in dünne Ringe schneiden. Die Kartoffeln und die Zwiebel schälen und in kleine Würfel schneiden.

2. Lauch und Zwiebel werden in 1 EL Butter angeschwitzt und solange gedünstet, bis sie weich sind. Sie dürfen aber auf keinen Fall Farbe annehmen! Also behutsam mit der Hitze umgehen und oft umrühren!

3. Sodann werden die Kartoffeln hinzugefügt und alles mit 1 Liter klarer, entfetteter Hühnerbrühe aufgefüllt. Kochen lassen, bis die Kartoffeln weich sind (ca. 30 Minuten).

4. Lauch und Zwiebeln werden inzwischen zerkocht sein. Zusammen mit den Kartoffeln pürieren und alles durch ein Sieb drücken. Die so entstandene Suppe sollte etwas sämig sein. Ist sie noch dünnflüssig, etwas einkochen. Dann den Becher Sahne zugeben und wieder etwas einkochen. Nun endlich auch abschmecken: nur Salz und weißer Pfeffer aus der Mühle.

5. In den Kühlschrank stellen, damit die Suppe am nächsten Tag eiskalt serviert werden kann. Sie sollte sehr sämig sein, wozu Gemüse und Sahne ihren konstruktiven Beitrag leisten. Mit Petersilie bestreuen.

Lauch-Kartoffelsuppe mit Frischkäse

Einen Klassiker der Hausmannskost kann man diese Lauch-Kartoffelsuppe nennen, in ihrer Einfachheit kaum zu übertreffen. Gleichzeitig aber ist die geschmackliche Kombination von Kartoffel und Lauch so delikat, dass man ihr als elegantem Süppchen mit Einlage in vielen Feinschmeckerrestaurants wiederbegegnet. Die folgende Version ist bürgerlich mit einem mediterranen Einschlag.

Für 4 Personen:

Je zwei Hände voll Kartoffelwürfel und Lauchscheiben;
2 EL Butter,
1 Lorbeerblatt,
Knoblauch nach Belieben;
1 zerstoßene Chilischote; Salz;
4 Tomaten;
4 EL Frischkäse (abgetropfter Schichtkäse bzw. Topfen), Olivenöl, Basilikum

1 Festkochende Kartoffeln schälen und in kleine Würfel schneiden.

2 Von den Lauchstangen Wurzeln und dunkelgrünen Teil abschneiden, von der grünen Seite zweimal bis zur Mitte des weißen Teils einschneiden, so dass sie wie ein Besen mit Stiel aussehen. So lassen sie sich am besten waschen. Auf einem Brett in dünne Scheiben bzw. Stücke schneiden.

3 Kartoffelwürfel und Lauch in einem Suppentopf in Butter leicht anschwitzen. Dabei salzen und die zerstoßene Chilischote zugeben sowie das Lorbeerblatt und beliebig viele enthäutete Knoblauchzehen.

4 Alles vermischen, mit Wasser aufgießen, zum Kochen bringen und ungefähr 15 bis 20 Minuten köcheln lassen, bis die Gemüse gar sind.

5 Während dieser Zeit die vier Tomaten mit kochendem Wasser überbrühen, die Haut abziehen und das Fleisch würfeln. Dieses Konkassée in die fertige Suppe geben; die Tomaten sollen nicht kochen, nur heiß werden. Noch einmal abschmecken, Kartoffeln brauchen viel Salz!

6 In die Mitte jedes Suppentellers je einen Esslöffel abgetropften Frischkäse (als Ersatz geht auch Hüttenkäse) legen. Darauf und drumherum die heiße Suppe gießen, ein paar zerrupfte Basilikumblätter darüberstreuen und dann – das ist der mediterrane Trick – einen kräftigen Guss Olivenöl von der fruchtigen Sorte hinein! Es duftet, als wäre eine Aromabombe explodiert. Den säuerlichen Frischkäse nicht verrühren, sondern als kalten Effekt zusammen mit der heißen Suppe essen.

Zur Suppe passt badischer Weißburgunder.

Menüvorschlag:

Lauch-Kartoffelsuppe,
Essighuhn (S. 230)
Bananensalat mit Ingwer (S. 407)

52 Vor- und Zwischengerichte

Lauch-Kartoffelsuppe mit Trüffeln

Für 4 Personen:

4 mittelgroße, festkochende Kartoffeln,
2 Stangen Lauch,
ca. 1 l Hühnerbrühe,
Olivenöl,
Butter, Salz,
schwarzer Pfeffer,
1 - 2 Trüffel(n)

Vorschlag für ein Festmenü:

Lachshäppchen Outhier (S. 83),
Lauch-Kartoffelsuppe mit Trüffeln,
Rehrücken à la Oma Kempchen (Seite 336),
Zitronenschaum (Seite 451)

Zur Suppe passt weißer Hermitage oder Chateauneuf-du-Pape.

Die Geschichte der Kochkunst ist auch und vor allem eine Geschichte der Suppen. Über Jahrhunderte bildete die Suppe als Eintopf die Hauptnahrung der Bevölkerung. Über dem Feuer hing der Suppenkessel, und in den wurde nacheinander hineingeworfen, was es an Essbarem gab. Inzwischen hat die Suppe sich weiterentwickelt – vom einfachen Sattmacher bis zur luxuriösen Feinschmeckersuppe gibt es sie in unendlich vielen Variationen.

Die nachfolgend beschriebene Suppe verbindet beides: Einfachheit und Luxus. Für vier Personen reicht schon eine Trüffel von der Größe eines Pingpongballs, aber es können natürlich auch mehr sein. Ob schwarz oder weiß, ist beim Trüffelpilz – im Gegensatz zum Pfeffer – egal. Das ist eine Geldfrage. Die weißen sind teurer. Gut schmecken sie beide.

1. Die Kartoffeln schälen und würfeln. Den Lauch waschen und das Weiße und Hellgrüne in Ringe schneiden.

2. In einem Topf mit schwerem Boden etwas Butter und Olivenöl erhitzen und darin die feuchten Gemüse angehen lassen. Salzen und mit der Hühnerbrühe (oder Bouillon) aufgießen.

3. Kartoffeln und Lauch ungefähr 15 bis 20 Minuten köcheln lassen, bis sie gar sind. Mit dem Eletroquirl einmal kurz in den Topf gehen, damit ein kleiner Teil der Gemüse sämig wird. Salzen und mit grob geschrotetem Pfeffer abschmecken.

4. Die Trüffel(n) bürsten, waschen, trocknen und über der fertigen Suppe hauchdünne Scheiben in den Topf oder über die Teller hobeln. Sehr praktisch ist dafür ein Trüffelhobel, mit dem man zum Beispiel auch Knoblauch hauchdünn über einen Salat oder auf Olivenöl-Toastbrot hobeln kann.

Vor- und Zwischengerichte

Linsensuppe püriert

Für 4 Personen:

250 g Linsen
»vertes du puy«,
1 l Hühnerbrühe,
1/4 l Sahne,
Olivenöl,
Cayennepfeffer,
Essig, Salz

Einlagen:

siehe Rezept

Menüvorschlag:

Linsensuppe,
Kalbskotelett
gefüllt (S. 296),
Ananaskompott mit
Ingwer (S. 404)

Zur Suppe passt halbtrockener Riesling.

Beim Wettkampf um die Sympathie des Hobbykochs gehören Linsensuppen an die erste Stelle. Zunächst einmal lassen sie alles mit sich geschehen, was man auch einer Erbsen- oder Kartoffelsuppe zumuten kann. Auch auf eine Essigbeigabe reagieren sie meist dankbar.

Vor allem aber gefällt es einer Linsensuppe, wenn man sie mit Sahne püriert. Mir gefällt das auch. Denn da habe ich einen weiten Spielplatz für meine Küchenfantasie. Angesichts der fast fertigen Suppe fällt jedem, der nicht gerade von der Tütensuppen-Fraktion übergelaufen ist, etwas ein. Aber was es auch ist, es sollte gewürfelt sein. Und man sollte sich stets den spannenden Gegensatz der Gewürze zunutze machen: also entweder die Linsen kräftig würzen und die Einlage sanft behandeln; oder umgekehrt.

1 Die Linsen braucht man nicht – wie früher – einzuweichen: In kochendem Salzwasser für 10 Minuten kochen lassen, in ein Sieb gießen, abspülen und erneut – diesmal in Hühnerbrühe – gar kochen.

2 Im Mixer pürieren, die Sahne hinzufügen und einmal aufkochen lassen. Mit Cayennepfeffer, Salz und wenig Essig würzen und abschmecken.

3 Wie bei der Kartoffel- oder Erbsensuppe gibt's auch hier für den fantasievollen Koch viele Gestaltungs- und Verfeinerungsmöglichkeiten:

Eine abschließende Zutat ist zunächst zerbröselter Ziegen- oder Schafskäse. Auch sollte der »Faden« oder Löffel Olivenöl nicht fehlen.

Eine gewürfelte und leicht gebratene Leber vom Kaninchen oder von der Ente ist eine andere Möglichkeit, diese bürgerliche Suppe in eine kleine Extravaganz zu verwandeln. Oder in Stücke geschnittene Garnelen oder oder ...

Bei roten Linsen (die genau so gekocht werden wie grüne, nur kürzer) machen sich geröstete Blutwurstwürfel sehr gut. Dabei immer auf den Gegensatz der Gewürze achten: Also entweder die Linsen kräftig pfeffern und die Einlage sanft behandeln; oder umgekehrt.

Minestrone

Für 4 Personen:

75 g halbfetter Räucher-(Schinken)speck,
4 Schalotten,
1/2 kg Kartoffeln,
1/2 kg Karotten,
1/2 Sellerieknolle,
1 Stück Fenchelknolle,
1 Zucchini,
2 Fleischtomaten,
6 Mangoldblätter,
1 kleiner Blumenkohl
2 Knoblauchzehen,
2 Cayennepfefferschoten, Thymian,
Olivenöl, Butter,
Salz, Parmesan

Menüvorschlag:

Minestrone,
Lachs mit Kräutern
(Seite 183),
Feigendessert
(Seite 411)

Zur Suppe passt Pinot grigio aus dem Friaul.

Gemüsesuppen mit südlichem, in diesem Fall mit italienischem Einschlag sind mir die liebsten. Es fehlt ihnen die teutonische Schwere, die Mehl-Speck- und-Schmalz-Komponente, die unsere Küche so undelikat und schwer verdaulich macht. Nichts ist einfacher – und billiger – als eine Minestrone, nichts erfreut den hungrigen Magen so wie diese Suppe, die als Vorspeise gedacht ist, aber auch ein leichtes Hauptgericht sein kann.
Unter den verschiedenen Versionen schätze ich diese besonders, vor allem dann, wenn ich vom Vortag noch safranisierten Blumenkohl übrig habe.

1 Falls keine Reste vom Vortag vorhanden sind, zuerst den Safranblumenkohl kochen (siehe Seite 304).

2 Die beiden Fleischtomaten kurz mit kochendem Wasser überbrühen, die Haut abziehen, Kerne entfernen und in Stücke schneiden.

3 Die übrigen Gemüse putzen und mehr oder weniger kleinschneiden: Die Schalotten in feinste Partikel, dann in größere Stücke, Scheibchen oder Würfel Sellerie, Karotten, Zucchini, Fenchel und Kartoffeln.

4 Den Räucherspeck in Stücken in Olivenöl anbraten, damit sein Aroma frei wird. Dazu die Gemüse geben: Zuerst die feingehackten Schalotten, dann die übrigen. Vom Fenchel wenig, auch von den Zucchini nicht viel. Doch reichlich Karotten, Sellerie und Kartoffeln sowie die Hälfte der Tomatenstücke. Die ungenauen Mengenangaben verraten, dass es hier nicht so genau darauf ankommt.

5 Alle Zutaten im ausgelassenen Speckfett andünsten, mit 1 Prise Thymian, 2 Cayennepfefferschoten und Salz würzen. Mit kaltem Wasser auffüllen, aufkochen und langsam garen lassen.

6 Währenddessen pro Portion 1 bis 1 1/2 Mangoldblätter ohne Strünke kleinhacken, in Butter andünsten, salzen. Den Rest Tomatenstücke sowie 2 durchgepreßte Knoblauchzehen und wahrscheinlich noch etwas Butter hinzufügen. Auf kleiner Flamme bei mehrmaligem Umrühren dünsten, bis das Gemüse zusammengefallen und gar ist, was nicht mehr als 6 bis 10 Minuten dauert.

7 Blumenkohl und die Mangold-Tomaten-Mischung kommen zum Schluss in die Suppe. Abschmecken, einen Schuss Olivenöl – als Würze – hineingießen, geriebenen Parmesan auf den Tisch stellen und dazu einen durstlöschenden Weißwein.

Vor- und Zwischengerichte

Normannische Muschelsuppe

Für 4 Personen:

ca. 500 g Fischfleisch und Fischabfälle,
16–24 Miesmuscheln,
das Weiße von
1 Lauchstange,
1 Karotte,
1 Zwiebel,
Butter,
1 Lorbeerblatt,
Weißwein,
2 Becher Sahne,
2 Eigelb,
Zitronensaft,
1/2 TL Safran,
Pfeffer, Salz

Stangenbrot

Menüvorschlag:

Normannische Muschelsuppe,
Poulet à l'Estragon
(Seite 260),
Crème caramel
(S. 409)

Es gibt fast so viele Fischsuppen, wie es verschiedene Fische gibt: Von der berühmten Bouillabaisse der Côte d'Azur bis zur Hamburger Aalsuppe, von der Dänischen Krabbensuppe bis zu den unzähligen Variationen der Chinesischen Küche. Das nachfolgende Rezept stammt aus der Normandie und wird auch Diepper Muschelsuppe genannt.

Auch diese köstliche Suppe wird nach dem gleichen Grundprinzip wie alle Fischsuppen zubereitet: Fischfleisch und -abfälle (also auch Köpfe, Haut und Gräten) von Meeresfischen (keine Heringe oder Makrelen; die sind zu streng im Geschmack) werden mit Gemüse angedünstet und zu einem Sud ausgekocht, der dann zur Suppe veredelt wird.

1 Das Weiße der Lauchstange, die geschälte Karotte und die enthäutete Zwiebel kleinschneiden und in einem größeren Topf in Butter andünsten. Salzen und pfeffern. Fischfleisch und -abfälle und 1 Lorbeerblatt auf das Gemüse legen und mit Wasser und Weißwein zu gleichen Teilen aufgießen, bis alles bedeckt ist. Kurz aufkochen und dann für 20 bis 30 Minuten leise köcheln lassen. Durch ein Sieb abgießen, etwas einkochen und beiseite stellen.

2 Die Muscheln in einem Durchschlag unter fließendem (!) kalten Wasser abduschen und evtl. abbürsten; schon vorher geöffnete oder beschädigte Muscheln nicht verwenden. Im großen Topf ganz wenig Salzwasser zum Kochen bringen, die Muscheln hineingeben, Deckel drauf und ein paar Minuten heftig kochen lassen; ab und zu rütteln. Die Muscheln sind gar, wenn sie sich geöffnet haben. Herausnehmen und auslösen. Den Muschelsud durch ein sehr feines Sieb oder ein Tuch in einen Topf gießen.

3 Die Hälfte des Fischsuds (ca. 1/2 l) und die Sahne hinzufügen; etwas einkochen. 2 Eigelb einrühren, aufkochen und abschmecken. Pfeffer? Salz? Zitrone? Auf jeden Fall 1/2 TL Safranpulver. Die Muscheln hinzufügen und einen Moment ziehen lassen. In Suppentassen servieren. Dazu Stangenbrot.

Zur Suppe passt Vouvray oder Sancerre.

Vor- und Zwischengerichte

Rote-Rüben-Suppe

Für 4 Personen:

4-5 frische Rote Bete,
3/4 l Hühnerbrühe,
2 EL Butter;
Saft von 1/2 Zitrone,
1 Msp. gemahlener Kümmel,
1 daumengr. Stück Meerrettich,
1/8 l Sahne,
1/8 l Rotwein,
1 kl. Stück Ingwer,
Pfeffer, Salz

(Crème fraîche)

Menüvorschlag:
Rote-Rüben-Suppe,
Tafelspitz mit Apfelkren (S. 348),
Topfenknödel mit Zwetschgensauce (Seite 402)

Zur Suppe passt Grüner Veltliner aus der Wachau.

Rote Bete heißen in Österreich Rote Rüben. Wir kennen sie meist aus dem Glas, gekocht, in Scheiben geschnitten und eingelegt in Zuckerwasser und Essig.

Ihren erdigen, typischen Geschmack entwickeln sie am besten, wenn man sie selber kocht und zu einer köstlichen Suppe verarbeitet, wie in diesem Beispiel aus der Wiener Beislküche (Beisln sind die traditionsreichen Wiener Gaststätten).

Der nicht von mir – wegen meiner Vorliebe für Ingwer – hinzugefügte, sondern auch im Originalrezept verwendete Ingwer verfälscht den Geschmack nicht, sondern verleiht der Roten Bete zusammen mit Zitronensaft, Kümmel und Meerrettich eine ungewöhnlich frische Delikatesse.

1 Die Rote Bete waschen, schälen und in kleine Stücke schneiden. Ingwer und Meerrettich schälen, aus der Hälfte des Ingwers kleine Streifchen schneiden (Julienne).

2 In einem Topf 2 EL Butter erhitzen und die Rote Bete darin ungefähr 5 Minuten anschwitzen.

3 Mit dem Rotwein ablöschen, mit 1/2 l Hühnerbrühe auffüllen, den Kümmel, das Stück Ingwer und Meerrettich dazugeben und die Rote Bete darin für 20-30 Minuten weichkochen.

4 Den Meerrettich herausfischen und wegwerfen, die weiche Rote Bete und das Stück Ingwer mit dem Schaumlöffel herausheben und in wenig von der Brühe pürieren.

5 Soviel von der Brühe zugeben, bis eine sämige Konsistenz erreicht ist, die Sahne hinzufügen, noch einmal aufkochen und mit Salz, Pfeffer und Zitronensaft abschmecken.

Vor dem Servieren einige rohe Ingwer-Streifchen in die Teller geben und mit der Suppe aufgießen. Man kann einen Klacks Crème fraîche in die Mitte setzen.

Vor- und Zwischengerichte

Provençalische Fischsuppe

Es gibt unendlich viele Fischsuppen auf der Welt, wahrscheinlich ändern sich Rezept und Name alle 100 Kilometer Küstenstreifen. Eine aber ist berühmter als alle anderen: die Bouillabaisse. Ihr hoher Preis erklärt sich oft durch den Hummer oder die Languste, die – neben anderen Fischstücken – in der Suppe serviert werden. Dabei gibt es kaum eine wirkungsvollere Methode, Hummer und Langusten zu ruinieren, als sie in einer kräftigen Fischsuppe zu kochen. Und nicht nur sie; auch die anderen Fischstücke sind in 9 von 10 Fällen durch zu lange Kochzeit trocken und geschmacklos, zudem sind sie aus dem Teller umständlich zu essen.

Unter einer guten Fischsuppe verstehe ich eine passierte Fischsuppe. Und unter diesen schmeckt mir die südfranzösische Version am besten. Das liegt weniger an den Mittelmeerfischen, die einen Teil der Suppe ausmachen; es liegt an den drei dominierenden Aromen: Safran, Pastis und Knoblauch. Es gibt wenige Suppen, die nicht nur den Gaumen und die Zunge des Essers entzücken, sondern sein gesamtes Wohlbefinden so angenehm beeinflussen, wie diese passierte Fischsuppe aus der Provence mit ihrer roten Pfeffermayonnaise. Man kann süchtig danach werden!

Für 4 Personen:

2 - 4 kg Fische und Fischreste (s. Pkt. 1),
1 Lauchstange,
2 Zwiebeln,
4 Tomaten, 1 Karotte,
1 Stückchen Sellerie,
1 Fenchelknolle,
3 Knoblauchzehen,
1/2 TL Safranfäden,
1/2 l Weißwein,
2 Stengel Thymian,
Salz oder Anchovis,
Olivenöl, Pfeffer,
2 - 3 EL Pernod

Für die Mayonnaise:

4 - 6 Knoblauchzehen,
2 Eigelb, Zitronensaft,
Paprika, Olivenöl,
Salz, Cayenne

1 Beim Fischhändler eine Mischung aus ganzen Fischen und Fischresten (Köpfe, Gräten, Häute) bestellen: Rougets bzw. Rotbarben, Rascasse usw., aber auch Seezungengräten und -häute, Lachskopf, Rotzunge, Seehecht oder Rotbarschfilets. Nur Makrelen, Heringe und Aale sowie Flußfische wie Forellen etc. sollten es nicht sein. Die Fische sollten geschuppt und ausgenommen sein, und wenn beim Fischhändler gerade kein Betrieb ist, alles mit Haut in Stücke schneiden lassen.

2 Das Gemüse putzen und in kleine Stücke schneiden, die Knoblauchzehen zerdrücken. Knoblauch und Tomaten brauchen nicht enthäutet zu werden, da alles später durch ein Sieb gedrückt wird.

3 In einem großen Topf mit schwerem Boden eine Tasse Olivenöl erhitzen und das Gemüse in dem heißen Öl anschwitzen, ohne dass es braun wird. Also ständig rühren. Dabei bereits mit Salz und Pfeffer sowie mit 2 Stengeln Thymian würzen. Sofern vorrätig, statt Salz kleingehackte Anchovis nehmen. Das Gemüse soll in diesem Frühstadium bereits ein kräftiges Aroma bekommen, weil Gewürze sich später im Wasser nicht so schön entwickeln wie jetzt im heißen Öl. Jetzt auch die 2 bis 3 EL Pastis zugeben sowie den 1/2 TL Safranfäden (oder -pulver).

4 Währenddessen 2 l Wasser aufsetzen und, wenn es kocht, in den Suppentopf schütten. Ob die Fischstücke erst jetzt ins Wasser gelegt werden oder bereits vorher mit dem Gemüse ein wenig mitgedünstet haben, scheint unwesentlich zu sein. Nun auch 1/2 l trockenen Weißwein hinzugießen. Die Fischstücke müssen bedeckt sein. Aufsteigenden Schaum abschöpfen und das Ganze ungefähr eine halbe Stunde ohne Deckel leise köcheln lassen, länger nicht. Fisch ist, im Gegensatz zu Fleisch, sehr schnell ausgekocht. Längeres Kochen würde der Suppe die Frische nehmen und eine gewisse Klebrigkeit bewirken.

Vor- und Zwischengerichte

5 Alles – in Etappen – durch ein großes Sieb passieren und dabei Fisch und Gemüse so gut wie möglich ausdrücken und wegwerfen. Die Suppe wieder auf den Herd stellen und abschmecken. Sie wird noch sehr fade schmecken; also nachsalzen und -pfeffern, aber das wird sicher nicht genügen. Vielleicht etwas Tomatenmark, etwas Safran, etwas Pastis, Paprika oder von allem etwas. Immer wieder probieren, bis die Suppe einen sehr kräftigen Geschmack hat.

6 Während Gemüse und Fisch leise vor sich hin geköchelt haben, war genügend Zeit für die Rouille. Sie ist eine Abart des *Ailloli*, und ohne sie ist eine passierte Fischsuppe nicht vollständig. Pro Person 1 bis 2 Knoblauchzehen im Mixer oder mit dem Schnetzelstab pürieren. 2 Eigelb schlagen, bis sie dick und weißlich sind, das Knoblauchpüree hineinrühren und dann, zunächst nur tropfenweise bei ständigem Rühren mit dem Schneebesen, das Olivenöl. Zwischendurch mittelscharfen Paprika – für die Farbe – hineinstreuen sowie Cayennepfeffer, einige Tropfen Zitronensaft und Salz.
Ganz wichtig: Eigelb und Olivenöl müssen so warm sein, wie Rotwein in schlechten Lokalen serviert wird! Sollte das Öl sich dennoch trennen, ein neues Eigelb in eine neue Schüssel geben und das mißglückte Produkt unter Schlagen hineintropfen. Die fertige Rouille sollte so steif sein wie Mayonnaise und so gewürzt, dass sie auch mit dem Teelöffel zu essen ist, ohne dass der Notarzt kommen muss.

7 Dazu gibt's geröstete Scheiben vom Stangenbrot. Man kann etwas Rouille auf die Scheiben kleckern und diese in die Suppe legen, man kann auch Rouille in seinen Teller rühren und das Brot dazu essen.

> Die provençalische Fischsuppe eignet sich sowohl als Vorspeise (z.B. vor einem Gericht mit Huhn), als auch als eigenständiges Essen.

> Die Suppe macht herrlichen Durst! Also ein nicht fruchtiger leichter Weißwein, etwa ein Muscadet von der Loire; mir würde auch ein frischer, gut gekühlter Roter aus der Provence dazu schmecken.

Spargelcreme

Für 4 Personen:

1 kg frischer Spargel, 1 l Hühnerbrühe,
100 g Butter,
2 Schalotten,
1 Eigelb,
200 g Sahne,
2 TL Orangenschale,
Cayennepfeffer,
1 Prise Curry,
Salz

evtl. Garnelen- oder Räucheraalstücke

Menüvorschlag:

Spargelcreme,
Saibling in Folie (Seite 89),
Mousse-au-chocolat (S. 420)

Zur Spargelcreme passt Sylvaner Kabinett aus Franken oder Rheinhessen.

Schon an anderer Stelle in diesem Kochbuch sind Rezepte genannt, die über den üblichen Spargel mit zerlassener Butter hinausgehen: Spargel mit Morcheln (Seite 151), Spargel mit Vinaigrette (Seite 35), Spargelflan mit roter Paprikasauce und gebratener Spargel mit Walnussöl (Seite 106).
Auch die eher traditionelle Spargelcreme läßt sich durchaus noch verfeinern: Ein Hauch von – kaum zu erahnendem – Curry gibt der fertigen Creme eine raffinierte Würze, einige Stückchen Räucheraal oder kurz gebratener Garnelen bieten optisch und geschmacklich einen schönen Kontrast.

1 Den Spargel schälen, die holzigen Enden entfernen, die Köpfe abschneiden und beiseite legen, die übrigen Stangen in kleine Stücke schneiden. Die Schalotten enthäuten und in winzige Partikel schneiden.

2 Die Spargelköpfe in gesalzener Butter mehr dämpfen (Deckel!) als braten, ohne dass sie matschig werden. Das kann bis zu 20 Minuten dauern. Über die Köpfe die geriebene Orangenschale streuen und beiseite stellen.

3 Währenddessen die übrigen Spargelstücke in der Hühnerbrühe in 20 Minuten gar kochen. Mit dem Handmixer pürieren und unbedingt duch ein Sieb treiben. Den entstandenen Spargelbrei auf mittlerer Hitze etwas reduzieren und die Sahne angießen. Davon einen Rest zurückhalten und darin ein Eigelb verquirlen.

4 Die Suppe mit Salz, Cayenne und einer Prise Curry abschmecken. Vom Feuer nehmen und die Sahne mit dem Eigelb in die heiße Creme rühren, ohne dass diese zum Kochen kommt. Jetzt die Spargelköpfe hineingeben.

Zusätzlichen Geschmack gewinnt die Suppe, wenn man vor dem Servieren – je nach Geschmack – Räucheraal- oder Garnelenstückchen hineingibt.

Soupe au pistou – Suppe mit Pesto

Für 4 Personen:

1/4 Tasse weiße Bohnen,
2 Schalotten,
2 Karotten,
2 Tomaten,
2 Kartoffeln,
1 Stange Lauch,
1 Stück Sellerie,
1 kl. Zucchini,
3 Lorbeerblätter,
1,5 l Hühnerbrühe,
4 EL Olivenöl,
1 Prise Safran,
Pfeffer, Salz

Für den Pistou:

3 Knoblauchzehen,
1/2 Tasse Basilikum,
1/2 EL Tomatenmark,
1/2 Tasse Gruyère,
6 EL Olivenöl,
Pfeffer, Salz

*Traditionell wird bei den Bauernfamilien – aber nicht nur bei diesen – auf dem Lande in Frankreich die Hauptmahlmahlzeit mittags gegessen, während am Abend meist eine eher leichte Suppe serviert wird – man will schließlich früh und gut schlafen und deshalb den Magen nicht allzu schwer belasten.
Ein gutes Beispiel dafür ist die aus der Provence stammende ›soupe au pistou‹. Die pesto-ähnliche Einlage aus Knoblauch, Basilikum und Gruyère gibt einer schlichten Gemüsesuppe eine köstliche mediterrane Würze.*

1 Die Bohnenkerne in kaltem Wasser aufsetzen, zum Kochen bringen, abgießen, abschrecken. In 1/2 l Wasser oder Hühnerbrühe neu aufsetzen und ungefähr anderthalb Stunden köcheln lassen, bis die Bohnen gar sind. Abgießen und die Brühe aufheben.

2 Schalotten, Karotten, Sellerie und Kartoffeln schälen und klein würfeln, den Lauch waschen und kleinschneiden, die Zucchini ungeschält würfeln, die Tomaten überbrühen, enthäuten, entkernen und kleinschneiden.

3 Zuerst in 4 EL Olivenöl die Schalotten andünsten, dann die Karotten hinzufügen, dann hintereinander Sellerie, Kartoffeln, Zucchini, Lauch und Lorbeerblätter. Alles leicht anbraten, salzen, pfeffern, mit 1/4 l Bohnenwasser ablöschen und mit Hühnerbrühe auffüllen und ca. 20 Minuten köcheln lassen, bis alles gar ist.

4 Im Mörser die Knoblauchzehen mit grobem Meersalz zerdrücken und mit dem Basilikum zu einem Brei zerstampfen; 1/2 EL Tomatenmark, den geriebenen Gruyère, 1 Prise Safran und 2 TL groben schwarzen Pfeffer zusammen mit 6 EL Olivenöl hineinrühren.

5 Bohnen und Tomatenstücke kurz mit in der Suppe erwärmen, einen Klacks Pistou in jeden Teller rühren und servieren. Mit dem Gruyère bestreuen. – Dazu gibt's Baguette.

Menüvorschlag:

Soupe au pistou,
Loup-de-mer auf Fenchel
(S. 191),
Birnen in Rotwein
(Seite 408)

Zur Suppe passt ein blaufränkischer Rotwein.

Vor- und Zwischengerichte 61

Spinatsuppe mit Knoblauch

Für 4 Personen:

Suppengemüse,
1 Stck. Rindfleisch,
1/2 Ochsenschwanz,
2 Markknochen,
1 kg frischer Spinat,
4 Knoblauchzehen,
frisch geriebener Parmesan,
Pfeffer, Salz

Vorschlag für ein fetliches Menü:

Spinatsuppe,
Vitello tonnato (Seite 160),
Lachs mit Meersalz und Olivenöl (Seite 186),
Käsekuchen (Seite 416)

Zur Suppe passt trockener Sherry.

Die einfachste Suppe der Welt, sollte man meinen. Und doch kann sie als nichtssagende Plörre serviert werden, als Fließbandprodukt ohne Charakter. Gäbe es sie überall in ihrer optimalen Form, die Spinatsuppe wäre so populär wie die französische Zwiebelsuppe und wie eine ›bisque de homard‹. Dabei ist es so einfach: von den Zutaten nur das Beste nehmen.

Also eine frisch gekochte, sehr kräftige Rinderbouillon (ein halber Ochsenschwanz sollte schon mit dabei gewesen sein); entfettet und durchgesiebt. Zweitens: Großer, grober Blattspinat; nicht die zarten und empfindlichen Blättchen. Drittens: Frischer, das heißt saftiger Knoblauch, im Vollbesitz seiner jugendlichen Schärfe. Viertens: Ein ebenfalls frischer Parmesan, nicht aus der Tüte, sondern selbst gerieben. Mehr nicht.

1 Alles Gemüse waschen, schälen, kleinschneiden und in etwas Butter für ein paar Minuten anschwitzen. Salzen und pfeffern, mit 1½ l Wasser auffüllen und darin das Stück Rindfleisch, den zerhackten Ochsenschwanz und die Markknochen leise köcheln lassen. Durch ein Sieb gießen, entfetten und die Bouillon etwas einkochen.

2 Den Spinat waschen und auslesen. In sehr wenig kochendem Salzwasser 2 Minuten blanchieren, länger nicht. Abtropfen lassen.

3 Den Knoblauch enthäuten, in feinste Scheiben scheiben und in der Rinderbouillon noch wenige Minuten mitkochen.

4 Den Spinat in die Bouillon mit den Knoblauchscheiben einrühren und die Suppe in Teller füllen. Zum Schluss frisch geriebenen Parmesan nicht zu sparsam darüber streuen. Dazu gibt's Stangenbrot.

Vor- und Zwischengerichte

Tomatensuppe

Für 4 Personen:

1 kg reife Tomaten,
1 EL Butter,
1 Zweig Estragon,
Cayennepfeffer,
Basilikum,
Zucker,
Salz,
evtl. Sahne,
Butter oder
Crème fraîche

Menüvorschlag:

Matjestatar
(Seite 87),
Tomatensuppe,
pochierte Lamm-
keule
(Seite 320),
Rote Grütze
(Seite 436)

Zur Tomatensuppe passen säurearme Weiß- und Rotweine.

Die Tomaten von heute verhalten sich zur Urtomate – bis ungefähr 1960 – wie die tiefgefrorene Fertigpizza zu den belegten Teigfladen von damals. Inzwischen hat sich die Situation wieder etwas gebessert: Es gibt hie und da wieder wohlschmeckendere Sorten, die mehr vom ursprünglichen Geschmack erahnen lassen, und es gibt die Kirschtomate, die wahrscheinlich eine Neuzüchtung ist, aber den alten, aromatisch-süßlichen Geschmack bewahrt hat. Also mache ich meine Tomatensuppe aus diesen kleinen, roten Kugeln, wenn ich keine anderen finde.

1. Die Tomaten vierteln (bei Kirschtomaten genügt es, sie zu halbieren), in einen Topf mit heißer Butter werfen und bei ständigem Schütteln andünsten lassen.

2. Einen Zweig Estragon dazugeben, mit 1 l Wasser auffüllen und so lange kochen lassen, bis die Tomatenstücke zerfallen. Dann durch ein feines Sieb in einen anderen Topf passieren und wieder auf den Herd stellen.

3. Wenn die Suppe zu flüssig ist: einkochen, bis sie leicht sämig wird. Oder gleich abschmecken: Salz, eine Prise Zucker – die Tomaten haben eine starke Säure –, dann pfeffern. Am besten mit Cayenne-Pfeffer, den pulverisierten Chilischoten.

4. Nun besteht die Wahl zwischen einer rosafarbenen Suppe oder einer dunkelroten. Erstere entsteht dadurch, dass man Sahne in den Topf gießt; bei der roten wird lediglich in jeden Teller ein Stück Butter eingerührt oder ein Löffel Crème fraiche plaziert. Aber es sind verschiedene Suppen, die da entstehen können. Ihnen gemeinsam sind die zerrupften Basilikumblättchen, die darüber gestreut werden.

Vor- und Zwischengerichte

Weiße Bohnen-Creme

Für 4 Personen:

200 – 250 g weiße kleine Bohnen,
1 1/2 l Wasser oder Hühnerbrühe,
1/8 – 1/4 l Sahne,
Olivenöl, Salz,
Cayennepfeffer

Als Einlage:

Mettwurst oder Chorizo oder Räucheraal oder Scampi oder Stücke von Räucherfisch.

Menüvorschlag:

Bohnen-Creme, Lammcurry mit Zitronenreis (Seite 316), Thymian-Apfel-Kompott (S. 444)

Die herzhaftesten Suppen sind die auf der Basis von Hülsenfrüchten. Also gelbe Erbsen, grüne Erbsen, weiße Bohnen, Linsen. Ihnen allen geht der Ruf voraus, man müsse sie über Nacht einweichen. Das mag früher einmal so gewesen sein, als sie als Uraltmodelle auf den Markt kamen. Heute genügt es, sie mit kaltem Wasser aufzusetzen, sie sprudelnd aufkochen zu lassen, dann abzugießen und kalt abzuschrecken. Und aufs Neue in Wasser oder (besser) Hühnerbrühe aufsetzen. Von nun an brauchen die Bohnen (von der kleinen Sorte) nur anderthalb Stunden, um weich zu werden.

Alle Hülsenfrüchte kann man, nachdem sie gar sind, pürieren und die Suppe mit Sahne binden. Das ist dann die Basis für eine Cremesuppe, die durch richtiges Würzen und entsprechende Einlagen zu einer Delikatesse wird.

1 Die Bohnen in kaltem Wasser aufsetzen, zum Kochen bringen, abgießen und kalt abschrecken. In 1 1/2 l Wasser oder Hühnerbrühe erneut aufsetzen und ungefähr 1 1/2 Stunden kochen lassen, bis die Bohnen weich sind.

2 Die Bohnen mit dem Handmixer im Topf pürieren und mit Sahne verfeinern (Menge je nach Geschmack) und einkochen, bis die Suppe eine sämige Konsistenz erreicht hat. Mit Cayenne und Salz würzen und abschmecken.

3 Diese Creme ist nun eine Basis für allerlei schmückende und aromatisierende Zutaten. Die schlichteste und dennoch bedeutende Zutat ist der »Faden« Olivenöl, der in den gefüllten Teller aus der Flasche geträufelt wird. Dabei spielt es keine Rolle, ob die Suppe mit (in Würfel oder Scheiben geschnittener) Mettwurst oder Paprikawurst – Chorizo – gekocht wird. Das Olivenöl ist so wichtig wie Salz und Pfeffer.

Die genannten Einlagen können die Suppe aromatisch sehr verbessern. Die Würste kann man von Anfang an mitkochen oder erst später dazugeben, Räucheraal oder Stücke von geräuchertem Fisch oder Scampi sollte man erst in den letzten Minuten in die Suppe geben, damit sie nicht zerfallen und/oder trocken werden.

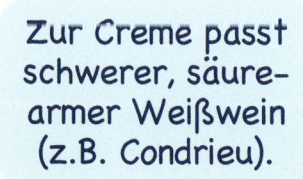

Zur Creme passt schwerer, säurearmer Weißwein (z.B. Condrieu).

Calamares mit weißen Bohnen

Für 4 Personen:

400 g Calamares,
200 g kleine weiße Bohnen (haricots coco),
2 Tomaten,
1 Handvoll schwarze Oliven,
1 – 2 Knoblauchzehen,
Zitronensaft,
Basilikum,
1 Chilischote,
Olivenöl, Salz

Menüvorschlag:

Calamares mit weißen Bohnen, Ananaskompott (Seite 404)

Zu den Calamares passt ein frischer, kühler Rotwein (Bandol) oder weißer Chateauneuf-du-Pape.

›Calamares‹ oder ›Calamari‹: Auch wenn ich sie nicht als hässlich bezeichnen würde, gebe ich zu, dass sie Arbeit machen können. Oft werden die Tuben ohne die Köpfe schon gesäubert verkauft, aber im anderen Falle stehe ich eine halbe Stunde in der Küche und befreie sie unter fließendem Wasser von der dünnen Haut, ziehe die Köpfe mit allem, was noch dranhängt, heraus, schneide sie ab und befreie die Tuben innen von dem Chitinspan.
Für dieses Gericht ist von den kleinsten Kalmaren die Rede, den ›supions‹ oder ›calamaretti‹. Die kleinsten sind kaum größer als mein Daumen. Die meisten der bei uns verkauften sind aber etwas größer. Man kann auch nur die Tuben verwenden und die Köpfe der Katze geben.

1 Als erstes die kleinen weißen Bohnen kochen. Es ist die kleine Sorte, die man nicht einweichen muss, weil sie nach anderthalb Stunden in kochender Hühnerbrühe (oder Salzwasser) gar sind. Abgießen und abkühlen lassen, bis sie nur noch lauwarm sind.

2 Die gesäuberten Calamaretti kommen in eine Schüssel, werden mit Zitronensaft beträufelt und anschließend mit Olivenöl übergossen. Eine Stunde ziehen lassen.

3 Die Tomaten überbrühen, enthäuten, das Innere entkernen und das Tomatenfleisch in kleine Würfel schneiden. Bohnen, Tomaten und schwarze Oliven in einer Schüssel mischen.

4 In einer Pfanne ein wenig Olivenöl erhitzen und die Calamaretti mitsamt ihrer Marinade hineinschütten. Sie werden nicht gebraten, sondern gedünstet. Salzen und mit einer zermörserten Chili würzen. Nach 2 bis 3 Minuten sind die Fischstücke gar (einen Probebiss machen). Mit dem Kochsaft über die Bohnen schütten und alles vermischen. Einige zerrupfte Basilikumblätter und vielleicht dünn gehobelter Knoblauch darüber; dazu Stangenbrot und ein kühler Wein: Hmmh!

Vor- und Zwischengerichte

Fischcurry mit Äpfeln

Für 4 Personen:

800 g Rotbarschfilet,
400 g säuerliche Äpfel,
2 EL Rosinen,
1 Zitrone,
4 TL Thai-Curry,
Butter,
2 Tassen Langkornreis, Salz,
klare, entfettete Hühner- oder Kalbsbrühe

Dieser Fischcurry kann Vor- oder Hauptgericht sein; vielleicht danach Quark und Melone (S. 433).

Zum Fischcurry – wie zu den meisten asiatischen Gerichten – darf der Wein eine leichte Süße haben, also z.B. eine Rieslaner-Auslese.

Bei diesem Fischauflauf entscheidet allein die Menge darüber, ob es sich um eine delikate Vorspeise handelt oder um ein sättigendes Hauptgericht. Auch im letzteren Fall wird sich die wichtige Eigenschaft dieses Currys bemerkbar machen: Es ist ein sehr leichtes Essen.

Die Kombination Curry plus Äpfel ist traditionell; Currysaucen werden immer mit geriebenen Äpfeln zubereitet. Die Menge des Currys ist hier nicht verbindlich. Die im Rezept angegebenen vier Teelöffel erzeugen nur eine milde Schärfe. Die doppelte Menge entspricht eher einem richtigen Fischcurry. Doch das ist Geschmacksache.

1 Zuerst den Reis kochen: 2 TL Butter in einem Topf von 21 cm Durchmesser heiß werden lassen und den Reis hineinschütten. Rühren, bis er glasig wird. Dann mit der Brühe aufgießen, sie sollte 1 cm über dem Reis stehen. Kräftig kochen lassen, bis die Flüssigkeit verschwunden ist und sich auf der Reisoberfläche kleine Krater bilden. Zudecken und auf die schwächste Hitzestufe stellen. Ungefähr 15 Minuten ziehen lassen, und der Reis ist trocken und gar.

2 Die Fischfilets müssen gleichmäßig dick sein. Dünne Filets taugen wenig; sie werden zu schnell gar. In mundgerechte Stücke schneiden und mit Zitronensaft beträufeln.

3 Die Äpfel schälen und in kleine, flache Stücke schneiden. Sollten sie nicht säuerlich sein, ebenfalls mit etwas Zitronensaft beträufeln. Dann in 3 TL Butter in einer großen Pfanne anbraten. Dabei sollen sie nicht braun, sondern nur halbwegs gar werden. Während des Bratens die Rosinen dazugeben und alles mit 4 TL Curry bestreuen. Der Thai-Curry unterscheidet sich vom Madras-Curry durch die Farbe. Er ist gelbgrün und nicht braun; auch sein Geschmack ist anders, feiner. Da der Curry sich vollständig auflösen soll, eventuell ein wenig Wasser an die Äpfel gießen.

4 Jetzt die Hitze unter der Pfanne erhöhen und auch die Fischstücke zu den Äpfeln legen. Leicht salzen und die Stücke bewegen, damit sie von allen Seiten mit dem heißen Pfannenboden in Berührung kommen. Außen weiß, sollen sie innen noch glasig sein. Das ist schon nach einer Minute der Fall. Vom Feuer nehmen und den fertigen Reis mit dem Fisch und den Äpfeln in einer Auflaufform vermischen, mit einer Alufolie bedecken und im Backofen bei 120 Grad 20 bis 30 Minuten durchziehen lassen. Dann sind auch die Fischstücke gar, aber noch nicht trocken.

Fisch- und Zwiebelnudeln

Für 4 Personen:

200 – 300 g weißfleischige Fischfilets (Rotbarsch, Seeaal, Seeteufel),
200 g frische Nudeln,
8 Frühlingszwiebeln,
1 Handvoll Mangoldblätter und Koriandergrün,
2 Knoblauchzehen,
1 kl. Stück Ingwer,
Olivenöl, Sojasauce, Cayennepfeffer, Salz

Menüvorschlag:

Fisch-und-Zwiebelnudeln,
Walnussparfait (Seite 427)

Zu den Fisch- und Zwiebelnudeln passt ein Grauburgunder trocken.

Zu den Vorspeisen gehören auch Nudeln, die für einen großen Teil der westlichen Welt zum Lieblingsgericht geworden sind. Das hat zu der angenehmen Situation geführt, dass man Pasta nicht mehr selbst machen muss, weil es sie fast überall frisch zu kaufen gibt.

Bei den asiatischen Rezepten gefällt mir der Gemüseanteil, wie in den Fisch- und Zwiebelnudeln. Als Nudeln eignen sich alle Arten von Fadennudeln, gleich welcher Herkunft. Dieses Rezept ist unendlich variabel. Statt Fisch können es auch Garnelen (Gambas; Scampi) sein oder Streifen von der Kalbs- oder Kaninchenleber, und als Gemüse eignet sich alles, was grün, dünn und zart ist.

1 Die Fischfilets kurz abwaschen, trockentupfen, in breite Streifen schneiden und in einer Mischung aus chinesischer Fisch- oder Sojasauce und Olivenöl mindestens 1 Stunde marinieren. Pro Portion genügen drei Streifen.

2 Die Frühlingszwiebeln einschließlich 5 cm ihrer grünen Stengel kleinhacken. Von einigen gewaschenen Mangoldblättern das Grüne abtrennen und in fingerbreite, 10 cm lange Streifen zerschneiden. Das Stück Ingwer schälen und in sehr dünne Scheiben schneiden (ca. 1 EL). Die Knoblauchzehen enthäuten und kleinhacken.

3 Die Nudeln in reichlich Salzwasser nach Vorschrift kochen, abgießen und warmstellen.

4 Die Gemüse in einer tiefen, geölten Pfanne (ein Wok wäre ideal) in folgender Reihenfolge erhitzen: zuerst Ingwer und Knoblauch, dann die Zwiebeln und zum Schluss den Mangold. Dabei ständig rühren, damit nichts anbrennt; salzen und mit Cayenne pfeffern. Darüber die Marinade gießen und die Fischstücke obenauf legen. Zugedeckt 2 bis 3 Minuten dämpfen lassen, dann die Nudeln untermischen und mit gehacktem Koriandergrün bestreuen. Sofort servieren.

Fischterrine tricolor

Allgemein halte ich nicht viel von der Mode, verschiedenfarbige Kreationen auf die Teller zu zaubern, wenn die Zusammenstellung einer inneren Logik entbehrt. Andererseits gilt dagegen auch, dass »die Augen mitessen« und dass manche Gastgeberin gern einmal etwas auftischen möchte, das neben einem guten Geschmack auch optisch der Großen Küche näher kommt.
Die in diesem Rezept vorgestellte Fischterrine erfüllt den Wunsch nach einer vorzeigbaren Optik und kann wegen der drei verschiedenen Geschmacksnoten von Lachs, Heilbutt und geräucherter Forelle durchaus als logisch bezeichnet werden, wenngleich der Spinat hier vorwiegend nur eine farbgebende Rolle spielt.
Terrinen sind stets ein herrvorragender Auftakt zu einem festlichen Essen, und sie haben außerdem den großen Vorteil, dass man sie schon ein, zwei Tage vorher in Ruhe herstellen kann.

Für 4 Personen:

250 g Lachsfilet,
250 g Heilbutt,
150 g geräuchertes Forellenfilet,
150 g frischer Spinat,
300 g Crème fraîche,
3 Eiweiß,
Cayenne-Pfeffer,
1 TL Tomatenmark,
1 Gläschen Cognac,
1 Prise Paprika,
Butter zum Ausstreichen der Form,
Salz

Als Beilage eignen sich ein wenig Salat (Frisée, Eichblatt, Feldsalat) oder/und Stangenbrot.

1 Fischfilets, Eier und Crème fraîche solange im Kühlschrank lassen, bis sie wirklich benötigt werden. Die Terrine gelingt besser, wenn alle Zutaten möglichst eiskalt verarbeitet werden.

2 Eine Terrinen- oder Kastenform von ca. 1,5 l Inhalt ausbuttern und in den Kühlschrank oder kurz ins Tiefkühlfach stellen. (Man kann die Form auch mit Alufolie auskleiden und dann mit etwas flüssiger Butter ausstreichen; dann läßt sich die fertige Terrine später leicht aus der Form heben, ohne dass sie – die Terrine – kleben bleibt.)

3 Den Spinat von den Stengeln befreien, gründlich waschen und tropfnass, wie er ist, in einem heißen Topf auf der Herdplatte (ohne weitere Zugabe von Wasser) zugedeckt in 2 bis 3 Minuten zusammenfallen lassen. Leicht salzen und umrühren, in einen Durchschlag abgießen und unter fließendem Wasser gründlich kalt abschrecken. Das erhält die grüne Farbe, gleicht die Temperatur dem anschließend zu verarbeitenden Fisch an und bietet außerdem die Chance, den Spinat mit den Händen auszudrücken, ohne sich die Finger zu verbrennen. Das Ausdrücken sollte lang und kräftig geschehen, damit möglichst wenig Flüssigkeit im Spinat verbleibt. Auch diesen zum weiteren Abkühlen in den Kühlschrank stellen.

4 Den Backofen auf 200 Grad vorheizen. Ein Gefäß aussuchen, in dem später die Terrinenform halbhoch im heißen Wasserbad stehen kann, die entsprechende Menge Wasser einfüllen und auf dem Herd oder im Backofen schon einmal heiß werden lassen, ohne dass sich das Wasser durch ständiges Kochen wieder reduziert.

5 Zuerst das Lachsfilet aus dem Kühlschrank nehmen, mit einem scharfen Messer die Haut auf der Rückseite entfernen (mehr abschaben als schneiden) – und dabei alle dunklen Stellen sowie seitliche fette Streifen entfernen – so vermeidet man tranigen Geschmack. Noch vorhandene Gräten erspürt man mit den Fingern und zieht sie mit einer Pinzette heraus. Das Filet in Würfel schneiden und mit dem Mixstab oder in der Küchenmaschine zusammen mit 1 Eiweiß und 100 g Crème fraîche pürieren. Mit Salz und Cayenne würzen, 1 TL Tomatenmark

68 Vor- und Zwischengerichte

und ein Gläschen Cognac hinzufügen, – vielleicht eine Prise Paprika wegen der Farbe – gut durchmischen, abschmecken und als unterste Lage in die vorbereitete Form füllen und wieder kühl stellen.

6 Das geräucherte Forellenfilet von unansehnlichen – fettigen – Rändern befreien, zerrupfen und zusammen mit 1 Eiweiß, 100 g Crème fraîche und 150 g ausgedrücktem Spinat ebenfalls pürieren, abschmecken, vielleicht etwas salzen, pfeffern und die so entstandene Farce als zweite Lage auf den Lachs in die Form füllen.

7 Nun kommt das Heilbuttfilet an die Reihe – es kann auch ein anderer weißfleischiger Fisch sein wie etwa ein Zander: Kalt abbrausen, trocken tupfen, in Würfel schneiden und zusammen mit 1 Eiweiß und 100 g Crème fraîche pürieren, salzen, pfeffern und als dritte Lage in die Form füllen.

8 Diese mit Alufolie abdecken, oben ein kleines Abzugsloch einreißen und die Form vorsichtig in das Gefäß mit dem kochenden oder zumindest sehr heißen Wasser bugsieren. Nach 35 - 40 Minuten sollte die Terrine gar sein. Mit einer Nadel tief einstechen: Bleibt nichts kleben, ist die Terrine gar.

9 Sie sollte noch 10 Minuten im Ofen ruhen, dann herausnehmen und 2 Stunden abkühlen lassen. Vorsichtig auf eine Platte stürzen und über Nacht unter Klarsichtfolie in den Kühlschrank stellen.
Dazu ein kleiner Salat und Stangenbrot. Auf den Teller kleine rote Kirschomaten zu legen, bringt zwar geschmacklich wenig, macht aber dem Auge Freude.

Vorschlag für ein leichtes Fischmenü:

Fischterrine, Spargelcreme (Seite 60), Zanderfilet Grenobler Art (Seite 95), Zitronenschaum (Seite 451)

Zur Fischterrine – wie auch zum vorgeschlagenen Menü – passt sehr gut eine trockene Riesling Spätlese.

Vor- und Zwischengerichte

Gambas »Butterfly«

Für 4 – 6 Personen:

400 – 600 g größere Gambas,
(2-3 St. pro Person),
2–3 Knoblauchzehen,
Balsamico-Essig,
Olivenöl, Thymian,
Pfeffer, Meersalz,
glatte Petersilie,
Zitronensaft,
Stangenbrot

Vorschlag für einen Grillabend:

Grissini mit Parmaschinken umwickelt, Koriander-Zwiebeln, Feigen-Roquefort-Sticks, Gambas, Lammkoteletts (Seite 325) mit Kartoffel-Gratin (Seiten 371-372), und als Dessert Omelette Surprise (Seite 396)

Im Prinzip ist die Grundzubereitung dieser Schalentiere – nennt man sie nun Gambas, Scampi oder Garnelen – so begrenzt wie die von Bratwürsten. Aber anders als bei den deftigen Schweinsprodukten kann man den zarten Geschöpfen durch unterschiedliche Würzungen die überraschendsten Geschmacksnuancen abgewinnen.

Das nachfolgende Rezept ist von der eher rustikalen Art, wie sie besonders in Spanien gepflegt wird, kann aber auch Feinschmecker mit stillem Hang zu Deftigem hinreißen. Die Bezeichnung »Butterfly« stammt von einem Freund, der Gambas auf diese Art bei seinen Grillabenden gern als Auftakt serviert.

1 Die aufgetauten Gambas werden zunächst mit den Fingern oder einer Schere von ihren Beinchen befreit. Mit einem scharfen Messer werden die Gambas dann vom Rücken her – durch die Schalen hindurch – so längsgeteilt, dass sie an der Unterseite noch zusammenhängen. Dabei lässt sich auch der Darm – sichtbar als schwarzer oder grüner Faden – leicht entfernen. Mit wenig Zitronensaft beträufeln.

2 Die Knoblauchzehen häuten, zerkleinern und im Mörser mit 2 TL Meersalz zu einem Brei zerstoßen. 3 TL Balsamicoessig hinzufügen und zusammen mit grobem Pfeffer und zerriebenem, getrocknetem Thymian unter Zugabe einer gehörigen Dosis Olivenöl zu einer dünnen Paste verarbeiten.

3 Die Gambas auf einem Backblech (oder einer durchlöcherten Grillfläche aus Edelstahl) nebeneinander aufgeklappt auslegen und einzeln mit der Olivenölpaste beträufeln. Im Winter in das obere Drittel des auf 250 Grad vorgeheizten Ofens schieben, im Sommer auf den sehr heißen Grill stellen. Nach wenigen Minuten sind die Gambas fertig; sie sollten fast noch etwas glasig sein. Sie sind jetzt mit der Gabel leicht aus ihrem Panzer zu ziehen. Mit gehackter Petersilie bestreuen, mit Zitronensaft beträufeln und mit Stangenbrot servieren. Auch gut passen Folienkartoffeln mit Crème fraîche.

Zu den Gambas passt ein Viña Sol (Penedés).

Gambas flambiert

Für 4 Personen:

400 g rohe Gambas,
16 große, grüne Oliven,
1 Glas Cognac,
Cayennepfeffer,
Olivenöl,
Salz

(Als Hauptgericht zusammen mit Safranreis und gewürfelten und gedünsteten Paprikaschoten servieren)

Vorschlag für ein Festmenü:

Rührei mit schwarzen Trüffeln (Seite 148),
Gambas flambiert,
Taubenbrust pur (Seite 265),
Crema Catalana (Seite 450)

Zu den Gambas passt trockener Weißburgunder oder Chardonnay.

Gambas – zu deutsch Garnelen, französisch Crevettes, italienisch Scampi – werden nur tiefgefroren bzw. aufgetaut angeboten. Ich weiß auch nicht, warum. Aber ihrem Geschmack tut das erstaunlicherweise keinen Abbruch. Es gibt sie allerdings auch noch in einer dritten Version: Vorgekocht und tiefgefroren (mit und ohne Schale): Sie schmecken fast nach gar nichts.
Gambas gibt es in verschiedenen Größen – die größten werden bei uns Hummerkrabben genannt; das sind dann auch die teuersten. Für dieses Gericht aber genügen Gambas mittlerer Größe, von denen ungefähr 3 Stück auf 100 Gramm gehen. Das genügt pro Person für ein Vorgericht; für ein Hauptgericht sollte man die Zahl mindestens verdoppeln.

1 Von den Gambas vorsichtig die Köpfe abdrehen (falls noch vorhanden), dann die Schalen von unten her aufbrechen und abziehen. Dabei die Schwänze möglichst dranlassen (sieht schöner aus). Man kann (muss aber nicht) den dünnen schwarzen Darm entfernen: Am hinteren Rücken einen kleinen Einschnitt machen und mit einer Pinzette herausziehen.

2 Die Oliven entkernen und in kleine Würfel schneiden. Wenig Öl in einer Pfanne heiß werden lassen. Die Gambas hineingeben, salzen und mit Cayenne pfeffern, nach 30 Sekunden umdrehen, noch einmal salzen und pfeffern. Die zerkleinerten Oliven dazu und, sobald die Gambas rot geworden sind, mit dem Cognac ablöschen und flambieren. Das alles spielt sich in weniger als 4 Minuten ab. Gambas dürfen auf keinen Fall zu lange braten, sonst werden sie mehlig.

Als Hauptgericht verdoppelt man die Zahl der Garnelen und serviert sie auf einem Safranreis mit weiteren Oliven und gedünsteten und gewürfelten roten Paprikaschoten.

Gebratene Fischfilets mit Weißweinsauce

Vor allem zu Edelfischen mit oft nur schwachem Eigengeschmack passen ebenso sanfte Saucen, auch wenn diese Fische gebraten werden (Pochieren oder Dünsten bekommt ihnen besser). Zu den Fischen, die sich wegen ihres festeren Fleisches leicht braten lassen, gehören Meeresfische wie Meerbarben, Steinbutt, Seeteufel (Lotte) und Seezunge, aber auch Süßwasserfische wie Forelle, Renke, Saibling oder Zander.

Die in diesem Rezept beschriebene Weißweinsauce ist eine Art Grundsauce, die erst durch die Verwendung verschiedener Gewürze oder frischer Kräuter ihren jeweiligen Charakter erhält. Man kann diese Sauce auf einem sogenannten kleinen Fond aufbauen, wie das in diesem Rezept geschieht.

Ein solcher Fond lässt sich aber auch in größerer Menge auf Vorrat herstellen und kann dann – vor der Zugabe von Sahne, Crème double oder Crème fraîche – zum Beispiel in Jogurtbechern oder auch im Eiswürfelbehälter eingefroren werden; so hat man jederzeit einen Fond zur Verfügung, was die Herstellung einer Sauce zum Fisch ungemein erleichtert. Die Herstellung solcher Vorratfonds wird ab Seite 453 im anhängenden Kochseminar beschrieben.

Für 4 Personen:

Für den kleinen Fond:

500 g Gräten/Köpfe von weißen Fischen (Seezunge, Steinbutt),
1 Schalotte,
3-4 Champignons,
1 Tomate,
1 kl. Stück Sellerie,
1/2 Stange Lauch,
ein paar Petersilienstängel,
0,25 l trockener Weißwein,
0,1 l Noilly Prat,
5 weiße Pfefferkörner,
1 EL Butter, Salz

Für die Grundsauce:

200 g Sahne,
50 g eiskalte Salzbutter,
Zitronensaft,
Pfeffer, Salz

Der Fischfond:

1 Die Tomate kurz überbrühen, nach 1 Minute die Haut abziehen, vierteln, die Kerne entfernen und das Fleisch kleinschneiden. Schalotte und Sellerie schälen und fein hacken. Den Lauch waschen und in feine Scheiben schneiden (nur den weißen Teil verwenden). Die Champignons putzen und ebenfalls klein schneiden. Die weißen Pfefferkörner zerdrücken.

2 Zuerst die Schalottenwürfel in einem größeren Topf (in welchen auch die Fischabfälle noch hineinpassen) in 1 EL Butter glasig dünsten, dann Tomatenwürfel, Champignons, Lauch und Petersilienstängel für 5 Minuten mitdünsten. Den Pfeffer hinzufügen und leicht salzen. Mit dem Weißwein ablöschen, den Noilly Prat zugießen und noch 5 Minuten köcheln lassen.

3 Fischgräten und -köpfe hinzugeben und soviel Wasser angießen, dass sie gerade bedeckt sind. Umrühren und bei geschlossenem Deckel für 20 Minuten bei ungefähr 90 Grad leise ziehen lassen. Alles durch ein Sieb passieren, dabei die Gemüse und Fischreste leicht ausdrücken. Den Sud auf großer Flamme auf die Hälfte einkochen, so dass ungefähr 1/3 l übrigbleiben.

Die Grundsauce:

4 Die Sahne in den Fond gießen und noch einmal einkochen, so dass rund 1/4 l Sauce verbleibt. Den Topf vom Feuer ziehen und die in Stücken zerteilte, eiskalte Salzbutter mit dem Schneebesen darin auflösen. Mit Salz und Pfeffer abschmecken.

Die Grundsauce kann vor der Zugabe der Salzbutter weiter verfeinert (mit Tomatenkonkassee? 1-2 TL Balsamico- oder Estragon- oder Sherryessig?) oder/und durch Gewürze oder frische Kräuter (immer nur wenig und nicht durcheinander) weiter aromatisiert werden. So entsteht daraus jeweils eine feine Sauce mit typischem Charakter.

Fisch braten:

5 Die vom Fischhändler schon gehäuteten und ausgelösten Filets (Gräten und Köpfe lässt man sich mitgeben; auf insgesamt 500 g ergänzt) sauber parieren: unschöne flache Ränder abschneiden, verbliebene Gräten mit der Fingerkuppe »gegen den Strich« aufspüren und mit einer Pinzette herausziehen.

6 Je nach Größe und Menge der Filets ein Butter/Ölgemisch in einer passenden Pfanne erhitzen, die Filets leicht salzen, ein wenig mit Mehl bestäuben und in 2-3 Minuten auf beiden Seiten etwas bräunen lassen (das Mehl hilft dabei). Der Fisch ist gar und saftig, wenn er auf Fingerdruck noch leicht nachgibt. Vom Feuer ziehen und in der Pfanne zugedeckt warm halten.

Ebensogut wie in einer Pfanne gelingen Fischfilets in einer feuerfesten Form mit wenig Butter/Öl im Backofen, den man vorher auf 220 Grad vorgeheizt hat. Man kann ein paar Thymian- oder Rosmarinzweige und 1-2 Knoblauchzehen dazu legen, um dem Fisch etwas von dem Aroma mitzugeben..

Die Beilagen:

7 Zum gebratenen Fisch mit Sauce passen Nudeln, kleine Kartoffeln, in Butter geschwenkt und mit wenig Meersalz bestreut, in Butter gedünsteter Blattspinat (mit einem Hauch Knoblauch); gedünsteter Chicoree, glasierte Karotten (S. 363) oder ein Edelratatouille (S. 102) oder Gnocchi (S. 112), bei denen man die Grundsauce mit frischem Salbei aromatisiert.

> **Vorschlag für ein leichtes Fischmenü:**
> Spargelcreme (Seite 60), gebratenes Fischfilet, Zitronenschaum (Seite 451)

> Zu den gebratenen Fischfilets passen trockene Weißweine.

Drei Beispiele:

Seezunge mit Grundsauce + Tomatenkonkassee

Zander mit Grundsauce + Eigelb + Estragon

Meerbrasse mit Grundsauce + Sherry

Gebratene Gambas mit Safran

Für 2 Personen:

6 - 8 Gambas (roh; aufgetaut),
1 Döschen Safranpulver,
1 Chilischote,
1 Knoblauchzehe,
1/2 Zitrone,
Meersalz,
Olivenöl

Menüvorschlag:

Gebratene Gambas, Perlhuhn mit Aprikosen (Seite 255), Crème Caramel (Seite 409)

Dazu passt gut weißer Châteauneuf-du-Pape.

Garnelen (Gambas; Scampi) kommen in themenbezogenen Magazinen zum einen wohl deshalb so häufig vor, weil sie hübsch aussehen, aber wohl auch, weil sie grätenlos, fettarm und eiweißhaltig den Wünschen vieler ängstlicher Diätisten entgegenkommen.

Mangels Eigengeschmack werden sie – die Garnelen – erst dann zu einer Freude auch für den Gourmet, wenn sie kräftig mit Fett und Gewürzen zum Leben erweckt werden, statt als mehlige Würstchen zu enden.

1 Zuerst den Gambas den Kopf mit dem Vorderteil abdrehen. Sodann die großen Schuppen entfernen, die den Panzer bilden (auch das macht man mit den Fingern). Ein kleiner Schnitt senkrecht ins Rückenende legt einen dünnen, grünschwarzen Faden frei; das ist der Darm. Er wird herausgezogen. Die Gambas unter fließendem kalten Wasser kurz abspülen und mit Küchenkrepp trockentupfen.

2 Sodann die Gewürze vorbereiten: Ein Döschen mit Safranpulver bereitstellen (0,01 g). Im Mörser die Chilischote und (je nach Zahl und Größe der Gambas) 1 - 2 TL Sel de Guerande (Meersalz) zerstoßen. 1 dicke, geschälte Knoblauchzehe in die Knoblauchpresse schieben sowie 1 halbe Zitrone auspressen und den Saft bereitstellen.

3 In einer gusseisernen Pfanne oder Gratinform 2 EL Olivenöl erhitzen. Zuerst den Safran hineinstreuen, dann die Gambas einlegen und sofort mit dem gemörserten Chili und Meersalz bestreuen. 1 Minute braten, den Knoblauch drüberpressen, die Gambas wenden und nach einer weiteren Minute mit Zitronensaft beträufeln, rausnehmen und servieren.

Die Schwänze sind innen noch leicht glasig, also noch nicht ganz gar, so schmecken sie am besten. Ihre typische leichte Süße ergibt zusammen mit dem Safran und dem Knoblaucharoma den besonderen Wohlgeschmack.

Vor- und Zwischengerichte

Gebratene Sardinen

Für 2 Personen:

8 – 12 frische Sardinen (je nach Größe),
2 Knoblauchzehen,
wenig Mehl,
Petersilie,
1 Zitrone,
Olivenöl,
Meersalz,
schwarze Pfefferkörner

(Baguette)

Menüvorschlag:

Reife Melone,
Gebratene Sardinen,
Tarte Tatin
(Seite 442)

Zu den Sardinen passt ein gekühlter Roter aus dem Rhônetal.

Manche Freunde haben eine Aversion gegen frische Sardinen. Angst vor den (winzigen) Gräten und der unleugbar leicht tranige Bratenduft fördern solche Abneigung. Sie sollten die gebratenen Sardinen einmal zusammen mit einem Rotwein versuchen. Normale Weißweine erwiesen sich als zu schwach gegenüber dem kräftigen Aroma der Sardinen. Aber mit einem gekühlten Rotwein aus dem Rhônetal – es ist wirklich ein Hochgenuss! Selten kommt das Mediterrane so rein und stark zum Ausdruck.

1. Die Zubereitung ist einfach. Sie findet zunächst unter fließendem Wasser über einem Sieb im Ausguss statt. Dort wird den Sardinen der Kopf abgeschnitten und der Bauch aufgeschlitzt. Inhalt entleeren, Aus- und Abwaschen und innen und außen trockentupfen.

2. In einem Mörser je 1 TL schwarze Pfefferkörner und Meersalz zerstoßen, die Sardinen damit einreiben und durch ein Sieb mit wenig Mehl bestäuben.

3. Zwei Knoblauchzehen und eine Handvoll Petersilie feinhacken.

4. In einer gusseisernen Pfanne fruchtiges Olivenöl stark erhitzen, die Sardinen nebeneinander hineinlegen und die Hitze reduzieren. Auf beiden Seiten hellbraun anbraten, jedoch nicht länger als insgesamt 3 – 4 Minuten (je nach Größe der Fische. Die Sardinen auf eine vorgewärmte Platte legen.

5. Das Bratfett weggießen, neues Öl in die noch heiße Pfanne geben. Die Petersilie/Knoblauch-Mischung darin kurz angehen lassen und mit dem Saft einer halben Zitrone ablöschen. Die andere Hälfte dient der Selbstbedienung. Die Sardinen mit dem Pfanneninhalt beträufeln und zusammen mit Stangenbrot sofort servieren.

Vor- und Zwischengerichte

Hummer mit Spaghetti

Für 4 Personen:

2 lebende Hummer
à ca. 600 – 800 g,
1 – 2 Schalotten,
1 Zweig frischer
Estragon,
125 g Sahne,
300 g Spaghetti,
1 Tomate,
Noilly Prat,
Estragonessig,
Salz,
Cayennepfeffer

Menüvorschlag für ein sommerliches Festmenü:

Spargelsalat mit Vinaigrette (Seite 35),
Hummer,
Taube pur (S. 265),
Tarte Tatin (Seite 442)

Die besten Hummer wiegen 600 bis 800 Gramm; die schweren Oldies stammen meist aus fernen warmen Meeren und sind oft faserig. Beim Einkauf darauf achten, dass sie putzmunter sind, also sich lebhaft bewegen. In feuchter Holzwolle oder feuchtem Zeitungspapier transportieren. Im Süßwasser der Badewanne fühlt sich ein Hummer nicht wohl. Also umgehend kochen. Als Vorgericht reicht ein 800 Gramm schwerer Hummer gerade mal für zwei Personen. Für vier müssen es also schon zwei Hummer sein.

1 In einer kleinen Sauteuse 4 TL superfein gehackte Schalotten in wenig Noilly Prat und noch weniger Estragonessig behutsam gar dünsten, bis sie fast breiig sind. Das dauert 10 bis 15 Minuten. Einige Blättchen frischen Estragon mitköcheln lassen.

2 Die Hummer nacheinander kopfüber in kochendes Salzwasser geben; nach 6 Minuten herausnehmen.

3 Parallel dazu die mehrfach gebrochenen Nudeln in Salzwasser kochen, abtropfen und im Kochtopf mit einem Stück Butter warmstellen.

4 Die Hummer etwas abkühlen lassen, dann den Schwanz vom Kopf trennen und entschalen; die Scheren aus dem Vorderteil drehen, mit einem Nussknacker vorsichtig aufbrechen und das Fleisch im Ganzen herausziehen. Es sollte noch etwas glasig sein, dann ist es saftig. Den dünnen schwarzen Darm am Schwanzende herausziehen.

5 Den Schalottenbrei erwärmen, salzen und mit Cayenne pfeffern. 8 TL eiskalte Butter in die feuchten Zwiebeln einschlagen. Nach und nach die Sahne hineinrühren, abschmecken und evtl. nachwürzen. Zum Schluss 2 EL vorbereitetes Tomatenkonkassee (siehe ab Seite 468) in der Sauce aufwärmen.

6 Die Nudeln auf warmen Tellern anrichten, die Hummerstücke darauf und drumherum drapieren und alles mit etwas Sauce überträufeln.

Zum Hummer passt ein Hermitage blanc.

Jacobsmuscheln mit Speckwürfeln

Für 2 Personen:

4 Jacobsmuscheln,
100 g fetter
Tiroler Speck
(mild geräuchert),
Olivenöl,
Cayennepfeffer,
Himalaya- oder
Meersalz,
1 kl. Glas halb-
trockener Weißwein,
2 TL Oystersauce
(im Asienshop),
evtl. 1 TL Pastis

Capellini, Butter

Menüvorschlag:

Jacobsmuscheln
mit Speckwürfeln,
Hühnerbrust mit
Estragonsauce
(Seite 235),
Crème caramel
(Seite 409)

Zu den Jacobs-
muscheln mit
Speck passt
Viognier, ein Land-
wein aus den
Coteaux des
Baronnies.

Im Vergleich zu anderen Muscheln und auch zu Austern sind Jacobsmuscheln nicht nur ungewöhnlich groß, sondern sie haben auch – richtig gedünstet oder gebraten – eine zarte, eher feste und dennoch saftige Konsistenz, ähnlich der einer feinen Kalbsleber. Roh genossen und ohne eine Sauce mit passenden Aromen schmecken sie eigentlich nach gar nichts; deshalb ist auch die Mode so fragwürdig, sie als ›Sashimi‹ in dünne Scheiben geschnitten nur mit Salz und Pfeffer zu servieren.

Auf den folgenden beiden Seiten werden die schon von mir bekannten Rezepte für Jacobsmuscheln mit Gemüsesauce, mit Zitronenbutter oder auf Chicorée vorgestellt. Inzwischen habe ich eine neues Rezept entwickelt und finde das Ergebnis gleichermaßen köstlich: mit glasig gebratenen Würfeln von mildem, nur schwach geräuchertem Speck in einer leichten Austernsauce mit einer kleinen Portion Capellini.

1 Die obere, harte Seite des Specks einige Millimeter abschneiden, dann den Speck in nicht zu dünne Scheiben, diese in Streifen und dann in kleine Würfel von 1/2 bis 1 cm Kantenlänge schneiden.

2 In einer Pfanne wenig Olivenöl erhitzen und die Speckwürfel darin glasig werden lassen; sie sollen auf keinen Fall braun und knusprig werden. Sobald die Würfel durchsichtig geworden sind, werden sie mit Cayenne bestäubt und mit Himalaya- oder Meersalz bestreut. Ein kleines Glas Weißwein angießen und alles ein paar Minuten durchkochen lassen. 2 TL asiatische Oystersauce (gibt's im Asienshop) dazu geben und abschmecken; es sollte stark salzig und sehr scharf schmecken. Beiseite stellen.

3 Von den Jacobsmuscheln das rotweiße Corail abtrennen. Dort, wo es an der Muschel hing, ist eine kleine harte Stelle; die wird entfernt. Corail und Muschel unter fließendem Wasser reinigen und halbieren: das Corail wird in seinen weißen und roten Teil geteilt, die Muschel wird waagerecht durchgeschnitten.

4 Die Capellini nach Vorschrift kochen, abgießen, im Kochtopf mit 1 EL Butter mischen und warm stellen.

5 In einer kleinen Pfanne etwas Olivenöl erhitzen, Corail und Muschelfleisch hineinlegen, schnell leicht salzen und mit Cayenne peffern, durcheinander schwenken und zum Speck in die erste Pfanne geben, durchrühren und abschmecken. Vielleicht noch einen Fingerhut voll Pastis hinzufügen (wie Pernod, Ricard oder ein anderer Anisschnaps); aber nur, wenn der Speck mit dem Muschelsaft noch nicht die gewünschte Delikatesse haben.

Vor- und Zwischengerichte

Jacobsmuscheln – Varianten

Auf den Fischmärkten der Normandie fallen die handtellergroßen Jacobsmuscheln sofort ins Auge. Sie sehen aus wie das Markenzeichen einer Benzinfirma. In der Muschel sitzt viel Geschlabber, Sand und ein weißer Propfen, der einem Marshmellow nicht unähnlich ist, gottlob aber völlig anders schmeckt.
Bei uns werden die Muscheln meist ausgelöst angeboten. Am weißen Propfen hängt noch das rote Corail, eine halbmondförmige Angelegenheit, die der Muschel bei der Fortpflanzung hilft. Beides ist von höchster Delikatesse. Weniger wegen des Geschmacks, sondern wegen der zarten und saftigen Konsistenz, sofern die Jacobsmuscheln – wie so häufig – nicht hart und trocken gekocht werden.
Das Wichtigste: Frisch müssen sie sein! Nicht aufgetaut – dann sind sie meist zäh – und möglichst weiß und kaum hellgrau. Wenn ihre Verfärbung bereits ins Gelbliche übergeht: Finger davon lassen!
Die folgenden Zubereitungsarten schätze ich besonders:

Für 4 Personen:

2 – 3 Muscheln pro Person

Mit Gemüsesauce:

3 Schalotten,
3 Karotten, 15 cm Staudensellerie,
3 Champignons,
3 Tomaten,
2 Lauchstangen,
Safran, Pfeffer, Salz,
Butter, Noilly Prat,
1 Becher Sahne

Mit Zitronenbutter:

12 EL Hühnerbrühe,
1 – 2 Zitronen, grüner Thai-Curry,
100 g Butter

Mit Chicorée:

2-3 Chicorées,
Zitronensaft,
Butter, Pfeffer,
Salz

Jacobsmuscheln mit Gemüsesauce

1 Für alle Versionen ist die Anfangsarbeit die gleiche: Das orangefarbene Corail mit dem Messer am Muschelkörper abtrennen. Aber auch, wenn dieses beim Einkauf schon abgetrennt daneben liegt: An der Stelle, wo es gesessen hat, ist am weißen Muschelkörper eine harte Stelle, eine Art Schwiele, die beim Kochen sofort hart wird; man muss sie ertasten und herausschneiden. Größere Muscheln in eine obere und untere Hälfte teilen.

2 Die Gemüse (bis auf eine Karotte und eine Lauchstange) kleinschneiden und in Butter anschwitzen, ohne dass sie Farbe annehmen. Mit soviel Wasser aufgießen, dass die Muscheln darin ziehen können. 20 Minuten köcheln lassen. Pfeffern, salzen und durchsieben. Die Muscheln einlegen und 1 Minute ziehen lassen; herausnehmen und warmstellen.

3 Aus der zurückbehaltenen Karotte und der Lauchstange Juliennes vorbereiten: Mit einem scharfen Messer den weißen Teil der Lauchstange und die geschälte Karotte in streichholzdünne Streifen schneiden.

4 Den Gemüse-Muschel-Sud auf großer Flamme reduzieren und die Juliennes (jeweils ungefähr 2 EL) dabei mitkochen lassen. Außerdem eine kleine Menge Tomatenkonkassee bereitstellen (siehe Seite 468).

5 Den kochenden Sud mit einer kräftigen Prise Safran und einem Gläschen Noilly Prat würzen und den Becher Sahne hinzugießen und weiter einkochen. Abschmecken, eventuell nachwürzen. Das Tomatenkonkassee einrühren, die vorbereiteten Muscheln auf das Gemüse legen, mit der Sauce übergießen und servieren.

Jacobsmuscheln mit Zitronenbutter

1 Pro Portion 3 EL Hühnerbrühe auf die Hälfte einkochen und mit Salz abschmecken.

2 Die Hühnerbrühe mit Zitronensaft und Curry würzen. Wieviel Zitronensaft und wieviel Curry, das lässt sich nicht bemessen. Die Zitrone soll deutlich, der Curry nur schwach herauszuschmecken sein. Hinzu kommt auch noch eine ziemlich große Menge Butter. Die nimmt viel von der Säure und auch vom Curry etwas weg, vom Salz ganz zu schweigen. Pro Portion ist ein EL Butter nötig, also mindestens 20 g.

3 In dieser Zitronenbutter jetzt die Muscheln und die Corails kochen, das heißt besser: ziehen lassen. Nach vier Minuten sind die Muscheln gar. Nur fest sollen sie werden, nicht hart; also ihren Rohzustand verlieren, mehr nicht. Da heißt es aufpassen!
Was übrigens den Curry angeht: Die unter der Bezeichnung Thai-Curry im Handel erhältliche Sorte eignet sich hier am besten; sie ist auffallend sanft.
Keine Beilagen. Um Gottes willen keinen Reis! Nudeln wären möglich, Stangenbrot auch, *nur* Wein ist besser. Auf das Ergebnis können auch Profi-Köche stolz sein!

Jacobsmuscheln auf Chicorée

1 Aus den zarten Blättern des Chicorées dünne Streifen schneiden und 5 Minuten in etwas Butter gar dünsten, salzen, den Saft einer halben Zitrone angießen und warmstellen.

2 Die parierten Muscheln auf einem gefetteten Blech unten im heißen Backofen höchstens 4 Minuten garen. Mit der leicht gebräunten Unterseite nach oben auf den Chicorée-Streifen anrichten.

3 Den restlichen Zitronensaft mit wenig Wasser aufkochen, vom Feuer nehmen, eiskalte Butterstückchen mit dem Schneebesen einschlagen, salzen, pfeffern und über die Muscheln träufeln.

Menüvorschlag für ein leichtes Festmenü:

Champignons gegrillt (Seite 96), Jacobsmuscheln, Taubenbrust mit Safran (Seite 266), Rhabarber-Ingwer-Quark (Seite 434)

Zu den Muscheln passt der beste weiße Burgunder Premier Cru, den Sie haben oder auftreiben können.

Jacobsmuscheln mit Gemüsesauce

Vor- und Zwischengerichte

Krebse im Sud

Für 4 Personen:

16 – 24 Krebse,
500 g Karotten,
1 große Zwiebel,
6 Schalotten,
1 Stück Sellerie (eigroß),
4 Knoblauchzehen,
1 kleine Fenchelknolle,
1 Handvoll Dill,
1 EL Zesten von Orangenschale,
Cayennepfeffer,
Salz, Butter,
1/2 l trockener Riesling,
4 EL Tomatenkonkassee

Passt als Vorspeise zu jedem Fleischgericht; als Hauptgang würde ich die Gäste selber die Krebse aufbrechen lassen; diese Rustikalität macht vielen Essern Spaß.

Zu den Krebsen passt ein Riesling Spätlese trocken.

Der Inbegriff des Sommers waren früher Flusskrebse, und es war nicht einmal ein Festessen. Heute sind sie eine Rarität, und ich schätze mich glücklich, wenn ich einmal ein Dutzend davon allein essen darf.
Als Vorspeise müssen es nicht 12 pro Person sein, da genügt schon die Hälfte, und wenn es nur 4 sind: auch gut. Krebse werden lebend verkauft, man muss sie bis zum Essen in der Badewanne lagern. Kinder sollte man davon fernhalten, denn mit ihren Scheren können Krebse ganz schön zubeißen.

1 Die Gemüse – ohne die Gewürze – werden kleingehackt und in Butter so lange angeschwitzt, bis sie halb gar sind. Sie dürfen dabei aber nicht braun werden! Mit dem Wein ablöschen.

2 Knoblauch – ganz oder in Stücken –, Dill, Orangenschale, Pfeffer und Salz sowie das halbgare Gemüse hinzugeben, mit 2 l Wasser auffüllen und so lange kochen lassen, bis alles durch und durch gar ist. Den Sud in einen zweiten Kochtopf durch ein Sieb passieren und dabei das Gemüse mit dem Holzlöffel gründlich ausdrücken. Abschmecken und nachwürzen.

3 Die Krebse sauber bürsten und zwei oder drei davon in den sprudelnden Sud werfen. Sie werden rot und nach 5 Minuten herausgenommen. Dann kommen die nächsten 3 an die Reihe, bis alle Krebse rot und halbgar auf dem Tisch liegen. Alle zurück in den köchelnden Sud werfen und in 10 Minuten zu Ende garen. Herausnehmen und den Sud etwas einkochen lassen.

4 Die Krebsschwänze vom Körper drehen und die dicken Schuppen abbrechen. Das Fleisch mit einer kleinen Gabel herausziehen und den Darm suchen – ein kleiner schwarzer Faden – und entfernen. Die Schwänze in die Teller verteilen und mit dem Sud übergießen (die Scheren am nächsten Tag mit einer Zange aufbrechen und essen, wenn man mehr Zeit hat). 1 EL Tomatenkonkassee (s. S. 465) in jeden Teller geben und ein Stück kalte Butter darauf schwimmen lassen.

Vor- und Zwischengerichte

Lachs-Forelle-Terrine

Eine Terrine lohnt sich vor allem dann, wenn man viele Gäste erwartet, also zu Geburtstagen und anderen Festen. Diese würzige Lachs-Forelle-Terrine ist einfach herzustellen und bleibt durch die großzügige Beigabe von Crème fraîche auch ohne Speckmantel oder ähnliche Hilfsmittel schön saftig.

Zutaten für 8 – 12 Personen:

300 g frisches Lachsfilet,
ca. 150 g geräuchertes Forellenfilet,
300 g Crème fraîche,
160 g Sahne
(alles gut gekühlt),
1 EL Zitronensaft,
20 g Butter,
1 Ei, Paprika,
Salz, Pfeffer

(Baguette; Frisée- oder Feldsalat)

Eine attraktive Vorspeise auch bei weniger Gästen; die Familie freut sich darüber auch noch an einem der folgenden Tage.

1. Eine längliche Pastetenform (mit 1 l Inhalt) mit weicher Butter dünn ausstreichen und für mindestens 1 Stunde in den Kühlschrank stellen.

2. Den Lachs von Haut und Fetträndern befreien – auch die dunklen Stellen entfernen –, Lachs und Forellenfilets in Stücke schneiden, mit etwas Zitronensaft beträufeln und für 1 Stunde in den Kühlschrank stellen.

3. Die Fischwürfel mit dem Schneidstab pürieren, das ganze Ei, danach die Crème fraîche und die Sahne einarbeiten. Die Masse mit Salz, Pfeffer und Paprika würzen und kräftig abschmecken. Die Farce in die Pastetenform füllen und dabei mehrmals aufstoßen. Mit einer Alufolie abdecken und ein kleines Luftloch in die Mitte der Folie reißen.

4. Die Terrine in eine etwas größere Form stellen, in den auf 200 Grad vorgeheizten Backofen schieben und mit kochendem Wasser auffüllen, so dass die Terrinenform etwa halbhoch im Wasser steht. Ungefähr 30 bis 35 Minuten im Wasserbad garen lassen.

5. Den Ofen ausschalten und die Terrine noch 10 bis 15 Minuten ziehen lassen. Herausnehmen und 2 bis 3 Stunden neben dem Herd auskühlen.

6. Die Terrine vorsichtig auf eine Platte stürzen, mit Folie abdecken und über Nacht – auch für mehrere Tage – in den Kühlschrank stellen.

7. Mit einem immer wieder in heißes Wasser getauchten Messer in dicke Scheiben schneiden und zusammen mit einem kleinen Frisée- oder Feldsalat und Stangenbrot servieren.

Zur Terrine passt gut eine Riesling-Auslese.

Vor- und Zwischengerichte

Lachstatar – frisch und geräuchert

Für 4 Personen:

Lachstatar roh:

200 g frisches Lachsfilet,
1 Msp. Wasibi (japanischer Rettich aus der Tube),
Zitronensaft,
Olivenöl,
schwarzer Pfeffer,
Salz, Butter

Tatar Räucherlachs:

200 g möglichst dick geschnittener Räucherlachs,
1/2 Gurke,
5-cm-Stück Räucheraal,
1 EL Kapern,
1 EL Crème fraîche,
Zitronensaft,
Pfeffer, Salz

Butter, geröstetes Weißbrot

Mit rohem Fisch ist es wie mit Austern: Viele Feinschmecker lieben sie, andere wenden sich angewidert ab. Es hängt ganz wesentlich von der Zubereitungsart ab, ob rohes Fleisch oder roher Fisch auch von solchen gegessen werden, die das gemeinhin ablehnen. Beim mild gepökelten frischen Matjes gibt es wohl die geringsten Widerstände, ebenso vielleicht bei einem Carpaccio oder gut gewürzten Tatar vom Rinderfilet, wie auch neuerdings bei den japanischen Sushi mit der ewiggleichen Sojasauce.

Die beiden folgenden Rezepte für ein Lachstatar bieten die Wahl: Das Tatar aus rohem Lachs ist gewürzt mit Wasibi, einem grünen, brennend scharfen japanischen Rettich, das Tatar aus Räucherlachs gewinnt an Geschmack durch die Beigabe von geräuchertem Aal.

Rohes Lachstatar

1. Das Lachsfilet von dunklen Fettstellen und -rändern befreien; restliche Gräten zieht man mit einer Pinzette heraus. Dann das Filet in schmale Streifen und diese in kleine Würfel schneiden.

2. Die Lachswürfel leicht salzen, pfeffern und mit Zitronensaft beträufeln. Mit so wenig Wasibi mischen, dass das Tatar auch für Weintrinker noch zumutbar ist. Zum Schluss einen Guss Olivenöl untermischen.

Räucherlachstatar

1. Die Räucherlachsscheiben in Streifen und dann in kleine Würfel von 1/2 bis 1 cm Kantenlänge schneiden.

2. Vom Räucheraal die Haut abziehen, sichtbares Fett abschaben, das Fleisch vom Knochen ablösen, zuerst in Streifen und dann in kleine Würfel schneiden. Unter den Lachs mischen.

3. Die halbe Gurke schälen, die Kerne entfernen, das Gurkenfleisch feinhacken und ebenfalls unter die Lachs- und Aalwürfel mischen. Mit Zitronensaft beträufeln, 1 EL gehackte Kapern sowie 1 EL Crème fraîche untermischen und mit grobem schwarzen Pfeffer würzen. Vielleicht etwas nachsalzen.

Beide Tatars mit gerösteten Weißbrotscheiben und Butter servieren.

Zu den Lachstatars passt Chardonnay.

Räucherlachstatar

Lachshäppchen à la Outhier

Für 4 Personen:

2 – 3 dick geschnittene – oder mehrere dünne – Scheiben Räucherlachs, 4 Scheiben altbackenes Holzofenbrot, weiche Butter

Menüvorschlag für ein sommerliches Festmenü:

Lachshäppchen, sommerliche Gemüseplatte (Seite 149), Entenbrust in Portwein (Seite 220), Erdbeer-Parfait (Seite 424)

Zu den Lachshäppchen passt am besten Champagner, aber auch Rieslingsekt oder Prosecco.

Eine der scheinbar simpelsten, in Wirklichkeit aber raffiniertesten Anfänge eines Menüs hat vor vielen Jahren Louis Outhier erfunden, einer der großen französischen Küchenchefs. Man könnte es einfach ein Lachsbrot nennen, weil dieser Auftakt tatsächlich nur aus Brot, Butter und Lachs besteht. Aber eine getrüffelte Foie gras bezeichnen wir ja auch nicht als Geflügelleber mit Pilzen.

Der Lachs ist geräuchert und frisch geschnitten; nicht abgepackt. Guten Räucherlachs erkennt man übrigens an der Farbe: er ist rosa und nicht rot. Mindestens so wichtig ist die Qualität des Brotes. Es muss ein hellbraungraues Holzofenbrot sein, dessen Geschmack sich erst nach vier, fünf Tagen so richtig entwickelt. Dann ist die Rinde zwar schon hart, das Brot lässt sich aber gut schneiden. Das beste Brot dieser Art wird in Paris gebacken und ich bekomme es einmal in der Woche auf dem Markt in Straßburg. Ein ähnlich gutes Brot erhält man inzwischen mit etwas Glück unter der Bezeichnung »Toskana-Brot« auch in Deutschland.

1 Das Brot mit einem sehr scharfen Messer in so dünne Scheiben schneiden, dass man durch die Löcher hindurchsehen kann, die jedes bessere Brot hat. Die Scheiben werden entrindet und vorsichtig mit weicher Butter reichlich bestrichen.

2 Eine dicke – oder mehrere dünne – Scheibe(n) Räucherlachs – die Schicht sollte eher dicker sein als das Brot – auf eine Brotscheibe legen, leicht pfeffern und mit einer weiteren Scheibe abdecken. Mit den beiden nächsten Scheiben wiederholen.

3 In kleine Dreiecke schneiden; vier bis fünf Stück pro Person, mehr nicht, weil sich sonst die Gäste daran satt essen würden. Auf eine Platte legen, mit Folie abdecken und für eine Stunde in den Kühlschrank stellen. Dann zur Selbstbedienung auf den Tisch, wo bereits der Champagner in den Gläsern perlt.

Vor- und Zwischengerichte

Lachsmousse mit Wachteleiern

Für 4 Personen:

200 g Räucherlachs,
150 g Räucheraal,
1 – 2 EL Crème fraîche,
100 g Sahne,
1 TL Tomatenmark,
Cayennepfeffer,
4 cl Acquavit,
12 Wachteleier (Feinkostladen),
kl. Salatmischung

(Grüne Paprika; Kaviar)

Menüvorschlag:

Lachsmousse,
Entenkeule in Court Bouillon (Seite 228),
Orangenparfait (Seite 427)

Selbst in den Kochkünsten schon avancierte Eleven ergänzen beim Wort ›Mousse‹ automatisch ›au chocolat‹, und davon kennen sie auch verschiedene Varianten: dunkel, weiß und mehr oder weniger bitter. Die feinen Mousses aus Geflügelleber, Hecht oder Lachs reservieren sie in Gedanken eher den Sterne-Restaurants, die sie schon lange einmal besuchen wollten. Dabei ist es ein Kinderspiel, zum Beispiel eine Lachsmousse selbst herzustellen.

Bei dem Lachs für diese Mousse handelt es sich um Räucherlachs, aber er hat noch einen stillen Teilhaber. Damit sie erstens kräftiger und zweitens nicht genauso schmeckt wie normaler Räucherlachs (dann wäre es unnötig, ihn zu verarbeiten), enthält die Mousse auch noch Räucheraal. Sie wird kalt hergestellt und kalt gegessen.

1 Das Stück Räucheraal enthäuten (geht recht leicht: Die dicke Haut an der Mittelgräte mit einem scharfen Messer tief einritzen und abziehen), die Filets auf beiden Seiten von der Mittelgräte weg nach außen schieben, Fett abschaben und das Fleisch in kleine Stücke schneiden. Es sollten 100 g schieres Fleisch übrigbleiben.

2 Vom Räucherlachs eventuelle dunkle Fettstellen entfernen (schmecken leicht tranig) und ebenfalls in kleine Stücke schneiden. Aal und Lachs im Mixer oder mit dem Handstab pürieren. Die Masse mit Cayennepfeffer würzen und mit dem Tomatenmark färben. Die Crème fraîche unterrühren und den Schnaps (Acquavit o.ä.) dazugeben. Es geht auch ohne Schnaps: In Würfel geschnittene grüne Paprika geben der Mousse den notwendigen bitteren Kontrast und sehen dazu noch hübsch aus.

3 Die Sahne steif schlagen, unter die Masse ziehen und mehrere Stunden oder über Nacht im Kühlschrank durchziehen lassen. Beim Servieren mit einem heißgemachten Suppenlöffel Formen ausstechen, auf Tellern anrichten und mit den Wachteleiern dekorieren.

Ein Klacks Kaviar auf den Eiern kann nicht schaden.

Zur Mousse passt Rieslaner trocken.

Lachs pochiert mit Rotwein-Vinaigrette

Für 4 Personen:

600 g Lachsfilet am Stück mit Haut,
1 Stange Lauch,
1 Karotte,
1 Zwiebel,
Petersilie, weißer Pfeffer, Salz, Essig

Für die Vinaigrette:

Olivenöl, Rotweinessig, Salz, Pfeffer, Zucker

Tomatenkonkassee, 4 TL grüner Pfeffer, gehackte Petersilie

(geröstetes Weißbrot)

Menüvorschlag:

Lachs pochiert mit Rotweinvinaigrette, Kalbskotelett mit Salbei (S. 297), Orangengratin (Seite 397)

Eine der besten und einfachsten Arten, einen Lachs zuzubereiten, ist das Kochen. Dabei ist Kochen eigentlich der falsche Ausdruck: ziehen lassen ist richtiger. Lachs gart wie alle Fische schon bei 70 Grad. Und wie alle Fische mag er starke Hitze gar nicht. Das Fleisch sollte innen noch rosa sein und im Kern etwas glasig. Ist es blass und weißlich, hat es vielleicht zu lange gegart; es schmeckt dann trocken und ist faserig – also ebenso misslungen wie ein verbranntes Stück Fleisch.

Den Lachs pochiert man am besten am Vortag. Denn in diesem Fall soll er ja kalt gegessen werden; außerdem bekommt er durch die Nachtwache einen herzhaften Geschmack, den er frisch pochiert nicht hat. Das hängt mit dem Prozess des Gelierens zusammen, der etwas Zeit braucht.

1 Die Gemüse putzen, waschen und in Scheiben schneiden, 1 Teil Essig mit 2 Teilen Wasser mischen, die Gemüse dazu geben, salzen, pfeffern. Der Sud muss deutlich sehr sauer und pfeffrig sein! Die Gemüse ungefähr eine Stunde kochen lassen.

2 Mit dem Finger die Oberseite des Lachses auf eventuelle Gräten abtasten und mit einer Pinzette herausziehen. Den Fisch in den Gemüsesud legen und ungefähr 10 Minuten ziehen lassen; es darf nicht kochen, nicht einmal simmern! Der Fisch gart bei 70 Grad. Nach 10 Minuten herausnehmen und mit einem kleinen Einschnitt prüfen, ob der Fisch gar, aber noch rosa ist. Eventuell noch etwas nachziehen lassen. Herausnehmen, die Haut abziehen und in einer Schüssel mit Deckel bis zum nächsten Tag im Kühlschrank aufbewahren.

3 Etwas Rotweinessig, Salz, Pfeffer, 1 Prise Zucker und Olivenöl mit dem Mixstab zu einer Vinaigrette verquirlen.

4 Den Lachs in Stücke zupfen, mit Tomatenwürfeln und grünem Pfeffer dekorieren, mit der Vinaigrette übergießen und gehackte Petersilie drüberstreuen. Dazu geröstetes Weißbrot.

Zum pochierten Lachs passt gut ein Tokay aus dem Elsass oder ein Chardonnay.

Vor- und Zwischengerichte

Lauchtorte mit Räucherlachs

Für 4 Personen:

Für den Mürbeteig:

200 g Mehl,
75 g salzige Butter,
1 Eigelb, 1 EL Wasser

Für den Belag:

3 Stangen Lauch,
200 g Sahne,
2 Eier,
1 dicke Scheibe Räucherlachs,
2 TL Korianderkörner,
Weißwein, Muskat, Cayennepfeffer, Zitronensaft, Butter, Salz

Sehr gut auch als leichtes Mittag- oder Abendessen (Mengen entsprechend erhöhen).

Zur Lauchtorte passt elsässischer Riesling.

Die »Quiche Lorraine« ist Lothringens bekanntester Beitrag zur französischen Hausmannskost. Das Rezept zu diesem salzigen Kuchen gibt es schon in 400 Jahre alten Kochbüchern; die Quiche bestand damals ausschließlich aus Mehl, Eiern, Butter und Räucherspeck. Das kostbare Salz zur Konservierung gewann man dort schon seit dem Mittelalter aus Salinen.
Die Lauchtorte mit Räucherlachs ist eine feinere Schwester der Quiche Lorraine und eine entfernte Verwandte des ›Flammekuchen‹. Der Teigboden ist ein Mürbeteig ohne Zucker; er wird diesmal nicht vorgebacken.

1 Der rohe Teig wird aus den angegebenen Zutaten mit den Fingern gerieben, nicht gerührt. Verkneten, zur Kugel formen und etwas ruhen lassen (siehe dazu auch Seite 469). Danach 3 mm dick ausrollen und eine 26 cm-Tortenform damit auslegen und ungefähr 3 cm an der Seitenwand hoch- und festdrücken.

2 Die Lauchstangen waschen und den hellgrünen und weißen Teil in dünne Scheiben schneiden. Feucht wie sie sind, in einer großen Pfanne mit heißer Butter anschwitzen, nicht braten. Leicht salzen (je nach Salzgehalt im Räucherlachs) und mit 1/2 TL Cayennepfeffer (mehr oder weniger; je nach gewünschter Schärfe) und 2 TL zerstoßenen Korianderkörnern würzen. Mit wenig Zitronensaft beträufeln und mit so wenig trockenem Weißwein auffüllen, dass der Lauch darin sanft garen kann. Das dauert 10-15 Minuten, dann sollte das Gemüse gar und kaum noch feucht sein (andernfalls im Sieb abtropfen). Etwas abkühlen lassen.

3 Die Sahne mit den Eiern, Salz und einer Prise Muskat verschlagen und mit dem Lauch vermischen.

4 Auf dem Teigboden den in kurze Streifen geschnittenen Räucherlachs verteilen. Darauf die Lauch-Eier-Sahne-Mischung gießen und das Ganze für 30-40 Minuten auf dem Boden des auf 180 Grad aufgeheizten Backofens backen. Die Torte wird warm – nicht heiß – gegessen.

Matjestatar

Eine Küche, die keine Matjes kennt, ist unvollkommen. Dieser Junghering kann es an Zartheit und Delikatesse mit jeder Gänseleber aufnehmen. Wenn seine Zeit gekommen ist (Mai bis Juli), beeile ich mich, ihm eine Hauptrolle auf meinem Speiseplan einzuräumen.

Matjesheringe, die außerhalb ihrer eigentlichen Saison angeboten werden, waren eingefroren und sind aufgetaut.

Den Matjeshering sollte man essen wie Austern: naturell, das heißt, ohne jegliches Beiwerk. So erfährt die Zunge am besten, was es mit der Zartheit und dem sanften Geschmack auf sich hat. Wo er allerdings zum täglichen Brot gehört, wird vielleicht der Wunsch nach einer Variation laut. Hier ist eine, die in jedem Menü einen vielversprechenden Auftakt darstellt.

Für 4 Personen:

4 Matjesheringe (2 Filets pro Person),
2 – 4 kleine weiße Zwiebeln,
Vollkornbrot oder Pumpernickel,
etwas Dill,
schwarzer Pfeffer,
Butter

Matjestatar passt als Auftakt zu fast jedem Menü.

Ich persönlich trinke zum Matjes einen Aquavit; aber natürlich passt auch Bier.

1. Von den Matjes-Filets die Schwänze abschneiden und die Filets mit einem Messer grob würfeln. Es entsteht ein nicht sehr ansehnlicher Pampf. Im Kühlschrank lagern, damit er durch und durch kalt wird; warme Matjes sind wie warmer Kaviar.

2. Vollkornbrot oder Pumpernickel in runde Scheibchen schneiden und mit Butter bestreichen.

3. Ein wenig Dill feinhacken und 1 EL schwarze Pfefferkörner im Mörser grob zerstoßen.

4. Kurz vor dem Servieren frische kleine Zwiebeln mit einem scharfen Messer in allerfeinste Partikel schneiden. Auf 2 EL Matjestatar kommt 1 TL feingehackte Zwiebeln; es kann auch weniger sein.

5. Zwiebeln, Dill und Pfeffer unter das Tatar mischen. Daraus mit zwei Teelöffeln runde Bällchen formen und diese auf die Brotscheibchen setzen und servieren.

Vor- und Zwischengerichte

Medaillons vom Kabeljau

Für 4 Personen:

400 g dickes Kabeljaufilet, Meersalz, Pfeffer aus der Mühle, etwas Mehl, Olivenöl zum Braten

4 Tomaten, getrockneter Rosmarin u. Thymian, 2 Knoblauchzehen, Olivenöl

3 EL Weißwein, 5 EL Wasser, 1 EL Estragonessig, 5 Pfefferkörner, 1 Schalotte, 3 Eigelb, 200 g flüssige Butter, 1 TL Senfkörner, Cayennepfeffer, Salz, Zitronensaft

300 g Blattspinat, 1 Schalotte, 30 g Butter, 1 EL Olivenöl, Pfeffer, Salz

Menüvorschlag:
Kabeljau, Tarte au citron (Seite 438)

Für mein Buch »Deutsche Klassiker« steuerte Alfred Klink, Chefkoch im renommierten Colombi-Hotel in Freiburg, köstliche Medaillons vom Kabeljau bei. Dazu servierte er eine Senfkörner-Hollandaise und Ofentomaten. Klink hatte das Fischfilet zunächst mit Meersalz gewürzt, stramm in Klarsichtfolie eingerollt und für Stunden kaltgestellt. Dadurch bekommt das Fleisch eine festere Konsistenz, was das Dämpfen und Braten erleichtert.
Hier eine etwas weniger aufwändige, aber dennoch sehr leckere Version mit Senfkörner-Hollandaise, Ofentomaten und Blattspinat.

1 Den filetierten Fisch salzen, möglichst fest in Klarsichtfolie einrollen und 5 Stunden kühl stellen.

2 2 EL Weißwein, 5 EL Wasser, 1 EL Estragonessig, die gehackte Schalotte und die gestoßenen Pfefferkörner aufkochen und auf ein Drittel reduzieren. Durch ein Sieb gießen und abkühlen lassen.

3 Den Spinat waschen, putzen und tropfnass in einem heißen Topf in 2-3 Minuten zusammenfallen lassen, gut ausdrücken und beiseite stellen.

4 Knoblauch mit Salz zerdrücken. Tomaten halbieren und mit Olivenöl, Rosmarin, Thymian, Pfeffer und etwas Knoblauchbrei würzen und bei 120°C im Ofen 10 Minuten garen.

5 Das in 4 Medaillons zerteilte Fischfilet leicht bemehlen und in heißem Öl rundum für 1 Minute anbraten und im vorgeheizten Ofen bei 200°C in 6-8 Minuten fertig garen. Mit Zitronensaft beträufeln.

6 In einer Schüssel im Wasserbad die 3 Eigelb, die Reduktion und 1 EL Wein cremig aufschlagen. Am warmen Herdrand die flüssige Butter tropfenweise unterschlagen. Mit Senfkörnern, Salz, Cayennepfeffer und Zitronensaft würzen. Warm stellen.

7 In einem Topf 30 g Butter schmelzen, den restlichen Knoblauchbrei hineinrühren, pfeffern, den Spinat zugeben und gut vermischen.

8 Auf gewärmten Tellern die Medaillons auf eine Portion Spinat setzen, mit der Hollandaise überziehen und die Tomaten daneben setzen.

Dazu passt trockener Grauburgunder.

88   Vor- und Zwischengerichte

Saiblingfilets in Folie

Für 4 Personen:

4 Saiblinge,
12 – 15 Champignons,
Zitronensaft,
Petersilie,
Butter,
trockener Vermouth,
Salz, Pfeffer

(Stangenbrot oder Reis)

Menüvorschlag:

Saiblingfilets in Folie,
Perlhuhn mit Aprikosen (Seite 255),
Thymian-Apfel-Kompott (Seite 444)

Hier passt ein trockener Traminer.

Der Saibling gehört zur Familie der Forellen und kommt ursprünglich in Savoyen und in oberbayerischen Seen vor. Sein Fleisch ist rosa und fester als das einer Forelle. Da Saiblinge nicht sehr groß sind, brauche ich pro Person einen Fisch, den ich mir vom Händler filetieren lasse, doch die Haut soll er dran lassen. (Man muss sie nicht unbedingt essen, aber sie schützt das Fleisch beim Garen.) Saiblinge werden oft auch bereits filetiert angeboten. Und wenn gerade keine Saiblinge auf dem Markt sind, dann bestimmt Lachsforellen, welche hier einen durchaus vollwertigen Ersatz bilden.

1 Die Champignons putzen (nicht waschen), die Stiele entfernen und in hauchdünne Scheiben schneiden (weil sie sonst nicht gar würden). In eine Schüssel legen und großzügig mit Zitronensaft beträufeln.

2 Die Fischfilets unter kaltem Wasser abspülen und mit Küchenkrepp trockentupfen. Die Filets mit der Haut nach unten jeweils auf ein rechteckiges Stück Alufolie legen, salzen und pfeffern. Darauf so viele Champignonscheiben häufeln, dass das Filet bedeckt ist. Die Pilze extra salzen; 1 TL grobgehackte Petersilie dazu. Nun das zweite Filet salzen und pfeffern und mit der Haut nach oben auf das erste Filet legen. Es ist jetzt ein ca. 3 cm dickes Sandwich entstanden; darauf einige Butterflöckchen verteilen. Dann den Fisch in die Folie einschlagen und an den Rändern mehrfach falten, damit das Paket gut verschlossen ist.

3 Die so verpackten Filets nebeneinander in eine Back- oder Bratform legen und in den 180 Grad heißen Ofen schieben. Nach 15 Minuten sind sie gar. Den Champignonsaft beim Öffnen der Pakete in einer Kasserolle auffangen, ein kleines Glas Vermouth angießen und reduzieren. Abschmecken (Salz? Pfeffer? Zitrone?) und einige kalte Butterstückchen einmontieren. Die Filets auf vorgewärmte Teller legen und mit der Sauce begießen. In hungrigen Familien kann Reis dazu serviert werden; sonst genügt Stangenbrot.

Vor- und Zwischengerichte

Seeteufel mit Gemüsevinaigrette

Für 4 Personen:

Für den Fisch:

800 g Seeteufel-Filets,
50 g Butter,
2 EL Olivenöl,
Pfeffer, Salz;
wenig Milch u. Mehl zum Bestäuben

Für die Vinaigrette:

je 1/2 gelbe und grüne Paprika,
1 Schalotte (oder Frühlingszwiebeln),
1/2 Karotte,
1 Tomate,
1/2 EL Estragonessig,
3 EL Olivenöl,
3 EL Fischfond oder Hühnerbrühe,
Zitronensaft,
Pfeffer, Salz

Menüvorschlag:

Buttermilchsuppe (Seite 43),
Seeteufel,
Birnen in Rotwein (Seite 408)

Dazu passt Grüner Veltliner.

Der Seeteufel – die Lotte – ist ein Knochenfisch fast ohne Gräten, nur mit einem dicken Rückgrat. Das und die Tatsache, dass sein festes weißes Fleisch fast nicht nach Fisch schmeckt, kann auch Fischmuffel überzeugen. Ein weiterer Vorteil ist die Kalorienarmut des Seeteufelfleisches, die es für ein leichtes und ungewöhnliches Sommergericht mit einer kalten Gemüsevinaigrette geradezu prädestiniert.

Man sollte sich den Fisch enthäuten und die Filets vom Knochen lösen lassen, da braucht man zu Hause nur noch dünne Häute zu entfernen.

1 Von den Paprika Kerne und weiße Stege entfernen, das Fleisch in sehr kleine Würfelchen schneiden.

2 Karotte und Schalotte schälen und ebenfalls klein würfeln. Die Würfel (auch die Paprika) kann man – muss man aber nicht – in wenig Öl andünsten, damit sie etwas weicher werden.

3 Die Tomate kurz überbrühen, häuten, entkernen und klein würfeln.

4 Wenig Salz in 1 knappen EL Estragonessig auflösen und mit Fischfond (s. S. 455) oder Hühnerbrühe und dem Olivenöl zu einer Vinaigrette aufschlagen. Mit den Gemüsewürfeln mischen. Abschmecken.

5 Die Fischfilets von restlichen Häuten befreien und in handliche Stücke zerteilen. Salzen und pfeffern, mit etwas Milch befeuchten (in flachem Teller wenden) und mit wenig Mehl bestäuben; überflüssiges Mehl abklopfen. (Man kann die Filets auch unpaniert in viel schäumender Butter braten, was eine große Hitze von vornherein ausschließt.)

6 Die Filets in einer Butter-Ölmischung in einer antihaftbeschichteten Pfanne bei guter Hitze auf beiden Seiten anbraten, vom Feuer ziehen und zugedeckt in wenigen Minuten gar ziehen lassen. Mit ein wenig Zitronensaft beträufeln. Auf vorgewärmten Tellern anrichten und mit der Vinaigrette um- und begießen. Dazu passt Stangenbrot.

Seezungenrouladen mit Lachs

Für 2 Personen:

2 Seezungenfilets (ohne Haut),
1 Scheibe frischer Lachs, 2 cm dick,
1 Knoblauchzehe,
1/2 Schalotte,
2 Tomaten,
0,1 l trockener Weißwein,
3 EL Crème double,
30 g Butter,
1 Msp. Safran,
Pfeffer, Salz,
einige Kerbelblättchen,
evtl. 1 EL junge, gekochte Erbsen

(Stangenbrot)

Vorschlag für ein Festmenü:

Karottencrème (Seite 46),
Seezungenrouladen,
Hühnerfrikassee mit Sherry (Seite 254),
Caramelparfait (Seite 425)

Dazu passt ein Walliser Weißwein wie Arvine oder Heida.

Dies ist ein raffiniertes Gericht vom Schweizer Meisterkoch Fredy Girardet, das aber recht einfach herzustellen ist. Außerdem ist die Gefahr relativ gering, dass der in die Seezungen eingerollte rohe Lachs trocken wird, weil die Hitze nicht so schnell nach innen dringen kann.

1. Den Backofen auf 220 Grad vorheizen. Die Tomaten kurz mit kochendem Wasser überbrühen, enthäuten und das Innere samt Kernen entfernen. Das Fleisch in kleine Würfel schneiden. Schalotte und Knoblauchzehe pellen und ebenfalls klein würfeln.

2. Die Lachsscheibe waagerecht halbieren und in Streifen entsprechend der Breite des Seezungenfilets schneiden.

3. Die Seezungenfilets mit der ehemaligen Hautseite nach oben ausbreiten, mit Folie bedecken und anklopfen. Die Folie wieder entfernen und einige Lachsstreifen auf die Filets schichten. Diese vorsichtig zusammenrollen, mit der breiten Seite beginnend. Die beiden Rollen aufrecht hinstellen und etwas zusammendrücken. Mit Zahnstochern feststecken.

4. Eine feuerfeste Form mit Butter ausstreichen, die Röllchen aufrecht hineinsetzen. Schalotten- und Knoblauchwürfel dicht daneben streuen, alles mit Salz und Pfeffer würzen, mit dem Weißwein drittelhoch auffüllen.

5. Die Form für 6 Minuten in den vorgeheizten Ofen schieben, herausnehmen, den Sud in ein kleines Töpfchen abgießen. Die Röllchen quer halbieren, so dass jeweils zwei Miniröllchen entstehen, wieder in die Form setzen und bei offener Ofenklappe noch 1 Minute ziehen lassen.

6. Den Sud mit dem Safran auf die Hälfte einkochen, Crème double und 20 g Butter zugeben, mit dem Mixstab aufschlagen, die Tomatenwürfel (und evtl. die Erbsen) einrühren. Mit Salz und Pfeffer abschmecken und kurz erwärmen.

7. Die Seezungenröllchen auf vorgewärmte Teller setzen, mit der Sauce übergießen und mit Kerbelblättchen verzieren. Dazu passt Stangenbrot.

Vor- und Zwischengerichte

St.-Peters-Fisch mit zwei Saucen

Für 2 Personen:

2 Filets (ohne Haut)
St.-Peters-Fisch
(ca. 300 g),
1 – 2 Schalotten,
0,3 l Beaujolais,
0,1 l trockener
Weißwein,
100 g Butter,
3 EL Crème double,
3 EL Fischfond
(falls vorhanden),
2 Eigelb,
1 Stück Zucker,
Cayennepfeffer,
weißer Pfeffer,
1 EL frisch gehackter Estragon,
1 EL Pflanzenöl,
Salz

(Stangenbrot)

Menüvorschlag:

Salat von Keniabohnen
(Seite 29),
St.-Peters-Fisch,
Kokoskuchen
(Seite 417)

Dazu passt weißer Burgunder oder ein gekühlter Sirah.

Wie das auf der vorhergehenden Seite stammt auch dieses Rezept vom Schweizer Meisterkoch Fredy Girardet. Ich habe es übernommen, weil es zeigt, wie auch Gerichte mit scheinbar höchstem Schwierigkeitsgrad durchaus am häuslichen Herd bewältigt werden können.
Die Kombination einer Rotwein- mit einer Weißweinsauce zum Fisch bewirkt durch den Gegensatz von Säure und Milde eine raffinierte Frische.

1 Die enthäuteten Schalotten und den Estragon fein hacken. 80 g Butter in einem Töpfchen schmelzen lassen.

2 In einem kleinen Topf die Hälfte der Schalotten in 10 g Butter andünsten, mit dem Rotwein und dem Fischfond (geht notfalls ohne) aufgießen, das Zuckerstück zufügen und alles auf ein Drittel einkochen. Beiseite stellen.

3 Die restlichen Schalotten in einem Töpfchen mit dem Weißwein weich kochen und auf die Hälfte reduzieren. Vom Feuer ziehen, abkühlen lassen, die Eigelb und die Crème double zugeben und bei sehr milder Hitze mit dem Schneebesen aufschlagen. Wenn der Schaum dicklich wird, unter ständigem Schlagen die flüssige Butter tropfenweise zufügen, mit Salz, Pfeffer und 1 Prise Cayennepfeffer abschmecken und die Hälfte des gehackten Estragons einrühren. Beiseite stellen.

4 Jetzt zuerst die Teller im Backofen auf 70 Grad vorwärmen. Dann den eingekochten Rotwein erhitzen und abseits vom Feuer die restlichen 40 g flüssige Butter tropfenweise mit dem Schneebesen unterziehen.

5 Die Fischfilets mit wenig Salz und weißem Pfeffer würzen und mit wenig Pflanzenöl in einer beschichteten Pfanne nur 2 Minuten bei mittlerer Hitze braten.

6 In die gut vorgewärmten Teller einen Spiegel von der Rotweinsauce gießen, darauf die St.-Peters-Fisch-Filets legen und diese mit der schaumigen Weißweinsauce überziehen. Mit Estragon bestreuen und mit Stangenbrot servieren.

Vor- und Zwischengerichte

Spaghetti mit Safran und Calamaretti

Für 4 Personen:

250 g Spaghetti,
300 g Calamaretti,
2 Tomaten,
1 Zitrone,
Chilischoten,
1 Prise Safranpulver,
1 – 2 Knoblauchzehen,
Olivenöl,
Butter, Salz

Menüvorschlag:

Spaghetti mit Safran und Calamaretti, Kaninchen in Senfsauce (Seite 310), Walnussparfait (Seite 427)

Versuchen Sie zu den Spaghetti mit Calamaretti einmal einen Wachauer Riesling Smaragd.

Dies ist mein Lieblingsgericht, wenn ich denn schon Spaghetti esse. Calamaretti sind ganz kleine Kalmare (die oft auch als Tintenfische bezeichnet werden), von Daumennagel- bis knapp über Walnussgröße. Es gibt sie nur tiefgefroren oder aufgetaut, wie die Garnelen. Warum das so ist, weiß ich auch nicht. Aber sie gehören zu den wenigen Produkten, denen die Kältestarre nichts ausmacht. Da sie meist fertig gesäubert verkauft werden, machen sie kaum Arbeit; die Köpfe kann man dranlassen oder der Katze geben. Ich betupfe sie mit Küchenkrepp, damit sie halbwegs trocken werden.

Das Ganze geht sehr schnell, weil die kleinen Tuben ruck, zuck gar sind; längeres Kochen macht sie nur zäh. (Das gilt für ihre gesamte Sippschaft!) Für diese Leckerei fahren Feinschmecker Hunderte von Kilometern bis nach Ligurien. Verständlich!

1 Zunächst die Spaghetti nach Vorschrift kochen, abgießen, ein Stück Butter hinzufügen und warmstellen.

2 Etwas Tomatenkonkassee herstellen: Die Tomaten kurz mit kochendem Wasser überbrühen, enthäuten und das Innere samt Kernen entfernen. Das Fleisch in kleine Würfel schneiden.

3 In einer großen Pfanne reichlich Olivenöl heiß werden lassen und die Calamaretti dazu geben (Vorsicht, es spritzt!). Salzen und mit gemahlenen Chilis pfeffern. Den Saft einer halben Zitrone und eine gute Prise Safranpulver unterrühren sowie 1 oder 2 Knoblauchzehen hineinpressen.
2 EL Tomatenkonkassee untermischen und 1 Minute lang einen Deckel auf die Pfanne legen.

4 Die vorbereiteten Spaghetti dazugeben, umrühren und sofort auf vorgewärmten Tellern servieren.

Vor- und Zwischengerichte

Tatar von Aal und Rettich

Für 4 Personen:

etwa 4 x 10 cm Räucheraal,
1 – 2 rote Rettiche,
Zitronensaft,
Salz,
Sojasauce,
Cayennepfeffer,
Graubrot,
Butter

Menüvorschlag:

Aalrettich,
Kalbskotelett gefüllt (S.296),
Erdbeertiramisu (Seite 410)

Zum Räucheraal passt alles, was weiß und trocken, aber nicht so fruchtig ist.

Der Beginn eines Menüs, also die erste kleine Vorspeise, sagt sehr viel über die Köchin bzw. den Koch aus. Die bequemen, die einfach eine große Dose Kaviar auf den Tisch stellen, sind nicht die schlechtesten. Respekt verdient aber auch, wer sich für eine Kleinigkeit viel Mühe macht. Und diese kleine, sehr delikate Vorspeise macht Mühe, weil ich möglichst keine Küchenmaschine benutze. Meine Küchenmaschine ist das Kochmesser.

Von den beiden Zutaten Aal und Rettich brauche ich die gleiche Menge; das heißt, die optisch gleiche Menge. Räucheraal ist hier gemeint, pro Portion ein ungefähr 10 cm langes Stück. Und als Rettich nicht den mit der braunen Schale, der ist zu scharf, und auch nicht den mit der weißen, der schmeckt fast nach nichts, sondern den äußerlich roten Rettich.

1 Den Aal enthäuten und das Fleisch von der Gräte schneiden. Die braunen, härteren Ränder werden abgetrennt; sie kriegt die Katze. Sodann das Aalfleisch in längliche Streifen schneiden. Diese wiederum in kurze Stücke würfeln.

2 Mehrmals mit jeweils frischem Küchenkrepp auf die Aalstücke drücken und mit Fett vollsaugen lassen, um das Gefühl zu haben, etwas für die Gesundheit zu tun.

3 Den Rettich schälen – innen ist er weiß –, in dünne Streifen schneiden und kleinhacken, aber nicht pürieren. Ungefähr so viel präparieren, dass es der Menge des gehackten Aals entspricht.

4 Die beiden Massen vermengen und mit Salz, Zitronensaft, Cayennepfeffer (wenn der Rettich zu milde war) und einem Spritzer Sojasauce würzen. Der Räuchergeschmack des Aals darf dabei nicht verschwinden, deshalb den Rettich nur portionsweise unter den Aal mischen und abschmecken. Zugedeckt mehrere Stunden im Kühlschrank durchziehen lassen. Dann mit frisch geröstetem Graubrot und Butter servieren.

Vor- und Zwischengerichte

Zanderfilet Grenobler Art

Für 4 Personen:

ca. 400 g Zanderfilet,
2 Zitronen,
4 EL möglichst kleine Kapern,
125 g Butter,
Salz

(Salzkartoffeln)

Menüvorschlag:

Zanderfilet Grenobler Art, Pichelsteiner (Seite 330), Mascarpone-Créme mit Früchten (Seite 419)

Dazu passt trockener Riesling.

Für ein Fischfilet Grenobler Art eignen sich ebensogut Egli, Saibling, Seezunge oder Waller.

»Auf Grenobler Art« bedeutet, dass ein Fischfilet in Butter gebraten und mit Zitronenwürfeln und Kapern bestreut wird. Damit ist eigentlich das Rezept schon beschrieben, denn mehr Arbeit ist damit nicht verbunden.
Es muss auch nicht unbedingt Zander sein. Eglifilets oder Filets vom Saibling oder Steinbutt eignen sich genauso gut, natürlich auch Seezungenfilets. Nur Lachs, Forelle, Hering, Schellfisch geraten auf andere Art und Weise besser. Bei Rotbarschfilets kann ein Versuch gelingen – Fischeinkauf ist bekanntlich Glückssache. Wählen Sie beim Fischhändler möglichst dicke Filets aus und lassen Sie unansehnliche Ränder gleich abschneiden. Pro Person braucht man nicht mehr als ein Stück Filet von der Größe einer Kinderhand.

1 Die Zanderfilets unter kaltem Wasser kurz abspülen und mit Küchenkrepp trockentupfen. Dünne Ränder und unansehnliche Stücke abschneiden und das Filet – die Filets – so zerteilen, dass vier Portionsstücke verbleiben.

2 Die Zitronen schälen, enthäuten und in kleine Würfel schneiden. Die Kapern abtropfen lassen.

3 In einer genügend großen Pfanne die Butter langsam heiß werden lassen. Sie darf gerade nur schäumen, dann müssen die gesalzenen (!) Filetstücke nebeneinander hinein. Schon nach 2 bis 3 Minuten sind sie fertig, nur so bleiben sie innen saftig.

4 Die Filets auf vorgewärmte Teller verteilen und mit Zitronenwürfeln bestreuen.

5 In die Bratbutter (sollte sie schon braun sein, unbedingt durch neue ersetzen) kommt etwas Zitronensaft und pro Portion 1 EL abgetropfte Kapern. Diese Sauce wird über die Filets gelöffelt: leicht zu kochen, leicht zu essen, schwer zu übertreffen.

Vor- und Zwischengerichte

Champignons gegrillt

Für 4 Personen:

Frische große Champignons (Menge je nach Größe der Form),
100 g roher Schinken, geschrotete Korianderkörner,
1 – 2 Zitronen,
frischer Estragon,
Butter,
Meersalz,
schwarzer Pfeffer

Menüvorschlag:

Gegrillte Champignons, Lammkoteletts (Seite 324), Mahlberger Schlosskuchen (Seite 418)

Dazu passt ein Muscat d'Alsace.

Pilze gehören zu den Bausteinen der verfeinerten Küche. Unsere gewöhnlichen Champignons leiden eindeutig unter der modischen Bedeutung der Trüffel. Denn sie haben alle Vorzüge einer Delikatesse, ohne penetrant zu sein. Aber da sie gezüchtet sind und also billig, werden sie meist sträflich vernachlässigt.

Ich selber komme mir blöd vor, wenn ich mich auf die ersten Pfifferlinge stürze, die vergleichsweise astronomisch teuer sind, während ich hocharomatische Zuchtchampignons das ganze Jahr für einen Bruchteil bekomme. Erweisen wir also wieder einmal diesem leckeren Pilz die Ehre, zum Beispiel als Vorspeise oder als Beilage zu jedem gebratenen Fisch.

1 Die Menge der Pilze richtet sich nach der Größe der gusseisernen Form, die zur Verfügung steht. Diese wird mit Butter ausgerieben. Möglichst große Champignons putzen, das heißt, nicht waschen, sondern Schmutzpartikel entfernen und schmutzige Stellen flach herausschneiden, die Stiele herausdrehen und wegwerfen.

2 Die ganzen Köpfe mit der Unterseite in die Form setzen, so dass sie dicht zusammenliegen und die runden Köpfe nach oben schauen. Mit Zitronensaft beträufeln und großzügig mit geschroteten Korianderkörnern sowie mit sehr (!) feingehacktem rohen Schinken bestreuen. Darauf einzelne dünne Estragonblätter legen, eine Menge Butterflöckchen darüber verteilen, mit einer Prise Meersalz sowie mit grobem schwarzen Peffer bestreuen.

3 So vorbereitet in den 200 Grad heißen Ofen schieben und nach 10 Minuten den Grill einschalten. Das halten die Champignonköpfe nicht lange aus und sind kurz darauf reif für die Gabel.

Dazu geröstetes Weißbrot. Perfekt passt dazu auch eine Scheibe Gänseleberterrine.

Vor- und Zwischengerichte

Champignon-Pfannkuchen

Für 4 Personen:

12 große Champignons,
Zitronensaft,
3 Eier, Butter,
1/2 Tasse Milch,
2 gehäufte EL Mehl,
Pfeffer, Salz,
1 durchgepresste Knoblauchzehe,
2 EL Petersilie

Menüvorschlag:

Champignon-Pfannkuchen,
Soupe au Pistou
(Seite 61),
Heiße Banane mit Pinienkernen und Marc
(Seite 393)

Zum Champignon-Pfannkuchen passt sehr gut ein Pfälzer Riesling.

Der simple Pfannkuchen gehört tatsächlich nicht zu den Großtaten der Feinen Küche; aber seine Herstellung ist trotzdem kein Kinderspiel. Dazu braucht man zunächst einmal eine kleine Crêpepfanne. Ich weiß genau, dass an dieser Stelle der größte Teil meiner Leser zusammenzuckt. Sie haben weder eine kleine noch eine große Crêpepfanne; sie haben überhaupt keine. In Haushaltungen, wo Pfannkuchen nur ein-, zweimal im Jahr gemacht werden, ist das auch verständlich. Aber wo Kinder sind oder sich Erwachsene zu ihrer Schwäche für Pfannkuchen bekennen, muss eine Spezialpfanne her. Das Spezielle ist, dass in ihr nichts anderes als Pfannkuchen gebacken werden. Es gibt sie überall und in vielen Größen, und sie erleichtern das Backen von Crêpes enorm.

1 Aus den Eiern, der Milch, dem Mehl, der durchgepressten Knoblauchzehe sowie Pfeffer, Salz und 2 EL gehackte Petersilie einen Pfannkuchenteig herstellen.

2 Die Champignons putzen, nicht waschen. Den Stiel mit der Hand waagerecht halten und die Pilze in dicke Scheiben schneiden. Lamellen und Stiel werden nicht verwertet. Die Pilzscheiben mit Zitronensaft beträufeln.

3 Eine großzügige Portion Butter in der Pfanne heiß werden lassen und die Pilzscheiben dicht nebeneinander einlegen. Mit grobem schwarzen Pfeffer und Salz würzen. Anbraten lassen, bis die Butter braun zu werden beginnt.

4 Jetzt den Teig darübergießen. Der soll die Pilzscheiben aber nicht bedecken! Sie sollen vom Teig eingehüllt sein, aber nicht unter ihm verschwinden. Die Hitze herunterschalten, oder, da das nur bei Gas schnell wirkt, auf eine andere, weniger heiße Herdplatte ziehen. Backen lassen, bis die Ränder des Pfannkuchens braun werden.

Im Gegensatz zu normalen (süßen) Pfannkuchen wäre es hier schädlich, die Pfanne häufig zu schütteln, damit der Teig nicht anbrennt. Das Schütteln bewirkt bloß, dass die Pilzscheiben übereinander rutschen und in der Pfanne das Chaos ausbricht. Stattdessen die Crêpes mit einem Pfannenmesser anlupfen, um nachzusehen, ob sie von unten braun sind. Dann herumdrehen.

5 Beim ersten Pfannkuchen missglückt das fast immer. Beim zweiten Mal klappt's schon besser, danach ist es der reine Spaß. Wenige Sekunden später ist alles fertig. Sofort aus der Pfanne in den Teller gleiten lassen und den nächsten backen.

Vor- und Zwischengerichte

Champignons provençalisch

Für 4 Personen:

750 g Champignons,
Weißwein, Wasser,
Olivenöl, 1 Zitrone,
2 EL Rosinen,
1 EL Korianderkörner,
1 TL Tomatenpüree,
1 TL Lavendelhonig,
1/2 TL Safran,
1 Lorbeerblatt,
1 Zweig Thymian,
Cayennepfeffer,
Salz,
fruchtiges Olivenöl

Menüvorschlag:

Provençalische Champignons,
Dorade mit Gurken (Seite 167),
Dattelsoufflé (Seite 400)

Kühler roter Côtes-de-Provence

Olivenöl und Lavendelhonig, Koriander und Thymian sind die Wahrzeichen der provençalischen Küche; kalte Vorspeisen lassen an Wind und südliche Sonne denken. Champignons gehören eigentlich nicht dazu. Dennoch eignen sie sich hervorragend für eine leichte, kalte und ziemlich scharfe Vorspeise, die deutlich an den Süden erinnert und außerdem den Vorzug hat, dass sie schon am Vortage gemacht werden kann und sollte, weil man die Pilze in der Vinaigrette mindestens einen halben Tag ziehen lässt.

Am besten geeignet sind möglichst kleine Champignons, bei denen man die Stiele nicht zu entfernen braucht und die man nur halbiert. Noch etwas mehr Geschmack haben kleine Egerlinge, so sie denn zu bekommen sind.

1 1/2 Tasse Weißwein, 1/2 Tasse Wasser, 1/4 Tasse Olivenöl und den Saft einer Zitrone verquirlen und mit den Gewürzen mischen: 2 EL Rosinen, 1 EL Korianderkörner, 1 TL Tomatenpüree, 1 TL Lavendelhonig, 1/2 TL Safranpulver, 1 Lorbeerblatt, 1 EL abgezupfte Thymianblättchen. Salzen und mit Cayenne pfeffern. Alles in einem Topf aufkochen und weiter köcheln lassen.

2 Währenddessen die Champignons putzen und, wenn sie klein genug sind, nur halbieren, größere Champignons in Würfel schneiden. Die Pilze in die köchelnde Brühe geben und ungefähr 5 Minuten garen lassen. Mit dem Schaumlöffel herausheben und in eine Porzellanschüssel füllen.

3 Die Brühe einkochen lassen, damit sie ihren suppigen Charakter verliert und eher einer Vinaigrette ähnelt; die soll sehr würzig und scharf sein. Also sorgfältig abschmecken und eventuell nachwürzen. Über die Pilze gießen. Die sollten noch mindestens einen halben Tag ziehen. Dann mit Weißbrot und einem frischen Weißwein oder einem kühlen roten Côtes-de-Provence servieren. Vorher noch ein Glas fruchtiges Olivenöl über die Champignons gießen.

Vor- und Zwischengerichte

Chicorée mit Sherry und Aprikosen

Für 2 Personen:

3 Chicorées,
3 TL salzige Butter,
1 großes Glas Sherry,
4 - 6 getrocknete Aprikosen,
Walnussöl,
grobes Meersalz,
1 TL geschroteter schwarzer Pfeffer

Vorschlag:

Selbstständiges Vorgericht oder Beilage zu Fischgerichten, Kalbsleber oder pfannengebratenen Steaks.

Zum Chicorée schmeckt ein kräftiger Riesling.

Chicorée ist eine Weiterzüchtung der Zichorie, aus der früher ein Kaffeeersatz hergestellt wurde – das daraus gebraute Getränk ist den älteren unter uns noch als »Muckefuck« bekannt. Von der Zichorie hat der Chicorée die Bitterkeit geerbt. Im Ofen gegart, passt der delikat bittere und nussige Geschmack zusammen mit der zarten Süße der Aprikosen wunderbar zu Fischgerichten, Kalbsleber sowie zu pfannengebratenen Steaks.

1. Die Chicorées halbieren, äußere Blätter und eventuell verfärbte Spitzen entfernen. Stielansatz dranlassen. Den Backofen auf 250 Grad vorheizen.

2. Pro Person 3 Hälften in eine passende Gratinform legen, mit der Schnittfläche nach oben. Auf jede Hälfte einen halben TL salzige Butter setzen. Ein großes Glas Sherry in die Form gießen.

3. Bei 6 Hälften 4 - 6 getrocknete Aprikosen in grobe Würfel (oder Streifen) schneiden und um die Chicorées herum platzieren. Über alles einen dünnen Film Walnussöl gießen.

4. Mit Backpapier oder Alufolie abdecken und auf die mittlere Schiene im vorgeheizten Ofen stellen. Garzeit ca. 40 Minuten.

5. Nach 30 Minuten die Form herausnehmen und den Zustand der Gemüse kontrollieren. Ist noch genug Flüssigkeit vorhanden? (Gegebenenfalls etwas Sherry nachgießen.) Den Garzustand prüfen. Wieder abdecken und weiter garen lassen, bis die Chicoréehälften weich und an der Oberfläche angebräunt sind. Herausnehmen und mit grobem Meersalz und schwarzem Pfeffer würzen. Es sollte noch etwas Sud in der Form sein: über die angerichteten Teller löffeln.

Vor- und Zwischengerichte

Chicorée-Gratin

Für 4 Personen:

4 Chicorées,
300 g Sahne,
150 g frisch geriebener Gruyère,
schwarzer Pfeffer aus Mühle oder Mörser,
Salz

(Baguette)

Menüvorschlag:

Chicorée mit Gruyère,
Huhn mit Morchelsauce (Seite 237),
Vanilleparfait (Seite 423)

Zum Chicorée passt eine trockene Grauburgunder Spätlese.

Chicorée ist vor allem als Rohkostsalat bekannt und beliebt, die einzige Zubereitungsart, die ich wegen der Bitterkeit nicht mag. In gedünstetem Zustand jedoch verwandelt sich diese in einen zartbitteren, leicht nussigen Geschmack von milder Delikatesse.

Das Überbacken mit würzigem Gruyére deckt diesen Geschmack nicht zu, sondern lässt den Chicorée gerade durch den Gegensatz noch gewinnen. Dieses aus der Champagne stammende Gericht eignet sich sowohl als Vorspeise oder Zwischengericht, ist aber auch ein schöner Begleiter zum Beispiel zu Rebhuhn, Fasan oder Wildhase.

1 Den Backofen auf 200 Grad vorheizen und eine feuerfeste Form bereitstellen, in welcher die Chicoréehälften nebeneinander Platz haben.

2 Die Chicorées waschen, das untere Ende abschneiden und unansehnliche, bereits vergilbte Blätter entfernen. Die Stauden der Länge nach halbieren und den bitteren Keil aus dem Wurzelende ausschneiden.

3 Die halbierten Chicorées in eine feuerfeste Form legen, die Sahne salzen und pfeffern (schwarz, aus der Mühle oder im Mörser zerstoßen) und damit die Chicorées begießen, bis sie fast bedeckt sind.

4 Die Form mit Alufolie abdecken und die Chicorées auf der mittleren Schiene bei 150 Grad im Backofen ungefähr 30 Minuten garen lassen. Herausnehmen und die Temperatur auf 220 Grad erhöhen.

5 Den geriebenen Käse über die Chicorées streuen und im Backofen noch einmal rund 10 Minuten überbacken, bis der Käse goldgelb ist. Dazu passt Baguette.

Crêpes mit Duxelles

Dünne Crêpes aus Buchweizen- oder Weizenmehl haben in der Bretagne eine lange Tradition. Sie werden auf runden Eisenplatten gebacken, wobei der Teig mit einem Crêpemesser blitzschnell ausgestrichen wird, damit die Crêpes möglichst hauchdünn werden. Als Aufstrich oder Füllung dient alles, von Krustentieren über Gemüse bis hin zu Sirup und Marmeladen. Für dieses Rezept habe ich als Füllung eine »Duxelles« gewählt; der Fantasie sind für andere Füllungen jedoch kaum Grenzen gesetzt.

Die salzigen Crêpes sind meist aus Buchweizenmehl, wobei die Milch für den Teig durch Bouillon ersetzt wird, die süßen aus Weizenmehl. Noch knuspriger werden sie, wenn man etwas zerlassene Butter in den Teig mischt.

Für 4 Personen:

Für die Duxelles:

500 g Champignons,
2 Schalotten,
ca. 150 g Butter,
2 TL Tomatenmark,
1 EL Zitronensaft,
Pfeffer, Salz

Für die Crêpes:

6 EL Mehl
(evtl. Buchweizen),
1/4 l Bouillon,
1 Ei, Salz

Menüvorschlag:

Crêpes Duxelles,
Lachs mit Kräutern
(Seite 183),
Orangen-Gratin
(Seite 397)

Zu den Crêpes passt eigentlich jeder halbtrockene Weißwein.

Zur Herkunft und Herstellung einer Duxelles siehe auch Kochseminar Seite 466.

1 Die Champignons putzen, durch den Fleischwolf drehen oder kleinhacken. In einem Küchentuch möglichst alle Flüssigkeit herausdrücken. Übrig bleibt eine unansehnliche Pampe.

2 Die Schalotten häuten, sehr fein hacken und in einer Pfanne in reichlich Butter auf kleiner Flamme unter häufigem Umrühren gar schwitzen.

3 Die Champignons und frische Butter hinzufügen; die Pilze saugen sie auf wie Löschpapier. Also nochmals Butter und bei mehr Hitze 5 Minuten braten, 2 TL Tomatenmark und wenig Zitronensaft einrühren, salzen, pfeffern und abschmecken. Warm stellen.

4 Das Mehl in eine Schüssel sieben, leicht salzen und mit der Bouillon und dem Ei verquirlen, so dass ein dünner Teig entsteht. Kühl stellen.

5 Wenig Butter in einer Pfanne zerlassen, etwa 1 EL Teig hineingeben und sofort mit einem Löffel oder durch Schwenken der Pfanne dünn verteilen. Sobald der Teig fest wird, mit einem Pfannenwender umdrehen und kurz auf der anderen Seite backen.

6 Die fertigen Crêpes auf einen Teller schichten und warm stellen. Einzeln mit der Duxelles dünn bestreichen, einrollen und sofort servieren.

Vor- und Zwischengerichte

Edel-Ratatouille

Für 4 Personen:
1 kleine Aubergine,
2 Zucchini,
1 rote und 1 gelbe Paprika,
4 große Schalotten,
4 Knoblauchzehen,
3 mittelgroße Fleischtomaten,
1 Zitrone,
Olivenöl,
Thymian,
schwarzer Pfeffer,
Salz

Menüvorschlag:
Edel-Ratatouille,
Essighuhn (Seite 230),
Käsekuchen (Seite 416)

Zur Ratatouille passt ein kühler Côtes-de-Provence.

Eine Ratatouille ist die klassische provençalische Gemüsebeilage zum Lammbraten, eine Mischung aus zusammengekochten Gemüsen des Südens: Aubergine, Zucchini, Paprika, Tomaten, Zwiebeln; deftig und intensiv schmeckend. Man kann sie aber auch zu Fisch servieren und sogar, ohne alles Beiwerk, als vegetarischen Zwischengang auf den Tisch bringen. Dann aber genügt das rustikale Durcheinander nicht, dazu bedarf es, wieder einmal, der Verfeinerung. In der Praxis heißt das: Mehrarbeit. Aber auch: Delikatesse anstelle der Rustikalität.

Die Mehrarbeit ist aber halb so schlimm. Sie besteht darin, dass die Gemüse kleiner gewürfelt werden als üblich und nicht zusammen garen dürfen, sondern einzeln. Dadurch bekommt jede Sorte den idealen Biss; nichts wird zerkocht, kein Aroma geht unter.

1 Die Schalotten und den Knoblauch schälen und in sehr dünne Scheiben schneiden. In Olivenöl mit einem Zweig Thymian und etwas Salz anschwitzen und in 10-15 Minuten gar dünsten. Rühren, damit nichts anbrennt.

2 Zucchini, Paprika und Aubergine waschen und ungeschält in Würfel von 1 cm Kantenlänge schneiden, nicht größer! Salzwasser mit dem Saft der Zitrone zum Kochen bringen, 1 EL Öl dazu. Nun nacheinander das gewürfelte Gemüse garen. Die Zucchini zuerst, die rote Paprika zuletzt (weil sie das Wasser färbt). Jede Gemüsesorte soll noch einen Biss haben, also sind die Garzeiten unterschiedlich, aber sie sind alle kurz zwischen 2 und 4 Minuten. Das Gemüse jeweils herausfischen, wenn es noch nicht richtig weich ist.

3 Inzwischen die Tomaten kurz überbrühen, enthäuten, halbieren, die Kerne entfernen, das Fleisch in Würfel schneiden und in einer großen Pfanne leicht in Olivenöl andünsten. Salzen.

4 Die vorbereiteten Schalotten und alle Gemüsewürfel dazugeben. Vermischen, kurz erhitzen, mit grobem schwarzen Pfeffer würzen, eventuell nachsalzen und fertig.

Es ist verblüffend, wie die schlichten Gemüse an Delikatesse gewonnen haben, während der Gemüsesud eine herrliche Frische mit einen feinen, leicht säuerlichen Geschmack gewonnen hat.

Erbsen mit Artischocken und Morcheln

Für 4 Personen:

800 g frische junge Erbsen,
2 große oder 3 kleinere Artischocken,
1 Handvoll Morcheln pro Person,
3 mittelgroße Kartoffeln,
3 – 4 EL Sahne (vielleicht auch mehr),
Portwein,
Zitronensaft,
Zucker, Salz,
Butter, Olivenöl,
frischer Estragon

Menüvorschlag:

Erbsen mit Artischocken und Morcheln,
Lammcurry (Seite 316),
Rumparfait (Seite 427)

Zu dieser Vorspeise passt sehr gut eine Silvaner Spätlese.

Dieser Gemüseteller schmeckt so gesund und zart, dass schon während des Essens die unausgesprochene Hoffnung wächst: Gibt's danach wenigstens noch was Anständiges? Die Frage ist natürlich ungerechtfertigt. Denn erstens sind nicht alle am Tisch so verfressen, und zweitens ist da ja die Delikatesse, die subtile Feinheit dieses Gemüses, die alle Einwände gegenstandslos werden lässt.

Das gilt allerdings, wenn – wie immer – die Zutaten nur von der feinsten Qualität sind. So gibt es kleine winzige und große riesige getrocknete Morcheln. Die winzigen haben keinen Geschmack, die riesigen sind alte, ausgefranste Typen. Die mittelkleinen dazwischen sind die besten.

1. Die Morcheln werden drei Stunden oder länger in Wasser eingeweicht. Herausfischen und sehr gründlich unter fließendem Wasser waschen. Das braune Einweichwasser durch ein Haarsieb filtrieren.

2. Die von den dicken, äußeren Blättern befreiten Artischocken in gesalzenem Essigwasser ungefähr 20 bis 30 Minuten kochen. Die Garzeit hängt von der Größe, Frische und auch der Herkunft ab. Dann die Böden von den Blättern und vom ›Heu‹ reinigen und in kleine Stücke schneiden. Mit Zitronensaft und Olivenöl beträufeln und einige Stunden marinieren.

3. Die Erbsen entschoten und in leichtem Salzwasser mit 1 TL Zucker und 1 EL Butter ohne Deckel gar kochen (10 – 15 Minuten, je nach Sorte).

4. Die Kartoffeln schälen, halbieren und in sehr kleine Würfel schneiden. In Salzwasser in 8 bis 10 Minuten gar kochen. Nur wenig salzen, da die Würfel das Salz schnell aufnehmen.

5. Die Morcheln im Einweichwasser mindestens 30 Minuten kochen lassen, dabei etwas Portwein zugießen und sehr wenig salzen. Irgendwann (es darf auch eine Stunde dauern) ist die Flüssigkeit völlig verkocht, die gequollenen Morcheln liegen im trockenen Topf. 3 bis 4 EL süße Sahne angießen und etwas einkochen lassen, bis sie dick, dunkel und sehr lecker geworden ist. Mit etwas Salz und Zitronensaft würzen, vielleicht auch etwas Portwein.

6. Die Gemüse, Kartoffeln und Morcheln mischen und noch einmal erhitzen. Falls zu trocken, etwas Sahne nachgießen; dann aber nachwürzen! Zuletzt mit der Schere ein klein wenig Estragon kleinschneiden und untermischen. Sofort servieren.

Vor- und Zwischengerichte

Frühlingszwiebeln mit Sauce Gribiche

Für 4 Personen:

16 Frühlingszwiebeln,
2 Eier (hartgekocht),
1 kleine Essiggurke,
1 EL kleine Kapern,
Estragonessig,
Estragon (getrocknet),
Zitronensaft,
frischer Estragon,
frische Petersilie
(von beidem nur ein paar Zweige),
Senf, Butter,
Olivenöl, Salz

(Bauernbrot)

Menüvorschlag:
Frühlingszwiebeln, Lachs mit Blattspinat (Seite 183), Zitronenkuchen (Seite 447)

Zu den Zwiebeln passt ein australischer Sauvignon blanc.

Bei diesem leichten und köstlichen Vorgericht geht es vor allem um die Sauce, die ich ins Herz geschlossen habe. Als klassische Beilage gehört sie zum Kalbskopf; warum aber nicht auch zu jungen Zwiebeln?

Mit den Zwiebeln sind Frühlingszwiebeln gemeint, die mit den langen grünen Blättern, welche man nie braucht. Ich schneide sie soweit ab, dass an den kleinen Zwiebeln ein ungefähr 8 Zentimeter langer grüner Stumpf übrigbleibt.

Wenn die Zeit der Frühlingszwiebeln vorüber ist, nehme ich Lauchstangen, von denen ich das Weiße in drei Zentimeter dicke Stücke schneide. Sie werden genauso zubereitet, brauchen aber eine etwas längere Kochzeit.

1 Die Wurzeln und den dunkelgrünen Teil der Zwiebeln abschneiden und die äußere Haut entfernen. In einer Pfanne 1 EL Butter heiß werden lassen und die Zwiebeln darin andünsten, salzen, mit etwas Zitronensaft beträufeln, 1/2 TL getrockneten Estragon anstreuen und mit Wasser aufgießen, dass sie fast bedeckt sind. 5 bis 8 Minuten köcheln lassen. Auch wenn sie dann noch nicht weich sein sollten, spielt das keine Rolle, da man sie theoretisch ja auch roh essen könnte. Im Kochsud erkalten lassen.

2 Die beiden Eier hartkochen. Nach dem Erkalten aufschneiden, das Eigelb herausnehmen und mit einer Gabel zerdrücken, das Eiweiß in kleine Würfel hacken.

3 Die Essiggurke in feine Würfelchen hacken. Erst das zerdrückte Eigelb, 1 TL Senf und etwas Estragonessig verrühren, dann die Gurkenwürfel, die kleinen Kapern sowie das Eiweiß hinzufügen und alles mit Olivenöl zu einer Vinaigrette rühren. Um die Sauce noch leichter zu machen, 2 EL von dem Kochsud der Zwiebeln zugeben. Mit Salz und Pfeffer sowie einer Prise Zucker abschmecken. Zum Schluss etwas Estragon und Petersilie darüberstreuen und mit geröstetem Bauernbrot servieren.

Vor- und Zwischengerichte

Gänseleberterrine

Für 8 Personen:
1 Gänsestopfleber von ca. 600 g,
2 EL hellbraune Rosinen,
1 Flasche Sauternes,
etwas Cognac,
weißer Pfeffer,
Salz, Zucker,
Gänseschmalz oder Butter

(Brioche; Toast)

Die Stopfleber der Gans entsteht wohl auf eine Art und Weise, die den Tatbestand der Tierquälerei erfüllt, auch wenn die französischen Gänsemäster das Gegenteil behaupten. Auch ich bin der Meinung, dass man eine ›foie gras‹, ob gebraten oder als Gänseleberterrine, nur selten essen sollte. Die persönliche Grenze muss jeder für sich selbst ziehen – ob bei Kalb, Rind, Huhn, Zuchtfisch oder Stopfleber.
Eine frische Stopfleber wiegt ca. 600 Gramm und sieht aus wie ein bizarrer Klumpen Fensterkitt. Jeder, der sich zum ersten Mal entschließt, daraus eine rosige, saftige und aromatische Terrine herzustellen, fragt sich zunächst, wie das wohl gelingen sollte. Es ist nicht so schwierig, wie man denkt.

Ein Essen, das so beginnt, wird immer ein Festessen sein. Und kann in acht Tagen wiederholt werden, denn so lange hält sich eine selbstgemachte ›foie gras‹ im Kühlschrank.

Die Weine, die zur Gänseleberterrine passen, müssen Restzucker haben; sehr gut passt eisgekühlter Sauternes, den man aus kleinen Gläsern trinkt.

1 Die wichtigste und langweiligste Arbeit ist das Säubern der Leber. Das bedeutet, die dünne Haut abziehen und alle Sehnen, Nerven und Adern herauszufieseln. Die Leber wird zunächst dort auseinandergebrochen, wo sich das anbietet. An der Bruchstelle befindet sich auch der größte Teil der Nerven und Adern. Das Herausziehen dieser kurzen Stücke gelingt meist nur unvollständig. Also muss man mit einem kurzen Messer in die Schmalseite der beiden Hälften hineinschneiden und die fadenähnlichen Unschönheiten ausgraben. Ehe man sich's versieht, sind aus der einen Leber vier oder gar mehr Teile geworden. Das ist aber nur ein Schönheitsfehler.

2 Die Stücke werden nun mariniert. In diesem Rezept ist es Sauternes mit Rosinen. Dazu 2 EL hellbraune Rosinen waschen und mehrere Stunden in Sauternes einlegen. Die Leberstücke mit Cognac beträufeln und vorsichtig, aber gründlich, salzen, mit je einer Prise Zucker bestreuen und pfeffern, weiß, aus der Mühle. Die Leberstücke in einer engen Form mit ca. 1/4 l guten Sauternes einhüllen und über Nacht marinieren.

3 Die Leberstücke so gut es geht abtrocknen, in eine passende Porzellanform legen, jeweils einige Rosinen einstreuen und die Leberstücke mit einem Eßlöffel vorsichtig fest zusammendrücken, so dass eine kompakte Masse ohne Hohlräume entsteht. Die Leber mit einer 5 mm dicken Schicht Gänseschmalz oder Butter abdecken und im auf 100–120 Grad vorgeheizten Ofen auf der unteren Schiene für 35 Minuten in ein möglichst hoch reichendes Wasserbad mit 40 Grad heißem Wasser stellen. Herausnehmen, in kaltem Wasser abkühlen und danach 24 Stunden im Kühlschrank durchziehen lassen.
Dazu warme Brioche oder Toast.

Vor- und Zwischengerichte

Gebratener Spargel

Für 4 Personen:

1 kg grüner Spargel,
Walnussöl,
Salz

Vorschlag für ein sommerliches Festmenü:

Als Auftakt kalte Vichyssoise (Seite 51), dann den gebratenen Spargel, als Hauptgang Lammcurry mit Zitronenreis (Seite 316), als Dessert Soufflé Grand Marnier (Seite 401)

Wie beim Spargelsalat mit Eiersauce ziehe ich auch beim gebratenen Spargel den grünen vor, weil sein kräftiger Geschmack auch das Gebratenwerden noch überlebt, wozu das feinere Aroma des weißen Spargels nicht imstande wäre. Das leicht bittere Aroma des Spargels verbindet sich mit dem warmen Walnussöl zu einem aparten Geschmack, der diese ungewöhnliche Vorspeise zu einem sehr interessanten Teil eines Menüs macht. Grün bedeutet übrigens nicht wilder Spargel, der hat zu dünne Stangen. Für meinen Zweck sollten die nicht dünner als ein kleiner Finger sein; sind sie dicker, werden sie der Länge nach halbiert.

1. Zunächst den Spargel schälen, was beim grünen Spargel allerdings oft kaum nötig ist. Meist muss man nur vom Ende etwas abschälen und soviel abschneiden, dass jede Stange samt Kopf ungefähr 10–14 Zentimeter misst. Dann hat man später garantiert keine holzigen Teile mehr auf dem Teller.

2. In einer Pfanne Walnussöl erhitzen und die Spargel zunächst bei mittlerer, später bei geringerer Hitze darin braten, bis sie leicht hellbraun und gar sind. Dabei lässt man am Anfang für 10 Minuten den Deckel drauf, auch weil es leicht spritzt. Nur wenig salzen.

3. Durch das Erhitzen hat das Öl von seinem Geschmack verloren und ist vielleicht sogar bitter geworden. Deshalb die fertigen Spargel aus der Pfanne nehmen, das Bratöl abgießen und durch neues Walnussöl ersetzen. Die Pfanne kommt nicht mehr auf den Herd; sie dient jetzt nur dazu, den Spargel warmzuhalten und ihn mit dem unverbrauchten Aroma der Walnuss zu umhüllen.

Zum gebratenen Spargel passt sehr gut ein Silvaner.

Geflügellebermousse

Für 4 Personen:

300 g Hühnerlebern bzw. Lebern von der Ente oder der Gans,
65 g Butter,
200 g Crème fraîche,
1 EL Cognac,
1 EL Portwein,
1 TL Tomatenmark,
weißer Pfeffer, Salz

(Baguette)

Menüvorschlag:

Mousse,
Weiße Bohnen mit Calamares
(Seite 65),
Tarte aux Fraises
(Seite 439)

In vielen Restaurants in der für ihre Hühner berühmten Bresse wird die kalte Geflügellebermousse als besondere Delikatesse angeboten, aber auch für die Privatküche ist sie unproblematisch und als Vorspeise beliebt.
Was bei uns recht preiswert als Hühnerleber verkauft wird, sind kleine, dunkle Lebern (von Brathähnchen), und die sind nun leider die schlechteste Wahl bei dieser zarten Vorspeise. Groß und hellbraun sollten die Lebern sein, wie die von Suppenhühnern. Und ›Geflügellebermousse‹ bedeutet, dass hier auch (oder ausschließlich) Enten- und Gänselebern verarbeitet werden können, was die Qualität noch verbessert. In der Bresse mischt man sie gern.

1. Zunächst müssen die Lebern von allen Sehnen gesäubert werden. Bei der späteren Pürierung im Mixer (oder mit dem Mixstab) lösen die sich keineswegs auf. Zusätzlich ist deshalb später noch das Haarsieb zu benutzen.

2. Die gesäuberten Lebern werden in der Butter auf sehr schwachem Feuer angebraten, besser: angedünstet. Sie dürfen auf keinen Fall braun und hart werden, und schon gar nicht dürfen die Lebern durchgaren, dann sind sie nämlich bereits trocken.

3. Nach sehr kurzer Zeit die Lebern aus der Pfanne nehmen und in den Mixer geben. Den Bratensatz in der Pfanne mit dem Cognac und dem Portwein ablöschen und über die Lebern gießen. Die Crème fraîche und das Tomatenmark hinzufügen und pürieren.

4. Anschließend die pürierte Masse durch ein Haarsieb streichen. Dazu eignet sich ein flaches Bäckersieb besser als die halbrunden Haushaltssiebe. Mit Salz und Pfeffer abschmecken, in eine Porzellanterrine füllen, in den Kühlschrank stellen und steif werden lassen. Zum Servieren mit einem in heißes Wasser getauchten Suppenlöffel Portionen ausstechen. Dazu gibt's Baguette.

Dazu passt ein trockener Traminer.

Vor- und Zwischengerichte

Gefüllte Tomaten

Für 4 Personen:

4 große oder
8 kleine Tomaten,
125 g bulgarischer
Schafskäse,
125 g Lammfleisch
(durchgedreht),
4 große saftige
Knoblauchzehen,
1/2 Tasse fertig
gekochter Basmatireis,
Curry, Olivenöl,
Salz

Bei verdoppelter Menge und Reis als Beilage sind diese Tomaten auch ein schönes, leichtes Abendessen.

Versuchen Sie zu den Tomaten einmal einen Syrah aus dem Wallis.

Man kann gefüllte Tomaten ein Relikt aus der Nierentischzeit nennen. Gab's die damals nicht sogar mit Fleischsalat gefüllt? An Nordseekrabben mit Mayonnaise als Füllung erinnere ich mich jedenfalls genau. Ziemlich spießig, dekorativ, ohne jeden kulinarischen Wert.

Wenn man jedoch weiß, dass Tomaten und Thymian zusammengehören, weil sie beide mediterranen Regionen entstammen, und dass dazu wiederum Olivenöl und Schafskäse passen, also auch Knoblauch und Lammfleisch – dann drängt es sich geradezu auf, das alles einmal zusammenzubringen. Ja, und Reis kommt auch dazu, wie bei vielen Füllungen, weil Reis leichter ist als das üblicherweise verwendete Brot. Vor allem, wenn es sich um die kleinen Basmati-Körner handelt. Es geht auch mit Langkornreis, aber für mich hat der für dieses Gericht zu große Körner.

1 Von den Tomaten oben einen Deckel abschneiden und das Innere vorsichtig herausoperieren.

2 Das durch den Fleischwolf gedrehte – oder schon fertig so gekaufte – Lammfleisch mit dem zerkrümelten Schafskäse, dem gekochten Reis und den durchgepreßten Knoblauchzehen mischen. Mit wenig Salz und 1 bis 2 TL Curry würzen.

3 Die zusammengemischte und gewürzte Masse in die Tomaten füllen und den Deckel wieder draufsetzen. Er hat nur die Aufgabe, die obere Schicht der Füllung vor starker Hitze, also vor dem Hartwerden zu schützen. Vor dem Servieren abnehmen.

4 Die präparierten Tomaten in eine mit Olivenöl ausgestrichene Gratinform setzen und in die Mitte des auf 200 Grad vorgeheizten Ofens schieben. Dort brauchen sie ungefähr 30 bis 40 Minuten; man sieht's ja, wenn sie beginnen, ihre Form zu verlieren. Dann sind sie gar.

Der Käse ist nicht geschmolzen; so hat die Zunge mehr von ihm. Der Saft der Tomaten hat sich mit dem wenigen Olivenöl in der Form und den Aromen der Füllung zu einem wunderbaren Schmorsaft vermischt.

Vor- und Zwischengerichte

Gemüserisotto mit Oliven

Für 4 Personen:

1 1/2 Tassen Reis (Carnaroli, Vialone, Arborio),
ca. 1/4 l Weißwein,
ca. 1/2 l Bouillon (vom Huhn oder Rind),
1 mittelgroße rote und 1 gelbe Paprikaschote,
1 Stange Lauch,
15 schwarze Oliven,
1 EL Sojasauce,
Cayennepfeffer,
Olivenöl,
1 EL Butter,
Salz

Menüvorschlag:

Gemüserisotto, Lachsforelle mit Limonen (Seite 190), Blaubeerpfannkuchen (Seite 390)

Zum Risotto passt ein Collio bianco aus dem Friaul.

Zum Thema Risotto siehe auch »Risotto mit Scampi« auf Seite 194.

Nichts ist so bekömmlich wie Reis. Ich esse Reis häufig sogar aus Notwehr: Nach einer Woche anstrengender Völlerei in den Restaurants der Grande-Cuisine-Klasse gibt es nichts Schöneres als ein leichtes und sanftes Reisgericht. Das darf auch gut gewürzt sein, ja sogar pfefferscharf – es ist eine Labsal für malträtierte Organe.

Hier endet mein Plädoyer für den Reis als Gesundheitskost; denn mir geht es ausschließlich um den Wohlgeschmack. Doch auch da hat Reis erstaunlich viel zu bieten: Reisgerichte können unwiderstehlich lecker sein.

Das Gemüserisotto – dieser feuchte Reistopf aus der norditalienischen Küche – ist kinderleicht herzustellen und ebenso leicht zu ruinieren: Man muss den Herd nur 5 Minuten verlassen, und schon brennt er an.

1 Die Oliven entkernen und in kleine Stücke schneiden. Die Paprikaschoten gründlich säubern und kleinwürfeln. Auch das Weiße und Hellgrüne vom Lauch in kleine Würfel schneiden. Davon 2 EL zur Seite legen. Den Rest und die Paprikawürfel in Olivenöl anschwitzen. Pfeffern und 1 EL Sojasauce dazugeben. Salzen nur dann, wenn die Bouillon nicht bereits gesalzen ist. Mit ihr die schmorenden Gemüse ablöschen, die Oliven dazugeben und alles 5 bis 8 Minuten zugedeckt schmoren lassen.

2 In einer abgerundeten Stielpfanne mit hohem, schrägen Rand (Sauteuse) 1 1/2 EL Olivenöl sehr heiß werden lassen. Darin die beiseite gelegten Lauchwürfel anbraten und 1 1/2 Tassen ungewaschenen Rundkornreis dazugeben. Unter ständigem Rühren glasig werden lassen, dann etwas Bouillon angießen. Die verkocht schnell. Dann ein Glas Weißwein hineingießen. Rühren, dann wieder Bouillon. Und weiter rühren, bis die Flüssigkeit fast verschwunden ist. Wieder Wein, und so weiter, bis die Körner weich sind, innen aber noch einen festen Kern haben. Das ständige Rühren ist unabdingbar, weil der Reis sonst sofort anbrennt.

3 Insgesamt sind in 15 bis 20 Minuten Bouillon und Wein verbraucht. Der Wein bringt eine leichte Säure in den Risotto, was ihm gut bekommt. Abschließend werden die garen Gemüsewürfel untergemischt und das Ganze wird noch einmal abgeschmeckt.

Als Hauptgericht 2 Tassen Reis nehmen und den Risotto mit geriebenem Parmesan servieren. So aber gibt es nur eine kleinere Portion und keinen Käse. Abschließend unbedingt 1 EL Butter unterrühren.

Vor- und Zwischengerichte

Geflügelpastete

Eine Pastete ist eine Terrine im Teigmantel. Eine gute Pastete oder Terrine ist weder leicht zu finden noch leicht zu machen. Und die wirklich hervorragenden Terrinen, diese großartigen Leckerbissen, die kriegen nur die Profis in den Spitzenrestaurants richtig hin. Von diesen Meisterleistungen soll hier nicht die Rede sein.

Aber es gibt einen Zwischenbereich, gleich weit vom kalten Hackbraten und einer ›Galantine de canard‹ entfernt, wo der Amateurkoch eine Chance hat. Denn das ist auch zu Hause möglich: eine Pastete oder Terrine herzustellen, die besser, viel besser ist als die üblichen graubraunen, in Kastenform gepressten Hack-Klopse.

Wichtig scheint mir zunächst der Hinweis darauf, wie Pasteten und Terrinen nicht sein dürfen. Sie dürfen nicht trocken sein, was ein Zeichen dafür ist, dass sie zu wenig Fett enthalten. Sie dürfen nicht körnig sein, denn dann sind sie nicht fein genug haschiert. Sie dürfen nicht zu fest sein, also nicht zu lange pochiert werden. Und sie dürfen nicht übertrieben aromatisiert werden: händeweise Knoblauch, Thymian, Oregano und ähnliche Gewürze mögen zu einer Pizza passen, auf einem höheren Niveau aber ist die Reinheit des Geschmacks vorrangig. Aber Vorsicht: Der Schritt vom Überwürzten zur Fadheit ist klein; es gilt eine Balance zu finden, welche Zaghaftigkeit vermeidet und Übermut ausschließt.

Für 6–8 Portionen:

1 zerhackter Kalbsfuß,
1 l Fleischbrühe,
1 St. Sellerie,
1 Karotte, 1 St. Lauch

250 g Mehl,
100 g kalte Butter,
2 Eigelb, 1 ganzes Ei,
1 Prise Salz

500 g Hühnerbrust,
300 g fetter Speck,
1 Entenbrust,
2 Schalotten,
1 Knoblauchzehe,
1/2 Stange Lauch,
Cognac, Portwein,
Thymian, Muskat,
Butter, Pfeffer,
Salz

1. Den zerhackten Kalbsfuß in 1 l Wasser oder Fleischbrühe mit dem kleingeschnittenen Gemüse aufsetzen, salzen und pfeffern und für 3 Stunden leise köcheln lassen. Den durchgesiebten Sud auf 1/4 l einkochen, in den Kühlschrank stellen und zur Sülze steif werden lassen.

2. Das Mehl in einer Schüssel mit der in Stücke zerteilten kalten Butter, 1 Eigelb, 2 TL Wasser und 1 Prise Salz zwischen den Fingern zerreiben, rasch durchkneten, zu einer Kugel formen, beiseite stellen und ruhen lassen.

3. Die Schalotten und Knoblauch häuten und klein hacken; den Lauch waschen, den weißen und hellgrünen Teil in feine Scheiben schneiden.

4. Schalotten, Knoblauch und Lauch in einer kleinen Pfanne in 1 EL Butter glasig dünsten (nicht braun werden lassen), leicht salzen und pfeffern, mit einem Gläschen Cognac und 1 Glas Portwein ablöschen und leise köcheln lassen, bis die Gemüse weich sind. Beiseite stellen und auskühlen lassen.

5. Eine Pastetenform (praktisch sind die abklappbaren, mit Teflon beschichteten Formen) ausbuttern und in den Kühlschrank stellen.

6. Hühnerbrüste aus dem Kühlschrank nehmen, Haut und Fettreste entfernen, in Stücke schneiden und kaltstellen. Den Speck von eventuellen Knorpeln befreien und ebenfalls in Stücke schneiden und kalt stellen.

7. Die Entenbrust sorgfältig enthäuten und längs in zwei Hälften teilen – zum späteren Einlegen in die Farce. In wenig Butter rundherum leicht anbraten, dabei salzen und pfeffern, mit wenig Cognac beträufeln und kalt stellen.

8 Den Teig ausrollen und die Pastetenform damit auskleiden. Einen passenden Deckel ausschneiden und erst einmal beiseite legen.

9 Das Hühnerfleisch und den Speck in einer Schüssel mit dem Schalottenmus und dem ganzen Ei grob durchmengen, mit Pfeffer, Salz, Thymian und Muskatnuss würzen und durch die feine Scheibe des Fleischwolfs drehen bzw. in der Küchenmaschine zu einem sehr feinen Brei zerkleinern. 1 EL der Farce 5 Minuten in heißem Wasser ziehen lassen, probieren und eventuell nachwürzen. Dabei bedenken, dass Gewürze in der pochierten, heißen Farce schwächer herauskommen als in der späteren Pastete.

10 Die Hälfte der Farce in die Pastetenform einfüllen, die Entenbrust der Länge nach einlegen, mit dem Rest der Farce auffüllen und immer wieder aufstoßen, um Luftblasen zu vermeiden. Den Teigdeckel auflegen und die Ränder zusammendrücken, ein Abzugsloch in die Mitte einschneiden, einen kleinen Kamin aus Alufolie bilden und hineinstecken. Mit Teigresten kleine Verzierungen bilden und auflegen. Den Deckel mit Eigelb bepinseln, die Form auf ein Backblech stellen und im vorgeheizten Backofen bei 160 Grad ungefähr 60 Minuten backen lassen. Mit einer Stricknadel prüfen: kommt sie sauber heraus, ist die Pastete gar. Auskühlen lassen und aus der Form nehmen (bzw. die Seitenteile der Form abklappen).

11 Inzwischen die steife Sülze durch Anwärmen wieder etwas flüssiger machen, wenig Portwein einrühren, abschmecken, durch das Abzugsloch eingießen und im Kühlschrank fest werden lassen.

Menüvorschlag:
Geflügelpastete, Saibling in Folie (S. 89), Ananaskompott (Seite 404)

Zur Pastete passt gekühlter Beaujolais (Fleurie) oder badischer Spätburgunder.

Gnocchi mit Salbeibutter

Für 4 Personen:

800 g mehligkochende Kartoffeln (keine neuen),
150 g Mehl,
1 Ei,
Salz,
125 g Butter,
frischer Salbei,
frisch geriebener Parmesan

Menüvorschlag:

Gnocchi mit Salbeibutter, Brathähnchen mit Zitrone und Lauch (S. 212), Erdbeerparfait (Seite 424)

Zu den Gnocchi passt ein Soave classico aus dem Veneto.

Gnocchi – Nocken oder Klößchen – gehören in Italien zu den beliebtesten Teigwaren. Es gibt sie in den verschiedenen Regionen in vielerlei Variationen – aus Kartoffeln, aus Mehl, aus Hartweizengrieß oder in einer Mischung, und auch aus Mais- und Kastanienmehl oder Kürbis werden sie hergestellt. Die klassischste Art der Zubereitung ist wohl die aus zerstampften Kartoffeln, noch heiß mit Mehl zu einem Teig vermischt, mit einer Salbeibutter serviert und – je nach Geschmack – mit geriebenem Parmesan bestreut.

Man kann sie inzwischen – wie Ravioli oder andere Teigwaren auch – in Supermärkten eingeschweißt oder sogar frisch kaufen; es bestünde deshalb eigentlich kein Anlass, sie in meine Rezeptsammlung aufzunehmen. Aber selbstgemachte Gnocchi schmecken eben doch noch besser – wie auch selbstgemachter Rotkohl oder die Äpfel vom eigenen Baum –, und auch die Herstellung – vor allem zusammen mit Kindern – macht einfach Freude.

1 Die Kartoffeln als Pellkartoffeln mit der Schale kochen. Etwas abkühlen lassen, pellen und noch heiß mit einem Kartoffelstampfer (oder mit einer Kartoffelpresse) fein zerdrücken.

2 Die Kartoffeln mit dem Ei und dem Mehl und etwas Salz vermengen und zu einem gleichmäßig festen Teig kneten. Portionsweise mit den Händen auf einer bemehlten Arbeitsfläche zu daumendicken Strängen rollen. Davon jeweils ungefähr 3 cm große Stücke schneiden, mit etwas Mehl bestäuben und mit dem Finger kleine Dellen eindrücken – zum Aufnehmen der Salbeibutter.

3 Die Butter in einem Töpfchen schmelzen und mit kleingeschnittenem frischen Salbei vermengen.

4 Die Gnocchi portionsweise in leicht sprudelndem Salzwasser gar ziehen lassen; sie sind fertig, wenn sie an die Oberfläche steigen. Mit dem Schaumlöffel herausnehmen, abtropfen lassen, mit wenig Sahne überbacken, auf vorgewärmten Tellern anrichten, mit etwas Salbeibutter übergießen.

Gratin von Champignons

Für 4 Personen:

500 g Champignons,
150 g Gruyère,
2 Schalotten,
2 Eier,
1 Zitrone,
1/4 l Sahne,
Butter,
Muskatnuss,
Pfeffer, Salz

(Baguette o. Reis)

Menüvorschlag:

Gratin von Champignons,
Entenkeule in Honig (Seite 229),
Rumparfait (Seite 427)

Zum Gratin passt Tokay d'Alsace.

Pilze sind eine Gemüsebeilage wie Rosenkohl oder Karotten. Doch im Gegensatz zu diesen kann man mit Pilzen raffinierte Dinge anstellen, so dass sie zu selbständigen Gerichten werden oder solche ermöglichen. Steinpilz und Pfifferling sind damit nicht gemeint. Es wäre schade, ihren wunderbaren Geschmack durch Manipulation zu verändern. Sie werden wie eh und je in Butter gebraten und mit Wonne vertilgt, einfach so.

Doch da gibt es den Champignon. Ein Zuchtpilz, immer verfügbar und nicht teuer. Vielleicht wird er deshalb ein wenig benachteiligt auf unseren Speiseplänen. Man kann ihn braten oder grillen: siehe Champignonpfannkuchen (Seite 97), Champignons gegrillt (Seite 96), Champignons provençalisch (Seite 98). Aber auch als Füllung für ein Omelett, als Grundstoff für eine Duxelles, als Teil eines Spinatgratins (Seite 153) oder als Gratin mit Käse wie in folgendem Rezept spielt der Champignon eine wichtige Rolle.

1 Die Champignons putzen (möglichst nicht waschen), Stiele entfernen und die Köpfe in nicht zu dünne Scheiben schneiden. Die Schalotten häuten, in winzige Partikel schneiden und in 1 EL Butter glasig dünsten, bis sie gar sind. Die Champignons dazugeben und die Flamme größer stellen, aber nicht so groß, dass die Pilze anbraten. Den Zitronensaft hinzufügen, salzen, pfeffern. Wenn sie gar sind, dürfen sie nicht trockengekocht sein, aber auch nicht im eigenen Saft schwimmen.

2 Inzwischen Eier, Pfeffer und Muskatnuss in der Sahne verquirlen und den geriebenen Gruyère hineingeben. Die Champignons nun in die gut ausgebutterte Form (oder in 2 Formen) geben und mit dem Eier-Sahne-Käse-Gemisch übergießen, bis sie fast bedeckt sind. Darauf Butterflöckchen verteilen und alles im oberen Drittel des Backofens gratinieren, bis die Oberfläche goldbraun ist. In der Form (bzw. den Formen) servieren.

Dazu kann man Reis essen, muss aber nicht. Besser passt eigentlich ein Stück Baguette.

Vor- und Zwischengerichte

Gratinierter Chèvre

Für 4 Personen:

2 kleine Ziegenkäse,
Salatmischung,
Pinienkerne,
Rosinen,
Thymian,
Rotweinessig,
Olivenöl,
Pfeffer, Salz

Vorschlag für ein sommerliches Festmenü:

Gr. Chèvre,
Morcheln unter Blätterteig (Seite 130),
Ente mit Pflaumen (S. 221),
Vanilleparfait mit Himbeersauce (Seite 423)

Zum Ziegenkäse und den Morcheln tut's auch ein Champagner, zum Huhn ein Riesling oder Chardonnay.

Wie bei Fleisch und Gemüse ist auch beim Käse der Einkauf der wichtigste Schritt. Käse von erster Qualität ist so selten wie ein fettes Suppenhuhn. Für diese Vorspeise brauche ich Ziegenkäse. Davon gibt es viele mit verschiedenen Namen; die meisten sind rund und flach und haben ein ähnliches Aroma. Dessen Intensität ist mehr vom Reifegrad abhängig als von der Landschaft, der sie entstammen. Ob Crottin de Chavignol, Picodon, Saint Marcellin, Banon oder eine andere Sorte, all diese runden Käse sollten für diesen Salat nicht zu alt sein (dann sind sie hart und von ätzender Schärfe), und nicht zu frisch (die schmecken fad). Der Saint Marcellin ist übrigens von der Kuh, aber das macht in diesem Fall nichts.

1 Der Salat sollte eine Mischung sein, die in Südfrankreich als ›mesclun‹ bekannt ist. Was drin ist, hängt vom Angebot ab. Was aber nicht drin sein soll, sei hier warnend aufgeführt: Kein Chicorée, kein Radicchio, kein Kopfsalat, kein Eissalat, kein Lollo Rosso.

2 Die Salatblätter werden kleingerupft, trockengeschleudert und auf Tellern angerichtet. Dabei einige Pinienkerne untermischen. Eine Handvoll Rosinen in Wasser einweichen.

3 Die Käse waagerecht halbieren, im oberen Drittel des Backofens auf Alufolie oder Backpapier bei starker Hitze gratinieren, wobei die Hälften das Aussehens eines bleichen Spiegeleis annehmen. Bevor sie völlig zerlaufen, herausnehmen und auf die vorbereiteten Salatteller platzieren.

4 Inzwischen aus wenig Rotweinessig, Salz, Pfeffer und viel Olivenöl eine Vinaigrette herstellen und pro Portion ein paar Rosinen zufügen. Über den Salat gießen, unmittelbar bevor die Käsehälften darauf plaziert werden. Den Käse mit etwas zerriebenem Thymian bestreuen.

Grünkernrisotto mit Cidrekürbis

Für 4 Personen:

(als Hauptgang doppelte Mengen)

300 g Grünkern (Dinkel, ganze Körner),
300 g Fruchtfleisch vom Flaschenkürbis,
100 g Frühstücksspeck,
trockener Cidre,
1 kleine Zwiebel,
1 EL Apfelessig,
Butter, Salz,
schwarzer Pfeffer, Zucker

Dieser Risotto passt zu vielen Hauptgerichten, eignet sich aber auch gut als leichtes Mittag- oder Abendessen.

Zum Grünkernrisotto passt kühler Beaujolais.

Bei dem Wort ›Grünkern‹ leuchten die Augen der Körnerfreunde auf. In der Tat bietet ihnen diese Vorspeise die beliebte Möglichkeit, genussvoll zu kauen. Und wenn man nach dem Geschmack beurteilen könnte, ob eine Speise gesund sei, dann wäre es dieser Risotto. Vermutlich ist er es sogar. Das bedeutet aber nicht, dass eingefleischte Gourmets jetzt ungeduldig weiterblättern müssen. Denn dieser Grünkernrisotto passt sehr gut auf jede Feinschmeckertafel. Sein Geschmack hat eine unvermutete, schöne Frische; er ist eher appetitanregend als sättigend. Deshalb eignet er sich so gut als Vorspeise oder Beilage. Wer davon richtig satt werden will, braucht mehr als die doppelte Portion.

1 Die Dinkelkörner 24 Stunden in viel Wasser einweichen.

2 Den geschälten und geputzten Kürbis in sehr dünne Scheiben schneiden und diese in kleine Stückchen hacken, die kaum größer sein sollen als die gequollenen Dinkelkörner.

3 Der eingeweichte Grünkern wird gründlich gewaschen; dabei die kleinen ›Schrotkugeln‹ heraussuchen. In einem Schmortopf in 1 EL Butter eine kleine feingehackte Zwiebel anschwitzen, die feuchten Körner hinzugeben und soweit mit Wasser aufgießen, dass sie eben bedeckt sind. Leicht salzen und bei geschlossenem Deckel bei schwacher Hitze garen lassen.

4 In einem zweiten Topf mit einem halben EL Butter – ohne Zwiebel – den Kürbis andünsten und mit sehr trockenem Cidre aufgießen. Eine Prise Salz, schwarzer Pfeffer aus der Mühle, Deckel drauf und leise köchelnd garen lassen. Nach 20 bis 30 Minuten dem Kürbisgeschmack etwas nachhelfen: mit einer Prise Zucker, noch etwas Cidre, einem Löffel Apfelessig. Zum Schluss salzen und pfeffern.

5 Nach rund einer Stunde sind Kürbis und Grünkern gar, aber noch mit etwas Biss. Beides miteinander mischen. Sollte die Masse noch suppig sein, bei offenem Deckel etwas nachkochen lassen, bis sie nur noch feucht, aber nicht trocken ist.

6 Inzwischen den Frühstücksspeck in dünne, kurze Streifen schneiden und in einer Pfanne mit etwas Butter anbraten; sie sollen nicht knusprig werden, aber auch nicht mehr weich sein. Auf einem Küchenpapier entfetten und davon 1 EL auf jede Portion Risotto geben. Eine ungewöhnliche Kombination, schmeckt aber hervorragend!

Vor- und Zwischengerichte

Gugelhupf à l'Alsace

Zutaten:

(für eine große Napfform; reicht für 12 Portionen)

500 g Mehl,
150 g Milch,
200 g Butter,
2 Eier,
75 g Zucker,
10 g Salz,
1 Würfel Hefe (42 g),
80 g helle Rosinen,
50 g gehobelte Mandeln

Zutaten:

(für eine kleine Napfform; reicht für 6 Portionen)

250 g Mehl,
75 g Milch,
100 g Butter,
1 Ei,
40 g Zucker,
5 g Salz,
1/2 Würfel Hefe (21 g),
40 g helle Rosinen,
25 g gehobelte Mandeln

Bei der Zubereitung mit Hefepulver nimmt man die dem Würfel entsprechende Menge (auf dem Tütchen angegeben).

Jeder ahnungslose deutsche Kuchenfreund wird diesen typischen Napfkuchen für etwas halten, das sich die Familie nachmittags zum Kaffee einverleibt. Das geschieht auch, gewiss. Aber der Feinschmecker isst einen Gugelhupf morgens um 11 Uhr, trinkt dazu Gewürztraminer und geht dann, an Leib und Seele gestärkt, erwartungsvoll zu Tisch.

Die nicht gerade alltägliche Kombination von Kuchen und Wein wird möglich, weil der Gugelhupf nur ganz schwach gesüßt ist, der Gewürztraminer seinerseits wenig Säure, aber eine großartige Fruchtigkeit mit etwas Restsüße besitzt. Beide ergänzen sich so wundervoll, dass man glauben möchte, sie seien vom selben Genie erfunden worden.

Natürlich eignet sich ein Guglhupf mit Gewürztraminer auch hervorragend als anregender Aperitif, wenn man Gäste zum Essen geladen hat, und er schmeckt auch zu einer schönen Beerenauslese und notfalls mit einem fruchtigen Prosecco – probieren Sie es aus!

Die klassische Zubereitung von Hand mit frischer Hefe und Vorteig:

1 Die Rosinen in warmem Wasser für 1 – 2 Stunden quellen lassen.

2 Die Hälfte der Milch leicht erwärmen, darin die Hefe auflösen. Mit wenig Mehl und 1 TL Zucker zu einem sämigen Teig verrühren und an einen mäßig warmen Platz stellen, damit das Gemisch auf das Doppelte aufgehen kann.

3 Das übrige: Mehl, Milch, Zucker, Eier, Salz vermischen und durchkneten. Die Butter erwärmen, in den Teig einarbeiten und so lange durchrühren oder -kneten, bis sich der Teig einigermaßen von den Händen löst; meist lässt er sich nur abkratzen; aber je weicher der Teig, umso lockerer wird später der Kuchen. Das aufgegangene Hefegemisch knetend einarbeiten und in einer großen Schüssel zusammenpressen. Mit einem Tuch bedecken und – in einer oder auch zwei Stunden – in Ruhe wieder gehen lassen.

4 Die Rosinen in warmem Wasser quellen lassen und abtrocknen. Ist der Teig schön groß geworden, die Rosinen hineinkneten. Die Backform gut ausbuttern und die Innenseiten mit den gehobelten Mandeln bestreuen. Dahinein den Teig geben, der die Form gut zur Hälfte ausfüllen soll. Wieder mit dem Tuch bedecken und noch einmal ungefähr 1/2 Stunde gehen lassen. Im auf 180 Grad vorgeheizten Backofen (je nach Größe der Napfform) 30-45 Minuten backen lassen. Wird die Oberfläche (die spätere Unterseite) braun, mit Alufolie abdecken. Kurz abkühlen, dann aus der Form stürzen. Wie alles Hefegebäck schmeckt er frisch am besten.

Den Traminer schon vorher entkorken.

Die Zubereitung mit Trockenhefe und Knethaken:

1 Die jeweils (je nach Größe des Kuchens) angegebene Menge Milch leicht erwärmen (Vorsicht, brennt schnell an!) Auch die Butter in einem Töpfchen auf dem Herd leicht schmelzen lassen.

2 Mehl, Zucker und die Prise Salz in einer Schüssel gründlich mit dem Hefepulver vermengen. Dann die erwärmte Milch, die Butter, das ganze Ei (bzw. die Eier) zugeben und mit den Knethaken des Rührgeräts gründlich durcharbeiten, bis sich ein sämiger Teig ergibt (mit einem Löffel prüfen, ob sich auch alles Mehl vom Topfboden und den Rändern gelöst hat). Die Schüssel mit einem Tuch abdecken und den Teig für mindestens 1 Stunde an einem warmen Ort gehen lassen (z.B. im ganz leicht vorgewärmten Ofen).

3 Ist der Teig ungefähr um das Doppelte aufgegangen, die abgetrockneten Rosinen hineinkneten. Die Backform ausbuttern und die Innenseiten mit den gehobelten Mandeln bestreuen. Dahinein den Teig geben, der die Form gut zur Hälfte ausfüllen soll. Noch einmal ungefähr 1/2 Stunde zugedeckt gehen lassen. Den Backofen auf 180 Grad vorheizen. Den kleinen Napfkuchen gut 30, den großen 45 Minuten backen lassen. Wird die Oberfläche (die spätere Unterseite) braun, mit Alufolie abdecken. Am Ende der Backzeit mit einer langen Nadel anstechen; klebt kein Teig mehr daran, ist der Kuchen fertig. Kurz abkühlen, dann aus der Form stürzen. Noch fast warm schmeckt er am besten.

Dazu schmeckt am besten ein Gewürztraminer aus dem Elsass; vorsorglich eine zweite Flasche kalt stellen.

Vor- und Zwischengerichte

Kalbsleberterrine

Wenn von Terrinen die Rede ist, erscheint vor meinem kulinarischen Auge zuallererst eine getrüffelte Gänseleberterrine, die ich in einem Sterne-Restaurant zusammen mit einem Sauternes, Banyuls oder Rieusec genieße.

Aber es sind nicht alle Tage Festtage, und damit auch die anderen nicht darunter leiden müssen, mache ich mir auch zu Hause gern eigene Terrinen oder Patés. Dazu gehört unbedingt die Kalbsleberterrine. Wenn sie gut gemacht ist – und das bedeutet vor allem gut gewürzt –, braucht sie sich vor Terrinen aus der Großen Küche nicht zu verstecken, im Gegenteil: Solche mögen optisch mehr hermachen, aber am Geschmack hapert es leider oft. Und bei einer von mir selbst hergestellten Terrine weiß ich zudem genau, was drin ist.

Terrinen sind sehr kalorienreich, das stimmt. Aber Sie essen sie ja auch nicht alle Tage. Also sparen Sie nicht am Speck: Sonst werden Terrinen trocken, der Geschmack bleibt auf der Strecke und auf dem Teller haben Sie einen bröseligen Hackbraten, der niemanden begeistert.

Für 8 Portionen:

300 g Kalbsleber,
300 g Kalbfleisch (Schnitzel, Bug),
300 g fetter Speck (am Stück),
6 große Scheiben Speck (2 mm),
4 Schalotten,
1 Knoblauchzehe,
1 Ei, Tomatenmark,
2 Scheiben Weißbrot,
125 g Sahne,
0,1 l Portwein,
4 cl Cognac,
30 - 50 g Pistazien,
2 EL Pastetengewürz
(siehe Schritt 1)

1 kl. Salatmischung, Stangenbrot

1 In einem schweren Mörser oder in der Küchenmaschine 2 TL Pfefferkörner, 1 TL Piment, 1 TL Korianderkörner, 1 TL getrockneter Salbei, 2 Gewürznelken, 1 Lorbeerblatt, 1 TL Muskatblüte, 3 TL getrockneter Thymian, 3 TL Meersalz und 20-30 g getrocknete Steinpilze fein zerkleinern.

2 Eine Terrinenform von gut 1 l Inhalt mit den Speckscheiben auslegen. Die Ränder sollten seitlich so weit überhängen, dass man sie später über der Form zusammenschlagen kann; in den Kühlschrank stellen.

3 Leber, Kalbfleisch und Speck gut parieren, d.h. alle Häute, Sehnen, Knorpel etc. sorgfältig entfernen. Alles in Würfel schneiden und zusammen in einer Schüssel in den Kühlschrank, besser noch für eine halbe Stunde ins Gefrierfach stellen.

4 Die Knoblauchzehe im Mörser mit etwas Meersalz zu einem Brei zerdrücken, die Schalotten schälen und in feine Scheiben schneiden.

5 Schalotten und Knoblauch in einen kleineren Topf geben, 4 cl Cognac und 0,1 l Portwein hineingießen, umrühren, einmal aufkochen und dann für ungefähr 20 Minuten im offenen Topf bei mäßiger Hitze köcheln lassen, bis die Schalotten gar sind und die Flüssigkeit fast verdunstet ist. Beiseite stellen und abkühlen lassen.

6 Von den Weißbrotscheiben die Rinde entfernen und den Rest möglichst klein zerkrümeln. Zur Schalotten-Knoblauch-Mischung geben, 2 gestrichene EL des selbst hergestellten Pastetengewürzes hinzufügen und alles kräftig vermischen.

7 Die Leber-, Speck- und Fleischwürfel aus dem Kühlschrank nehmen, das ganze Ei, das Schalottenmus und 125 g Sahne hinzufügen, gut durchmischen und alles zusammen zweimal durch die feinste Scheibe des Fleischwolfs drehen. (Es geht auch in einer guten Küchenmaschine; es sollte eine möglichst feine und homogene Masse entstehen.)

Vor- und Zwischengerichte

8 Inzwischen in einem kleinen Topf Wasser zum Kochen bringen, aus der Farce mit einem Löffel ein Klößchen formen, ins kochende Wasser gleiten lassen und abseits vom Feuer 5 Minuten ziehen lassen. Probieren und eventuell nachwürzen; Salz, Pfeffer, etwas Tomatenmark, Cognac? Abschmecken ist entscheidend, denn nur eine perfekt gewürzte Terrine lohnt letztlich den hohen Aufwand. Bedenken muss man dabei allerdings, dass in dem pochierten Klößchen die Gewürze nicht so gut herauskommen wie in der fertigen Terrine.

9 Zum Abschluss die Pistazien in die Farce rühren, die Terrinenform aus dem Kühlschrank nehmen und die Farce einfüllen; dabei die Form immer wieder kräftig auf den Tisch stoßen, um Luftblasen zu vermeiden. Mit den überhängenden Speckscheiben verschließen.

10 Den Backofen auf 200 Grad aufheizen, die Terrine in eine Reine oder einen weiten Topf stellen und mit soviel heißem Wasser umgießen, dass die Terrine gut halbhoch im Wasserbad steht. Für 50 bis 60 Minuten bei 180 Grad garen lassen; wenn eine eingestochene Stricknadel sauber wieder herauskommt, ist die Terrine fertig. Herausnehmen, etwas auskühlen lassen, mit einem Brettchen und ca. 300 g Gewicht beschweren und über Nacht in den Kühlschrank stellen.

11 Am nächsten Tag stürzen und den Speck entfernen. In Scheiben mit einem Salat und Weißbrot servieren. Zur Verschönerung kann man frischen Speck um die Terrine herum drapieren.

Menüvorschlag für ein leichtes Festmenü:

Kalbsleberterrine, Spargelcreme (Seite 60), Lachs mit Blattspinat (Seite 183), Thymian-Ingwer-Apfelkompott (Seite 444)

Zur Kalbsleberterrine passt gut ein weißer Grave (Carbonnieux).

Kartoffelgratin mit Trüffeln

Für 2 Personen:

1 – 2 schwarze Trüffeln,
500 g halbfestkochende Kartoffeln,
1/4 l Hühnerbrühe,
Butter, Salz

Vorschlag für ein festliches Menü:

Gurkensuppe mit Lachs (Seite 44),
Gratin mit Trüffeln,
Perlhuhn mit Ingwer (Seite 257),
Orangenparfait mit Mandelkuchen (Seite 427)

Roter Cahors oder weißer Hermitage.

Irgendwann ist wieder Winter, und es besteht die Möglichkeit, frische Trüffeln zu kaufen. Zwar gibt es auch Trüffeln in Dosen, aber die sind wie Dosenspargel: für den Feinschmecker uninteressant. Also essen wir Spargel im Mai und Trüffeln im Winter. Trüffeln sind außerordentlich teuer, vor allem die weißen aus dem Piemont. Da ich die schwarzen ohnehin lieber mag, spare ich bei folgendem Rezept ein paar Euro.

Es handelt sich um das Zusammentreffen der teuren Luxusknolle mit dem billigen Aschenputtel: ›Gratin de pommes de terre aux truffes‹. Also um einen normalen Kartofelgratin, in den ich eine Lage Trüffeln einlege. Wieviel Trüffeln? je mehr, umso besser. Das Minimum liegt bei ungefähr 50 Gramm Trüffeln für zwei Personen – das ist eine mittelgroße Knolle.

1 Die Trüffeln gründlich bürsten und vorsichtig schälen: so dünn wie möglich, was bei dem Preis pro Gramm verständlich ist, doch die äußeren, harten Noppen müssen weg. Danach die Trüffeln in Scheiben schneiden; wie dünn oder wie dick, das hängt davon ab, wieviel man sich leisten kann. Für etwas Biss sollten es schon 2 mm sein.

2 Die Kartoffeln schälen und in dünne Scheiben hobeln. Eine Gratinform ausbuttern und die Hälfte der Kartoffelscheiben hineinschichten und salzen. Darauf die Trüffelscheiben legen und mit den restlichen Kartoffeln bedecken. Mit einer kräftigen Hühnerbrühe auffüllen, ohne die Kartoffeln damit zu bedecken. 1 bis 2 EL Butter in einem Töpfchen erhitzen, hellbraun schmelzen und über die Kartoffeln gießen. Ungefähr 30 bis 40 Minuten im auf 200 Grad vorgeheizten Ofen backen. Werden die Scheiben obenauf braun, mit Alufolie abdecken.

Da es sich nicht um eine Beilage handelt, sondern um ein extravagantes Zwischengericht, muss die Portion nicht groß sein. Es betont noch die Kostbarkeit, wenn man den Gratin in mehreren kleinen Formen herstellt, so dass jeder Esser seinen eigenen Trüffelgratin serviert bekommt.

Käsesoufflé

Für 4 Personen:

250 g frisch geriebener Gruyère,
4 Eigelb,
6 Eiweiß,
2 EL Mehl,
50 g Butter,
1/4 l Milch,
3 EL Sahne,
Muskatnuss,
Cayennepfeffer,
Salz

Menüvorschlag:

Käsesoufflé,
Kalbsfrikassee
– Blanquette de Veau –
(Seite 288),
Caramelparfait
(Seite 425)

Zum Käsesoufflé passt ein voller, weißer Burgunder.

Ein Soufflé ist ein Auflauf mit vielen Eiern, der während des Backens aufgeht. Je weniger Mehl ein Soufflé enthält, um so feiner wird es sein – wenn es etwas wird. Denn je weniger Mehl ein Soufflé enthält, um so schwieriger ist es zu machen. Im Ofen sieht es noch wunderbar aus, aber wenn man es herausnimmt, fällt die Pracht gern in sich zusammen.

Das hier beschriebene Käsesoufflé gehört zur einfacheren Sorte, was die Herstellung betrifft – vor allem, wenn man kleinere Förmchen nimmt. Als Vorspeise jedoch ist es ein dekoratives und höchst delikates Gericht.

1 Eine feuerfeste Auflaufform – oder mehrere Förmchen – mit senkrechten Wänden aus Porzellan oder Steingut gut ausbuttern und mit etwas geriebenem Käse ausstreuen. Den Backofen auf 200 Grad vorheizen. In einer Kasserolle die restliche Butter zergehen lassen und das Mehl dazugeben. Gut mischen und unter ständigem Rühren einige Minuten köcheln lassen. Diese Mischung, die man *Roux* nennt, darf nicht braun werden. Den Topf vom Feuer nehmen und die Milch dazu gießen. Mit einem Schneebesen schlagen, salzen und pfeffern und mit Muskat würzen. Wieder aufs Feuer setzen und kurz weiterkochen lassen.

2 In einem anderen Topf die Eigelb mit der Sahne mischen. Etwas vom heißen Roux dazu gießen, verrühren, dann den Rest zugeben, alles zusammen in eine neue Kasserolle geben, verrühren, vom Feuer nehmen und abschmecken.

3 Nun die Eiweiß zu steifem Schnee schlagen, bis sie feste Spitzen bilden. Einen Löffel davon in die dicke, warme Eiercrème rühren, den geriebenen Käse hineinrühren und zuletzt den restlichen Eischnee unterheben. Diese Soufflémasse in die Auflaufform (-förmchen) füllen, die nicht ganz voll sein darf (dürfen); die Oberfläche glatt streichen und am Rand entlang eine Furche ziehen. Dadurch entsteht beim Backen eine Kappe. In den Ofen schieben, auf 180 Grad herunterschalten und für 20–30 Minuten backen, bis die Oberfläche hellbraun geworden ist.

Vor- und Zwischengerichte

Knoblauch eingelegt

Zutaten:

1 kg frischer Knoblauch,
1/3 Rotweinessig,
1/3 Wasser,
1/3 Rotwein,
1–4 scharfe Pfefferschoten,
evtl. 1 Cayenneschote,
2 EL Zucker,
6 Gewürznelken,
1 Lorbeerblatt,
3 Sträußchen Thymian,
Salz, Olivenöl

Mein Tipp:

Viel mehr davon machen, als man zu brauchen denkt; sollen verschlossen monatelang bis in den Winter halten; bei mir sind sie immer schon lange vorher weg.

Am besten passt Fronsac (Bordelais).

Leider lassen sich Knoblauchzehen nur im Sommer einlegen, solange sie den grünen Keim noch nicht entwickelt haben, und eigentlich auch nicht den ganzen Sommer, sondern nur Ende Juni, wenn der Knoblauch frisch auf den Markt kommt. Denn nur die saftigen, jungen Zehen lassen sich schnell und ohne große Mühe enthäuten. (»Frischer Knoblauch ist wie junge Mädchen«, sagt ein französisches Sprichwort, »beide schlüpfen schnell aus dem Hemd.«) Man nimmt die junge Zehe zwischen die Finger, drückt, und schon flutscht der nackte Kern aus der dicken Schale. Später wird das schwieriger. Dieser marinierte Knoblauch schmeckt eigentlich zu allem: als Knabberei zusammen mit anderen Kleinigkeiten der kalten Küche, aber auch als Abrundung von Salaten oder einer Käseplatte – es ist ein köstliches Teufelszeug!

1 Die Knoblauchknollen in die einzelnen Zehen zerlegen. Ist es der erste frische Knoblauch, geht das wie bei dicken Bohnen mit den Fingern. Später wird Knoblauch in heißem Wasser kurz gedämpft und dann mit dem Messer von der Haut befreit. Das dauert dann entschieden länger. Man muss dabei sehr aufpassen, dass die Zehen nicht weich werden.

2 Aus gleichen Teilen Rotwein, Wasser und Rotweinessig soviel Marinade bereiten, dass die Zehen davon gut bedeckt sind. Der Rotwein sollte kräftig sein, mit schöner Frucht und deutlicher Säure: Côte-du-Rhône, Madiran, Chianti o.ä. Je nach Geschmack 1 bis 4 scharfe, fingergroße Pfefferschoten sehr fein hacken und hinzufügen, und vielleicht noch eine Cayenneschote. Dazu kommen 2 EL Zucker, 6 Gewürznelken, 1 Lorbeerblatt, 3 Sträußchen Thymian und 1 Prise Salz. Über die Zehen gießen und 24 Stunden marinieren.

3 Am nächsten Tag den Knoblauch in der Marinade kochen: frischer Knoblauch braucht zehn Minuten, älterer vielleicht nur fünf. In Marmelade- oder Einmachgläser füllen und mit einem Guss Olivenöl und einem Deckel verschließen.

Vor- und Zwischengerichte

Knoblauchsoufflé

Für 4 Personen:

2 dicke ganze Knoblauchzwiebeln,
2 Thymianzweige (oder 1 TL getrockneter),
2 Lorbeerblätter,
Olivenöl

Für die Bechamelsauce:

1 Schalotte,
1/4 l Sahne,
3 Knoblauchzehen,
2 Thymianzweige,
5 Eier,
100 g Parmesan,
ca. 50 g Gruyère,
2 EL Mehl,
1 EL Butter,
Salz,
Cayennepfeffer

Mein Tipp: Nur im Sommer mit wirklich frischem Knoblauch zubereiten.

Zum Soufflé passt Pinot Noir (z.B. Carneros Napa Valley).

Das folgende Rezept ist weder provençalisch, noch stammt es vom Balkan. Ich habe es in den USA kennengelernt.
Weil aber wieder Olivenöl eine große Rolle dabei spielt, weil der Thymian wieder vertreten ist und Parmesan gebraucht wird, vor allem aber, weil ich es für ein originelles Rezept halte, habe ich das Knoblauchsoufflé hier für den Süden adoptiert. Es ist ein warmes Vor- oder Zwischengericht von delikater Derbheit, im übrigen aber fast identisch mit einem Käse-Soufflé. Was den gefürchteten Knoblauchduft angeht, so macht er sich hier nur mäßig bemerkbar, weil die Zehen nur gekocht verarbeitet werden.

1 Zwei dicke (frische!) ganze Knoblauchzwiebeln in die Zehen zerlegen und enthäuten. Diese nebeneinander in eine Kasserolle legen und mit einer Mischung aus Olivenöl und Wasser im Verhältnis 1:1 begießen, bis sie gerade bedeckt sind. Mit 2 Zweigen frischem (oder 1 TL getrocknetem) Thymian und 2 Lorbeerblättern würzen. Deckel drauf und ca. 1 Stunde köcheln lassen. Sehr frischer Knoblauch wird noch früher weich. Durch ein Sieb abgießen, Thymian und Lorbeer herausfischen und die Zehen durch das Sieb drücken. Das geht mühelos und sollte 3 bis 4 EL einer leicht grünlichen Knoblauchpaste ergeben.

2 Aus den angegebenen Zutaten eine Bechamel-Sauce herstellen: 2 EL Mehl in 1 EL Butter schäumend köcheln lassen und dabei rühren. Vom Feuer nehmen; 1/4 l Sahne aufkochen und unter ständigem Rühren langsam in die Mehlbutter gießen. (Klümpchen sind nicht schlimm, die Bechamel wird später durchgesiebt.) Mit 2 Thymianzweigen, 1 geviertelten Schalotte und 3 Knoblauchzehen würzen; Deckel drauf und ca. 1 Stunde kochen lassen; dabei ab und zu umrühren, damit nichts anbrennt. Sollte die Sauce zu dick werden, noch etwas Sahne angießen.

3 Eine Souffléform gut ausbuttern und den Backofen auf 250 Grad vorheizen. 5 Eier in gelb und weiß trennen, die Eigelb zusammen mit 100 g geriebenem Parmesan mit der Knoblauchpaste und mit der Bechamel verrühren. Mit Salz und Cayennepfeffer abschmecken. Das Eiweiß mit der Hand sehr steif schlagen. Den Eischnee mit einem Spachtel sehr vorsichtig unter die Soufflémasse ziehen; nicht gründlich mischen! Die Souffléform bis zu 3/4 ihrer Höhe damit füllen, mit etwas Gruyère bestreuen und in die Mitte des heißen Backofens schieben. Nach rund 20 Minuten ist das Soufflé fertig: Der Gruyère ist geschmolzen, und innen ist das Soufflé noch etwas feucht.

Korianderzwiebeln

Für 4 Personen:

30 – 40 frische Perlzwiebeln,
Lavendelhonig,
2 Tütchen Safran,
1 Lorbeerblatt,
Korianderkörner,
1 Handvoll Rosinen,
Weißwein,
Olivenöl,
Balsamicoessig,
Cayennepfeffer

Korianderzwiebeln eignen sich gut als Vorspeise, aber auch als Beilage zu kaltem Fleisch, zu einer Brotzeit oder zu einem sommerlichen Picknick.

Zu den Zwiebeln passt z.B. ein junger Syrah (Crozes-Hermitage.)

Bei der Zubereitung dieser südlich-sommerlichen Vorspeise sollte man ununterbrochen daran denken, wie wunderbar sie schmecken werden – damit man die Lust an der Arbeit nicht verliert. Denn dieses Rezept macht Mühe: Es müssen unendlich viele kleine Zwiebelchen geschält werden. Am besten setzt man sich dazu in den Garten, da verfliegt die Zwiebelschärfe schneller. Man kann sie auch blanchieren, dann geht die Haut schneller ab. Aber im Handumdrehen sind mehrere Häute weich, und dann ist nicht mehr viel übrig von so einem Zwiebelchen. Am besten versichert man sich der Mitarbeit von Familienangehörigen. Und dann gleich so viele Zwiebeln schälen, dass die Vorspeise für eine Woche reicht. So lange lässt sie sich aufheben.

1 Pro Person 8 bis 10 Perlzwiebeln schälen und in einer großen Pfanne oder einem Bräter in Olivenöl anbraten, ohne dass sie braun werden. Dann mit Weißwein aufgießen, dass sie zur Hälfte im Wein liegen.

2 Dahinein kommen die Zutaten: Lavendelhonig, Safran; Lobeerblatt; Korianderkörner; Cayennepfeffer; Rosinen. Wieviel von jeder Sorte? Das kann man nicht abwiegen. Wie bei Saucen ist hier das Abschmecken entscheidend. Der Safran – ob Fäden oder Pulver ist egal – sollte den Sud orange färben. Die Korianderkörner bleiben ganz. Vom Honig nur wenig nehmen, er soll weniger süßen als glacieren. Die gelegentliche Süße bringen die Rosinen, deshalb nicht mit dem Pfeffer sparen. Und ein paar Tropfen Balsamicoessig kommen auch hinzu.

3 Zugedeckt sanft köcheln lassen, bis die Zwiebeln gar sind. Gar, aber nicht matschig! Herausnehmen, den Sud etwas einkochen und wieder über die Zwiebeln geben. In eine Schüssel umfüllen, fruchtiges Olivenöl einrühren, mit Folie abdichten und einen Tag durchziehen lassen.

Vor- und Zwischengerichte

Krautpizokel

Für 4 Personen:

200 g Mehl,
2 Eier,
1/8 l Milch,
5 cm vom Weißen einer Lauchstange,
80 g Räucherwurst,
80 g Bündnerfleisch,
1 Schalotte,
120 g Wirsing,
100 g Spinat,
100 g gesalzener Bauchspeck,
100 g saure Sahne,
schwarzer Pfeffer,
Muskat, Butter,
Salz

Mein Tipp:

Eignet sich gut auch als kräftiges Abendessen; dann sollte man die Mengen für 4 Personen verdoppeln.

Zu Krautpizokel passt z.B. ein roter Cornalin aus dem Wallis.

Für die Puristen, die Teigwaren grundsätzlich selbst herstellen, ist dies ein Rezept als Besonderheit aus den Graubündner Bergen. Wie in der alpinen Küche üblich, handelt es sich um eine veritable Deftigkeit, an der man sich gern satt essen möchte.

Was nicht schwer fällt, wenn man genügend viel davon kocht. Die Pizokel sind nichts anderes als vom Brett geschabte Nudeln, und das Kraut besteht aus der eher ungewöhnlichen Mischung von Wirsing und Spinat. Zusammen mit saurer Sahne und gemörsertem schwarzen Pfeffer wird aus dieser einfachen Vorspeise ein herzhaft-deftiger Genuss!

1. 200 Gramm Mehl, 2 Eier und 1/8 Liter Milch zu einem glatten Teig verrühren. Ungefähr 5 cm vom Weißen einer Lauchstange und halb so viel von je einer Räucherwurst und Bündner Fleisch (ersatzweise kann das auch Tiroler Speck sein) sehr fein hacken. Diese Partikel in einer Pfanne in etwas Butter dünsten und unter den Teig rühren, mit Salz und Muskat würzen.

2. Die Wirsing- und Spinatblätter waschen, in kleine Quadrate schneiden und für 3 Minuten in sprudelnd kochendem Wasser kurz blanchieren, abtropfen lassen, mit kaltem Wasser abschrecken und auf einem Küchentuch etwas abtrocknen.

3. Den gesalzenen, durchwachsenen Bauchspeck in kurze Streifen schneiden und zusammen mit einer feingehackten Schalotte in Butter anbraten. Die Gemüse dazugeben.

4. Den Teig auf ein Brett streichen und häppchenweise mit dem Spachtel in siedendes Salzwasser schieben. Wenn sie an die Oberfläche steigen, sind die Pizokel gar; herausfischen, mit dem Inhalt der Gemüsepfanne mischen und eventuell nachwürzen. 2 EL saure Sahne unterrühren und mit gemörsertem schwarzen Pfeffer bestreuen.

Vor- und Zwischengerichte

Kürbis-Chutney

Für 4 Personen:

500 g Kürbis,
4 große, weiße Zwiebeln
1 kleine Aubergine,
Olivenöl,
1 Chilischote,
4 Gewürznelken,
1 TL getrockneter Thymian,
1 ½ EL Zucker,
1 TL Korianderkörner,
4 EL Weinessig,
1 großes Glas Portwein oder Madeira,
1 Prise Safranpulver,
1 gehäufter TL Tomatenmark,
2 EL Rosinen,
Salz

Chutneys sind Gemüsekompotts, fast immer scharf gewürzt, oft süßsauer. Sie werden kalt in kleinen Mengen ans Essen getan, eine Art Würzung durch Masse. Warm und in größeren Mengen gegessen oder gar als selbstständiges Gericht, bereichern sie meine Küche um eine exotische Variante. Außerdem sind sie leicht und appetitanregend.

Kalt serviere ich sie als Vorspeise mit Weißbrot, warm als Beilage zu einem Fischcurry oder zu weißem Fleisch. Es gibt unzählige Variationen. Mein Kürbis-Chutney wird kalt als Vorspeise gegessen. Er ist kein sanfter Begleiter zum Brot, sondern ein scharfer, animierender erster Gang, der die Esser munter macht.

1 Den Kürbis – 500 Gramm sind nur eine dicke Scheibe – schälen und sein weiches Inneres auskratzen. Dann in Würfel von 3 cm Kantenlänge zerteilen. Die Zwiebeln schälen, halbieren und in sehr feine Scheiben schneiden. Auch die ungeschälte Aubergine würfeln, doch die Würfel nur halb so groß wie die des Kürbis schneiden. Da sie an der Luft unansehnlich werden, Auberginen erst im letzten Moment schneiden, wenn Zwiebeln und Kürbis bereits in reichlich Olivenöl andünsten.

2 Dann auch die Auberginenwürfel mit den Zutaten in die Kasserolle geben: Chilischote, Gewürznelken, Thymian, Zucker, Korianderkörner, Weinessig, Portwein oder Madeira, Safranpulver, Tomatenmark, Salz. Mit Wasser aufgießen und zugedeckt 60 bis 90 Minuten köcheln lassen. Immer wieder nachwürzen wird nötig sein, da der richtige, herzhafte Geschmack auf Anhieb nur schwer ans Chutney zu bringen ist.

3 Kürbis, Auberginen und Zwiebeln müssen richtig weich sein, die Zwiebeln dürfen sogar ein wenig verkochen. Abschließend die Rosinen unter den Chutney mischen und alles einige Stunden durchziehen lassen.
Am nächsten Tag als Hors d'œuvre zum Brot. Ein frischer roter Landwein gehört unbedingt dazu!

Frischer, kühler Côtes-du-Rhône oder Blauburgunder vom Kaiserstuhl.

Mangold mit Basmati-Reis

Für 4 Personen:

ca. 1 kg Blatt-Mangold,
1 Tasse Basmati-Reis,
Zitronensaft,
Sojasauce,
1 Prise Safranpulver,
Olivenöl,
Salz

evtl. Pinienkerne

Der Mangold-Reis kann eine Vorspeise sein, als Beilage zu Fisch oder weißem Fleisch serviert werden, oder auch an Tagen, die der Abstinenz vom Fleisch geweiht sind, als vollwertiges Essen dienen.

Zum Mangold passt Grauburgunder Spätlese trocken.

In der Küche kennt man Mangold in zwei Variationen: als Blatt- oder als Stielgemüse. Mal sind die Stiele länger, mal die Blätter größer. Die Blätter haben einen herben Geschmack, der eher an Kohl oder Hülsenfrüchte erinnert. Für das folgende Gericht verwende ich nur die Blätter. (Rezepte für die Stiele folgen auf den nächsten Seiten.)

Der von den Vorgebirgen des Himalaya stammende Basmati ist von den asiatischen Reissorten der beste, er hat kleine Körner und diesen eigenartigen, angenehmen Geruch, weshalb er auch ›Duftreis‹ genannt wird.

1 Die weißen Stengel aus dem Mangold herausschneiden. Sie werden bei diesem Rezept nicht gebraucht. Die grünen Blätter aufeinander legen, in Streifen schneiden und diese wiederum in noch kleinere Streifen. Gründlich waschen, abtropfen lassen und in reichlich Olivenöl andünsten. Dabei fällt der Mangold zusammen und verringert sein Volumen um ein Viertel! Salzen, mit etwas Zitronensaft und einem Spritzer Sojasauce würzen und eine gute Prise Safranpulver dazugeben. Der Safran mildert den strengen Geschmack und gibt später dem Reis etwas gelbe Farbe. Vermischen und zugedeckt zirka 5 Minuten dünsten lassen, schon ist er gar.

2 1 Tasse Reis in wenig Öl anschwitzen, mit Wasser soweit auffüllen, dass dieses 1 Fingerhoch über dem Reis steht. Kochen lassen, bis das Wasser verschwindet und sich auf der Reisoberfläche kleine Krater bilden. Dann den Deckel drauf und den Topf auf eine Herdplatte mit der niedrigsten Wärmestufe stellen. Ab und zu umrühren. In ungefähr 12 bis 15 Minuten ist der Reis fertig. Den Mangold noch einmal abschmecken und unter den Reis mischen.

Zusätzlich kann man noch geröstete Pinienkerne untermischen.

Vor- und Zwischengerichte

Mangold-Gratin

Für 4 Personen:

1 kg Mangold,
1 ganzes Ei,
1 Eigelb,
400 g Emmentaler,
1/4 l Sahne,
Muskat,
schwarzer Pfeffer,
Butter, Salz

Menüvorschlag:

Mangold-Gratin, Lotte mit Speck und glasierten Zwiebeln (Seite 202), Portweinpflaumen (Seite 398)

Zum Mangold-Gratin passt gut ein Grüner Veltliner.

Wie auf der vorhergehenden Seite beschrieben, braucht die Hausfrau entweder Blätter oder Stiele des Mangolds. Für dieses Gericht werden nur die Stiele benötigt. Die Blätter kann man für andere Rezepte verwenden (siehe Seite 127 für den Mangold mit Basmati-Reis).

Bei diesem Gericht handelt es sich um eine leichte Version der beliebten Gemüse-Gratins, welche mit Käse überbacken werden. Dieser sollte ein original Schweizer Emmentaler Käse sein und nicht eines jener geschmacklosen Produkte aus der Käse-Konfektion.

1 Die Mangold-Stiele von den Blättern befreien (davon 2 bis 3 Blätter aufbewahren) und in gleichmäßige, ungefähr 3 mal 4 Zentimeter große Stücke schneiden. Waschen und ungefähr 5 Minuten in kochendem Salzwasser blanchieren.

2 Eine Gratinform ausbuttern, in der die Mangoldstiele nicht höher als zwei Fingerbreit liegen sollten.

3 1 Eigelb und ein ganzes Ei mit einem viertel Liter Sahne verquirlen, salzen und mit nicht wenig geriebenem Muskat und einem Teelöffel grob geschrotetem schwarzen Pfeffer würzen.

4 400 g Emmentaler reiben, leicht salzen und in die Eier-Sahne-Legierung einrühren. Abschmecken und gegebenenfalls mit Salz nachwürzen.

5 Die aufbewahrten Mangoldblätter in sehr feine, kleine Streifen schneiden, ungefähr so groß wie der Krüllschnitt, den sich Pfeifenraucher in die Pfeife stopfen.

6 Die Mangold-Streifen in der Käse-Eier-Sahne-Mischung verrühren und diese über die Mangold-Stiele gießen.

7 Auf der Oberfläche des Gratins eine Menge Butterflöckchen verteilen und das Ganze auf die mittlere Schiene des vorgeheizten, auf Oberhitze eingestellten Backofens schieben. Nach ungefähr 20 Minuten beginnt die Käse-Eier-Sahne-Mischung zu stocken und hellbraun zu werden. Das Gratin etwas abkühlen lassen und servieren.

Mangoldstiele provençalisch

Für 4 Personen:

1 kg Mangold,
2 kleine weiße Zwiebeln
oder 2 dicke Schalotten,
8 Knoblauchzehen,
12 Anchovis,
1 Prise Safran,
rosa Pfefferkörner,
Olivenöl, Salz

als Beilage:

ungesalzener Reis

Vorschlag für ein Gemüse-Menü:

Spargel mit Morcheln (Seite 151),
Mangoldstiele provençalisch,
Dicke Bohnen ohne Schale (Seite 362),
Gebratener Weißkohl (Seite 363)

Zu diesem Gericht passt ein roter Landwein aus dem Languedoc.

Unabhängig vom vegetarischen Gedanken haben viele entdeckt, dass Gemüse mehr sein kann als eine Beilage zum Fleisch. Die Gemüsegratins, die zahlreichen Kartoffelrezepte, die Verwendung von bisher unbekannten, ja exotischen Gemüsen und die – wenn auch noch zögernde – Bereitschaft der Produzenten, beim Gemüseanbau auch auf Qualität zu achten, haben dazu beigetragen, dass wir heute Bücher mit Gemüse-Rezepten füllen können. Die Zutaten des folgenden Gerichts sind provençalisch, doch das Resultat verdankt sich eher einer übermütigen Experimentierlust mit dem guten, alten, schon fast in Vergessenheit geratenen mittel- und osteuropäischen Mangold.

1 Die Mangoldstiele aus den Blättern herausschneiden und in mundgerechte Stücke schneiden. Waschen und abtropfen lassen.

2 Die zerschnittenen Stiele zusammen mit den 8 – ungeschälten – Knoblauchzehen in kochendem Salzwasser 8 bis 10 Minuten blanchieren; sie müssen fast gar, also essbar sein. Abgießen und abtropfen lassen.

3 Die Zwiebeln – oder Schalotten – schälen und kleinhacken. 2 EL davon in einer hohen Pfanne in Olivenöl anschwitzen. 12 Anchovis (pro Portion 3) dazugeben. Aufpassen, dass die Zwiebeln zwar glasig dünsten, aber nicht braun werden!

4 Die Anchovis lösen sich während dieser Zeit langsam, aber sicher auf. Der Knoblauch kann bereits gar sein, das heißt, das Innere ist breiig. Es wird aus den Schalen herausgedrückt, oder, wenn es noch nicht weich ist, herausgepuhlt und im Mörser zu Brei zerstampft.

5 Den Knoblauchbrei zusammen mit den Anchovis im heißen Öl verrühren. Sehr wenig Safran unterrühren. Sehr wenig, das ist bei vier Portionen nicht viel mehr als ein Hauch, nur eine Spur. Eine ganze Messerspitze voll wäre schon zuviel. Also ganz behutsam ein paar Fäden oder einige Krümel zufügen. Dazu kommen noch 1 TL rosa Pfefferkörner und jetzt die blanchierten Stücke der Mangoldstiele.

6 Vielleicht brauchen die Stücke noch 10 Minuten, bis sie endgültig gar sind, vielleicht aber genügt es, sie in der Pfanne nur kurz zu erhitzen. Jedenfalls müssen sie raus, wenn sie weich sind. Dazu ungesalzenen Reis servieren, sonst nichts.

Vor- und Zwischengerichte

Morcheln unter Blätterteig

Für 4 Personen:

1 Paket gerollter Tiefkühl-Blätterteig,
120 g getrocknete Morcheln,
1 Ei,
Zitronensaft,
Sahne,
Portwein,
Butter, Salz

Vorschlag für ein Festmenü:

Morcheln unter Blätterteig,
Wachtelpfanne (S. 270),
Gateau Berbelle (Seite 414)

Zu den Morcheln passt ein Pinot Noir von den Hautes Côtes-de-Nuits.

Das ist als festliche Vorspeise oder als Zwischengericht ein Genuss zu allen Jahreszeiten! Bei den Morcheln handelt es sich um getrocknete. Frische sind so selten wie Steuersenkungen. Ohnehin haben getrocknete mehr Aroma. Morcheln machen Mühe. Zunächst einmal werden sie für 4 Stunden in einer großen weißen Schüssel in reichlich Wasser eingeweicht. Pro Person nehme ich 30 Gramm. Sie sollten von mittlerer Größe sein. Die großen sind zerfleddert, die ganz kleinen haben zu viele Krümel und manchmal Sand in der Verpackung. Sand hatten sie früher immer, heute nur noch vereinzelt. Falls doch, die weichen Morcheln einzeln über der Schüssel ausdrücken und anschließend einzeln unter fließendem Wasser gründlich waschen.

1 Auf dem Boden der weißen Schüssel hat sich vielleicht Sand angesammelt. Das Wasser so vorsichtig abgießen, dass der Sand in der Schüssel bleibt. Das braune Einweichwasser hat sehr viel vom Aroma der Morcheln aufgenommen. Deshalb wird es jetzt zum Kochen verwendet.

2 In einer Sauteuse die feuchten Morcheln mit etwas Butter aufs Feuer setzen. Während sie zischend heiß werden, mit etwas Zitronensaft beträufeln, leicht salzen und etwas Einweichwasser hinzugeben. Einkochen lassen und ein Glas Portwein zugeben. Wieder einkochen und das Spiel mit dem Einweichwasser fortsetzen. Nach 5 Minuten das restliche Morchelwasser in die Sauteuse geben und weiter kochen lassen; ob 15 Minuten oder 40, spielt keine Rolle. Zum Schluss sollen sie nur in wenig Flüssigkeit liegen. Dann wenig Sahne angießen und einkochen lassen, bis sie braun wird. Dann wieder etwas Sahne, und so fort. Es entsteht eine wunderbar sahnige, duftende Morchelsauce. In der Schlussphase vielleicht noch ein paar Tropfen Zitronensaft und etwas Portwein zugeben. Eine köstliche Sauce entsteht ja nicht von selbst.

3 Das Pilzragout in eine feuerfeste Form von höchstens 18 cm Durchmesser geben, weil sonst der Blätterteigdeckel einfällt. Der gerollte Blätterteig hat bereits Durchmesser und Form eines Tortenbodens. Er wird als Deckel über die Form gelegt, die Ränder werden mit Eiweiß verklebt. Den gesamten Deckel mit wasserverdünntem Eigelb bestreichen und die Form für etwa 1/2 Stunde in die Mitte des auf 230 Grad vorgeheizten Backofens schieben, bis der Teig aufgeht und goldbraun wird.

In der Form servieren. Beim Anstich des Teigdeckels entströmt ein herrlicher Duft. Jeder bekommt ein Stück vom Deckel zu seinen Morcheln.

Nudeln à la »La Merenda«

Für 4 Personen:

300 g grüne Spinatnudeln,
20 Basilikumblätter,
4 – 6 dicke Knoblauchzehen,
300 g alter Gruyère (kräftig gesalzen),
60 g Butter,
Olivenöl,
2 TL schwarze Pfefferkörner

Menüvorschlag:

Die Nudeln »La Merenda« sind auch für sich allein ein herrliches Abendessen, dann sollte man 400 g Gruyère auf 500 g Nudeln rechnen.

Zu den Nudeln passen trockene weiße Durstlöscher ohne große Fruchtigkeit am besten: Weißburgunder oder Côtes-de-Provence.

Das Besondere an diesem Gericht ist die Basilikumsauce, besser gesagt: die Paste. Im Prinzip ähnelt sie dem ›pesto genovese‹. Wie bei diesem ist der Hauptbestandteil Basilikum. Aber nur die Qualität des Gruyère entscheidet darüber, ob es nur eine passable Paste wird oder ob jener wunderbare Geschmack zum Vorschein kommt, nach dem die Stammgäste des Bistros ›La Merenda‹ in Nizza geradezu süchtig sind.

1 Basilikum und Knoblauch werden grob gehackt und in einem Mörser zu Brei gestampft. Das ist zwar nicht die bequemste Methode, aber wenn der Mörser aus Stein und nicht zu klein ist, hält sich die Schwierigkeit in Grenzen. In einem Mixer geht es auch, aber Konsistenz und Aroma werden dadurch nicht besser. In eine größere Schüssel umfüllen und auch den geriebenen Gruyère sowie zirka 2 EL Olivenöl der besten Sorte einbringen. Die Paste nur salzen, wenn der Gruyère nicht von der richtigen Sorte ist.

2 Die Nudeln in kochendes Salzwasser geben, einen Schuss Olivenöl hinzufügen und – je nach Sorte – in zirka 10 bis 12 Minuten garkochen. Etwas Biss sollten sie noch haben.

3 Inzwischen die leere Nudelschüssel zum Aufwärmen in den Ofen stellen. Wenn die Nudeln gar sind, eine dicke Scheibe Butter in die Schüssel legen, die beginnt auf dem heißen Porzellan zu schmelzen. Darauf die heißen, abgetropften Nudeln häufeln, einen Klacks Paste darauf setzen, gut vermischen und frisch(!) gemörserten schwarzen Pfeffer darüberstreuen. Sofort servieren. Ein überwältigender Schmackofatz ist entstanden!

Vor- und Zwischengerichte

Nudeln mit Gorgonzolasauce

Für 4 Personen:

300 g frische Nudeln (Tagliatelle),
150 g Sahne,
125 g Gorgonzola,
1 EL Crème fraîche,
6 frische Salbeiblätter,
Olivenöl, Salz, schwarzer Pfeffer

Menüvorschlag:

Selleriesalat mit Nüssen (Seite 33),
Nudeln,
Garnelen provençalisch (Seite 176),
Erdbeertiramisu (Seite 410)

Bei mir gibt es Nudeln nur selten, weil ich mir nicht die Mühe der Herstellung machen will. Andererseits verabscheue ich alte Fabriknudeln. Gerate ich jedoch an einen der immer zahlreicher werdenden Stände in den Kaufhäusern, wo Nudeln frisch hergestellt werden, dann greife ich zu! Für die Nudeln mit Gorgonzolasauce nehme ich Tagliatelle oder andere frische Bandnudeln.

1 Die Tagliatelle in sprudelndem Salzwasser kochen, dem ein Schuss Olivenöl beigegeben wird. (Auch ohne Öl macht es keinen Unterschied; aber wer möchte bei einem so klassischen Essen schon auf die Tradition verzichten?) Wichtig ist hingegen die Menge des Wassers: je mehr, um so besser: Nudeln wollen schwimmen.

2 Die Sahne mit 6 frischen Salbeiblättern aufsetzen und langsam zum Kochen bringen. Den Gorgonzola hineinbröseln und die Sahne einige Minuten noch sanft köcheln lassen; Sahne verkocht sehr schnell, dehalb die langsame Gangart. Trotzdem kann es nötig sein, noch etwas Sahne nachzugießen. Auch ein EL Crème fraîche schadet nicht.

3 Vor dem Servieren abschmecken und die Salbeiblätter herausfischen: Salzen ist sicherlich notwendig, auch wenn der Käse schon seinen salzigen Beitrag geleistet hat. Die heißen, abgetropften Nudeln auf kleine Teller geben, mit der Sauce mischen – ohne die Salbeiblätter – und mit grob gemörsertem schwarzen Pfeffer bestreuen.

Versuchen Sie zu den Nudeln einmal einen Heida, einen Schweizer Weißwein aus dem Wallis (wächst in 1100 m Höhe).

Vor- und Zwischengerichte

Nudeln mit Radicchiosauce

Für 4 Personen:

300 g frische Bandnudeln (Papardelle),
2 mittelgroße Köpfe Radicchio,
50 g gesalzener Bauchspeck,
1/4 l reduzierte Hühnerbrühe,
Olivenöl, Butter, Balsamico-Essig, schwarzer Pfeffer, Salz

Es müssen nicht immer Tomaten sein. Der neuerdings vor allem in Salaten wahrscheinlich wegen seiner roten Farbe und seiner Unverwüstlichkeit sehr in Mode gekommene Radicchio, ein enger Verwandter des Chicorée, ist als Salat so bitter, dass er jede Vinaigrette lächerlich macht. Als Hauptbestandteil einer Nudelsauce gewinnt er allerdings neue Sympathien.
Ich verwende dazu die entfettete Brühe meines wöchentlichen Suppenhuhns, von der ich einen halben Liter abgezweigt und auf die Hälfte reduziert habe. Als Nudeln nehme ich die breiteren Pappardelle, weil sie zusammen mit dem Radicchio mit Messer und Gabel einfacher zu handhaben sind als zum Beispiel Spaghetti.

Menüvorschlag:

Nudeln mit Radicchiosauce,
Lachs mit Kräutern (Seite 183),
Arme Ritter (Seite 387)

1 Vom Radicchio die äußeren, schon weichen Blätter und den Strunk entfernen, die inneren Blätter in kleine Stücke zerhacken, waschen und gründlich trockenschleudern.

2 Die Nudeln in kochendem Salzwasser garkochen, so dass sie noch ein klein wenig Biss haben. Abtropfen lassen und mit etwas Butter zurück in den Topf füllen.

3 Währenddessen den in kleine Würfel geschnittenen Bauchspeck mit etwas Olivenöl in einer großen Sauteuse auslassen. Dahinein pro Person eine gute Handvoll der Radicchioblätter geben, kurz andünsten und darüber die entfettete und reduzierte Hühnerbrühe gießen und umrühren. Die roten Salatkonfetti sind in einer Minute gar. Abschmecken: Die Brühe soll ziemlich salzig schmecken (der Speck!), Wenn nicht, nachsalzen.

4 Einen halben TL Balsamico in die Sauteuse mischen, vom Feuer nehmen und eine halbe Tasse fruchtiges Olivenöl allerbester Sorte hineingießen. Die fertig gekochten Nudeln dazugeben, mit der Radicchiosauce vermischen, in eine Schüssel umfüllen und zusammen mit grob geschrotetem schwarzen Pfeffer auf den Tisch stellen. Davon streut sich jeder etwas über den Teller wie sonst den Parmesan.

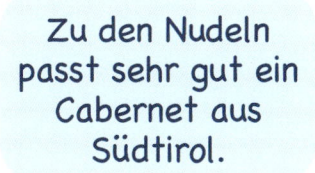

Zu den Nudeln passt sehr gut ein Cabernet aus Südtirol.

Vor- und Zwischengerichte

Nudeln mit Tomatensauce

Für 4 Personen:

300 g frische Spaghetti,
600–800 g Tomaten,
1 große Zwiebel,
3 Knoblauchzehen,
Tomatenmark,
1 Lorbeerblatt,
Olivenöl,
frisches Basilikum,
Zucker,
schwarzer Pfeffer, Salz,
evtl. Parmesan

Menüvorschlag:

Spaghetti mit Tomatensauce, Perlhuhn mit Ingwer (Seite 257), Rhabarbertorte (Seite 434)

Zu den Spaghetti passt sehr gut ein Sauvignon blanc aus dem Friaul.

Es ist nun einmal so, dass das deutsche Wort Nudel keinen sehr schönen Klang hat. Das liegt an den Assoziationen, die es auslöst. Ich denke dabei eher an ›fast food‹ als an Delikates. Schreckenerregender als alle anderen Begriffe liest sich ›Spaghetti mit Tomatensoße‹. Das liegt an der Massenkonfektion, die aus diesem traditionellen Gericht einen elenden, weiß-roten Doseninhalt gemacht hat, der, Arm in Arm mit einem Hamburger, ins kulinarische Gruselkabinett gehört.

Das muss nicht sein. Denn bereits diese klassische Allianz aus Tomaten und Spaghetti lässt erkennen, welche Genüsse sie bewirken kann. Die Tomate ist für viele Spaghettisaucen das Basisprodukt, aber zur wirklichen Sauce wird sie erst, wenn noch etwas anderes hinzukommt. Eine einzig authentische Version gibt es übrigens nicht; diese hier ist eine von zwei meiner Versionen.

1 Die Tomaten kurz überbrühen, enthäuten, entkernen und kleinschneiden. Wenn im Winter die Tomaten wässerig oder mehlig sind, geht es auch mit Dosentomaten (gut abtropfen und die Kerne entfernen).

2 Die Zwiebel schälen und in kleinste Partikel schneiden. In einem hohen Topf – nicht in einer Pfanne; kochende Tomatensauce spritzt tückisch – die Zwiebelwürfel in 4 bis 5 EL Olivenöl langsam andünsten. Sie sollen auf keinen Fall braun werden, nur glasig und schon ein bisschen weich. Die 3 Knoblauchzehen schälen, hacken und zusammen mit den Zwiebeln andünsten.

3 Tomatenstücke hinzufügen, mit je einem TL Salz und Zucker würzen, 1 Lorbeerblatt und 1 EL Tomatenmark dazugeben. Alles sanft für 2 bis 3 Stunden vor sich hin köcheln lassen.

4 Inzwischen ist die Sauce weniger und dicker geworden, und das soll sie auch. Abschmecken und nicht zu zaghaft würzen! So, mit dem Löffel aus dem Topf probiert, mag die Sauce schon sehr stark schmecken, aber mit den feuchten Nudeln vermischt, verblasst dieser Geschmack sofort. In diesem Stadium muss die Sauce deshalb *überwürzt* sein! Basilikumblätter zerrupfen und erst kurz vor dem Servieren hinzugeben.

5 Die Spaghetti in sprudelndem Salzwasser (reichlich Wasser; mit einem Schuss Olivenöl) in 10 bis 12 Minuten gar kochen, abtropfen und sofort auf die vorgewärmten Teller geben und die Tomatensauce dazu reichen. Geriebener Parmesan darüber ist möglich, aber nicht zwingend; aus der leichten Vorspeise wird dadurch mehr ein Hauptgericht.

Nudeln mit Tomaten, Erbsen, Champignons

Für 4 Personen:

300 g frische Nudeln,
500 g frische Tomaten,
150 g extrafeine Erbsen (tiefgekühlt),
150 g frische Champignons,
1/2 l Hühnerbrühe,
2 Lorbeerblätter,
Zitronensaft,
frischer Estragon,
100 g Sahne,
Butter,
Zucker, Salz

Dieses Gericht eignet sich als Vorgericht, aber auch gut als leichtes Mittag- oder Abendessen. Dazu müssen die angegebenen Mengen ungefähr verdoppelt werden.

Dazu passt sizilianischer Corvo oder ein leichter Chianti.

Meine zweite Version der Tomatensauce ist nicht so südlich und nicht so deftig. Dazu brauche ich unbedingt frische Tomaten. Im Spätsommer aus aromatischen Gartentomaten hergestellt, enthüllt diese Sauce eine Qualität, die in der Nudelabteilung selten ist: Rafinesse. Deshalb wird sie auch in Feinschmeckerrestaurants serviert, manchmal mit, manchmal ohne Sahne. Mir selber dient diese Art der Tomatensauce – die eher ein Tomatenragout ist – als Basis für eine meiner liebsten Nudel-Saucen. Sie muss unserer deutschen Zunge wohl besonders schmeicheln, sonst würde nicht fast jedes italienische Restaurant in Deutschland eine Variante davon anbieten. Es ist die Kombination von Tomaten, Erbsen, Champignons und Sahne.

1 Die Tomaten überbrühen, enthäuten und alles herauskratzen und wegschneiden, was nicht reines, rotes Tomatenfleisch ist. Nicht zu klein würfeln und in bester Butter weichdünsten, und zwar nur bis zu jenem Punkt, wo das Tomatenfleisch gar ist, aber noch nicht zerfällt. Das dauert ungefähr 10 bis 15 Minuten auf kleiner Flamme.

2 Die aufgetauten oder aus der Dose abgetropften Erbsen in etwas Butter erhitzen, mit Zucker und Salz und frischem Estragon würzen.

3 Die Pilze putzen und in Würfel schneiden, die nicht viel größer als die Erbsen sein sollten. In Butter anbraten, salzen, mit Zitronensaft beträufeln und mit kräftiger Hühnerbrühe ablöschen. Nicht zuviel: Es soll nicht suppig werden! Nun 2 Lorbeerblätter hinzufügen und mit einer Tasse Sahne auffüllen. Nachwürzen und auf großer Flamme einkochen lassen, bis Sahne und Hühnerbrühe eine dickliche Sauce geworden sind, die ruhig ein wenig Farbe angenommen haben darf.

4 Nun die vorbereiteten Tomaten und die Erbsen hinzufügen, noch einmal kurz aufkochen und abschmecken. Es ist eine herrliche Sauce entstanden. Zu den fertigen Nudeln reichen.

Vor- und Zwischengerichte

Nudeln mit Morchelsauce

Für 4 Personen:

300 g Tagliatelle,
40-50 g getrocknete Morcheln,
2 Schalotten,
2-3 Gläser Portwein,
1 kl. Glas Cognac,
1 EL Madeira,
200 g Sahne,
falls vorhanden:
1-2 EL Kalbsfond,
2 EL Butter,
Salz

Menüvorschlag:

Nudeln mit Morchelsauce,
Rotbarsch mit Curry (S. 197),
Ananas mit Ingwer (S. 404)

Zu den Nudeln passt ein voller Chardonnay.

Morcheln sind teuer und edel. Sie mit schlichten Nudeln in einem Gericht zu vereinen, klingt so sträflich wie Kaviar mit Zitrone, Räucherlachs mit Dill oder – hallo Amerika – Austern mit Tabasco. Ist es aber nicht.

Die Morchelsauce passt nicht nur zum berühmten ›poulet aux morilles‹ – dem traditionellen Bressehuhn mit Morcheln aus den östlichen Landschaften Frankreichs –, sondern hervorragend auch zu frischen Tagliatelle.

Wer diese Sauce, die ja nicht von selbst entsteht wie bei manchem Fleischgericht, richtig hinkriegt, der kann sich schon als fortgeschrittene Köchin oder Koch fühlen. Denn die Morcheln geben ihr Aroma nicht so ohne weiteres ab, das will gekonnt sein. Aber der Lohn ist groß: Der Biss auf eine mit Sauce vollgesogene Morchel ist schlicht überwältigend!

1 Früher waren getrocknete Morcheln so sandig, dass sie mehrmals gewaschen werden mussten, um sie sandfrei zu kriegen. Heute genügt es meist, sie für 2 - 3 Stunden in lauwarmem Wasser einzuweichen und anschließend gut auszudrücken.

2 Die Schalotten enthäuten und in feinste Würfel schneiden. In einer tiefen Pfanne 1 EL Butter schmelzen und die Schalotten darin glasig werden lassen. Die gut ausgedrückten Morcheln dazugeben. Wenn das Wasser verdunstet ist, 1 kleines Glas Cognac darübergießen, danach 1 Glas Portwein und wieder einkochen lassen.

3 Nun vom Einweichwasser der Morcheln eine Suppenkelle abschöpfen und über die Morcheln geben. Salzen und mit Deckel 30 Minuten oder länger köcheln lassen; sie sollten dann nicht mehr hart und ledern sein.

4 Die Sahne angießen und um die Hälfte einkochen. Abschmecken; wahrscheinlich fehlt noch etwas Salz und Portwein. Zum Schluss 1 EL Madeira einrühren.

5 Die Tagliatelle nach Vorschrift kochen, gut abtropfen lassen, mit 1 EL Butter durchmischen und mit der Morchelsauce servieren.

Nudelteller mit Pilzpaprika

Für 6 Personen:

200 g Eierschnittnudeln oder Capelli d'Angelo,
40 g Shitake (getrocknete chinesische Pilze),
200 g Schafskäse,
1/4 l kräftige Fleischbrühe,
1 rote Paprika,
neutrales Pflanzenöl,
1 Zitrone,
1 Prise Safranpulver,
schwarzer Pfeffer,
Butter, Salz

Menüvorschlag:

Nudelteller mit Pilzpaprika, Rumpsteak im Senfmantel (Seite 342), Rhabarberkompott (Seite 435)

Dazu passt Wachauer Feinburgunder vom Nicolai Hof (Chardonnay ohne Holz.)

Das Rezept ist für 6 Personen gedacht, weil 1 Paprika für 4 Portionen zu groß ist. Die Fleischbrühe sollte stark konzentriert sein, außerdem ungesalzen und entfettet. Der weiße Schafskäse ist der in Blöcken aus Bulgarien oder Griechenland.

Die Mischung aus Pilzen, Paprika und Schafskäse mit ihrer deutlich säuerlichen Note ergibt zusammen mit den Nudeln einen kräftigen und verblüffend delikaten Geschmack.

1. Die Pilze 15 Minuten in lauwarmes Wasser einlegen, bis sie weich und aufgequollen sind. Auf einem Küchentuch abtrocknen und in mundgerechte Stücke schneiden.

2. Die Paprika säubern, in sehr feine Streifen und diese in kleine Stückchen schneiden. In einer Sauteuse etwas Öl heiß werden lassen und die Paprika darin leicht anbraten. Die Fleischbrühe dazugeben, den Safran darin auflösen, leicht salzen und zugedeckt etwa 10 Minuten garen lassen; die Paprikawürfel sollen noch etwas Biss haben.

3. Die Nudeln in Salzwasser nach Vorschrift garkochen; den Schafskäse in kleine Würfel zerteilen.

4. In einer flachen Pfanne die feuchten Pilze trockenbraten. Öl dazugeben, salzen und mit Zitronensaft beträufeln. Unter ständigem Rühren sind die Pilze in wenigen Minuten gar. Mit der Paprika in der Sauteuse vermischen und abschmecken: etwas Pfeffer aus der Mühle, vielleicht noch Salz und sicher noch Zitronensaft – der soll dem Gemüse eine deutlich säuerlich-frische Note geben. Die Käsewürfelchen untermischen und noch einmal kurz erhitzen.

5. Die abgetropften Nudeln mit einem Stück Butter vermengen und auf Tellern anrichten. In die Nudelmitte 2 gehäufte EL von dem Pilzgemüse setzen. Man kann darüber etwas grob gemörserten Pfeffer streuen.

Paprika mit Anchovis, Kapern und Oliven

Für 4 Personen:

2 große grüne Paprikaschoten,
250 g Champignons,
2 Knoblauchzehen,
2 EL kleine Kapern,
6–8 schwarze Oliven,
1 Bund glatte Petersilie,
30 g Anchovisfilets,
Olivenöl,
Stangenbrot,
2 EL Butter,
Pfeffer, Salz

Die Paprika mit Anchovis eignen sich als Vorspeise oder als Teil eines Picknicks.

Dazu passt Chianti.

Mit einer Mischung aus Hackfleisch und Reis gefüllte – und ungekonnt gewürzte – Paprika gehören zu meinen schlimmsten kulinarischen Erinnerungen aus einer Zeit, als die deutsche Gastronomie in brauner Mehlsoße ertrunken war und Pizzerias und Balkanküchen das Zepter übernahmen. Damit wurde – und wird – der Paprika Unrecht getan. Dass gefüllte Paprika durchaus deftig und dennoch bei passender Gelegenheit – als Bestandteil eines Picknicks oder zum Beispiel als Vorspeise zu einem nachfolgenden Ossobuco – eine kulinarische Bereicherung darstellen können, zeigt dieses Rezept für mit Anchovis, Kapern und Oliven gefüllte Paprikaschoten.

1 Die Paprikaschoten waschen, halbieren und vorsichtig alle Körner und die weißen Stege entfernen.

2 Den Backofen auf 200 Grad vorheizen. Eine feuerfeste Form auswählen, die groß genug ist, die Schoten nebeneinander aufzunehmen. Den Boden der Form mit Olivenöl benetzen.

3 Aus Stangenbrot 2 Tassen weiße Brotkrümel herstellen. Champignons kleinschneiden. Knoblauchzehen häuten und feinhacken. Kapern abtropfen lassen und ebenfalls feinhacken. Oliven von den Steinen befreien und kleinschneiden. Die Anchovis kurz abspülen, abtrocknen und feinhacken. Petersilie – für 2 EL – fein hacken.

4 In einer Pfanne 2 EL Butter schmelzen. Darin die Brotkrümel unter Rühren hellbraun anrösten. Herausnehmen und die Champignons anrösten. Den Knoblauch hinzufügen, dann die Anchovis, Kapern, Oliven, Petersilie und Brotkrümel. Alles gut vermengen und mit Salz und grobem schwarzen Pfeffer würzen.

5 Die Schoten mit der Mischung füllen, mit etwas Olivenöl beträufeln, auf die eingeölte Form setzen und im Backofen bei 200 Grad ungefähr 30 Minuten garen.

Die Paprika können heiß, warm oder kalt gegessen werden. Dazu passt auch frisch geriebener Parmesan.

Pfannkuchen mit Spinat und Parmesan

Für 4 Personen:

1 kg frischer Spinat,
2 Knoblauchzehen,
2 EL Butter,
grober schwarzer Pfeffer,
Salz;
frisch geriebener Parmesan

Für den Teig:

250 g Mehl,
1/3 l Milch,
1 ganzes Ei,
Öl, Salz

Eignet sich gut als leichtes Mittag- oder Abendessen.

Dazu passt ein kühler Beaujolais.

Spinat ist eines der wenigen Gemüse, die ich auch gern als Salat esse: mit Walnussöl und Sherryessig angemacht, können rohe Spinatblätter sehr delikat sein (S. 36). Ebenso gut ist ein überbackenes Spinatgratin (S. 153), Spinatsuppe mit Knoblauch (S. 62) oder Spinat als Beilage zu Fisch (S. 183). Beim nachfolgenden Rezept geht es um Spinat, der in eine zart-knusprige Teigrolle eingehüllt wird: Die klassische Verbindung von Spinat und Parmesan gewinnt dadurch zusätzlichen Reiz und Geschmack.

Wer gern Pfannkuchen isst – oder Kinder im Haus hat –, sollte sich dafür eine flache Crêpepfanne anschaffen und sie ausschließlich für Pfannkuchen verwenden: So wird aus dem Backen ein Kinderspiel.

1 Den Spinat gründlich waschen, verlesen und von allen dickeren Stengeln befreien. Noch tropfnaß in wenig kochendem Salzwasser einmal aufkochen; der Spinat fällt sofort zusammen und ist in 2 Minuten gar.

2 In einen Durchschlag abgießen, kurz kalt abschrecken, nicht zu fest ausdrücken und beiseite stellen.

3 Die Knoblauchzehen häuten, halbieren, (bei älteren den grünen Kern entfernen), in einem Mörser mit Salz bestreuen und zerdrücken.

4 In einem gusseisernen Topf 2 EL Butter zerlassen, den Knoblauch hinzufügen, grob schwarz pfeffern, den Spinat dazugeben und sorgfältig mit der Knoblauchbutter vermischen; den Spinat auf kleinster Flamme zugedeckt warm halten.

5 Aus Mehl, Milch, Ei und etwas Salz einen dünnen Teig anrühren. In einer flachen Pfanne etwas Speiseöl erhitzen, eine kleine Kelle Teig einfüllen und durch Schwenken schnell verteilen.

6 Mit einem Pfannenheber wenden und auch die Rückseite hellbraun backen. Herausnehmen, eine Portion Spinat auf dem Pfannkuchen verteilen, kräftig mit geriebenem Parmesan bestreuen, umklappen oder einrollen und sofort servieren.

Vor- und Zwischengerichte

Paté maison – Terrine Hausfrauenart

Selbst für französische Hausfrauen ist es längst nicht mehr selbstverständlich wie früher, eine selbstgemachte Pastete oder Terrine fast immer vorrätig zu haben: Sei es für überraschende Gäste, als Vorspeise zu einem Sonntagsessen oder als bescheidenes Mittag- oder Abendessen.
Paté stammt vom italienischen pasta und bedeutet »im Teigmantel eingebacken«. Als ›paté maison‹ oder ›paté de campagne‹ bezeichnet man in der Umgangssprache aber auch eine Terrine ohne Teighülle. Sie enthält meist Kalbsleber und verschiedene Fleischsorten, wovon etwa die Hälfte mageres Schweinefleisch sein darf. Hinzu kommt noch einmal die gleiche Menge fetten Specks.
Im Gegensatz zu feineren Pasteten enthält die ›paté maison‹ statt zarter Filet- oder Bruststücke meist Speckstreifen und/oder – wie in diesem Fall – Streifen von geräuchertem Kassler.

Für 6-8 Portionen:

250 g Kalbsleber,
250 g mageres Schweinefleisch,
250 g roh geräuchertes Kassler,
300 g fetter Speck,
6 Scheiben fetter Speck zum Auslegen,
1 ganzes Ei,
1 Kalbsfuß (zerhackt),
1 1/2 l Fleischbrühe,
Lorbeerblätter,
4 - 6 Schalotten,
2 - 4 Knoblauchzehen,
1 Stange Lauch,
1 EL Butter,
1 cl Cognac,
2 Gl. Portwein

Pastetengewürz:

(siehe Schritt 1)

(kl. Salatmischung und Stangenbrot)

1 Im Mörser oder in der Küchenmaschine 2 TL Pfefferkörner, 1 TL Piment, 1 TL Koriander, 1 TL getrockneter Salbei, 2 Gewürznelken, 1 Lorbeerblatt, 1 TL Muskatblüte, 1 EL getrockneter Thymian, 2 TL Meersalz und 20-30 g getrocknete Steinpilze fein zerkleinern.

2 Den zerhackten Kalbsfuß in 1 1/2 l Fleischbrühe (kann gekörnte Brühe sein) aufsetzen, zum Kochen bringen und für 2 bis 3 Stunden leise köcheln lassen. Den durchgesiebten Sud auf 1/4 l einkochen, in den Kühlschrank stellen und steif werden lassen.

3 Die Schalotten und Knoblauch häuten und klein hacken; den Lauch waschen, den weißen und hellgrünen Teil in feine Scheiben schneiden.

4 Schalotten, Knoblauch und Lauch in einer kleinen Pfanne in 1 EL Butter glasig dünsten (nicht braun werden lassen), leicht salzen und pfeffern, mit dem Gläschen Cognac und 1 Glas Portwein ablöschen und leise köcheln lassen, bis die Gemüse weich sind. Beiseite stellen und auskühlen lassen.

5 Eine Pastetenform (Steingut oder Porzellan) mit den Speckscheiben so auslegen, dass man die Ränder später über die Pastete klappen kann; die Form in den Kühlschrank stellen.

6 Die Leber aus dem Kühlschrank nehmen; alle Häute und Adern sorgfältig entfernen; die Leber in Stücke schneiden und wieder kaltstellen.

7 Die gleiche Prozedur mit dem Schweinefleisch wiederholen, vom Speck eine dicke Scheibe ab- und in quadratische Streifen – zum späteren Einlegen in die Farce – schneiden, den Rest ebenfalls würfeln und zum Schweinefleisch legen.

8 Das geräucherte Kassler vom Knochen und allen Speckrändern befreien und ebenfalls in quadratische Streifen schneiden.

9 Leber, Schweinefleisch und Speck in einer Schüssel mit dem Schalottenmus, dem ganzen Ei, 2 gestrichenen EL Pastetengewürz (siehe Schritt 1) grob durchmengen und durch die feine Scheibe des Fleischwolfs drehen bzw. in der Küchenmaschine zu einem dicken Brei zerkleinern.

Vor- und Zwischengerichte

10 In einem Töpfchen wenig Wasser zum Kochen bringen, aus der Farce einen kleinen Klops bilden und diesen im heißen Wasser 5 Minuten ziehen lassen, probieren und eventuell nachwürzen. Dabei bedenken, dass Gewürze im Klops schwächer herauskommen als in der späteren Paté.

11 Einen Teil der Farce in die Pastetenform einfüllen, nach und nach Speck- und Kasslerstreifen einlegen und die Form immer wieder auf den Tisch stoßen, um Luftblasen zu vermeiden. Mit Lorbeerblättern krönen, Speckscheiben zuklappen, Deckel drauf – oder mit Alufolie abdecken –, in eine passende Reine stellen, mit kochendem Wasser halbhoch umgießen und im vorgeheizten Backofen bei 180 Grad ungefähr 60 Minuten garen lassen. Mit einer Stricknadel prüfen: kommt sie sauber heraus, ist die Paté gar. Etwas auskühlen lassen, Speckscheibenreste entfernen und das flüssige Fett abgießen.

12 Inzwischen die steif gewordene Kalbsbrühe durch Anwärmen wieder flüssig machen, wenig Portwein einrühren, kräftig mit Salz und Pfeffer abschmecken, über die Paté gießen und im Kühlschrank über Nacht durchziehen und fest werden lassen.

> **Menüvorschlag:**
> Paté maison,
> Fisch auf Gemüsebett (S. 170),
> Baba au rhum
> (Seite 406)

> **Zur Paté passt ein kühler Lagen-Beaujolais.**

Vor- und Zwischengerichte

Pellkartoffeln mit Kaviar

Zutaten:

Pro Person
2–3 kleinere, fest- oder halbfestkochende junge Kartoffeln, Salz, Crème fraîche, Kaviar

Vorschlag für ein Festmenü:

Pellkartoffeln mit Kaviar, Gebratener Spargel (Seite 106), Pot-au-feu Royal (Seite 259), Weiße Mousse mit Birnensauce (445)

Zur Pellkartoffel mit Kaviar muss es kein Wodka oder Champagner sein: Ein trockener weißer Burgunder schmeckt dazu mindestens ebenso gut; nur säuerlich sollte der Wein nicht sein.

Die Kartoffel ist das Aschenputtel unter den Gemüsen. Kaschubisches Kultobjekt und preußisches Staatsemblem mag sie gewesen sein; als Delikatesse galt sie nur bei den Armen von gestern. Doch dann kam der Prinz und entdeckte die Qualität des knolligen Aschenputtels am Rezept für den ›gratin dauphinois‹. Dieser Gratin aus Knoblauch, Butter und Sahne verwandelte die Kartoffel in eine unwiderstehliche Delikatesse.

Aber es gibt noch eine andere Version der Kartoffel, die der Liebe der verwöhnten Zungen sicher sein kann: Pellkartoffel mit Kaviar. Ein in der Tat raffinierter Genuss, der nicht einmal unbedingt luxuriös sein muss – es kommt auf die Qualität und Art des Kaviars und auf seine Menge an.

1. Junge, möglichst kleine und längliche, fest- oder halbfestkochende Kartoffeln nicht schälen, aber gründlich mit der Bürste abschrubben und in Salzwasser gar kochen.

2. Das obere Drittel der Kartoffeln der Länge nach wie einen Deckel abschneiden. Das Innere so weit wie möglich mit einem kleinen Löffel herauskratzen, mit einer Gabel zerdrücken und mit Crème fraîche und 1 Prise Salz vermischen. Diese Masse wieder in die Kartoffel füllen. Darauf noch einen Klacks Crème fraîche und mit Kaviar dekorieren.

Wieviel Kaviar und welche Sorte, das hängt von der luxuriösen Energie des Gastgebers ab. Ob nun Sevruga oder Beluga, das bleibt sich vom Geschmack her ungefähr gleich. Der Zusatz Malossol hat mit der Herkunft nichts zu tun; es bedeutet lediglich, dass der Kaviar schwach gesalzen ist. Er soll übrigens aus großen Dosen besser schmecken als aus kleinen, weil weniger Konservierungsstoffe darin sind – nun ja. Es kann übrigens auch Keta-Kaviar sein, das ist der Rogen vom Lachs; es sind große, rosa Körner, die keine Ähnlichkeit mit den kleinen, grauen des Störs haben – auch nicht mit deren Preis. Aber lecker ist Keta-Kaviar trotzdem – und es schmeckt auch mit Forellenkaviar!

Quiche Lorraine

Für 4-6 Portionen:

150 g feiner, durchwachsener Räucherspeck,
125 g Crème fraîche,
150 g Mehl,
3 Eier,
75 g Butter,
schwarzer Pfeffer (aus der Mühle),
Salz,
1 Prise Muskat

Menüvorschlag:

Quiche Lorraine,
Kalbsleber mit Rosinen (Seite 299),
Rumparfait (S. 427)

Zur Quiche passt Pfälzer Riesling trocken.

Es gibt verfressene Feinschmecker – und dazu gehöre ich –, die lassen auch die feinsten Gerichte manchmal einfach stehen im Anblick einer veritablen Deftigkeit wie etwa einer Schlachtschüssel, eines Cassoulet oder eines einfachen Speckpfannkuchens.

Zu dieser Kategorie gehört auch die Quiche Lorraine in ihrer ursprünglichen, nicht verfeinerten Art, wie sie schon in 400 Jahre alten Kochbüchern auftauchte. Räucherspeck, Butter und Eier bilden ein köstliches Triumvirat, dessen Duft allein – zum Beispiel nach einer anstrengenden Wanderung – das Wasser im Munde zusammenlaufen lässt. Bei aller Cuisiniererei sollten wir solche Genüsse nicht auslassen.

1 Vom Räucherspeck die Schwarte und harte Ränder abschneiden. Den Speck in schmale Streifen von 2-3 cm Kantenlänge schneiden; in einer kleinen Pfanne leicht anbräunen.

2 Den Backofen auf 200 Grad vorheizen.

3 Das Mehl mit 1 Prise Salz, dem Ei und der in kleine Stückchen zerteilten Butter mit den Händen zu einem Teig kneten und daraus eine Kugel formen. (Das geht gut auch mit den Knethaken des elektrischen Rührgeräts. Man muss die entstehenden Krümel nur noch mit den Händen zu einer Kugel kneten.)

4 Eine Tortenform mit niedrigem Rand (die klassische Quiche-Form hat 18 cm Durchmesser) mit Butter ausstreichen, den Teig auf einer bemehlten Fläche dünn ausrollen, die Form damit ausfüllen, überschüssigen Teig abschneiden. Den Teig mit einer Gabel mehrfach einstechen. Die Form auf dem Boden des vorgeheizten Ofens für 10-12 Minuten vorbacken.

5 Die 2 restlichen Eier verschlagen, die Crème fraîche unterrühren, mit wenig Salz und Muskat würzen. Mit dem Räucherspeck mischen und auf dem vorgebackenen Teigboden verteilen.

6 Die Quiche bei 180 Grad auf der mittleren Schiene des Ofens 25-30 Minuten backen. Noch heiß oder warm servieren.

Vor- und Zwischengerichte

Quiche mit Gemüse

Zutaten:

Gemüsereste wie glacierte Karotten, Brokkoli, etc.,
1 Handv. frische Champignons,
1 kl. Zucchini,
150 g Schinkenspeck,
2 Eier,
250 g Créme fraîche,
je 2 EL frisch geriebener Emmentaler und Pecorino,
Muskat, Pfeffer, Salz

Mürbeteig:

200 g Mehl,
100 g Butter,
1 Ei, Salz

Diese Quiche mit Gemüse ist ein leichtes Mittag- oder Abendessen für Tage mit wenig Zeit oder Kochlust, denn sie lässt sich mit Gemüseresten aus den Vortagen relativ schnell herstellen. Natürlich gelingt sie mindestens ebenso gut, wenn sie ganz frisch zubereitet wird, aber dann erfordert die Vorbereitung schon einen vergleichsweise größeren Zeitaufwand.

Die Variationsmöglichkeiten einer solchen Quiche sind vielfältig, je nachdem, was gerade im Kühlschrank oder Keller seiner weiteren Verwertung harrt. In diesem Beispiel sind es glacierte Karotten, Brokkoli-Köpfe und Frühlingszwiebeln, die durch frische Champignons und Zucchini ergänzt werden. Die Schinkenspeckwürfel und der geriebene Käse verhindern, dass aus dem Ganzen eine fade Gemüsetorte wird.

1 In einer flachen Schüssel Mehl, Butter und Ei mit einer Prise Salz und ein paar Tropfen Wasser mit den Fingern zu einem Mürbeteig verreiben. Zu einer Kugel formen und für eine Weile kühl stellen.

2 Eine Springform ausbuttern, den Mürbeteig ausrollen, in die Springform legen und die Ränder andrücken. Im vorgeheizten Ofen bei 180 Grad 10 Minuten vorbacken.

3 Inzwischen die Champignons kleinschneiden, den Schinkenspeck kleinwürfeln und in einer Pfanne auslassen, darin die Champignons anbraten, salzen und pfeffern. Das Bratfett abgießen. Die Gemüsereste ebenfalls kleinschneiden, die Zucchini in kleine Würfel.

4 Aus 2 Eiern, 250 g Créme fraîche und etwas geriebenem Käse eine flüssige Mischung rühren. Die Gemüse darunter mischen, salzen, pfeffern und mit Muskat würzen. Alles auf den vorgebackenen Mürbeteig gießen. Für 1/2 Stunde bei 180° backen, bis die Oberfläche goldgelb wird. Warm servieren.

Eignet sich gut als leichtes Mittag- oder Abendessen.

Zur Quiche passt Pinot Noir aus dem Elsass.

Quiche mit Steinpilzen

Für 4 Personen:

2 große Stangen Lauch,
20 g getrocknete Steinpilze,
1 Schalotte,
2 Eier,
1/8 l Hühnerbrühe,
200 g Sahne,
2 EL Créme fraîche,
frischer Thymian,
3 EL Zitronensaft,
Butter, Pfeffer, Salz

Für den Mürbeteig:

180 g Mehl,
90 g Butter,
1 Eigelb, Salz

Trockene Riesling Spätlese (Pfalz)

»Quiche« ist der Oberbegriff für eine Reihe nichtsüßer Torten, die meist, aber nicht immer, unter Verwendung von Lauch hergestellt werden. Ursprünglich stammt der Begriff aus Lothringen – Quiche Lorraine – und vermutlich ist das Wort eine mundartliche Abwandlung von »Küche«.

Wie dem auch sei, eine Quiche ist bei Gästen stets willkommen, sei es als Amuse Bouche in Begleitung zu einem Glas Riesling, sei es als Vorgericht zu einem Menü oder auch als eigenständiges, leichtes Mittag- oder Abendessen. Hier ist eine köstliche Version mit Steinpilzen.

1. Die Steinpilze – möglichst helle, große Stücke – 2 Stunden in lauwarmem Wasser einweichen, vorsichtig reinigen und trockentupfen.

2. Für den Mürbeteig die genannten Zutaten mischen und mit den Fingern (oder den Knethaken) zerbröseln und zu einer Kugel formen.

3. Die Lauchstangen waschen und den weißen und hellgrünen Teil in kurze Stücke schneiden. In 1 EL heißer Butter anschwitzen, ohne dass die Lauchstücke anbrennen. Mit wenig Hühnerbrühe aufgießen und mit Zitronensaft, Salz und Pfeffer sowie etwas frischem Thymian würzen. Köcheln lassen, bis die Flüssigkeit fast verschwunden ist. In ein Sieb schütten und abtropfen lassen.

4. Die Schalotte häuten, feinhacken und in etwas Butter in einer Pfanne glasig, aber nicht braun werden lassen. Darin die Pilzstücke kurz anbraten, dabei salzen und pfeffern.

5. Die Eier mit der Sahne und der Crème fraîche verquirlen, salzen und pfeffern.

6. Den dünn ausgerollten Mürbeteig in eine gebutterte Springform platzieren, die Ränder hochziehen und andrücken. Den Lauch darauf verteilen, darauf die Pilze und über alles die Eier-Sahne-Mischung gießen. Im auf 180 Grad vorgeheizten Ofen 30 - 40 Minuten backen lassen. Evtl. für die letzten 10 Minuten mit Alufolie abdecken. Warm servieren.

Vor- und Zwischengerichte

Ravioli mit Morcheln

Für 4 Personen:

Für den Teig:

300 g Mehl,
100 g Hartweizengrieß,
5 Eigelb, Salz

Für die Einlage:

30 - 50 g getrocknete Morcheln,
200 g Spinat,
1 Schalotte,
1 TL Tomatenmark,
2 TL Pecorino,
Balsamico,
1 EL Zitronensaft,
1 kl. Gl. Portwein,
Butter, Salz,
schw. Pfeffer,
1 Eigelb zum Bestreichen

Dazu passt ein Vouvray demi sec.

Für einen richtigen Nudelfan gehört es sich, den Nudelteig selbst herzustellen. Das ist weiter auch nicht schwierig, kritisch wird es erst, wenn es, wie bei Ravioli, darauf ankommt, den Teig so dünn wie möglich hinzukriegen. Das kann nicht jeder. Dicke Teigränder auch in teuren Restaurants sind leider an der Tagesordnung. Lediglich die Asiaten bringen Ravioli auf den Tisch, deren Teig hauchdünn genannt werden kann. Aber die nehmen anderes Mehl ...

1 Die gut gewaschenen Morcheln für 2 Stunden in Wasser einweichen.

2 Die Zutaten für den Teig zu einem geschmeidigen Kloß zusammenkneten, in Folie packen und 1 Stunde im Kühlschrank ruhen lassen.

3 Inzwischen die eingeweichten Morcheln aus ihrem Einweichwasser nehmen (das Wasser nicht wegschütten!), noch einmal unter fließendem Wasser gut ausspülen, damit möglichst aller Sand verschwindet, die Stiele abschneiden und die Pilze in ungefähr gleich große Stückchen schneiden.

4 Die Schalotte häuten und fein hacken. Zusammen mit den Pilzen in 1 EL Butter anschwitzen. Etwas Einweichwasser, den Portwein und den Zitronensaft hinzufügen, salzen und köcheln lassen, bis die Pilze gar und die Flüssigkeit fast vollständig eingekocht ist (ca. 30 – 40 Min.). Abschmecken.

5 Inzwischen den Spinat waschen und in sehr wenig kochendem Salzwasser ein paar Minuten blanchieren. Abtropfen lassen und so gut wie möglich ausdrücken und kleinhacken.

6 Die Pilzmasse mit dem Spinat, Tomatenmark und Käse vermengen und mit Balsamico abschmecken.

7 Den Teig auf etwas Mehl sehr dünn ausrollen und daraus ca. 6 cm große Kreise stechen. Dünn mit Eigelb bepinseln und jeweils einen Kreis mit etwas Morchelmasse belegen, einen zweiten darüberlegen und die Ränder andrücken. In Salzwasser 4 Minuten leicht kochen lassen. Vorsichtig abgießen, mit zerlassener Butter beträufeln und mit grobem Pfeffer bestreuen.

Vor- und Zwischengerichte

Ravioli mit Champignonsauce

Für 4 Personen:

400 g frische Ravioli,
500 g frische Champignons,
2 Schalotten,
250 g Sahne,
Zitronensaft,
Butter, Öl,
Pfeffer, Salz

Menüvorschlag:

Feldsalat mit Geflügelleber (Seite 14),
Ravioli (als Hauptgang etwas mehr machen),
Feigendessert (Seite 411)

Dazu passt Tokay d'Alsace.

Ich verrate kein Geheimnis mit dem Hinweis, dass man Ravioli nicht unbedingt selbst herstellen muss. Durch die steigende Nachfrage nach frischen Teigwaren haben sich Geschäfte darauf spezialisiert, Bandnudeln, Spaghetti und eben auch Ravioli frisch herzustellen. Dabei ist die angebotene Füllung oft nichtssagend, vor allem wenn es sich um Gemüse handelt, und auch Pilze fühlen sich um die Teigtaschen herum gelegt meist wohler. Oft schmecken solche mit Käsefüllung noch am besten.

Doch wie auch immer, Ravioli brauchen wie alle Nudeln so etwas wie eine Sauce. Und da kommen die Pilze gerade recht. Egal, ob Steinpilze, Egerlinge oder Champignons. In Olivenöl angemacht oder in leichter Sahne gegart, sind sie das, was ein Leckermaul braucht, um sich zur Nudel zu bekennen. Grundsätzlich gilt dabei für unsere Wald- und Zuchtpilze eine Regel: Um ihren Geschmack zu verstärken, werden sie in sehr fein gehackten Schalotten angebraten. Bei Pfifferlingen kann man gefahrlos auch kleingehackten Räucherschinken oder -speck unter die Schalotten mischen.

1 Die Pilze säubern und kleinschneiden. (Nur waschen, wenn es unbedingt nötig ist; besser mit einem scharfen Messer oder einer Bürste säubern – eine Zahnbürste ist wirkungsvoll auch bei verdreckten Lamellen.)

2 Die Schalotten häuten und in winzige Partikel schneiden. In einer Butter/Ölmischung in einer Pfanne anschwitzen, bis sie weich sind, ohne dabei braun zu werden.

3 Die Pilze zu den Schalotten geben, pfeffern, salzen und mit Zitronensaft begießen. Sehr heiß fertig garen, mit der Sahne ablöschen und einkochen. Wie weit man die Sahne einkochen lässt, muss man durch Abschmecken probieren.

4 Währenddessen die Ravioli nach Vorschrift (meist 10 Minuten) in Salzwasser gar ziehen lassen. Zusammen mit der Pilzsauce servieren. Pfefferfreunde bestreuen die Ravioli noch mit grobem schwarzen Pfeffer aus dem Mörser.

Vor- und Zwischengerichte

Rührei mit schwarzen Trüffeln

Für 4 Personen:
1 schwarze Trüffel
von 100 g,
8 frische Eier,
3 EL Milch,
Butter,
schwarzer Pfeffer,
Salz

Vorschlag für ein Festmenü:

Rührei mit schwarzen Trüffeln,
Normannische Muschelsuppe (S. 56),
Wildschweinkeule mit Rotkohl (Seite 350),
Zitronenschaum (Seite 451)

Es ist möglich, dass sich jemand, der zum ersten Mal ein getrüffeltes Rührei isst, die Frage stellt, ob ein Rührei mit Tomaten und geriebenem Käse nicht besser schmecke. Vielleicht hat er Recht. Dieser knollige Pilz, der aussieht wie ein Stück Kohle, aber das Symbol für Luxus und Haute Cuisine darstellt, hat in der Tat ein ungewöhnliches Aroma: Es erinnert an feuchtes Herbstlaub und der Geschmack ist etwas bitter.

Beim Kauf der sehr teuren Trüffel ist zu beachten, dass es eine Trüffel sein sollte und nicht zwei kleine. Und sie muss deutlich duften! Soll die Trüffel mehrere Tage aufbewahrt werden, so legt man sie zusammen mit frischen Hühnereiern in ein verschlossenes Glas. Das starke Aroma überträgt sich auf die Eier, was den Effekt dieser Vorspeise verstärkt.

1 Die frischen Eier über einer Schüssel aufschlagen, die Milch zugeben und mit dem Schneebesen kurz verschlagen. Salzen.

2 Dahinein jetzt die Trüffel hobeln. Wer keinen Trüffelhobel besitzt, nimmt einen Gurkenhobel (ein Trüffelhobel ist etwas sehr Nützliches: zum Beispiel zum Hobeln von Hartkäse wie Parmesan und auch von Knoblauch, wenn man ihn hauchdünn in den Salat oder aufs Brot hobeln möchte). Ob man sie so groß wie ein 2-Euro-Stück oder nur halb so groß hobelt, ist weniger entscheidend für den Geschmack. Unter die Eiermasse mischen und etwas schwarzen Pfeffer dazugeben.

3 Ein großes Stück Butter auf dem Herd in einer Pfanne schmelzen, bis die Butter beginnt, braun zu werden. Die Eiermasse hineingießen und nur 1 bis 2 Minuten, je nach Größe der Pfanne, garen lassen. Dabei immer wieder mit dem Spatel wenden. Aufpassen, dass das Rührei nicht trocken wird; es sollte leicht cremig sein! Sofort servieren.

Dazu passt ein Chardonnay aus dem Napa Valley.

148 Vor- und Zwischengerichte

Sommerliche Gemüseplatte

Für 4 Personen:
1 kleine Sellerieknolle,
500 g Keniabohnen,
500 g Erbsen (frisch oder tiefgekühlt),
500 g grüner Spargel,
500 g festkochende Kartoffeln,
8 Knoblauchzehen,
Olivenöl,
Akazienhonig,
schwarzer Pfeffer,
Salz

Dazu passt ein Weißburgunder oder Silvaner.

Bei welcher Temperatur entwickelt Olivenöl sein fruchtiges Aroma am stärksten? Wenn es warm ist; nicht kalt und nicht heiß. Darauf basiert diese Gemüseplatte, die als Beilage zu einem Fleischgericht ihre Delikatesse nicht so voll entfalten könnte wie als eigenständige Vorspeise oder Zwischengang.

Sie besteht aus Sellerie, Keniabohnen, Erbsen, grünem Spargel, Kartoffeln und Knoblauch. Die Kartoffeln sollten so klein wie möglich und festkochend sein. Also Bamberger Hörnle, La Ratte und ähnliche Sorten. Außerdem müssen es junge Kartoffeln sein (was ja im Sommer möglich ist); jung und mit so dünner Schale, dass sie nicht geschält, sondern nur gebürstet werden müssen.

1 Die Kartöffelchen werden in Salzwasser gekocht, abgegossen und im gleichen Kochtopf warm gestellt.

2 Die Sellerieknolle wird geschält, in kleine, längliche Stücke geschnitten und in einem anderen Topf in nicht viel gesalzenem Wasser zusammen mit den 8 geschälten Knoblauchzehen gekocht. Wenn der Sellerie gar ist, herausfischen und warmstellen (z.B. bei 50 Grad im Backofen).

3 Als nächstes kommen zu den Knoblauchzehen die Keniabohnen ins gleiche Kochwasser. Auch sie landen, wenn sie gar sind, beim Sellerie. Jetzt die Erbsen in den Topf – egal, ob tiefgekühlt oder frisch –, und, nachdem auch diese gar sind und herausgefischt wurden, als letztes Gemüse die Spargelstücke. Das sind nur die länglichen Köpfe des relativ dünnen, grünen Spargels mit 8 bis 10 cm ihrer Stange.

4 Zuletzt wird jetzt auch der Knoblauch weich sein. Pürieren und den Brei mit etwas Akazienhonig und gemahlenem schwarzen Pfeffer mischen.

5 Die Gemüsebrühe stark einkochen lassen, warten, bis sie etwas abgekühlt ist und dann mit dem Schneebesen in einem Gefäß jeweils 5 EL Gemüsebrühe mit 3 EL fruchtigem Olivenöl zu einem sämigen Fond rühren.

6 Die Gemüse auf Tellern anrichten, die Sauce darübergießen und ein kleines Häufchen Knoblauchpaste dazu verteilen. Das Ganze ist naturgemäß nur lauwarm, aber gerade deshalb sehr aromatisch!

Vor- und Zwischengerichte

Spargel in der Folie

Für 4 Personen:

24-28 gleich dicke Spargelstangen,
160 g Butter in Flöckchen,
Zucker, Salz,
4 Eier,
3 Tl Tomatenmark,
0,1 l Weinessig,
2 x 0,1 l Fleischbrühe (Würfel),
2 Eigelb,
150 g zerlassene Butter,
Salz, Cayennepfeffer, Zitronensaft

Menüvorschlag:

Spargel in der Folie,
Schweinebraten
(Seite 346),
Thymian-Ingwer-Apfelkompott
(S. 444)

Die Art, wie Hans Haas, Küchenchef des berühmten Tantris in München, den Spargel zubereitet, ist nicht nur ungewöhnlich, sondern fast sensationell zu nennen. Während der ohnehin sehr wasserhaltige Spargel in aller Regel in Wasser gekocht wird, gart der Haas'sche Spargel in doppelter Alufolie im Backofen und verbreitet beim Öffnen der Folie einen wunderbaren Duft. Haas serviert den Spargel mit einem pochierten Ei und mit einer Sauce Hollandaise auf der Basis einer raffinierten Tomatenessenz, die wir im nachfolgenden Rezept so gut wie möglich nachempfinden wollen.

1 Den Spargel schälen und jeweils 6 - 7 Stangen auf 2 doppelte Bogen Alufolie legen. Mit Salz und wenig Zucker würzen und mit Butterflöckchen belegen. Die Folienstücke über dem Spargel verschließen und die Ränder fest zusammenfalzen. Die Pakete nebeneinander auf einem Backblech auf die untere Schiene des auf 200 °C vorgeheizten Backofens schieben und den Spargel in 40 bis 45 Minuten garen.

2 Die Eier aufschlagen, einzeln von einer Kelle in kochendes Essigwasser gleiten lassen und in etwa 2 Minuten halb gar pochieren, herausnehmen und auf eine Platte legen. Kurz vor dem Servieren in 0,1 l Fleischbrühe erneut erwärmen.

3 3 TL Tomatenmark in 0,1 l Fleischbrühe auflösen. In einer kleinen Kasserolle mit schwerem Boden die Tomatenbrühe mit den Eigelb verschlagen und im Wasserbad bei ungefähr 50 Grad mit dem Schneebesen ständig schlagen, bis die Masse dicklich wird (Vorsicht, nicht überhitzen, sonst stockt die Masse!). Nach und nach die flüssige, aber nicht heiße Butter zugeben, dabei ständig weiterschlagen. Mit Salz, Cayennepfeffer und etwas Zitronensaft abschmecken.

4 Die Spargelpakete aus dem Ofen nehmen, kurz ruhen lassen, auf Teller verteilen und die Folie erst bei Tisch öffnen. Pochierte Eier und Hollandaise separat dazu servieren.

Dazu passt Sauvignon blanc oder Chardonnay.

Auf dem Bild wurde die Folie nur zur Demonstration auf dem Teller gelassen und das Ei mit der Sauce auf die Spargel drapiert.

Spargel mit Morcheln

Für 4 Personen:

1 kg weißer Spargel,
500 g kleine junge Kartoffeln,
50 – 100 g getrocknete Morcheln,
Zitronensaft,
Portwein,
Tomatenmark,
150 g salzige Butter,
Zucker, Salz

Mein Tipp: Weder winzige noch große, sondern mittelkleine Morcheln kaufen.

Dazu empfehle ich einen Riesling-Sekt.

Diese Kombination mag prätentiös klingen, aber wer auch nur eine Gabel davon probiert, wird zustimmen: Ja, das passt zusammen, das ist eine ganz besondere Delikatesse!
Für dieses Rezept sind alle weißen Spargelsorten geeignet. Ob die Köpfe nun ebenfalls weiß oder hellgrün oder ein bisschen violett sind, das ist egal. Morcheln nehme ich, so viel ich mir leisten kann. Denn diese getrockneten Edelpilze sind teurer als der Spargel selbst! Insofern gehört diese Zubereitungsart in den Bereich der Feinen Küche. Also je mehr Morcheln, je besser. 50 Gramm für 4 Personen sind das Minimum. Das Doppelte ist besser und das Dreifache der schiere Luxus. Da können die Spargel-Puristen lästern wie sie wollen: Wenn sie ihr geliebtes Gemüse einmal so probierten, wüssten sie, dass das Leben nach der Hollandaise weitergeht!

1 Die Morcheln für 4 Stunden oder länger in Wasser einweichen. Herausnehmen, ausdrücken und einzeln unter sehr starkem Wasserstrahl abbrausen, um allen Sand zu entfernen. Ausdrücken, nochmals abduschen und abtropfen lassen. Das Einweichwasser vorsichtig abgießen und aufheben.

2 Eine große Pfanne heiß werden lassen und die feuchten Morcheln ohne Fett hineingeben. Wenn sie trocken werden, einen großen Klumpen Salzbutter dazufügen. Leicht salzen, anbraten lassen. Wenn sich der Pfannenboden braun färbt, mit einem großen Glas Portwein ablöschen. Etwas Zitronensaft, wenig Tomatenmark und eine Prise Zucker dazu. Kein Pfeffer. Deckel darauf und zirka 20 Minuten köcheln.

3 Sollte der Portwein zu schnell verkochen, etwas von dem Einweichwasser nachgießen. Sind die Pilze gar, ohne Deckel einkochen lassen, bis sie fast im Trockenen liegen. Kalte Butter einrühren, bis sie sich verflüssigt hat und sämig geworden ist.

4 Inzwischen die jungen Kartoffeln bürsten und in wenig Salzwasser mit viel Butter (!) gar kochen. Nicht schälen.

5 Gleichzeitig den Spargel kochen, auf einer zusammengefalteten Serviette abtropfen und zusammen mit den Morcheln in Portweinbutter und den jungen Kartoffeln servieren.

Vor- und Zwischengerichte 151

Spargelflan mit roter Paprikasauce

Für 4 Personen:

500 g Spargel,
1 sehr große oder
2 kleine rote
Paprika,
2 Eier,
200 g Sahne,
Muskat,
Zitronensaft,
1 EL Butter,
weißer Pfeffer,
Zucker, Salz

Festmenü:
Linsensalat mit
Schafskäse
(S. 22)
Spargelflan,
Entenbrust in
Portwein
(Seite 220),
Besoffene Kirschen
in Eierkuchen
(S. 388)

Ein Flan ist ein warmer Gemüsepudding und macht einen außerordentlich professionellen Eindruck. Die Paprikasauce gehört ebenfalls ins Repertoire der Restaurantküche, wo sie manchmal zu gebratenen Fischfilets serviert wird. Mithin eine eindrucksvolle Kombination!

In einem festlichen Menü mit Linsensalat und Schafskäse als Auftakt, mit Entenbrust in Portwein als Hauptgang und mit besoffenen Kirschen in Eierkuchen als Dessert ist der Spargelflan mit roter Paprikasauce als Zwischengericht ein Paradestück der Feinen Küche, das als Kinderspiel entlarvt wird.

1 Den Spargel schälen und 15 Minuten in Salzwasser garkochen. In Stücke schneiden, die Köpfe beiseite legen. Die Stücke im Mixer oder mit dem Mixstab pürieren. Das Püree so lange durch ein Haarsieb treiben, bis der letzte Tropfen Spargelsaft aus den zähen Fasern herausgepresst ist. 100 g Sahne und die beiden Eier dazugeben und verquirlen. Mit Salz, weißem Pfeffer und Muskat abschmecken.

2 Die gewaschene Paprika in kleine Würfel schneiden, dabei alles, was nicht tiefrot ist, entfernen. Feucht wie sie sind, werden die Würfel in etwas Butter angedünstet. 100 g Sahne zugießen. Zugedeckt 15 Minuten köcheln lassen. Sollte die Masse dabei zu trocken werden, 2 oder 3 EL Spargelwasser hinzugeben. Mit Salz, Zucker und einigen Tropfen Zitronensaft abschmecken. Dann den Paprika wie den Spargel pürieren und durch ein Sieb drücken.

3 Vier kleine Portionsförmchen ausbuttern. Die Spargelköpfe hineinlegen und mit der Spargel-Eier-Sahne-Mischung aufgießen. Im Wasserbad im heißen Ofen 30 bis 35 Minuten garen lassen, bis die Masse gestockt ist. Dann auf einen Teller stürzen.

4 Die heißgemachte Paprikasauce mit 1 EL Butter verquirlen und um den Flan herum dekorieren. Sie soll nicht mehr ganz flüssig sein, sondern sämig wie ein sehr dünnes Püree.

Dazu passt
ein Chablis
Premier Crû.

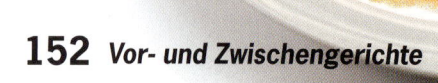

Spinatgratin

Für 4 Personen:

800 g Spinat,
200 g Champignons,
200 g Sahne,
150 g Gruyère,
50 g Parmesan,
Zitronensaft,
Muskat, Butter,
Pfeffer, Salz

Passt als Vorspeise zu vielen Hauptgerichten, eignet sich aber auch gut als leichtes Mittag- oder Abendessen.

Dazu passt Vin jaune (Arbois).

Die verhängnisvolle Angewohnheit, Spinat zu pürieren, hat die Kindheit Millionen Deutscher belastet. Dabei sollte jeder heute wissen, wie Spinat delikat zubereitet wird. Aber die mit Spinatpüree gefüllten Tiefkühltruhen in den Supermärkten zeugen nur von der Unverbesserlichkeit der Kinderquäler. Spinatblätter können groß und kraus sein, oder dünn und glatt. Die letztere Sorte ist ideal für einen Spinatsalat: mit Walnussöl und Sherryessig angemacht, ziehe ich ihn allen anderen Rohkostsalaten vor.

Für auf italienische Art gekochten Spinat sind die größeren Blätter besser geeignet. Das macht mehr Mühe, weil die Stiele herausgeschnitten werden müssen. Besonders lecker ist ein solcher Spinat in der Kombination mit Champignons. Und da Spinat sehr leicht zu fad oder versalzen ist, ist das Überbacken mit Käse weniger riskant; den fehlenden Anteil am Geschmack bringt die Mischung aus frischem Parmesan, Gruyère und Sahne.

1. Von den Spinatblättern die dicken Stiele herausschneiden; welke Blätter aussortieren. Mehrmals gründlich waschen; Sandgefahr!

2. Den tropfnassen Spinat in einen großen, heißen Topf werfen, Deckel drauf und in 2, 3 Minuten auf dem Herd zusammenfallen lassen. In einen Durchschlag geben und die Restfeuchtigkeit gut ausdrücken.

3. Die Champignons putzen, in Scheiben schneiden, in viel Butter anbraten, dabei kräftig salzen, mit schwarzem Pfeffer und Muskat würzen und zusätzlich mit Zitronensaft beträufeln. Den sich bildenden Pilzsaft durch starke Hitze wegkochen. Die süße Sahne in die Pfanne gießen, zuerst nur soviel, dass sich der Bratensatz löst, dann den Rest.

4. Inzwischen Parmesan und Gruyère reiben und vermengen. Auch die Champignons – so gut es geht – mit dem Spinat vermischen, in eine flache, gebutterte feuerfeste Form füllen, den Käse darüber streuen und Butterflöckchen darauf setzen. In die obere Hälfte des heißen Ofens schieben, den Käse schmelzen und leicht anbräunen lassen. In der Form servieren.

Vor- und Zwischengerichte

Spinatknödel mit Butter und Parmesan

Für 4 Personen:

750 g frischer Blattspinat,
3 Knoblauchzehen,
5 möglichst trockene Semmeln,
1/4 l Milch,
3 Eier,
200 g Butter,
120 g Mehl,
150 g Parmesan,
Pfeffer,
Salz

Menüvorschlag:

Spinatknödel,
Tafelspitz mit Apfelkren (Seite 348),
Crème caramel (S. 409)

Dazu passt Zweigelt.

Luftige Semmelknödel sind eine der vielen Spezialitäten der an Mehlspeisen so reichen österreichischen Küche. Schade, dass sie bei uns in der entsprechenden Qualität so selten vorkommen, da sie doch so gut zu vielen Fleischgerichten passen.

Das hier vorgestellte Rezept habe ich zwar in einem Wiener Beisl kennengelernt – Beisln sind die traditionellen Wiener Gaststätten –, aber es stammt ursprünglich aus Südtirol und verbindet gekonnt die italienische mit der österreichischen Küche.

1 Die möglichst trockenen Semmeln in kleine Stücke schneiden. Mit dem Schneebesen die Eier mit der Milch versprudeln, über die geschnittenen Semmeln gießen und 10 Minuten ziehen lassen. Falls zu trocken, noch etwas Milch nachgießen. Mit dem Mixstab zu einer homogenen Masse verarbeiten.

2 Vom Spinat die Stängel entfernen, waschen und tropfnass in einem heißen Topf auf dem Herd in wenigen Minuten in sich zusammenfallen lassen. In einen Durchschlag schütten, abkühlen lassen und – so gut es geht – ausdrücken.

3 Den Spinat kleinzupfen und unter die Semmelmasse mischen, mit 30 g geriebenem Parmesan sowie Salz und Pfeffer würzen, alles gut durchmischen und abschmecken. Am Schluss das Mehl untermengen und auf einem bemehlten Brett aus der Masse nicht zu kleine Knödel formen.

4 In einem großen Topf reichlich Salzwasser zum Kochen bringen und die Knödel darin ungefähr 15 Minuten ziehen lassen (nicht mehr kochen!), bis sie gar werden; dann schwimmen sie obenauf. Mit einem Schaumlöffel herausnehmen und gut abtropfen lassen.

5 Die Butter in einem Pfännchen schmelzen, bis sie leicht bräunlich wird. Heiß über die Knödel gießen, mit dem restlichen Parmesan bestreuen und sofort servieren.

Tafelspitzsülzchen

Die undelikateste Art einer Sülze ist leider auch die üblichste: Bratenstückchen und Speckwürfel in einer dicken Schicht Gelatine, begossen mit wässerigem Essig, bedeckt mit rohen Zwiebelringen und begleitet von fettigen Bratkartoffeln.

Dass es auch anders geht, habe ich zum Beispiel in einem Wiener Beisl erlebt: die zarteste und eleganteste Rindfleischsülze, die ich je gegessen habe. Grundlage ist eine gut gewürzte Brühe aus Kalbsfüßen und Wurzelwerk, die mit in Streifen geschnittenem Tafelspitz zur Sülze erkaltet. Dabei liefern die – schon vom Metzger zerhackten – Kalbsfüße die Substanz für das nötige Gelieren. (Inzwischen gibt es auch Gelatine aus dem Bioladen. Das erspart einem die Kalbsfüße.)

Ebenso feine Sülzen lassen sich mit jeweils verschiedener Würzung mit Kaninchen, Kalbsnieren, Ente, Reh oder auch Räucheraal herstellen.

Für 6–8 Portionen:

2 zerhackte Kalbsfüße,
4 Markknochen (oder Gelatine aus dem Bioladen),
Wurzelgemüse (1 Karotte, 1 Stange Lauch, 1 Stange Sellerie, 1 Petersilienwurzel),
1 EL schwarze Pfefferkörner,
1 EL getrockneter Thymian,
600–800 g Tafelspitz,
Rotweinessig,
3–4 Schalotten,
Olivenöl, Salz

Dazu passt Grüner Veltliner aus der Wachau.

1 Die zerhackten Kalbsfüße und Markknochen mit reichlich Wasser aufkochen und abschäumen. Das Wurzelgemüse waschen, kleinschneiden und dazugeben. Die zerdrückten Pfefferkörner, 3 TL Salz, den Thymian und einen guten Schuss Essig hinzufügen und 1 Stunde köcheln lassen.
Wer statt der Kalbsfüße Gelatine aus der Tüte verwenden möchte, sollte die Gemüse zuerst in Butter andünsten, würzen und mit der entsprechenden Menge Wasser auffüllen.

2 Den Tafelspitz in den Sud geben und bei niedrigster Hitze in 1½ Stunden garziehen lassen (simmern!). Herausnehmen, abkühlen lassen, von eventuellen Fetträndern befreien, dann in dünne Scheiben und diese wiederum in schmale Streifen schneiden. In eine passende Kasserolle geben, in der auch der Sud noch Platz hat.

3 Den Sud durch ein Sieb in einen Topf gießen, falls nötig entfetten und abschmecken, denn jetzt lässt sich das Ergebnis noch verbessern. Vielleicht genügt einfaches Einkochen, falls ohnehin zuviel Sud zum Einfüllen in die Kasserolle vorhanden ist. Falls Gelatine verwendet wird, muss diese jetzt aufgelöst dem Sud zugegeben werden.

4 Den Sud über den Tafelspitz in der Kasserolle gießen, bis das Fleisch gerade leicht bedeckt ist; etwas umrühren, damit die Tafelspitzstreifen sich im Sud verteilen. Danach einmal aufkochen und anschließend kaltstellen – im Keller oder im Kühlschrank.

5 Vor dem Servieren die Schalotten schälen und in feinste Partikel würfeln. 1/2 TL Salz in 1 EL Rotweinessig oder Balsamico auflösen, leicht pfeffern, die Schalotten zugeben und mit 5 EL Olivenöl zu einer Vinaigrette verschlagen.

6 Die fest gewordene Sülze aus der Kasserolle heben, in Scheiben schneiden, mit der Vinaigrette überträufeln und – je nach Geschmack – mit Stangenbrot, einem kleinen Salat oder auch Bratkartoffeln servieren.

Tarte aux Poireaux – Lauchtorte

Für 4 – 6 Personen:

(als Amuse gueule für 8 – 12 Pers.)

1 kg Lauch,
2 ganze Eier,
1/4 l Sahne,
3 EL Crème fraîche,
magerer Schinkenspeck oder Kasseler,
Weißwein, Butter, Pfeffer, Salz

Für den Teig:

250 g Mehl,
125 g Butter,
1 Ei, 1 Prise Salz

Alternativ:

Eine gut gewürzte Schicht Hackfleisch mit der Eier-Sahne begießen und mit geriebenem Gruyère bestreuen.

Dazu passt trockener Riesling.

Von allen aufwändigen Appetithappen ist eine Quiche – eine Lauchtorte ist nichts anderes – immer noch die am wenigsten aufwändige, dafür aber eine der delikatesten: nicht so deftig wie eine Zwiebeltorte, nicht so kompliziert wie eine Klein-Pizza. Für jede Quiche gibt es ein Grundrezept: auf einem Mürbeteigboden eine vor allem aus Ei und Sahne bestehende Masse im Ofen backen.

Das Schöne an der Lauchtorte ist, dass man sie auch ohne Lauch machen kann: nur mit Speck, Eiern und Sahne als Quiche Lorraine (Seite 143) oder mit Räucherlachs (Seite 86); oder mit Steinpilzen (siehe Seite 145); oder auch mit Räucheraal!

1 Den vorbereiteten Mürbeteig (s.S. 469) 5 mm dünn ausrollen, in eine Quiche-Form legen und andrücken. Mit dem Nudelholz einmal über den scharfen Blechrand rollen, und schon ist der überhängende Teigrand abgeschnitten.

2 Speck oder Kasseler in sehr kleine Würfel (3 mm) schneiden und dicht auf dem Mürbeteig so verteilen, dass sie sich nicht oder kaum berühren.

3 Das Weiße und das Hellgrüne der Lauchstangen der Länge nach halbieren, waschen und in Streifen von 1 1/2 x 4 cm Kantenlänge schneiden. Diese in Butter angehen lassen, salzen und pfeffern und mit wenig trockenem Weißwein so weit gar dünsten, dass sie nicht völlig weich sind. Das kann bis zu 10 Minuten dauern. Im Sieb abtropfen und abkühlen lassen.

4 Eier, Sahne, Crème fraîche mit Salz und Pfeffer verquirlen. Den Lauch über dem Schinken oder Kasseler auf dem Mürbeteigboden verteilen und die Eier-Sahne-Mischung darübergießen. Im auf 200 Grad vorgeheizten Backofen nicht auf den Rost, sondern auf den Boden (!) stellen und die Hitze auf 150 Grad herunterschalten. Nach ungefähr 40 Minuten ist die Torte fertig.

Sie schmeckt lauwarm besser als heiß oder kalt.

Verlorene Eier in Rotweinsauce

Für 4 Personen:

1 Stange Lauch,
1 Zwiebel,
1 Karotte,
1 Knoblauchzehe,
4 Eier,
1/2 l Rotwein (Beaujolais, Burgunder, Côtes-du-Rhône),
Butter, (Mehl),
100 g Räucherspeck (durchwachsen),
2 Gewürznelken,
1 Tasse Kalbsbrühe,
Thymian,
1 Prise Zucker,
Lorbeerblatt,
Weißbrotscheiben,
1 Knoblauchzehe,
glatte Petersilie

Menüvorschlag:

Verlorene Eier in Rotweinsauce, Knoblauchhuhn (Seite 252), Traubensabayon (Seite 403)

Dazu trinke ich den gleichen Wein, aus dem die Sauce besteht.

Eier in Rotweinsauce sind ein Standardgericht der Küche Burgunds und des Beaujolais und eigentlich eine recht einfache Sache, wenn die Köchin oder der Koch wissen, wie ein verlorenes Ei (Oeuf poché) zubereitet wird. Aber auch dann hängt wieder einmal alles vom Qualitätsbewusstsein ab. Rotwein ist schließlich nicht gleich Rotwein, und es macht einen Unterschied, ob der Koch oder die Köchin die Sauce in fünfzehn Minuten fertig hat oder sich mehr Zeit dafür nimmt.

Es ist auch nicht egal, ob die Eier in Bouillon pochiert werden, wodurch sie schön weiß bleiben, oder direkt in der Rotweinsauce, wonach sie zwar aussehen, als wären sie in Tinte gefallen, aber viel besser schmecken.

1 Das Weiße vom Lauch, die geschälten Zwiebel, Karotte und Knoblauchzehe in dünne Scheiben bzw. Ringe schneiden und in Butter andünsten. Rotwein und Kalbsbrühe aufgießen. Mit den Gewürzen und dem Zucker 40 Minuten ohne Deckel köcheln lassen, salzen und pfeffern.

2 Während die Sauce köchelt, den Speck in dünne, 2 cm lange Streifen schneiden und in einer Pfanne in Butter leicht knusprig braten. Auf Küchenkrepp legen, damit sie noch ›magerer‹ werden. Entrindete Weißbrotscheiben von beiden Seiten in Butter rösten und mit Knoblauch einreiben.

3 Die Sauce durch Sieb in einen ziemlich weiten Topf abgießen. Die Sauce ist vielleicht schon lecker, aber zu dünn. Deshalb nimmt Madame jetzt mit Mehl verknetete Butter und rührt sie ein. Wer's hat, nimmt stattdessen 3 EL eingedickten Kalbsfond.

4 Die Eier müssen unbedingt ganz frisch und nicht gekühlt sein! Je ein Ei entweder direkt über der köchelnden Oberfläche der Weinsauce aufschlagen und hineingleiten lassen, oder den Umweg über eine Tasse oder die Suppenkelle nehmen und das Ei vorsichtig in die Sauce rutschen lassen. 4 Minuten pochieren und fertig. Das Eigelb soll wachsweich sein, also weder flüssig noch hart. Mit dem Schaumlöffel herausnehmen und in einem Suppenteller warmstellen.

5 Wenn die Eier pochiert sind, je eine Brotscheibe in einen tiefen Teller legen und darauf ein Ei platzieren und mit 1 EL der gebratenen Speckstreifen dekorieren. 50 g kalte Butterstücke mit dem Schneebesen in die heiße Sauce einschlagen und über die Eier gießen. Mit gehackter Petersilie bestreut servieren.

Vor- und Zwischengerichte

Wildterrine mit Taubenbrüstchen

Zutaten für bis zu 12 Personen:

300 g Rehfleisch von der Keule (ohne Haut u. Knochen und Sehnen; alle Abfälle für den Fond verwenden),
1 Perlhuhn,
1 Barbarieente,
3 Tauben,
300 g fetter Speck,
4 Schalotten,
2 Knoblauchzehen,
schwarzer Pfeffer,
Muskat, Salz,
1 EL Thymian,
1 EL Wacholderbeeren,
Lorbeerblätter,
Speckscheiben zum Auslegen

Für den Fond:

Der Rehknochen, die Karkassen von Ente, Perlhuhn und Tauben, 1 Zwiebel, 1 Stange Lauch, 1 Karotte, 2 Tomaten, Pfefferkörner, Salz, Öl, Wacholderbeeren, 1/2 l Rotwein

(kleiner Salat; Stangenbrot)

Bekanntlich macht die Herstellung einer Terrine mehr Arbeit als das Braten eines Schnitzels. Aber es lohnt sich auch ungleich mehr: Eine gelungene Terrine ist mit Recht der Stolz jedes Gastgebers, sie kann schon Tage vorher in aller Ruhe vorbereitet werden, und sie bietet einen Hochgenuss eigener Art, der sie von anderen Gerichten unterscheidet.
Das Prinzip einer Terrine ist fast immer gleich, ob mit Wild, Ente oder Fisch: Die Form wird mit Speckscheiben ausgelegt, darauf kommt eine Fleischfarce, dann einige besonders zarte Fleischstücke, darauf wieder die Farce, dann wird alles mit Speckscheiben abgedeckt und im Wasserbad gegart. Entscheidend für den Erfolg ist wie immer die gelungene Würzung.

1. Der erste Schritt ist die Herstellung eines kräftigen Wildfonds aus Knochen, Häuten, Fleischabfällen und den entsprechenden Gemüsen und Gewürzen: Dafür wird zunächst die Rehkeule sorgfältig von allen Häuten und Sehnen befreit und dabei vorsichtig in die einzelnen Muskelpartien zerlegt, bis nur das schiere Muskelfleisch ohne alle Häute übrig bleibt. Mit etwas Öl einpinseln, in Frischhaltefolie einwickeln und im Kühlschrank aufbewahren (kann dort gefahrlos ein, zwei Tage ruhen).

2. Ente, Perlhuhn und Tauben enthäuten und alles Fleisch von den Karkassen schneiden und schaben. Dabei die Taubenbrüstchen ganz lassen: vorsichtig mit einem biegsamen Messer am Rückenknochen entlang einschneiden und dann die Brüstchen von den Karkassen mehr abschaben als schneiden. Die Brüstchen wie auch das übrige Fleisch leicht mit Öl einpinseln und in den Kühlschrank legen.

3. Den Knochen der Rehkeule sowie die Karkassen von Ente, Perlhuhn und Tauben so gut es geht mit einem Hackmesser zerkleinern.

4. Karotte, Lauchstange und Zwiebel schälen und in dünne Scheiben schneiden (vom Lauch nur den weißen und hellgrünen Teil); Tomaten achteln.

5. In einem großen Schmortopf etwas Olivenöl erhitzen und zunächst die Knochen und Fleischabfälle darin ringsum braun anrösten bzw. braten. Dabei salzen und pfeffern. Beiseite schieben, um für das kleingeschnittene Gemüse Platz zu schaffen, dieses für ungefähr 10 Minuten andünsten, dabei pfeffern und salzen sowie je 1 EL Wacholderbeeren und Pfefferkörner hinzufügen. Mit der Hälfte des Rotweins ablöschen, alles vermengen und einkochen lassen, mit dem Rest Rotwein wiederum ablöschen, wieder einkochen lassen und mit 1 bis 1 1/2 l kochendem Wasser auffüllen und rund 2 Stunden köcheln lassen. Alles durch ein Sieb in einen weiten Topf gießen und gut ausdrücken und bei großer Hitze auf höchstens 1/4 l einkochen und in den Kühlschrank stellen. So lässt sich am nächsten Tag der Fettdeckel auf dem Fond leicht entfernen.

6 Am nächsten Tag den Fond wieder erwärmen. Den Speck und alles Fleisch (außer den Taubenbrüstchen) in Stücke schneiden. In einer Pfanne den Speck etwas auslassen, wieder herausnehmen und das gewürfelte Fleisch im Speckfett leicht anbraten. Speck, Fleisch, enthäutete Knoblauchzehen, Schalotten und Thymian zweimal durch die feinste Scheibe des Fleischwolfs drehen. Die durchgedrehte Masse mit Salz, Pfeffer und Muskat kräftig würzen und abschmecken. (Wer rohes Fleisch nicht so gern im Mund hat, kann einen kleinen Klops formen und diesen in Wasser pochieren; dabei kommen die Gewürze allerdings nur schwach heraus!) Den vorbereiteten Fond unter die Farce mischen.

7 Die Terrinenform mit dünnen Speckscheiben auslegen, die so über die Ränder lappen müssen, dass später die Oberfläche damit bedeckt werden kann. Einen Teil der Form mit der Farce füllen, die extra gewürzten Taubenbrüstchen darauflegen, darauf die restliche Farce verteilen und mit den überhängenden Speckscheiben abdecken, mit 1 EL zerdrückter Wacholderbeeren bestreuen und mehrere Lorbeerblätter obenauf legen. Deckel drauf und in ein mit kochendem Wasser gefülltes Gefäß setzen. Das Wasser soll bis zur Hälfte der Terrinenform reichen. Im auf 180° vorgeheizten Ofen ungefähr 75 Minuten garen lassen. Mit einer Stricknadel in die heiße Masse stechen: Kommt sie sauber heraus, ist die Terrine gar.

8 Halbwegs abkühlen lassen, mit einem Brettchen und einem Gewicht von ca. 300 g beschweren und in den Kühlschrank stellen. Am nächsten Tag auf eine Platte stürzen. Mit einem in heißes Wasser getauchten Messer in Scheiben schneiden.

> Zur Wildterrine passen sehr gut pochierte Birnen oder ein anderes eingelegtes Obst, aber auch ein kleiner Salat und Stangenbrot.

> Als Wein passt eine Riesling-Auslese.

Vitello tonnato

Für 4 Personen:
350 g Kalbfleisch,
Suppengemüse,
1 Lorbeerblatt,
2 Knoblauchzehen,
3 Gewürznelken,
1/2 Kalbsfuß,
1 Dose (150–200 g) Thunfisch in Öl,
1 Eigelb,
6 Sardellenfilets,
2 EL Kapern,
Olivenöl,
1/4 Tasse Sahne,
Limonensaft,
Cayennepfeffer,
Tomatenmark,
(Sojasauce, Balsamico),
Pfeffer, Salz

Das gleiche Rezept lässt sich auch mit Hühnerbrust oder Kaninchenrücken realisieren.

Dazu passt Sauvignon blanc von den Colli im Friaul.

Die italienische Küche unterscheidet sich von der französischen wesentlich dadurch, dass in letzterer mehr mit verschiedenen Zutaten experimentiert wird, um im Zusammenspiel zu einer höheren Stufe der Verfeinerung und damit auch zu ganz neuen Geschmackserlebnissen zu kommen. Das gilt für die einfache Hausmannskost ebenso wie für die Große Küche in Restaurants. Vitello tonnato ist eine der – sicher zahlreichen – Ausnahmen: Hier wird zum zarten Kalbfleisch eine feine Fischsauce produziert, was im Zusammenklang ein neues, ungewöhnliches und durchaus raffiniert zu nennendes kulinarisches Ergebnis hat. Nicht zuletzt deshalb zählt Vitello tonnato auch bei Feinschmeckern zu den beliebten Vorspeisen.

1 Das Suppengemüse (Zwiebel, Karotte, Lauch, Sellerie) kleinschneiden und zusammen mit Lorbeer, Knoblauch, Nelken, Pfeffer und Salz und dem kleingehackten Kalbsfuß ca. 30 Minuten in Wasser kochen lassen.

2 Das Kalbfleisch in die Brühe einlegen, einmal aufkochen und die Hitze auf 90 Grad herunterschalten. In diesem heißen Sud das Fleisch 1½ bis 2½ Stunden ziehen lassen. Auf eine Stunde kommt es nicht an; es bleibt in jedem Falle saftig und innen leicht rosa. In der Brühe erkalten lassen. Die Brühe durch ein Haarsieb gießen; 1 Tasse davon wird für die Sauce gebraucht.

3 Den Thunfisch zerrupfen und zusammen mit 1 Eigelb, den Sardellenfilets und den Kapern (einige für die Dekoration zurückhalten) mit dem Mixstab pürieren. In den Brei eine Tasse Brühe, knapp eine Tasse Olivenöl (oder ein anderes Pflanzenöl) sowie die 1/4 Tasse Sahne einschlagen. Die so entstandene Sauce mit 1 EL Limonensaft, einer Prise Cayenne, einer Messerspitze Tomatenmark, und, falls nötig, mit etwas Salz abschmecken. Sojasauce oder etwas feiner Balsamicoessig sind ebenfalls möglich. Das kalte Kalbfleisch in dünne Scheiben schneiden, auf Tellern anrichten, mit der Sauce umgießen und mit Kapern garnieren. Dazu gibt's Stangenbrot oder Ciabatta.

Vor- und Zwischengerichte

Zwiebelkuchen mit grünem Pfeffer

Für 4–6 Personen:
(als Appetithappen für 8 – 10 Personen)

500 g Zwiebeln,
1 rote Paprika,
200 g Sahne,
1 – 2 Tassen trockener Weißwein,
2 Eier, Butter, Salz,
2 TL grüner Pfeffer

Für den Mürbeteig:

250 g Mehl,
125 g Butter,
1 Ei, Salz

Menüvorschlag:

Zwiebelkuchen,
Kalbsleber mit Rosinen
(Seite 299),
Crème caramel
(Seite 409)

Der Zwiebelkuchen ist das deutsche Gegenstück zu den französischen Quiches. Es sind nicht nur Weingegenden, wo der Zwiebelkuchen traditionell in den Straußwirtschaften zum jungen Wein, dem Federweißen, gegessen wird; auch zum Ebbelwoi in Hessens Kneipen gibt es Zwiebelkuchen.
Dass er auch im Elsass zu den Spezialitäten gehört, nimmt eigentlich kein wunder, während in anderen französischen Regionen der feinere Lauch als Füllmaterial vorgezogen wird. Das nachfolgende Rezept sorgt mit Stückchen von Paprika und mit grünem Pfeffer für herzhaften Geschmack.

1 Aus den angegebenen Zutaten mit den Fingern einen Mürbeteig reiben, zu einer Kugel formen und für 1 Stunde ruhen lassen (siehe auch Seite 469).

2 Die Zwiebeln schälen, halbieren und in dünne Scheiben schneiden. Von der Paprika alle Stege und weiße Teile entfernen, das rote Fleisch in dünne Streifen schneiden und diese wiederum in gleichmäßig kleine Stückchen hacken. Die Zwiebeln in 2 EL Butter anschwitzen (sie dürfen nicht braun werden) und mit einem trockenen Weißwein aufgießen; salzen. Nach 10 Minuten die Paprikastückchen dazugeben und alles zugedeckt weichkochen lassen. Von Zeit zu Zeit kontrollieren, dass die Zwiebeln nicht anbrennen, eventuell etwas Wein nachgießen. Wenn sie nach 20 bis 30 Minuten gar sind, sollten sie so trocken wie nur möglich sein.

3 Den Teig ausrollen und in eine runde Quicheform von 26 oder 28 cm Durchmesser einlegen, überstehende Ränder mit dem Nudelholz wegrollen. Die Zwiebeln auf dem Teig gleichmäßig verteilen.

4 200 g Sahne mit 2 Eiern verrühren, salzen und mit 2 TL im Mörser grob geschrotetem trockenen grünen Pfeffer würzen. Die Mischung über die Zwiebeln gießen und den Kuchen auf den Boden des auf 180 Grad vorgeheizten Backofens schieben. Mit Alufolie abdecken. Diese nach 15 Minuten entfernen und weiterbacken. Wenn die Sahne stockt und die Zwiebeln leicht gebräunt sind, sollte auch der Teigboden gar sein. Wenn nicht, wird noch einmal mit Alufolie abgedeckt weitergebacken. Noch warm servieren.

Dazu passt Silvaner Spätlese.

Aal in Dill

Für 4 Personen:

1000 g frischer Aal, ohne Kopf/vom Fischhändler enthäutet;
Weißwein,
1/2 l sehr kräftige Kalbsbrühe,
1/4 l Sahne,
1 große Schalotte,
1 kleine Karotte,
4 Bund Dill,
1 Bund Petersilie,
1 Bund Schnittlauch,
1 TL weiße Pfefferkörner, Salz,
1 Lorbeerblatt
evtl. 3 Eigelb oder 1 EL kalte Butter

(Salzkartoffeln)

Vorschlag für ein deutsches Menü:

Blumenkohlsuppe (Seite 38),
Aal in Dill,
Rote Grütze (Seite 436)

Zum Aal passt trockener Rieslaner oder Riesling.

Der Aal gilt als nicht so fein. Er ist fett, liegt schwer im Magen, lebt im Trüben und frisst, wie jeder Blechtrommel-Leser weiß, tote Pferde. Ich finde, einen derartig schlechten Ruf hat er nicht verdient. Denn er hat einen schönen Eigengeschmack, keine Gräten und ist beim Kochen der unempfindlichste aller Fische. Allerdings darf man ihn nicht so verarbeiten, wie das in deutschen Küchen üblich ist; die fette Haut muss weg!

Als Beilage gibt es Salzkartoffeln. Und da ich auf jeden Fall einen Weißwein dazu trinken will, kommt bei mir der traditionelle Gurken- oder grüne Salat nicht auf den Tisch. Ich halte sowieso wenig von dieser merkwürdigen Angewohnheit, zu warmem Essen einen kalten Salat zu essen; das ist wie eine andere deutsche Sitte aus der gleichen, grauen Vorzeit: wie ein Herr, der einer Dame die Hand küsst und dabei gleichzeitig die Hacken zusammenknallt. Zum Aal mit Dill ist ein Gemüse überhaupt unpassend. Das liegt am Dill, diesem penetranten Gewürz, das nur ganz selten außerhalb der Bierküche angebracht ist. Hier ist ein solches Rezept.

1 Den gehäuteten Aal in ungefähr 4 cm lange Stücke schneiden, das dünne Schwanzende wegwerfen.

2 Die Schalotte in feine Ringe schneiden, die Karotte raspeln. Petersilie, Schnittlauch und 1 Bund Dill werden mit dem Kochmesser fein gehackt und mit dem Lorbeer und den Pfefferkörnern in der Mischung aus Wein und Kalbsbrühe in einer großen flachen Kasserolle ohne Deckel aufgekocht. 10 Minuten ziehen lassen, die gesalzenen Aalstücke einlegen und 20 Minuten pochieren.

3 In der Zwischenzeit den Dill von den restlichen Sträußchen zupfen. Wenn der Aal weich ist, aus der Brühe nehmen und warmstellen.

4 Die Brühe durch ein Sieb in einen Sautoir oder einen Topf gießen und auf starker Hitze einkochen lassen. Die Sahne und den gezupften Dill dazugeben und mit dem Abschmeck-Ritual beginnen. In diesem Fall ist das nicht sonderlich schwierig, weil Fisch und Kräuter sich zu einer eindrucksvollen Partnerschaft ergänzen. Die Konsistenz der Sauce wird durch weiteres Einkochen bestimmt. Eventuell noch 3 Eigelb hineinrühren und/oder 1 EL kalte Butter in die fertige Sauce schlagen. Ein paar Spritzer Zitronensaft, vielleicht noch eine Prise Salz, dann den Aal wieder in die Sauce zurücklegen.

Als Beilage passen Salzkartoffeln.

Aalragout mit Speck und Champignons

Für 4 Personen:

1 frischer, schon enthäuteter Aal von ca. 1 m Länge,
125 g Schinkenspeck,
3 Schalotten,
200 g Champignons,
1 Chilischote,
Olivenöl,
1 TL Tomatenmark,
trockener Rotwein,
Apfel-Balsamicoessig, Pfeffer,
Meersalz

Salzkartoffeln (Bamberger Hörnle oder La Ratte)

Menüvorschlag:

Salat von Keniabohnen (Seite 29),
Aalragout,
Käsekuchen (Seite 416)

Zum Aalragout passt ein Syrah (Côte-du-Rhône).

Der köstliche Aal ist seit Günter Grass' Beschreibung der kaschubischen Fangmethode von unseren Speisekarten verschwunden. Keiner bedauert das mehr als ich, denn Aal gehört zu meinen Lieblingsgerichten.
Aus der Touraine stammt meine bevorzugte Version, ihre Hauptmerkmale sind Rotwein und Räucherspeck sowie die Tatsache, dass zu dieser ›matelot d'anguille‹ auch ein mittelmäßiger Rotwein schmeckt wie ein Weltrekordler. Wenn mir ein Gönner, Mäzen und Menschenfreund einen Aal auf den Tisch legt, ungefähr einen Meter lang und bereits enthäutet, kein fettes Schwergewicht und kein magerer Jüngling, dann mache ich mich begeistert an die Arbeit: Kopf und Schwanzspitze schneide ich weg und den sauber parierten Fisch in 3 cm dicke Stücke. Er hat nur ein Rückgrat und keine Gräten, ist also der ideale Leckerbissen für alle, die sich vor Gräten fürchten.

1 Auf dem Küchentisch liegen jetzt 2 bis 3 Händevoll Aalstücke. Nun wird eine Handvoll Schinkenspeck in Würfel geschnitten; aus einem Bauchspeck schneidet man alle Knorpel sorgfältig heraus.

2 Die Schalotten enthäuten und in sehr kleine Würfel schneiden. Die Champignons mit Küchenkrepp abreiben, die Stiele entfernen und die Köpfe in größere Würfel schneiden.

3 In einer Kasserolle die Speckwürfel in wenig Olivenöl langsam anbraten – sie dürfen auf keinen Fall dunkel und knusprig werden, nur glasig. Dann kommen die Schalotten und die Pilze in den Topf und werden wenige Minuten mitgebraten. Die zermörserte Chilischote darüberstreuen und mit nicht wenig Meersalz salzen. Umrühren.

4 Auf diesen vielversprechenden Unterbau kommen nun die Aalstücke. Soviel trockenen Rotwein angießen, dass der Inhalt der Kasserolle knapp bedeckt ist. Einen Guss Balsamicoessig hinzufügen, vorzugsweise vom Apfel, sowie 1 gehäufter TL Tomatenmark.

5 Alles kräftig durchkochen, damit der Alkohol verschwindet, dann abschmecken; vielleicht fehlt aber noch etwas Pfeffer und Salz.
Den Deckel auflegen und das Aalragout noch 10–15 Minuten köcheln lassen; das verdickt die Konsistenz, konzentriert den Geschmack und ergibt eine Sauce, die ihresgleichen kaum hat.
Das Aalfleisch ist butterweich, lässt sich leicht ablösen und seine Delikatesse sollte genügen, den Fluch des Blechtrommlers rückgängig zu machen.

Dazu gibt es Salzkartoffeln der Sorte Bamberger Hörnla oder La Ratte.

Hauptgerichte

Bouillabaisse

Köstliche Fischsuppen haben am Mittelmeer eine große Tradition. Die berühmteste unter ihnen ist die Bouillabaisse. Was sie so spektakulär macht, sind die Stücke von Edelfischen oder Schalentiere, die zusätzlich in der Fischsuppe schwimmen und sie kostbar aussehen lässt. Ist auch noch ein Hummer oder eine Languste dabei, ist das die scheinbare Krönung und erlaubt einen noch höheren Preis.

In den Zutaten besteht aber auch ihr Problem. Es gibt kaum eine sicherere Methode, Edelfische und Schalentiere zu ruinieren, als sie in einer Fischsuppe zu kochen. Erstens sollen Fische überhaupt nicht kochen, und zweitens haben sie verschiedene Garzeiten; ein Seeteufel braucht zum Beispiel fast doppelt so lange wie eine Brasse. Deshalb wird einem auch so selten eine gute Bouillabaisse vorgesetzt.

Die Herstellung einer Bouillabaisse geschieht in zwei Etappen, deren erste eine wüste Angelegenheit ist. Dazu brauche ich einen guten Fischhändler, der neben den Edelfischen auch Kleinzeug aus dem Mittelmeer anbietet. Das sind jene Fische, die sich im Schutz der Felsen tummeln, unter anderem Drachenkopf, Seeaal, Weißling und andere ähnlich unansehnliche Exemplare. Auch ein Fischkopf und Haut und Gräten einer Seezunge sind zu gebrauchen. Davon benötige ich viel, 1 Kilo mindestens, wenn es für 4 Personen reichen soll. Nicht zu gebrauchen sind Makrelen, Heringe, Rougets, Sardinen und alle Flussfische. Sie verbreiten zum Teil bittere oder tranige Aromen oder haben überhaupt keinen Geschmack. Denn diese Fischversammlung ist nur dazu da, Geschmack an die Suppe zu bringen. Im Verlaufe der Herstellung wird sie ausgequetscht und weggeworfen.

Man kann selbstverständlich alle Edelfische weglassen, und es bleibt immer noch eine vorzügliche Fischsuppe übrig. Die kann man mit gerösteten Brotwürfeln dekorieren, welche mit frischem Knoblauch abgerieben wurden. Traditionellerweise isst man am Mittelmeer die Fischsuppe mit einer hinreißenden Knoblauchmayonnaise, der Rouille (siehe dazu das Rezept der provençalischen Fischsuppe auf Seite 58).

Für 4 Personen:

- 1 kg Fischstücke und -abfälle,
- 2 große Zwiebeln,
- 1 große Karotte,
- Staudensellerie,
- 4 Tomaten,
- 5 Knoblauchzehen,
- 1 Zweig Thymian,
- 1 Lorbeerblatt,
- Weißwein,
- Olivenöl,
- Meersalz,
- Cayennepfeffer,
- Safranpulver,
- Tomatenmark,
- 1 – 2 TL abgeriebene Orangenschale,
- 1 TL Pastis (Pernod o.ä.),
- 1/2 TL Currypulver

Als Einlage:

z.B. Dorade, Steinbutt, Seewolf, Seeteufel, Garnelen, u.ä.

(Rouille; Weißbrot)

Für die Rouille:

- 4-6 Knoblauchzehen,
- 2 Eigelb,
- Zitronensaft,
- Paprikapulver,
- Olivenöl,
- Salz, Cayenne

1. Alle Fischstücke und Fischabfälle (bis auf die Edelfische als Einlage) in Stücke hacken. Die vagen Angaben bei der Art der Fische sollte nicht beunruhigen. Sicher ist eine mittelgroße Rascasse (Drachenkopf) besser als 500 g anonyme Kleinfische, aber es kommt nicht so sehr darauf an; die Suppe wird in jedem Falle lecker.

2. Zwiebeln, Karotte und Sellerie putzen und in Scheiben schneiden, die Tomaten vierteln, die Knoblauchzehen häuten und in Salz zerdrücken.

3. In einem großen schweren Topf in 1 Tasse Olivenöl zuerst das zerkleinerte Gemüse ungefähr 10 Minuten anschwitzen lassen, die Fischstücke

hinzufügen und alles mit etwas Weißwein ablöschen. Mit 1 1/2 l Wasser aufgießen und umrühren. Mit Cayenne und Meersalz würzen, Thymian und Lorbeerblatt hinzufügen. Bis zu einer Stunde ohne Deckel leise köcheln lassen.

4 Nun wird alles, Gemüse, Fischstücke, Köpfe und Gräten durch ein Sieb passiert und ausgedrückt. So entsteht eine dünne bis leicht sämige Fischsuppe, die jetzt, zurück im Topf, zum ersten Mal richtig gewürzt wird. Der erste Probierlöffel schmeckt immer fad; der spätere – herzhafte – Geschmack ist bis jetzt kaum zu ahnen.

5 Reichlich Safranpulver in die Suppe rühren (das gibt neben Geschmack auch Farbe), 1 bis 2 EL Tomatenmark hinzufügen, den in Salz zerdrückten Knoblauch, Cayennepfeffer, 1 – 2 TL abgeriebene Orangenschale, 1 TL Pastis sowie 1/2 TL Curry. Salzen und immer wieder abschmecken. Sollte die Fischsuppe noch zu dünn sein (in der Konsistenz wie auch geschmacklich), hilft simples Einkochen wunderbar. Das sollte man nicht übertreiben, denn dadurch kann die Suppe klebrig werden. Einen herrlichen Durst macht sie allemal.

6 Nun nach dem auf Seite 59 unter Schritt 6 beschriebenen Verfahren eine Rouille herstellen, Stangenbrot in Scheiben schneiden und auf einem Backblech unter dem Grill auf einer oder beiden Seiten hellbraun rösten und zusammen mit der Rouille bereitstellen.

7 Jetzt erst werden sauber präparierte Stücke von verschiedenen Edelfischen und Schalentieren (siehe Einkaufsliste) hinzugefügt. Nur Lachs darf überhaupt nicht (er würde den Geschmack völlig übertönen), und ob Garnelen, Hummer und dergleichen in die Suppe kommen, ist mehr eine Frage des Stils als des Geschmacks. Wichtig ist lediglich, die verschiedenen Garzeiten (bei ca. 70 Grad) zu beachten! Die Rouille auf die gerösteten Weißbrotscheiben streichen und mit oder in der Suppe servieren.

Menüvorschlag: Bouillabaisse als alleiniger Hauptgang, vielleicht eine Käseauswahl oder ein Kokoskuchen Calypso (S. 417) als Abschluss.

Dazu passt Roussanne oder Viognier aus dem Rhônetal.

Tipp: Einlagen getrennt je nach Garzeit in einem Teil der Suppe ziehen lassen, auf Teller verteilen und mit der übrigen Suppe auffüllen.

Hauptgerichte

Dorada »mallorquin«

Für 2 Personen:
1 Dorade von ca. 450 g (oder ein anderer Mittelmeerfisch),
300 g kleine Kartoffeln,
4 mittelgroße Tomaten,
1 Bund Basilikum,
2 Knoblauchzehen,
Rosmarin, Thymian,
Olivenöl,
schwarzer Pfeffer,
Salz

Dazu passt Viña Sol (aus dem Penedés).

Die Dorade heißt zu deutsch Goldbrasse und gehört zusammen mit ihrer Schwester Zahnbrasse und dem Loup de mer zu den bei Feinschmeckern beliebtesten Mittelmeerfischen.
In Spanien und Portugal wird von allen europäischen Ländern am meisten Fisch gegessen, und die häufigsten Zubereitungsarten sind das Grillen über dem Holzkohlenfeuer und das Backen im Ofen. Am Strand in einem der vielen kleinen Restaurants zu sitzen und bei einem kühlen Viña Sol einen frisch gegrillten, saftigen Fisch zu genießen, gehört dort zur guten Lebensart.
Dieses einfache Rezept einer mallorquinischen Köchin für eine im Ofen gebackene Dorade ist eine Referenz an die ländliche Küche Spaniens.

1 2 dicke Knoblauchzehen enthäuten, kleinschneiden und mit Salz im Mörser zu einem Brei zerdrücken. Eine gute Handvoll Basilikumblätter mit dem Messer kleinhäckseln und zusammen mit einem kräftigen Guss Olivenöl, grobem Pfeffer und dem Knoblauchbrei zu einer dicklichen Paste verrühren und über Nacht im Kühlschrank durchziehen lassen.

2 Die Kartoffeln schälen, halbieren und in Salzwasser 5 bis 8 Minuten vorkochen, abgießen, abkühlen lassen und in einer Schüssel in etwas Olivenöl wälzen. Von den Tomaten den Deckel abschneiden und die Oberflächen etwas salzen, pfeffern, mit Thymian bestreuen und mit Olivenöl beträufeln.

3 Die ausgenommene Dorade trocken tupfen. Auf einer Seite quer 2 bis 3 cm tiefe Einschnitte machen. Die entstandenen Ritzen und den gesamten Fisch auf der Oberseite mit der Paste bestreichen und in eine leicht geölte, feuerfeste Form legen. Die Kartoffeln und Tomaten drumherum drapieren; die Kartoffeln mit Olivenöl beträufeln und mit Salz und Rosmarin bestreuen. Die Form offen für ungefähr 15 – 20 Minuten in den auf 220 Grad vorgeheizten Ofen schieben. Der fertige Fisch muss auf Fingerdruck noch leicht nachgeben. In der Form servieren. Die Haut kann, muss aber nicht mitgegessen werden.

166 Hauptgerichte

Dorade mit Curry-Gurken

Für 4 Personen:

2 Doraden
à ca. 450 g
(Goldbrassen),
2 Tomaten,
1 Fenchelknolle,
2 Zitronen,
Pfeffer, Salz,
Olivenöl;
2 Tassen
Langkornreis,
1 Schlangengurke,
Butter, Sahne,
Thai-Curry

Vorschlag für ein Festmenü:

Geflügelleber-
mousse (Seite 107),
Lauchsuppe
(Seiten 51-53),
Dorade mit Gurken,
Omelette Surprise
(Seite 396)

Zur Dorade passen gut Sancerre und Pouilly-Fumé.

Dorade und kein Ende. An den Küsten des Mittelmeers entzückt dieser Magerfisch Einheimische und Touristen. Das liegt an seiner Schönheit. Äußerlich entspricht er der Urform des Fisches, so wie ihn sich jeder vorstellt, der einen typischen Fisch zeichnen will; innerlich ist er wie alle anderen auch. Das heißt, sein Fleisch ist relativ fest, hat dicke Gräten, die einem nicht unbemerkt in den Schlund herunter rutschen können, und gekocht macht er den Eindruck von saftiger Frische, die nur von einem ungeschickten Koch zerstört werden kann.

1 Die Tomaten kurz mit kochendem Wasser überbrühen, enthäuten und in Scheiben schneiden. Von der Fenchelknolle die beiden äußeren, dicken Blätter entfernen und die Knolle ebenfalls in Scheiben schneiden. Die fallen sofort auseinander, aber das macht nichts.

2 In einer flachen, länglichen Gratinform den Boden mit den Tomatenscheiben auslegen und darauf den Fenchel verteilen. Salzen, pfeffern und mit Olivenöl im Ofen bei großer Hitze garen. Dann die von innen und außen gesalzenen Doraden in die Form legen, mit Zitronenscheiben belegen und bei 210 Grad 20 Minuten garen lassen.

3 Inzwischen die längliche Gurke schälen, der Länge nach halbieren und den feuchten Innenteil mit den Kernen mit einem Löffel herausschaben. Die Hälften in lange Streifen und anschließend in Würfel schneiden.

4 Die Gurkenwürfel in reichlich Butter in einer Pfanne andünsten. Salzen und so viel Sahne angießen, dass sie halb davon bedeckt sind; mit 1 bis 2 TL hellgrünem Thai-Curry bestreuen. Die Gurkenwürfel sind schnell gar. Etwas einkochen lassen, abschmecken, mit etwas Zitronensaft würzen, fertig.

5 Vom fertigen Fisch die Haut entfernen und filetieren. Zusammen mit den Fencheltomaten, Reis und Gurken servieren.

Hauptgerichte

Dorade mit Fenchelherzen

Für 4 Personen:

1 Dorade
von ca. 1 kg,
1 kg kleine Fenchelknollen,
3 Zitronen,
4 große Tomaten,
1 Zweig frischer Thymian,
1 Lorbeerblatt,
1 Knoblauchzehe,
Olivenöl, Pfeffer, Salz

Man könnte dieses Gericht »Prinzessin Fenchelherz« nennen, denn wie eine Prinzessin ist die Dorade von Fenchelherzen umringt. Das Originalrezept stammt aus dem Languedoc an der französischen Mittelmeerküste, wo auch der Fenchel auf großen Plantagen gezogen wird.
Bei uns sind speziell kleine Fenchelknollen nur durch Vorbestellung beim Gemüsehändler zu beziehen. Sie gehören nicht zu den Billiggemüsen.

1 Von den Fenchelknollen die nicht mehr ganz frischen Außenhäute abschälen und an beiden Enden die Wurzel- bzw. Stielansätze wegschneiden.

2 Die nun kleiner gewordenen Knollen halbieren und in gesalzenem und mit dem Saft einer Zitrone aromatisierten Wasser zirka 30 Minuten kochen. Damit sie überhaupt Geschmack annehmen, muss das Kochwasser kräftig gesalzen sein! Wenn sie gar sind, auf ein Küchentuch legen.

3 Während die Fenchelherzen kochen, die dicken Tomaten mit einem Schaumlöffel kurz in das kochende Wasser halten, enthäuten, vierteln, entkernen und in kleine Stücke schneiden. Die Knoblauchzehe enthäuten und in winzige Partikel würfeln. Mit dem Tomatenkonkassee mischen und auf einem Teller beiseite stellen.

4 Die Dorade unter kaltem Wasser abspülen und trockentupfen. Von innen salzen und in ihren leeren Bauch 1 Lorbeerblatt und 1 Thymianzweig legen. Den Fisch in eine feuerfeste, ovale Form betten und die Fenchelherzen um ihn herum platzieren. Fisch und Fenchel noch einmal salzen und pfeffern. Über beides die Tomatenstückchen verteilen und eine große Portion kräftigen Olivenöls träufeln. In den auf 200 Grad vorgeheizten Ofen schieben und 30 Minuten garen lassen. Herausnehmen und den Saft von 1 bis 2 Zitronen über den Fisch und die Fenchelherzen gießen. Dazu gibt's Baguette.

Menüvorschlag:
Tomatensuppe (Seite 63),
Dorade,
Tarte Tatin (S. 442)

Weintipp:
Planeta (Chardonnay aus Sizilien)

Elsässer Fischtopf

Für 6 Personen:

1 Zander à 600 g,
1 Aal à 800 – 900 g,
2 Forellen à 350 g,
400 g Karpfen,
3 Schalotten,
1 Stange Lauch,
1 l Fischfond,
1/2 l Riesling,
1/2 Knoblauchzehe,
250 g Champignons,
90 g Mehl,
1/4 l Sahne,
230 g eiskalte Butter,
Saft von 1/2 Zitrone,
Petersilie, Schnittlauch,
Pfeffer, Salz

(buttrige Bandnudeln)

Menüvorschlag:

Rucola mit Nüssen (Seite 24),
Elsässer Fischtopf,
Tarte aux Fraises (Seite 439)

Zum Elsässer Fischtopf gehört unbedingt ein Riesling.

Der Elsässer Fischtopf war einmal ein Paradegericht in der elsässischen Gastronomie, aber seit Hechte und Lachse dem Rhein den Rücken kehrten, verschwand er von den Speisekarten. Hier ist ein Rezept für eine »Matelote au vin blanc« von Marc Haeberlin aus der berühmten »Auberge de l'Ill« in Illhäusern. Er hat es für 6 Personen aufgeschrieben, welche man leichter zusammenkriegt als die erforderlichen Fische: Zander, Aal, Forellen und Karpfen. Aber es müssen nicht unbedingt diese vier Fischsorten sein, statt Karpfen geht auch Waller und statt Forellen Saiblinge; nur der Aal muss sein, man wird ihn wahrscheinlich vorbestellen müssen.

1. Alle Fische waschen, abtrocknen und mit der Haut (außer dem Aal; er sollte schon vom Händler enthäutet werden) in dicke Scheiben schneiden.

2. Die Schalotten häuten und feinhacken. Von der Lauchstange nur das Weiße kleinschneiden.

3. In einem großen Gusseisentopf 1 EL Butter heiß werden lassen und darin die feingehackten Schalotten und den Lauch anschwitzen. Mit 1 Liter Fischfond und 1/2 Liter Riesling aufgießen. Zum Kochen bringen, salzen und pfeffern und 1/2 enthäutete Knoblauchzehe zugeben.

4. Als erstes kommen nun die Aalstücke in den Topf, sie brauchen am längsten, um gar zu werden. 5 Minuten später folgen ihnen der Karpfen, und, wenn die Suppe wieder zu kochen beginnt, Forelle und Zander. Noch einmal kurz aufkochen, vom Feuer nehmen und 20 Minuten ziehen lassen.

5. Inzwischen 250 g Champignons putzen, in Scheiben schneiden und in Butter braten. Salz und Pfeffer nicht vergessen!

6. Die Fischstücke aus der Brühe heben, abtropfen lassen und in einer Schüssel warm stellen. Die Brühe durch ein Haarsieb gießen.

7. In einer Kasserolle 1 EL Butter schmelzen lassen. Darin 90 g Mehl gründlich verrühren, die durchgesiebte Brühe vorsichtig auffüllen und dabei weiter rühren, dann 1/4 l Sahne hinzufügen. Zum Kochen bringen und bei schwacher Hitze sämig werden lassen. Abschmecken und nachwürzen.

8. Die eiskalte Butter würfeln und in die Fischbrühe mixen. Den Saft einer halben Zitrone und die Champignons hinzufügen. Diese Sauce über die Fischstücke gießen, mit gehackter Petersilie und Schnittlauch bestreuen und mit buttrigen Bandnudeln servieren.

Hauptgerichte

Fisch auf Gemüsebett

Einmal gefundene Lösungen gelten meist als der Weisheit letzter Schluss und erschweren uns Hobbyköchen unnötig das Arbeiten. Da habe ich jahrelang meine Mittelmeerfische auf dem Gemüsebett gedünstet, indem ich klein geschnittene Gemüse in die Fischpfanne schichtete, mit Olivenöl begoss und im heißen Ofen mit Weißwein garen ließ. Dann erst wurde der Fisch obenauf gelegt und war nach weiteren 20 Minuten gar. Es schmeckt wunderbar.

Nur dass diese Gemüsepfanne nicht immer angenehm zu kauen ist. Denn die einzelnen Bestandteile werden nicht gleichmäßig gar. Meist ist es der Fenchel, der sich weigert, gleichzeitig mit den anderen Dingen weich zu werden. Ihm schließen sich die Zwiebelscheiben an, die hartnäckig und hartfaserig auf ihrer Eigenständigkeit beharren. Ich habe, wie alle Welt, großzügig über diese kleine Unvollkommenheit hinweggesehen, denn es schmeckt ja so gut.

Es muss aber nicht sein, dass faserige Fenchelteile den Genuss trüben und harte Zwiebelringe sich unangenehm im Mund bemerkbar machen: Man kann das Würzgemüse auf dem Ofen nach und nach in einer Pfanne garen wie beim Wokbraten. Probieren Sie es aus: Das Ergebnis ist einfach besser!

Auf Gemüse dünsten lassen sich ganze Fische wie Doraden (Goldbrassen) oder Loup-de-mer (Seewolf) ebenso gut wie Filets vom Lachs oder auch Rotbarsch. Die Garzeit ist mit 20 bis 30 Minuten für alle Fische unabhängig von ihrer Größe fast gleich, nur die Gartemperaturen sind verschieden: Ganze Fische brauchen um die 180 Grad im Backofen, Filets gelingen am besten, wenn man sie in der Pfanne auf dem fertig gegarten Gemüse bei aufgelegtem Deckel neben dem Feuer 20 bis 30 Minuten ziehen lässt.

Für 4 Personen:

1 Meeresfisch von ca. 800–1000 g bzw. Lachs oder Rotbarschfilets,
2 Fenchelknollen,
1 Bd. Frühlingszwiebeln, 2 Schalotten,
2 Knoblauchzehen,
1 rote Paprika,
1 Stange Lauch,
1 Zitrone,
1 Zucchini,
500 g kl. Tomaten,
Rosmarin, Thymian,
Olivenöl, Weißwein,
Balsamico,
Pfeffer, Salz

1. Von den Fenchelknollen die nicht mehr ganz frischen Außenhäute abschälen und an beiden Enden die Wurzel- bzw. Stielansätze wegschneiden. Die Knollen halbieren und vierteln, den harten Strunk entfernen und den Fenchel in feine Streifen schneiden.

2. Die Paprika waschen, halbieren, die Kerne und alle Stege entfernen, das rote Fleisch in schmale Streifen und in kürzere Stücke schneiden.

3. Von den Frühlingszwiebeln die Wurzeln und die dunkelgrünen Enden abschneiden und wegwerfen, den Rest in kleinere Stücke schneiden.

4. Die Schalotten und den Knoblauch häuten und in sehr dünne Scheiben schneiden.

5. Die Zucchini waschen, die Enden entfernen, die Stange halbieren und in etwas dickere Scheiben schneiden.

6. Die Tomaten kurz überbrühen, enthäuten und halbieren. Sehr kleine Tomaten kann man auch ganz lassen.

7. Den Lauch waschen, die Wurzel und den dunkelgrünen Teil entfernen und den Rest in dickere Scheiben schneiden.

8. Nun werden alle Gemüse nacheinander in einer Pfanne vorgegart. Geht es um einen ganzen Fisch, sollte es eine Pfanne mit Metallgriff sein, die man später in den Backofen stellen kann: 2 EL Olivenöl in der Pfanne erhitzen und zuerst den Fenchel andünsten, dann die Schalotten hinzufügen und weiterdünsten, ohne dass sie braun

werden, dann nach 10 bis 15 Minuten hintereinander die Frühlingszwiebeln, den Knoblauch, die Paprika, den Lauch und die Zucchini zugeben und als letztes die Tomaten. Mit getrocknetem Rosmarin, Thymian und 1 EL Balsamico würzen, salzen, pfeffern und mit einem oder zwei Gläsern trockenem Weißwein ablöschen. Auf kleinster Flamme weitere 5 bis 10 Minuten köcheln lassen, mit Salz und Pfeffer und vielleicht noch etwas Basalmico abschmecken und auf dem Herd beiseite schieben.

9 Den ganzen Fisch abspülen und trockentupfen. Von innen salzen, 1 Zweig Thymian in die Bauchhöhle schieben, den Fisch auf das Gemüsebett legen, auch von außen salzen und alles mit wenig Olivenöl begießen und im Ofen noch einmal 20 Minuten bei 180 Grad dünsten lassen. Wenn man die Rückenflosse leicht herausziehen kann, ist der Fisch gar. Auf eine Platte legen, die Haut abziehen und zusammen mit dem Gemüse servieren.

10 Nimmt man statt eines ganzen Fisches mit Haut und Gräten zum Beispiel Lachsfilets (als Vor- oder Zwischengericht pro Person 150 bis 200 g), bleibt die Vorbereitung der Gemüse einschließlich Schritt 8 gleich. Sollte die Haut auf der Unterseite des oder der Filets noch vorhanden sein, wird diese mit einem scharfen Messer vorsichtig mehr abgeschabt als abgeschnitten. Dabei auch alle dunklen Fettstellen entfernen sowie seitliche fette Ränder abschneiden. Die Filets mit wenig Zitronensaft beträufeln und mit Salz und Pfeffer würzen.

Die Gemüsepfanne vom Feuer nehmen, die Lachsfilets auf das Gemüse legen, Deckel drauf und nebem dem Feuer ungefähr 30 Minuten ziehen lassen. Das Lachsfleisch ist jetzt innen noch rot, aber nicht mehr roh, sondern wunderbar zart gegart.

Menüvorschlag:

Winzersalat (Seite 37), Fisch auf Gemüsebett, Tarte au citron (Seite 438)

Zum zarten Lachs passt gut eine trockene Riesling Spätlese.

Fischklößchen mit Safransabayon

Als die Nouvelle Cuisine aufkam, verschwand der Fischkloß von den Speisekarten. Das klassische Lyoner Gericht hieß ›Quenelle de brochet‹ und bestand aus Hechtfleisch und einer Panade – einem Mehlpapp also. Damit er besser hält, hieß es. Ich vermute: damit er besser sättigt. Denn er hält auch ohne Mehl zusammen; nicht einmal ein Anfänger hat Probleme mit einem Fischkloß.

Dessen einzige Extravaganz besteht in der Fischsorte. Hechte sind nicht gerade alltäglich und somit auch nicht billig. Deshalb ist mein Fischkloß nicht vom Hecht, sondern vom Rotbarsch. Rotbarschfilets gibt es überall, sie sind preiswert, und, weil es sich um Filets handelt, bereits vorbereitet. Meistens allerdings nicht so gründlich, wie ich es möchte. Denn auch kleine Reste der silbergrauen Haut sind für Klößchen unattraktiv. Deshalb muss ich mit einem scharfen Messer noch nachhelfen.

Es gibt mehrere Möglichkeiten, aus Fisch, Ei und Sahne etwas Feines zu machen. Der Unterschied besteht in der Menge der Eier. Das beginnt mit der Magerversion, wo auf 250 Gramm Fischfleisch nur ein Eiweiß kommt, und endet bei einem ganzen Ei pro 100 Gramm. Ich entscheide mich für ein Eiweiß auf 200 Gramm, weil dadurch die Klößchen lockerer werden und der Fischgeschmack besser erhalten bleibt. Außerdem serviere ich meine Klößchen mit einem Chicoréegemüse und einer kräftigen Safransauce. Es ist also gar nicht wünschenswert, dass die Klößchen allein schon satt machen.

Für 4 Personen:

400 g Rotbarschfilet,
2 Eiweiß,
4 EL Sahne,
Muskat, Cayennepfeffer;

1 Stück Lauch,
Zwiebel, Sellerie,
Champignons;

3 große Chicorées,
Zitronensaft,
Butter;

4 Eigelb, Weißwein,
1 Messerspitze
Safranpulver
(1 Fingerhut Fäden),
3 EL Sahne,
Tomatenmark,
Cayennepfeffer,
Salz

1 Die Rotbarschfilets säubern, eventuelle Gräten herausziehen, unschöne Kanten und Enden abschneiden; die Abfälle nicht wegwerfen! Die Filets sofort wieder kaltstellen.

2 Aus den Fischabfällen, ein wenig Lauch, ein paar Zwiebelstücken, Sellerie und Champignons einen Mini-Fischfond herstellen (eine halbe Tasse genügt): Alles in etwas Butter leicht andünsten, mit wenig Wasser aufgießen, 20 Minuten leicht köcheln lassen, durchsieben und beiseite stellen.

3 Die Fischfilets in Würfel schneiden und mit dem Mixer oder Schnetzelstab pürieren. 2 Eiweiß und 4 EL Sahne zugeben und mit Pfeffer, Muskat und Salz würzen. Abschmecken und ins Eisfach des Kühlschranks stellen. Es ist wichtig, dass die Fischfarce zu jeder Zeit sehr kalt ist, so hält sie besser zusammen. Deshalb darauf achten, dass Eier, Sahne und Fischfilets schön kühl sind, bevor sie verarbeitet werden.

4 Die Chicorées der Länge nach halbieren, den harten Strunk kegelförmig ausschneiden. In Längsstreifen schneiden und diese dann auf ungefähr 2½ mal 1 Zentimeter kleine Stücke verkürzen. Waschen und so feucht, wie sie sind, mit dem Saft von 1 Zitrone in heißer Butter andünsten, salzen. Dann den Deckel drauf und 5 bis 6 Minuten gar dünsten.

Eine zusätzliche Kochflüssigkeit ist nicht nötig, da die Feuchtigkeit des Gemüses und der Zitrone ausreicht, und wenn man die Hitze früh genug reduziert, kann nichts anbrennen. Es mag sogar nötig sein, den Deckel in den letzten 2 Minuten zu entfernen, damit die Flüssigkeit einkocht. Weil noch eine Sauce zubereitet wird, darf das Gemüse kaum feucht sein, da es sonst die Sauce verwässern würde.

5 Mit zwei Esslöffeln, die man immer wieder in kaltes Wasser taucht, aus der gut gekühlten Fischfarce längliche Klößchen formen, auf den Boden eines Topfes oder einer tiefen Pfanne legen und diese mit fast kochendem Salzwasser auffüllen, so dass die Klößchen bedeckt sind. 10 Minuten ziehen lassen, dann sind sie fertig. Mit dem Schaumlöffel herausnehmen.

6 Die Sauce herstellen, während die Klößchen ziehen. Bei dieser handelt es sich um den edelsten Teil des Gerichtes. Es ist eine Safransabayon, und sie verwandelt das Ganze in eine Delikatesse der Extraklasse:
Die 1/2 Tasse Fischfond, ebensoviel trockenen Weißwein, 4 Eigelb, 1 Messerspitze Safranpulver, 3 EL Sahne sowie 1/2 TL Tomatenmark, 1 Prise Cayennepfeffer und Salz in eine Konditorschüssel geben. Das ist eine halbkugelförmige Kupfer- oder Edelstahlschüssel, in der sich Sahne und Eischnee am besten schlagen lassen. Genauso praktisch sind diese Schüsseln als Bain-Marie (Wasserbad) zu benutzen: Auf einen passenden Topf mit etwas Wasser setzen, alle Zutaten hineingeben und mit dem Mixstab kurz verquirlen. Nun mit dem Schneebesen auf dem Herd bei relativ niedriger Temperatur weiter rühren, damit die Masse heiß und dadurch cremig-schaumig wird. Es kann passieren, dass die Sabayon zu heiß wird und das Eigelb zu stocken droht: Schnell etwas Wein oder Fond nachgießen, und die Gefahr ist gebannt.

Die garen Fischklößchen auf den Chicorée setzen und mit der dunkelgelben Sabayon nappieren. Einfacher lässt sich ein so delikates Gericht kaum herstellen!

Menüvorschlag:
Tarte aux Poireaux (Seite 156), Fischklößchen mit Chicorée, Orangenparfait mit Mandelkuchen (Seite 427)

Zu den Fischklößchen passt eine trockene Würzburger Stein Riesling Spätlese.

Garnelen mit Coulis

Garnelen (Scampi, Gambas) gehören zu den Krustentieren wie der Hummer und die Languste. Aber anders als diese werden Garnelen auch in Massen gezüchtet, vorzugsweise in Zuchtanstalten in Südostasien. Das macht sie relativ preiswert und damit zu einer Art Languste des kleinen Mannes.

Die Gründe für ihre Beliebtheit liegen auf der Hand: Sie stammen aus dem Meer, was sie – fälschlicherweise – unverdächtig macht für Käfighaltung und pharmazeutische Aufputschmittel, sie sind grätenlos und eiweißhaltig, was sie auch für ängstliche Schlankheitsbesessene attraktiv macht, und sie haben kaum Eigengeschmack.

Warum ich trotzdem für sie plädiere? Aus zwei guten Gründen: Sie schmecken in jedem Fall besser als ein Brathering, und der geringe Eigengeschmack erlaubt den Köchen, dazu raffinierte Saucen zu produzieren, welche hohe Kochkunst signalisieren. Dabei ist das Wort »Sauce«, das an große, schwere Fleischstücke denken läßt, viel zu plump, da es sich hier um jenes bißchen Feuchtigkeit handelt, die in feinen Kreisen als »Coulis« bezeichnet wird und niemals mit etwas so Profanem wie Kartoffeln oder Nudeln in Berührung kommt. Wie ein »Coulis« entsteht, wird im nachfolgenden Rezept beschrieben.

Bei aller Raffinesse solcher Gerichte möchte ich nicht verschweigen, dass in den Haushaltungen normalerweise die Garnelen ohne vorbereiteten Coulis in heißem Olivenöl gebraten werden, mit Cayenne und Safran gewürzt, wozu sich jede Menge durchgepresster Knoblauch gesellt. Glaubt es mir, diese Brot- und-Butter-Version ist gleichfalls wunderbar (siehe Rezept Seite 74).

Für 4 Personen:

pro Person ca. 150 g Garnelen (4 Stück),
1 – 2 Schalotten,
1/4 l Sauternes (oder Trockenbeerauslese),
1 Limette,
Olivenöl,
150 g eiskalte Butter,
Cayennepfeffer,
1 Gl. Weißwein,
Salz

Als Ergänzung zum Würzen des Coulis evtl. 1/2 TL Curry; oder Safran; oder Senf; oder Koriander (gemahlen)

1 Die – unbedingt rohen und nicht vorgekochten – Garnelen vorbereiten: Den Kopf abbrechen, vom Körper mit den Fingern oder mit einer Schere an der Unterseite die Beinchen entfernen und von dort aus die Schalen aufbrechen und abpellen. Den Schwanz vorsichtig drehen und abziehen; mit etwas Glück wird dabei auch gleich der dünne, dunkle Darm herausgezogen. Falls nicht, den Rücken oben hinten mit einem scharfen Messer leicht längs einschneiden; das legt den Darm frei und man kann ihn leicht herausziehen.

2 Die Schalotten häuten und in winzige Partikel schneiden. In 1 EL Butter oder in einer Butter/Öl-Mischung so lange köcheln, bis sie weich sind. Bloß nicht braun werden lassen! Dann mit 1 Glas Weißwein aufgießen und weiter köcheln, bis von der Flüssigkeit kaum noch etwas übrig ist.

3 Nun eine Flüssigkeit angießen, die dem Coulis später seinen Namen gibt. Also ein Glas Sauternes (»Garnelen in Rieusec«), oder weiche Tomatenstücke (»Coulis des tomates«) oder Portwein oder Nouilly Prat oder Limettensaft oder Kümmelbutter. Hier ist der Grund zu suchen, warum ehrgeizige Spitzenköche Fischgerichte mehr lieben als alles andere. Mit solchen Saucen kann man Eindruck machen, sie signalisieren hohe Kochkunst.

Aber wir sind noch nicht fertig mit dem Coulis. Nachdem wir ihn durch ein Glas Sauternes vor dem Eintrocknen gerettet haben, wird er durch ein Sieb gegossen und die Schalottenstückchen werden sorgfältig ausgepresst.

4 Die Flüssigkeit zurück in das Pfännchen gießen, erneut erhitzen, salzen und mit Limettensaft auffrischen. Jetzt entscheidet sich, wie stürmisch später der Beifall Ihrer Gäste ausfallen wird! Also voll konzentriert abschmecken und herausfinden, welches Aroma außer Salz, Pfeffer und Limette wohl noch den knackigen Garnelen zum irdischen Ruhm verhelfen kann. Vielleicht etwas Curry oder Safran oder Senf oder gemahlener Koriander oder ...

Zuletzt eiskalte Butterstückchen einmontieren (mit dem Schneebesen oder dem Mixer), und zwar immer abseits von der heißen Kochplatte, damit die Butter nicht gerinnt. Den fertigen Coulis warmstellen.

5 Nun kommen die Garnelen in die Pfanne. Obwohl wir es mit einem empfindlichen Produkt zu tun haben, darf das Öl rauchen. (Völlig risikofrei gart man Garnelen in einem dieser asiatischen Etagenkörbe aus Bast.)
Die Garnelen leicht salzen und pfeffern und – je nach Größe – auf jeder Seite wenige Minuten braten. Vorsicht: Sie sind gar, sobald sie fest werden! Sie sollten innen eher noch leicht glasig sein, dann sind sie am saftigsten. Die fertigen Garnelen in dem Coulis wälzen, mit dem kleinen Rest beträufeln und sofort servieren. Dazu passt Baguette und/oder Spinat.

Noch ein Wort zum Würzen des Coulis. dass an erster Stelle ein Sauternes erwähnt wird, mag verwundern. Ein süßer Wein zum Fisch? Aber ja doch. Das ist zwar ungewöhnlich, aber von der bürgerlichen Küche ist dieses Rezept ohnehin etwas entfernt. Die mit Limettensaft gemilderte Süße des Weins passt wunderbar zu Schalentieren. Es muss natürlich kein Sauternes sein (Rieusec), eine Beerenauslese vom Rheingau oder aus Franken tun es auch.

> Menüvorschlag:
> Käsesoufflé (Seite 121), Garnelen mit Coulis, Schokoladenparfait (Seite 428)

> Zu den Garnelen passt Beaucastel (weißer Chateauneuf-du-Pape).

Hauptgerichte 175

Garnelen provençalisch

Für 4 Personen:

ca. 600 g Garnelen (4 St. auf 150 g),
1–2 Tomaten,
1 dicke Knoblauchzehe,
Olivenöl, Butter,
Salz, Zucker,
1/4 TL Safran,
1 TL Pernod,
Cayennepfeffer
(Baguette)

Menüvorschlag:

Salade niçoise (Seite 25),
Garnelen,
Mousse-au-chocolat (S. 420)

Dazu passt ein weißer Côtes-de-Provence.

Garnelen sind merkwürdige Tiere. Sie sind nicht Fisch, nicht Muschel, und es gibt von ihnen verwirrend viele Abarten. Die bei uns am häufigsten angebotenen sind die in Italien ›scampi‹ und in Katalonien ›gambas‹ genannten zangenlosen Garnelen, die mit wachsender Größe ›Hummerkrabben‹ heißen. Daneben gibt es die zangenbewehrten, bei uns seltener angebotenen Langustinen, in Spanien ›cigalas‹ und bei uns auch ›Kaisergranat‹ genannt.
In diesem Rezept ist von Garnelen die Rede, und immer sind die dicken den dünnen Exemplaren vorzuziehen. Es gibt sie übrigens fast nur tiefgefroren bzw. aufgetaut; ich weiß auch nicht, warum. Man sollte sie nur roh in ihren graublauen Schalen kaufen. Die vor- oder angekochten Garnelen – ob mit oder ohne Schalen – erkennt man an ihrer rosa Farbe; sie haben fast jeglichen Eigengeschmack verloren.

1 Die Schalen der Garnelen mit den Fingern entfernen. Das ist ganz einfach: an der Unterseite – wo die Beinchen sitzen – aufbrechen; der Rest ähnelt dem Schälen eines hartgekochten Eis. Das dunkle Schwanzende abreißen, meist wird dabei auch der dünne Darm herausgezogen. Falls nicht, kann man – muss aber nicht – das dicke Schwanzende senkrecht einschneiden; dann erwischt man den Darm bestimmt.

2 In einer Pfanne eine großzügige Menge Olivenöl sehr heiß werden lassen. Die Garnelenschwänze hineinlegen (Vorsicht, es spritzt!). Salzen, mit Cayenne würzen (der Pfeffer sollte sich deutlich bemerkbar machen!) und mit 1 Messerspitze Safranpulver (bzw. 1/4 TL Safranfäden) bestreuen. Nach 1 Minute die Schwänze einzeln herumdrehen, wieder salzen. 1 dicke Knoblauchzehe über der Pfanne durchpressen und die Pfanne schütteln, damit sich die Zutaten vermischen. Nach 2 Minuten vom Feuer nehmen. Die Schwänze – sie sind leicht rosa geworden – mit einem Schaumlöffel herausheben und auf Tellern anrichten.

3 1 EL Butter in die Pfanne geben, aufschäumen lassen, 2 bis 3 EL Tomatenkonkassee dazugeben (siehe Seite 467), abschmecken. 1 TL Pernod oder Ricard sowie 1 Prise Zucker zugeben, kurz aufkochen und über die Garnelen gießen. Dazu gibt's nur Stangenbrot.

Hecht unter Sahne

Der Hecht hat so viel Eigengeschmack wie sonst nur der Lachs. Sein Nachteil sind die lästigen Gräten und die Tatsache, dass er zu den Magerfischen gehört und deshalb besonders empfindlich ist.
Aber trotz seiner wirklich unangenehmen Gräten, trotz der überdurchschnittlichen Sorgfalt, mit der er gegart werden muss, ist er eines der feinsten Tiere, die im Wasser groß und lecker werden. Ich behaupte (was zugegebenerweise keine revolutionäre Neuerung ist), dass er am besten schmeckt, wenn er im Ofen ohne Deckel mit sehr viel Sahne gedünstet wird.

Für 4 Personen:
1 Hecht
von ca. 2 kg,
200 g Sahne,
250 g Crème fraîche,
100 g gehackte Schalloten,
1 Glas Riesling,
Saft einer halben Zitrone,
Salz,
Butter

(schmale Bandnudeln)

Menüvorschlag:
Feldsalat mit Champignons und Nüssen
(Seite 15),
Hecht unter Sahne,
Tarte Normande
(Seite 440)

Zum Hecht unter Sahne passt sehr gut eine trockene Riesling-Auslese von der Mosel.

1 Damit der große Fisch überhaupt in eine Bratform passt, sollte der Händler ihn nicht nur ausnehmen und schuppen, sondern auch Kopf und Schwanz abschneiden.

2 Den Hechtrumpf innen und außen kräftig mit Salz abreiben und auf die beiden Bauchlappen in eine gut ausgebutterte enge Form (nicht auf ein Backblech) setzen, so dass der Rücken oben liegt. Dann den Wein an- und die Sahne über den Fisch gießen, die ihn nur benetzt und sich um ihn herum auf dem Boden der Form verteilt.

3 Nun eine große Tasse voll Schalotten in feine Würfel kleinschneiden und über den Fisch streuen. Dabei fällt ein großer Teil nach unten, das macht nichts. Erst jetzt die Crème fraîche über den Hecht löffeln, so dass möglichst viel auf dem Fisch liegen bleibt. Zögern Sie nicht bei der Crème! Denn in diesem Rezept wird geklotzt, nicht gekleckert. Später kann es von der herrlichen Sauce gar nicht genug sein!

4 Den Ofen vorheizen und den Fisch bei 200 Grad auf den untersten Rost stellen. Die Sahne soll um den Hecht herum leicht blubbern – leicht, nicht heftig! Mindestens 20 Minuten beträgt die Garzeit, und in dieser Zeit muss der Hecht immer wieder mit der Sahne-Wein-Mischung begossen werden.

5 Den Hecht aus dem Ofen nehmen und auf einer vorgewärmten Platte abstellen. Sahne und Schalotten aus der Bratform durch ein Sieb in eine Kasserolle drücken, die Sauce auf starkem Feuer schnell reduzieren, mit Zitronensaft und Salz abschmecken und über den Hecht gießen.

Der Hecht wird am Tisch tranchiert. Dabei wird das Fleisch an seiner dicksten Stelle sich nicht leicht von der Mittelgräte lösen lassen und noch etwas glasig sein. Das ist perfekt, denn wäre es dort völlig gar und fiele es leicht von der Gräte, würde es an den dünnen Stellen bereits zu trocken sein. Die Haut kann mitgegessen werden.

Dazu gibt es schmale Bandnudeln.

Hauptgerichte 177

Hecht – gedünstet und gebraten

Unter den Flussfischen ist der Hecht mit seinem kräftigen Fleisch der schmackhafteste. Das haben auch die Köche von früher erkannt, es gäbe sonst nicht so viele Variationen; es müssen wunderbar saubere Flüsse gewesen sein, damals, als es noch keine Kanalisation gab. Die alten Rezepte finde ich nicht so wunderbar. Zu oft wurde der Hecht gespickt. Wollten unsere an Deftiges gewohnten Vorfahren auch beim Fisch nicht auf den geliebten Speck verzichten? Wahrscheinlicher ist, dass Hechte, wie alle Fische, viel zu heiß und zu lange gekocht bzw. gebraten wurden und dadurch der Fisch austrocknete. Wir wissen das heute und richten uns danach.

Leider sind die Gräten eines Hechtes von besonderer Tücke; sie sind sehr dünn und gehen am Ende V-förmig auseinander. Deshalb kauft man beim Fischhändler am besten Hechtfilets ohne Haut und – hoffentlich – ohne Gräten. Die kann man dann in portionsgroße Stücke schneiden. Hier sind drei Rezepte: als Ragout gedünstet in Sahne und Crème fraîche, gebraten in Butter und mit Senfsauce.

Hechtragout in Sahnesauce

Für 4 Personen:

800-1000 g Hechtfilet

Für das Ragout:

200 g Sahne,
100 g Crème fraîche,
1 Zwiebel,
2 – 3 Lorbeerblätter,
Butter, Zitronensaft,
Bouillon, Salz

Für Hecht gebraten:

Mehl, Butter, Salz, Zitronensaft

Für die Senfsauce:

125 g Butter,
3 EL Sahne,
1 EL Löwensenf,
Cayennepfeffer,
Salz

1 Die Hechtfilets beliebig in handliche Stücke schneiden. 1 Zwiebel schälen und in kleine Würfelchen schneiden. In einer flachen Bratform 70 g Butter heiß werden lassen und die Zwiebelwürfel zusammen mit 2 bis 3 Lorbeerblättern in die Butter legen. Die Crème fraîche in der Sahne auflösen und in die Bratform gießen. Wenn alles erhitzt ist, die gesalzenen Fischstücke hineinlegen und mit der Sahne überlöffeln.

2 Die Bratform in den auf 200 Grad vorgeheizten Ofen schieben. Nach 5 Minuten die Hechtstücke wenden, nach weiteren 5 Minuten noch einmal. Nach 15 Minuten aus der Sahne nehmen, auf eine vertiefte Servierplatte legen und warmstellen. Das Fleisch ist jetzt noch ziemlich fest und so saftig, dass das Spicken von vorgestern vollends unverständlich erscheint.

3 Die Sahne in der Bratform durch ein Sieb in eine Kasserolle gießen. Sie ist schön dick eingekocht, wahrscheinlich zu dick. Deshalb jetzt ungefähr eine kleine Tasse Bouillon dazugeben sowie Zitronensaft. Wieviel, hängt vom Abschmecken ab, weniger als eine ganze Zitrone wird's kaum sein. Einmal durchkochen, abschmecken, und über die Hechtstücke gießen. Fertig. Kartoffeln sind dazu eigentlich nicht nötig, aber wenn, dann kein Püree, sondern Salzkartoffeln.

Begrüßenswert bei den älteren Hechtrezepten finde ich hingegen den Vorschlag, dazu Sauerkraut zu servieren. Eine köstliche Kombination, wie ich finde, auf die sich sowohl die sächsische als auch die alemannische Küche berufen können.

Hauptgerichte

Hecht gebraten

1\. Die Filets in portionsgroße Stücke schneiden, so dass jeder Esser zwei oder drei davon bekommt. Die Fischstücke auf ein Brett legen und salzen. Durch ein Haarsieb leicht mit Mehl bepudern.

2\. In einer oder zwei Pfannen eine großzügige Menge Süßrahmbutter heiß werden lassen. Damit darf nicht gespart werden, denn die Butter ist nicht nur zum Braten da, sie ist auch die Sauce. Schon allein deshalb darf sie auf keinen Fall dunkelbraun werden oder gar anbrennen! In diese heiße Butter die Fischstücke mit der bemehlten Seite nach unten legen. Während sie leise in der Butter zischen, auch die Oberseite salzen und bemehlen. Nach sehr kurzer Zeit – je nach Dicke der Filets, aber nach nicht mehr als 2 Minuten – die Filets wenden und etwas Zitronensaft über der Pfanne ausdrücken, und schon ist das Essen fertig. Wichtig für das Gelingen ist eine große Pfanne, in der die Fischstücke zum einfachen Wenden und zur Kontrolle der Butter genug Platz haben.

Hecht mit Senfsauce

1\. Die Filetstücke in einer kräftigen, heißen, aber nicht mehr kochenden Gemüsebrühe in 8 Minuten gar ziehen lassen.

2\. 125 g Butter in eine Kasserolle geben, darin 1 gehäuften EL Löwen- oder Dijonsenf bei geringer Hitze langsam zum Schmelzen bringen und dabei mit dem Schneebesen mehr verrühren als schlagen, 3 EL Sahne angießen und mit Cayenne und Salz abschmecken. Wenn es nach zuwenig aussieht, von allen Bestandteilen noch etwas dazugeben. Es kann nichts passieren, solange man auf mäßige Hitze achtet und ständig rührt.

Menüvorschlag:

Hühnersalat mit Oliven und Tomaten (Seite 20), eines der drei Hechtgerichte, Mascarponecreme mit Früchten (Seite 419)

Zum Hecht passt eine trockene deutsche Riesling-Spätlese oder ein Riesling aus dem Elsass.

Hauptgerichte

Hummer – gegrillt und gekocht

Eine der wichtigsten Landschaften für den Kulinariker ist die Bretagne – wegen der Austern und wegen der Hummern. Die bretonischen Hummern gelten bei den Köchen als die besten überhaupt. Sie sind kleiner als die Exoten aus fernen Meeren (dort ist meist das Wasser zu warm), aber herzhafter im Geschmack. Ob sie saftig sind oder trocken, zart oder faserig, hängt weniger von der Herkunft ab, sondern von ihrer Frische und von der Art ihrer Zubereitung.

Sie sollten sich im Bassin des Fischhändlers noch munter bewegen und nicht länger als einen halben Tag in feuchter Holzwolle kühlgestellt werden (nicht in der Badewanne; Süßwasser mögen sie nicht). Man kann sie kochen oder grillen – aber niemals zu lange. Nach meiner Erfahrung in Restaurants werden neun von zehn Hummern durch zu langes Kochen oder Grillen verdorben.

Ich bin gegen aufwendige und dominierende Saucen, weil der eigentliche Geschmack des Hummers nicht so robust ist, dass er sich immer durchsetzen würde. Die klassischste ist die Mayonnaise, und wenn die von der Hausfrau selbst hergestellt wird, ist dagegen trotz ihres altmodischen und kalorienreichen Charakters überhaupt nichts einzuwenden. Meine Lieblingsversionen sind simpel: mit Schalottenbutter oder mit Basilikumöl – das eine Mal gegrillt, das andere Mal gekocht.

Hummer mit Schalottenbutter

Für 4 Personen:

2 Hummer à 600–700 g

Für die Schalottenbutter:

1 Handv. Schalotten, 300 g Butter, Salz

Für die Basilikumsauce:

2 große Tomaten, 2 kleine Schalotten, 1 Bund Basilikum, Olivenöl, Pfeffer, Zitronensaft, Salz

1 Die beiden Hummer – mit den noch zusammengebundenen Scheren – nacheinander kopfüber für 1 Minute in kochendes Wasser werfen. Herausnehmen, etwas abkühlen lassen, die beiden Scheren abhacken (auch das Band kann jetzt weg) und die Hummer dann der Länge nach mit einem schweren Messer in zwei Hälften schneiden. Das kracht ein wenig, ist aber nicht schwierig. Die beiden Hälften sofort auf die Seite legen, damit möglichst wenig Saft ausläuft. Die dünnen Beinchen lohnen den Aufwand nicht, man kann sie eigentlich wegwerfen. Das gilt auch für den gesamten Kopfteil, darin ist kaum Eßbares, aber wegen des vollständigeren Aussehens kann man die Vorderteile beim Grillen noch dranlassen.

2 So viele Schalotten schälen und in winzige Partikel schneiden, dass sich pro Hummer 3 EL voll ergeben. In einer Pfanne die Butter erhitzen, salzen und darin die Schalotten in ungefähr 20 Minuten sanft gar köcheln lassen.

3 Die Hummerhälften nebeneinander auf ein Backblech legen, etwas Schalottenbutter darübergießen und bei höchster Oberhitze unter den Grill schieben. Nach 5 bis 6 Minuten sind die Hummer fertig; das Fleisch kann noch etwas glasig sein, um so saftiger ist es. Dazu gibt's die Schalottenbutter und sonst nichts außer Baguette.

Die Scheren ohne Gewürz in Öl für 10 Minuten in der Pfanne braten und mit dem Nussknacker aufgeknacken.

Hummer mit Basilikumöl

1 Zunächst die Sauce vorbereiten: Die Tomaten kurz mit kochendem Wasser überbrühen, enthäuten, das Innere samt Kernen entfernen und das Fleisch in kleine Würfel schneiden. Von dem Bund Basilikum vier schöne Blätter aussuchen und beiseite legen, den Rest mit dem Kochmesser kleinhacken und in 1 Tasse Olivenöl marinieren. Die 2 Schalotten schälen und in winzige Partikel schneiden.

2 Die Hummer in einen großen Topf mit sprudelnd kochendem Salzwasser werfen und 8 Minuten kochen. Nicht länger! Wenn sie soweit abgekühlt sind, dass man sich nicht mehr die Finger verbrennt, werden sie auseinandergenommen. Die Scheren und die Beine aus dem Panzer drehen, den Schwanz aus dem Rückenteil. Vorsichtig aufbrechen (man kann sich schneiden!) und das Fleisch herauslösen. Die Scheren mit einem Nussknacker oder einer Zange behutsam aufbrechen und das Fleisch herausziehen. Den Schwanz in dicke Scheiben schneiden, die Scheren bleiben intakt. Der Hummer ist immer noch warm, und so soll er auch gegessen werden.

3 Die Hummerstücke gerecht auf den Tellern verteilen. Darauf und daneben die Tomatenwürfel, darüber die Schalottenpartikel. Leicht salzen, etwas pfeffern (schwarz, aus der Mühle), mit etwas Zitronensaft beträufeln und über alles das Basilikumöl gießen. Die Einzelblätter kommen als Dekoration hinzu und dann wird gegessen.

Nicht nur die Hummerstücke sollten lauwarm sein, auch Olivenöl verströmt sein Aroma mit dreifacher Kraft, wenn es erwärmt wird. Und wenn der Fischhändler Algen vorrätig hat, gebe ich davon vorher eine Handvoll in die Sauce. Die Algen sehen aus wie dünne Böhnchen und werden nicht gekocht, nur gewaschen.

Vorschlag für ein sommerliches Festmenü:

Sommerliche Gemüseplatte (Seite 149), Kürbiscrème (Seite 49), Hummer, Summer Pudding (Seite 437)

Zum Hummer passt ein großer Chardonnay.

Hauptgerichte

Lachs – gebraten oder gedünstet

Der gute alte Lachs. In der guten alten Zeit mussten die Arbeitgeber im Rheinland ihrem Personal in ihren Arbeitsverträgen schriftlich versichern, dass sie nicht öfter als dreimal in der Woche Lachs aufgetischt bekämen. Das waren noch Zeiten.

Es gibt ihn zwar fast nur noch als Produkt aus norwegischen und schottischen Zuchtfarmen, aber sogar die Zuchtlachse schmecken noch gut, wenn man sich nicht an Wildlachse erinnert. Auch sind sie leicht zuzubereiten. Es wäre sicherlich kühn zu behaupten, sie seien unverwüstlich, weil ein untalentierter Koch alles verwüsten kann, was er verwüsten will. Aber im Vergleich zur empfindlichen und faden Forelle ist ein Lachs ein robuster Geselle mit unverwechselbarem Wohlgeschmack. Auf diesen und den folgenden beiden Seiten sind Rezepte für fünf verschiedene, auf ihre Art gleich köstliche Lachsgerichte.

Lachs mit Kartoffelpüree und Parmesan

**Für 2 Personen
Lachs mit Püree:**

1 Lachsfilet à 300 g,
500 g Kartoffeln,
50 g getrocknete Tomaten,
1 Knoblauchzehe,
1 Schalotte, 10 schwarze Oliven,
70 g Crème fraîche,
Basilikum, Olivenöl,
Pfeffer, Salz

Dazu passt Grauburgunder.

1 Die Kartoffeln waschen und in der Schale in Salzwasser garen.

2 Die getrockneten Tomaten in kleine Streifen schneiden und mit 3 EL Olivenöl mischen. Die Schalotte schälen und in kleinste Partikel schneiden. Die Knoblauchzehe schälen und im Mörser mit Salz zerdrücken. Die Oliven entkernen und in kleine Stücke schneiden. 1 Handvoll Basilikum kleinhacken.

3 Vom Lachsfilet den fettigen Rand abschneiden, mit einer Pinzette die noch verbliebenen Gräten ziehen. Das Filet in vier Streifen schneiden.

4 Die Kartoffeln pellen. Die kleingehackte Schalotte mit dem Knoblauch in 1 bis 2 EL Olivenöl andünsten, die Kartoffeln und die Crème fraîche dazugeben und mit dem Stampfer grob zerdrücken. Die Tomatenstreifen samt Öl, das kleingehackte Basilikum und die kleingeschnittenen Oliven einrühren; pfeffern, salzen und erwärmen.

5 Die Lachsfilets salzen und pfeffern und in einer Pfanne mit 2 EL heißem Olivenöl auf der Hautseite langsam braten, bis sie von unten herauf zu einem Drittel weiß geworden sind; für 1-3 Minuten mit Deckel weiterbraten, je nach gewünschtem Garzustand. Zusammen mit dem Püree auf vorgewärmten Tellern anrichten. Basilikum darüberzupfen und alles mit Olivenöl beträufeln.

Lachs mit Blattspinat

1. Blattspinat verlesen, waschen und in einem großen Topf bei großer Hitze unter Umrühren zusammenfallen und in einem Durchschlag abtropfen lassen. In einem kleineren Topf 1 EL Butter erhitzen und mit 1 zerdrückten Knoblauchzehe, Salz und Pfeffer würzen. Den Spinat ausdrücken und kurz vor dem Servieren mit der Butter mischen und mit etwas Zitronensaft beträufeln.

2. Die weißlichen, dünnen Abschnitte an den Lachsfilets wegschneiden, Oberseite mit der Fingerkuppe nach Gräten absuchen und mit einer Pinzette herausziehen. Mit etwas Zitronensaft beträufeln, salzen und leicht pfeffern.

3. 2 EL Salzbutter in einer Pfanne erhitzen, bis sie leicht schäumt. Die Lachsfilets mit der Hautseite nach unten hineinlegen und die Oberseiten mit der heißen Butter belöffeln (die Butter darf nicht braun werden!). Mit einem Löffel je 1 EL Crème fraîche auf den Filets verteilen. Mit wenig Paprika und roten Pfefferkörnern bestreuen.

4. Den Garprozess beobachten; sind die Filets von unten herauf bis etwa zur Hälfte weiß, mit der Bratbutter belöffeln und sofort mit dem Spinat servieren.

> Zum Lachs mit Kräutern passt ein voller Chardonnay.

Lachs mit Kräutern

1. Lachsfilet enthäuten, entgräten, dunkle Stellen und seitliche Fettlappen entfernen, in 4 Teile schneiden, salzen und leicht pfeffern. Die Lachsstreifen mit je 1/2 Knoblauchzehe, 1 Lorbeerblatt sowie 1 Thymianzweig belegen, mit Olivenöl beträufeln, jeweils auf ein Stück Backpapier legen und zu 4 Tütchen zusammenfalten.

2. 2 Knoblauchzehen durchpressen und mit Salz, Pfeffer, 3 TL Zitronensaft, 1 EL Balsamico, 4 EL Olivenöl verrühren. Basilikum, Petersilie und etwas Minze kleinhacken.

3. Die Lachstütchen im auf 200 Grad vorgeheizten Ofen auf einem Backblech 7 Minuten garen lassen. Aus den Tütchen nehmen, mit der Vinaigrette beträufeln, mit den Kräutern bestreuen und servieren. Dazu passt geröstetes, mit Butter bestrichenes Weißbrot.

> **Für 2 Personen Lachs mit Blattspinat:**
>
> 2 Lachsfilets à 200 g,
> 500 g Blattspinat,
> 1 EL Butter,
> 1 Knoblauchzehe,
> Zitronensaft,
> 2 EL Crème fraîche,
> 2 EL Salzbutter,
> rote Pfefferkörner, Paprika, Salz

> **Für 2 Personen Lachs mit Kräutern:**
>
> 1 Lachsfilet à 400 g,
> 4 Knoblauchzehen,
> 4 Lorbeerblätter,
> Basilikum, Thymian, glatte Petersilie, Minze, Aceto Balsamico, Olivenöl, Pfeffer, Salz, Zitronensaft

Hauptgerichte

Lachs in Schalottensahne

Nichts nimmt ein Fisch so übel, wie wenn er dilettantisch zubereitet wird. Fisch ist kein Fleisch, wurde aber (und wird noch immer) gebraten wie ein Steak oder gekocht wie eine Ochsenbrust. Erst die jungen, modernen Köche haben uns die Augen geöffnet; zuerst in der Spitzengastronomie wurde erkannt, wie empfindlich Fische sind und wie köstlich sie zubereitet werden können. Auch bei diesem Rezept für einen ganzen Lachs ist die Sensibilität des Fisches zu beachten; aber unter den Fischen ist der Lachs ein relativ robuster Bursche, der einem so schnell nichts übel nimmt.

Bei diesem Gericht handelt es sich um ›Grande Bouffe‹, um ein Essen für ausgehungerte Leckermäuler, für die ein Löffel Sahne mehr oder weniger keine Affäre ist. Dazu brauche ich einen ganzen Lachs, Schalotten und nicht zu wenig Sahne und Crème fraîche. Trotzdem zögere ich, dieses Gericht als deftig zu bezeichnen. Es ist üppig, gewiss; ein voluminöses Hauptgericht. Aber eins von der edlen Sorte.

Wie groß bzw. wie schwer der Lachs sein muss, hängt logischerweise von der Zahl der Esser ab. Das bedeutet aber auch: Für weniger als 4 Personen ist dieses Gericht nicht machbar, denn so kleine Lachse gibt es nicht. 6 Personen wiederum brauchen einen so großen Lachs (ca. 3 kg), dass er nicht mehr in den Backofen passt, ohne Kopf und Schwanz abzuschneiden; eine für die Ästhetik gravierende Operation. In diesem Fall nimmt man besser zwei kleinere Babylachse von je rund 1,5 Kilo.

Für 4 Personen:

1 Lachs von 2 kg,
300 g Schalotten,
1/2 l Sahne,
1/4 l Crème fraîche,
1/8 l Riesling,
Butter für die Form,
Salz

(schmale Bandnudeln)

Mein Tipp: Für 2 Personen geht dieses Rezept ebensogut mit einem Zander; er braucht nur 20 Minuten im Ofen.

1 Zunächst geht es um die Auswahl der richtigen Bratform. Sie sollte nicht viel größer sein als der Fisch, da die Sahne sich sonst zu sehr auf dem Boden ausbreiten und schnell verkochen oder gar anbrennen würde. Deshalb ist auch das Backblech des Ofens nicht geeignet. Wer aber keinen schmalen, langen Fischbräter hat, kann sich auch anders behelfen: Er bastelt aus doppelter oder dreifacher Alufolie ein entsprechendes Schiffchen mit hochgebogenen Rändern. Den Backofen schon jetzt auf ca. 200 Grad vorheizen.

2 Die Schalotten schälen und mit einem scharfen Messer kleinschneiden. Das darf auf keinen Fall mit einer Hackmaschine geschehen. Die Schalotten sollen nicht zerquetscht und zermatscht, sondern in sehr kleine und saubere Partikel geschnitten werden. Die Arbeit ist nicht groß, die Menge schon eher. Für 4 Personen sollte es schon eine Tasse voll kleingeschnittener Schalotten sein.

3 Die Bratform mit weicher Butter ausstreichen. Den (vom Fischhändler schon ausgenommenen) Lachs kurz unter kaltem Wasser abspülen und mit Küchenkrepp trockentupfen. Von außen und von innen nicht zaghaft salzen und mit dem Rücken nach oben in die Bratform setzen; dabei dienen die auseinandergeklappten Bauchlappen als seitliche Stütze. Darüber und daneben die kleingeschnittenen Schalotten streuen, ein kleines Glas trockenen Weißwein angießen und über alles die Sahne-Crème fraîche-Mischung.

Wieviel von jeder Sorte, ist hier nicht so wichtig. Man kann auch erst die Sahne über den Fisch gießen und dann die Crème fraîche über den Rücken des Fischs verteilen. Wichtig ist nur: Die Sahnemischung muss, wenn sie am Fisch herunterläuft, den Boden gut bedecken, der Fisch selber muss ebenfalls von ihr bedeckt sein; schon allein deshalb ist die dicke Crème fraîche nötig. Den Fisch in seiner Sahnepfütze in den vorgeheizten Ofen schieben, am besten auf den Boden. Die Hitze ist richtig, wenn die Sahne um den Fisch leicht blubbert. Starkes Brodeln bedeutet zu große Hitze, leises Simmern ist zu wenig. Also immer wieder kontrollieren.

4 Von Zeit zu Zeit Konsistenz und Geschmack der Sahne prüfen. Sie soll sich nicht zu schnell reduzieren und darf nicht zu spät gewürzt werden. Also eventuell nachsalzen und gegebenenfalls neue Sahne oder Crème fraîche dazugeben.

5 Die Garzeit beträgt zwischen 30 und 50 Minuten, je nach Größe des Fisches und wieweit man ihn durchgegart haben will. Da er hinter dem Kopf dick und am Schwanzende dünn ist, wird er ungleichmäßig gar. Das ist aber meist kein Problem, da am Tisch fast immer jemand sitzt, der seinen Fisch mehr »durch« haben möchte.

6 Den Fisch herausnehmen, auf eine vorgewärmte Servierplatte legen und im ausgeschalteten, offenen Ofen warmstellen. Die Sahne und die Schalottenstückchen durch ein feines Sieb in eine Kasserolle gießen, dabei die Schalotten gut ausdrücken. Die Sahne stark einkochen lassen; wenn sie zu dünn ist, noch etwas Crème fraîche zugeben. Abschmecken. Wenn Crème und Wein nicht für genügend Säure gesorgt haben, mit etwas Zitronensaft ausgleichen; sonst nichts.

Bevor man den Lachs zu Tisch bringt, zieht man ihm die Haut ab; das geht leicht und schnell. Der Lachs leuchtet in saftigem Rosa, die Sauce kommt in eine Saucière daneben, und dazu gibt's schmale Bandnudeln.

Menüvorschlag:

Rucola mit Nüssen und Parmesan (Seite 24), Lachs in Schalottensahne, Vanilleparfait mit Himbeersauce (Seite 423)

Versuchen Sie zum Lachs einmal einen Wachauer Riesling Smaragd.

Lachs – pochiert im Sud

Die deutsche Vorliebe für Gebratenes hat ihre Gefahren. Denn weder geht es schnell, noch ist es einfach. Im Gegenteil ist das Braten wohl die riskanteste Kochtechnik, weil nämlich Nahrungsmittel auf heißes Fett sehr verschieden reagieren. Vor allem Fische mögen es gar nicht. Es sei denn, sie sind von vorne bis hinten gleichmäßig dick, wie Seezungenfilets, oder haben ein besonders festes Fleisch, wie Seeteufel. Beim Lachs hat festes Fleisch eigentlich nur der Wildlachs. Den gibt es aber leider nur noch selten zu kaufen und ist überdies sehr teuer.
Man geht deshalb ein sehr viel geringeres Risiko ein, wenn man den Lachs in einem Sud garziehen lässt. Von seinem unverwechselbaren Geschmack verliert er dabei nichts, gewinnt aber noch an Zartheit und Delikatesse. Außerdem ist er sehr dankbar für feine Saucen, wie diese beiden Beispiele zeigen.

Lachs mit Meersalz und Olivenöl

Für 2 Personen:

2 Lachskoteletts
à 200 g,
1 Zwiebel,
1 Lauchstange,
1 Karotte,
1 Tomate,
1 kl. Stück Sellerie,
1 Glas Weinessig,
Olivenöl, Salz,
schwarzer und
weißer Pfeffer,
Meersalz

1 Gemüse putzen, kleinschneiden und in 1 Liter kräftig gesalzenem und gepfefferten Wasser mit 1/2 Tasse Weinessig für mindestens 1 halbe Stunde gründlich auskochen, dann die Flüssigkeit durch ein Sieb gießen und eventuell noch einmal nachwürzen. Die Brühe muss fast überwürzt schmecken, wenn man den Fisch hineinlegt, weil er bei der Kürze der Garzeit sonst kein Aroma annehmen würde.

2 Von den Lachskoteletts die weißlichen, fetten Bauchlappen wegschneiden und die Koteletts in dem Gemüsesud für 5 bis 6 Minuten ziehen lassen. Die Brühe darf nicht kochen; nicht einmal simmern! Der Fisch gart bei 70 Grad. Herausnehmen und warmstellen.

3 3 Tassen Fischsud und 1 Tasse Rotweinessig in einer Sauteuse auf ein Drittel einkochen lassen. Vom Feuer nehmen, pfeffern, einen kräftigen Guss eines fruchtigen Olivenöls hinzufügen, umrühren, über die Lachskoteletts gießen und diese mit grobem Meersalz bestreuen.
Eventuell Pellkartoffeln dazu reichen. Kein Gemüse; kein Salat.

Dazu passt ein kräftiger Riesling.

Lachs mit Sauerampfersauce

1 Zuerst wird die Sauce vorbereitet: Die Zutaten bestehen aus je 1/8 l Fischfond (gleich vom Fischhändler mitbringen), Weißwein und Wermut; 1 EL gehackter Schalotte, Salz und Pfeffer. Die drei Flüssigkeiten in einer Kasserolle mit der Schalotte zum Kochen bringen und so lange reduzieren, bis sich der Fond sirupartig verdickt. Durchsieben und ausdrücken. Etwas Sahne angießen, einkochen, neue Sahne, und so weiter, bis die Sahne aufgebraucht ist und ebenfalls eine sämige Konsistenz erreicht hat. Dabei salzen und pfeffern.

2 Je 1/2 Liter Wasser und Weißwein sowie 1/4 l Weißweinessig mischen und kräftig salzen und pfeffern. Subtile Aromen wären hier wirkungslos, weil die Garzeit auch beim dicken Kotelett so kurz ist, dass sie vom Fisch gar nicht angenommen würden. Also sauer und salzig. Und scharf. Diesen Sud in einem Topf zum Kochen bringen, in dem die Lachskoteletts nebeneinander Platz haben. Die Stücke einlegen und den Topf vom Feuer nehmen. 8 bis 12 Minuten – das richtet sich nach der Dicke der Stücke – ziehen lassen, und der Fisch ist gar. Das Fleisch ist außen hell- und innen dunkelrosa. Der dunkle Kern ist wunderbar saftig und schmeckt trotzdem nicht roh. Weil Lachs, im Gegensatz zu vielen anderen Fischen, einen Eigengeschmack hat. Früher hat man Lachs wohl in ständig kochendem Wasser gegart, da blieb ihm nichts anderes übrig, als strohtrocken zu werden.

3 Den Sauerampfer von verwelkten Rändern säubern, waschen, in 4 cm breite Bahnen schneiden, aufeinander legen, in schmale Streifen schneiden und wieder waschen. Tropfnass in einen trockenen, heißen Topf geben und zusammenfallen lassen. Abtropfen und unter die reduzierte Sahne mischen. Die Lachskoteletts enthäuten, auf Tellern anrichten und mit der grünweißen Sauce umgießen. Dazu Salzkartoffeln, wenn es denn sein muss.

Für 2 Personen:

2 Lachskoteletts à 200 g,
je 1/8 l (gekaufter) Fischfond,
Weißwein u. Wermut,
50 g Sauerampfer,
1 Schalotte,
1/2 l Sahne,
Pfeffer, Salz;

Für den Sud:

1/2 l Weißwein,
1/2 l Wasser,
1/4 l Weißweinessig;
Salz, Pfeffer

(Salzkartoffeln)

Menüvorschlag:

Vitello tonnato (S. 160),
Lachs mit Sauerampfer,
Zitronenschaum (S. 451)

Dazu passt Puligny-Montrachet.

Hauptgerichte

Lachs mit Walnüssen

An Prächtigkeit nimmt es ein großer Lachs mit jeder Gans auf. Deshalb ist er auch für ein Weihnachtsmenü so gut geeignet. Wenn er auf einer Platte an den Tisch getragen wird, von der Großfamilie mit Spannung erwartet, dann kommt das dem Auftritt eines Superstars sehr nahe. Leider passen die großen Fische nicht in unsere bescheidenen Backöfen. Es gibt aber auch kleinere Lachse. Man nennt sie Baby-Lachse. Sie sind ungefähr 1,5 Kilo schwer, das reicht für vier Personen. Und sitzen tatsächlich einmal acht am Tisch, so haben zwei kleine nebeneinander immer Platz im Ofen. Vielleicht muss man Kopf und Schwanz abschneiden, weil der Bräter nicht lang genug ist.

Der Lachs ist, wie der Aal und der Seeteufel, ein eher robuster Bursche. Auf zu große Hitze reagiert er ähnlich sensibel wie andere Fische – er wird dann schnell trocken –, aber man muss ihn weder mit der Stoppuhr in der Hand garen, noch schadet ihm eine Überdosis an Gewürzen. Lachs schmeckt immer nach Lachs, so wie eine Gans immer nach Gans schmeckt. Deshalb kann ich ihm auch eine ungewöhnliche Sauce zumuten: Diese besteht aus frischen Champignons, grob gehackten Walnusskernen, frischen Lorbeerblättern, Hühnerbouillon, Sherry, Zitronensaft sowie Butter und Sahne.

Für 4 Personen:

1 Babylachs von 1,5 kg,
250 g frische Champignons,
100 g Walnusskerne,
2 frische Lorbeerblätter,
ca. 1/2 l Hühnerbrühe,
1 Zitrone,
1 Glas Sherry,
bis zu 1 Becher Sahne,
3 EL Butter,
weißer Pfeffer,
Salz

(Petersilienkartoffeln)

1. Zuerst geht es um die Auswahl der richtigen Bratform. Sie sollte nicht viel größer sein als der Fisch, da die Sauce sich sonst zu sehr auf dem Boden ausbreiten und schnell verkochen oder gar anbrennen würde. Deshalb ist auch das Backblech des Ofens oder eine größere, rechteckige Reine nicht geeignet. Am besten wäre ein langer, schmaler Fischbräter. Wer aber keinen solchen hat, nimmt entweder den hohen Deckel eines ovalen Schmortopfes, oder er bastelt aus doppelter oder dreifacher Alufolie ein entsprechendes Schiffchen mit hochgebogenen Rändern.

2. Den Backofen schon jetzt auf 210 Grad vorheizen.

3. Sodann werden die Walnusskerne mit einem schweren Kochmesser zerhackt. (Nicht in der Nussmühle mahlen; dies ist kein Müsli!) Also grob hacken. Die Champignons putzen und ebenfalls kleinhacken. In einer großen Pfanne 2 EL Butter heiß werden lassen. Darin die Champignons bei großer Hitze anbraten. Bei zu geringer Hitze ziehen die Champignons zuviel Feuchtigkeit und werden suppig; deshalb bei starker Hitze braten, aber ständig wenden, damit sie nicht anbrennen und schwarz werden.

4. Wenn die Champignons eine hellbraune Farbe angenommen haben, den Saft einer Zitrone und die Lorbeerblätter zugeben (es sollten frische sein; getrocknete sind zu schwach), salzen und leicht pfeffern (weiß, aus der Mühle). Jetzt die Nüsse untermischen, ein Glas Sherry anschütten und alles etwas einkochen lassen.

5. Sobald die Masse trocken zu werden droht, Hühnerbouillon angießen und eventuell nachsalzen. Es sollten jetzt ungefähr 1/2 l Sauce in der Pfanne sein. Vom Feuer nehmen und beiseite stellen.

6 Den Lachs unter fließendem kalten Wasser abwaschen, mit Küchenpapier trockentupfen und von innen und außen salzen. In die Bratform legen und mit der vorbereiteten Sauce über- und umgießen. Die Bratform – mehr symbolisch als luftdicht – mit Alufolie abdecken und in die Mitte des 210 Grad heißen Ofens schieben.
(Man sollte mit Hilfe eines Ofenthermometers unbedingt feststellen, ob der Ofen auch die richtige Temperatur hat; besonders ältere Öfen erreichen oft bei weitem nicht die eingestellte Hitze; ein solches – im Backofen seitlich aufstellbares – Thermometer gibt es preiswert in Haushaltswarengeschäften).

7 25 bis 30 Minuten später ist der Fisch gar. Vorsichtig auf eine Servierplatte schieben und die Haut abziehen. Das ist unerlässlich; denn erstens sieht so ein rosa Nackedei höchst appetitlich aus, und zweitens sollte sich die Familie (oder die Gäste) nicht mit der Fischhaut abmühen müssen. Den Fisch wieder zudecken und im abgeschalteten Ofen bei offener Ofentür warmstellen.

8 Nun wird die Sauce vervollständigt. Den Saft aus der Bratform in eine Sauteuse gießen, alles noch etwas einkochen und abschmecken: Noch etwas Zitronensaft? Warum nicht. Mehr Sherry? Her damit! (Noch einmal, für alle Alkoholgefährdeten: Durch das Aufkochen verschwindet Alkohol aus jeder Sauce, weil er schon bei 70 Grad verfliegt). Erst ganz zum Schluss kommt die Sahne dazu. Wieviel, lässt sich nicht vorhersagen. Ist die Sauce sanft gewürzt und leicht suppig (was sie eigentlich nicht sein sollte), nur wenig Sahne nehmen. Bei einer kräftigen Sauce aber darf es bis zu einem Becher sein. Die fertige Sauce um den Fisch herum gießen oder getrennt servieren. Dazu gibt es in Butter geschwenkte und mit Petersilie bestreute Kartoffeln.

Vorschlag für ein Weihnachtsmenü:

Feldsalat mit Geflügelleber (Seite 14), Nudeln mit Radicchiosauce (Seite 133), Lachs mit Walnüssen, Printencrème (Seite 430)

Zum Lachs passt gut eine trockene Riesling-Auslese.

Lachsforelle mit Limonen

Für 4 Personen:

1 große oder
2 kleinere
Lachsforellen,
2 Limonen
(Limetten),
Weißwein,
Zitronensaft,
Butter, Salz

(Salzkartoffeln;
Blattspinat)

Menüvorschlag:

Gemüserisotto
(Seite 109),
Forelle/Limonen,
Crêpes Suzette
(Seite 391)

Zur Lachsforelle passt ein Vouvray sec.

Es gibt Bach-, See-, Meer- und Regenbogenforellen, aber alle entstammen inzwischen der kontrollierten Aufzucht. Und vom Originalgeschmack einer Bachforelle, den der alte Waltherspiel noch für so köstlich hielt, dass er davor warnte, eine Forelle anders als in purem Salzwasser zu kochen, haben wir keine Vorstellung. Wir begnügen uns mit den Produkten der Züchter. Und manchmal sind die gar nicht einmal so schlecht.

Die Lachsforelle ist eine Regenbogenforelle, deren Größe und rosa Fleisch durch entsprechendes Futter erreicht wird. Eine große Lachsforelle von 1–1,2 kg oder zwei kleinere reichen für 4 Personen. Das erspart Arbeit.

1 Den (oder die) Fisch(e) unter kaltem Wasser abspülen, abtupfen, von innen und außen salzen und einzeln auf ein großes Stück Alufolie legen. Pro Fisch eine Limone in dünne Scheiben schneiden und damit den Fisch dicht belegen. Einige ebenso große Scheiben Süßrahmbutter obenauf legen, aus der Folie eine Art Schiffchen bilden und 2 EL trockenen Weißwein hineingießen. Die Folie oben gut verschließen, damit vom Saft nichts auslaufen kann.

2 Eine passende Bratform, in der die eingepackten Fische nebeneinander liegen können, im auf 200 Grad vorgeheizten Ofen heiß werden lassen, das (die) Fischpaket(e) hineinlegen und wieder in den Ofen schieben. In 15 bis 20 Minuten ist der Fisch gar.

3 Die Folie(n) über einer Kasserolle öffnen und darin den Saft auffangen. Diesen kurz aufkochen und abseits vom Feuer kalte Butterstückchen mit dem Schneebesen hineinrühren. Wenn nachgewürzt werden muss, dann nur mit Salz und Zitronensaft. Das muss schnell gehen, denn Fische warten nicht gern. Die Limonenscheiben entfernen und die Haut vom Fisch abziehen; zerteilt wird er erst am Tisch. Das bißchen Sauce über die ausgelösten Filets gießen und dazu Salzkartoffeln und buttrigen Blattspinat servieren.

Loup-de-mer auf Fenchel

Für 4 Personen:

1000 g Seewolf (Loup-de-mer) bzw. 2 ganze Fische,
3 Tomaten,
1 Fenchelknolle,
1 EL Tapenade (aus dem Feinkostladen),
1 Knoblauchzehe,
Olivenöl,
schwarzer Pfeffer,
Salz

(Baguette)

Vorschlag für ein sommerliches Festmenü:

Salat von Keniabohnen (Seite 29),
Seewolf auf Fenchel,
Mascarponecrème (Seite 419)

Zum Loup-de-mer auf Fenchel passt sehr gut ein weißer Crozes-Hermitage.

Von den Mittelmeerfischen ist der Loup – Seewolf – zusammen mit der Goldbrasse der schönste. Er sieht aus wie von einem Laien gemalt: So und nicht anders hat ein Fisch auszusehen! Dass er ein Raubfisch ist, ahnt man am finster-drohenden Blick, den er auch ausgenommen noch hat.
Aber er ist nicht nur von schöner Gestalt, sondern er hat auch einen sehr delikaten Geschmack. Nicht umsonst ist er in besseren Restaurants das Paradestück. Seine Schwäche ist sein nicht sehr festes Fleisch, was bedeutet, dass der Grat zwischen noch saftig und schon trocken sehr schmal ist. Eine in den Mittelmeerländern beliebte und leider sehr schwierige Zubereitungsart ist das Grillen. Ich gehe bei diesem Rezept auf Nummer Sicher. Im übrigen ist die Kombination von Loup mit Fenchel an der Côte d'Azur und in der Provence so üblich wie die von Schellfisch mit Senfsauce im Norden.

1 Die Tomaten kurz mit kochendem Wasser überbrühen, enthäuten und in Scheiben schneiden. Von der Fenchelknolle die beiden äußeren, dicken Blätter entfernen und die Knolle ebenfalls in Scheiben schneiden. Die fallen sofort auseinander, aber das macht nichts. Den Backofen auf 210 Grad vorheizen.

2 In einer flachen, länglichen Gratinform den Boden mit den Tomatenscheiben auslegen und salzen. Darauf den Fenchel verteilen und mit grobem, im Mörser zerstoßenen Pfeffer bestreuen. Die Gemüse mit 1/2 Tasse Olivenöl begießen, die Form in den vorgeheizten Ofen schieben und für ungefähr 20 Minuten schmoren lassen.

3 Die Fische von innen und außen gründlich salzen. 1 guten EL Tapenade (ein Püree aus schwarzen Oliven, Kapern und Anchovis; aus dem Feinkostladen) mit der durchgepreßten Knoblauchzehe und etwas Olivenöl mischen und auf den Oberseiten der Fische verstreichen.

4 Die Gratinform mit den geschmorten Gemüsen kurz aus dem Ofen holen, die Fische auf das Gemüsebeet legen, mit 1/2 Tasse Olivenöl übergießen und in den heißen Ofen zurückschieben. Nach ungefähr 10 Minuten die Hitze auf etwa 180 Grad reduzieren. Die Garzeit für die Fische beträgt zirka eine halbe Stunde. Dann lassen sich die Flossen leicht aus dem Körper ziehen. Die Fische dürfen nicht verbrennen! Sonst mit Alufolie abdecken! Jede Art der Beilage würde den Dreiklang von Fisch, Olivenöl und Fenchel stören; deshalb nur Weißbrot zum Auftunken des köstlichen Saftes.

Hauptgerichte

Paella

Die ›Paella‹ war ursprünglich ein bäuerliches Gericht, das in flachen Metallpfannen (daher der Name) zubereitet wurde. Dahinein kam neben dem selbstangebauten Reis alles, was der Landbevölkerung wechselweise gerade so zur Verfügung stand – am seltensten Fisch, wenn man nicht gerade in Meeresnähe zu Hause war.

Eine echte Paella muss über offenem Feuer garen, weil sie nur dadurch das feine Raucharoma annehmen kann. Zudem sorgt die konzentrierte Hitze dafür, dass der Reis in der Mitte der Pfanne anbrennt und so die ›socarrada‹ entsteht, die beliebte Kruste, ohne die eine Paella nur der halbe Genuss sein soll (?). Ersteres stimmt, aber es geht auch im Ofen. Auf die angebrannte Kruste aber verzichte ich lieber.

Einem aber kann ich nur zustimmen: Der Reis muss ›seco‹, also trocken sein, und er soll möglichst viel vom Aroma der mitgebratenen und gekochten Zutaten in sich aufgesogen haben. Deshalb essen viele Spanier lieber nur den Reis und lassen das andere liegen. Soweit würde ich nicht gehen; bei meiner etwas verbürgerlichten Version lohnt es sich durchaus, auch die Zutaten mitzuessen.

Für 4 Personen:

1 Huhn à 1500 g,
300 g Chorizo-Wurst,
12 Garnelen,
12 – 18 Muscheln,
300 g Calamaretti,
1 sehr dicke Scheibe Räucherschinken,
4 Schalotten,
2 Tomaten,
1 rote Paprikaschote,
200 g Keniabohnen,
200 g junge Erbsen,
2 Knoblauchzehen,
400 g Langkornreis,
1 TL Safran,
0,8 l Hühner- oder Fischbrühe,
1/8 l Olivenöl,
schwarzer Pfeffer,
Salz;
2 – 3 Zitronen

Für diese Paella muss man sich vorher entscheiden, ob man sie lieber fisch- oder fleischbetont essen möchte. Im ersteren Falle empfiehlt sich für das Garen des Reises eine Fischbrühe, im letzteren ein Hühnerbrühe. Der Rest ist für beide Arten gleich:

1. Schalotten häuten und kleinhacken. Tomaten überbrühen, häuten, entkernen und kleinschneiden. Paprika halbieren, alles Innere entfernen, Fleisch in Streifen schneiden. Knoblauchzehen häuten und kleinhacken. Tiefgefrorene Erbsen gründlich auftauen lassen. Grüne Bohnen putzen und halbieren.

2. Die Chorizos an zwei oder drei Stellen einstechen, in einer Pfanne mit Wasser aufsetzen und zum Kochen bringen. Die Hitze reduzieren und 5 Minuten ziehen lassen. Abtropfen und in 1/2 cm dicke Scheiben schneiden.

3. Den Räucherschinken würfeln, das Huhn in 8–10 Teile zerlegen: Die Keulen abtrennen und am Gelenk noch einmal teilen, die Brust am Brustbein entlang längs teilen und die Brusthälften noch einmal oder zweimal querteilen. Die Flügel werden nicht verwendet.

4. Die Muscheln unter fließendem kalten Wasser abbürsten; schwarze Bartfäden entfernen. In einen Topf mit wenig kochender Fleischbrühe geben und zugedeckt für 3 bis 5 Minuten kochen und dabei ab und zu rütteln. Wenn die Schalen sich geöffnet haben, abkühlen lassen, aus den Schalen nehmen und beiseite stellen. Falls es je nach Jahreszeit keine frischen Muscheln gibt, kann man auch die orangefarbenen spanischen Pfahlmuscheln aus dem Glas nehmen.

5. Von den rohen Garnelen (kann man, muss aber nicht) die Panzer entfernen; dabei die Schwänze nicht beschädigen. Die Calamaretti säubern und, falls noch vorhanden, den Chitinspan aus dem Körper entfernen.

6. Die Hühnerteile salzen, pfeffern und in einer Pfanne in der Hälfte des Olivenöls hellbraun anbraten. Herausnehmen und beiseite stellen.

7 Die Garnelen (mit oder ohne Schale) salzen und pfeffern und mit etwas kleingehacktem Knoblauch in der gleichen Pfanne für 2 bis 3 Minuten unter Wenden rosa anbraten, herausnehmen und beiseite stellen.

8 In der gleichen Pfanne die Wurstscheiben schnell auf beiden Seiten anbraten, dann auf Küchenkrepp legen.

9 Alles Fett aus der Pfanne abgießen, das restliche Olivenöl hineingießen und die Schinkenwürfel darin anbraten; Schalotten, Knoblauch und Tomatenkonkassee dazugeben und unter ständigem Rühren schmoren, bis fast alle Flüssigkeit eingekocht ist. Den *sofrito* beiseite stellen.

10 In einer Pfanne von 35 cm Durchmesser den *sofrito* mit den Hühnerteilen, den Wurstscheiben und den Calamares vermischen, den Reis untermengen und einige Minuten andünsten lassen, bis er glasig wird. Bei starker Hitze den mit Safran gewürzten kochenden Fischfond oder die kochende Hühnerbrühe hinzugießen und unter Rühren einmal aufkochen lassen. Sofort die Pfanne vom Feuer nehmen. Abschmecken und, wenn nötig, nachsalzen. Muscheln und Garnelen auf dem Reis verteilen und nach Gutdünken die Erbsen darüber streuen. Die Paella auf dem Boden des Backofens bei 150 Grad 20 bis 25 Minuten backen lassen, bis der Reis alle Flüssigkeit aufgesogen hat. Sobald die Paella im Ofen steht, sollte sie nicht mehr gerührt werden. Wenn der Reis gar ist, die Paella aus dem Ofen nehmen und für 5 bis 8 Minuten lose ein Küchentuch darüber decken. Mit Zitronenschnitzen garnieren und auf den Tisch bringen.

> Die Paella ist eigentlich ein Alleingericht; in Spanien gibt es vorweg vielleicht ein paar >Tapas< und als Dessert eine >Crema Catalana< (Seite 450)

> Zu dieser Paella passt sowohl Weiß- als auch Rotwein: z.B. ein trockener Muskateller oder ein gekühlter roter Rioja.

Hauptgerichte

Risotto mit Scampi

Als Begriff ist Risotto die Tür zu einer kulinarischen Welt mit einer Landschaft wie aus dem Bilderbuch: Im Vordergrund die ruhige Ebene, der murmelnde Bach, das liebe Vieh, daneben ein Teich, dann die Hügel mit einzelnen Felsen, dem Wild und uralten Bäumen, geschützt vom Gebirge mit fernen Gipfeln – das setze man um ins Kulinarische, und es gleicht keinem anderen Szenario im Bereich der Kochkunst. Beim Risotto vereinigt sich das Bodenständig-Rustikale mit dem Raffiniert-Verfeinerten, das schlichte Handwerk mit der Kunst.

Den Risotto als Kunstwerk lernen wir kaum in den lombardischen Kleinrestaurants kennen, aber der Reis dafür wächst in der Lombardei: Er sollte auf dem Teller leicht schleimig, die Körner intakt sein und den berühmten Biß haben, wenn sie gar sind. Von den Sorten Vialone, Arborio und Carnaroli ist letztere wohl die beste, aber auch davon gibt es verschiedene Versionen; man muss das selbst ausprobieren.

Das Erstaunliche bei Risotto-Gerichten ist die Möglichkeit, dem Reis jedes Aroma mitzugeben; er lässt sich nämlich mit praktisch jedem Fleisch, Fisch oder Gemüse kombinieren. Aber immer müssen die Zutaten zerkleinert werden, bevor sie untergemischt werden. Manche Dinge kann man roh untermischen, weil sie im heißen Reis garen, vieles muss nebenher gegart werden, bevor es sich mit dem Reis vereinen darf. Im folgenden Beispiel sind es Scampi, die vorher gewürzt und kurz angebraten werden.

Für 4 Personen:

2 Tassen Carnaroli, Arborio oder Vialone-Reis,
300–400 g rohe Scampi,
4 Schalotten oder 1 Stange Lauch,
0,5 l Weißwein,
1 l Bouillon,
1 rote und 1 grüne Paprika,
2 Tomaten,
2 Knoblauchzehen,
Olivenöl,
Cayenne-Pfeffer,
Salz

1 Am Anfang steht das ›soffritto‹: Es besteht aus enthäuteten und kleingehackten Schalotten sowie dem Weißen und Hellgrünen einer Lauchstange, in dünne Scheiben geschnitten, und wahlweise anderem kleingehackten Gemüse (Zuccchini, Sellerie, etc.)

2 Die Tomaten kurz überbrühen, enthäuten, die Kerne entfernen und das Tomatenfleisch in kleine Würfel schneiden. Ebenso die Knoblauchzehen enthäuten und im Mörser mit Salz zu einem Brei zerdrücken. Die rote und grüne Paprika halbieren, Kerne und alle weißen Stege entfernen, das Fleisch erst in Streifen und dann in Würfel schneiden. Das alles muss vor der nun folgenden Phase des Reiskochens vorbereitet sein.

3 Die Scampi vorbereiten: Von ihrem Panzer befreien und – muss man nicht, kann man aber – den Darm entfernen. Die rohen Scampi in einer Pfanne in 2 EL heißem Olivenöl auf beiden Seiten 1 Minute anbraten, salzen, pfeffern und beiseite stellen.

4 In einer großen Sauteuse (z.B. Marmite von Creuset), 2 bis 3 EL Olivenöl mäßig erhitzen und das Soffritto darin andünsten.

5 Die 2 Tassen Carnaroli-Reis hineinschütten und ständig umrühren, damit nichts anbrennt, während die Körner vom heißen Fett glasig werden. Überhaupt wird nun immer gerührt, bis der Risotto fertig ist.

6 Als erste Zutat nun 1 Glas Weißwein auf die Reiskörner gießen. Sie zischen empört und der Wein verdunstet im Handumdrehen. Noch 1 Glas Wein, und wieder bei großer Hitze einkochen lassen. Dann geht das Spiel mit der Bouillon weiter. In der sehr heißen Marmite verdampft die Flüssigkeit sehr schnell und es besteht die Gefahr, dass der Reis ansetzt. Deshalb ist ständiges Rühren notwendig!

Hauptgerichte

Es gibt faule Köche, die setzen ein Risotto mit zwei Litern Wasser auf und lassen ihn vor sich hin quellen. Aber die nehmen wahrscheinlich auch eine beliebige Reissorte und sind auch sonst nicht wählerisch mit den Zutaten.
Orthodoxe Risottokocher behaupten, die Bouillon, die immer nur in kleinen Mengen angegossen wird, müsse ebenfalls kochen. Ich habe keinen Unterschied entdeckt. Für völlig unsinnig halte ich die traditionelle Mahnung, immer nur in einer Richtung zu rühren.

7 Während dieser Phase des Reiskochens wird der Risotto gesalzen und gepfeffert. Je nach späterer Beimengung entscheide ich mich für schwarzen Pfeffer aus dem Mörser oder für Cayenne (Chili), Ingwer, Knoblauch, Safran, Curry – den vielen möglichen Gerichten stehen eben so viele Gewürzkombinationen zur Seite. Im Falle der Scampi nehme ich 1 TL zermörserte Chilischote und den mit Salz zerdrückten Knoblauch. Beides im Risotto gut durchrühren, abschmecken und vielleicht nachwürzen.
(Soll der Risotto möglichst ›italienisch‹ werden, wird Parmesan untergemischt; der aber erst zum Schluss, zusammen mit 1 EL Butter, die ohnehin in jeden Risotto gehört, wo sie nicht als Fremdkörper unpassend wirkt, wie bei diesem Risotto mit Scampi.)

8 Ist der Reis fertig – die Körner sind weich, haben aber noch ›Biss‹ –, kommen die kleingewürfelten Gemüse hinzu, und – ein paar Minuten später – die Scampi; diese nur noch zum Aufwärmen, weil sie sonst nur trocken und den wunderbaren Genuss gefährden würden.

> **Menüvorschlag:**
> Spinatsuppe (Seite 62), Risotto mit Scampi, Erdbeertiramisu (Seite 410)

> Zum Risotto passen trockene Weiß- und Grauburgunder.

Hauptgerichte 195

Rotbarschfilet – drei Versionen

Seit Jahren breche ich Lanzen für den Rotbarsch bzw. dessen Filets. Ich schätze sie, weil sie preiswert sind, keine Gräten haben und wenig Arbeit machen, aber vor allem anderen deshalb, weil Rotbarschfilet im Gegensatz zu anderen Fischen so viele Zubereitungsarten zulässt. Wenn es nur nicht immer noch diese unsäglichen, in Milch und Semmelbrösel gewälzten, kross gebratenen oder fritierten Stinker gäbe, die – mit oder ohne Remouladensauce – noch immer die Treppenhäuser oder Kirmesplätze verpesten und schon Kindern jegliche Lust auf Fisch verleiden!

Betreiben wir also gemeinsam weiter Pionierarbeit. Vielleicht können wir zunächst unsere Fischhändler überzeugen, dass sie die Fischfilets in einem Zustand anbieten, wie wir Feinschmecker ihn verlangen: von allen Häuten befreit und gleichmäßig dick, weil ungleichmäßig dicke Filets auch ungleichmäßig gar werden. Und die Filets sollten so dick wie möglich sein: 3 cm sind ideal, 2 cm das Mindestmaß.

Fast immer schneide ich die Filets in dicke Würfel, welche ich dünste. Also in Butter oder Olivenöl oder auf einem feuchten Gemüse garen, ohne dass die Stücke auch nur die Spur einer Verbrennung aufweisen. Das dauert je nach Größe 2 bis 4 Minuten. Dann sind sie innen noch glasig, also sehr saftig, und das allein ist ein Kennzeichen für ein gelungenes Fischgericht. Wer da jetzt: »Da sind die ja noch halb roh!« murmelt, hat recht. Aber bevor er sich angewidert abwendet, sollten Sie ihm einmal eines der folgenden Gerichte vorsetzen.

Rotbarschfilet in Korianderwirsing

Für 2 Personen:

400 g Rotbarschfilet,
1 kleiner Wirsing,
1 Schalotte,
2 TL Koriander,
Zitronensaft,
Butter,
Sahne,
Zucker, Salz

Hier passt trockener Weißwein; zum Curry vielleicht ein trockener Gewürztraminer.

1 Einen kleinen Wirsing entblättern. Aus den hellgrünen und gelben Blättern die dicken Rippen herausschneiden (die dunkelgrünen werden nicht gebraucht). 3 Minuten in Salzwasser blanchieren und mit kaltem Wasser abschrecken. Die Blätter zwischen zwei Handtüchern trockentupfen. In einer flachen Kasserolle oder hohen Pfanne in reichlich Butter eine feingehackte Schalotte glasig werden lassen. 2 TL Koriander und 1/2 TL Zucker dazugeben und die Wirsingblätter drauflegen. Sie sind nicht völlig trocken, sollen es auch nicht sein. Mit Zitronensaft beträufeln und zugedeckt garen lassen – 5 bis 10 Minuten, länger nicht. Sie müssen noch etwas Biss haben. Sollen sie richtig weich werden, brauchen sie dazu eine Dreiviertelstunde; in der Zeit dazwischen hat Wirsing eine Phase, in der er zäh ist. Also kurz und schmerzlos. Zweimal wenden, eventuell nachsalzen.

2 Die Filets in Würfel von ungefähr 3 Zentimetern Kantenlänge schneiden und mit Zitronensaft beträufeln. Diese Würfel kommen nun zum Wirsing in die Kasserolle, und zwar so, dass sie sowohl auf als auch unter Wirsingblättern liegen. Ein wenig Sahne darübergießen und das Ganze zugedeckt wenige Minuten schmoren lassen. Fertig. Lecker, lecker!

Rotbarschfilet provençalisch

1. Die Zwiebeln in Ringe schneiden und in einer großen, flachen Kasserolle in Olivenöl glasig anschwitzen. Dann die geschälten Knoblauchzehen sowie 1 TL Fenchelkörner, 1/2 TL Tomatenmark, 2 EL kleine schwarze Oliven, 1 Messerspitze Safranpulver, 1 Cayenneschote, 2 TL frischen Thymian hinzufügen, nur wenig salzen und mit einem Glas Weißwein ablöschen. Deckel drauf und garen lassen. Das kann 15 oder auch 45 Minuten dauern und hängt von der Zwiebelsorte und ihrem Alter ab.

2. Das Rotbarschfilet von allen Hautresten und zu dünnen Rändern befreien und in große Würfel schneiden.

3. Wenn das Gemüse fast gar ist, 2 EL Tomatenkonkassee (gewürfeltes Tomatenfleisch ohne Haut, Kerne und Saft) hinzufügen; abschmecken. Das Ganze soll etwas, aber nicht sehr gesalzen sein, denn nun kommen noch 6 kleingeschnittene Anchovis hinzu sowie die vorbereiteten Fischwürfel. Wieder zudecken. 4 Minuten später die dampfende Kasserolle zu Tisch tragen. Einen Guss Olivenöl hinein; dazu gehört Weißbrot und ein weißer, kalter, trockener Durstlöscher.

Rotbarschfilet mit Curryreis

1. Die Rosinen 3 Stunden in warmem Wasser einweichen und abtropfen.

2. Den Reis mit einer fein gehackten Schalotte und dem geschälten und gewürfelten Apfel in wenig Olivenöl anschwitzen, bis die Körner glasig sind. 1 1/2 Tassen leicht gesalzene Hühnerbrühe aufgießen. Aufkochen lassen, danach zugedeckt in den auf 70 Grad vorgeheizten Backofen stellen oder auf dem Herd bei sehr geringer Temperatur garen lassen. Wird der Reis zu schnell trocken, noch etwas Brühe nachgießen, ist er fast gar und noch zu feucht, Deckel abnehmen.

3. Das Fischfilet in Würfel schneiden, mit Zitronensaft beträufeln und kräftig in Curry wälzen. 2 EL Pinienkerne trocken ganz kurz in der Pfanne rösten, bis sie hellbraun sind; herausnehmen. Nun die Fischwürfel in Olivenöl sehr behutsam andünsten und ganz leicht salzen. Die Rosinen und die Pinienkerne kommen erst im letzten Moment hinzu, damit sie mit heiß werden. Alles mit dem fertigen Reis vermischen. Gewürzt wird fast ausschließlich mit Curry; das Gericht soll eine heiße Schärfe haben! Es schmeckt köstlich!

Für 2 Personen (provençalisch):

400 g Rotbarschfilet,
2 große Zwiebeln,
2 Tomaten,
6 Knoblauchzehen,
2 EL schwarze Oliven,
1 TL Fenchelkörner,
1 Cayenneschote,
frischer Thymian,
1/2 TL Tomatenmark,
6 Anchovis,
Safran, Weißwein,
Olivenöl, Salz

Für 2 Personen (mit Curryreis):

400 g Rotbarschfilet,
1 Tasse Langkornreis,
1 1/2 Tassen Hühnerbrühe,
1 Schalotte,
1 großer säuerlicher Apfel,
Zitronensaft,
mittelscharfer Curry,
50 – 80 g Rosinen,
2 EL Pinienkerne,
Olivenöl, Salz

Hauptgerichte

Rotbarschfilet in Rotweinsauce

Fischgerichte hatten früher nicht den Prestigewert einer fetten Ente. Zwar galten sie schon immer als etwas Besonderes, doch hatte die berühmte Forelle blau mit der Flasche süßsaurem Mosel dazu wohl eher eine plakative Symbolik, so wie der blonde Zopf und die blauen Augen des zur gleichen Zeit gefeierten ›Deutschen Mädels‹.

Aber wenn schon Fisch, dann gab es dazu für die Kenner unbedingt nur eines: Weißwein. Zunächst war das zahnsteinlösender saurer Riesling, dann kamen die süßlichen Spätlesen in Mode. Mit zunehmender Erfahrung wurden später daraus dann trockene Muscadet und inzwischen zwar immer noch trockene, aber nach neuester Mode fruchtige Weine. Doch eines blieb ehernes Gesetz: Zum Fisch nur Weißwein. Die weniger dogmatisch denkenden Südländer haben sich darum nie gekümmert. Sie tranken gewohnheitsmäßig ihren Rotwein sowohl zu Muscheln als auch zum Fisch. Dass ein leichter, kühler Rotwein zum Fisch durchaus möglich und berechtigt ist, beweist dieses Rezept.

Für 4 Personen:

800 g Rotbarschfilets,
24 kl. Frühlingszwiebeln
(oder 8 Schalotten oder 1 Lauchstange),
16 Egerlinge oder Champignons,
100 g gut durchwachsenen Räucherspeck in Scheiben,
Butter,
2 – 4 kleine Zucchini,
2 Knoblauchzehen,
Tomatenmark,
Thymian, Honig,
Zitronensaft,
weißer Pfeffer,
Salz,
1 Fl Beaujolais oder Côte-du-Rhône

(Salzkartoffeln)

1. Die Fischfilets mit einem scharfen Messer von allen Hautresten und zu dünnen Rändern befreien. Die Filets in gleichmäßig große Würfel schneiden, und zwar so groß, dass sie später, auf dem Teller, noch einmal geteilt werden müssen. Mit Zitronensaft beträufeln und kühl stellen.

2. Die Frühlingszwiebeln enthäuten, die Wurzeln und das Grün – bis auf ein kurzes Stück – wegschneiden. Falls es keine Frühlingszwiebeln gibt, kann man auch möglichst kleine Schalotten nehmen und die eventuell noch einmal teilen. Gibt's auch die nicht, auf keinen Fall die gemeine Hauszwiebel nehmen – sie ist zu bitter und penetrant –, sondern das Weiße einer Lauchstange, halbiert und in 5-cm-Streifen geschnitten.

3. Der Topf oder die Pfanne, in dem die Frühlingszwiebeln und die Filetwürfel gedünstet werden, muss so groß sein, dass sie nebeneinander liegen können. Also entweder ein sehr großer Schmortopf oder gleich zwei große Pfannen. Da es für manche Pfannen keinen Deckel gibt und die Flüssigkeit deshalb schneller verkocht, braucht man mehr Wein. Der magere und möglichst kräftig geräucherte Speck wird in Butter im Schmortopf oder in der Pfanne (bzw. den Pfannen) leicht angebraten bzw. ausgelassen.

4. Jetzt die Zwiebelchen darin angehen lassen. Haben sie etwas Farbe angenommen, werden sie mit Beaujolais aufgefüllt. Es darf auch ein anderer Rotwein sein, aber nicht jeder beliebige, weil es ein Wein mit ausgeprägt fruchtigem Charakter und wenig Gerbsäure sein sollte, also ein Kaiserstühler Blauburgunder oder ein Chinon, aber kein Chianti und kein Bordeaux. Und davon nur so viel, dass der Wein fingerhoch in der Kasserolle steht. (Ohne Deckel, wie gesagt, darf's mehr sein.) Salzen pfeffern, etwas Thymian und feingehackten Knoblauch zugeben. Bei 4 Portionen 2 TL Honig und ebensoviel Tomatenmark. Bei geschlossenem Deckel – oder offen in der Pfanne – ungefähr 3 bis 5 Minuten köcheln lassen; die Zeit richtet sich nach den Zwiebeln. Die dürfen nicht ganz weich sein und auseinanderfallen.

5 Während dieser Zeit die Pilze putzen (nicht waschen!) und vierteln, die Zucchini nur waschen. Die Pilze in wenig Öl kurz und sehr heiß braten, salzen, mit Zitronensaft beträufeln und beiseite stellen. Die Zucchini in Salzwasser gar kochen, was sehr schnell geht – ihre Konsistenz sollte dann an gare Möhren erinnern –, danach herausnehmen und in nicht zu dünne Scheiben schneiden. Dies kann alles zur gleichen Zeit passieren.

6 Nun heißt es abschmecken. Wieder einmal ist dies der entscheidende Moment. Die Fruchtigkeit des Rotweins, das Säuerliche des Tomatenmarks, die Süße der Zwiebeln (und des Honigs), der Speck, die Gewürze – all das soll einen Geschmack ergeben, der kräftig ist, aber nicht im Sinne von deftig, sondern von frisch und delikat; und, wie gesagt, nicht mehr als 2 cm in der Kasserolle. Dahinein kommen nun nebeneinander die Fischwürfel. Leicht salzen, Deckel drauf und ganz leise köcheln lassen (nicht kochen!). Nach 2 bis 3 Minuten die Stücke wenden. Abschmecken, eventuell nachsalzen. Nach weiteren 1 bis 2 Minuten ist der Fisch gar. Nicht im Sinne von durchgebraten, dann wäre er ruiniert.

7 Den Speck herausfischen und wegwerfen, die Zucchinischeiben und die Champignons zu den Fischwürfeln legen, etwas wärmen lassen und im Topf servieren. Dazu gibt es Salzkartoffeln.

Das Gericht sieht auf dem Teller nicht gerade einladend aus, schmeckt dafür aber hervorragend.

Menüvorschlag:

Fenchelsalat mit Ziegenkäse (Seite 16), Rotbarschfilets, Käsekuchen (Seite 416)

Trinken Sie dazu den gleichen, leicht gekühlten Rotwein, den Sie zum Kochen genommen haben.

Hauptgerichte

Saibling in Buttersauce

Für 2 Personen:

1 großer Saibling (notfalls 2 kleinere), 250 g Süßrahmbutter, Petersilie, Zucker, Pfeffer, Salz (Salzkartoffeln)

Menüvorschlag:

Verlorene Eier in Rotweinsauce (Seite 157), Saibling in Buttersauce, Stilton mit Portwein

Zum Saibling passt sehr gut ein Savennier von der Loire.

In den kühlen Seen Savoyens und des benachbarten Départements Ain leben die Saiblinge. Sie gehören zur Familie der Salmoniden, sind also Verwandte der Forelle, des Lachses, der Felchen, Renken und ähnlicher Fische. Ihr Fleisch ist rosa wie das der Lachsforelle, doch ihr Geschmack von noch größerer Feinheit. In der Küche Savoyens spielen sie eine große Rolle: die Rolle des edlen Prinzen. Bei uns werden sie gelegentlich in den oberbayerischen Seen gefangen.

Wesentlich für das Marktangebot sind jedoch die Zuchtsaiblinge. Sie unterscheiden sich von den freilebenden wie die Zucht- von der Bachforelle. Aber damit müssen wir leben. Zuchtsaiblinge sind meist ziemlich klein. Doch je größer sie sind, umso fester ist ihr Fleisch. Also für zwei Personen lieber einen großen als zwei kleine Saiblinge kaufen.

1 Den ausgenommenen und gewaschenen Fisch von innen salzen und leicht pfeffern (weiß). In einer länglichen Gratinform oder Form aus emailliertem Gusseisen ungefähr 250 Gramm Butter heiß werden lassen (die genaue Menge hängt von der Form ab; der Fisch soll von der flüssigen Butter fast bedeckt sein). Wenn die Butter flüssig ist und Blasen wirft, eine Prise Salz dazu und den Fisch hineinlegen. Die Butter kühlt sofort ab.

2 Jetzt gilt es, sie immer auf der richtigen Temperatur zu halten. Sie muss kochen, aber nicht zu stark. Das ist auf dem Ofen zweifellos besser zu kontrollieren als im Ofen, obwohl der Ofen mit seiner Rundum-Hitze die bessere Kochstelle für dieses Gericht ist. Da der Saibling nicht vollständig von der Butter bedeckt ist, den Fisch nach drei, vier Minuten wenden und noch einmal zwei, drei Minuten garen lassen. Einen guten TL Zucker in die köchelnde Butter streuen: Der Zucker läßt die Butter aufschäumen; das sieht eindrucksvoll aus und gibt ihr jenen feinen Geschmack, den wir als Nussbutter bezeichnen. 1 EL feingehackte Petersilie darüberstreuen und mit Salzkartoffeln sofort servieren.

Wie einfach kann eine Delikatesse sein!

Schellfisch mit Senfsauce

Für 4 Personen:

1 kg Schellfisch,
1 Lorbeerblatt,
1 Zwiebel,
1 Glas Estragonessig,
Pfeffer, Salz

Für die Senfsauce:

150 g Butter,
1 Schalotte,
trockener Weißwein,
Sahne,
scharfer Senf,
Pfeffer, Salz

(Salzkartoffeln)

Menüvorschlag:

Hühnersuppe mit Morcheln (Seite 45),
Schellfisch mit Senfsauce,
weiße Mousse mit Birnensauce (Seite 445)

Dazu passt eine trockene Pfälzer Riesling-Spätlese.

Man nehme ein Fischfilet, wälze es in Milch und Semmelbrösel, salze und lasse es in Margarine oder Pflanzenöl auf beiden Seiten schön kross braten. Mit Remouladensoße servieren ... So ungefähr spielt sich das in hunderttausend deutschen Küchen ab, und in hunderttausend Familien werden die Nasen gerümpft, wenn von Fisch die Rede ist. Kein Wunder.
Eine Ausnahme ist der Klassiker der norddeutschen Küche und ein herrliches Fischgericht: Schellfisch mit Senfsauce! Und herrlich einfach ist es außerdem. Für 4 Personen brauche ich 1 Kilo Schellfisch. Am besten ist das Endstück, wo die Bauchhöhle in den kompakten Schwanz übergeht.

1 Die Schalotte schälen und in winzige Partikel schneiden. In einem Pfännchen in 1 Glas Weißwein in 10 – 15 Minuten weich dünsten. Die Schalottenstückchen auspressen (sie sollen nicht in die Sauce) und nach und nach 150 g Butter mit dem Schneebesen einschlagen. Dabei salzen und pfeffern. In die entstehende Creme 1 – 2 TL scharfen Senf einrühren, der in etwas Sahne flüssig gemacht wurde.

2 In einem für das Stück Fisch ausreichend großen Topf Wasser zum Kochen bringen und mit Salz, Pfeffer, dem Lorbeerblatt, der geviertelten Zwiebel und dem Glas Estragonessig würzen. Eine Viertelstunde köcheln lassen, dann das Stück Fisch hineinlegen.

Die Temperatur darf jetzt 80 Grad nicht überschreiten! Trotz dieser Vorsichtsmaßnahme das Garen sorgfältig überwachen; die genaue Garzeit richtet sich nach der jeweiligen Dicke des Fisches. Bei einem Schwanzende genügen 10 Minuten, beim Mittelteil 5 bis 10 Minuten länger, das offene Bauchstück wird dagegen sehr viel schneller gar. Zur Kontrolle an der dicksten Stelle am Rücken einen Einschnitt machen: Das Fleisch sollte nicht mehr grau, also glasig, sein, aber auch nicht von selbst auseinanderfallen. Aus dem Wasser heben, enthäuten, tranchieren und mit der Senfsauce umgießen. Dazu Salzkartoffeln, sonst nichts.

Seeteufel mit Speck und Zwiebeln

Für 4 Personen:

800 – 1000 g Seeteufel,
40 – 50 kleine Zwiebelchen bzw. 10 – 12 Schalotten,
800 g kleine, junge Kartoffeln,
200 g durchwachsenen Räucherspeck,
Korianderkörner,
Olivenöl,
Zitronensaft,
Butter, Zucker,
Salz, Weißwein

Pellkartoffeln, Meersalz

Menüvorschlag:

Salat mit weißen Bohnen (Seite 32),
Lotte mit Speck,
Kokoskuchen Calypso (Seite 417)

Zur Lotte mit Speck passt gut ein weißer Chateauneuf-du-Pape.

Der Seeteufel – französisch Lotte – gehört zu jenen Fischen, die fast keine Gräten haben, nur ein dickes Rückgrat. Es ist ein idealer Fisch für die Alltagsküche, wo man sich nicht mit kapriziösen Produkten aufhalten möchte. Da er vom Hummer zwar die Festigkeit hat, nicht aber den Geschmack, und auch sonst weniger als andere Fische nach Meer riecht und schmeckt, ist es unbedingt notwendig, den Seeteufel mit kräftigen Aromen zusammenzubringen.

So ein Rückenstück vom Seeteufel gleicht dem Rücken eines großen Kaninchens. Wie dieses hat auch der Seeteufel mehrere Häute, die ich abziehe; wie beim Kaninchen schneide ich die beiden Filets längs der Wirbelsäule heraus und entferne die daran hängenden, dünnen Fleischlappen.

1 Die ausgelösten Filets in fingerdicke Medaillons schneiden, in Zitronensaft und Olivenöl marinieren und beiseite stellen.

2 Junge, gewaschene Kartoffeln kochen, deren Schale so dünn ist, dass sie mitgegessen wird. Das ist wichtig. Sodann pro Portion 10 oder mehr kleine runde Zwiebelchen schälen. Ersatzweise Schalotten nehmen und jeweils in 4 Teile schneiden. In einer Kasserolle, wo sie nebeneinander auf dem Boden Platz haben, in reichlich Butter andünsten. Mit Zucker bestreuen (2 gehäufte TL), häufig schütteln, und wenn sie beginnen Farbe anzunehmen, mit einem Glas Weißwein ablöschen. Einige Korianderkörner in der Pfeffermühle mahlen und anstreuen. Zudecken und zirka 10 Minuten köcheln lassen. Dann ohne Deckel so weit einkochen, dass sich die Zwiebeln mit einer feinen Glasur überziehen. Warm stellen.

3 Den Speck in sehr dünne und sehr kleine Streifen schneiden. In einer großen Pfanne mit etwas Butter anbraten und unter häufigem Rühren ausbraten lassen, ohne dass die Speckstreifen richtig knusprig werden. Das dauert einige Minuten. Speck dann herausnehmen und in einer Schüssel deponieren.

4 In der gleichen Pfanne bei mehr Hitze und mit etwas Olivenöl die leicht gesalzenen Fischmedaillons sehr kurz anbraten. Sie sollen nur leicht bräunen. Die Speckstreifen und die Zwiebeln mit all dem Saft, den sie unter sich gebildet haben, zu dem Fisch in die Pfanne geben und vom Feuer nehmen.

5 Die garen Pellkartoffeln in nicht zu dicke Scheiben schneiden und ringförmig auf Tellern anrichten. Mit grobem Salz bestreuen. Die Medaillons mit Speck und Zwiebeln in die Mitte legen.

Seeteufel – Lotte – in Wirsing

Für 4 Personen:

600 g Seeteufel-Filets,
1 Kopf Wirsing,
1/4 l Kalbs- oder Hühnerbrühe,
100 g Sahne,
Zitronensaft,
Korianderkörner,
Thymian,
Butter,
Pfeffer, Salz

Reis

Menüvorschlag:

Hühnersalat mit Oliven (Seite 20),
Lotte in Wirsing,
Mahlberger Schlosskuchen (Seite 418)

Zur Lotte passt ein Condrieu aus der Region Drôme im Rhônetal.

Die Lotte heißt bei uns Seeteufel, Teufelsfisch, Anglerfisch und ist hässlich, einem Wels nicht unähnlich. Das Fleisch ist ungewöhnlich fest und grätenfrei. Wegen seiner festen Konsistenz erträgt es weitaus rauhere Behandlungen als das anderer Fische, das heißt, es wird nicht so schnell trocken und fällt nicht so schnell auseinander. Obwohl er nicht zu den Billigfischen gehört, wird der Seeteufel nicht hoch genug eingeschätzt.

Normalerweise schneidet der Fischhändler den großen Fisch in Scheiben, mit Haut und Knochen. Ich lasse ihn mir filetieren, also ohne Haut der Länge nach auslösen. Bei sehr großen Fischen halbiere ich das Filet noch einmal, mache also aus einem dicken Stück zwei dünne. Für dieses Rezept wird der Seeteufel leicht angebraten, in Wirsing eingewickelt und gargedünstet.

1 Vom Wirsing die äußeren, dunklen Blätter wegwerfen, die hellgrünen auslösen, die Mittelstrünke so entfernen, dass die Blätter möglichst noch aus einem Stück bestehen, diese für 3 bis 5 Minuten in kräftig gesalzenem, kochenden Wasser blanchieren, in einem Durchschlag unter kaltem Wasser abschrecken und zwischen zwei Handtüchern etwas abtrocknen. Den Ofen auf 200 Grad vorheizen.

2 Die Seeteufelfilets in 10-cm-Stücke teilen und in einer Pfanne in heißer Butter sanft anbraten, so dass sie nicht braun werden, sondern lediglich ihr glasig-graues Aussehen verlieren und weiß werden. Salzen, mit Zitronensaft beträufeln, wenden. Das dauert nur ein bis zwei Minuten. Die Filets aus der Pfanne nehmen und diese mit wenig Kalbs- oder Hühnerbrühe ablöschen. Zitronensaft dazu und einkochen lassen.

3 Auf ein großes Wirsingblatt – oder zwei übereinandergelegte – einige Korianderkörner streuen, vorsichtig mit Thymian und Pfeffer aus der Mühle würzen. Darauf ein Fischfilet legen, das mit den gleichen Gewürzen bestreut und in den Wirsing eingeschlagen wird. Das grüne Päckchen von außen salzen und in eine feuerfeste Form legen. Den gleichen Vorgang mit den übrigen Fischfilets wiederholen. Die in der Form nebeneinander liegenden Päckchen mit dem reduzierten Bratsaft aus der Pfanne übergießen; die Form in den heißen Ofen schieben. Nach 10 Minuten ein wenig Sahne auf die Päckchen gießen, weitere 10 Minuten bei 150 Grad dünsten lassen – fertig. Der Schmorsaft wird nicht verändert, er ist gerade recht so. Der dazu gereichte Reis muss für sich gewürzt sein; der Schmorsaft ist nicht als Sauce zum Befeuchten und Würzen der Reiskörner gedacht.

Hauptgerichte

Seezunge in Gewürztraminer

Für 2 Personen:

1 Seezunge
von 500 g
(vom Fischhändler
enthäutet und
filetiert, Kopf und
Gräten mitnehmen),
1 kl. Lauchstange,
2 Schalotten,
4 Champignons,
Butter,
Crème fraîche,
1 Glas
Gewürztraminer

Für die Hollandaise:

2 Eigelb,
120 g Butter,
2 TL Zitronensaft,
Cayennepfeffer,
Salz

(schmale Bandnudeln)

Menüvorschlag:

Selleriesalat
(S. 33),
Seezunge,
Summer Pudding
(Seite 437)

Zur Seezunge passt ein trockener Gewürztraminer aus dem Elsass.

Forelle blau und Seezungenröllchen im Reisrand gehörten im ehemaligen Wirtschaftswunderland zum gängigen Repertoire für magenkranke Manager. Dazu gab's allenfalls angewärmtes Fachinger, um die vom Erfolgsdruck – oder von zuviel Gebratenem mit den notwendigen Verdauungsschnäpsen – beleidigte Magenschleimhaut wieder zu versöhnen.

Der eigentlich unschuldigen, aber durch zu vieles Braten, Grillen oder durch Ertränken in dicker Mehlsauce etwas in Verruf gekommenen Seezunge soll mit diesem Rezept Gerechtigkeit widerfahren: Es ist die wunderbare Vermählung der nordischen Seezunge mit alemannischen Nudeln, eine Liaison, die jeden Feinschmecker entzücken muss.

1 Die Schalotten schälen und in winzige Partikel schneiden. Die Champignons putzen (nicht waschen!), Stiele entfernen und kleinschneiden. Die Lauchstange waschen und nur das Weiße ebenfalls kleinschneiden.

2 Aus dem Kopf und Gräten der Seezunge einen kurzen Fischfond herstellen: Fischabfälle und Lauch mit etwas Pfeffer und Salz in wenig Butter anschwitzen, mit 1/4 Liter Wasser auffüllen und für 20 Minuten auskochen. Durch ein Sieb gießen.

3 Die Seezungenfilets nebeneinander in eine passende, gut ausgebutterte Bratform legen und mit den Schalotten und Champignons bestreuen. Die Oberseiten mit Butterflöckchen belegen. Den Fischfond und das Glas Gewürztraminer in die Form gießen und mit Alufolie verschließen. Im vorgeheizten Ofen bei 180 Grad ungefähr 12 Minuten garen lassen. Die Filets aus der Form nehmen und warmstellen.

4 Den Kochsud reduzieren, mit Salz und Pfeffer abschmecken, 1 EL Crème fraîche dazugeben, wieder einkochen lassen. Dann 2 EL der vorbereiteten Hollandaise unterrühren, nochmals abschmecken. Dazu schmale Bandnudeln servieren.

5 Hollandaise: 120 g Butter in einem Pfännchen schmelzen lassen. In einer Konditorschüssel 1 TL Butter, 1 EL Wasser, 2 TL Zitronensaft und 2 Eigelb verrühren, in eine Pfanne mit heißem Wasser stellen und ständig mit dem Schneebesen schlagen, bis etwa 40 Grad erreicht sind (das kann ein Finger gerade noch aushalten) und die Masse cremig wird. Auf keinen Fall heißer werden lassen, sonst stockt die Creme! Die Schüssel aus dem Wasserbad nehmen und am warmen Herdrand die flüssige, nicht heiße Butter portionsweise unter ständigem Schlagen hineintropfen, bis die Sauce sämig wird. Mit Pfeffer, Salz und Zitronensaft abschmecken.

Steinbutt/Turbot auf Spinat

Für 4 Personen:

1 Steinbutt à 800 g,
2 Schalotten,
1 Zitrone,
Meersalz,
1 EL Butter,
Muskat,
500 g Spinat,
1 El Butter,
Weißwein

(Blattspinat; Erbsen; Chicorée)

Menüvorschlag:

Karottencreme
(Seite 46),
Steinbutt auf
Spinat,
Quark und Melone
(Seite 433)

Zum feinen
Steinbutt passt ein
edler Meursault
Geneviére.

Ob nun der platten Seezunge (Dover Sole) die erste Stelle in der Küchenhierarchie gehört oder dem Steinbutt, der ebenfalls ein Plattfisch ist, darüber streiten sich die Köche. Beides sind sie jedenfalls typische Edelfische; beide sind selten und teuer.

Die Vorzüge des Steinbutts liegen in der Konsistenz seines Fleisches. Es ist fest, wird nicht zäh und bleibt beim Garen saftig – eine akkurate Kochzeit vorausgesetzt. Da es ihn in allen Größen gibt, ist er der Lieblingsfisch der Profiköche. Ein Fisch, der acht Portionen ergibt, ist natürlich ideal für ein Restaurant. Je dicker der Fisch, um so saftiger bleibt er.

Die Exemplare, die mein Fischhändler verkauft, reichen fast immer nur für 2, 3 oder – selten – für 4 Portionen.

1 Der Steinbutt besitzt zwei verschiedene Ansichten. Seine Unterseite ist weiß, seine obere Haut dunkelgrau. Er wird nicht weiter zerlegt, der Händler hat die Innereien ausgeräumt, ohne den Fisch dafür völlig aufzuschlitzen. Der Kopf bleibt dran. Ist der Fisch groß genug, wird er auf dem Backblech des Ofens gegart; kleinere Exemplare (wie für dieses Rezept) verfrachte ich in eine runde, feuerfeste Form. Eventuell muss dafür der Schwanz abgeschnitten werden.

2 Zuerst wird die dickere obere (dunkelgraue) Hautseite mit einem scharfen Kochmesser dreimal schräg eingeschnitten und mit grobem Salz kräftig eingerieben. 1 gehäuften EL feingewürfelte Schalotte zusammen mit einem EL salziger Butter in der Form auf dem Herd erhitzen. Mit einem Glas trockenen Weißwein ablöschen und reduzieren. Den Steinbutt mit der weißen Seite nach unten in die Form legen und in den auf 200 Grad vorgeheizten Ofen schieben.

3 Als Beilage esse ich gern Blattspinat. Die Blätter gut waschen und die Stengel abknipsen. Tropfnaß in einem heißen Topf zugedeckt 2 Minuten zusammenfallen lassen. In ein Sieb abgießen (der Spinat zieht immer Wasser) und so gut es geht ausdrücken. Mit Zitronensaft beträufeln (dann wird er nicht so schnell braun), mutig salzen (die Grenze zwischen fad und versalzen ist beim Spinat sehr schmal), eine Prise Muskat anstreuen, 1 EL Butter hinzufügen und vorsichtig umrühren.

Andere zu dem feinen Fisch passende Gemüse wären junge Erbsen oder gedünsteter Chicoree.

4 Den Steinbutt nach 20 Minuten aus dem Ofen holen und seinen Garzustand prüfen: Die obere graue Haut muss sich jetzt mit einem langen Messer leicht abheben lassen. Das Fleisch darunter sollte schneeweiß und saftig sein. Mit Zitronensaft beträufeln und in der Form auf den Tisch bringen.

»Tintenfische« mit weißen Bohnen

Für 4 Personen:

600 g Schatullen von Kalmaren,
200 g kl. weiße Bohnen,
100 g kl. schwarze Oliven,
1 große Schalotte,
1 große Tomate,
1 – 2 Knoblauchzehen,
1 Lorbeerblatt,
1 rote Cayenneschote,
Zitronensaft,
Olivenöl,
Safran, Salz

(Fladenbrot)

Menüvorschlag:

Zwiebelkuchen (Seite 161),
»Tintenfische« mit weißen Bohnen,
Feigen-Dessert (Seite 411)

Beim Italiener um die Ecke stehen sie ständig auf der Speisekarte: In Teig ausgebackene Ringe von fester bis zäher Konsistenz. In anderer Form sind sie tatsächlich ein Leckerbissen und eine Bereicherung unserer sommerlichen Menüs. Und die Zubereitung ist wirklich ein Kinderspiel.

Landläufig nennt man sie Tintenfische; tatsächlich sind es Kalmare. Sie werden inzwischen in jeder besseren Lebensmittelabteilung fertig ausgenommen angeboten: ungefähr 10 bis 15 Zentimeter lange, weiße Schatullen ohne die Köpfe.

Ich serviere sie mit einem meiner Lieblingsgemüse: ›haricots coco‹ – das sind weiße kleine Bohnen, die nicht viel größer sind als Kaffeebohnen.

1 Die Bohnen – Einweichen ist bei dieser Sorte nicht nötig – werden mit der roten Cayenneschote, dem Lorbeerblatt, Salz und der halbierten Schalotte 1½ Stunden in Wasser gar gekocht. Abgießen und warmstellen.

2 Die Tomate überbrühen, enthäuten, entkernen und das Fleisch in kleine Würfel schneiden. Den Knoblauch – in beliebiger Menge – schälen und kleinhacken. Beides mit den warmen Bohnen vermischen und abschmecken.

3 Die Kalmar-Schatullen unter fließendem kalten Wasser abwaschen, dabei vielleicht noch vorhandene Reste – z.B. den Chitin-Span – entfernen. In kurze Streifen, aber nicht in Ringe schneiden. Nass wie sie sind, in sehr heißes Olivenöl werfen. Sofort den Deckel drauf, weil es sehr spritzt. Dann schnell mit Salz und viel Zitronensaft würzen. Bereits nach 2 (!) Minuten sind die Kalmare gar, nämlich butterzart. Herausnehmen; jede Minute länger würde sie zäh werden lassen.

4 Den Sud, in dem sie gegart wurden, mit einer Prise Safran würzen, noch etwas einkochen lassen, um sowohl Geschmack als auch Konsistenz zu konzentrieren, und eine Handvoll kleine, schwarze Oliven hineinwerfen. Alles mit den warmen Bohnen vermischen und mit fruchtigem Olivenöl übergießen. Dazu türkisches Fladenbrot.

Zum Tintenfisch passt weißer Chateauneuf-du-Pape.

206 Hauptgerichte

Waller mit Kapernbutter

Für 4 Personen:

4 Scheiben Waller à ca. 250 g

Court Bouillon:

3 Karotten,
1 kl. Stück Sellerie,
2 große Zwiebeln,
1 Lauchstange,
2 Tomaten,
1 Lorbeerblatt,
1 EL weiße Pfefferkörner
1/2 l Weinessig,
Thymian, Salz

Kapernbutter:

200 g Butter,
3 – 4 EL kleine Kapern, Salz,
2 Zitronen

(Salzkartoffeln)

Menüvorschlag:

Spargelsalat (Seite 35)
Waller,
Tarte Normande (Seite 440)

Zum Waller passt Grüner Veltliner.

In alten Kochbüchern wird dem Fisch nicht viel Platz eingeräumt. Dabei gab es überall in deutschen Landen Flüsse, in denen das Baden noch nicht gesundheitsschädlich war, und darin lebten gesunde und muntere Fische in großer Menge. Es wurde auch viel Fisch gegessen, und die geringe Beachtung in den Kochbüchern kann nur daran gelegen haben, dass die Hausfrau einfach wusste, wie Fische zubereitet werden.

Fisch wurde gekocht, gedünstet oder gebraten. Alle auf die gleiche Art. Und dagegen ist nicht viel einzuwenden. Die häufigsten Saucen waren simpel: geschmolzene Butter, Nussbutter, Kapernbutter. Gerade die Flussfische, die ja nicht so robust sind wie Meeresfische, brauchen eigentlich nichts anderes.

1 Karotten, Zwiebeln und Sellerie schälen und in Scheiben schneiden, die Lauchstange waschen, nur den weißen Teil verwenden, halbieren, die Tomaten vierteln. 1/2 Liter Weinessig in 2 Liter Wasser zum Kochen bringen, kräftig salzen, die Gemüse sowie 1 Lorbeerblatt, 1 EL weiße Pfefferkörner und 2 TL Thymian hineingeben und alles 30 Minuten kochen lassen.

2 Die Waller-Scheiben in den heißen Sud einlegen und nach 12 bis 15 Minuten – je nach Dicke – wieder herausnehmen. Beim Einlegen darf der Sud noch kochen, dann nicht mehr. Das zarte, eiweißhaltige Fleisch der Fische wird schon bei 70 Grad gar, also die Stücke nur ziehen lassen. In sprudelnd kochendem Wasser würden sie sofort trocken und faserig.

3 Die Kapernbutter ist schnell und einfach herzustellen: 1 bis 2 Zitronen schälen und das Fruchtfleisch kleinwürfeln, so gut es geht, 200 Gramm Butter hellbraun schmelzen, 3 bis 4 EL abgetropfte Kapern und ebensoviel Zitronenwürfel hineingeben und leicht salzen. Dazu Salzkartoffeln: Ein einfaches und doch delikates Essen!

Hauptgerichte

Wirsing-Lasagne mit Lachs

Für 4 Personen:

1 Kopf Wirsing,
400 g Lachsfilet,
Pfeffer, Salz

Für die Würzung:

Eisenkraut
(Verveine);

Koriander oder
Curry oder
Sauerampfer oder
Schinkenspeck oder
Ingwer oder
Limonensaft

(1 Bambusturm aus
dem Asienshop)

Menüvorschlag:

Vitello tonnato
(Seite 160),
Wirsing-Lasagne
mit Lachs,
Gateau Berbelle
(Seite 414)

Zum Wirsing mit Lachs passt ein trockener Weißburgunder.

Die Bezeichnung ist irreführend, denn Nudelteig kommt nicht vor. Der Lachs wird schichtweise zwischen Wirsingblättern gegart. Am besten gelingt diese feine Sache in einem Bambusturm über Dampf, wie in der südostasiatischen Küche. Dieser Turm besteht aus drei Bambuskörbchen, die man aufeinander setzt. Es gibt ihn in allen Asienshops, und er kostet nicht viel. Das Resultat ist wahnsinnig delikat! Und, da hier an jeglichem Fett gespart wird, ebenso leicht.

Vor allem für kleine und kleinste Portionen ist so ein Kochturm sehr praktisch! Die Lachspäckchen gelingen auch ohne diesen Bambusturm, wenn auch nicht so überzeugend. Man kann sie auf den Drahteinsatz eines Fritiertopfes legen, diesen dann so über das Dampfbad hängen, dass er mit dem Wasser nicht in Berührung kommt.

1 Zunächst den Wirsing entblättern. Man braucht nur die hellen, inneren Blätter. Die Strünke herausschneiden und die Blätter in sprudelndem Salzwasser 3 Minuten blanchieren und anschließend in möglichst kaltem Wasser abschrecken. Dann auf Küchenkrepp oder einem Küchenhandtuch ausbreiten, damit sie an Feuchtigkeit verlieren.

2 Das Lachsfilet säubern (eventuelle Haut und dunke Fettstellen entfernen, seitliche Fettlappen abschneiden) und in dünne Scheiben schneiden.

3 Die Wirsingblätter salzen, pfeffern und würzen: Mit Koriander oder Curry (exotisch), oder Sauerampfer (naheliegend), oder mit dünnen Streifen Schinkenspeck (innovativ) oder fein gewürfeltem Ingwer (was sonst?) oder nur mit Limonensaft. Von diesen Wirsingblättern drei übereinander auf einen Teller legen, darauf die erste Scheibe Lachs platzieren. Darauf drei weitere Wirsingblätter und noch einmal Lachs und Wirsing. Für zwei Personen braucht man 4 Wirsingpäckchen, die nicht zusammengebunden werden müssen. Ein Zahnstocher genügt, um alles im Zaum zu halten. Die Päckchen in die beiden unteren Etagen des Bambusturms legen. Auf einen passenden Topf setzen, in dem gewürztes Wasser kocht. Der Dampf zieht brav durch die Ritzen in die Etagenböden und gart die Lasagne in 6 bis 8 Minuten.

Der appetitliche Duft stammt vom Eisenkraut (Verveine; gibt's getrocknet als Tee im Reformhaus), von dem man eine Handvoll ins kochende Wasser geworfen hat.

Ohne weitere Beilagen servieren.

Wirsingreis mit Garnelen

Für 4 Personen:

300 g Garnelen,
1 Kopf Wirsing,
2 Tassen Langkornreis,
1 Schalotte,
1 EL Butter,
1 Handvoll Knoblauchzehen,
Thymian,
1 Glas Cognac,
1 Prise Safran,
Olivenöl,
Koriander,
2 St. Würfelzucker,
Zitronensaft,
1 TL Sojasauce,
Pfeffer, Salz

Menüvorschlag:
Bunte Gemüsesuppe (S. 40), Wirsingreis, Aprikosenkuchen (Seite 405)

Zu diesem Wirsingreis passen trockene Ruländer (Pinot Gris; Tokay d'Alsace)

Nichts ist so bekömmlich wie Reis. Hier endet mein Plädoyer für den Reis als Gesundheitskost, denn mir geht es ausschließlich um den Wohlgeschmack. Doch auch da hat Reis erstaunlich viel zu bieten.
In der Regel nehme ich Langkornreis. In diesem Rezept vermische ich ihn mit meinem Lieblingsgemüse Wirsing und veredle beides mit in Knoblauchöl und Koriander gebratenen Garnelenschwänzen – eine wunderbare Koalition.

1 Die rohen Garnelen (Scampi) auslösen, die Schalen zerhacken und in einer Pfanne in Olivenöl rösten. 1 TL Koriander, 1 zerdrückte Knoblauchzehe und 1 TL Thymian zugeben, salzen, pfeffern, mit 1 Glas Cognac ablöschen, anzünden und schütteln, bis die Flamme verlöscht. Mit reichlich Wasser aufgießen, eine Prise Safran einstreuen und für 1 Stunde auskochen lassen.

2 Vom Wirsing die Blätter abtrennen, die Strünke herausschneiden, die gelben und hellgrünen Blätter für 3 Minuten in kochendem Salzwasser blanchieren, auf einem Küchentuch abtupfen und in kleine Stücke zerreißen.

3 Den Schalensud durchsieben. Den Reis mit einer feingehackten Schalotte in 1 EL Olivenöl glasig anbraten, mit 3 Tassen Schalensud auffüllen, einmal aufkochen und auf kleinster Flamme in 20 Minuten garen lassen. Eventuell Flüssigkeit nachgießen.

4 In einer großen Pfanne 1 EL Butter schmelzen und darin 2 Stücke Würfelzucker auflösen. 1 TL Sojasauce zugeben und die Wirsingstücke darin für wenige Minuten anschwitzen. Salzen (falls nötig), leicht pfeffern und den Saft einer halben Zitrone dazugeben.

5 In einer anderen Pfanne Olivenöl erhitzen, 3, 4 oder mehr gehackte Knoblauchzehen sowie 1 EL Koriander hinzufügen und die leicht gesalzenen Garnelenschwänze sehr schnell für 2, 3 Minuten auf beiden Seiten braten. Den Reis in Portionsschalen mit dem Wirsing vermischen und die Schwänze darauf anrichten.

Hauptgerichte

Zanderfilet mit Gurkenwürfeln

Für 2 Personen:

2 Zanderfilets à 200 g,
1 dicke Gärtnergurke,
1 kl. Gl. Noilly Prat,
1 TL Koriander,
1 Zitrone,
1/4 l Sahne,
Butter, Öl,
Cayennepfeffer,
Salz

(Salzkartoffeln oder Nudeln)

Menüvorschlag:

Spinatsalat (Seite 36),
Zanderfilet mit Gurkenwürfeln,
Rumparfait (Seite 427)

Dazu passt Sauvignon blanc.

Der Zander hat seit längeren Jahren eine erstaunliche Popularität gewonnen. Erstaunlich deshalb, weil man eigentlich mit ihm nicht viel anfangen kann. Es sind die unterschiedlichen Aromen, mit denen er gewürzt wird, die ihn als Essen interessant machen.

Zum Beispiel als Zander mit Gurke. Die Gurke wiederum ist längst nicht so populär, wie sie sein müsste. Als Alibi für die Biertrinker fristet sie ein falsches Leben im Salat. Allenfalls ergibt sie eine Gurkensuppe, die durch Lachsstreifen sehr delikat wird (Seite 44). Doch als Gemüse hat die Gurke noch unentdeckte Qualitäten. Besonders in Verbindung mit Curry oder Safran entwickelt sie einen kulinarischen Charme, den man der wässerigen Stange nicht zutraut. Die dicke, kurze Gärtnergurke eignet sich wegen ihres etwas festeren Fleischs besser als die übliche Schlangengurke.

1 Die Gurke schälen und längs halbieren. Mit einem Löffel die Kerne herauskratzen. Die nackte Gurke in Längsstreifen schneiden und diese würfeln.

2 Die Gurkenwürfel in einer Pfanne in heißer Butter andünsten. Kräftig salzen und mit Cayenne pfeffern, ein kleines Glas Noilly Prat angießen, 1 TL Korianderkörner im Mörser zerstoßen und darüberstreuen; ihr eindringliches Aroma passt gut zur faden Gurke. Den Saft der Zitrone zugeben, 1/4 l Sahne über die Gurkenstücke gießen und kurz köcheln lassen, damit die Sauce eindickt. Abschmecken und wahrscheinlich nachsalzen.

3 Nun die gesalzenen Zanderfilets in eine heiße Pfanne legen, wo sie in einer Öl/Buttermischung 3 Minuten braten dürfen. Dann die Filets umdrehen und nur noch 1 Minute garen.

Variante 1: Statt Koriander Safranpulver verwenden, 1 Knoblauchzehe darüber auspressen, mit Zitrone und Sahne vollenden.

Variante 2: Den Safran durch Curry ersetzen und zum Schluss 2 EL Tomatenkonkassee mitköcheln lassen.

Zanderfilet mit Champignons und Spinat

Für 2 Personen:

400 g Zanderfilets,
200 g braune Steinchampignons,
400 g Spinat,
2 Schalotten,
1 Knoblauchzehe,
1/2 Zitrone,
1/8 l Sahne,
2 EL Butter,
1 EL Öl,
Pfeffer, Salz

Menüvorschlag:

Als leichtes Abendessen nur mit Portweinpflaumen als Dessert (S. 398)

Dazu passt Weißburgunder.

Früher war ein gebratener Zander eine Art Erkennungszeichen der Berliner Küche (Havelzander). Inzwischen werden sie wie Forellen gezüchtet; seitdem sind sie überall zu haben und mit der Vorherrschaft des »an der Haut gebratenen« Zanders ist es vorbei. Die Filets sind dick und saftig, enthäutet und ohne Gräten. Also das richtige Spielmaterial für den Hobbykoch.

Die technischen Anforderungen sind bei diesem Gericht gering. Aber wie immer kommt es auf sensibles Würzen an. Spinat kann leicht zu fad oder zu salzig schmecken, die Pilze müssen mit der Sahne und den Schalotten eine delikate Allianz eingehen.

1 Den Spinat waschen und in einem Durchschlag abtropfen lassen. Noch tropfnass in einen heißen Topf werfen, leicht salzen und zusammenfallen lassen. Abkühlen und mit der Hand gründlich auspressen.

2 Die Steinchampignons (die braunen mit dem intensiven Aroma) putzen, die Stiele entfernen und in dünne Scheiben schneiden (ein paar kleine ganz lassen). Schalotten und Knoblauch enthäuten und in sehr kleine Würfelchen schneiden. Beides in einer Pfanne in etwas Butter weich dünsten; herausnehmen und beiseite stellen. Sodann die Champignons in der Pfanne in wenig Öl anbraten, salzen, pfeffern, mit Zitrone beträufeln, mit der Sahne ablöschen und etwas einkochen.

3 Die Zanderfilets unter kaltem Wasser abspülen, trockentupfen, dünne Ränder entfernen, in portionsgerechte Stücke schneiden, salzen und mit Zitrone beträufeln.

4 Den Spinat lose unter die Champignons mischen. In einer heißen Gratinform 1 EL Butter schmelzen lassen. Die Zanderfilets hinein legen und den Spinat samt den kleinen ganzen Pilzen darauf verteilen. Die Form in den sehr heißen Ofen stellen und spätestens nach 10 Minuten servieren.

Hauptgerichte

Brathähnchen mit Zitrone und Lauch

Geflügel nimmt in meiner Fleischküche den ersten Platz ein, noch vor dem Lamm, welches ich liebe, und weit vor allen anderen Sorten. Weil es so vielseitig zubereitet werden kann. Sowohl als magenfreundliche Schonkost, zu der leichte Weißweine passen, wie auch als dunkles, dramatisches Hauptgericht, das dringend nach einem schweren Roten verlangt.
In den meisten Fällen verstehe ich unter einem Huhn ein körnergefüttertes Freilandhuhn à la Bresse mit einem Gewicht nicht unter 1,6 Kilo. Meist wird es zerteilt, enthäutet und geschmort. Bei diesem Rezept aber geht es um ein Brathähnchen von vielleicht 1200 Gramm, da darf es ganz und die Haut dran bleiben. Am besten kauft man so ein Hähnchen frisch beim Kleinbauern auf dem Markt und achtet darauf, dass die Haut trocken ist; das zeigt, dass das Tier nach dem Schlachten nicht wassergekühlt wurde.

Für 2–3 Personen:

1 Hähnchen
à 1000 – 1200 g,
5 Stangen Lauch
(mitteldick),
1 ungespritzte
Zitrone,
1 kleines Stück
Ingwer,
Zitronensaft,
Butter
(zum Anbraten
und Begießen),
Salz

(kleine, junge
Kartoffeln)

1 Das Hähnchen von innen und außen kurz unter kaltem Wasser abspülen und trockentupfen. Drei Scheiben der ungespritzen Zitrone dem Hähnchen in den Bauch schieben. Die Flügel hinter dem Rücken verschränken, die Keulen mit Küchengarn (Achtung: keine Kunstfaser!) zusammenbinden.

2 In einem schmalen, ovalen Bräter (in den Backofen muss später noch eine feuerfeste Form mit dem Lauch passen) das Hähnchen rundherum in Butter anbraten und gleichzeitig salzen. Da die Butter nicht verbrennen darf, geht das nur bei sehr mäßiger Hitze; es dauert rund 15 Minuten. Danach ist das Hähnchen nicht braun, sondern nur leicht angebräunt.

3 Von der ungespritzen Zitrone weitere Scheiben abschneiden, diese um und auf das Hähnchen legen und den Bräter ohne Deckel in den Ofen schieben. Bei etwa 120 Grad eine knappe Stunde braten lassen.

4 Inzwischen die Lauchstangen waschen, das weiße und hellgrüne Stück abschneiden und in kochendem Salzwasser 5 Minuten blanchieren.

5 Eine feuerfeste, flache Form großzügig ausbuttern und die Lauchstangen nebeneinander hineinlegen. Das frische Stück Ingwer schälen und reiben, ungefähr einen gehäuften Teelöffel, und über den Lauch streuen. Etwas Zitronensaft drübertäufeln, leicht salzen und mit heißer brauner Butter übergießen.

6 Mit Alufolie dicht abdecken und in den Ofen neben das Brathähnchen schieben. Die Garzeit kann 45 Minuten dauern. In dieser Zeit die Lauchstangen ein- oder zweimal herumdrehen. Sie sollen sehr weich werden und zum Schluss nicht wenig Saft abgegeben haben.

7 Das gare Hähnchen aus dem Bräter nehmen und warmstellen, die Zitronenscheiben wegwerfen und den Bratensaft entfetten (das geht am besten mit einem Spezialkännchen mit tief unten liegendem Ausguss). Letzteres ist sehr wichtig, weil die obenauf schwimmende Butter und das ausgetretene Hühnerfett die Sauce nicht verbessern würden. Den Bräter mit dem Bratensatz beiseite stellen.

8 Die fertigen Lauchstangen aus der Form nehmen und auf einer Platte im Ofen warmstellen, mit dem Saft der Lauchstangen den Bratensatz im wieder erhitzten Bräter (nun auf dem Herd) ablöschen, den Bratensaft (ohne das Fett) aus dem Kännchen hinzufügen und alles in einen kleineren Topf umfüllen. Wenn von Anfang an richtig gewürzt wurde, ist die Sauce damit vollendet – in jeder Hinsicht. Andernfalls (abschmecken ist auch hier unerlässlich!) mit Salz und Zitronensaft nachwürzen. Sollte die Sauce zu dünn sein, noch ein Stück kalte Butter hineingeben und am Herdrand mit dem Schneebesen verschlagen.

9 Das Hähnchen tranchieren, dazu die Lauchstangen servieren und darüber die höchst delikate Sauce – wer fragt da noch nach Kartoffeln? Wo die denn unbedingt sein müssen (Nudeln oder Reis passen hier nicht): Bitte nur kleine, möglichst junge Kartoffeln mit der Schale kochen und, wenn sie gepellt sind, leicht in heißer, salziger Butter wälzen. Dazu ein fruchtiger Weißwein – ein Genuss!

Menüvorschlag:

Rucola mit Rosinen und Pinienkernen (Seite 24), Brathähnchen mit Zitrone und Lauch, Pflaumenquark (Seite 398)

Zum Brathähnchen passt gut ein Pouilly Fuissé.

Brathuhn mit Gemüse

Ähnlich wie das ›Urhuhn‹ mit Knoblauch (Seite 252) gehört das Huhn mit Gemüse zu den einfachsten und zugleich leckersten Zubereitungen. Ich vermute sogar, dass dem französischen König Heinrich IV. von Navarra ein solches ›poulet-au-pot‹ vorgesetzt wurde, als er seinen Bürgern wünschte, jeden Sonntag ein Huhn im Topf zu haben.

Man kann dieses Gericht auch für 2 Personen mit einem jungen Hähnchen auf gleiche Weise herstellen, am besten jedoch, finde ich, schmeckt es mit einem ausgewachsenen, eher fetten Freilandhuhn für 4 bis 5 Personen. Eine besondere Delikatesse ist natürlich ein Original-Bressehuhn, das man beim Metzger oder Geflügelhändler vorbestellt. Frische Bio-Freilandhühner gibt es aber inzwischen sogar in Supermärkten. Dass übrigens ein Huhn nach dem Schlachten nicht wassergekühlt wurde – was dem Geschmack abträglich ist –, erkennt man an der Haut: Sie sollte sich trocken anfühlen.

Statt der einzelnen Knoblauchzehen verwenden wir in unserer Küche bei diesem Gericht ganze, halbierte Knoblauchknollen – eine halbe pro Person. Das macht weniger Arbeit, sieht auf dem Teller hübsch aus, und die halben, weich geschmorten Zehen lassen sich mit der Gabel leicht herauspicken.

Auch mit einem sehr großen Huhn muss man nicht befürchten, zuviel gekocht zu haben: Zum einen schmeckt es so gut, dass viele davon zweimal nehmen, und zum anderen kann man es auch sehr gut am nächsten Tag wieder aufwärmen.

Für 4 Personen:

1 Huhn à 2 kg,
8 festkochende Kartoffeln,
12 kleine feste Tomaten,
12 – 16 Schalotten,
1–2 Stangen Lauch,
4 Karotten,
12 – 16 Knoblauchzehen oder
2 Knoblauchknollen,
1 Zitrone,
Thymian, Weißwein,
2 EL Butter,
2 EL Olivenöl,
Pfeffer, Salz

evtl. Stangenbrot

1 Das Huhn wie üblich unter fließendem kalten Wasser waschen, ausspülen und trockentupfen. (Dieses Abwaschen ist übrigens zu einer Gewohnheit bei Produkten aus der Massentierhaltung geworden, bei der die Gefahr einer Salmonelleninfektion sehr groß ist; ich wasche Hühner, Enten, Tauben aus garantierter Freilandaufzucht nie ab.) 1 bis 2 TL Salz ins Innere des Huhns praktizieren, 2 EL Butter erwärmen, 2 EL Olivenöl hinzufügen und mit 1 EL Zitronensaft, Salz und grobem schwarzen Pfeffer (aus der Mühle oder dem Mörser) mischen. Damit das Huhn rundherum einreiben bzw. bestreichen und ca. 1 Stunde einwirken lassen.

2 Kartoffeln schälen, halbieren oder vierteln. Die Tomaten kurz überbrühen, enthäuten und vierteln. Sehr kleine Tomaten ganz lassen. Den Lauch waschen, Wurzel und dunkelgrünen Teil entfernen, den weißen und hellgrünen Teil in dicke Scheiben schneiden. Die Karotten schälen und in etwas dünnere Scheiben schneiden. Die Schalotten häuten und nur größere Exemplare halbieren. Die Knoblauchzehen häuten, halbieren und den grünen Kern entfernen. Falls es sich um frischen Knoblauch ohne grünen Kern handelt, sollte man die Zehen ganz lassen. Ganze Knoblauchknollen werden nur von der äußeren Haut befreit und waagerecht halbiert.

3 In einem Bräter oder sehr großen Schmortopf 2 bis 3 EL Olivenöl erhitzen und das Huhn darin bei mittlerer Hitze sorgfältig rundherum hellbraun anbraten.

4 Die vorbereiteten Gemüse rings um das Huhn in den Topf schütten – kleine Tomaten 1/2 Stunde später – und ein paar Minuten mit anrösten. Salzen und pfeffern und mit einem Holzlöffel ab und zu umheben. Nach dem Anbraten bzw. Anschwitzen des Gemüses – für ungefähr 15 bis 20 Minuten – mit 1 bis 2 Gläsern Weißwein ablöschen, noch einmal umrühren und dabei auch das Huhn etwas lüpfen. Mit der Hälfte des Thymians bestreuen, den Deckel auflegen und in den auf 180 Grad vorgeheizten Backofen schieben. Die Garzeit dauert – je nach Größe des Huhns – etwa 60 bis 90 Minuten. Ab und zu kontrollieren: Falls sich zu wenig Schmorsaft gebildet hat und das Gemüse anzurösten droht, ein wenig Flüssigkeit nachgießen (Weißwein oder Hühnerbrühe). Gegen Ende der Bratzeit den Rest des Thymians zugeben. Mit einem scharfen Messer einen kleinen Einschnitt zwischen Schenkel und Brust machen; fließt klarer Saft heraus, ist das Huhn – und auch das Gemüse – gar. Aus dem Topf strömt ein wunderbarer Duft.

5 Das Huhn aus dem Topf nehmen und tranchieren (Keulen abtrennen, noch einmal am Gelenk durchteilen, Flügel mit einem Stück Brustfleisch abtrennen, die beiden Brusthälften ablösen und vielleicht einmal teilen).

6 Mit dem Holzlöffel das Gemüse im Schmortopf vorsichtig umrühren und den Saft abschmecken, vielleicht fehlt noch etwas Salz und Pfeffer. Die Hühnerstücke hineinlegen und den Topf auf den Tisch tragen. (Keine Angst übrigens vor den Knoblauchzehen: sie sind wunderbar mild und gut verträglich.) Zusätzlich kann man noch Stangenbrot zum Auftunken der köstlichen Sauce reichen.

Ein typisches französisches Familienessen: als Vorspeise z.B. Selleriestangen gefüllt mit Roquefort, dann das Huhn, und als Dessert eine Mousse-au-chocolat (S. 420)

Zum Brathuhn mit Gemüse passt kühler Beaujolais oder Chianti.

Hauptgerichte 215

Coq au Vin

Das klassische Rezept für ein in Wein geschmortes Huhn, der Coq au Vin, schreibt Rotwein vor, und zwar einen ›Chambertin‹. Das ist einer der größten Rotweine der Welt – Napoleon schleppte immer einige Kisten davon mit sich herum – und einer der teuersten. Wenn ich auch gern zugebe, dass ein Huhn in Chambertin besser schmeckt, so macht auch ein Huhn in einem normal guten, roten Burgunder jeder Köchin und jedem Koch Ehre.
Die wichtigste Voraussetzung ist – wie bei allen Hühnergerichten – die Qualität des Vogels. Für den Coq au Vin würde ich ein schweres Huhn aus der Bresse allen anderen vorziehen. Aber es geht natürlich auch mit einem großen oder zwei kleinen Hühnern anderer Herkunft, so lange es sich um körnergefütterte Freilandhühner handelt, die es hoffentlich frisch auf dem Markt gibt.

Für 4 Personen:

1 großes oder zwei kleine Hühner,
120 g mageren Räucherspeck,
Butterschmalz,
200 g frische Champignons,
1 Knoblauchzehe,
25 frische Perlzwiebeln (oder 4 – 6 Schalotten),
1 Fl. Burgunder,
1 großes Glas Cognac,
1 Lorbeerblatt,
getrockneter Thymian und Rosmarin,
1 Stück Zucker,
Muskat, Pfeffer, kalte Butter, Salz, Zitronensaft
(kl. Kartoffeln)

1 Das Huhn oder die Hühner von innen und außen unter fließendem kalten Wasser abspülen und mit Küchenpapier trockentupfen. Mit einem schweren Messer oder einer Geflügelschere jeweils in 8 Teile zerlegen und enthäuten. (Hals, Rücken und andere Teile der Karkasse nicht wegwerfen, sondern zusammen mit Gemüse zu einer Hühnerbouillon verarbeiten und für ein anderes Gericht im Kühlschrank aufbewahren; sie wird für den Coq au Vin nicht benötigt.)

2 Die Champignons putzen – möglichst nicht waschen –, von den Stielen befreien und je nach Größe halbieren oder vierteln und in einer großen schweren Pfanne in wenig Öl auf starker Flamme fast garbraten. Die Pilze sollen braten, nicht kochen, und dabei möglichst viel Flüssigkeit verlieren; deshalb immer wieder mit dem Holzlöffel wenden. Mit Salz, Pfeffer und einigen Tropfen Zitronensaft würzen und in einer Schüssel beiseite stellen.

3 Den Räucherspeck in ca. 2 cm lange Streifen schneiden, in der vorher für die Pilze benutzten Pfanne in etwas Butterschmalz anrösten, die geschälten Perlzwiebeln ganz – oder die Schalotten halbiert – dazugeben und durch häufiges Schütteln der Pfanne oder Umrühren von allen Seiten leicht anbräunen. Zwiebeln und Speck mit einem Schaumlöffel herausheben und das Fett etwas abtropfen lassen. Beides in einen großen Schmortopf legen.

4 Im Bratfett der Pfanne die Hühnerteile anbraten, dass sie goldgelb werden, also heißer und länger als bei anderen Hühnerrezepten. Während des Anbratens mit Salz und frisch im Mörser zerstoßenem schwarzen Pfeffer würzen. Zum Schluss den Cognac über die Hühnerteile gießen und mit einem langen Streichholz (Vorsicht!) von der Seite anzünden.

5 Die flambierten Hühnerteile zu den Zwiebeln und dem Speck im Schmortopf legen. Je 1 TL Thymian und Rosmarin, ein Lorbeerblatt, die gebratenen Pilze und die gehackte Knoblauchzehe darüberstreuen und mit einer Prise Muskat würzen.

6 Das Fett in der Pfanne bis auf einen dünnen Film weggießen. Mit etwas Rotwein ablöschen und aufkochen; mit einem Holzlöffel die Bratrückstände vom Boden lösen und den Sud über die Hühnerteile gießen.

7 Den restlichen Rotwein hat man inzwischen mit 1 Stück Zucker erhitzt und gießt ihn ebenfalls über die Hühnerstücke. Den Deckel auflegen und im Ofen bei 180 Grad ca. 40 Minuten schmoren lassen. Sind die Hühnerstücke gar und zart, füllt man sie zusammen mit dem Gemüse in eine gut vorgewärmte Servierform um, stellt sie im Ofen bei 50-60 Grad warm und beschäftigt sich mit der Sauce.

8 Bei einem gutschließenden Topf werden rund 3/4 Liter Glühwein im Schmortopf sein. Zuerst muss die Flüssigkeit entfettet werden. Das geht am besten in einer Spezialkanne mit tiefem Ausguss.

9 In eine Sauteuse umfüllen – oder in eine große Pfanne – und bei starker Hitze kräftig einkochen, bis vielleicht ein halber oder ein drittel Liter übrigbleibt. Abseits vom Feuer stückweise die kalte Butter zugeben und mit dem Schneebesen schlagen, bis sie sich gut mit der Sauce verbunden hat (sie darf dabei nicht mehr kochen!). Abschmecken und gegebenenfalls nachwürzen.

10 Da man auf diese Weise eine relativ große Menge intensiver Sauce gewinnt, empfehlen sich als Beilage kleine gekochte Kartoffeln, in Butter leicht angebraten und mit Meersalz bestreut.

Menüvorschlag:

Champignonsalat (Seite 13),
Coq au Vin,
Reisauflauf mit Trockenfrüchten (Seite 389)

Zum Coq au Vin passt sehr gut ein Fleurie oder Julienas (Beaujolais).

Hauptgerichte

Curryhähnchen mit Reis

Für 2–3 Personen:

1 Hähnchen à 1000 – 1200 g,
1 große weiße Zwiebel,
1 Becher Sahne,
1/2 TL scharfer Curry,
1 Tasse Langkornreis,
Zitronensaft,
Butter,
Salz

Menüvorschlag:

Minestrone (Seite 55),
Brathähnchen mit Curry und Reis,
Heiße Bananen mit Pinienkernen (Seite 393)

Dazu passt trockener Riesling.

Mehr zum Thema Curry siehe Kochseminar Seite 471.

Dieses Rezept lässt sich genauso – dann für 4 Personen – mit einem ausgewachsenen Huhn von zum Beispiel 1800 g realisieren. Doch wenn Zartheit und jugendliche Blässe ein Vorzug sind, dann hier. Der verwendete Curry bedeutet nicht, dass es sich hier um ein Rezept der indischen Küche handelt. Er wird nur in kleinster Menge verwendet, dient zum Abrunden der Sauce und bestimmt nicht, wie bei asiatischen Gerichten, autoritär den Geschmack. Der ist hier eindeutig europäisch, das bedeutet, nach unseren Maßstäben fein und ausgewogen.

Habe ich mich dennoch beim vorliegenden Rezept am Anfang beim Curry vergriffen und die Sauce ist zu einer gelben, scharfen Currysauce geraten, erkläre ich mein Brathähnchen dann doch zu einem Beispiel indischer Regionalküche und serviere Bier dazu.

1 Das Hähnchen wird in 7 Teile zerlegt: die Keulen in je zwei Stücke, die Flügel extra; die Brust auf dem Knochen bleibt ganz; sie wird erst vor dem Servieren tranchiert, weil sie so, ganz belassen, weniger austrocknet.

2 Die einzelnen Stücke werden gesalzen und in nicht wenig Butter (ca. 80 g) sanft angebraten. Eine große, frische weiße Zwiebel (nicht eine der stinkenden, goldgelben) häuten, in Scheiben schneiden und unter die anbratenden Hühnerstücke schieben.

3 Nach ungefähr 15 Minuten, wenn die Hühnerstücke leicht angebräunt sind, verrühre ich in ca. 100 g Sahne einen halben Teelöffel Curry und gieße das über die Hühnerstücke. Mit einigen Tropfen Zitronensaft aromatisieren. Deckel drauf und sehr sanft und langsam für 45 Minuten schmoren lassen. Die Hitze muss reduziert bleiben, damit die Sahne beim Schmoren nicht zerfällt: klares Fett obenauf, der würzige Rest unten. (Sollte es dennoch passieren: durch einen abschließenden Guss kalter Sahne beheben.)

4 Nach Beendigung der Garzeit müssten die Zwiebelringe, wenn sie wirklich frisch waren und von einer weißen Zwiebel stammten, sich fast aufgelöst haben. Das fördert die Sämigkeit der Sauce. Es lässt sich nicht voraussagen, wieviel sich davon gebildet hat, welche Konsistenz sie besitzt und ob sie auch sehr gut schmeckt; möglich ist Nachsalzen, noch etwas Zitronensaft, noch etwas Sahne oder Curry.

Als Beilage passt Langkornreis. Als Curry nehme ich übrigens fast immer scharfen Curry, aber davon wenig.

Entenbrust mit Datteln

Für 2 Personen:

1 Entenbrust
von ca. 400 g,
2–3 EL Olivenöl,
6 frische Datteln,
4 Frühlingszwiebeln,
2 Schalotten,
1 Lauchstange,
5–10 Knoblauchzehen,
1 kl. Chilischote,
3 EL schwarze
Oliven mit Kern,
1 Würfel kandierter
Ingwer,
1/4 l Hühnerfond,
1 kl. Glas Portwein,
grobes Meersalz

Curryreis

Menüvorschlag:

Gurkensuppe
(Seite 44),
Entenbrust
mit Datteln,
Ananaskompott
(Seite 404)

Dazu passt ein Cahors.

Süß, sauer, bitter, salzig – das sind die Geschmacksempfindungen, die man gemeinhin der Zunge zuschreibt, alle übrigen Aromen verdanken wir dem Spürsinn unserer Nase: Nur die Schärfe wird von Zunge und Nase gleichermaßen wahrgenommen – wie beim Pfeffer und beim Meerrettich.

Für Feinschmecker entsteht Delikatesse oft erst durch den Gegensatz von süß und sauer – so wird zum Beispiel die plumpe Süße einer Erdbeermarmelade erst durch Zitronensaft geadelt.

Es gibt einen weniger häufigen Gegensatz, bei dem trotz gehöriger Süße die Säure nicht nötig ist: süß und scharf – wie beim nachfolgenden Rezept.

1 Aus den Datteln die Kerne entfernen. Von den Frühlingszwiebeln das dunkelgrüne Ende abschneiden; den Rest in drei Teile schneiden. Den weißen und hellgrünen Teil der Lauchstange in dicke Scheiben schneiden. Die Schalotten schälen und halbieren. Die Knoblauchzehen enthäuten; die Chilischote auskratzen und sehr fein hacken; den Ingwerwürfel kleinhacken.

2 Von der Entenbrust mit einem scharfen Messer die dicke Haut ablösen. Das Fleisch mit Meersalz einreiben. In einem Schmortopf 2 EL Olivenöl erhitzen und darin die Brust auf beiden Seiten bei mittlerer Hitze in 4 Minuten vorsichtig anbraten.

3 Datteln, Gemüse, Ingwer sowie 3 EL kleine schwarze Oliven dazugeben. Mit Meersalz würzen, mit 2 TL Balsamico und 1 kleinem Glas Portwein aufgießen und bei größerer Hitze einkochen. Bevor das Gemüse anzubrennen droht, mit 1/4 l Hühnerfond ablöschen, umrühren und Deckel auflegen.

4 1 Stunde bei kleinster Temperatur auf dem Herd schmurgeln lassen. Danach ist das Fleisch nicht rosa, aber schön mürbe, die Gemüse sind trotz der geringen Hitze weich geworden, aber nicht zerfallen; der Geschmack ist so gut, dass in der Regel nicht nachgewürzt werden muss. Vielleicht noch etwas Salz oder, falls vorrätig, ein paar kandierte Streifen Orangenschale.

Dazu passt in Hühnerbrühe gekochter und mit Curry gewürzter Reis.

Hauptgerichte

Entenbrust in Portwein

Für 3–5 Personen:

2 – 3 Entenbrüste,
1 – 2 EL Fleischfond,
Portwein,
Balsamico-Essig,
Nelkenpulver,
Zimt,
schwarzer Pfeffer,
Öl, Butter,
Salz

Vorschlag für ein sommerliches Festmenü:

Lachshäppchen Outhier (Seite 83), sommerliche Gemüseplatte (Seite 149), Entenbrust in Portwein, Quark und Melone (Seite 433)

Zur Ente in Portwein passt sehr gut ein Madiran.

Wie man einen Fleischfond herstellt, steht im Kochseminar ab Seite 453.

Man kann sie inzwischen fast überall einzeln frisch kaufen, die ausgelösten Entenbrüste. Es sind dicke Bruststücke mit ihrer Haut. Zwei Brüste reichen für 3 Personen, drei für fünf. Da die beiden Brusthälften der Ente delikater sind als die Keulen, und das Braten einer ganzen Ente ziemlich umständlich ist, verzichte ich auf den Bratenduft, der früher durchs Haus zog. Die Bruststücke werden ruckzuck in der Pfanne gebraten.

Ein gewisses Risiko ist dennoch immer dabei, dass die Entenbrüste zäh werden. Ich weiß auch nicht, warum. Wer ganz sicher gehen will, brät sie nach der 80 Grad-Methode: Ein paar Minuten auf der Hautseite anbraten, dann in einer vorher angewärmten feuerfesten Form bei 80 Grad für zwei bis drei Stunden im Backofen garen, je nachdem, wie rosa man sie haben möchte. Damit kann dann wirklich nichts mehr schiefgehen.

1 Bei der traditionellen Methode werden die Entenbrüste mit wenig Öl und mit viel schwarzem Pfeffer massiert. Dann salzen und mit der Haut nach unten in die leicht geölte Pfanne legen und bei starker Hitze anbraten. Die aber darf wiederum nicht so stark sein, dass die Haut verbrennt. Das setzt Bitterstoffe frei und würde die Sauce ruinieren. Deshalb muss man das Anbraten sorgfältig kontrollieren. Wenn die Haut gut gebräunt ist, die Hitze reduzieren und die Entenbrüste umdrehen. Diesmal geht alles viel schneller: Nach 6 bis 8 Minuten die Entenbrüste herausnehmen und warmstellen.

2 Das Fett aus der Pfanne gießen, die Pfanne wieder aufs Feuer setzen, mit einem Glas Portwein ablöschen und den Bratensatz mit einem Holzlöffel losschaben. Einen Schuss Balsamicoessig dazugeben, vielleicht 1 TL Trüffelöl.

3 Etwas einkochen lassen, und jetzt geht's los mit dem Abschmecken: Eine Messerspitze Zimt kommt hinein, Salz, eine Prise Nelkenpulver. Und Pfeffer? Aber ja doch! Die Sauce ist die Hauptsache bei diesem Gericht. Deshalb braucht man jetzt eine Zutat, die hoffentlich vorrätig ist: eingedickter dunkler Fleischfond. 2 bis 3 EL dürfen es schon sein. Der Fond gibt der Sauce einen geschmeidigen Glanz.

4 Der entfettete Fleischsaft von den Entenbrüsten kommt zur Sauce, aufkochen und abschmecken, abseits vom Feuer 50 g Butter einmontieren, die Entenbrüste in schräge Scheiben schneiden. Sie sind innen noch leicht rosa, also saftig, also zart.

Ein nicht alltäglicher Schmaus. Dazu passen ein buttriges Kartoffelpüree und glasierte Karotten, aber auch ein Kartoffel-Zucchini-Gratin.

Hauptgerichte

Ente mit Pflaumen

Für 3–4 Personen:

1 bratfertige Ente von ca. 1700 g,
15 – 25 kleine weiße Zwiebelchen,
12 – 15 Trockenpflaumen,
Tee oder Süßwein für die Marinade,
2 Gläser Süßwein,
Chilipfeffer,
2 Lorbeerblätter,
3 Gewürznelken,
Öl, Butter, Salz

(Curryreis)

Vorschlag für ein Festmenü:

Pellkartoffeln mit Kaviar (Seite 142),
Lauchsuppe mit Trüffeln (S. 53),
Ente mit Pflaumen,
Rumparfait (Seite 427)

Zur Ente mit Pflaumen passt ein kräftiger Rotwein wie Cahors, Hermitage oder Côte Rôtie.

Die Kunst des Kochens besteht im gelungenen Kombinieren. Gerade mit der Ente lässt sich hier viel anstellen, weil sie über sehr viel Eigengeschmack verfügt, der auch mit kräftigen Aromen nicht so leicht verdeckt werden kann. Seit es Entenbrüste und -keulen einzeln zu kaufen gibt, wird das Braten einer ganzen Ente sicherlich zur Ausnahme. Aber es lohnt sich dennoch, wie auch dieses Gericht zeigt: Das Aroma der Zwiebelchen und der Pflaumen verbindet sich wunderbar mit dem Eigengeschmack der Ente.

Bei den Pflaumen handelt es sich Trockenpflaumen von der feuchten Sorte, wie man sie in Reformhäusern bekommt. Sie werden entsteint, bevor man sie einlegt und weiterverarbeitet. Einlegen worin? Zum Beispiel in schwarzem Tee, aber es muss ein sehr starker sein; probieren Sie es mal mit Rauchtee (Labsang Souchong), oder mit Kräutertee aus Eisenkraut (Verveine). Ein anderes Einlegemittel ist Wein; ein Süßwein vorzugsweise.

Ein Wort noch zur benötigten Menge: 12 bis 15 Pflaumen sollten es schon sein. Aber es gibt keinen Grund, sorgfältig zu zählen.

1 Die Pflaumen schon am Vortag entsteinen und über Nacht einlegen.

2 Am Kochtag zunächst die Zwiebelchen enthäuten und die eingelegten Pflaumen aus der Marinade nehmen. Den Backofen auf 150 Grad vorheizen. Die Ente in einem Bräter auf dem Herd in Öl und Butter rundherum anbraten und dabei nicht zu zaghaft salzen. Die Zwiebelchen hinzufügen, einige Minuten mitbraten lassen und dann mit 2 Gläsern Wein begießen, vorzugsweise Banyuls oder ähnlichem Nektar. Die Pflaumen dazugeben, alles einmal gründlich aufkochen lassen und mit gemahlenem Chili abschmecken, zwei Lorbeerblätter und 3 Gewürznelken hinzufügen. Deckel drauf und ab in den Ofen. Dort brät die Ente bei 150 Grad ihrer Vollendung entgegen. Das macht sie in den ersten 20 Minuten zunächst ganz allein.

3 Dann gelegentlich nachsehen, wie es der Ente geht. Sie soll nicht in viel Flüssigkeit liegen, aber die Zwiebeln müssen weich werden. Notfalls schon jetzt – bei zuviel Flüssigkeit –, sonst aber nach 45 Minuten den Deckel abnehmen und die Hitze auf ca. 200 Grad erhöhen. Die Ente sollte nun außen braun werden, innen aber noch rosa und saftig bleiben: mit dem Messer den Kontrollschnitt zwischen Keule und Brust machen; ist das Fleisch noch zu rosa, den Deckel wieder auflegen und weiterbraten. Soll die Ente ganz durchgebraten sein (das ist kein Makel), wird es noch einmal rund 40 Minuten dauern. Die Zwiebeln sind inzwischen wohl ziemlich zerkocht; das ist gut so, denn nur so können sie etwas vom Aroma der inzwischen ebenfalls matschigen Pflaumen annehmen.

Dazu passt am besten Curryreis mit Rosinen und Pinienkernen.

Hauptgerichte

Ente mit Äpfeln und Orangensauce

Seit es frische Entenbrüste und -keulen einzeln zu kaufen gibt, erspare ich mir in der Regel die Mühe, eine Ente im Ganzen zu braten. Verstärkt wird diese Tendenz noch durch den Umstand, dass Brüste und Keulen unterschiedliche Garzeiten haben, was bei einer im Ganzen gebratenen Ente außer bei der 80-Grad-Methode (siehe Seite 465) immer zu einem Kompromiss führt.

Und dennoch: Wenn ich wieder einmal auf einem französischen Markt eine Bäuerin hinter ihrem Stand mit den von ihr liebevoll aufgezogenen und gerupften Vögeln sehe, überkommt mich stets die Lust auf eine im Ganzen gebratene Ente, deren Duft schon lange vor dem Genuss unwiderstehlich aus der Küche durchs Haus zieht.

Eines meiner ersten Kochbücher war das 1956 in Frankreich – und zehn Jahre später in Deutschland – erschienene Buch ›La vraie cuisine française‹ von Savarin, Inhaber unzähliger Ehrentitel aus dem Bereich der Gastronomie.

Aus diesem Kochbuch stammt das nachfolgende Rezept des Dr. Bécart, einem hochgeschätzten Mitglied der ebenso hochgeschätzten ›Académie des Gastronomes‹. Im Originalrezept wird die Ente am Spieß vor dem Feuer gebraten; wer über die entsprechende Einrichtung verfügt, sollte dies ebenso machen; dabei wird die Entenhaut knuspriger. Das Rezept gelingt aber auch gut im Backofen.

Für 4 Personen:

1 Barbarie-Ente von ca. 2 kg,
6 säuerliche Äpfel,
4 Orangen (davon 1 unbehandelte),
Cognac,
Grand Marnier,
1 Gl. Weißwein,
Butter, Öl,
Zucker,
5 EL Weinessig,
1 EL Pfefferkörner,
Salz,
1 TL Piment,
1 TL Paprika,
Orangenscheiben
evtl. Pellkartoffeln

1 Die Äpfel schälen, vierteln und das Kerngehäuse entfernen. 1 bis 2 EL Butter in einer Pfanne schmelzen lassen und die Apfelviertel darin leicht bräunen, ohne dass sie weich werden. Auf eine Platte legen, mit etwas Grand Marnier beträufeln und erkalten lassen.

2 Den Backofen auf 200 Grad vorheizen bzw. den Holzkohlengrill mit seitlichem Feuerstand schon ungefähr 1 Stunde vor dem Braten vorbereiten.

3 Die Ente kurz unter kaltem Wasser von innen und außen abwaschen und mit Küchenpapier trockentupfen.

4 Im Mörser 1 EL schwarze Pfefferkörner mit 1 TL Piment zerdrücken und mit 1 TL Paprika und 1 EL Salz mischen. Mit dieser Mischung die Ente von außen kräftig einreiben und mit einigen Apfelstücken füllen; die meisten als Garnitur zurücklassen.

5 Die Ente in wenig Öl in einer feuerfesten halbhohen Bratform auf dem Herd bei mittlerer Hitze rundherum hellbraun anbraten, die Form dann auf die untere Schiene in den Backofen schieben, 1 Glas Weißwein anschütten und die Ente je 20 Minuten auf der linken, dann auf der rechten Seite und abschließend auf dem Rücken bei 210 Grad braten; dabei so oft wie möglich mit dem ausfließenden Saft überlöffeln. Beim Braten vor dem Feuer die mit der Würzmischung eingeriebene Ente auf den Drehspieß stecken, mit etwas flüssiger Butter übergießen und während des Bratens immer wieder mit dem austretenden Saft aus der Fettpfanne überlöffeln.

6 Währenddessen in einer kleinen Pfanne 2 EL Zucker in 5 EL mildem Weinessig zu hellbrauner Farbe karamellisieren lassen. Hierzu 1 Glas Orangensaft sowie die abgeriebene Schale der unbehandelten Orange geben, 15 Minuten leise köcheln lassen, durchsieben und beiseite stellen.

7 Einige Minuten vor dem Garwerden die Ente mit einer Mischung aus je einem Drittel Cognac, Grand Marnier und Orangensaft übergießen. Mit einem kleinen Einschnitt zwischen Keule und Brust prüfen, ob die Ente gar ist; der austretende Saft sollte klar und nicht mehr blutig sein.

8 Die Ente herausnehmen (am Spieß kann sie bleiben) und den Saft in der Fettpfanne so gut wie möglich entfetten (das gelingt am einfachsten mit einem entsprechenden Kännchen mit tiefliegendem Ausguss).

9 Den entfetteten Saft mit dem Karamell aus Zucker und Orangenschale mischen und abschmecken; wahrscheinlich fehlt der Sauce noch Pfeffer und Salz.

10 Aus der Ente die Farce herausschütteln (man kann sie auch mitessen), die Ente tranchieren, auf Tellern anrichten und mit etwas Sauce übergießen. Zusammen mit den separat gegarten Apfelstücken und Orangenscheiben servieren. Den Rest der Sauce getrennt dazu reichen.

Vorschlag für ein Festmenü:

Gurkensuppe mit Lachs (S. 44), Ente mit Äpfeln und Orangensauce, Baba-au-rhum (S. 406)

Zur Ente passen traditionell rote Burgunder und Bordeaux; aber z. B. auch ein Sauvignon aus dem Napa Valley oder ein Syrah aus Australien.

Hauptgerichte

Ente mit Essigkaramellsauce

Man kann Entenfleisch kurz braten, so dass es rot bis blutig ist wie ein Rinderfilet. Das ist die modische Version aus der Nouvelle Cuisine. Mein Fall ist das nicht: Eine halbgare Ente schmeckt nicht nach Ente, sondern nach halbgarem Fleisch.

Eine Ente, die nach Ente schmecken soll, muss man durchbraten. Das wiederum birgt vor allem beim Braten einer ganzen Ente die Gefahr, dass die Brust schon trocken ist, während die Keulen noch nicht gar sind. Mit der Niedrigtemperaturmethode ist es jedoch ein Kinderspiel, auch eine ganze Ente so zu braten, dass sowohl Brust als auch Keulen zart und saftig bleiben.

Die beste Ente ist wohl die Nantaiser Blutente, aber man bekommt sie kaum. Das Beste, was auf unseren Märkten angeboten wird, ist die Barbarie-Ente, die nicht sehr groß und nicht sehr fett ist. Der Rest der Enten ist meistens zu schwer, weil zu fett. Sie sehen aus wie für vier oder mehr Personen und haben nicht einmal so viel Fleisch wie eine Barbarie-Ente, welche schließlich auch nur für zwei Personen reicht. Ganz besonders gut zum Entenbraten passt eine Essigkaramellsauce. Das ist für mich ein Höhepunkt der Saucenkunst; ein geschmacklicher Höhepunkt, nicht der Gipfel an Kunstfertigkeit, denn diese Sauce ist verblüffend einfach herzustellen.

Für 4 Personen:

2 Barbarie-Enten,
1 – 2 EL Glace de viande (dunkler Fleischfond),
1/2 Tasse Hühnerfond (oder Kalbsfond),
2 EL Sherryessig,
1 Glas Weißwein,
etwas Öl,
2 EL Zucker,
schwarzer Pfeffer,
Butter, Salz

(Gemüse)

1 Die beiden Enten unter fließendem kalten Wasser kurz abwaschen und trockentupfen. Mit einer Mischung aus Salz und zerstoßenem schwarzen Pfeffer von außen gründlich einreiben.

2 Wenig Öl in einem großen Schmortopf oder Bräter erhitzen und die Enten darin nacheinander rundherum goldbraun anbraten. Die Hitze sollte nicht zu stark sein, damit die Haut nicht zu dunkel wird oder gar verbrennt. Deshalb auch häufig mit zwei Holzlöffeln oder -schabern wenden und auch seitlich anbraten. Während des Anbratens noch einmal salzen.

3 Die Enten nebeneinander in eine rechteckige Reine oder auf ein Backblech mit höheren Wänden setzen und auf die untere Schiene des auf 80 Grad vorgeheizten Backofens schieben. Tür zu und für 3 bis 5 Stunden ganz einfach vergessen ...
Die normalen Küchenherde können eine konstante Temperatur nicht so präzise halten. Da gibt es mehr oder weniger große Schwankungen. Da sie aber immer nur kurzzeitig auftreten, nämlich wenn der Thermostat dem Ofen wieder einmal nachzuheizen befiehlt, ist das nicht so tragisch. Wichtig ist nur zu wissen, ob es auch die richtige Temperatur ist. Da das nicht nur bei der Niedrigtemperatur-Garmethode wichtig ist, lohnt sich ein (preiswertes) Bratthermometer, das man in den Ofen stellt, um zu kontrollieren, bei welcher Einstellung denn nun tatsächlich die gewünschte Temperatur gehalten wird. Da kann es bei den Öfen sehr große Differenzen geben!
In den ersten Stunden passiert im Ofen gar nichts. Da darf man nicht nervös werden! So ab der dritten oder vierten Stunde bilden sich auf der Haut der Enten kleine Fettperlen und zeigen an, dass der Garprozess vorangeht.

4 Auch die Sauce lässt sich – bis auf das Einmontieren der Butter kurz vor dem Servieren – lange im Voraus

Hauptgerichte

herstellen. Den Hühnerfond kann man, wenn es nicht anders geht, auch durch einen hellen Kalbsfond ersetzen. Aber die Glace, also den puddingsteif eingekochten, dunklen Fleischfond, braucht man unbedingt. Da er sich im Kühlschrank monatelang hält, dürfte seine Herstellung für einen anspruchsvollen Amateurkoch keine Zumutung sein (siehe Kochseminar Seite 448).

5 Für die Sauce 2 EL Zucker in einer schweren Kasserolle zu einem braunen Karamel schmelzen lassen. Mit 2 EL Sherryessig, einem kleinen Glas Weißwein und einer halben Tasse Hühnerfond ablöschen und alles um die Hälfte einkochen lassen; dabei auch die Glace in die Sauce geben. Mit wenig Salz und etwas schwarzem Pfeffer abschmecken. Die Sauce pur vom Löffel zu lecken, muss wie ein Schock sein; so kräftig und aromatisch sind Saucen selten. Diese sollte es sein. Außerdem müsste sie eine sirupartige Konsistenz haben – ein Esslöffel pro Portion genügt. In der Kasserolle befinden sich aber mehr als vier Esslöffel Sauce. Den Überschuss braucht man in der letzten Phase des Entenbratens.

6 Die Enten herausnehmen, mit einem Backpinsel mit der Sauce bestreichen und kurz unter den Grill oder die aufgedrehte Oberhitze schieben. Die Haut soll dabei nicht kross werden, sondern glaciert. Das geht schnell. In die restliche Sauce einige kalte Butterstückchen einschlagen, fertig.

7 Die Enten tranchieren; sie sind blass rosa und noch völlig saftig, und die Keulen sind genauso gar wie die Brust. Dazu nur Gemüse; keine Kartoffeln! Sie würden das bisschen köstliche Sauce verschwinden lassen.

Menüvorschlag:

Fenchelsalat mit Ziegenkäse (Seite 16), Ente mit Essigkaramelsauce, Walnussparfait (Seite 427)

Roter Châteauneuf-du-Pape, Hermitage oder Côte Rôtie, aber auch ein Saint Joseph aus einem guten Jahr sind ideal für dieses Festessen.

Hauptgerichte 225

Entenkeule mit Balsamico und Portwein

Für 1 Person:

1 Entenkeule,
4–6 kl. Schalotten,
Tomatenmark,
Chilischote,
Balsamicoessig,
Szechuan-Pfeffer,
Portwein,
1 Zweig Rosmarin,
Orangenmarmelade,
Akazienhonig,
Öl, Salz

(gebutterte Bandnudeln mit gehackten Walnüssen; oder Ratatouille; Seite 376)

Menüvorschlag:

Fischsalat (Seite 17),
Entenkeule mit Balsamico und Portwein,
Käse (z.B. Stilton, Roquefort, Gorgonzola)

Zu dieser Entenkeule passt eine Beerenauslese oder ein Banyuls.

Es drängen sich immer mehr süße Weine in unsere Küchen, wo sie zusammen mit exotischen Gewürzen eine zwar ungewohnte, aber interessante Fraktion bilden. Wenn mich nicht alles täuscht, wird im Essen der Zukunft die Süße eine größere Rolle spielen als bisher.
Was das Fleisch angeht, wird es wohl vorerst bei der Ente bleiben. Sie eignet sich vor allem wegen ihres unverwechselbaren Eigengeschmacks; er ist intensiv und nicht penetrant. Das gestattet dem Koch, extravagante, süße Saucen zu erfinden, welche zu kaum einem anderen Fleisch passen würden.

1 Von der Haut der Keule die dicken Fettränder abschneiden und die Keule kräftig mit Salz einreiben. In einem kleinen, gusseisernen Bräter 1 EL Szechuanpfeffer anrösten, der vorher in einem Mörser etwas zerkleinert wurde. (Manche Gewürze brauchen trockene Hitze, um in Fahrt zu kommen.) Öl hinzugießen und die Keule mit der Hautseite ins heiße Öl legen. Gründlich anbraten, bis die Haut braun, aber nicht schwarz ist. (ca. 8 Minuten). Da der Szechuanpfeffer nicht sehr scharf ist, noch eine kleine, zerstoßene Chilischote darüberstreuen. Mit 1 EL Balsamico ablöschen, anschließend 1 Glas Portwein anschütten. Aufkochen lassen, abschmecken und zugedeckt in den auf 220 Grad vorgeheizten Ofen stellen.

2 Nach 45 Minuten die Hitze auf 180 Grad reduzieren, bei zuwenig Feuchtigkeit etwas Portwein nachgießen, die geschälten Schalotten dazulegen, 2 TL Orangenmarmelade einrühren und abschmecken. 1 TL Akazienhonig kann nicht schaden, 2 cm Tomatenmark aus der Tube auch nicht. Den Rosmarinzweig dazulegen. Wieder den Deckel auflegen und weitere 45 bis 60 Minuten schmoren; die Garzeit hängt von der Größe ab, das lässt sich leicht kontrollieren. Das Fleisch muss zart und weich sein; die Haut wird sofort abgelöst und weggeworfen. Die Keule auf einen Teller im ausgeschalteten Ofen warmstellen.

3 Den Bratsaft in eine kleine Kasserolle umfüllen und noch einmal mit allen Aromen abschmecken, die zu schwach erscheinen, einschließlich Essig und Portwein. Wenn vorhanden, 2 EL Kalbsfond in die Sauce verrühren und weiter reduzieren, bis vielleicht noch 2 bis 3 EL hinreißend intensive Sauce übrigbleiben, mit der die Keule nun nappiert (überzogen) wird.
Sehr gut zur Entenkeule passen gebutterte Bandnudeln, die mit gehackten Walnüssen vermengt werden; sehr gut passt auch das Ratatouille von Seite 378.

Entenkeulen à la Barbara

Für 2 Personen:

2 Entenkeulen,
1 Schalotte,
1/8 l Hühnerbrühe,
1 Stck Ingwerwurzel,
2 EL Zitronensaft,
2 EL Himbeeressig,
Olivenöl,
1-2 TL Meersalz,
2 EL brauner Zucker,
Butter,
Balsamico,
schwarzer Pfeffer

(Weißkohl)

Menüvorschlag:

Tomatensuppe (Seite 63),
Entenkeulen à la Barbara,
Gateau Berbelle (Seite 414)

Zu den Entenkeulen passt sehr gut ein Madiran.

Seit man keine komplette Ente mehr kaufen muss, um eine Entenbrust oder eine Entenkeule zu braten, ist mein Speiseplan interessanter geworden. Im vorliegenden Fall ist es Barbaras Verdienst, die diese köstliche Zubereitung mit dem Himbeeressig erfunden hat. Die Keulen – es dürfen auch 2 Stück pro Person sein – werden zunächst pariert, das bedeutet dicke Fettstellen wegschneiden; ansonsten sind die Keulen pfannenfertig.

1 In einer Pfanne einen Spiegel Olivenöl mit 1 TL Meersalz bestreuen und erhitzen. Die Keulen zuerst mit der Hautseite nach unten hineinlegen, braun braten und wenden. Sind sie rundherum braun, herausnehmen und das Fett aus der Pfanne gießen. Auch die Salzreste auswischen. Den Bratensatz mit 2 EL Zitronensaft und 1 Eierbecher voll Himbeeressig ablöschen.

2 Die feingehackte Schalotte mit 1 EL Butter in die Pfanne geben, die Entenkeulen darauf arrangieren und großzügig mit gemörsertem schwarzen Pfeffer würzen. Etwas Hühnerbouillon in die Pfanne gießen, Deckel drauf und für etwa 45 Minuten leise vor sich hin schmoren lassen. Vielleicht zwischendurch wenig Bouillon und Himbeeressig nachgießen.

3 Während der Schmorzeit $1^{1}/_{2}$ EL gehackten Ingwer vorbereiten. Dann in einem Pfännchen 2 EL braunen Zucker mit 1 TL Butter karamellisieren lassen, den Ingwer hinzufügen und mit etwas Balsamico ablöschen und umrühren.

4 Die garen Entenkeulen aus ihrer Pfanne nehmen, die Haut entfernen und den Bratensaft mit Küchenkrepp so weit entfetten wie möglich. Den Ingwerbrei in die Pfanne geben, umrühren und mit Zitronensaft abschmecken. Sollte die Sauce zu dünn sein, muss sie noch etwas köcheln, bis sie sämig wird. Die Entenkeulen in der Sauce wenden und servieren.

Dazu passt Baguette oder ein Gemüse aus jungem Weißkohl (Seite 363).

Entenkeule in Court Bouillon

Für 1 Person:

1 Entenkeule,
1 Stange Lauch,
1 Karotte,
3 Schalotten,
1 Lorbeerblatt,
1 Stück Sellerie,
1 Petersilienwurzel,
1 Zweig Thymian,
2 Koblauchzehen,
3 Gewürznelken,
Cayennepfeffer,
Salz

(Curryreis)

Menüvorschlag:
Lauchtorte mit Räucherlachs (Seite 86), Entenkeule in Bouillon mit Curryreis, Weiße Mousse mit Birnensauce (Seite 445)

Zu dieser Entenkeule passt ein Barolo.

Die Ente ist ein Beispiel dafür, wie jemand mit wenig Talent Karriere macht. Talent heißt hier: Variationsmöglichkeiten, Vielseitigkeit. Davon hat die Ente nämlich wenig. In der Regel wird sie entweder im Ganzen gebraten oder die ausgelöste Brust und die abgetrennten Keulen separat. Aber das Resultat ist immer gebratenes Entenfleisch.

Dass Ente auch gekocht sehr gut schmeckt, wird weniger bekannt sein. Entscheidend für das geschmackliche Ergebnis ist die Qualität und Würzung der ›court bouillon‹ genannte Gemüsebrühe, in der das Entenfleisch gegart wird. Im nachfolgenden Rezept ist dies eine vegetarische Bouillon, also keine ausgekochten Knochen und auch sonst nichts Fleischiges, aber dennoch mit üppigem Aroma ausgestattet.

1 Die Gemüse waschen, schälen und in große, grobe Stücke schneiden. Zusammen mit den Gewürzen in kaltem Wasser aufsetzen und zum Kochen bringen. Sehr kräftig salzen und pfeffern. Der Knoblauch muss nicht sein, kann aber nie schaden. Nach 40 Minuten ist die Brühe gut. Wenn man sie abschmeckt und entsetzt ausspuckt, ist das der Beweis für die richtige Portionierung der Gewürze.

2 Die Haut von der Entenkeule ablösen und wegwerfen. Die Keule in die Brühe einlegen und für ungefähr zwei Stunden bei knapp 100 Grad darin simmern lassen; dann dürfte sie weich sein.
Die ›court bouillon‹ sollte man nicht weggießen. So eine Gemüsebrühe braucht man im Sommer täglich, um andere Gemüse oder Fleischstücke darin zu pochieren. Solange kein Kohl mitgekocht hat, kann man sie nach jedem Kochen durchsieben, aufheben und neu verwenden. Dabei ist die Verschiedenartigkeit der Aromen überhaupt kein Hinderungsgrund. Gestern Spargel und heute Sellerie, morgen süße Karotten und dann vielleicht grüne Bohnen – jedes Gemüse kräftigt die Brühe. Stets willkommen sind übrigens auch Champignons. Doch nun zurück zur Entenkeule.

3 Zur gekochten Keule passt sehr gut ein würziger Curryreis mit Gemüsen und gerösteten Pinienkernen. Das können kleingewürfelte Karotten oder Paprika oder auch Sellerie sein, die man in der Gemüsebrühe knapp gargekocht hat und unter den mit einer Prise Curry aromatisierten Reis mischt.

Zur Entenkeule passt auch sehr gut das Kürbischutney von Seite 126.

Entenkeule in Honig

Für 2 Personen:

2 Entenkeulen,
4 Schalotten,
1/2 Zimtstange,
6 Nelken,
2 Lorbeerblätter,
1 EL Thymianblüten,
1 Sternanis,
1 EL Akazienhonig,
1 Glas Portwein,
Balsamicoessig,
schwarzer Pfeffer,
Olivenöl, Salz

(Curryreis; rote Paprika: Zutaten unter Punkt 3)

Menüvorschlag:

Gemüsebouillon mit Klößchen
(Seite 42),
Entenkeule,
Tarte au citron
(Seite 438)

Dazu passt ein wuchtiger Rotwein (z.B. ein Croze-Hermitage), aber auch ein Süßwein wie Banyuls.

Entenkeulen, die es heute einzeln zu kaufen gibt, machen aus dem umständlichen Braten der ganzen Ente ein einfaches Pfannengericht. Je nach Größe reicht eine Keule auch für 2 nicht sehr ausgehungerte Personen. Der robuste Eigengeschmack der Ente verlangt geradezu nach kräftigen Gewürzen. Die Ente à l'orange ist ein klassisches Beispiel.
Im folgenden Rezept wird die Keule mit flüssigem Akazienhonig bestrichen und damit 3 Stunden mazeriert (mazerieren = einwirken lassen).

1 Die 3 Stunden mit Honig mazerierte Keulen leicht salzen und stark pfeffern (schwarz, grob). Mit der Hautseite nach oben in einen flachen Bräter oder eine Gratinform legen und folgende Gewürze zugeben: 1/2 zerbrochene Zimtstange, 6 Nelken, 2 Lorbeerblätter, 1 EL Thymian, 1 zerstampfter Sternanis. Leicht mit Olivenöl begießen und halbierte Schalotten drumherum legen.

2 Den Bräter ins oberste Drittel des heißen Ofens schieben (220 Grad). Wenn die Haut hellbraun ist, Keulen herumdrehen. 1 Glas Portwein angießen und weiterbraten lassen, bis auch die Fleischseite Farbe annimmt. Dann die Temperatur herunterschalten und bei ca. 120 Grad noch 40 Minuten braten lassen.

3 Den Bräter auf den Herd stellen und die Keulen herausnehmen. Den Bratensaft mit wenig Balsamico-Essig abschmecken, vielleicht noch Honig zugeben oder Portwein oder Pfeffer oder Thymian oder von allem etwas.

Als Beilage empfiehlt sich Curryreis und 1 rote Paprika pro Person: In breite Streifen schneiden und von allem Inneren säubern. In einer Pfanne mit heißem Öl anbraten, salzen. Nach 5 Minuten mit Cayenne pfeffern, ein Glas Dessertwein und etwas Zitronensaft angießen. Zugedeckt 20 Minuten garen lassen. Abschließend etwas Zucker einstreuen und die Paprika leicht glasieren.

Hauptgerichte

Essighuhn – Poulet au Vinaigre

Unter den vielen Hühnerrezepten ist das Essighuhn ein herausragendes Glanzstück. Die leichte Säure verleiht ihm eine wunderbare Frische und macht das Huhn zum sommerlichen Essen par excellence. Dazu passen schmale Bandnudeln oder Bamberger Hörnle. Das Gemüse sollte – wie stets bei säuerlichen Saucen – eher süßlich sein. Also glasierte Karotten (Seite 363) oder junge Erbsen. Letztere schmecken nicht nur frisch, sondern auch aus tiefgekühlten erwärmten, in etwas Butter geschwenkt.

Für 4 – 5 Personen:

1 Huhn (mind. 1600 g),
8 Frühlingszwiebeln (oder kleine Schalotten),
1 Karotte,
2 Knoblauchzehen,
200 g Sahne,
1 TL Tomatenpüree,
1 TL Senf,
1 Glas Weißwein,
Estragonessig,
schwarzer Pfeffer,
Butter, Öl, Salz;

4 Tomaten für das Konkassee – siehe Schritt 2.

(Bandnudeln oder Kartoffeln; Karotten oder Erbsen)

1 Das Huhn mit einer Geflügelschere oder mit einem scharfen Messer in acht Teile zerlegen: Erst die Flügel an der Schulter abtrennen – dabei ein gutes Stück von der Vorderbrust mitnehmen –, die Flügelspitzen im Gelenk abtrennen, dann die Keulen vom Körper lösen (das Gelenk suchen und dort durchschneiden), die Keulen in die beiden Teile teilen, dann die Brust mit der Geflügelschere rundherum waagerecht (mitsamt den Brustknochen) von der Karkasse schneiden und längs in zwei Hälften teilen (bei einem großen Huhn jede Brusthälfte noch einmal teilen). Von allen Teilen die Haut entfernen. Den übrig gebliebenen Rücken (die untere Hälfte der Karkasse) in kleinere Stücke zerhacken.

2 Nun die Gemüse vorbereiten: Von den Frühlingszwiebeln die Wurzeln und die dunkelgrünen Enden entfernen (statt der Frühlingszwiebeln kann man auch geschälte und halbierte Schalotten nehmen), die Karotte schälen und in feine dünne Streifen schneiden (Julienne), die Knoblauchzehen häuten, halbieren und den grünen Kern entfernen. Die Tomaten mit kochendem Wasser übergießen, für 1 Minute darin brühen lassen, herausnehmen, die Haut abziehen, halbieren oder vierteln, die Kerne entfernen und das Fleisch in kleine Würfel schneiden (Konkassee).

3 Alle Hühnerteile (auch die Flügelspitzen und den zerhackten Rücken) in einem Schmortopf mit schwerem Boden in halb Öl, halb Butter bei nicht zu großer Hitze anbraten, bis sie rundum hellbraun sind, dabei salzen und pfeffern (bei zuwenig Platz im Schmortopf in zwei Schichten in einer Pfanne anbraten und später in den Schmortopf umfüllen). Bei der Braterei sehr darauf achten, dass die Butter nicht dunkelbraun oder gar schwarz wird; ist es doch passiert, sofort alle Hühnerteile herausnehmen, das Fett abgießen und durch neues ersetzen. Sind alle Teile hellbraun angebraten, herausnehmen und vorläufig beiseite stellen. Die kleinen Stücke von Rücken und Flügeln wegwerfen, sie dienten nur der Vermehrung des Bratenansatzes.

4 Das Bratfett im Schmortopf bis auf einen dünnen Film abgießen, ein Stück frische Butter im Topf schmelzen lassen, die vorbereiteten Gemüse (ohne Tomatenkonkassee) hinzufügen und ein wenig im Bratfett herumschieben, damit auch sie ein wenig Farbe annehmen. Mit einem Glas trockenen Weißwein und einem ordentlichen Schuss Estragonessig ablöschen, dabei noch nicht gelösten Bratensatz mit einem Holzlöffel vorsichtig losschaben.

5 Sodann von den beiseite gestellten Hühnerteilen zunächst die Keulen zum Gemüse im Topf geben, zudecken und in den 200 Grad heißen Backofen schieben. Nach 20 Minuten die Bruststücke dazulegen und ohne Deckel noch einmal 15 – 20 Minuten bei 180 Grad dünsten.

6 Hühnerstücke, Knoblauch und Frühlingszwiebeln bzw. Schalotten herausfischen und warmstellen. Im Bratensaft des Topfes verbleiben die Karotten-Streifen.

7 1/8 l Weißwein und 200 g Sahne in den Topf gießen, je ein TL Senf und 2 TL Tomatenmark darin verrühren und alles bei starker Hitze etwas einkochen. Abschmecken, nötigenfalls Salz, etwas Wein oder Essig oder Sahne dazugeben. Wenn die Sauce einen markanten, säuerlichen Geschmack hat, 1/2 - 1 TL groben schwarzen Pfeffer hineinstreuen sowie das vorbereitete Tomatenkonkassee darin verrühren.

8 Zum Essighuhn passen hervorragend junge grüne Erbsen (auch aus der Dose, in Butter geschwenkt) oder glasierte Karotten: schälen, in kleine Streifen schneiden und in einer Pfanne in wenig Bouillon (z.B. aus einem Brühwürfel) köcheln, bis die Streifen halb gar sind. Dann wenig Zucker und etwas Butter hinzufügen und so weit einkochen und ab und zu wenden, bis die Brühe verdunstet ist und die Karotten mit einem leichten Karamell überzogen sind (siehe Rezept Seite 363).

9 Hühnerstücke, Knoblauchzehen und Frühlingszwiebeln bzw. Schalotten auf Tellern anrichten und mit der Sauce umgießen. Dazu schmale Bandnudeln oder Bamberger Hörnle (Kartoffeln) servieren.

Menüvorschlag:

Bunte Fischsuppe (Seite 39), Essighuhn, Tarte Normande (S. 440) oder gekühlter Bananensalat mit Orangen-Ingwer-Sauce (S. 407)

Zu diesem Sommer-Menü passt ein leichter, gekühlter Beaujolais oder ein sehr trockener, noch kühlerer Rosé, wobei ich persönlich einen frischen, eleganten Chardonnay zum Huhn sogar noch vorzöge.

Hauptgerichte

Fasan mit Rosenkohlpüree

Voltaire nannte den Fasan »einen Braten der Götter«, und Brillat-Savarin stellte ihn an die Spitze der Vögel. Er machte allerdings eine wichtige Einschränkung: »Nur wenige verstehen es, ihn zur rechten Zeit aufzutischen.« Ein Fasan, der zur falschen Zeit gebraten wird, schmecke nicht besser als ein Huhn. Sein Vorzug läge im Aroma, »das sich erst später einstellt«.

›Haut-goût‹ nennt man diesen Geruch, und wenn wir auch heute diesen nicht mehr so ausgeprägt schätzen, so kommt man doch nicht an der Tatsache vorbei, dass ein Fasan, der nach nichts riecht, auch nach nichts schmeckt. Vielleicht haben Sie ja Glück, und der Geflügelhändler kann Ihnen einen gut abgehangenen Fasan anbieten. Der strenge Geruch verschwindet übrigens beim Braten und verwandelt sich in ein köstliches Aroma – man würde diesen Vogel sonst wohl kaum unter die Delikatessen einreihen. Entscheidend ist: Ein Fasan, der eine Delikatesse sein soll, darf kein Jahr alt sein! Sie erkennen das am Sporn hinten 3 – 4 cm über dem Fuß: Dieser darf nicht lang und spitz sein, sondern klein und stumpf, sonst haben Sie einen alten Vogel vor sich. Hat der aber schon mal die Kerzen auf seinem Geburtstagskuchen ausgeblasen, kriegen Sie ihn nur noch in der Suppe weich.

Für 2 Personen:

1 Fasan,
einige dünne Scheiben Räucherspeck,
Butterschmalz,
Pimentkörner,
Wacholderbeeren,
Weißbrotscheiben,
Butter,
500 g Rosenkohl,
Zitronensaft,
Muskat,
1 Becher Sahne,
Madeira,
Weißwein,
Pfeffer,
Salz

1 Den Fasan innen mit einer Mischung aus schwarzem Pfeffer, einigen Körnern Piment und 4 Wacholderbeeren würzen – alles im Mörser frisch zerstoßen. Brust und Schenkel mit dünnen Scheiben fetten, geräucherten Specks umlegen und mit dünnen Bindfaden fest umwickeln.

2 Den Fasan in einer schweren Pfanne in Butterschmalz von allen Seiten 5 bis 7 Minuten anbraten. War der Speck nur schwach geräuchert, jetzt von außen vorsichtig salzen. Den Fasan in eine Reine oder einen Schmortopf auf eine Seite legen.

3 Das Speckfett in der Pfanne weggießen, den Bratensatz mit etwas trockenem Weißwein ablöschen, loskratzen, etwas einkochen und über den Fasan gießen.

4 Die Reine auf den mittleren Rost des auf 220 Grad vorgeheizten Ofens schieben. Nach 10 Minuten Bratzeit den Fasan auf die andere Seite legen, mit heißer Butter übergießen. Nach weiteren 10 Minuten den Speck entfernen, noch einmal heiße Butter dran und den Vogel mit der Brust nach oben die letzten 10 bis 20 Minuten gar braten lassen.

In der letzten Bratphase kann es nötig sein, den Fasan auf den obersten Rost des Backofens zu schieben, das hängt vom Ofen ab. Jedenfalls soll die Brust von außen goldbraun (nicht dunkel) gebraten, innen aber noch saftig sein. Den richtigen Zeitpunkt erkennt man folgendermaßen: Mit dem Messer dort einschneiden, wo das Bein am Körper sitzt: Ist der Fleischsaft rosa, raus damit! Dann ist die Brust schon weiß, aber noch saftig, also gerade richtig. Deshalb muss man den Fasan jetzt herausnehmen und die Brust auslösen: mit einem Messer am Brustbein entlang einschneiden und die Brusthälften mehr abschieben als schneiden. Die beiden Keulen werden abgetrennt und in der Pfanne in ungefähr 10 bis 15 Minuten fertiggebraten.

5 Zur Vorbereitung der Sauce die Brusthälften auf eine vorgewärmte Platte legen. Den Bratensatz in der Reine mit trockenem Weißwein ablöschen und auf dem Herd einkochen lassen. Braunen Kalbsjus oder einen Fond, den man vorher aus den Flügeln, Magen, Herz und Leber des Vogels zubereitet hat (siehe Kochseminar ab Seite 453), zugeben, etwas einkochen und abschmecken. 1 EL Madeira dazu. Fertig.

6 Es ist nicht viel, was da an Sauce entsteht, und das bißchen reicht nicht aus (und ist auch zu schade), um über Kartoffelpüree gegossen zu werden. Auch das zum Fasan übliche Sauerkraut ist eigentlich viel zu deftig für ein so feines Fleisch (außer es wird so gemacht und ist so wenig wie im Rezept auf den beiden folgenden Seiten). Empfehlenswert sind entrindete und in Butter goldbraun gebratene Weißbrotscheiben. Darauf werden die Fasanenstücke gelegt.

7 Als Beilage empfehlen sich kleine Zuckererbsen, die in der Fasanenzeit allerdings wohl kaum frisch zu haben sind, oder Rosenkohl. Nicht wie üblich einfach nur in Salzwasser gekocht, sondern als Püree: Den gar gekochten Rosenkohl mit dem Mixstab pürieren, mit Salz, weißem Pfeffer, Muskat und Zitronensaft abschmecken und mit nicht zu wenig dicker, süßer Sahne verrühren. Eine sehr delikate Beilage!

Auf die gleiche Art werden übrigens auch Rebhühner zubereitet. Auch wenn sie kleiner sind als ein Fasan, brauchen sie die gleichen Garzeiten. Sie werden gern mit Weintrauben serviert: »Auf Winzerart«. Die Trauben gibt man der Sauce erst in den letzen Minuten bei, geschält und entkernt! Und keine süßen Tafeltrauben, sondern möglichst säuerliche.

> Den Fasan sollte man als Leckerei für sich zu zweit machen und möglichst wenig Arbeit mit Vor- und Nachspeise haben: Vielleicht vorweg eine Platte Parma oder San Daniele Schinken, und als Dessert eine am Vortag bereitete Mousse-au-chocolat oder Ähnliches.

> Zum Fasan wie auch zum Schinken passt ein roter Côte du Beaune oder Grauburgunder Spätlese.

Hauptgerichte

Fasan mit Weinkraut und Kartoffelpüree

Für 4 Personen:

2 Fasane,
große dünne Scheiben fetten Räucherspecks,
500 g Sauerkraut,
500 g mehlige Kartoffeln,
1 Apfel, 20 große Weintrauben,
trockener Silvaner,
Wacholderbeeren,
schwarzer Pfeffer,
Sahne, Butter,
Muskatnuss,
Cayennepfeffer,
Zucker, Salz

Vorschlag für ein Festmenü:

Provençalische Champignons (Seite 98),
Krebssuppe (Seite 50),
Fasan mit Weinkraut,
Soufflé Glace au Café (S. 428)

Zum Fasan passt am besten eine trockene Riesling Spätlese.

Die heutigen Fasane schmecken eher nach Huhn als nach einem Wildvogel, weil sie, wie die Hühner, gezüchtet und gefüttert werden. Im Oktober, wenn die Jagdsaison beginnt, dürfen sie ins Freie. Einige entkommen den wartenden Jägern und gründen im Frühjahr eine Familie. Das sind dann wieder richtige wilde Fasane. Auch sie gibt es zu kaufen, aber selten.

Da Fasane lieber laufen als fliegen, sind die Beine gut trainiert und ziemlich zäh. Ganz und gar zäh aber sind Fasane, die über ein Jahr alt sind, also Freigelassene vom Vorjahr. Sie sind jedoch leicht zu identifizieren, weil der dreieckige Sporn, den alle Fasane am Hinterfuß haben, bei einem jungen Fasan nur ein kleines stumpfes Dreieck bildet.

1 Das Sauerkraut nicht wässern, den zerkleinerten Apfel in viel Butter anschwitzen, das Sauerkraut und 1 TL Wacholderbeeren hinzufügen, etwas trockenen Silvaner angießen, salzen, pfeffern. Bei geschlossenem Deckel 2 Stunden schmoren lassen, von Zeit zu Zeit etwas Wein nachgießen.

2 Im Mörser 1 EL Wacholderbeeren mit 1 TL schwarzen Pfefferkörnern und 1 TL grobes Salz zerdrücken und mit dieser Mischung die Brust der Fasane einreiben. Mit den dünnen Speckscheiben die Fasane rundherum einwickeln. Mit einem Bindfaden so fest zusammenbinden, dass man die Pakete gefahrlos drehen und wenden kann.

3 4 EL Butter auslassen, die Fasane damit begießen und sie auf die Seite in eine passende Bratform legen; in den auf 250 Grad vorgeheizten Ofen schieben. Nach 10 Minuten die Fasane auf die zweite Seite, nach weiteren 10 Minuten auf den Rücken drehen. Nach insgesamt 30 Minuten ist die Brust gar. Die Fasane herausnehmen, auswickeln, die Keulen abschneiden und später oder am nächsten Tag in der Pfanne fertigbraten. Die Brusthälften auslösen und warmstellen.

4 Währenddessen mehlig kochende Kartoffeln weich kochen, abschütten, wieder auf den Herd stellen, zerteilen und alle Feuchtigkeit verdampfen lassen. Dann stampfen, immer ein wenig Sahne anschütten und weiter stampfen – nie rühren! Mit Cayennepfeffer, Salz und frisch geriebener Muskatnuss würzen; zum Schluss ein großes Stück Butter darin schmelzen lassen.

5 Pro Portion etwa 5 große, süße Weintrauben enthäuten, halbieren und die Kerne entfernen. Ganz zum Schluss ins Sauerkraut geben. Die Fasanenbrüste aufschneiden und mit Püree und Sauerkraut servieren.

Hühnerbrust mit Estragon

Für 4 Personen:

4 Hühnerbrüste (von 2 Hühnern), 2 Becher Sahne, 2 EL getrockneter Estragon, frischer Estragon, Sherry, Tomatenmark, Butter, Salz

(frische Steinpilze; Maispfannkuchen)

Vorschlag für ein Festmenü:

Gratinierter Chèvre (S. 114), Morcheln unter Blätterteig (Seite 130), Hühnerbrust mit Estragon, Vanille-Parfait mit Himbeersauce (Seite 423)

Zum Huhn passt weißer Burgunder.

Von zwei Hühnern, vorzugsweise Bresse-Poularden, schneide ich jeweils die beiden Brusthälften heraus. Also mit einem scharfen, biegsamen Messer rechts und links am Brustbein entlang fahren und dann zwischen Fleisch und dem Brustkorb mehr schaben als schneiden – schon sind die beiden Hälften bzw. insgesamt 4 Hälften ausgelöst: eine Hälfte pro Person. (Keulen und Flügel der Hühner werden am nächsten Tag zum Beispiel zu Huhn provençalisch verarbeitet; oder umgekehrt: dann die Hühnerbrüste einölen, einwickeln und im Kühlschrank lagern.)

1 Die enthäuteten Brusthälften salzen und in Butter anbraten. Die Butter erzwingt automatisch eine niedrige Temperatur; sie würde sonst verbrennen. Sollte das trotzdem geschehen, muss die Butter unbedingt weggegossen und erneuert werden. 5 Minuten Bratzeit für jede Seite, das ist genug. Das Fleisch bläht sich etwas auf und nimmt ein wenig Farbe an. Auf Fingerdruck gibt es nach; das ist ein Zeichen dafür, dass es innen noch saftig ist. Die Stücke aus der Pfanne nehmen und warmstellen.

2 In die Pfanne kommen 2 EL getrockneter, zwischen den Fingern zerriebener Estragon, 2 EL Sahne und 2 TL Sherry. Da das alles durch die Hitze weniger wird, noch 1 bis 2 EL Sahne und wieder reduzieren und so fort. So geschieht der Aufbau einer Sauce. Zwischendurch abschmecken, eventuell nachsalzen, eine klein wenig Tomatenmark hinzufügen, vielleicht noch etwas Sherry. Viel Sauce braucht es nicht, da die feinen Hühnerbrüste nicht mit Nudeln oder Kartoffeln belästigt werden. Nach und nach wird so vielleicht auch der zweite Becher Sahne verbraucht. Zum Schluss einige frische Blätter Estragon hineinstreuen, die Hühnerstücke mit der Sauce nappieren und zusammen mit frischen, kurz in Butter gebratenen Steinpilzen oder kleinen Maispfannkuchen servieren.

Hauptgerichte

Huhn mit Käsesauce

Für 4 Personen:

1 Huhn (ca. 1,5 kg),
150 g geräucherter und gewürfelter Bauchspeck,
4 in dünne Scheiben geschnittene Schalotten,
1 Lorbeerblatt,
2 Knoblauchzehen,
2 Chilischoten,
1 Becher Sahne,
150 g Gruyère,
Öl, Butter,
Weißwein,
Meersalz

(Salzkartoffeln)

Menüvorschlag:

Bunte Gemüsesuppe (S. 40),
Huhn mit Käsesauce,
Orangengratin (S. 397)

Zum Huhn passt ein schwerer Weißwein oder ein leichter Roter.

Beim folgenden Rezept haben wir es mit einem winterlichen Essen zu tun, was nichts anderes bedeutet als: Es ist mit der für ein Hühnergericht ungewöhnlichen Käsesauce ein deftiges Essen und setzt einen soliden Hunger voraus.

Beim Käse sollte es sich unbedingt um einen würzigen Gruyère handeln und nicht um einen Nudelkäse wie Parmesan oder Gorgonzola.

1 Das Huhn in 7 Teile zerlegen: Das sind die beiden Flügel mit jeweils einem Stückchen Brust; die beiden Keulen, welche an ihrem Mittelgelenk noch einmal durchgeschnitten werden, und schließlich die Brust im Ganzen. Dafür die Karkasse mit einem schweren Messer waagerecht zerteilen, so dass die beiden Brusthälften an einem Stück auf den Rippenknochen verbleiben.

2 Im Mörser 1½ TL Meersalz und 2 Chilischoten zerstoßen (schroten). Die Schalotten enthäuten und in dünne Scheiben schneiden, den Bauchspeck klein würfeln und die Knoblauchzehen zerdrücken.

3 In einer Kasserolle oder einer Pfanne mit hohem Rand eine Öl-Butter-Mischung erhitzen und die Hühnerteile darin sorgfältig rundum goldbraun anbraten: Zuerst die Flügel, dann die Keulenhälften und zum Schluss die Brust auf der Hautseite. Dabei mit der Pfeffer-Salz-Mischung würzen. Immer wieder wenden und darauf achten, dass nichts anbrennt. Herausnehmen und zugedeckt warm stellen.

4 Im Brattopf ist jetzt nur noch das ziemlich scharf gewürzte Bratfett. Dahinein kommen jetzt die in Scheiben geschnittenen Schalotten und der gewürfelte Bauchspeck. Leicht anbraten lassen, mit einem großen Glas Weißwein ablöschen, 1 Lorbeerblatt sowie die zerdrückten Knoblauchzehen hinzufügen. Beim Abschmecken prüfen, ob die anfängliche Schärfe noch existiert oder ob man nachwürzen muss.

5 Nun die wartenden Hühnerstücke in den Topf legen und zugedeckt für mindestens 40 Minuten auf kleinem Feuer schmoren lassen. Wenn das Fleisch gar ist, herausnehmen, jetzt erst die Bruststücke auslösen und alles warmstellen.

6 In den Brattopf 1 Becher Sahne angießen und 150 g geriebenen Gruyère darüber streuen. Wenige Minuten bei mittlerer Hitze einrühren, ein letztes Mal abschmecken und damit die Hühnerstücke nappieren. Dazu passen Salzkartoffeln.

Huhn mit Morchelsauce

Für 4 Personen:

1 Huhn
(ca. 1,5 kg),
1 cl Cognac,
1 Glas Portwein,
1 Glas Weißwein,
2 kleine Karotten,
2 Schalotten,
Butter

Für die Sauce:

40, besser 50 g getrocknete Morcheln,
200 g Sahne,
2 Schalotten,
Portwein,
1 EL Madeira,
Butter, Salz

Tipp: Einen Kalbsfond auf Vorrat machen (1 – 2 EL davon in der Morchelsauce wirken Wunder); siehe Kochseminar ab Seite 452.

Zum Huhn mit Morchelsauce passt gut ein roter Burgunder Premier Cru, z.B. Volnay.

Das Huhn mit Morcheln ist ein klassisches Hühnergericht aus den östlichen Landschaften Frankreichs, von wo aus die Schweizer Grenze nicht weit entfernt ist. Denn dort, im schweizerischen und französischen Jura, aber auch in einem Teil Savoyens, wachsen diese seltenen Frühlingspilze. Sie kommen fast ausschließlich getrocknet auf den Markt, was kein Nachteil ist, da sie in diesem Zustand noch mehr Aroma haben als frisch. Teuer sind sie in jedem Fall, und am teuersten sind die besten: nicht sehr groß, nicht winzig, und mit kurzen Stielen. Die Morcheln geben der Sauce, und damit dem ganzen Gericht, den typischen, unverwechselbaren Geschmack.

1 Die getrockneten Morcheln ein paar Stunden in viel Wasser einweichen. Falls sie noch sandig sind: Mehrmals sehr gründlich unter fließendem Wasser abwaschen und durch Ausdrücken allen Sand daraus entfernen.

2 Die Schalotten sehr fein hacken und in einer tiefen Pfanne in Butter glasig werden lassen. Die ausgedrückten Morcheln dazugeben. Wenn das Wasser verdunstet ist, einen Schluck Cognac darübergießen, danach ein Glas Portwein. Einkochen lassen.

3 Nun eine Suppenkelle vom Einweichwasser über die Morcheln geben. Salzen und mit Deckel 30 Minuten sanft köcheln lassen (kann auch länger sein). Morcheln werden sehr unterschiedlich gar; man muss das probieren; sie sollten bissfest, aber nicht hart und ledern sein.

4 Die Sahne angießen und erst einmal um die Hälfte einkochen lassen. Abschmecken, wahrscheinlich muss jetzt noch etwas Portwein hinein, vielleicht noch etwas Salz (kein Pfeffer). Zum Schluss 1 EL Madeira. Wenn die Sauce plötzlich zu stark eingekocht ist, kann man getrost wieder mit dem Einweichwasser, dem Port und der Sahne beginnen; und mit dem Abschmecken, denn diese herrliche Sauce entsteht nicht von allein.

5 Das Huhn in acht Teile zerlegen, also zwei Brusthälften, zwei Flügel und zwei zweigeteilte Keulen. Die dicken und fetten Teile der Haut entfernen. Die Stücke in Butter und Öl anbraten, kleingeschnittene Karotten und Schalotten dazugeben. Zugedeckt 15 Minuten schmoren. Die Brusthälften herausnehmen und den Rest ohne Deckel, aber mit einem Glas Weißwein weitere 15 Minuten dünsten.

Die Sauce separat zum Fleisch servieren; dazu gibt's nur schmale Bandnudeln oder Reis oder kleine Kartoffeln.

Hauptgerichte

Hühnerbrust, Paprika und Püree

Ich könnte mir vorstellen, dass dieses Gericht nach wie vor für viele Feinschmecker recht ungewöhnlich ist. Das Kartoffelpüree entspricht der neuen Küchenmode, wo ein Kartoffelpüree nicht mehr so aussehen darf, wie ein Kartoffelpüree früher aussehen musste. Ich bin eigentlich mehr für die alte Version. Zum Beispiel zum Sauerkraut und Rotkohl; auch wenn eine gebratene Blutwurst oder ähnliches zum Püree gegessen werden soll. Dann muss es locker und sahnig sein. Aber etwa zum Hummer gefällt mir diese mit Öl eher klebrig als schaumig gequirlte Masse ganz gut. Und bei nachfolgendem Rezept wäre ein sahniges Püree alter Machart geradewegs unpassend.
Vor allem aber die Behandlung von Fleisch und Gemüse ist ungewöhnlich. Sie werden praktisch fritiert, aber ohne Teig, also ohne dass man ihnen das Bad im heißen Öl ansähe.

Für 4 Personen:

8 normal große, mittelfeste Kartoffeln,
Olivenöl, Salz,
geriebener Muskat,
4 Knoblauchzehen,
4 Hühnerbrüste
(von 2 Hühnern),
1 Eiweiß,
1 große grüne
Paprikaschote,
Sonnenblumenöl
oder Olivenöl,
trockener Sherry,
1/4 l Hühnerbrühe,
1 EL Fleischfond
oder
Sojasauce,
Cayennepfeffer,
1 kleines Glas
Madeira,
Zucker, Salz

1. Die Kartoffeln schälen, kochen, abgießen, zerteilen und im inzwischen trockengekochten Kochtopf zerstampfen. Ein wenig Olivenöl hinzugeben, damit sich die Kartoffeln leichter verarbeiten lassen. Dann salzen, etwas geriebenen Muskat dazu, und dann mit dem Elekroquirl unter Hinzufügung von weiterem Olivenöl zu einer homogenen Masse quirlen. Abschmecken (Salz?) und je nach den Bedürfnissen der Esser eine bis fünf frische, geschälte und durchgepresste Knoblauchzehen hineinrühren. Ganz ohne geht's nicht. Der Knoblauch sorgt gleichzeitig auch für die nötige ›Pfeffrigkeit‹, ohne die ein Kartoffelpüree nicht vollkommen wäre.

2. Mit einem scharfen Messer die vier Brusthälften von den Knochen lösen, indem man am Brustbein entlangfährt und die Hälften mehr abschabt als schneidet. Sorgfältig von allen Häuten und Sehnen befreien und in mundgerechte Stücke schneiden. Mit gemahlenem Cayenne pfeffern.

3. Ein Eiweiß mit einer kräftigen Prise Salz schlagen, bis es sehr schaumig ist; steif muss es nicht sein. Dahinein die Stücke der Hühnerbrüste legen und 15 Minuten durchziehen lassen.

4. Die große grüne Paprikaschote in 8 Streifen zerteilen, alles herausschneiden, was nicht richtig grün ist und das Paprikafleisch in kleine, viereckige Stückchen zerteilen.

5. In einer Sauteuse – eine Stielkasserolle mit relativ kleinem Boden und hohen, gewölbten, sich nach oben verbreiternden Wänden – eine große Tasse Sonnenblumenöl oder Olivenöl erhitzen. Die Hühnerstücke mit dem Eiweiß hineingeben. Das Eiweiß geht auf, wird weiß und nimmt wunderliche Formen an. Das Hühnerfleisch wird hell; aber bevor es richtig weiß, das heißt durch und durch gar wird, die Fleischstücke mit dem Eiweiß aus dem Öl fischen und warmstellen. Länger als 3 bis 4 Minuten sollten sie nicht garen.

6 Nun die Paprikastücke ins Öl werfen, ohne Salz und ohne Pfeffer. Sie sind ebenfalls in wenigen Minuten gar. Nicht richtig weich, das sollen sie auch nicht sein, aber auch nicht mehr knackig-roh. Auch sie herausfischen und zum Hühnerfleisch legen.

7 Das Öl bis auf einen kleinen Rest weggießen. Am Boden der Sauteuse hat sich etwas Eiweiß abgesetzt und bildet einen bräunlichen Satz. Mit einem großen Glas trockenem Sherry und einem kleinen Glas Madeira ablöschen. Einen Viertelliter Hühnerbrühe dazugeben und einkochen lassen. Dabei abschmecken: Vielleicht fehlt Salz; auch eine Prise Zucker kommt hinein. Falls ein dunkler Fleischfond vorhanden ist, davon 1 EL hinzufügen. Als Ersatz bietet sich 1 TL Sojasauce an.

8 Diesen Sud soweit einkochen, bis er gerade ausreicht, um Fleisch und Paprika damit zu beträufeln. Die kommen jetzt in die Sauteuse. Sollte sich unter den Hühnerstücken und der Paprika eine deutliche Menge Öl angesammelt haben, so wird das nicht mit in die Sauteuse gegeben. Alles kurz erhitzen.

9 Auf einer zweiten Herdplatte das Kartoffelpüree wieder erwärmen, einen Klacks davon in die Mitte jedes Tellers geben und drumherum die sehr appetitlich aussehenden Fleisch- und Paprikastücke dekorieren.

Vorschlag für ein Festmenü:

Kürbiscreme mit Schafskäse (Seite 49), Spargelflan mit roter Paprikasauce (Seite 152), Hühnerbrust mit grünem Paprika und Kartoffelpüree, Schokoladenparfait (Seite 428)

Versuchen Sie zum Huhn einmal einen Planeta (Sizilien).

Hauptgerichte

Hühnerbrust mit Spargel

Für 4 Personen:

2 kg frischer Spargel,
4 Hühnerbrüste (von 2 Hühnern),
2 Becher Sahne,
100 g Butter,
Weißwein,
Balsamico,
Salz, Pfeffer, Paprika, Tomatenmark

(siehe Pkt. 4 Variationen)

Menüvorschlag:

Fischterrine tricolor (Seite 68),
Hühnerbrust mit Spargel,
Erdbeerparfait (Seite 424)

Dazu passt Weißburgunder.

Die deutsche (Un)Sitte, zu feinem Spargel kaltes Schweinefleisch zu essen – in Form von gekochtem oder rohem Schinken – ist in Frankreich außer im grenznahen Elsass unbekannt, obwohl französische Köche sehr viele Zubereitungsarten für den Spargel haben.

Eines der einfachsten und zugleich leckersten Spargelgerichte ist die Kombination mit sanft gebratener Hühnerbrust. Die dazu passende Sauce ist auch ohne Fond sehr leicht herzustellen, lässt sich geschmacklich mit verschiedenen Zutaten angenehm variieren, verdeckt den Spargelgeschmack nicht und macht den Hühnerbusen zum ebenbürtigen Partner.

1. Die Spargel schälen und holzige Enden abschneiden. In kochendem Salzwasser in ungefähr 15 Minuten gar werden lassen, abgießen und auf einer Serviette abtrocken lassen.

2. Während der Spargel kocht, die Hühnerbrüste von Haut und fettigen Rändern befreien, mit einer Mischung aus Salz, Pfeffer und etwas Paprika einreiben.

3. In einer Pfanne 1 EL Butter zerlassen und die Brüste darin bei mäßiger Hitze rundum hellbraun anbraten. Sie sind fertig, wenn das Fleisch aufgegangen ist, aber auf Fingerdruck noch ganz leicht nachgibt. Herausnehmen und in Alu gewickelt beiseite stellen.

4. Den Bratensatz mit einem Guss Weißwein ablöschen, 1 TL Tomatenmark darin verrühren, einkochen lassen, 1 Spritzer Balsamico hinzufügen, die Sahne zugießen, auf die Hälfte einkochen lassen; mit Salz und Pfeffer abschmecken.
Nun folgen die einzelnen Variationsmöglichkeiten: Entweder 1/2 TL Senf, oder 1 Prise Curry, oder 1 Schuss Madeira, oder 1 TL Sojasauce, oder etwas zerriebener Estragon oder Thymian – jede der Zutaten gibt der Sauce eine andere Note.

5. Die Hühnerbrüste aufschneiden, etwas Sauce angießen und die Spargel mit wenig zerlassener Butter beträufeln.

Hühnerbrust mit Tomatensugo

Für 4 Personen:

4 Hühnerbrüste
(von 2 Hühnern),
6 Tomaten,
8 dicke Knoblauchzehen,
1/4 l Hühnerbrühe,
Sherryessig,
Balsamico,
Olivenöl, Butter,
Sahne,
frisches Basilikum

(Pinienreis)

Menüvorschlag:

Gnocchi mit Salbei
(Seite 112),
Hühnerbrust mit
Tomatensugo,
Birnen in Rotwein
(Seite 408)

Dazu passt
Sauvignon blanc.

Die erste Begegnung mit Tomaten macht der Deutsche in seiner Kindheit, wenn die Mutter die Lieblingsspeise aller Kinder auf den Tisch bringt: Spaghetti mit Tomatensauce. Fragen wir nicht, wie die Sauce entstanden ist. Lassen wir auch die italienische Originalversion außer Acht: Das lange Kochen von Dosentomaten gehört nicht zu meinem Repertoire. Ohnehin verwende ich Tomaten in Saucenform nur selten, aber dann nur auf der Basis eines Tomatenkonkassees.

Hühnerbrust gehört zu meinen Lieblingsrezepten. Der Tomatensugo mit seinem süß-säuerlichen Aroma ist dazu eine wunderbare Sauce.

1. Die Tomaten mit kochend heißem Wasser überbrühen, etwas abkühlen lassen und die Haut abziehen. Die Tomaten halbieren und so zusammendrücken, dass Kerne und Saft herausgepresst werden. Das restliche Fleisch in nussgroße Würfel schneiden.

2. Die Knoblauchzehen mit Schale in der Hühnerbrühe (oder einer gekörnten Brühe) in 15 bis 20 Minuten garkochen und beiseite legen.

3. Die Hühnerbrusthälften ohne Haut in Butter in einer Pfanne sanft braten, ohne dass die Butter braun wird. Die Knoblauchzehen dazulegen. Das zarte Fleisch braucht ungefähr 10 Minuten, bis es gar wird. Dabei bläht es sich in der Pfanne auf. Das Fleisch muss auf Fingerdruck noch nachgeben, aber nicht zu sehr. Fleisch und Knoblauch aus der Pfanne nehmen und warmstellen.

4. Den Bratensatz mit einem Schuss Sherryessig und einem Spritzer Balsamico ablöschen, etwas Bouillon angießen, einkochen, abschmecken, etwas Sahne angießen, wieder einkochen und abschmecken; vielleicht noch etwas Essig, noch mehr Sahne ... Wenn dann so etwas wie eine Sauce entstanden ist, die Tomatenwürfel dazugeben und zusammen mit den Hühnerbrüsten und den Knoblauchzehen servieren. Mit Basilikum bestreuen.

Dazu passt ein wenig Reis mit gerösteten Pinienkernen.

Hauptgerichte **241**

Hühnerbrust in Wirsing

Die Flattermänner aus den Hühnerkasernen finde ich schauderhaft. Nicht nur aus Tierschutzgründen, sondern auch, weil sie weiche Knochen, wässeriges Fleisch und kaum Geschmack haben. Leider gibt es sie immer noch, weil sie billig sind, aber inzwischen gibt es neben den teuren Importen à la Bresse in Spezialgeschäften selbst in den Supermärkten frische Bio-Hühner, die im Freien aufgewachsen und mit Körnern gefüttert sind.
Die Hühnerbrust ist der edelste Teil des Huhns, den man auf vielfältige Weise zubereiten kann. Wenn die Brust hier zusammen mit Wirsing verarbeitet wird, dann wird damit deutlich, dass ich diesen für fähig halte, neben dem edlen Stück Fleisch nicht nur zu bestehen, sondern dieses noch zu einer wirklichen Delikatesse zu verfeinern.

Für 4 Personen:
2 Hühner
(je. 1,5 bis 1,8 kg)
bzw. 4 Brüste
(von 2 Hühnern),
2 kleine oder
1 großer Kopf
Wirsing,
100 g magerer
roher Schinken,
125 g Sahne,
schwarzer Pfeffer,
2 TL Kümmel,
Crème fraîche,
Zitronensaft,
Butter, Salz

Evtl. als Beilage:
1 Tasse Reis,
1 EL Pinienkerne,
1 1/2 Tassen
Hühnerbrühe,
1 Schalotte,
1 EL Olivenöl

1 Vom Wirsing die äußeren, dunklen Blätter entfernen, die inneren grünen bis hellgrünen auslösen und die Strünke einzeln so herausschneiden, dass die Blätter möglichst noch ganz bleiben. In sprudelnd kochendem, stark gesalzenen Wasser für 3 bis 4 Minuten blanchieren, in einen Durchschlag geben und mit kaltem Wasser gründlich abschrecken. Längeres Kochen in diesem Stadium würde die Blätter zäh werden lassen. Das starke Salzen des Kochwassers ist notwendig, weil der Wirsing bei der kurzen Kochzeit kaum etwas vom Salz aufnehmen könnte. Die Blätter einzeln nebeneinander auf einem Küchentuch ausbreiten und mit einem zweiten Tuch, so gut es geht, trockentupfen.

2 Bei zwei ganzen Hühnern diese zunächst in jeweils 6 Teile zerlegen: Die beiden Schenkel und Flügel von der Brust abtrennen, sodann die Brusthälften vom Knochen lösen, indem man mit einem biegsamen Messer am Brustbein entlang einschneidet und die beiden Fleischstücke von den Brustknochen eher abschabt als -schneidet.
Die Schenkel kann man gut zu Huhn provençalisch (Seite 246) oder zu Hühnerfrikassee (Seite 254) verarbeiten; bis dahin leicht eingeölt und in Folie verpackt im Kühlschrank aufbewahren. Die zerhackte Karkasse und die Flügel verwendet man zur Herstellung einer Hühnerbrühe, z.B. um den als Beilage empfohlenen Reis darin zu kochen.

3 Auf einem Küchenbrett die Wirsingblätter in Lagen so ausbreiten, dass man die Brusthälften darin einwickeln kann. Mindestens zwei Lagen werden nötig sein (besser drei oder vier), um die Fleischstücke richtig einzuhüllen. Jeweils eine Brusthälfte in die Mitte der Wirsingblätter legen, das Fleisch von beiden Seiten salzen und pfeffern (grob, schwarz) und mit einer guten Prise Kümmel (1/2 TL pro Hälfte) und sehr fein gehacktem, mageren rohen Schinken bestreuen. Die blanchierten Wirsingblätter abwechselnd von der einen und der anderen Seite um die Fleischstücke schlagen. Die Pakete in eine leicht gebutterte Deckelkasserolle dicht aneinander legen und reichlich mit Butterflöckchen versehen. Auf dem Herd heiß werden lassen und soviel Sahne anschütten, dass die Pakete nicht ganz bedeckt sind. Die dem Wirsing innewohnende Flüssigkeit wird das Ganze ohnehin verwässern.

4 Um die Hühnerbrüste von oben und unten gleichmäßig gar zu kriegen, muss auf dem Herd für ca. 20 Minuten der Deckel draufgelassen werden, aber danach, weil zuviel Flüssigkeit ausgetreten ist, muss der Deckel runter und das Ganze bei stärkerer Hitze eingekocht werden. In 30 bis 40 Minuten werden die Brüste gar sein.
Man kann die Kasserolle auch bei 180 Grad ohne Deckel in den Backofen schieben; sobald aber der Wirsing zu bräunen beginnt, muss man mit Alufolie abdecken. Auch hier beträgt die Garzeit 30 – 40 Minuten.

5 Ich persönlich esse das Wirsinghuhn ohne weitere Beilage; dann braucht es auch keine extra Sauce. Aber auch ein Pinienkernreis schmeckt dazu sehr gut: Die Schalotte schälen und feinhacken; in einem kleinen Topf mit schwerem Boden 1 EL Pinienkerne ohne Fett anrösten (Achtung: werden sehr plötzlich braun) und wieder herausnehmen. In dem gleichen Topf in 1 EL Olivenöl die Schalottenwürfel glasig dünsten, den Reis hinzufügen und weiterdünsten, bis auch dieser glasig wird. Nun die Hühnerbrühe eingießen, umrühren und auf kleinster Flamme in ungefähr 20 Minuten garkochen; immer wieder umrühren, damit nichts anbrennt; notfalls noch etwas Brühe zugeben. Kurz vor dem Servieren die Pinienkerne untermischen.

6 Man kann, muss aber nicht, die Pakete aus der Kasserolle nehmen und mit Hilfe von 2 – 4 EL Crème fraîche aus der Wirsingbrühe durch Reduzieren und mit etwas Zitronensaft etwas mehr Sauce herstellen. Wenn der Reis für sich allein würzig genug schmeckt, ist das aber nicht notwendig, da die Pakete ohnehin in einer Sahne-Wirsingbrühe liegen.

Menüvorschlag:

Bunte Fischsuppe (Seite 39), Hühnerbrust in Wirsing, Vanilleparfait mit Himbeersauce (Seite 423)

Zur Hühnerbrust in Wirsing passt gut eine trockene Grauburgunder Spätlese.

Hühnertopf mit Gemüse und Morcheln

Wäre dieser köstliche Eintopf ganz auf Hühnerfleisch ausgerichtet, also zuerst und vor allem ein Fleischgericht, käme nichts anderes in Frage als eine frische Poularde oder ein Bressehuhn. Aber spätestens beim Essen merkt man, dass die Gemüse gleichberechtigt sind. Einen Gemüseeintopf mit Fleischeinlage könnte man es ebensogut nennen. Welche Art Huhn sollte man also nehmen? Theoretisch wäre ein frisches und nicht zu altes Suppenhuhn die beste Lösung. Aber an manchen dieser Suppenhühner habe ich mir schon fast die Zähne ausgebissen; für die Brühe waren sie vorzüglich, zum Essen aber ungenießbar. Ich will damit sagen: Die Qualität des Huhns ist enorm wichtig, aber leider unvorhersehbar. Die Arbeit für den Hühnertopf besteht aus zwei Teilen: Huhn und Morcheln können schon am Vortag vorbereitet werden. Erst am nächsten Tag kommen die Gemüse dazu.

Für 4 Personen:

1 frisches Huhn

Für die Brühe:

1 kleine Karotte,
1 kl. Stück Sellerie,
1 Stück Lauch,
1 Zwiebel,
1 Lorbeerblatt,
6 Nelken,
1 Petersilienwurzel,
Thymian; Salz,
Pfeffer, Muskat

Für den Eintopf:

2 Karotten,
2 Stangen Lauch,
500 g Kartoffeln,
100 g Erbsen,
200 g frische Champignons, mindestens
30 g getrocknete
Morcheln,
Portwein, Pfeffer,
Salz

1 Das Suppengrün – *bouquet garni* – für die Brühe putzen, schälen und in grobe Stücke schneiden, das heisst die Karotte, den Lauch, das Stück Sellerie, die Zwiebel und die Petersilienwurzel. Das alles zusammen mit dem Huhn in einem Topf mit kaltem Wasser aufsetzen und zum Kochen bringen. Nelken, Lorbeerblatt und Thymian dazugeben und mit Salz, Pfeffer und Muskat würzen. Leise köcheln lassen, bis das Huhn gar ist. Das dauert mindestens 2 Stunden, kann bei einem alten Suppenhuhn aber auch 3 Stunden dauern. Eine frische Poularde ist in einer Stunde gar.

2 Herausnehmen und die Brühe in eine Schüssel durchsieben. Das Huhn enthäuten, zerteilen und alle Fleischstücke von den Knochen lösen. In kleine Stücke schneiden und in die Brühe legen. Über Nacht in den Kühlschrank stellen; am nächsten Tag den Fettdeckel entfernen.

3 Die getrockneten Morcheln muss man entweder schon am Vortag oder am Morgen des Kochtags für 3 bis 6 Stunden in Wasser einweichen. Da sie sehr teuer sind, rechnet man auf vier Personen nur 50 Gramm. Aber es müssen kleine Spitzmorcheln sein, kleiner als Pflaumen und größer als Bucheckern. Und intakt sollten sie sein und nicht zerfleddert. Zum Einweichen nimmt man ein weißes Porzellangefäß und nicht wenig Wasser. Die Morcheln schwimmen oben, und darunter setzt sich der Sand im Gefäß ab.

4 Rund 2 Stunden vor dem geplanten Essen die Morcheln vorsichtig herausnehmen und dabei das Wasser nicht aufwirbeln, weil auf dem Boden des Gefäßes der Sand liegt; das Einweichwasser wird noch gebraucht. Die herausgefischten Pilze müssen nun mehrmals gründlich unter fließendem Wasser ausgedrückt und vom Sand befreit werden. Es ist erstaunlich, wieviel Sand sich in diesen kleinen Schwämmen festsetzen kann! Durch ein Haarsieb soviel von dem Einweichwasser in eine Kasserolle gießen, dass die Pilze darin kochen können. Würde man die Pilze einfach in die Hühnerbrühe werfen und dort garkochen lassen – was immerhin noch einmal fast eine Stunde dauern kann –, dann hätten die Pilze so gut wie keinen Geschmack mehr. Das Kochen im eigenen Saft verstärkt ihr

Aroma jedoch noch erheblich. Also die Pilze im Einweichwasser zum Kochen bringen, salzen, leicht pfeffern und 1 bis 2 EL Portwein mitkochen. Es darf auch Vermouth sein, aber kein trockener. Die Süße bringt den Eigengeschmack erst richtig heraus. Offen 45 bis 60 Minuten köcheln lassen, wobei der Saft reduziert wird, sich also verstärkt.

5 In dieser Zeit die übrigen Gemüse vorbereiten. Die Mengenangaben sind nur als ungefähre anzusehen. Menge und Verteilung hängen vom Geschmack ab, vom Hunger der Beteiligten und davon, ob man vorher noch eine Vorspeise und nachher noch ein Dessert essen will. Also die Kartoffeln schälen und würfeln, das Weiße und Hellgrüne vom Lauch der Länge nach halbieren und in Stücke schneiden, ebenfalls die Karotten und schließlich auch die Champignons; diese, je nach Größe, halbieren oder vierteln. Frische Erbsen sind meist dickschalig und mehlig. Man nimmt in diesem Fall besser tiefgefrorene. Die zerkleinerten Gemüse entsprechend ihrer Garzeit nacheinander in die vorher abgeschmeckte Brühe geben: zuerst die Karotten, dann die Kartoffeln, später den Lauch, die Erbsen und zuletzt die Champignons. Das Hühnerfleisch kann mitgekocht werden, es sei denn, man hätte ein edles Bressehuhn dafür geopfert, das könnte eventuell zu trocken werden.

6 Erst kurz vor dem Servieren, wenn der Eintopf fertig ist, die Morcheln *ohne* ihren Saft zugeben; das Aroma wäre sonst zu dominierend. So jedoch können sich die einzelnen Bestandteile des Eintopfs nebeneinander behaupten. Die anpassungsfähige Kartoffel sorgt für die Versöhnung der verschiedenen Geschmacksnuancen und nicht zuletzt auch dafür, dass dieser delikate Eintopf auch sättigt.

Menüvorschlag:

Nudeln mit Gorgonzolasauce (Seite 132), Hühnereintopf, Walnussparfait (Seite 427)

Weintipp zum Hühnereintopf:

Condrieu aus der Region Drôme im Rhônetal

Hauptgerichte

Huhn provençalisch

Das Huhn gehört zu meinen Lieblingsspeisen. Vorausgesetzt, es stammt nicht aus der Käfighaltung, sondern ist ein körnergefüttertes Freilandhuhn à la Bresse, Gewicht nicht unter 1,6 Kilo. Das wird erst nach vier Monaten geschlachtet (Industriehühner nach 4 Wochen), hat festes Fleisch und schmeckt nach Huhn, wie es sein sollte. Ich kann das nicht oft genug wiederholen, denn inzwischen gibt es eigentlich keine Ausrede mehr: Auch in deutschen Supermärkten kann man Biohühner kaufen.

Auch die Ausführlichkeit, mit der ich hier etwas so scheinbar Simples wie ein Hühnerragout beschreibe, hat ihren Grund: So geht es bei allen Hühnerragouts zu, und soll daraus etwas Delikates werden, ist die Beachtung der Details enorm wichtig. Die Zutaten können durch andere ersetzt werden, aber wie und in welcher Menge sie verwendet werden, das ist entscheidend. Zum Beispiel verlieren frische Kräuter (in diesem Fall Thymian und Rosmarin) durch längeres Mitkochen ihr Aroma. Irgendetwas bewirken sie jedoch auch am Anfang der Garzeit. Deshalb gebe ich an deren Ende noch einmal die gleiche Menge zu. Auch mit dem Knoblauch kann es Probleme geben. Ist er frisch und sind die Zehen dick, wird er wahrscheinlich nicht weich genug. Also halbieren. Mit Winterknoblauch mache ich das sowieso, weil der grüne Keim entfernt werden muss. Und so geht das weiter: Tomatenkonkassee statt körnigem Matsch; Schalotten, Frühlings- oder weiße Zwiebeln statt der penetranten goldgelben.

Für 4 – 5 Personen:

1 großes Huhn von ca. 1,8 kg,
3 große Fleischtomaten,
150 g geräucherter Bauchspeck,
6 Frühlingszwiebeln,
20 Knoblauchzehen,
4 Zweige Rosmarin,
4 Sträußchen Thymian,
1 1/2 EL schwarzer Pfeffer, Salz, Olivenöl

(Baguette oder Reis)

1 Das Huhn wird zerteilt. Zuerst das Gelenk am Körper suchen und die Keulen dort abschneiden, dann halbieren. Die Flügel im Gelenk abtrennen und dabei etwas von der Vorderbrust mitnehmen, Flügelspitzen abschneiden. Mit einem schweren Messer die Karkasse waagerecht in zwei Hälften schneiden, so dass die Bruststücke am Brustbein einen Teil bilden. Dieses wird dreimal quergeteilt. Das Brustfleisch sitzt danach immer noch am Knochen. Der magere Rücken wird in mehrere Stücke gehackt; er ist zusammen mit Flügelspitzen und Hals lediglich Geschmacksträger für die Sauce.

2 Zwiebeln und Knoblauch enthäuten; Zwiebeln in dünne Scheiben schneiden; Knoblauchzehen halbieren.

3 Das Tomatenkonkassee herstellen: Tomaten mit kochendem Wasser überbrühen, die Haut abziehen, alles Innere entfernen und das Fleisch in kleine Würfel schneiden.

4 Den Speck in kleine Stückchen schneiden und in einem großen Bräter in 1/2 Tasse Olivenöl auslassen. Wenn das Öl sehr heiß ist, die Rückenstücke, Hals und Flügelspitzen hineinlegen. Salzen und gründlich braten, bis alles dunkelbraun ist. Dann die Stücke entfernen und die eigentlichen Fleischteile anbraten; also vier Keulenteile, drei Bruststücke und zwei Flügel. Diesmal mit dem Fleisch sensibler umgehen als vordem mit den Knochen. Die Hautseiten dürfen gern braun werden, aber die ungeschützten Fleischseiten werden nur leicht koloriert. Dabei salzen und würzen: die Hälfte der Pfefferkörner grob mörsern und zusammen mit der Hälfte der Kräuter in den Bräter geben. Zwiebelscheiben und Knoblauch hinzufügen, dann das Tomatenkonkassee.

5 Das Tomatenfleisch bringt eine Menge Feuchtigkeit ans Ragout, deshalb ohne Deckel weiterbraten lassen und etwas nachsalzen. Das Garen der Hühnerstücke muss ständig überwacht werden: umrühren, wenden, abschmecken; das geht auf dem Herd leichter als im Ofen, das ist bequemer. Aber im Ofen gelingt das Ragout auch. Beim Abschmecken darauf achten, dass der Bratensaft eine markante Schärfe hat, begleitet vom kräftigen Aroma der provençalischen Kräuter. Doch was anfangs so verführerisch duftete, hat durch das Garen viel von seinem Charakter verloren. Nach 15 Minuten die drei Bruststücke herausnehmen und warmstellen. Sie sind gar; längeres Garen würde sie austrocknen. Kurz vor dem Servieren kommen sie zum Aufwärmen wieder in den Bräter.

6 Insgesamt braucht das Ragout 40 bis 50 Minuten, um gar zu werden. Während der Garzeit muss vielleicht etwas Flüssigkeit (Weißwein oder Brühe) nachgegossen werden. 5 Minuten vor Toresschluss den restlichen Rosmarin und Thymian sowie die zweite Hälfte des frisch gemörserten Pfeffers zugeben: Jetzt bleibt das Aroma erhalten.

7 Die Keulenstücke und den Knoblauch aus dem Topf fischen, den Sud durchsieben und dann mit allen Fleischstücken und dem Knoblauch in eine Schüssel füllen.

Dazu passt Stangenbrot oder ein mit gerösteten Pinienkernen angereicherter Gemüsereis: Pinienkerne in einer Pfanne leicht anrösten und beiseite stellen; wenig kleingeschnittenes Gemüse in der gleichen Pfanne mit etwas Olivenöl anbraten und mit Salz und Pfeffer würzen; Gemüse und Pinienkerne unter den separat fertig gekochten Reis mischen.

> **Vorschlag für ein Menü à la Provence:**
>
> Fenchelsalat mit Ziegenkäse (Seite 16), Huhn provençalisch, Feigen-Dessert (Seite 411)

> Zum provençalischen Huhn passt am besten roter Côtes-du-Rhône.

Hauptgerichte 247

Huhn in Riesling

Ein Feinschmecker weiß um den Wert der Klassiker. Mein Rezept hat alles, was ihn entzückt, einschließlich der Sorgfalt, die es verlangt. Und ein ›Coq au Riesling‹ ist, wie ich meine, leckerer als viele der dünn und fächerförmig aufgeschnittenen Teile von anderem Geflügel, das gemeinhin als edler gilt. Leckerer, weil sich unsere Zunge mit ihrer Vorliebe für sahnige Saucen nicht verändert hat, und zugleich modern, weil es sich nicht nur um ein delikates, sondern auch um ein leichtes Gericht handelt.
Für dieses Rezept brauche ich nicht nur eine schöne Poularde (die mageren Hähnchen sind besser zum Grillen), sondern für den ›fond de volaille‹ noch zusätzliche Hühnerteile. Wenn es die bei meinem Geflügelhändler nicht gibt, fische ich dafür aus der Tiefkühltruhe eines Supermarkts entsprechende Kleinteile.

Für 4 Personen:

1 Poularde von ca. 1600 g,
1 Suppenhuhn oder die entsprechende Menge Hühnerklein,
2 kleine Zwiebeln,
1 dicke Stange Lauch,
1 große Karotte,
50 g Sellerieknolle,
100 g Champignons,
1 Knoblauchzehe,
2 Schalotten,
1 Zitrone,
Thymian,
1 Fl trockener Riesling,
Butter,
schwarzer Pfeffer,
1/4 l Sahne,
2 cl Marc oder Grappa, Salz

(schmale Bandnudeln und Champignons)

1 Das Huhn in seine Teile zerlegen: Die Keulen abtrennen und noch einmal teilen, die Flügel mit einem guten Batzen von der vorderen Brust abschneiden. Nun das Huhn mit einem schweren Messer oder einer Geflügelschere horizontal durchschneiden, d.h. die Brusthälfte vom Rückenteil trennen. Diese Brust quer in zwei, bei einem schweren Huhn auch in drei Teile schneiden. Beiseite stellen.
Der gesamte Rest, also Rücken, Flügelspitzen, Hals und eventuelle Innereien werden in möglichst kleine Stücke zerhackt. Das gilt auch für das zusätzlich gekaufte Suppenhuhn oder das Hühnerklein; alles wird kleingehackt.

2 Nun werden erst die Gemüse geputzt und kleingeschnitten: 2 kleine Zwiebeln, 1 dicke weiße Lauchstange, 1 Handvoll frische Champignons oder Champignonabfälle, 1 eigroßes Stück Sellerie, 1 große Karotte, 1 zerdrückte Knoblauchzehe – alles in kleine Stücke geschnitten.

3 Für den Fond werden zuerst die zerhackten Hühnerteile in einem großen Schmortopf oder einer Reine in Öl und Butter langsam, aber gründlich angebraten; also nicht bei starker Hitze! Häufig umrühren, und wenn alles schön braun ist, kommen die kleingeschnittenen Gemüse dazu: Leicht anschwitzen lassen und mit 1/4 l Riesling ablöschen. Reduzieren, bis der Wein fast verkocht ist, etwas Wasser angießen, wieder einkochen und dann mit Wasser auffüllen, dass alles bedeckt ist. Bei schwacher Hitze wenigstens eine Stunde simmern lassen. Das zweimalige Einkochen ist wichtig, weil es den Geschmack des Fonds verstärkt. Nach einer Stunde durch ein Sieb gießen und bei starker Hitze auf etwa einen Viertelliter Flüssigkeit einkochen und kaltstellen, damit sich das Fett oben absetzen kann.

4 Zwei sehr fein gehackte Schalotten in einer kleinen Kasserolle in Butter glasig schwitzen lassen, ohne dass sie Farbe annehmen. Mit Riesling ablöschen, etwas einkochen und vom Feuer nehmen.

5 Die beiseite gestellten Hühnerteile enthäuten und nicht zu zaghaft salzen und pfeffern. lin einer Pfanne vorsichtig in Butter anbraten. Die Butter zwingt zur Vorsicht; wird sie braun oder gar schwarz: sofort abgießen und neue Butter bei weniger Hitze nehmen. Die

Hühnerteile immer wieder wenden, bis sie hellbraun sind. Die angebratenen Stücke aus der Pfanne in einen passenden Schmortopf legen, auf dessen Boden vorher die Schalotten aus der Kasserolle verteilt wurden. Das Fett aus der Bratpfanne abgießen und den Bratensatz mit einem Glas Riesling ablöschen und über die Hühnerteile im Schmortopf gießen. Noch ein Glas Wein dazugeben und abschmecken: Eine Prise Thymian, etwas Zitronensaft, Salz, Pfeffer; vielleicht ein Gläschen Marc oder Grappa. Die Brühe im Schmortopf muss stark aromatisiert sein, denn die spätere Sahne wird das Aroma sehr abschwächen.

6 Den Schmortopf auf den Boden des 200 Grad heißen Ofens schieben. Nach etwa 15 Minuten die Bruststücke aus dem Topf nehmen und warmstellen; sie sind jetzt gar. Die übrigen Hühnerstücke werden nach etwa 15 bis 20 Minuten fertig sein. Die Stücke herausfischen und zu den Brüsten legen. Den Topf auf den Herd stellen, den entfetteten Fond hinzufügen, etwas einkochen, Sahne hinzufügen, wieder einkochen, noch einmal Sahne – und immer wieder probieren, nachwürzen – am Schluss sollte ein Viertelliter Fond und ebensoviel Sahne verbraucht sein. Die so entstandene Sauce ist ein Prachtstück ihrer Gattung: recht hell, schwach säuerlich, cremig, delikat. Dahinein kommen jetzt die Hühnerstücke und werden kurz erwärmt. In eine Schüssel umfüllen und zusammen mit schmalen Bandnudeln servieren. Als Gemüse frische Champignons, in Butter gebraten und mit Salz und Zitronensaft abgeschmeckt.

> **Vorschlag für ein Festmenü:**
> Seezungenrouladen mit Lachs (Seite 91), Karottencreme (Seite 46), Huhn in Riesling, Zitronenschaum (Seite 451)

> **Zum Huhn in Riesling passt eine trockene Riesling Spätlese.**

Hauptgerichte

100-Tomaten-Huhn

Das »100-Tomaten-Huhn« hat seinen Namen von einer Flasche Wein, die ich beim Kochen trank. Dabei wurden es immer mehr Tomaten, wenn auch nicht gerade 100, aber immerhin so viele, dass ich sie nicht mehr zählen mochte. Außerdem handelte es sich in der Mehrzahl um kleine halbierte Kirschtomaten, die fast einen Durchschlag füllten.

Das Huhn stammte aus der Bresse und wog 2 Kilo und ein paar Gramm. Der Händler hatte es sorgfältig zusammengebunden, die Leber und der Magen steckten also unerreichbar in seinem Inneren; schade um die Leber.

Über einem Teller mit diesem 100-Tomaten-Huhn können sich Weintrinker wieder einmal glücklich schätzen. Hier passt jeder Wein, den sie besonders mögen, ob rot oder weiß. Und wenn sie feststellen, dass ihr Wein, den sie sonst zu allen Gelegenheiten mit Genuss getrunken haben, in diesem Fall versagt, indem von seiner Kraft und Fruchtigkeit wenig übrig bleibt, so ist das eine willkommene Lektion über die Verschiedenartigkeit der Aromen und ihre jeweiligen Auswirkungen auf die Zunge des erwartungsvollen Essers.

Für 4 Personen:

1 großes Bressehuhn von mind. 2 kg,
8 – 12 Schalotten,
ca. 20 – 30 Kirschtomaten,
2 Knoblauchzehen,
1 Zitrone,
1/4 l Sahne,
Olivenöl,
2 Chilischoten,
Pfeffer,
Meersalz

(als Beilage entweder Kartoffelgratin oder Nudeln oder Salzkartoffeln)

1. Zuerst den Backofen auf 180 Grad vorheizen (nicht mit Heißluft).

2. Die Schalotten und die Knoblauchzehen enthäuten und halbieren. Die Chilischoten und 1 EL Meersalz im Mörser zerstoßen. Die Kirschtomaten halbieren, wobei man ihnen die Haut belässt. Es wäre zu mühsam, sie einzeln zu enthäuten, und so muss man es bei diesem rustikalen Essen seinen Gästen überlassen, sie herauszufischen.

3. In einem Bräter (er sollte groß genug sein, um später auch noch die Schalotten und die Tomaten aufzunehmen) das Huhn in 1 - 2 EL Olivenöl bei mittlerer Hitze rundherum sorgfältig anbraten, bis alle Seiten hellbraun sind. Während des Anbratens immer wieder mit der Chili-Salz-Mischung aus dem Mörser die jeweils bereits angebratene Seite kräftig würzen. Dieses Anbraten dauert etwa 10 bis 15 Minuten.

4. Als nächstes kommen nun die 8 bis 12 halbierten Schalotten sowie die Knoblauchzehen rund um das Huhn in den Bräter. Mit einem Holzlöffel des öfteren umrühren. Wenn die ersten Verfärbungen an den Schalotten sichtbar werden, alles mit dem Saft einer Zitrone begießen, umrühren und den Löffel ablecken; es soll ziemlich sauer und scharf schmecken. In diesem Stadium muss jeder Braten einen stark überwürzten Bratensatz haben, damit er später ein erkennbares Aroma besitzt.

5. Die Tomatenhälften kommen nun auch in den Bräter, werden noch extra gesalzen (Tomaten brauchen viel Salz!) und gepfeffert. Mit dem Holzlöffel einmal unter die Schalotten mischen und dann den Deckel drauf und ab in den Ofen. Das Huhn braucht nun ungefähr 90 Minuten, um gar zu werden.

6. Während der Bratzeit das Huhn zweimal wenden. Ein Einschnitt in die Haut zwischen den Schenkeln zeigt an, ob das Huhn gar ist: Die austretende Flüssigkeit muss klar sein. Den Bräter aus dem Ofen nehmen und auf den

Hauptgerichte

Herd stellen, den Ofen abschalten und das Huhn in eine Servierschüssel legen, mit Alufolie abdecken und im geöffneten Ofen warmstellen.

7 Den Inhalt des Bräters durch ein Sieb in einen Topf gießen, Schalotten und Tomaten wieder zurück in den Bräter befördern. Da ein Bressehuhn viel Fett abgibt, muss die durchgesiebte Flüssigkeit entfettet werden: entweder in einer Spezialkanne mit einem tiefen Ausguss (das Fett setzt sich oben ab und der Bratensaft kann so vom Fett getrennt werden), oder mit einem Schöpflöffel, oder mit Saugpapier.

8 Den entfetteten Bratensaft gieße ich zurück zu den Schalotten und Tomaten im Bräter, füge 1/4 l Sahne hinzu und lasse alles wieder erhitzen, etwas einkochen und schmecke ab. Sollte im Bräter nichts anderes übrig sein als eine musige Masse, wäre es ratsam, die gesamte Saucenbasis mit dem Mixstab zu pürieren. Das erleichtert die abschließende Verfeinerung. Ob noch Sahne angegossen oder Tomatenmark verrührt wird, ob mehr Zitronensaft nötig ist oder gelindes Nachwürzen mit Salz und Pfeffer – in der homogenen Sauce ist das einfacher zu regulieren als in der ursprünglichen Form des gemüsigen Bratensaftes.

9 Das Huhn tranchieren und zum Teil enthäuten, die Teile zurück in die warme Schüssel legen und mit der Sauce übergießen. Dazu passen Salzkartoffeln ebenso wie Nudeln. Im ersteren Fall empfehlen sich Gemüse wie frische Erbsen oder ähnliches. Ideal aber für jedes Brathuhn ist ein Kartoffelgratin, wie es in diesem Kochbuch mehrfach beschrieben wird.

> **Menüvorschlag:**
> Winzersalat (Seite 37),
> 100-Tomaten-Huhn mit Kartoffelgratin,
> Kaiserstühler Caramelparfait (Seite 425)

> Zu diesem Huhn passt Volnay aus dem Burgund.

Hauptgerichte 251

Knoblauchhuhn

Das Einfache sei immer auch zugleich das Schwierigste, wird behauptet. Das sagen Experten, die beim Publikum auf keinen Fall den Eindruck erwecken wollen, das, was ihnen so leicht von der Hand geht, sei tatsächlich nur ein Kinderspiel. In Wirklichkeit ist es genau das: ein Kinderspiel.

So verhält es sich auch mit dem berühmten Knoblauchhuhn der Mère Soundso oder der Frères Dingsbums. Vierzig, nein sogar fünfzig Knoblauchzehen garen sie mit dem Vogel, eine kulinarische Großtat, und es schmeckt toll! Man denke!

Da gibt es nicht viel zu denken. Man steckt das Huhn in den Topf, wirft den Knoblauch dazu und stellt alles in den Ofen. Das ist nicht schwierig, das ist einfach. Nur die Zutaten müssen von bester Qualität sein: Das schränkt die Jahreszeit ein, in der dieses Urhuhn auf den Tisch kommt. Denn Knoblauch ist am besten frisch – also von Mai bis September – und das Huhn sollte nur mit Körnern gefüttert und an frischer Luft frei herumgelaufen sein.

Wer übrigens nicht fünf oder sechs Personen an seinem Tisch sitzen hat und auf das Knoblauchhuhn dennoch nicht verzichten möchte, dem bietet sich eine köstliche Resteverwertung für den nächsten Tag an.

Für 5–6 Personen:

1 frisches Huhn von 1,8–2,2 kg,
3 dicke ganze Knoblauchzwiebeln,
2 Lorbeerblätter,
3 Zweige Thymian,
schwarzer Pfeffer,
Olivenöl,
Weißwein,
Salz

(Weißbrot und/ oder Erbsen)

Zum Huhn passt ein Volnay oder ein Lagen-Beaujolais (z.B. Fleurie).

1. Drei dicke frische Knoblauchzwiebeln in ihre einzelnen Zehen zerlegen und diese enthäuten.

2. In das Innere des Huhns 1 EL Salz praktizieren und 2 Lorbeerblätter und 3 Thymianzweige hinterherschieben (im Inneren eines Huhns bewirken Gewürze wenig). Die Flügel auf dem Rücken verschränken und die Keulen mit Küchengarn zusammenbinden. Nun das Huhn auch von außen mit Salz einreiben.

3. In einem Schmortopf mit dicht aufliegendem Deckel 1/2 Tasse Olivenöl heiß werden lassen und das Huhn darin sorgfältig und geduldig von allen Seiten hellbraun anbraten. 1 EL schwarzen Pfeffer im Mörser zerstoßen und über das Huhn streuen.

4. Die enthäuteten Knoblauchzehen rund um das Huhn legen, Deckel drauf und in den auf 120 Grad vorgeheizten Ofen schieben. Während der Bratzeit das Huhn dreimal herumdrehen (linke Seite, rechte Seite, Brust nach oben) und 1 – 2 Gläser trockenen Weißwein angießen.

5. Irgendwann ist er dann gar, der Vogel. Das kann nach einer Stunde sein, es kann aber auch 90 Minuten dauern. Den richtigen Garzustand prüft man, indem man die Haut zwischen Keule und Brust anschneidet: Der austretende Saft muss farblos sein.
Frische Erbsen, in Butter geschwenkt, passen gut, aber auch nur Weißbrot, mit dem man den leckeren Saft auftunkt. Und ab und zu schiebt man sich eine der fast püreeartig weichen Knoblauchzehen in den Mund.

Die Resteverwertung am nächsten Tag

Wer das Huhn nicht auf einmal aufessen kann, dem bietet sich die Gelegenheit, am nächsten Tag eine der köstlichsten Resteverwertungen in Szene zu setzen:

1. Zunächst alles kalte Hühnerfleisch von den Knochen fieseln und den gelierten Bratensaft zusammenkratzen. Einige Knoblauchzehen sind auch noch übriggeblieben. Sie werden mit der Gabel zerdrückt und in den Bratensaft gerührt.

2. Pro Person 2 bis 4 Kartoffeln – je nach Größe – in der Schale kochen, pellen und in Scheiben schneiden.

3. Eine flache ausgebutterte Gratinform mit einem Teil des gelierten Saftes ausstreichen. Darauf eine Schicht Kartoffelscheiben; leicht salzen. Sodann die Hühnerstücke auf den Kartoffeln verteilen. Darauf eine weitere dünne Schicht Kartoffeln.

4. Einige Wirsingblätter von den Strünken befreien und in kochendem Salzwasser 2 bis 3 Minuten blanchieren. Herausnehmen und zwischen zwei Küchentüchern trockentupfen.

5. Die Wirsingblätter auf die oberste Kartoffelschicht legen; darauf den in Streifen geschnittenen Frühstücksspeck. Mit 1 Becher Sahne begießen und für ungefähr 20 Minuten im auf 180 Grad vorgeheizten Ofen backen.

Zutaten für die Resteverwertung:

kaltes Hühnerfleisch,
500 g Kartoffeln,
gelierter Bratensaft,
blanchierter Wirsing,
100 g Frühstücksspeck,
1 Becher Sahne

Menüvorschlag:

Salade niçoise (Seite 25),
Knoblauchhuhn,
Tarte aux Fraises (Seite 439)

Abb.: Knoblauchhuhn

Hühnerfrikassee mit Sherry

Für 4 Personen:

2 große Hühnerbrüste (oder auch Keulen),
8 größere, festkochende Kartoffeln,
evtl. Hühnerbrühe,
500 g frische Champignons,
150 g Sahne,
1 großes Glas Sherry,
Weißwein,
schwarzer Pfeffer,
Butter, Salz

Menüvorschlag:

Saiblingsfilets in Folie (Seite 89),
Hühnerfrikassee mit Sherry,
Zimtparfait mit Burgunderpflaumen (Seite 429)

Zum Hühnerfrikassee passt Vin jaune (Chateau Chalon).

Dies ist ein Rezept für eine Kochtechnik, die ich die Schnetzelküche nenne. Die Basis für diese Technik bilden kleine Kartoffelwürfel, die in schwach gesalzenem Wasser – besser noch in Hühnerbrühe – gar gekocht werden. Das geht so schnell, und das geschmackliche Resultat ist so überzeugend, dass ich mich wundere, wie selten Kartoffelwürfel in unseren Küchen vorkommen.

Ich nenne es die Schnetzelküche, weil auch alle anderen Bestandteile in kleine Würfel geschnitten oder geschnetzelt werden. Neben der Zeit- und Energie-Ersparnis bewirkt diese Methode eine intensive Ausnutzung der Aromen und ermöglicht eine sehr präzise Bestimmung der Garzeiten.

Was nun mit Hühnerbrust und Sherry angestellt wird, lässt sich auf jedes andere zarte Fleisch übertragen und ebenso auf festfleischige Fische wie Aal, Seeteufel und Schalentiere.

1 Pro Person zwei größere (aber nicht riesige) festkochende Kartoffeln schälen, in dicke Scheiben und diese wiederum in Streifen schneiden und daraus Würfel mit einer Kantenlänge von ungefähr 1 cm machen. Die Würfel in schwach gesalzenem Wasser oder in Hühnerbrühe in wenigen Minuten garkochen, abgießen und warmstellen.

2 Die Hühnerbrusthälften enthäuten und ebenfalls in Würfel schneiden. Sodann die Champignons putzen und auch sie in Würfel schneiden, möglichst gleich groß wie Kartoffeln und Huhn.

3 In einer Sauteuse werden die Hühnerwürfel in heißer Butter bei kleiner Flamme unter ständigem Wenden für 2 bis 3 Minuten angedünstet; herausnehmen und beiseite stellen. Die Hitze hochdrehen, die Champignons dazugeben, und sobald etwas wie ein Bratprozess beginnt, ein großes Glas Sherry angießen, etwas salzen, 1 Glas Weißwein anschütten und alles zugedeckt 4 Minuten bei lebhaftem Feuer garen lassen. Währendessen die Sahne angießen und abschmecken!

4 Wahrscheinlich ist die Sauce noch zu viel und zu dünn; also Deckel ab! Hat die Sauce die richtige, sämige Konsistenz erreicht, die Sauteuse vom Feuer nehmen und die Kartoffelwürfel hinzugeben und alles mit 2 TL schwarzem, gemörserten Pfeffer würzen.

Ein Eintopf ist entstanden, wie er delikater nicht sein kann. Der Nusston des Sherrys und das Aroma der Pilze veredeln die Kartoffelwürfel; dazu das zarte Hühnerfleisch – eine Harmonie, die man nicht durch Kräuter aus dem Gleichgewicht bringen sollte.

Perlhuhn mit Aprikosen

Für 2 Personen:

1 Perlhuhn ca. 800 g,
6 – 8 getrocknete Aprikosen,
1 Lauchstange,
6 mehlig kochende Kartoffeln,
1/4 l Madeira,
150 g Süßrahmbutter,
Balsamicoessig,
schwarzer Pfeffer,
Salz, Muskat

Menüvorschlag:

Spargelsalat mit Eiersauce (Seite 35),
Perlhuhn mit Aprikosen,
Caramelparfait (Seite 425)

Dazu passt ein Saint Emilion.

Mit einem Huhn hat das rundliche Perlhuhn erst im Topf Ähnlichkeit. Seine aufgeplusterten blaugrauen Federn und den kleinen Kopf würde man bei einem Ziervogel in der Volière eher erwarten als im Hühnerstall. Dabei werden Perlhühner genauso aufgezogen wie Hühner.

Ein ganzes gebratenes Huhn ist immer ein schöner Anblick. Allerdings macht das anschließende Tranchieren etwas Mühe. Und braten lassen sich kleinere Stücke natürlich besser. Bei einem Zweipersonenstück wie dem Perlhuhn bietet sich deshalb die einfache Teilung an.

1 Die Aprikosen für ein paar Stunden in Madeira einlegen. Herausnehmen und einige grob im Mörser zerdrückte schwarze Pfefferkörner aufdrücken.

2 Das Weiße und das Hellgrüne der Lauchstange längs halbieren (eine Jumbostange noch einmal quer teilen). Den gewaschenen Lauch in eine Bratform legen, salzen, mit heißer Butter und 1 EL Madeira begießen. In den 180 Grad heißen Backofen schieben und in ca. 15 Minuten halbgar werden lassen.

3 Das Huhn mit einer Geflügelschere von hinten nach vorn in zwei Teile schneiden, so dass an jeder Hälfte eine Brust, ein Flügel und eine Keule sitzen. Salzen und mit der Haut nach oben auf den Lauch legen. Drumherum die eingeweichten Aprikosen drapieren und wieder in den Ofen schieben. Immer wieder nachsehen und die Hühnerhälften mit flüssiger Butter bepinseln. Die Garzeit beträgt zirka 30 Minuten.

4 Währenddessen Kartoffeln schälen, vierteln und in ca. 15 Minuten garkochen. Abgießen und mit dem Kartoffelstampfer zerdrücken, dabei 2 bis 3 EL Süßrahmbutter untermischen, salzen und ein wenig Muskat zufügen.

5 Huhn und Lauch auf eine vorgewärmte Platte legen, den Bratensaft abschmecken, eventuell nachsalzen, einige Tropfen Balsamico und frische Butter zufügen. In einer kleinen Sauciere separat servieren.

Hauptgerichte 255

Perlhuhnfrikassee

Für 2 Personen:

1 Perlhuhn ca. 800 g,
100 g fetter Rauchspeck,
100 g durchwachsener Speck,
1 EL Wacholderbeeren,
1 Glas Calvados,
6 mehligkochende Kartoffeln,
300 g Sauerkraut,
1/4 l Winzersekt,
1 halber Apfel,
1 Schalotte,
Zitronensaft,
Sahne, Muskat,
1oo g Süßrahmbutter,
schwarzer Pfeffer,
Salz

Menüvorschlag:

Spargelcreme (Seite 60),
Perlhuhnfrikassee,
Dattelsoufflé (Seite 400)

Die Zugehörigkeit zur Hühnerfamilie legt es nahe, ein Perlhuhn auch einmal als Frikassee zu schmoren. Der Unterschied liegt nur darin, dass ich zögere, ein Perlhuhn mit einer Sahnesauce zu kombinieren, was bei einer Poularde fast immer die beste Lösung ist. Um die Ähnlichkeit eines Perlhuhns mit einem Fasan zu unterstreichen, brate ich es in Speckfett. Der Vogel wird in nur vier Teile geschnitten, zwei Keulen und die beiden Brusthälften. Die Flügel sind der Mühe nicht wert, die bekommt die Katz.
Dazu gibt es buttriges Kartoffelpüree und ein mildes Sauerkraut.

1 Weil es am längsten braucht, wird zuerst das Sauerkraut vorbereitet: Da es sehr mild sein soll, wird es ausnahmsweise gewässert und ausgedrückt. Die in winzige Partikel geschnittene Schalotte und den gewürfelten halben Apfel in Butter andünsten. Das Sauerkraut zufügen, mit dem Winzersekt übergießen und auf kleiner Flamme schmoren lassen, bis Zwiebel- und Apfelstücke zerkocht sind. Mit etwas Salz und Zitronensaft abschmecken, mit ein wenig Sahne geschmeidiger machen.

2 In einer hohen Pfanne den Räucherspeck auslassen. Darin kleingeschnittenen durchwachsenen Speck anbraten und 1 EL im Mörser zerstoßener Wacholderbeeren zugeben. Dann die gesalzenen vier Perlhuhnteile im heißen Speckfett rundherum kräftig anbraten. Sobald die Bruststücke goldbraun sind, herausnehmen und warmstellen. Die Keulen brauchen noch ca. 15 Minuten länger.

3 Währenddessen Kartoffeln schälen, vierteln und in ca. 15 Minuten garkochen. Abgießen und mit dem Kartoffelstampfer zerdrücken, dabei 2 bis 3 EL Süßrahmbutter untermischen, salzen und ein wenig Muskat zufügen.

4 Die Bruststücke des Perlhuhns wieder in die Pfanne zu den Keulen legen und alles mit einem Glas Calvados flambieren. Darüber frisch gemörserten schwarzen Pfeffer streuen. Mit dem Kartoffelpüree und dem Sauerkraut servieren.

Zum Perlhuhnfrikassee passt trockene Riesling Spätlese.

Perlhuhn mit Ingwer und Zwiebelkompott

Für 2 Personen:

1 Perlhuhn von ca. 800 g,
4 rohe Artischocken,
Zitronensaft,
1 Stück Ingwerwurzel,
Butter, Salz

Zwiebelkompott:

4 große weiße Zwiebeln,
1 Chilischote,
1/2 TL Kümmelpulver,
2 EL Balsamicoessig,
3 EL Apfelessig,
2 EL Sherry,
1 TL Akazienhonig,
1 TL Zitronensaft

(Bandnudeln)

Menüvorschlag:

Muschelsuppe (Seite 56),
Perlhuhn,
Mascarpone-Crème (Seite 419)

Zu diesem Perlhuhn passt ein Tokaj d'Alsace.

Die besten Perlhühner wiegen nur 800 Gramm und sind ideal für 2 Personen. Erfahrungsgemäß wiegen die meisten aber mehr, und dann stellt sich die Frage, ob das eine Huhn – zum Beispiel bei einem größeren Menü – nicht doch für 4 Personen reiche.

Für Hühner gibt es ein Rezept, das heißt »Huhn in Halbtrauer«. Dabei werden dem Vogel schwarze Trüffelscheiben unter die Haut geschoben, was früher bei Bischofs- oder Kardinalsköchinnen als standesgemäßes Sonntagsessen galt. In meiner säkularisierten Version nehme ich Ingwer statt Trüffeln.

1 Artischocken in gesalzenem Zitronenwasser ca. 45 Minuten kochen, Stiele abschneiden, Blätter abzupfen, das »Heu« entfernen und die Böden mit Zitronensaft beträufeln.

2 Das Stück Ingwerwurzel schälen und in dünne Scheiben schneiden. In die Brusthaut des Perlhuhns auf jeder Seite drei oder vier Einschnitte machen und je Seite 6 bis 8 Ingwerscheiben unter die Haut schieben. Gründlich salzen und in einem passenden Bräter in viel Butter in ca. 20 Minuten langsam rundherum goldbraun anbraten. Ohne Deckel in den auf 240 Grad vorgeheizten Ofen schieben, dann die Hitze bald auf 160 Grad herunterschalten. Zwei-, dreimal umdrehen, und das Huhn ist nach 45 bis 50 Minuten fertig.

3 Inzwischen die Zwiebeln schälen, halbieren und in sehr dünne Scheiben schneiden. In einer Kasserolle in Öl und Butter sehr langsam und lange dünsten, bis sie Farbe annehmen und weich werden. Während dieser Zeit die Gewürze hinzufügen: 1 zermörserte Chilischote, 1 TL Salz, 1/2 TL Kümmelpulver, 1 EL Balsamicoessig, 2 EL Sherry, 3 EL Apfelessig, 1 TL Zitronensaft und 1 TL Akazienhonig (letzteren, weil er feiner schmeckt als Tannenhonig und flüssig ist). Die Mengen sind nur Richtwerte; das Zwiebelkompott soll süß, sauer und scharf sein.

4 Das Huhn herausnehmen, die Keulen abtrennen und mit den noch fast blutigen Schnittstellen zurück in die Bratbutter legen. Die Bruststücke des Huhns ablösen und in fingerdicke Streifen schneiden. Die herausfallenden Ingwerscheiben mit den Fleischstreifen in eine Kasserolle legen. Nun die Artischockenböden und das Fleisch der Keulen in Streifen schneiden und dazulegen; mit einem Löffel Bratensaft übergießen und vermischen. So viel von dem Kompott unterrühren, dass es den Geschmack nicht dominiert. Alles zusammen noch einmal erhitzen.

Dazu passen am besten breite, dünne Bandnudeln.

Hauptgerichte

Perlhuhn mit Kartoffelpüree und Erbsen

Für 2 Personen:

1 Perlhuhn von ca. 800 g,
1 Scheibe fetten Räucherspeck,
1 Knoblauchknolle,
1 EL Wacholderbeeren,
6 mehlig kochende Kartoffeln,
150 g Süßrahmbutter,
Pflanzenöl, Muskat,
300 g tiefgefrorene junge Erbsen,
Estragon,
Zucker, Salz

Menüvorschlag:

Rucola mit Walnusskernen (Seite 24),
Perlhuhn mit Kartoffelpüree und Erbsen,
Rhabarbertorte (Seite 434)

Dazu passt Feinburgunder aus Niederösterreich.

Ein bratfertig gekauftes Perlhuhn sollte immer die charakteristischen blauschwarzen Füße haben. Nur so kann man sicher sein, dass einem nicht ein mageres Suppenhuhn angedreht wird. Das Idealgewicht liegt um die 800 Gramm; schwerere Perlhühner haben ihre wichtigste Eigenart eingebüßt, den ohnehin nur schwach ausgeprägten Wildgeschmack.
Bei nachfolgendem Rezept geht es um ein im Ganzen gebratenes Perlhuhn mit Kartoffelpüree, Knoblauch und jungen grünen Erbsen.

1 Zuerst die Füße des Perlhuhns abhacken, dann das Huhn von innen und außen salzen. Mit Küchengarn (kein Kunststoff!) die Scheibe Räucherspeck auf die Brust binden (die soll den bei Geflügel so empfindlichen Teil vor der Backofenhitze schützen).

2 Das Huhn in Pflanzenöl und Butter in der Pfanne rundherum hellbraun anbraten, dann auf eine Seite in eine passende Bratform legen, eine Handvoll ungeschälter Knoblauchzehen drumherum verteilen sowie 1 EL zerstoßener Wacholderbeeren. In den auf 180 Grad vorgeheizten Ofen schieben und alle 5 Minuten mit flüssiger Butter bepinseln; dabei auch die Knoblauchzehen wenden. Nach 15 Minuten das Huhn auf die andere Seite legen, nach weiteren 10 Minuten auf den Rücken drehen und für 5 Minuten ohne die Scheibe Speck mit der Brust nach oben fertig garen.

3 Währenddessen Kartoffeln schälen, vierteln und in ca. 15 Minuten garkochen. Abgießen und mit dem Kartoffelstampfer zerdrücken, dabei 2 bis 3 EL Süßrahmbutter untermischen, salzen und ein wenig Muskat zufügen.

4 Die Erbsen in kochendem Salzwasser in 5 Minuten garen und abtropfen lassen. Den Bratensaft des Huhns in ein Pfännchen sieben, 1/2 TL Zucker hineinstreuen, leicht karamellisieren lassen, die Erbsen dazugeben und mit Estragon bestreuen. Die Knoblauchzehen werden auf dem Teller mit der Gabel ausgedrückt und sind ein weiterer Grund, sich auf das Perlhuhn zu freuen.

258 Hauptgerichte

Pot-au-feu Royal

Für 6 Personen:

Für die Brühe:

1 Suppenhuhn,
1 halbe Kalbshaxe,
1 Beinscheibe vom Rind,
1 Handv. Markknochen u. Ochsenschwanzstücke,
1 Lauchstange,
1 Karotte,
1 kl. Stück Sellerie,
6 kleine Tomaten,
1 Zwiebel,
Lorbeerblatt,
Thymian,
Gewürznelken,
6 Pfefferkörner

Als Einlage:

1 Entenbrust (2 Hälften),
1 halbe gepökelte Kalbszunge,
300 g Rinderfilet,
4 große Karotten,
3 Stangen Lauch,
1 kl. Stück Sellerie,
6 große Kartoffeln

Für die Sauce:

Basilikum, Petersilie, Knoblauch, frischer Thymian, Senf, Zitrone, Olivenöl, Pfeffer, Salz

Ein Pot-au-feu ist vom Namen her schlicht ein Topf-auf-dem-Feuer, dessen Inhalt sehr verschieden sein kann: von der einfachen Suppe mit gemischtem Gemüse bis zur Brühe mit Hühner-, Kalb- und Rindfleisch; das wird alles zusammen gekocht und meist mit einer mächtigen Eiersauce serviert.
Mein Pot-au-feu Royal ist ähnlich, nur werden dabei Fleisch und Gemüse vorher zu einer kräftigen Brühe ausgekocht, in welcher dann anschließend zarte Fleischstücke pochiert und mit einer grünen Sauce serviert werden.

1 Huhn, Kalbshaxe, Beinscheibe, Markknochen und Ochsenschwanz in kaltem Wasser aufsetzen, zum Kochen bringen (aufsteigenden Schaum abschöpfen). Gut salzen, das kleingeschnittene Suppengrün, Pfefferkörner und Tomaten dazugeben und bei kleiner Flamme 3 Stunden mehr ziehen als köcheln lassen. Herausnehmen, eventuell essbare Teile von den Knochen lösen und von Haut und Fett befreien. Die Brühe durchsieben, Gemüse und Reste wegwerfen, die essbaren Teile in die Brühe legen und über Nacht kaltstellen.

2 Die Kalbszunge 2 Stunden in salzigem Wasser sprudelnd kochen, die Haut abziehen und alle unansehnlichen Teile wegschneiden.

3 Währenddessen die Gemüse für die Einlage waschen, schälen und – bis auf die Tomaten – in mundgerechte Würfel schneiden. Von der Bouillon den Fettdeckel abnehmen, die Fleischteile herausnehmen, das Gemüse einlegen und eine halbe Stunde köcheln lassen. Zuletzt die Kalbszunge mit einlegen. Die Entenbrusthälften enthäuten und zusammen mit dem Rinderfilet 6 Minuten in die Brühe einlegen und ziehen lassen.

4 In dieser Zeit rasch die grüne Sauce zubereiten: sehr viel Basilikum und Petersilie, etwas frischen Thymian, Knoblauch, 1 TL Senf, 1 Spritzer Zitronensaft, Pfeffer und Salz in einer Schüssel mit Olivenöl mit dem Mixstab pürieren. Fleisch aufschneiden und auf Tellern mit einem Klacks Sauce servieren. Königlich köstlich!

Poulet à l'Estragon

Vom Namen her klingt dieses Rezept ähnlich wie ›Hühnerbrust mit Estragon‹, unterscheidet sich aber von diesem deutlich durch die Verwendung von Schalotte und Weißwein. Außerdem wird beim Poulet à l'Estragon eine Sauce produziert, während die Hühnerbrust mit Estragon »nur« nappiert wird.
Poulet à l'Estragon ist ein klassisches Hühnergericht, in vielen französischen Restaurants zu finden und überall nach der gleichen Regel gemacht. Dennoch wird sich die Sauce jedesmal um Nuancen unterscheiden. Ihr Geschmack hängt letzten Endes vom Stil des Küchenchefs ab. An ihr erweist sich der Könner. Verständlicherweise lassen sich Geschmacksnuancen nicht schriftlich erklären; schon gar nicht ist es möglich, die Sauce nach Rezept gleich so zu kochen, wie man sie von einem Meisterkoch serviert bekommt: Dann möchte man sie am liebsten mit dem Löffel essen! Aber der Versuch lohnt.

Für 4–5 Personen:

1 großes Huhn von mind. 1,7 kg,
1 Schalotte,
125 – 150 g Sahne,
1 EL Estragonessig,
2 EL Kalbsjus (falls vorhanden),
1/4 l trockener Weißwein,
1 TL getrockneter Estragon,
Butter,
weißer Pfeffer,
Salz

(Reis und Erbsen)

Tipp: Aus der verbleibenden Karkasse mit Gemüsen eine Brühe auf Vorrat herstellen.

1 Das Huhn in acht bis 10 Teile zerlegen: Erst die Keulen im Gelenk abtrennen und noch einmal teilen, dann die Flügel – mit einem Stück von der Vorderbrust – lösen und die Spitzen abschneiden, die Karkasse mit einem schweren Messer waagerecht quer teilen, so dass die Brust am Knochen verbleibt. Dann die Brust am Brustbein entlang längsteilen und – bei einem großen Huhn – die Brusthälften noch einmal querteilen. Alle Teile enthäuten.

2 Die Schalotte häuten und mit einem scharfen Messer in kleinste Partikel zerschneiden. In einer schweren Pfanne in 1 EL Butter auf kleiner Flamme glasig werden lassen (die Butter darf nicht braun werden, die Schalotte schon gar nicht!). Dabei häufig mit dem Holzlöffel umrühren. Mit dem Essig ablöschen und einkochen, bis nur ein dicklicher Rest in der Pfanne bleibt. Mit der Hälfte des Weins auffüllen, umrühren und in einen schweren, gusseisernen Schmortopf gießen.

3 In einer großen, schweren Pfanne 2 EL Butter heiß werden lassen. Die enthäuteten Hühnerstücke salzen (nicht zaghaft!), pfeffern (sparsam!) und in die heiße Butter legen. Langsam von allen Seiten anbraten lassen, bis sie eine leichte Goldtönung angenommen haben. Vorsicht mit der Hitze! Ein Huhn ist kein Rindersteak, das in sehr heißem Fett gebraten wird.

4 Die nach und nach angebratenen Stücke – die Keulen zuerst! – zu der Schalotte in den Schmortopf legen. Das Bratfett in der Pfanne bis auf einen dünnen Film weggießen. Mit dem Rest des Weins ablöschen, vom Boden alle Rückstände losschaben und alles in den Schmortopf gießen. Den getrockneten Estragon mit dem Handballen pulverisieren (das intensiviert das Aroma) und über die Hühnerstücke streuen. Deckel schließen und bei mittlerer Hitze 25 bis 40 Minuten schmoren lassen, bis die Stücke gar sind. Die Flüssigkeitsmenge, in der die Hühnerstücke geschmort werden, soll bis zur halben Höhe der Hühnerstücke reichen. Bei schlecht schließendem Topfdeckel ist die verdunstende Menge durch Wein nachzufüllen.

Da Hühnerbrust bei zu langem Braten trocken wird, die Schenkel aber länger brauchen, muss man die Bruststücke 10 Minuten vorher herausnehmen und warmstellen. Eine trockene Hühnerbrust ist nicht unvermeidlich, sondern eine Nachlässigkeit des Kochs! Wenn alle Hühnerstücke gar sind, herausnehmen und warmstellen (z.B. in Alufolie bei 50 Grad auf einer vorgewärmten Platte im Ofen).

5 Die gesamte Schmorflüssigkeit in eine große Pfanne gießen, wenn nötig entfetten, und auf großer Flamme stark einkochen lassen. Dann erst etappenweise die Sahne zugießen, und, wenn vorhanden, 2 EL Kalbsjus. Diese letzten Minuten der Saucenzubereitung sind die entscheidenden. Sie beweisen, ob ein Koch Feingefühl und einen sicheren Geschmack hat. Zu tun ist dabei nicht mehr, als immer wieder einkochen, immer wieder etwas nachgießen, immer wieder abschmecken. Aber in welchem Maße jetzt noch ein wenig Wein, noch mehr Sahne oder gar 1 TL trockener Sherry (warum nicht?) hinzugeben ist oder ob nachgesalzen werden sollte (wirkt manchmal Wunder!), lässt sich theoretisch nicht sagen. Falls frischer Estragon zur Hand ist, davon 1 EL (grob gehackt), hinzugeben. Zum Schluss sind kaum mehr als 1½ Tassen Sauce in der Pfanne. Wird sie dicker gewünscht, 1 bis 2 Eigelb in 1/2 Tasse Sahne mit etwas heißer Sauce mischen und (abseits vom Feuer, damit sie nicht gerinnt) in die Pfanne geben (nachwürzen!). Über die Hühnerstücke gießen und servieren.

Als Beilage passen Reis und Erbsen.

Vorschlag für ein Sommer-Menü:

Vichyssoise (Seite 51); wird schon am Vortag zubereitet, Poulet à l'Estragon, Erdbeerparfait (Seite 424), auch am Vortag zubereitet.

Dazu passt ein trockener fruchtiger Weißwein (Pouilly fumé), oder ein badischer Grauburgunder.

Hauptgerichte

Rebhuhn mit Weintrauben

Wildbret und wildes Geflügel haben als feine Braten für die Gesellschaft der Edlen nicht nur in Frankreich eine Jahrhunderte alte Tradition, aber diese wurde am Hofe der französischen Könige besonders ausgiebig gepflegt. Mangels vernünftiger Arbeit gehörte die Jagd zu den vornehmsten Aufgaben des Königs und seiner Höflinge. Zu den bevorzugten Jagdrevieren zählten deshalb die Gegenden rings um Paris und das Schloss von Versailles – der ›Île der France‹.

Wildgeflügel ist heute kaum noch zu bekommen, und ob der früher angeblich so beliebte ›haut goût‹ uns tatsächlich schmecken würde, kann deshalb dahingestellt bleiben. Fasane, Rebhühner, Tauben und Wachteln werden inzwischen wie Hühner gezüchtet; den leichten Wildgeschmack muss deshalb die Sauce bringen.

Rebhuhn – oder Wachtel – mit Weintrauben ist ein traditionelles Rezept der Île de France und bildet mit den Weintrauben aus der nahen Champagne eine logische Verbindung.

Für 4 Personen:

2 Rebhühner à 400–500 g,
400 g Weintrauben,
4 Scheiben fetter Räucherspeck,
4 Scheiben entrindetes Weißbrot,
0,1 l trockener Weißwein,
0,25 l Wildfond (gekauft oder selbst gemacht: Angaben siehe Rezept), Öl, Pfeffer, Salz

evtl. Kartoffelpüree

1. Wer keinen fertigen Wildfond kaufen möchte, macht ihn selbst, frisch oder auf Vorrat (siehe dazu auch das Kochseminar ab Seite 452); hier eine Kurzform für eine geringe Menge von ungefähr 1/4 l Fond: Z.B. eine Rehschulter mit Fleisch und Knochen kleinhacken, 1 Stange Lauch (nur das Weiße und Hellgrüne) in Scheiben schneiden, 1 Karotte und ein Stück Sellerie schälen und kleinschneiden, 2 Tomaten vierteln oder achteln, 2 Schalotten häuten und kleinschneiden.

2. In einem Schmortopf 1 EL Öl erhitzen und zuerst die gehackte Rehschulter unter Wenden anrösten und beiseite schieben, dann die Schalotten auf dem frei gewordenen Platz andünsten, 1 – 2 TL Tomatenmark mit anrösten, die übrigen Gemüse sowie 1 EL Wacholderbeeren und 2 TL getrockneten Thymian hinzufügen, leicht salzen, pfeffern, und weiter dünsten. Mit 1/8 l Rotwein ablöschen und einkochen, bis die Flüssigkeit fast verdunstet ist, wieder 1/8 l Rotwein zufügen und erneut einkochen; mit 1/4 l Rotwein auffüllen und 1 l kochendes Wasser hinzufügen, umrühren, einmal aufkochen und für anderthalb bis 2 Stunden leise köcheln lassen. Alles durch ein Sieb gießen und dabei gut ausdrücken, die Flüssigkeit in einem kleineren Topf so lange bei großer Hitze einkochen, bis nur noch ungefähr 1/4 l Fond übrig bleibt. Über Nacht in den Kühlschrank stellen; am Morgen kann man den Fettdeckel leicht abheben und wegwerfen.

3. Die Rebhühner mit Räucherspeck umwickeln und mit Küchengarn zusammenbinden. Den Backofen auf 180 Grad vorheizen.

4. Die Weinbeeren enthäuten (bei dünner Schale kann diese auch dranbleiben), halbieren und die Kerne entfernen.

5 In einem Schmortopf wenig Öl erhitzen und die Rebhühner darin auf allen Seiten bei mittlerer Hitze geduldig in ungefähr 10 bis 15 Minuten hellbraun anbraten. In den Backofen schieben und in weiteren 15 bis 20 Minuten fertigbraten; mit einem kleinen Einschnitt zwischen Keule und Brust prüfen: Ist der Fleischsaft klar, sind die Hühner gar.

(Ist das Gericht nur für 2 Personen, kann man das angebratene Huhn auch halbieren und im Schmortopf auf dem Herd mit den beiden Brustseiten nach oben bei niedriger Hitze und mit geschlossenem Deckel fertiggaren.)

6 Die Hühner aus dem Topf nehmen, die Speckscheiben abnehmen und auf Küchenpapier abtropfen lassen, die Hühner auf einer Platte im ausgeschalteten Ofen warmstellen.

7 Das Bratfett aus dem Schmortopf abgießen, den Bratensatz mit 1/8 l Weißwein ablöschen und den Wildfond hinzufügen und alles stark einkochen. Abschmecken; eventuell nachsalzen und -pfeffern.

8 Die Weinbeeren kurz in der Sauce erhitzen und die Weißbrotscheiben unter dem Grill oder in einer Pfanne anrösten.

9 Die Rebhühner halbieren und jeweils auf einer Weißbrotscheibe anrichten, die Weinbeeren mit einem Schaumlöffel aus der Sauce heben und drumherum legen, die Sauce extra dazu reichen. Als Beilage kann man die Speckscheiben und Kartoffelpüree servieren; beides muss aber nicht sein.

> **Menüvorschlag:**
> Gemüsesalat (Seite 18), Rebhuhn mit Weintrauben, Baba au rhum (Seite 406)

> Zum Rebhuhn mit Weintrauben passt ein Saintsbury Chardonnay Carneros Napa Valley oder Médoc Cru Bourgeois.

Tauben mit Knoblauch

Für 2 Personen:

2 große Tauben,
12 Knoblauchzehen,
2 EL Räucherspeck,
Wacholderbeeren,
schwarze Pfefferkörner,
Butter, Salz

(Graubrot, kleine Erbsen, extra fein)

Vorschlag für ein Festmenü:

Hummer mit Spaghetti (Seite 76),
die Tauben,
Weiße Mousse (Seite 445)

Zu den Tauben mit Knoblauch passt ein Saint-Emilion oder Médoc.

Wer die Taubenbrust – wie ich – gern fast rot isst, nimmt die Tauben früher heraus, trennt die noch nicht garen Schenkel ab und brät diese in einer Pfanne zu Ende.

Tauben sind mein Lieblingsgeflügel. Wie bei allem Geflügel kommt es darauf an, dass sie jung sind. Große, fette Tauben sind kleinen, mageren vorzuziehen; gezüchtet sind sie alle. Sie sind ein idealer Fleischgang in einem größeren Essen, da sie kaum sättigen und sich gut vorbereiten lassen.

Pro Person genügt eine Taube; dazu pro Taube 6 Knoblauchzehen. Da schrecken die blutsaugenden Grafen aber zurück, nicht wahr? Leider nicht lange. Denn dem Knoblauch ist in den letzten Jahren eine bedauerliche Veränderung passiert. Sie haben ihn kastriert. Sein Charakter ist den Zuchterfolgen der Wissenschaftler zum Opfer gefallen: Er riecht kaum noch, und die typische Süße ist ebenfalls verschwunden. Gekochter Knoblauch hat allerdings auch früher keinen Dracula verschreckt. Und da der Knoblauch mit den Tauben gegart wird, würden diese auch im Deutsch-Englischen Club in Hamburg als Delikatesse durchgehen.

1 Eine Handvoll Wacholderbeeren und Pfefferkörner mit etwas Salz im Mörser zerstoßen und damit die Tauben von innen und außen einreiben.

2 Den Rauchspeck in Würfel schneiden und in 1 TL Butter in einem Bräter auslassen, in dem die Tauben gerade Platz haben. Die Tauben hineinlegen und langsam von allen Seiten anbraten. Die ungeschälten Knoblauchzehen hinzugeben. Die Tauben auf eine Seite, auf einen Schenkel, legen und den Bräter in den sehr heißen Backofen schieben (220 – 250 Grad, je nach Ofen). Nach 8 Minuten die Tauben umdrehen, dabei mit dem Bratfett bepinseln, nach weiteren 8 Minuten auf den Rücken legen.

3 Die Bratzeit richtet sich verständlicherweise nach der Größe der Vögel. Den richtigen Zeitpunkt erkennt man, indem man mit einem scharfen Messer zwischen Brust und Keule einen kleinen Einschnitt macht: Ist der Saft, der heraussprudelt, noch rosa, muss die Taube wieder in den Ofen. Ist er jedoch hellgelb, sind sie gar.

4 Das Innere der Knoblauchzehen, den garen Brei, aus den Schalen drücken. Damit entweder geröstetes Graubrot bestreichen oder in der Sauce verrühren. Im letzteren Fall vorher die Speckwürfel herausfischen; sie werden nicht mitgegessen.

Kartoffeln sind bei dieser zarten Delikatesse eigentlich zu plump. Deshalb das Graubrot. Aber ein Gemüse muss sein, weil es kein passenderes gibt: kleine Erbsen, extra fein.

Taubenbrust pur

Für 2 Personen:

2 Tauben,
50 – 100 g Räucherspeck,
1 Glas Cognac,
1 l Hühnerbrühe (oder Kalbsfond),
Öl, Butter,
1 Prise Safran,
1 Prise geriebene Muskatnuss,
Pfeffer, Salz
(Zuckererbsen)

Vorschlag für ein kleines Festmenü:

Lachshäppchen Outhier (Seite 83),
Tomatensuppe (Seite 63),
Taubenbrust pur,
Portweinpflaumen (Seite 398)

Zur Taubenbrust pur passt ein großer Rotwein, vorzugsweise von der nördlichen Rhône (Hermitage, Côte Rotie) oder ein Médoc.

Die Brust einer Taube hat die Struktur eines Rehfilets, nur mehr Geschmack; der Rest ist nicht weiter erwähnenswert. Wenn ich sie im Ganzen brate, dann immer mit Räucherspeck. Manchmal fülle ich sie mit einer Duxelles (S. 466), die ich mit Feta-Käse vermischt habe. Den größten Effekt erreiche ich jedoch, wenn ich die beiden Brusthälften auslöse und extra brate. Das geht ganz einfach und ergibt eine der größten Delikatessen auf dem Teller.

1 Zuerst die Brusthälften der Tauben auslösen: an beiden Seiten des Brustbeins entlang schneiden und die Hälften von den Rippen mehr abschaben als abschneiden. Dann die Karkassen waagerecht durchtrennen und die Lebern aus dem Taubeninneren auslösen. Lebern und Brusthälften leicht einölen, in Folie einwickeln und im Kühlschrank lagern.

2 Die Karkassen mit den Keulen kleinhacken. Mit gewürfeltem Speck und etwas Öl kräftig anbraten, mit einem Gläschen Cognac flambieren und mit Hühnerbrühe oder Kalbsfond aufgießen (ab 5 Tauben genügt Wasser). Zwei Stunden sanft auskochen, durchsieben und die Flüssigkeit reduzieren. Kaltstellen, damit sich das Fett oben absetzt; entfernen.

3 Vor dem Braten die Brüste Zimmertemperatur annehmen lassen. Salzen, leicht pfeffern und in einer Butter-Öl-Mischung heiß und kurz von beiden Seiten anbraten, 4 Minuten auf der Hautseite, 3 Minuten auf der anderen. Herausnehmen und warmstellen. Das Bratfett abgießen und den vorbereiteten Fond in die Pfanne geben. Auf großer Flamme einkochen lassen, eine Prise Safranpulver und geriebene Muskatnuss dazugeben, mit Salz abschmecken und die Taubenlebern durch ein Sieb in die köchelnde Sauce streichen. Vielleicht ein letztes Zaubern mit Balsamico-Essig, Safran oder Pfeffer – dann ist eine köstliche Sauce fertig. Dazu gibt's Zuckererbsen und sonst nichts.

Hauptgerichte

Taubenbrust mit Safran

Dass es sich hier um eine regionale Spezialität handelt, bezweifle ich. Dazu erscheint mir die Verbindung von Taubenfleisch und Safran zu ungewöhnlich, zu raffiniert. Das erinnert eher an die Haute Cuisine, so was denkt sich nur ein ehrgeiziger Koch aus. Bei einem solchen habe ich das Gericht auch zum ersten Mal gegessen. Da es in Valence war, schlage ich das Gericht unter ›Suprême de pigeon valencienne‹ auch der Küche des Rhônetals zu, ohnehin eine der kulinarisch begnadeten Regionen Frankreichs.
Taubenbrüste rangieren unter den Delikatessen ganz oben. Das Fleisch ist makellos, zart, saftig und hat, im Gegensatz zum Brustfleisch etwa von Hühnern, einen kräftigen Eigengeschmack, welcher den der ebenfalls aromatischen Ente an Feinheit weit übertrifft. Mit einem Wort: ein ganz großer Leckerbissen! Und unglaublich einfach herzustellen. Die Brusthälften werden mit der Haut ausgelöst, kurz gebraten, und fertig. Damit das Gericht jedoch zur Krönung eines festlichen Essens wird, gehört noch eine Kleinigkeit dazu: die Sauce. Deshalb muss man mit der Vorbereitung einige Stunden vor dem Essen beginnen.

Für 2 Personen:

2 – 3 Tauben
(je nach Größe),
1 Karotte,
1 Stange Lauch,
1 Stückchen
Sellerie,
125 g Räucherspeck
und
Schinkenreste,
1 Zweig Thymian,
1 Knoblauchzehe,
10 Wacholder-
beeren,
Tomatenmark,
Safran,
Rotwein,
Öl/Butter,
Zucker,
Pfeffer, Salz,
2 EL eiskalte
Butter

(glasierte Karotten
siehe S. 363;
Zuckererbsen)

Sind die Tauben sehr groß (zum Beispiel die Bresse-Tauben), genügt eine halbe pro Person, ansonsten dürfen es bis 3 Tauben für 2 Personen sein.

1. Mit einem scharfen Messer am dünnen, hochstehenden Brustbein entlang einschneiden und die Brusthälften mehr abschaben als abschneiden. Eine Brusthälfte kann so groß sein wie ein Handteller und so dick wie ein Steak. Die Brusthälften leicht einölen, in Folie einwickeln und im Kühlschrank lagern.

2. Alles andere, auch die Keulen, wird sehr klein gehackt, und, zusammen mit Leber und Herz, in ausgelassenem Rauchspeck angebraten. Die Schinkenreste dazugeben (auch Schwarte kann dabei sein).

3. Eine halbe Karotte, das Weiße der Lauchstange sowie den Sellerie kleinschneiden. Wenn Fleisch- und Knochenstücke braun sind, das Gemüse zusammen mit den Gewürzen (ohne den Safran und ohne Salz und Pfeffer) hinzugeben und mit anbraten. Mit einem Glas Rotwein ablöschen. Ein Côte-du-Rhône ist hier nicht nur stilgerecht, er eignet sich für kräftige Saucen ohnehin am besten. Einkochen lassen, bis der Wein völlig verdunstet ist. Ein zweites Glas Rotwein angießen, wieder einkochen. Dann mit 1 Liter kaltem Wasser auffüllen (alle Zutaten müssen bedeckt sein) und von der Pfanne in einen Topf umfüllen. Zwei Stunden leicht köcheln lassen. Den aufsteigenden Schaum von Zeit zu Zeit abschöpfen.

4. Den Fond durch ein Sieb passieren und stark einkochen. Dabei eine Prise Safranpulver oder -fäden in den Fond geben, ungefähr eine Messerspitze, das genügt. Durch das Einkochen wird der Fond immer dunkler, der Safran hat keine Möglichkeit, die Sauce gelb zu färben. Auch schmeckt er hier ganz anders als in Sahnesaucen oder Suppen, wo er seinen leicht exotischen Geschmack ungebrochen ausbreiten kann. Hier kann er nicht. Und das macht diese Sauce so raffiniert! Noch

3 cm Tomatenmark aus der Tube zugeben und eine gute Prise Zucker. Wenn die Sauce zu schnell verkocht, noch ein Gläschen Wein angießen.

5 Speck und Schinken haben nicht nur ihr Aroma an die Sauce abgegeben, sondern auch ihr Fett. Und das muss weg. Deshalb den Fond schon einige Stunden vor dem Essen zubereiten und erkalten lassen, damit sich die oben aufliegende Fettschicht leicht entfernen lässt. Bratfett und ausgekochtes Fett sind weder delikat noch gesund.

6 Die Bruststücke der Tauben rechtzeitig aus dem Kühlschrank entnehmen und Zimmertemperatur annehmen lassen. Leicht salzen und in halb Butter, halb Öl anbraten. Zuerst 4 Minuten auf der Hautseite, dann die andere Seite 3 Minuten; natürlich richtet sich die Bratzeit nach der Dicke der Bruststücke. Diese gehen beim Braten auf wie Hefekuchen, werden etwas kleiner, aber dicker. Innen müssen sie noch rosa, dürfen sogar recht rot sein – um so saftiger und zarter ist das Fleisch. Danach 5 Minuten im warmen Backofen auf vorgewärmtem Teller ruhen lassen, damit das Fleisch sich entspannt und die Säfte sich verteilen; andernfalls würden sie beim Anschneiden auslaufen.

7 Die Sauce ist inzwischen so stark reduziert, dass kaum 1/8 Liter übrig ist. Jetzt erst salzen und leicht pfeffern (schwarz, aus der Mühle). Vom Feuer nehmen und mit dem Schneebesen 1 bis 2 EL eiskalte Butter einrühren. Die Bruststücke schräg aufschneiden und auf vorgewärmten Tellern anrichten, die Sauce um und über das Fleisch gießen, dazu kleine Zuckererbsen und/oder glasierte Karotten servieren – eine außergewöhnliche Delikatesse ist entstanden.

Vorschlag für ein Fest-Menü:

Gambas flambiert (Seite 71),
Karottencreme (Seite 46),
Taubenbrust mit Safran,
Eisenkrautparfait (Seite 426)

Zur Taubenbrust mit Safran passt roter Hermitage, der beste Wein des Rhônetals, oder ein Côte Rotie (beide wachsen nördlich von Valence).

Hauptgerichte

Taubenbrust in Wirsing

Die Taube ist wahrscheinlich der Vogel mit dem intensivsten Eigengeschmack, obwohl sie ja nichts anderes als ein Zuchtgeflügel ist. Es gibt Tauben mit hellem und dunklem Fleisch; die mit dem dunklen sind eindeutig delikater. Die größten – aber auch teuersten – sind wohl die Bresse-Tauben.

Tauben kann man im Ganzen im Ofen braten, dann hat jeder Esser einen dunkelbraun gebratenen Vogel auf dem Teller, was sehr appetitlich aussieht. Edler und aufwendiger ist die zweite Methode, wobei die Brüste ausgelöst und kurz in der Pfanne gegart werden, während der komplette Rest zur Sauce verarbeitet wird. Das klingt nach Verschwendung; aber an den Beinen der Taube ist nur sehr wenig dran. Außerdem sind sie ziemlich sehnig, was nicht überrascht, wenn man beobachtet, wie gern sie herumlaufen. Die Taubenbrust aber – besser: die beiden Hälften der Brust – hat makelloses, mageres Fleisch.

Wer schon Hühnerbrust in Wirsing gegessen hat (Rezept Seite 242), kann erahnen, welche Delikatesse mit der Taubenbrust in Wirsing auf ihn wartet: anders, aber kaum zu übertreffen.

Für 2 Personen:

2 Tauben,
50–100 g Räucherspeck,
50 g roher Schinken,
1 Kopf Wirsing,
1 Karotte,
1 Schalotte,
1 Knoblauchzehe,
8 Wacholderbeeren,
1 Zweig Thymian,
2 Stückchen Bitterschokolade,
Koriander,
Tomatenmark,
Safran,
Rotwein,
schwarzer Pfeffer,
Butter, Salz

Um einen Fond für die Sauce zu gewinnen, muss ein Teil der Arbeit am besten einen Tag vor dem Essen geschehen:

1 Die Flügel und Keulen der Tauben so abtrennen, dass möglichst wenig vom Brustfleisch dranhängt. Dann die beiden Brusthälften mit einem scharfen, biegsamen Messer auslösen: Zuerst am Brustbein entlang schneiden und dann unter dem Fleisch auf dem Knochen in Richtung Rücken. Die Brusthälften leicht einölen, in Folie einwickeln und im Kühlschrank lagern. Karkassen, Keulen und Flügel kleinhacken und beiseite stellen.

2 Eine halbe Karotte, die enthäutete Schalotte und den Räucherspeck sehr fein würfeln, den Schinken kleinschneiden, die Knoblauchzehe hacken und die Wacholderbeeren im Mörser zerstoßen.

3 In einem Schmortopf den kleingeschnittenen Räucherspeck auslassen und darin die Knochen und Fleischstücke braten, bis sie von allen Seiten dunkelbraun sind.

4 Dann je 1 EL der vorbereiteten Schalotte, der Karotte, des Schinkens und der Wacholderbeeren sowie die gehackte Knoblauchzehe und den Thymianzweig zugeben. Mit einem Glas Rotwein ablöschen und einkochen, bis der Rotwein verdunstet ist. Ein weiteres Glas angießen, einkochen und mit 1 Liter kaltem Wasser aufgießen und 2 Stunden ohne Deckel köcheln lassen.

5 Alles durch ein Haarsieb in einen anderen Topf gießen und auf lebhaftem Feuer reduzieren, bis von der Brühe nur ein intensiver Fond übrig ist. Für mehrere Stunden kühl stellen, damit das Fett sich oben absetzt und entfernt werden kann.

6 Für die weitere Arbeit reicht eine Stunde vor dem Essen: Die Taubenbrüste aus dem Kühlschrank nehmen, damit sie Zimmertemperatur annehmen. Vom Wirsing die äußeren, dunklen Blätter entfernen, 12 hellgrüne große Blätter abtrennen und die Strünke so herausschneiden, dass die Blätter möglichst noch erhalten bleiben. In sprudelndem, kräftig gesalzenen Wasser 4 Minuten blanchieren, dann kalt abschrecken; das frischt die Farbe auf und verhindert weiteres Garen. Auf einem Küchentuch ausbreiten und etwas abtrocknen.

7 Je drei Blätter salzen und mit Koriander bestreuen, den man in der Pfeffermühle mahlen kann. Die Tauben-Brusthälften enthäuten, auf beiden Seiten vorsichtig salzen und großzügig pfeffern. Je eine Brusthälfte in drei Wirsingblätter einwickeln und die so entstandenen vier Pakete – sie brauchen nicht zusammengebunden zu werden – dicht nebeneinander in eine ausgebutterte Gratinform legen, in den auf 250 Grad vorgeheizten Backofen schieben. Da es schwierig ist, die Garzeit abzuschätzen, den Ofen nach 10 Minuten abschalten und 5 Minuten später die Ofentür ein wenig öffnen; so garen sie weiter, ohne zu verbrennen.

8 Während die Taubenbrüste im Ofen sind, kann die Sauce fertiggestellt werden: Das Fett vom Fond vorsichtig abheben und den Fond wieder erhitzen – es ist nur eine kleine Tasse übriggeblieben –, 1/2 TL Tomatenmark zugeben sowie eine Messerspitze Safranpulver und zwei kleine Stückchen Bitterschokolade. Dann erst salzen und pfeffern (schwarz, aus der Mühle). Nun noch 1-2 EL kalte Butterstückchen mit dem Schneebesen einrühren und abschmecken – ein Wunderding an Sauce ist entstanden!
Die Taubenbrüste in Wirsing auf Teller platzieren und mit der Sauce begießen.

Menüvorschlag:

Lauch-Kartoffel-Suppe (Seite 52), Taubenbrüste in Wirsing, Käseauswahl: zum Beispiel Reblochon aus Savoyen und Charolais aus dem Burgund

---

Zur Taubenbrust in Wirsing passt ein Côtes-du-Rhône aus der großartigen Syrah-Traube.

Hauptgerichte

Wachtelpfanne

Die Wachteln, die man kaufen kann, sind keine Wildvögel. Sie werden gezüchtet wie Hühner, deshalb legen sie auch so brav Eier. Sie zu braten, ist also kein Frevel. Ahnungslosen dienen sie als Synonym für ein dekadentes Essen, weil sie die kleinen Vögel für Singvögel halten.
Tatsächlich sind sie so klein, dass ich pro Person zwei Wachteln brauche. In der Renommierküche werden sie gerne gefüllt, vorzugsweise mit Trüffeln und Foie gras (dann genügt allerdings ein Vogel). Das ist zweifellos sehr lecker, macht aber viel Arbeit. Ich brate sie ohne großes Trara.

Für 2 Personen:

4 Wachteln,
100 g Streifen von geräuchertem Speck,
1 große weiße Zwiebel,
2 – 4 Knoblauchzehen,
1 Karotte,
1 große Tomate,
1 Lorbeerblatt,
1 EL Wacholderbeeren,
1 Zweig Thymian,
Portwein,
Rotwein,
schwarzer Pfeffer,
Öl, Salz

Für die Beilage:

3 – 4 Karotten oder 200 g Crosnes oder Nudeln oder Kartoffeln (siehe Ende des Rezepts)

1 Von den ausgenommenen Wachteln mit der Küchenschere zuerst die Flügel, dann die Beinchen zusammenhängend abschneiden und noch einmal teilen. Mit einem Messer am Brustbein entlang einschneiden und die Brusthälften von der Karkasse schaben. Das ergibt pro Vogel zwei schöne Stücke und die beiden Beinchen.
Den Backofen auf 200 Grad vorheizen und eine passende Bratform hineinstellen, in der die Wachtelbrüste und die Beinchen nebeneinander Platz haben.

2 Den kompletten Rest, also Karkassen und Flügel, mit einem schweren Messer in kleine Stücke hacken. Karotte, Zwiebel und Knoblauchzehen schälen und kleinschneiden, die Tomate würfeln. Die kleingehackten Wachtelstücke zusammen mit den Speckstreifen in wenig Öl in einem Schmortopf scharf anbraten, salzen und 1 gehäuften TL im Mörser frisch zerstoßener schwarzer Pfefferkörner anstreuen. Nach einigen Minuten die kleingeschnittenen Gemüse, das Lorbeerblatt, die Wacolderbeeren sowie den Thymianzweig dazugeben. Das alles muss braten, bis es anzubrennen droht. Dann die gewürfelte Tomate untermischen und schließlich 1 Glas Portwein dazugießen. Gut durchrühren, einkochen und mit Rotwein und etwas Wasser so weit aufgießen, dass alles bedeckt ist; bis kurz vor dem Verkochen leise köcheln lassen. Wenn es soweit ist, durch ein Sieb abgießen.

3 Die Knoblauchzehen heraussuchen und aufheben. Mehr als 1/8 Liter Flüssigkeit soll nicht übriggeblieben sein. Abschmecken und eventuell nachsalzen. Das kann alles Stunden im Voraus gemacht werden.

Dazu die fällige Zwischenbemerkung: Ein Wein, der zum Kochen benutzt wird, darf kein schlechter Wein sein. Zwar wird kein vernünftiger Mensch eine Flasche Chambertin zur Sauce verkochen lassen. Aber Plörre in der Sauce bleibt auch im reduzierten Zustand Plörre. Gerade bei Rotweinen sind Tannin und Säure in der Sauce unentbehrlich, und seine Fruchtigkeit (so er eine besitzt) kann sogar entscheidend für das Gelingen sein. Ende des Zwischenrufs.

4 Zwei Portionen sind vier Wachteln. Obwohl sie zerlegt sind, brauchen sie nebeneinander doch viel Platz in der Pfanne. Deshalb in einer Pfanne zuerst die Beinchen anbraten und dabei gründlich salzen und pfeffern, entweder mit schwarzem oder rotem Pfeffer (Chili). Wenn sie rundherum goldbraun sind, kommen sie in den Bräter, und die Wachtelbrüste nehmen ihren Platz in der Pfanne ein. Die sind viel schneller gar als die Beinchen; pro Seite höchstens 2 Minuten braten! Würzen nicht vergessen und dann ebenfalls ab in den Bräter im Ofen. Dort muss nicht mehr gegart werden, das hat die Pfanne bereits besorgt. Jetzt geht es nur noch darum, die Teile zu vermischen, gleichmäßig zu erhitzen und ein letztes Mal zu würzen. Dann den Fond und die geretteten Knoblauchzehen darübergießen und ein Wachtelgericht von rustikaler Köstlichkeit servieren. (Die Beine darf man mit den Fingern essen, also möglichst Fingerschalen oder eine zusätzliche Papierserviette auflegen).

5 Als passende Beilage eignen sich dazu Kartoffeln oder Nudeln. Beim Gemüse ist die Auswahl groß, wenn man sich von südlichen Produkten fernhält. Also lieber Wirsing als Auberginen, lieber Pfifferlinge oder glacierte Karotten als zarte Pflänzchen, die bei anderer Gelegenheit besser schmecken.
Eine pfiffige Beilage sind auch Crosnes, ein japanisches Gemüse, das aussieht wie beige Maden oder Raupen. Sie werden gewaschen und gebürstet und einige Minuten in Salzwasser blanchiert, abgegossen und zugedeckt in Butter oder Öl gar gedünstet. Dabei sollen sie keine Farbe annehmen. Da der leicht mehlige und süßliche Eigengeschmack weniger ausgeprägt ist als ihr originelles Aussehen, sind die Crosnes auf aromatisierende Hilfe angewiesen: Man kann dies mit Muskatnuß und Zitronensaft bewirken, oder aber man lässt sie in Butter und mit viel Pfeffer in Madeira karamellisieren.

> **Menüvorschlag:**
> Gebratener Spargel (Seite 106), Wachtelpfanne, Walnussparfait (Seite 427)

> **Weintipp zu den Wachteln:**
> Côte de Beaune, Côte-de-Provence oder ein kräftiger Chianti

Hauptgerichte 271

Burgundischer Rinderschmorbraten

Der klassische Rinderschmorbraten ist selten geworden auch auf französischen Tischen. Die Freizeit wird auch von Madame und Monsieur immer häufiger für andere Dinge benutzt als zum aufwendigen Kochen. Und ein ›Boeuf à la mode‹ kocht man nicht mal so eben zwischen dem Ausflug aufs Land und dem Fernsehabend. Das braucht Zeit; und ein bisschen Mühe macht es auch. Aber nach wie vor ist ein Schmorbraten in Frankreich der Inbegriff für ein bürgerliches Sonntagsessen.

Dabei kommen alle Sinne auf ihre Kosten. Der Duft ist verführerisch, die Sauce unwiderstehlich, und das Fleisch beweist, dass vom Rind nicht nur das Filet essbar ist. Aber ein Stück aus der Keule sollte es schon sein – Blume, Rose, Schale – und entsprechend gut abgehangen, denn ein frisch geschlachtetes Stück Rindfleisch verwandelt sich nicht in einen butterzarten Braten.

Für 6 Personen:

2 kg Rindfleisch,
1 großer, zerhackter Kalbsknochen,
1 Scheibe Speck,
100 g roher Schinken,
Butter, Öl,
4 Karotten,
24 Schalotten,
2 Tomaten,
1 kl. Stück Sellerie,
1 Lauchstange,
1 Lorbeerblatt,
Thymian, Petersilie,
Bouillon,
Tomatenmark,
Pfeffer, Salz,
Cognac

Für die Marinade:

1 Fl. Rotwein,
2 Zwiebeln,
1 Karotte,
4 Knoblauchzehen,
3 Lorbeerbl.,
Thymian

(Kartoffelgratin)

1 Für die Marinade 2 weiße Zwiebeln und die Karotte schälen und in dünne Scheiben schneiden. Die Knoblauchzehen enthäuten und halbieren, die Lorbeerblätter zerstückeln, den Thymian zupfen. Alles mit einer Flasche kräftigen Rotwein – Barbera; Burgunder; Côte-du-Rhône; Dôle – übergießen.

2 Da das Schmorfleisch sehr mager ist, muss es gespickt werden. Dazu den fetten Speck in Streifen schneiden und in einer Mischung aus Salz und gemahlenem schwarzen Pfeffer wälzen; je nach Geschmack kann auch durchgepresster Knoblauch dabei sein. Mit Hilfe einer Spicknadel die Speckstreifen ins Fleisch ziehen, und zwar parallel zur Fleischfaser, damit die möglichst nicht verletzt wird, was Saftverlust zur Folge hätte. Das gespickte Fleisch gründlich mit schwarzem, im Mörser zerstoßenen Pfeffer einreiben, in einen Topf legen und mit der Marinade übergießen. Das Fleisch muss bedeckt sein – notfalls muss eine zweite Flasche dran glauben. Über Nacht in den Kühlschrank stellen oder 6 Stunden bei Zimmertemperatur marinieren lassen. Ab und zu wenden. Nach dem Herausnehmen sorgfältig trockentupfen.

3 In einer großen Pfanne 1 bis 2 EL Öl heiß werden lassen und das Fleisch darin von allen Seiten anbraten, bis es rundum schön braun ist. Während des Anbratens salzen. Mit 1 großem Glas Cognac übergießen und flambieren. Dabei die Pfanne schütteln. Das Fleisch aus der Pfanne nehmen und den Bodensatz mit etwas Marinade ablöschen und losschaben.

4 In einem Schmortopf, der nicht viel größer als das Stück Fleisch sein darf, wird in heißer Butter das Gemüse aus der Marinade angedünstet. Das Fleisch, der zerhackte Kalbsknochen, der kleingeschnittene Schinken, die geviertelten Tomaten, das kleingeschnittene Weiße der Lauchstange und der Sellerie sowie das Lorbeerblatt und der Thymianzweig werden alles zusammen zum Gemüse in den Schmortopf gelegt und mit dem abgelöschten Bratensatz und der Marinade aufgefüllt, bis das Fleisch fast bedeckt ist (wenn nötig, mit etwas Bouillon ergänzen). Den Topf verschließen und im Backofen bei 110 Grad vier Stunden garen lassen.

Ganz wichtig ist hier wieder einmal die Temperatur. Sie sollte die Brühe nur so eben zum gelegentlichen Blubbern bringen; schon ständiges Köcheln wäre zu heiß. Nur so bleibt die Brühe (die spätere Sauce) klar, nur so vermeidet man, dass der Braten auslaugt und trocken wird. Das Fleisch soll schließlich so weich sein, dass man es fast mit dem Löffel essen kann.

5 Inzwischen werden die Schalotten und die Karotten vorbereitet, die diesem Braten als Garnitur dienen. Sie werden geschält, letztere zusätzlich in kurze, 1/2 cm dicke Stücke geschnitten. Nacheinander in der Pfanne (oder einer Kasserolle) in reichlich Butter angehen lassen. Die Karotten zuerst, die nur leicht angeschwitzt werden, danach die Schalotten, die in der Butter ein wenig Farbe annehmen dürfen. Mit Bouillon ablöschen, salzen und eine Prise Zucker zugeben und gemeinsam, zuerst zugedeckt, dann offen gar dünsten und mit Petersilie bestreuen.

6 Das Fleisch aus dem Schmortopf nehmen und warmstellen, den Sud durch ein Sieb in einen relativ schmalen Topf gießen und dabei die Gemüse kräftig ausdrücken. Das sich oben absetzende Fett abschöpfen, es gehört nicht in die Sauce. Den Fond auf großer Flamme bis auf ein Viertel seines Volumens einkochen; dadurch wird er zu einer prächtigen, kräftigen Sauce. Mit Pfeffer, Salz, etwas Tomatenmark und vielleicht etwas Senf abschmecken. Das Fleisch aufschneiden und die Karotten und Schalotten drumherum legen. Dazu passen Salzkartoffeln oder auch ein Kartoffelgratin ohne Käse.

> **Menüvorschlag:**
> Verlorene Eier in Rotweinsauce (Seite 157), Burgundischer Rinderschmorbraten, Baba au Rhum (Seite 406)

> Der passendste Wein ist ein roter Burgunder; Charmes-Chambertin, Vosne-Romanée, Nuits-St-Georges; aber ein Lagen-Beaujolais tut's auch.

Hauptgerichte

Carré d'Agneau – der klassische Lammrücken

Für mich ist ein Lammkarree der Inbegriff der feinen Küche – und sei es nur deshalb, weil ein Lammkarree unbestritten die passendste Gelegenheit ist, den besten Bordeaux aus dem Keller zu holen.
Mit Lammkarree bezeichnet man den Rücken des Lamms. Genau gesagt: den längs geteilten Rücken, und hier eine Kotelettreihe aus der Rückenmitte. Die Zubereitung eines Lammkarrees ist kein Kunststück, wenn Ihr Metzger etwas von seinem Fach versteht: Das halbierte Rückgrat sollte entfernt sein (damit Sie die Koteletts später leicht herausschneiden können), und die Kotelettknochen sollten lang und schmal aus dem Fleisch herausschauen. Für 4 Personen brauchen Sie zwei Rücken(hälften) mit mindestens 6 Rippen. Ein ›carré d'agneau‹ ist ein klassisches Gericht der französischen Sonntagsküche, und ebenso klassisch sind die Beilagen: haricots verts – Keniabohnen – und ein gratin dauphinois – Kartoffelgratin.

Für 4 Personen:

2 Lammrücken mit je 6–8 Koteletts,
2 Tomaten,
2 Schalotten,
12 Knoblauchzehen,
2 Sträußchen Thymian,
Olivenöl,
Pfeffer, Salz

Für die Beilagen:

500 g Keniabohnen,
800 g halbfestkochende Kartoffeln,
1/4 l Sahne,
250 g Gruyère, gerieben,
1 Knoblauchzehe,
Butter,
Muskat,
Pfeffer, Salz

Weil man den Backofen zweimal benutzt und das Kartoffelgratin erstens länger braucht und zweitens besser warmgehalten werden kann, sollte man dieses zuerst machen:

1 Die Kartoffeln schälen, abtrocknen und auf dem Gemüsehobel in 3 mm dünne Scheiben hobeln.

2 Eine feuerfeste Gratinform mit einer angeschnittenen Knoblauchzehe ausreiben. Sodann die Form ausbuttern und die Kartoffelscheiben schichtweise einlegen. Jede einzelne Lage – insgesamt nicht mehr als drei! – salzen, pfeffern, mit Muskat würzen und mit geriebenem Gruyère bestreuen. Auch die oberste Kartoffelschicht, aber sie bekommt eine extradicke Käseschicht. Dann vorsichtig so viel Sahne in die Form gießen, dass die Kartoffeln fast, aber nicht ganz bedeckt sind; 1/4 Liter ist meistens ausreichend. Auf die oberste Schicht Käse einige Butterflöckchen setzen.

3 Im unteren Drittel des vorgeheizten Backofens bei 180 Grad zirka 50 Minuten backen lassen. Sollte der Käse braun werden, mit Alufolie abdecken.

So einfach dieses Gratin auch ist, bedarf es doch einiger Erfahrung beim Würzen. Zu zaghaft gewürzt, und es schmeckt nichtssagend. Vor allem die Qualität des Käses ist wichtig: Gehört er zu den marktbeherrschenden Gummikäsen ohne Aroma, ist es ratsam, ihn mit geriebenem Parmesan zu mischen; oder er muss extra gesalzen werden.

4 Von den Lammrücken die äußere Haut wegschneiden und auch von der darunter sitzenden Fettschicht etwas abnehmen. Kreuzweise mit dem Messer einschneiden, mit Salz einreiben und die Rückenstücke mit der Fettseite nach unten in den auf 250 Grad vorgeheizten Ofen schieben, das heißt, in eine passende, ebenfalls vorgeheizte und eingeölte Bratform.

5 Nach 15 Minuten herausnehmen und eventuell ausgelassenes Fett abgießen. In die Bratform zwei zerschnittene Tomaten, 2 Sträußchen Thymian und 2 geviertelte Schalotten legen, sowie, nach Geschmack, mehrere ganze Knoblauchzehen. 2 EL Olivenöl dazu und die Rückenstücke darauf legen, diesmal mit der Fettseite nach oben. Noch einmal salzen, pfeffern und weitere 15 Minuten bei starker Hitze braten lassen. Das genügt eigentlich schon.

Das Fleisch muss nun allerdings noch fast 10 Minuten bei offener Ofentür und abgeschaltetem Ofen in der Wärme ruhen, damit es sich entspannt und die Säfte sich verteilen. Bei dieser relativ kurzen Bratzeit bleibt es innen noch rosa. Durchgebraten wäre es grau und saftlos.

Die Zartheit und gleichzeitige Festigkeit des Lammrückens ist unvergleichlich; seine Bekömmlichkeit weitaus größer als bei anderem Fleisch: ein wahres Festessen, zu dem der bereits erwähnte edle Bordeaux der ideale Begleiter ist.

Mit ein wenig Mühe lässt sich so ein *carré d'agneau* auch noch verfeinern.

Dazu ein Gemisch aus geriebenem, alten Weißbrot, sehr viel gehackter Petersilie und etwas durchgedrücktem Knoblauch herstellen, welches man mit zerlassener Butter bindet. Das fertig gebratene Lammkarree mit Senf bestreichen, die Brot-Petersilie-Mischung darauf montieren und den Rücken bei starker Oberhitze oder unter dem Grill kurz überkrusten ...

6 Die Keniabohnen in sehr stark gesalzenem Wasser ca. 8 Minuten kochen, abtropfen und in Butter schwenken.

Kartoffelgratin noch einmal kurz erwärmen, die Koteletts aus dem Carré aufschneiden und zusammen mit dem Gratin und den Bohnen servieren.

> **Menüvorschlag:**
> Feldsalat mit Champignons (Seite 15), Lammrücken, Zimtparfait mit Burgunderpflaumen (Seite 429)

> Dazu passt der beste Bordeaux, den Sie im Keller haben oder den Sie sich leisten können.

Hauptgerichte

Chateaubriand mit Gemüsen und Sauce Béarnaise

Ganz zu Beginn der so genannten deutschen Edelfresswelle in den frühen sechziger Jahren gehörten Gerichte wie Schildkrötensuppe Lady Curzon, Canard à l'Orange, Tournedos Rossini, ein Rinderfilet mit Pommes frites mit feinen Gemüsen – ein Chateaubriand ist nichts anderes – zu den Höhepunkten der gehobenen Restaurantküche.

Inzwischen sind Schildkrötensuppen so verpönt wie Froschschenkel. Rotes Rindfleisch findet man in der feinen Küche nur noch in London. In der Regel ziehe ich den Geschmack von Lamm, Huhn und Ente dem eines blutigen Rindersteaks vor. Trotzdem vermag ein saftiges, rosa gebratenes Stück vom Rind die Erinnerung an frühere Tafelfreuden wachzurufen. Und dass solche Gerichte auch für den Feinschmecker durchaus immer noch herzerfreuend sein können, beweist das folgende Beispiel eines Chateaubriand mit feinen Gemüsen und Sauce Béarnaise.

Für 2 Personen:

Für Fleisch und Gemüse:

400 g Rinderfilet (aus der Mitte des Filetstücks),
2 EL Olivenöl,
30 g Butter,
100 g feine junge Erbsen (tiefgekühlt),
100 g haricots verts (Keniabohnen),
100 g kl. Karotten (ersatzweise kleine runde Karotten aus dem Glas),
1 - 2 mittelgroße Fleischtomaten,
100 g kleine Champignons,
Olivenöl,
Rosmarin, Thymian,
Pfeffer, Salz

Beim Chateaubriand liegt das Gewicht für das aus einem Stück bestehende Rinderfilet traditionell bei 400 - 500 g. Ein Chateaubriand für 4 Personen braucht deshalb zwei Stücke. Es ist nicht überliefert, ob der Vicomte de Chateaubriand (1768-1848), der dieses Gericht seinem Koch Montmireil verdankte, das Stück für sich allein gegessen hat oder mit jemanden teilte.

1 In das von Fettresten und Häuten gesäuberte Filet wenig Olivenöl einmassieren. Das Fleisch 1 Stunde bei Zimmertemperatur ruhen lassen.

2 Nun den Sud für die Sauce Béarnaise vorbereiten: Die Schalotten häuten und in Scheiben schneiden, die Pfefferkörner zerdrücken. In einem kleinen Töpfchen 6 EL Weißwein, 1-2 TL Estragonessig, 6 EL Fleischbrühe (aus Würfel), je 1 TL getrockneter Kerbel und Estragon, 1/2 Lorbeerblatt zum Kochen bringen, 5 Minuten leise kochen lassen, durch ein Sieb abseihen und erkalten lassen.

3 Von den gewaschenen Keniabohnen die Enden abknipsen, in übersalzenem Wasser 8-10 Minuten kochen, bis sie gar, aber noch bissfest sind. Abgießen und unter fließendem kalten Wasser kurz abschrecken.

4 Die kleinen Champignons putzen, die Stiele entfernen, in einer Pfanne 1 EL Olivenöl heiß werden lassen, die Champignons darin bräunen, leicht salzen und pfeffern, mit etwas Zitronensaft beträufeln und beiseite stellen.

5 Die Erbsen in kochendes Wasser geben, 8 Minuten garen lassen, abgießen, salzen und pfeffern, mit 1 EL Butter würzen und beiseite stellen.

6 Die Möhren schälen, in Scheiben schneiden und in wenig Fleisch- oder Hühnerbrühe ungefähr 15 Minuten kochen lassen, bis die Brühe fast verdunstet ist. Leicht salzen, zuckern, 1 EL Butter zufügen und einkochen lassen, bis die Möhrenscheiben mit einem feinen Film überzogen sind; nun sind sie glasiert.

7 Für die Sauce Béarnaise – es handelt sich um eine angereicherte Hollandaise – zunächst die 80 g Butter in einem Töpfchen schmelzen lassen; sie soll nur flüssig, aber nicht zu heiß werden. Dann die 3 Eigelb in einer Kon–ditorschüssel oder in einem ähnlichen

Topf mit wenig Salz und 1 Prise Zucker salbig rühren, den erkalteten Gewürzsud nach und nach mit dem Schneebesen unterrühren und im heißen Wasserbad schlagen, bis die Masse cremig wird. (Das geht auch mit dem elektrischen Sahnequirl, aber die Sauce hat dann eine weniger feste Konsistenz.) Das geschieht bei ungefähr 40 Grad, die man mit dem Finger gerade noch aushalten kann. Dann ist es soweit: Die Masse wird dicklich. Nun den Topf vom Feuer ziehen und die flüssige Butter tröpfchenweise hineinschlagen. (Ist Butter oder Sauce zu heiß, gerinnt sie leicht!) Den Topf aus dem Wasserbad nehmen, den frischen Estragon hineinrühren und die Sauce mit Pfeffer und Salz abschmecken. Sie kann nun an einem wenig warmen Ort gefahrlos warten.

8 Das Filet in einem Bräter mit Deckel in einem Butter-Ölgemisch bei mittlerer Hitze rundherum anbraten; dabei salzen und kräftig pfeffern (schwarz, aus der Mühle). Mit 1/2 Glas Weißwein ablöschen, Deckel drauf und bei kleinster Hitze noch 5 bis 10 Minuten garen lassen, je nach gewünschtem Garzustand (gibt das Fleisch auf Fingerdruck noch leicht nach, ist es gerade rosa). In Alufolie packen und 5 Minuten ruhen lassen; ab und zu wenden, damit sich die Säfte gut verteilen.

9 Inzwischen die Gemüse erwärmen, das Fleisch schräg in Scheiben schneiden, auf vorgewärmten Tellern mit etwas Sauce Béarnaise begießen und mit dem Gemüse umlegen; den Rest der Sauce getrennt servieren.

Für die Sauce Béarnaise:

2 Schalotten,
6 EL Weißwein,
1-2 TL Estragonessig,
3 Pfefferkörner,
1/2 Lorbeerblatt,
je 1 TL getr. Kerbel und Estragon,
3 Eigelb, Salz,
1 Prise Zucker,
6 EL Fleischbrühe,
1-2 TL frischer Estragon,
80 g Butter,
1 TL Zitronensaft

Menüvorschlag:

Frische Austern, Chateaubriand, Birnen in Rotwein (Seite 408)

Zu den Austern Muscadet, zum Chateaubriand Nuits-St. Georges

Hauptgerichte

Daube provençale

Wenn erfahrene Gourmets von Hausmannskost sprechen und dabei ihre Augen einen sehnsüchtigen Ausdruck bekommen, dann kann man sicher sein, dass von Schmorfleisch die Rede ist.
Eigentlich unterscheidet sich die ›Daube provençale‹ wenig von ähnlichen Zubereitungen unserer Küche. Es ist wieder einmal die Würzung, die dafür sorgt, dass aus einem winterlich-nordischen Fleischtopf eine Speise wird, der man anmerkt, dass die Winter am Mittelmeer sich von unseren Wintern unterscheiden wie ein Flamenco vom Schuhplattler.
Das Gemeinsame bei allen Ragouts ist der verschlossene Schmortopf, in dem das Fleisch langsam, sehr langsam einer wunderbaren Metamorphose entgegenschmurgelt. Ein Lammragout aus der Keule, auf diese Art geschmort, braucht rund zwei Stunden, aus der Schulter etwas länger und ein Rinderragout (von der Oberschale = Keule) bis zu fünf.

Für 6 Personen:

1,5 kg Rind- oder Lammfleisch (möglichst von der Keule),
1 Karotte,
1 Stange Lauch,
1 kl. Stück Sellerie,
3 Zweige Thymian,
4 Knoblauchzehen,
1 Zweig Rosmarin,
3 Lorbeerblätter,
je eine Handvoll Schalotten,
schwarze Oliven
sowie Schinkenreste, Olivenöl,
4 kleine Tomaten,
Pfefferkörner,
Rotwein für die Marinade, Salz

Zum Auftunken der Sauce Pain boulot; Ciabatta; Baguette

1 Die Gemüse putzen und nicht zu klein schneiden; die Knoblauchzehen nur halbieren. Die Tomaten enthäuten. Das Fleisch von allen Sehnen und Häuten befreien und in größere als mundgerechte Würfel schneiden.

2 Fleisch und Gemüse kommen mit den Gewürzen (bis auf die Schinkenreste und die Tomaten) zusammen in eine Schüssel und werden vollständig mit Wein (z.B. Côtes-de-Provence) bedeckt. Einen Schuss Olivenöl dazu und für mindestens 12 Stunden (bis zu 2 Tagen) an einen kühlen Ort stellen. Von Zeit zu Zeit umrühren.

3 Vor dem Anbraten die Fleischwürfel aus der Marinade nehmen und mit Hilfe von Kreppapier oder Handtüchern so gut wie möglich trocknen. Es wird trotzdem spritzen: In zwei großen Pfannen werden die Würfel in rauchend heißem Olivenöl rundherum sorgfältig angebraten und dabei ständig gewendet, damit sie von allen Seiten Farbe annehmen. Während des Anbratens nicht zu zaghaft salzen und pfeffern.

4 Mit einem Schaumlöffel aus den Pfannen heben und in einen schweren Schmortopf oder eine dieser hohen, ovalen Steingutformen mit Deckel legen, wie man sie auch für Terrinen benutzt. In der Form kann man es später auch auf den Tisch bringen.

5 Die vier enthäuteten Tomaten vierteln und in die heißen Pfannen werfen. Das Gemüse und die Kräuter aus der Marinade fischen und dazugeben. Alles kurz anschwitzen und dabei die Pfannen ständig rütteln, damit nichts anbrennt.

6 Ein Glas Marinade anschütten, mit einem Holzlöffel den Bratensatz losschaben und alles zusammen über das Fleisch gießen und mit dem Rest der Marinade aufschütten, bis das Fleisch fast bedeckt ist. Dazu noch ein paar Schinkenreste legen. Deckel drauf und in den vorgewärmten Backofen, wo jetzt die lange Zeit des Schmorens beginnt. Nur dann und wann soll eine Blase an die Oberfläche des Schmorsaftes blubbern, nur dann wird das Fleisch

zart, nur so vermeidet man, dass es in trockene Fasern zerfällt. Das bedeutet etwa 90°–100° im Backofen. Es geht auch auf dem Herd, aber dann nur im schweren Schmortopf mit einem fest schließenden Deckel.

7 Nach etwa einer Stunde einmal durchrühren und den Schmorsaft abschmecken: Wahrscheinlich noch etwas nachsalzen, vielleicht noch pfeffern, etwas Tomatenmark, etwas durchgepressten Knoblauch? Vielleicht von allem etwas, je nachdem, ob es heute sanfter oder würziger schmekken soll.

8 Nach rund fünf Stunden – bei Lamm nach rund zwei Stunden – ist das Fleisch weich. Wegen der geringen Temperatur ist das Gemüse nicht verkocht, und das soll auch so bleiben.

9 Den Schmorsaft vorsichtig in eine Kasserolle abgießen und auf starker Flamme etwas einkochen. Vielleicht noch etwas nachwürzen, ein halbes Glas Wein dazu, wieder einkochen: Es soll keine dicke Sauce werden, deshalb auch keine Butter oder Crème fraiche verwenden. Die Küche des Südens ist zwar rustikal, aber nicht schwer!

10 Aus dem Schmortopf die Schinkenreste, Lorbeerblätter, Rosmarin- und Thymianzweige herausfischen und die Sauce aus der Kasserolle über Fleisch und Gemüse gießen. Fertig.

Dazu gibt es nur Weißbrot (Baguette, Pain boulot, Ciabatta), um damit die Sauce aufzutunken!

> Eine Daube provençale ist ein rustikaler Eintopf für kalte Winterabende. Dafür braucht es nicht unbedingt eine Vorspeise.
>
> Als erfrischendes Dessert empfehlen sich z.B. Orangenscheiben mit Grand Marnier oder ein Parfait.

> Zur Daube provençale passt Côtes-de-Provence, Côtes-du-Rhone, aber auch Chianti oder Barbera.

Hauptgerichte

Erbsensuppe – der deutsche Eintopf

Für 4–6 Personen:

400 g Trockenerbsen (grün o. gelb),
2 Karotten,
500 g festkochende Kartoffeln,
2–4 Lyoner Kochwürste (Fleischwürste),
1 Schinkenknochen oder 1 Mettwurst,
1 Stange Lauch,
1 Stck. Sellerie,
Pfeffer, Salz
(evtl. Tomatenmark)

Nach Geschmack:

Mettwurst oder Fleischwurst oder Räucheraal

Synonym für einen urdeutschen Eintopf ist die Erbsensuppe, und das nicht nur wegen der fragwürdigen Popularität, die sie während des Dritten Reiches genoss. In zeitgemäßer Form ist sie, bei aller Einfachheit, eine Speise, von der auch der verwöhnte Feinschmecker sagen muss, dass sie herrlich schmecken kann. Dabei sollten wir allerdings jene Zutaten vergessen, die vom Kaiserreich bis heute immer noch für unverzichtbar gehalten werden: Kassler Rippenspeer und das fette Eisbein.

In eine Erbsensuppe gehören nur luftgetrocknete Würste, also korsische oder italienische Salami oder die westfälische Mettwurst, die man nach dem Mitkochen auch essen kann. Für mich ist die schönste Zutat gewürfelter Räucheraal, der erst kurz vor dem Servieren der Suppe beigegeben wird.

1 Die Erbsen waschen und in 1½ l kochendem Wasser 20 Minuten blanchieren. Danach abgießen, abspülen und erneut mit kaltem Wasser aufsetzen. Den Schinkenknochen oder die Mettwurst (im Ganzen) dazu geben, salzen, pfeffern und für 1½ Stunden leise kochen lassen.

2 Vielleicht 2 der Lyoner Kochwürste kleinwürfeln, in feingemörsertem Pfeffer wälzen, in einer Pfanne leicht anbraten und zur Suppe geben.

3 Kartoffeln, Sellerie und Karotten schälen und kleinwürfeln. Das Weiße einer Lauchstange zerkleinern und mit Kartoffeln, Sellerie und Karotten zu den Erbsen geben und weiterkochen lassen, bis alles gar ist. Wer die Suppe gern besonders dick hat, kann von Anfang an eine große, mehlige, gewürfelte Kartoffel mitkochen.

Noch einmal kräftig abschmecken (vielleicht auch 1 EL Tomatenmark hineinrühren) und den Rest der Fleischwurst oder die Mettwurst in Scheiben oder Stücken beigeben.

Verblüffend gut schmeckt als Zutat aber auch enthäuteter und gewürfelter Räucheraal, der zuletzt statt der Wurst der Suppe zugegeben wird.

Eintopf mit Kohl und Hammel – Irish Stew

Für 6 Personen:

1250 g Hammelfleisch
(ohne Knochen,
von der Schulter
und vom Hals),
6 – 8 große
Kartoffeln,
1 – 1 1/2 Kopf
Weißkohl,
3 Lauchstangen,
3 große Zwiebeln,
3 Knoblauchzehen,
1 Karotte,
Thymian,
Kümmel,
Bouillon,
Pfeffer, Salz

Irish Stew ist ein typisches Einzelgericht, das eigentlich nicht in eine Menüfolge passt.

Zu allen mehr oder weniger deftigen Eintöpfen sind kühle Rotweine vorzuziehen, z.B. Chinon, Beaujolais, Bandol.

Man kann nicht Eintopfgerichte beschreiben, ohne Irish Stew zu erwähnen. Das ist ein Kohleintopf mit Hammelfleisch, wie es beides auf der Grünen Insel früher – und wohl auch heute noch – massenweise wuchs und herumlief. Ursprünglich also ein einfaches irisches Gericht, das nur mit Kartoffeln, Hammel und Zwiebeln gekocht wurde. So kann man es auch machen. Um es aber nicht ganz so anspruchslos aufzutischen, sollten Sie es so zubereiten, wie es heute allgemein aufgetischt wird: mit Kohl und Kümmel.

Irish Stew ist ein Gericht für Hammelfreunde. Wo Sie einen echten Hammel auftreiben können, weiß ich nicht. Das Fleisch des Hammels ist heute so selten wie eine Fettammer. Zaghafte Mitteleuropäer bevorzugen das zartere, aber nicht so geschmacksintensive Lamm. Wer es ohne Kümmel lieber mag, kann stattdessen einige zerdrückte Wacholderbeeren mitkochen.

1 Den Weißkohl in grobe, ca. 5 cm lange Streifen schneiden, die Strünke entfernen. Für 2 bis 3 Minuten in kochendem Wasser blanchieren, herausnehmen, mit kaltem Wasser abschrecken und abtropfen lassen.

2 Die Kartoffeln schälen und vierteln, den Lauch waschen, kleinschneiden (nur den hellgrünen und weißen Teil verwenden), Zwiebeln und Knoblauch schälen und kleinhacken, die Karotte schälen und in Scheiben schneiden, das Fleisch in mundgerechte Stücke zerteilen (Fett dranlassen).

3 In einen großen, gut verschließbaren Schmortopf eine Schicht von dem Weißkohl legen, salzen, pfeffern und mit etwas Kümmel bestreuen, nun eine Schicht Fleischstücke auf den Kohl legen, einen Teil der gehackten Gemüse darüberstreuen, salzen, pfeffern und mit Thymian würzen. Darauf eine zweite Schicht Kohl legen und so lange wiederholen, bis Kohl und Fleisch aufgebraucht sind. Die ungeheure Menge Kohl sollte nicht irritieren: Er fällt beim Kochen sehr zusammen. Zum Schluss den Topf mit Bouillon auffüllen und eine Stunde schwach kochen lassen.

4 Danach die rohen Kartoffelviertel in den Kohl drücken und noch einmal 30 Minuten kochen lassen, bis die Kartoffeln gar sind. Dann dürften auch Kohl und Fleisch weich sein.

5 Den Topf vom Feuer nehmen, etwas schräg halten und mit der Suppenkelle das Fett von der Brühe schöpfen. Vielleicht alles ohne Deckel noch eine Viertelstunde etwas einkochen lassen und noch einmal abschmecken: Bei solchen Eintöpfen ist es nicht ganz einfach, von vornherein die richtige Gewürzmenge zu bestimmen.

Hauptgerichte

Hasenrücken – mit Sellerie, Rosenkohl und Karotten

Die gespickten Hasenrücken (und Rehrücken) in unseren Wildhandlungen sind für den aufgeklärten Feinschmecker ein deprimierender Anblick, der die Misere der deutschen Koch- und Essgewohnheiten treffend illustriert. Ein Hasenrücken ist so zart wie ein Rinderfilet – wenn er genauso kurz gebraten wird. Dann aber ist Spickspeck sinnlos – er würde ja kaum warm werden. Ein Rücken müsste mindestens eine Stunde im Ofen schmoren, damit der Speck eine Wirkung hat. Das aber wäre für den Rücken ein kulinarisches Todesurteil. Leider wird es bundesweit immer noch und immer wieder vollstreckt!
Junge Hasen sind zarter als alte, also möglichst kleine Rücken aussuchen. Dann aber reicht einer vielleicht gerade für zwei Personen. Wer sicher gehen will, kauft drei – ungespickte – Hasenrücken für vier Personen, und für die Sauce zusätzlich drei bis vier Hasenläufe. Alles zwei Tage vor Gebrauch kaufen.

Für 4 Personen:

2 – 3 Hasenrücken,
Wacholderbeeren,
schwarzer Pfeffer

Für den Fond:

3 – 4 Hasenläufe,
1 Karotte, Öl,
1 kl. Stück Sellerie,
1 Lauchstange,
1 Zwiebel, Rotwein,
8 Wacholderbeeren,
schwarzer Pfeffer

Des Weiteren:

2 kleine Sellerieknollen,
500 g Rosenkohl,
4 große Karotten,
200 g Crème fraîche,
1 ungespr. Zitrone,
Zitronensaft,
Cayennepfeffer,
Muskat, Zucker,
250 g Butter,
Madeira, Salz

1 Zwei Tage vor dem Essen von den Hasenrücken sorgfältig alle Häute entfernen, dabei die Rücken nicht vom Knochen lösen, aber die dünnen Filets unter dem Rücken auslösen (sie sind wenig ergiebig, weil zu sehnig). Die Hasenrücken mit im Mörser zerstoßenem schwarzen Pfeffer und pro Rücken mit 6 zerdrückten Wacholderbeeren einreiben, mit Öl bepinseln, in Alufolie einwickeln und kalt lagern.

2 Gleichzeitig Zwiebel, Karotte und Sellerie schälen und ebenso wie die Lauchstange (nur das Weiße) in grobe Stücke schneiden.

3 Die Hasenläufe kleinhacken und zusammen mit den Abfällen von den Rücken in Öl anbraten, bis die Teile rundherum braun sind; dabei salzen und pfeffern. Schinkenabfälle oder Räucherspeck, 8 zerdrückte Wacholderbeeren sowie die kleingeschnittenen Gemüse dazugeben, leicht angehen lassen und mit einem Glas Rotwein ablöschen. Mit Wasser auffüllen, bis alles bedeckt ist, und für drei Stunden köcheln lassen. Mehrmals abschäumen. Durchsieben und die Brühe bei starker Hitze kräftig reduzieren, bis vielleicht noch ein Viertelliter übrigbleibt. Kalt stellen und vor dem endgültigen Gebrauch das oben abgesetzte Fett entfernen.

Das alles geschieht zwei Tage, spätestens aber einen Tag vor dem Essen.

4 Am Morgen des Kochtags zuerst die Hasenrücken aus dem Kühlschrank nehmen, damit sie Zimmertemperatur annehmen. Die beiden Sellerieknollen schälen, halbieren und die Hälften aushöhlen, so dass vier Schalen entstehen. Wasser mit Salz und Zitronensaft zum Kochen bringen. Die Sellerieschalen darin halb gar kochen (ungefähr 8 bis 10 Minuten).

5 Den Rosenkohl putzen (die Strünke abschneiden), waschen und in wenig Wasser mit Salz knapp gar kochen. Abgießen und mit einem Becher Crème fraîche, Cayennepfeffer, Salz und Muskat nicht zu fein pürieren. Mit Zitronensaft deutlich säuerlich aromatisieren und mit 1 EL Butter abrunden.

6 Die Karotten schälen und in kleine Würfel von ca. 1 cm Kantenlänge schneiden. In Salzwasser kurz blanchieren, herausnehmen, in kaltem Wasser abschrecken. All dies lässt sich in Ruhe vorbereiten. Die restliche Arbeit wird à la minute verrichtet, also eine halbe Stunde vor dem Essen:

7 Den Backofen auf 200 Grad vorheizen und eine passende Bratform für die Hasenrücken darin vorwärmen. Die Karottenwürfel in einer Pfanne in heißer Butter mit 1 TL Zucker angehen lassen, mit wenig Hühnerbrühe (darf von einem Würfel stammen) ablöschen und ohne Deckel glacieren lassen, das heisst, die Flüssigkeit muss verkochen; die Karottenstücke werden von einem karamelähnlichen Film überzogen, dürfen aber nicht matschig sein.

8 Ein Viertelpfund Butter in einem kleinen Topf heiß werden lassen, die Hasenrücken ohne Folie in die vorgewärmte Form legen, mit der heißen Butter begießen, salzen und so hoch wie möglich in den jetzt voll aufgedrehten Backofen schieben. Nach 8 Minuten mit der Bratbutter bepinseln, nach 16 – 18 Minuten herausnehmen und bei ausgeschaltetem Ofen in der offenen Tür noch einige Minuten ruhen lassen.

9 Während der Bratzeit die Sellerieschalen im Wasser einmal aufwärmen und dabei zu Ende garen (nicht zu weich!). Vom heiß gemachten Rosenkohlpüree sowie von den Karotten etwas in je eine Sellerieschale füllen. Den Rest des Gemüses separat reichen.

10 Zur gleichen Zeit die Sauce vollenden: Von der ungespritzten Zitrone 1/2 TL feinste Stifte abschneiden und mit dem Fond aufkochen, bis pro Portion nur noch 2 EL übrig bleiben. Abschmecken, eventuell nachsalzen und -pfeffern, einen kleinen Schuss Madeira zugeben und zum Schluss pro Portion mindestens 1 EL kaltgestellte Butterflöckchen mit dem Schneebesen unterrühren. Nicht mehr aufkochen! Die Hasenrücken auslösen, in Streifen schneiden und mit der Sauce servieren.

Vorschlag für ein Festmenü:

Matjestatar (Seite 87), Lauchsuppe (Seiten 51–53), Hasenrücken, Gratin von Orangen (Seite 397)

Zum Hasenrücken passt der beste Burgunder, den Sie im Keller haben oder den Sie sich leisten können.

Kalbsbries in Estragon-Gemüse-Sauce

Für 2 – 3 Personen:

1 Kalbsbries von ca. 400 g,
1 Stange Lauch,
1 große Karotte,
1 kleine Zwiebel,
Essig,
1 eigroßes Stück Sellerie,
viel Estragon, getrocknet und frisch,
Weißwein, Sherry, Zitronensaft, Sahne, Senf, schwarzer Pfeffer, Butter, Salz

Wollte man das Bries objektiv beschreiben, wäre das Portrait nicht sehr schmeichelhaft: Es sieht aus wie ein überfahrener Tintenfisch, ist blassrosa und hat eine glibberig-weiche Konsistenz. Ein Bries besteht aus einem halbwegs kompakten Teil, der Nuss, und losem Geschlabber, das weggeschnitten wird. Die Nuss reicht gerade für 2 bis 3 Personen.

Das Bries lässt sich mit unzähligen Saucen und den ungewöhnlichsten Gewürzen kombinieren; es ist vor allem diese Eigenschaft, die ihm die Sympathie der Köche in den Feinschmeckerrestaurants sichert. Deshalb gibt es aber auch kein ›bestes‹ Rezept. Hier ist eine Version, die vor allem für Feinschmecker interessant sein wird, die Bries aus ästhetischen Gründen bisher abgelehnt haben.

1 Das Bries am besten unter fließend kaltem Wasser gründlich von allen Blutresten außen und innen reinigen.

2 Das Bries in drei oder vier Stücke zerteilen. Ungefähr 6 bis 10 Minuten in sprudelnd kochendem, kräftig gesalzenem und mit einem Schuss Essig versehenen Wasser blanchieren, herausnehmen und in kaltem Wasser abschrecken.

3 Die Briesstücke sorgfältig parieren, das heißt, von den dünnen Häuten, den Sehnen, den kleinen Fettstellen sowie von allen schlabbrigen Kleinteilen befreien. Anschließend die Stücke unter ein Brettchen legen und mit beiden Händen mit voller Kraft kräftig pressen. Danach haben sich die Stücke in flache, gleichmäßig dicke Stücke Fleisch verwandelt.

4 Lauch, Karotte, Zwiebel und Sellerie sehr klein würfeln. Mit 1 EL Butter angehen lassen, mit 1 Glas trockenem Weißwein sowie einem guten Schuss Sherry (Amontillado) ablöschen. 2 bis 3 EL zerriebenen Estragon zufügen (frisch und getrocknet). Die Gemüse in 8 bis 10 Minuten gardünsten, die gesalzenen Briesschnitten hineinlegen und alles noch einmal etwa 10 Minuten dünsten lassen, den garen Bries herausnehmen und warmstellen.

5 Die Gemüse pürieren, nach und nach 1/8 bis 1/4 Liter Sahne angießen und immer wieder probieren: Vielleicht 1/2 TL Senf, der Saft einer halben Zitrone, Salz und Pfeffer, oder noch ein Glas Wein, ein wenig Sherry? So entsteht eine hellgrüne, sämige, sahnige Sauce mit deutlichem Estragonaroma. Die Briesschnitten in der Sauce aufwärmen, wenden und servieren.

Dazu gibt es – eigentlich – nichts.

Wer zu den köstlichen Briesschnitten gern eine Beilage hätte, sollte kleine, junge Pellkartoffeln kochen und diese in etwas gesalzener Butter schwenken und mit grobem Meersalz bestreuen.

Zum Kalbsbries passt gut ein Muskateller aus dem Roussillon.

Kalbsbries »3 Musketiere«

Für 4 Personen:
2 große Kalbsbries à 400 g (Nuss),
Essig, Salz,
Butterschmalz,
300 g frische Champignons,
1 Karotte,
je 2 EL Cognac, Nouilly Prat und Madeira,
Zitronensaft,
Butter,
3 EL Kalbsfond,
ca. 1/8 l Sahne,
1 EL grüner Pfeffer,
Salz

Fleurons:
Aus tiefgefrorenem Blätterteig runde Formen ausstechen, in den Boden groben schwarzen Pfeffer eindrücken, mit Eigelb bepinseln und im Backofen aufgehen lassen.

Zu diesem Gericht passt am besten ein leichter Rotwein.

Seinen Namen hat dieses Gericht von dem Umstand, dass es drei verschiedene Alkoholika enthält: Cognac, Nouilly Prat und Madeira. Wie immer entfleucht der enthaltene Weingeist natürlich beim Kochen, aber die typischen Aromen bleiben erhalten und geben der Sauce ihre Raffinesse. Es geht auch mit nur einer Sorte, und überhaupt auch ganz anders, versteht sich. Es ist dies eine Variation, die mit Sahne und grünem Pfeffer abgerundet wird.

1 Die beiden Kalbsbries in sehr stark gesalzenem, kochendem Wasser mit einem Schuss Essig 6 Minuten blanchieren, herausnehmen und unter kaltem Wasser abschrecken.

2 Mit einem Messer soviel von den Häuten vorsichtig entfernen, dass das Bries nicht auseinanderfällt. Dann unter ein Brett legen und dieses mit beiden Händen und voller Kraft einmal auf das Bries pressen. Man presst es, damit die Fasern zerreißen, die sonst beim späteren Braten das Fleisch zusammenziehen würden.

3 Die Kalbsbries-Nüsse nun in Butterschmalz bei schwacher Hitze 15 Minuten auf beiden Seiten anbraten. Dabei leicht salzen. Herausnehmen und in einen Schmortopf legen.

4 Die Hälfte der Champignons und die Karotte zu Julienne schneiden, d.h. in feine, kurze Streifen. Zuerst die Karottenjulienne in die Pfanne mit dem Bratensatz geben, eventuell etwas Butter dazu. Leicht anbraten, dann die Champignonstreifen dazugeben und mitbraten. Nun mit Cognac, Nouilly Prat und Madeira ablöschen, auf großer Flamme einkochen und über das Bries in der Gratinform schütten.

5 Die restlichen Champignons vierteln und in 1 EL Butter auf starker Flamme anbraten, so dass sie noch fest bleiben. Salzen und mit Zitronensaft würzen. Mit einem Schaumlöffel herausnehmen und zum Bries geben. Den Saft in der Pfanne auf 2 EL einkochen und über das Bries schütten. 3 EL Kalbsfond zugeben. Die Bries sollen jetzt ungefähr halb in Flüssigkeit liegen. Den Topf gut verschließen und auf schwacher Hitze 20 bis 30 Minuten köcheln lassen. Von Zeit zu Zeit die Bries wenden und Pilze und Karotten auf ihre Oberseite legen. Falls die Pilze noch Wasser ziehen, Deckel ab und einkochen, bis die Sauce braun wird (notfalls die Bries vorher herausnehmen). Sahne angießen, etwas einkochen, zum letzten Mal abschmecken und 1 EL grünen Pfeffer zugeben.

Dazu passt trockener Reis, besser aber sind Fleurons (siehe Kästchen links).

Hauptgerichte

Kalbsbrust mit Semmelknödel

Üblicherweise wird eine Kalbsbrust gefüllt. Damit will der Koch seine Kunstfertigkeit beweisen, vermute ich. Denn besonders delikat ist das nicht, eher – wie die meisten Füllungen – etwas langweilig. Aber geschmort produziert dieses sonderbare Fleisch eine Sauce, die man sich von den Fingern leckt, wie bei diesem Rezept aus Tirol.

Sonderbar ist die Kalbsbrust, weil ihre Knochen gar keine Knochen sind, sondern weiche Knorpel, die man mit dem Messer mühelos zerschneiden kann. Sie sorgen für die herrliche Sauce, die ohne einen zusätzlichen Fond gelingt. Sie täuschen allerdings eine Fleischmenge vor, die lediglich virtuell ist; denn gegessen werden sie nicht, trotz der kleinen Fleischfetzen an ihren Rändern. Beim Einkauf brauche ich deshalb pro Person 400 Gramm Kalbsbrust.

Für 4 Personen:

1,6 kg Kalbsbrust,
6 Schalotten,
1 Knoblauchknolle,
2 Karotten,
1 Stange Sellerie,
3 Chilischoten,
2 Zweige Rosmarin,
2 große Tomaten,
1 Fl trockener Weißwein,
200 g Champignons,
Zitronensaft,
Pflanzenöl,
Pfeffer, Salz

Für die Knödel:

4 altbackene Semmeln,
1 Zwiebel,
3 Eier,
1/4 l Milch,
Petersilie,
Butter, Salz

1 Die Schalotten enthäuten und halbieren, von der Knoblauchknolle die äußere Haut abziehen, dann waagerecht halbieren, die Karotten schälen und in Scheiben schneiden, die Stange Sellerie kleinhacken, die getrockneten Chilischoten im Mörser zerdrücken, die Tomaten mit kochendem Wasser übergießen, enthäuten, die Kerne entfernen und das Tomatenfleisch würfeln.

2 Die Kalbsbrust mitsamt den Knorpelknochen in grobe Stücke schneiden und diese in Salz wälzen. In einem großen offenen Bräter Pflanzenöl heiß werden lassen und die Fleisch- und Knorpelstücke darin anbraten. Wenn sie schön braun geworden sind, der Reihe nach die vorbereiteten Gemüse hinzugeben und jeweils etwas anbraten bzw. andünsten: Erst die Schalotten, dann die halbierte Knoblauchknolle, dann die Karottenscheiben, danach den Sellerie, die Chilischoten, die Rosmarinzweige und zum Schluss die Tomatenwürfel.

3 Unter Rühren ein paar Minuten anrösten lassen, dann mit trockenem Weißwein ablöschen und so weit auffüllen, dass die Fleisch- und Knorpelwürfel zur Hälfte in der Flüssigkeit liegen. Mit einem Holzlöffel den Bratensatz vom Boden lösen und mit Salz und Pfeffer abschmecken. Zugedeckt in den auf 100 Grad vorgeheizten Ofen schieben und 4 Stunden ganz sanft schmoren lassen.

Während dieser Zeit mehrmals die Temperatur und den Geschmack kontrollieren. Es soll nicht leise köcheln, sondern darf nur ab und zu ›blupp‹ machen. Der Schmorsaft ist wahrscheinlich schon jetzt fast eine perfekte Sauce, die kaum Nachhilfe braucht. Falls doch, etwas nachsalzen und/oder -pfeffern.

4 Eine gute halbe Stunde vor Ende der Schmorzeit die Semmelknödel zubereiten: Die vier altbackenen Semmeln in kleine Würfel schneiden. Falls diese nicht trocken genug sind, im Backofen bei geringer Temperatur

nachtrocknen lassen. Die Zwiebel enthäuten und in feine Würfel schneiden. Davon braucht man 2 bis 3 EL. In einer großen Pfanne die Zwiebelstückchen in einem großen Stück Butter anschwitzen, ohne dass sie Farbe annehmen. Die Semmelwürfel dazugeben und kurz mitbraten lassen; auch sie sollen nicht braun gebraten werden.

5 Die ganzen Eier in einer größeren Schüssel gut verschlagen und mit der Zwiebel-Semmel-Masse gründlich vermischen. Etwas mehr als 1/4 l Milch sehr heiß werden lassen, unter die Masse rühren, diese salzen und gehackte Petersilie einarbeiten.

6 In einem großen Topf gesalzenes Wasser zum Kochen bringen. Aus der Knödelmasse mit nassen Händen vier große Knödel formen, und wenn sich ihre Oberfläche leicht schmierig anfühlt, in das Wasser legen. Dieses einmal aufkochen, dann den Topf vom Feuer nehmen und die Knödel ungefähr 12 bis 15 Minuten ziehen lassen.

7 Die Champignons putzen, in einer Pfanne in Butter anbraten und mit Zitronensaft ablöschen. Zugedeckt wenige Minuten garen lassen.

8 Ist das Fleisch im Schmortopf gar, lose Knorpelstücke sowie alles, was völlig zerkocht ist, herausfischen. Gottlob ist der Knoblauch durch die geringe Temperatur noch einigermaßen intakt; die Karotten sowieso.

9 Die Champignons mitsamt ihrem Schmorsaft zur Kalbsbrust schütten, die Semmelknödel mit einem Schaumlöffel herausheben, abtropfen lassen und zusammen mit der Kalbsbrust und den Gemüsen servieren.

Semmelknödel geben übrigens zu vielen Gerichten eine ideale Beilage ab; es ist bedauerlich, wie selten sie in unserer Küche verwendet werden.

Menüvorschlag:
Tomatensuppe (Seite 63), Kalbsbrust mit Semmelknödel, Rhabarber-Ingwer-Quark (Seite 434)

Dazu passt grüner Veltliner.

Kalbsfrikassee – Blanquette de Veau

Das klassische ›Blanquette de Veau‹ ist ein schönes Beispiel für die bürgerliche französische Küche. Die Reinheit des Eigengeschmacks wirkt hier fast altmodisch, während die Leichtigkeit des Essens unseren modernen Ansichten entgegenkommt. Die klassische Version ist übrigens nicht ganz so leicht, da wird mit Mehlbutter und Eigelb gearbeitet. Aber das lässt sich leicht umgehen.
Kalbsbrust wird bei unseren Metzgern anders geschnitten als in Frankreich. Deshalb verlange ich ausdrücklich vom dicken Ende der Brust (und nicht das Fleisch mit den Rippenknochen). Auch dieses Fleisch ist nicht ganz astrein. Doch sind hier die Äste keine Knochen, sondern Knorpel, weißliche Halbknochen, sozusagen. Die sollen auch drin sein im Fleisch, denn sie stärken die Sauce. Zu Hause bekämpfe ich meinen Drang, das Fleisch sorgfältig von den Häuten und vom Fett zu befreien. Hier wäre es unklug. Denn gerade beim Kalb sind diese Dinge für die Sauce unentbehrlich. Tatsächlich handelt es sich beim Blanquette de Veau um nichts anderes als ein Kalbsfrikassee. Entgegen der üblichen Zubereitungsart (andünsten, fertigschmoren) werden die Fleischstücke hier jedoch gekocht. Dadurch wird das Essen leichter und das Fleisch zarter, weil ich die Kochtemperatur besser kontrollieren kann als beim Schmoren.

Für 4 Personen:

1 kg Kalbfleisch (Brust),
1 dicke Lauchstange,
1 große Karotte,
1 große weiße Zwiebel,
200 g Champignons,
16 Frühlingszwiebeln (oder 8 Schalotten),
1 kl. Stück Sellerie,
6 weiße Pfefferkörner,
8 Nelken,
1 Lorbeerblatt,
1/2 l Sahne,
3 Knoblauchzehen,
1 Zweig Thymian,
Zitronensaft,
Butter, Salz

1 Das Kalbfleisch in größere Stücke schneiden und in sprudelnd kochendem Salzwasser 1 Minute blanchieren. Abgießen. Jetzt sind die Poren geschlossen, das Fleisch bleibt saftig.

2 Das Weiße der Lauchstange und die Karotte der Länge nach halbieren, noch einmal teilen; die Zwiebel schälen und in 8 Stücke schneiden, das Stückchen Sellerie ebenfalls kleinschneiden. Das Gemüse zusammen mit den Fleischstücken, den zerdrückten Pfefferkörnern, dem Lorbeerblatt, den Nelken und dem Thymianzweig sowie den zerdrückten, ungeschälten Knoblauchzehen und 1 TL Salz in einen Kochtopf legen.

3 Mit kaltem Wasser auffüllen und langsam zum Kochen bringen. Langsam ist überhaupt von jetzt an das Schlüsselwort. Richtig kochen darf das Fleisch nie, nur leise simmern. Das ist entscheidend für das Resultat. Die Garzeit beträgt ungefähr 1 1/2 Stunden. Anfangs kann etwas Schaum aufsteigen; abschöpfen.

4 Die 200 g Champignons in Stücke schneiden und in Butter/Öl scharf anbraten, salzen, mit Zitronensaft beträufeln und mit 1/4 Liter Sahne ablöschen und beiseite stellen. Die Champignons kommen erst zum Fleisch, wenn alles andere bereits fertig ist.

5 Nach ungefähr 1 Stunde Kochzeit von den Frühlingszwiebeln das grüne Ende entfernen und die dünne Haut abziehen; in den Kochtopf werfen. Sie sollen zwar gar werden, aber nicht zerfallen, deshalb dürfen sie nicht so lange kochen wie das Fleisch, sollten aber gleichzeitig gar werden. Die Garzeit des Fleisches hängt leider auch von der Qualität ab: War es frisch geschlachtet, braucht es länger (und kann trotz großer Sorgfalt beim Kochen faserig werden; vielleicht dann den Metzger wechseln).

Hauptgerichte

6 Ist das Fleisch gar, zusammen mit den Zwiebelchen herausfischen und in einer Servierschüssel im Ofen warmstellen (zugedeckt bei ca. 50 Grad). Das Fleisch kommt aber vorher unters Messer: alle Häute, Knorpel und Fettstellen, die absichtlich drangelassen wurden, werden jetzt entfernt.

7 Etwa die Hälfte des Kochwassers durch ein Sieb in eine Kasserolle gießen und auf starkem Feuer einkochen lassen – die Geburt der Sauce beginnt. Ideal ist es, wenn ein Kalbsfond zur Verfügung steht (siehe Kochseminar Seite 453); er erleichtert die Verfeinerung sehr. 1 bis 2 EL davon in die Sauce einrühren. Beim Abschmecken treten die Nelken deutlich hervor, und das sollen sie auch; es ist das spezifische Aroma dieses Gerichts. Den Saft einer halben Zitrone zugeben und 1/4 Liter Sahne. Weiter reduzieren und abschmecken: wahrscheinlich etwas pfeffern, vielleicht ein Schuss trockener Vermouth – also das übliche Saucenfinish der letzten Minuten.

8 Jetzt erst kommen die Champignons hinein, nochmals abschmecken, fertig. Die Sauce ist sehr hellbraun und sämig. Darüber hinaus ist sie von so zartem Aroma, dass man sie mit dem Esslöffel essen möchte. Über die Fleischstücke und Frühlingszwiebeln bzw. Schalotten gießen und servieren. Dazu gibt es Salzkartoffeln oder Reis. Als zusätzliche Gemüse empfehlen sich geschmorte Salatherzen oder Grilltomaten. muss aber nicht sein; schließlich sind Champignons und Zwiebeln Gemüse genug.

Vorschlag für ein französisches Sonntagsessen:

Knoblauchsuppe (Seite 48), Blanquette de veau, verschiedene Käse, Petits Fours mit Café

Zum Kalbsragout passt gekühlter Fleurie; wenn weiß, dann kräftig und trocken: Pouilly-Fumé; Macon-Villages, oder ein trockener Grauburgunder.

Kalbsfrikassee bürgerlich

Für 4 Personen:

1 kg Kalbfleisch (Brust; besser: Filet),
3 dicke Tomaten,
1 Karotte,
1 Stange Sellerie,
3 Knoblauchzehen,
10 Schalotten,
1 Zitrone,
2 Zweige frischer Thymian,
Olivenöl extra vergine, Salz,
1/4 l trockener Weißwein

Menüvorschlag:

Salat mit weißen Bohnen (Seite 32), Kalbsfrikassee, Aprikosenkuchen (Seite 405)

Dazu passt trockener, fruchtiger Weißwein, z.B. Pinot blanc d'Alsace.

Ein ›Gulasch‹ vom Schwein oder Rind war so recht nach dem Herzen unserer Großeltern. In feineren Kreisen aß man auch Frikassee, das war Gulasch vom Kalb oder Huhn. Aber auch dort spielte das Mehl eine wichtige Rolle, ob in Form einer Mehlschwitze oder als dicke weiße Soße. Und wenn es dann noch, wie üblich, in Schmalz oder Margarine angebraten wurde, dann war das Sonntagsessen ein Fest wie die Schlacht im Teutoburger Wald: Das Bodenständige siegte über die feindliche Zivilisation.

Gulasch hat – wie jedes geschmorte Fleisch – die wunderbare Eigenschaft, eine herrliche Sauce zu produzieren (sofern kein Mehl drin ist). Kalbfleisch bringt das delikateste Gulasch hervor, weil es die mitgeschmorten Gemüse nicht so brutal unterdrückt wie Schwein oder Rind. Mit deutscher Küche im traditionellen Sinn hat das folgende Rezept allerdings wenig zu tun, da die benötigten Zutaten damals kaum zu haben waren.

Zartes Kalbfleisch ist eine Rarität; wer keinerlei Risiko eingehen will, nimmt das – allerdings teure – Filet.

1 Das Fleisch in große Würfel schneiden, die später, auf dem Teller, noch einmal halbiert werden müssen. In einer Pfanne oder im Schmortopf 2 EL Olivenöl heiß werden lassen und das Fleisch darin anbraten. Dabei kräftig salzen. Die Fleischstücke häufig wenden, bis sie rundherum goldbraun sind.

2 Eine Handvoll würfelig geschnittener Sellerie, die halbierte Karotte, die geschälten Schalotten, die Knoblauchzehen und den Thymian dazugeben. Alles etwas angehen lassen, dann die enthäuteten und in Würfel geschnittenen Tomaten dazu. Die Feuchtigkeit der Tomatenstücke stoppt das Anbraten zunächst; wenn sie fast verdunstet ist, den Wein angießen. Pfeffern, Deckel drauf und in den heißen Backofen stellen (ca. 200 Grad). In einer knappen Stunde wird das Fleisch gar, aber noch nicht trocken sein.

3 Nach 30 Minuten Schmorzeit mit Zitronensaft abschmecken und evtl. nachwürzen. Je nach Menge des Schmorsaftes den Deckel jetzt weglassen und fertigschmoren; so wird aus dem Saft die Sauce. Je stärker sie einkocht, umso besser schmeckt sie.

Zusätzliche Tricks sind nicht nötig und auch nicht erwünscht. Es soll keine dicke Sauce mit Sahne werden. Das klare Aroma der wenigen Zutaten und mehr nicht – das macht den Charme dieses Frikassees aus. Seine Delikatesse liegt in der Einfachheit.

Dazu passt Stangenbrot.

Kalbshaxe im Zwiebelbett

Für 4 Personen:

1 Kalbshaxe von ca. 1300 g (in 5 Scheiben gesägt),
1 kg große weiße Zwiebeln,
500 g festkochende Kartoffeln,
2 große Tomaten,
Meersalz,
1 gr. Glas Riesling,
3 Lorbeerblätter,
Cayennepfeffer,
Olivenöl

Menüvorschlag:

Zanderfilet Grenobler Art (Seite 95);
Kalbshaxe im Zwiebelbett,
Arme Ritter (Seite 387)

Zur Kalbshaxe passt ein Riesling Spätlese aus Franken.

Knusprig gebratenes Fleisch ist aus der Mode, weil 1. ungesund und 2. unkulinarisch. »Jo, is denn dös net wunderbar?« fragt die Schutzgemeinschaft kross gebratener Schweinebraten e.V. in Passau. Was, frage ich, soll denn an einer krachend harten Schwarte delikat sein, wenn sie einem schon in den Zähnen sitzt, bevor man zum zarten Kern des Bratens vorgedrungen ist? Aber die Vision vom Ende der Bratenzeit – Fleisch nur noch kochen oder mit der 80-Grad-Methode garen – wird nicht wahr werden. Man stelle sich nur die Weihnachtsgans vor: gekocht und enthäutet unterm Weihnachtsbaum! Schließen wir also einen Kompromiss: Lassen wir den Liebhabern ihre kross gebratene Haut und braten wir übrigen unser Fleisch weiterhin an, um es danach behutsam gar zu dünsten. Wie bei der Kalbshaxe im Zwiebelbett!

1 Die Zwiebeln enthäuten, halbieren und in grobe Stücke hacken. Die Tomaten enthäuten, ebenfalls in Stücke schneiden. Einen gehäuften EL Meersalz im Mörser bearbeiten, bis das Salz nur noch halb grob ist. Mit der Hälfte die Beinscheiben einseitig einreiben. Die Kartoffeln kochen und pellen.

2 In einem passenden Bräter die Beinscheiben mit der Salzseite nach unten nebeneinander in reichlich Olivenöl anbraten, mit dem restlichen Salz und mit Cayennepfeffer bestreuen. Sind sie gebräunt, herumdrehen und auf der zweiten Seite anbraten. Dann die Zwiebeln hineinschütten und zum Teil unter die Beinscheiben schieben. Während der nächsten 10 Minuten immer kontrollieren, dass nichts anbrennt! Die Tomatenstücke hinzufügen und nachsalzen. Wenn alles brutzelt und trocken zu werden beginnt, ein großes Glas Riesling hineingießen, 3 Lorbeerblätter dazulegen und für 3 Stunden in den auf 120 Grad vorgeheizten Ofen schieben. Alle 60 Minuten die Beinscheiben umdrehen, dabei den Schmorsud probieren. Nach 3 Stunden Bratzeit löst sich das Fleisch von den Knochen. Nun noch die Kartoffeln würfeln, hineinstreuen und den Topf auftragen.

Hauptgerichte

Kalbshaxe – Ossobuco

In München gehört sie ebenso zur Regionalküche wie in Paris, die Kalbshaxe, aber nur die italienische Variante wurde weltberühmt: Ossobuco. Was das Ossobuco von einem ähnlichen Gericht unserer nördlichen Küche unterscheidet, ist, wie könnte es anders sein, das Olivenöl. Und wird erst einmal mit Olivenöl gekocht, dürfen die Tomaten nicht fehlen, und diese ergeben wiederum zwangsläufig die Verwendung von Thymian – kurzum, das Aroma des Südens kann sich auch in unseren Küchen wunderbar entfalten.

Das Kalb hat vier Beine, zwei vorne und zwei hinten, und aus allen vieren wird Ossobuco zubereitet. Der unterste Teil des Beins ist ein Mittelknochen mit etwas Fleisch drumherum, vorne wie hinten. Experten versichern, dass die Hinterhaxe einen besseren Braten abgebe als die vordere. Ob's stimmt? Wir Konsumenten haben praktisch keine Wahl. Denn um Ossobuco zu machen, braucht man nicht die Haxe am Stück, sondern in Scheiben gesägt, 4 cm dick. Und da lässt sich die Herkunft nicht erkennen.

Nun gibt es in Italien unzählige Versionen des Ossobuco, manche davon haben nichts mit Öl und südlicher Sonne zu tun und schmecken dennoch sehr gut. Ich behaupte auch keineswegs, dass meine Version das Nonplusultra an Ossobuco sei. Vielleicht ist die Zubereitung etwas einfacher und risikoloser als andere.

Für 4 Personen:

1500 g Beinscheiben von der Kalbshaxe,
3 – 4 Fleischtomaten,
16 Schalotten,
2 Karotten,
16 schwarze Oliven,
1 dicke Lauchstange,
6 Knoblauchzehen,
6 Sardellenfilets,
5–6 Thymianzweige,
2 Rosmarinzweige,
Weißwein,
Olivenöl,
ungespritzte Zitronenschale,
schwarzer Pfeffer,
Salz

(Stangenbrot)

1 Zuerst wird das Gemüse vorbereitet: Die Tomaten ganz kurz in kochendes Wasser legen, enthäuten und vierteln (kleine sind besser als große). Die Karotten und den Lauch schälen und in Scheiben schneiden, Schalotten und Knoblauch nur schälen. Die Sardellenfilets – so groß wie kleine Finger – unter fließendem Wasser waschen.

2 Die Beinscheiben sollen später im Ofen in einer großen Reine mit Deckel nebeneinander Platz haben, vorher aber müssen sie angebraten werden. Das Problem lässt sich auf zwei Arten lösen: entweder im Schmortopf zweimal hintereinander anbraten, oder in zwei Pfannen nebeneinander. Die Pfannen dürfen keinen Teflonbelag haben – ›setzt garantiert nicht an‹; es soll sich aber ein Bratensatz bilden!
In einem Bräter also oder in zwei Pfannen eine gute Portion Olivenöl erhitzen und die gut abgewischten (Knochensplitter!) und kräftig gesalzenen Beinscheiben sorgfältig 10 bis 15 Minuten anbraten; nicht so heiß, dass das Fleisch verbrennt, aber auch nicht so lau, dass es Wasser zieht. Zeitweilig mit Hilfe von zwei Gabeln senkrecht stellen, damit die Scheiben auch an den Seiten Farbe annehmen. Wenn schließlich ein gleichmäßiger, hellbrauner Ansatz am Boden des Bräters oder in den Pfannen haftet, dann ist dies der erste Schritt zu einer guten Sauce.

3 Ist das Fleisch angebraten, herausnehmen und beiseite legen. In den Bräter oder die Pfannen etwas neues Olivenöl geben und die Gemüse darin andünsten. Wahrscheinlich genügt die Feuchtigkeit der Tomaten, um den Bratensatz vom Boden zu lösen, andernfalls etwas Wein angießen und mit dem Holzlöffel losschaben. Jetzt auch die Kräuter, die Sardellen und die Oliven hinzugeben und pfeffern. Einige Minuten dünsten lassen, ohne dass es braun wird. Von Zeit zu Zeit etwas Wein nachgießen und wieder einkochen.

4 Die große, viereckige Reine wurde bereits im Backofen auf die richtige Temperatur gebracht: 120 Grad, nicht mehr! Dahinein kommt das Gemüse, die Beinscheiben obenauf legen und so viel Wein angießen, dass das Fleisch gerade zur Hälfte damit bedeckt ist. Abschmecken, eventuell nachsalzen, Deckel drauf und auf den Boden des Backofens damit. Nach zwei oder drei Stunden sollte man einmal nachsehen und probieren, ob eventuell nachzuwürzen sei. Heißer Dampf unter dem Deckel zeigt an, dass die Hitze groß genug zum Garen ist; der Saft jedenfalls sollte nicht sichtbar kochen. Irgendwann auf halber Strecke einen daumengroßen Streifen ungespritzter Zitronenschale hinzugeben.

5 Nach ungefähr viereinhalb Stunden die Reine aus dem Ofen holen und die Beinscheiben vorsichtig aus dem Topf heben; das Fleisch ist nun so weich, dass es auseinanderzufallen droht. Die Flüssigkeit samt Gemüse (es ist kaum zerkocht) in eine Kasserolle umfüllen, die Thymian- und Rosmarinzweige herausfischen und wegwerfen. Alles ein wenig einkochen.

Der Charme dieses Ossobuco besteht in der scheinbaren Unfertigkeit der Sauce. Der halb zerkochte Lauch, die Karottenscheiben, die Tomatenfetzen, die Oliven mit ihren Kernen, das alles wirkt ein bisschen bäuerisch, ist ja auch Hausmannskost. Aber nur so macht dieses Rezept einen Sinn, nur so wird es die Esser begeistern. Als Beilage nur aufgebackenes Stangenbrot servieren, mit dem man die Sauce auftunken kann. Notfalls auch Kartoffeln.

> Vorschlag für ein sommerliches Menü:
> Spinatgratin (Seite 153), Ossobuco, Erdbeertiramisu (Seite 410)

> Zum Ossobuco passt ein Chianti classico.

Hauptgerichte **293**

Kalbskopf mit Sauce Gribiche

Dieser bürgerliche Leckerbissen ist pure Bistrokost. Dass er seinen Weg auch in die Küchen der Großmeister gefunden hat, spricht dafür, dass ich nicht der einzige bin, der ihn für eine Delikatesse hält. Seine Zubereitung ist narrensicher, weil der Metzger den schwierigsten Teil übernimmt. Jedenfalls der französische Metzger. In Deutschland bin ich mir nicht sicher: Fragen Sie Ihren Metzger.

Was ein guter Metzger als Kalbskopf verkauft, ist nichts anderes als ein Rollbraten, ein verschnürtes Paket aus dickem, weißem Fleisch. Nein, Fleisch ist das nicht, sondern die Backe, und diese ist weder Fleisch noch fett, sondern etwas dazwischen, zart und weich, wenn ich es lange genug gekocht habe. Und weil ein Rollbraten erst attraktiv ist, wenn darin etwas eingerollt ist, hat der Metzger die Kalbsbacke mit Streifen von der Kalbszunge gefüllt oder jene Teile des Kopfes eingerollt, die nicht weiß, sondern fleischig sind. Von dieser strammen Rolle lasse ich mir am Stück pro Portion 150 g abschneiden.

Für 4 Personen:

600 g Kalbskopf als Rollbraten,
4 Knoblauchzehen,
4 Schalotten,
2 Lorbeerblätter,
1 Zweig Thymian,
1 Stück Sellerie,
1 Karotte, 6 Nelken,
1 Stange Lauch,
1 Petersilienwurzel,
1/2 l Weißwein,
Pfeffer, Salz

Sauce Gribiche:

3 hartgek. Eier,
3 kl. Gewürzgurken,
1 EL kl. Kapern,
1 TL scharfer Senf,
1 Limette,
Olivenöl,
Pfeffer, Salz

(mehlige Kartoffeln)

Kalbskopf ist gekochtes Fleisch, lange gekochtes Fleisch. Denn 2 bis 3 Stunden dauert es, manchmal auch länger, bis es wirklich weich ist. Und zwar muss es zugedeckt kochen, aber so, dass der Dampf entweichen kann. Das bedeutet: von Zeit zu Zeit nachgießen. Aber vorher wird der Kalbskopf gewürzt, und das ist eine abenteuerliche Angelegenheit. Denn die daumendicke, weiße Backe weigert sich, irgendein Gewürz anzunehmen. Also heisst es, die Brühe zu versalzen und zu überpfeffern. Sie wird zusätzlich mit Knoblauch geimpft und mit Schalotten belastet und mit Thymian, Lorbeerblättern und Nelken zugedröhnt. Natürlich bekommt sie auch die obligate Karotte, Sellerie und was es sonst noch an aromatischem Grünzeug gibt, mit auf den Weg. Ich vermute, dass man auch einen kompletten Grabkranz in die Brühe legen könnte, ohne merkliche Wirkung auf die Backen. Aber die Brühe, o làlà, die hat es in sich! Sie ist theoretisch ungenießbar, aber es wäre schade, sie nicht noch für ein anderes Gericht zu verbrauchen, wo sie ihre Power ausspielen darf, oder aber mit Sahne gemildert werden kann. Hier sind die Hobbyköche gefragt!

Nach dieser für das Verständnis notwendigen Vorbemerkung frisch ans Werk:

1. Zuerst die Gemüse für die Brühe vorbereiten: Die Knoblauchzehen enthäuten, Karotte, Sellerie und Petersilienwurzel schälen und in Scheiben oder Stücke schneiden. Den Lauch waschen, den dunkelgrünen Teil entfernen, die restliche Stange in Scheiben schneiden. Die Schalotten enthäuten und halbieren.

2. Den Rollbraten ringsum kräftig mit Salz und Pfeffer einreiben und in einen kleinen Schmortopf – vorzugsweise aus Gusseisen – legen. Mit 2 großen Gläsern Weißwein begießen, die vorbereiteten Gemüse sowie den Thymian, die Nelken und die Lorbeerblätter hinzufügen, noch einmal kräftig salzen und pfeffern und mit kaltem Wasser so weit auffüllen, dass der Rollbraten bedeckt ist. Zum Kochen bringen, den Deckel

auflegen und die Hitze so weit reduzieren, dass die Brühe gerade noch leise köchelt. Dabei den Deckel leicht geöffnet lassen, damit Dampf entweichen kann. Für 2 bis 3 Stunden köcheln lassen und, falls nötig, Flüssigkeit nachgießen, um das Fleisch bedeckt zu halten. Nach dieser Zeit ab und zu mit einer Stricknadel prüfen, ob es schon weich ist: Die Nadel muss sich leicht ins Fleisch einstechen lassen und der austretende Saft sollte klar sein.

3 Gegen Ende der Garzeit mehlige Salzkartoffeln kochen und warm stellen.

4 Etwa zur gleichen Zeit die Sauce vorbereiten. Sie ist die klassische Kalbskopfsauce und heißt nach ihrem Erfinder Gribiche: Sauce Gribiche. Die Zutaten sind 3 hartgekochte Eier, 1 TL scharfer Senf, Olivenöl, Limettensaft, 3 kleine Cornichons (Gewürzgurken), Pfeffer, Salz sowie 1 EL Kapern.

5 Eigelb und Eiweiß trennen, das Weiße kleinhacken und beiseite legen, die Eigelb mit einer Gabel zerdrücken. Die Gürkchen in winzige Würfel hacken, eventuell auch die Kapern, wenn es sich um dicke Exemplare handelt; die kleinen sind stets vorzuziehen. Den Senf mit dem Eigelb vermischen und mit einem Holzlöffel zu einer homogenen Paste verrühren. 1 EL Limettensaft und Olivenöl dazugeben und alles zu einer dicklichen Mayonnaise schlagen. Das geht zweifellos leichter mit einem Elektroquirl. Mit Pfeffer und Salz abschmecken und zum Schluss die Kapern, das gehackte Eiweiß und die Gurkenwürfel unterziehen. Statt Saft einer Limette kann man auch Zitronensaft nehmen, notfalls auch Essig. Kalbskopf mit dieser Sauce wird in der Regel ohne Gemüse serviert, nur mit mehligen Salzkartoffeln.

> **Menüvorschlag:**
> Champigonsalat (Seite 13), Kalbskopf mit Sauce Gribiche, Birnen in Rotwein (Seite 408)

> Vom Gewürztraminer bis zum Beaujolais, vom Vin jaune bis zum Riesling passen praktisch alle Weine zu diesem klassischen Kalbskopf.

Hauptgerichte

Kalbskotelett gefüllt

Für 4 Personen:
4 Kalbskoteletts
(ca. 4–5 cm dick),
Butter/Öl,
4 Scheiben Schinkenspeck oder mehrere Streifen Frühstücksspeck,
200 g Gruyère
(5 mm dick geschnitten),
frischer Salbei,
1 Gl. Weißwein,
1/8 l Sahne,
100 g Créme double,
schwarzer Pfeffer, Salz
(Gemüsereis)

Menüvorschlag:
Frühlingszwiebeln
(Seite 104),
Kalbskotelett
gefüllt,
Quark und Melone
(Seite 433)

Dazu passt
Pinot noir aus dem
Napa Valley.

Nichts ist einfacher, als ein leckeres Gericht aus Kalbfleisch herzustellen. Kein Fleisch nimmt das Aroma von Kräutern so leicht an, kein Fleisch verbindet sich so wunderbar mit dem Geschmack von getrockneten Pilzen oder Tomaten, Schinkenspeck oder Käse.
Kein anderes Gericht aber ist mir so oft missglückt wie Kalbskoteletts, für die es so wunderbare Rezepte gibt. Leider sieht man es dem Fleisch im Metzgerladen nicht an, ob es nach der Zubereitung zart und saftig oder hart und trocken sein wird. Das kann einem auch bei einem Bio-Kalb passieren. Eine gewisse Sicherheit gibt das bloße Anbraten in der Pfanne und das sanfte Fertiggaren in einer Gratinform im Backofen, wie bei diesem gefüllten Kalbskotelett oder beim überbackenen Kotelett auf der übernächsten Seite.

1 Die Koteletts sorgfältig von Häuten und dem meisten Fett befreien.

2 In einer Pfanne in einer Butter/Ölmischung anbraten und dabei kräftig salzen. Die Koteletts herausnehmen und den Bratensatz mit einem Glas Weißwein ablöschen und auf 3 EL einkochen. (Passen nur 2 Koteletts auf einmal in die Pfanne, den Bratensatz zweimal ablöschen und einkochen.)

3 Die Koteletts so aufschneiden, dass eine große Tasche entsteht, die fast nur noch durch den Knochen zusammengehalten wird. Diese Tasche mit grobem schwarzen Pfeffer ausstreuen, auf die untere Innenseite der Fleischtasche 2 oder 3 Blätter Salbei legen, dann entweder 1 große Scheibe Schinkenspeck oder mehrere Streifen Frühstücksspeck, darauf eine 5 mm dicke Scheibe Gruyère, darauf wieder 2–3 Salbeiblätter, und zuklappen.

4 Die so vorbereiteten Koteletts in eine passende und vorher auf dem Herd erhitzte Bratform legen und mit dem abgelöschten Bratensaft be- und umgießen. Die Koteletts sollten nebeneinander liegend die Bratform möglichst ausfüllen, weil sonst die Flüssigkeit zu schnell verdunsten und das Fleisch austrocknen würde.

5 Auf den mittleren Rost des auf 250 Grad vorgeheizten Ofens schieben und auf 210 Grad herunterdrehen. Nach 15 Minuten die Koteletts mit je einem Stück Butter belegen, nach weiteren 10 Minuten auf den obersten Rost schieben und vom Grill ca. 5 Minuten bräunen lassen. Die Bratform herausnehmen, eine Mischung aus Sahne und Créme double hineingießen, alle Rückstände mit einem Holzlöffel in der Sahnemischung auflösen, abschmecken. Dazu passt mit Pinienkernen angereicherter Gemüsereis.

Kalbskotelett mit Salbei

Für 4 Personen:

4 Kalbskoteletts vom Biokalb,
1 Handvoll frischer Salbei (kann auch getrockneter sein),
schwarzer Pfeffer,
grobes Meersalz,
Butter oder Öl,
1 Tasse Sahne,
1 Glas Calvados

(evtl. Curry oder Zitrone oder Pilze oder Tomate oder gehackter Schinken als letzter Pfiff)

Menüvorschlag:

Spaghetti mit Calamaretti (Seite 93), Kalbskotelett, Pflaumenquark (Seite 398)

Zum Kalbskotelett passt Sauvignon blanc.

Wenn von Koteletts die Rede ist, denkt man normalerweise ans Schwein. Aber ein Kalbskotelett schmeckt sehr viel zarter, wenn es nur von einem Bio-Kalb stammt und entsprechend abgehangen ist. Ja, wenn! Ein Risiko bleibt immer, dass es hart und trocken wird.

Dabei ist es so einfach zu braten, wie sich das jeder vorstellt, der einen Pfannenstiel nicht für einen Joystick hält. Pro Person braucht man höchstens ein Kalbskotelett. Die soll der Metzger möglichst dick schneiden (soweit die Rippen das zulassen). Zu Hause werden sie bis zum Gebrauch eingeölt.

1 Je 4 TL schwarze Pfefferkörner und grobes Meersalz mischen und mit einer Handvoll frischer Salbeiblätter im Mörser zerstoßen. Es kann auch getrockneter Salbei sein; dann aber nur wenig nehmen, weil er sehr viel intensiver ist. Mit dieser Mischung die Koteletts beidseitig einreiben.

2 Nun eine oder zwei Pfannen aufsetzen. Rückversicherer braten sie in Öl. Da kann nicht viel passieren. Wer Butter nimmt, weiß, was gut ist. Also pro Kotelett 1 EL Butter in die Pfanne, heiß werden lassen und die Fleischstücke einlegen. Jetzt darf man den Herd nicht verlassen. Sollte die Butter trotzdem verbrennen: weggießen und neue nehmen! Nach vier Minuten die Koteletts umdrehen und die andere Seite braten. Mit dem Finger prüfen: Das Fleisch darf nicht starr werden, dann ist es bereits durchgebraten und misslungen; es muss noch etwas nachgeben.

3 Rausnehmen, auf einen Teller legen und zugedeckt warmstellen. Den Bratensatz mit einer Tasse Sahne ablöschen und 1 Glas Calvados dazugießen. Kurz einkochen lassen und abschmecken. Beim Nachwürzen gebe ich dem Gericht den letzten entscheidenden Pfiff (Tomate, Curry, Zitrone, Pilze, gehackter Schinken; aber nicht alles auf einmal). Und vielleicht noch 1 EL Butter. Dazu passen buttriges Kartoffelpüree und/oder Zuckererbsen.

Hauptgerichte

Kalbskotelett überbacken

Für 4 Personen:

4 Kalbskoteletts,
6 Schalotten,
1/2 Gl. Weißwein,
2 EL Butter,
150 g magerer roher Schinken,
Butterschmalz,
1/8 l Sahne,
3 Eigelb,
100 g geriebener Gruyère,
Pfeffer,
Salz

(Kartoffelpüree)

Menüvorschlag:

Gefüllte Tomaten (Seite 108),
Kalbskotelett überbacken,
Soufflé Glace au Café (Seite 428)

Dazu passt Grüner Veltliner.

Das Überbacken von Fleisch ist eigentlich ein Notbehelf bei fehlendem Eigengeschmack (Puter, Kalb, Schweinefilet). Trotzdem wird das Kalbskotelett durch einen delikaten Belag eindrucksvoll veredelt.
Wer es seinen Gästen ganz bequem machen will, der kann das Fleisch aus dem Kotelettknochen herausschneiden. Er hat dann ein rundes, gleichmäßig mageres Stück Kalbfleisch, das Medaillon, das genauso bearbeitet wird wie ein Kotelett, erfahrungsgemäß aber noch 2 bis 3 Minuten weniger der Hitze ausgesetzt werden darf, wenn es nicht trocken werden soll. Weil das Kotelett unter dem Grill überbacken wird, brate ich es vorher überhaupt nur auf einer Seite an. Die roh gebliebene Seite wird mit der Farce belegt und unter den heißen Grill geschoben.

1 Die Schalotten häuten, feinhacken und in 2 EL Butter für ca. 10 Minuten bei leiser Hitze anschwitzen, ohne dass sie braun werden. 1/2 Glas Weißwein angießen, Deckel drauf und so lange weiter köcheln, bis die Zwiebeln weich sind. Inzwischen den Backofen nur mit der Oberhitze auf 220 Grad vorheizen.

2 Den rohen Schinken in schmale Streifen schneiden und so klein wie möglich würfeln. Mit dem fertigen Schalottenmus vermischen.

3 Sahne, die 3 Eigelb und den geriebenen Gruyère verrühren und mit der Schinken-Schalotten-Masse zu einem pastosen Brei vermengen. Kräftig pfeffern und abschmecken, eventuell nachsalzen.

4 Die Kalbskoteletts von allen Häuten und dem meisten Fett befreien. In einer Pfanne Butterschmalz erhitzen, die Koteletts nur auf einer Seite leicht salzen und pfeffern und auf dieser Seite – je nach Dicke – 3 bis 5 Minuten anbraten.

5 Den Grill einschalten, die Kalbskoteletts auf der noch rohen Seite gleichmäßig mit der Farce bestreichen, in eine passende Gratinform legen und auf dem oberen Rost für ca. 10 Minuten überbacken lassen. Dazu passt ein buttriges Kartoffelpüree.

Es lassen sich noch viele andere Farcen denken, z.B. eine Farce aus Schinken und gehackten Champignons, die vorher separat kurz gebraten und gewürzt werden müssen. Bei anderen Farcen muss man immer darauf achten, dass deren Zutaten entweder schon vorher gar gemacht wurden oder so fein haschiert sind, dass sie in der kurzen Zeit unter dem Grill gar werden können.

Kalbsleber mit Rosinen

Ich möchte die Leber mit den Jacobsmuscheln vergleichen: Wenn sie sanft und nur ganz kurz gegart werden, handelt es sich um eine außergewöhnliche Köstlichkeit; zu heiß und zu lange gebraten, verwandelt sich das empfindliche Produkt beleidigt in Hartgummi.

Bestehen Sie bei Ihrem Metzger darauf: Von einem bis zum anderen Ende muss eine Leberscheibe gleichmäßig dick sein, und zwar nicht dicker als ein kleiner Finger. Und sämtliche (!) Sehnen oder Adern müssen herausgeschnitten werden. Sicherheitshalber mache ich das zu Hause selber.

Für 2 Personen:

2 Scheiben Kalbsleber,
2 TL helle Rosinen (in Weißwein eingeweicht),
1 TL Zucker,
1 EL Tomatenpüree,
Rotweinessig,
Trester (Grappa o.ä.),
Butter,
Olivenöl,
schwarzer Pfeffer,
Salz

Menüvorschlag:

Hühnersuppe (Seite 45),
Kalbsleber mit in Butter geschwenkten kleinen Pellkartoffeln,
Crêpes Suzette (Seite 391)

Versuchen Sie zur Kalbsleber einmal einen leichten Bardolino vom Gardasee.

1 In einer passenden Pfanne etwas Butter und Olivenöl geben. Beide Leberscheiben in das nicht übermäßig erhitzte Fett legen. Nach nur zwei Minuten wenden. Die angebratene Seite darf höchstens an den Rändern eine leichte Goldfärbung aufweisen; ansonsten sollen die Leberscheiben nicht gebräunt, sondern nur gebleicht sein. Auch die andere Seite mit der gleichen Zurückhaltung braten.

2 Ein großes Schnapsglas Trester in die Pfanne gießen (Marc oder Grappa) und anzünden. Es brennt schön; die Pfanne schütteln, und wenn die Flammen erlöschen, die Scheiben herausnehmen und auf eine warme, aber nicht glühend heiße Platte legen.

3 In die Pfanne kommen jetzt die in Weißwein eingeweichten Rosinen und 2 EL von ihrem Wein; dann der Zucker und das Tomatenpüree; jetzt erst mit Salz und schwarzem Pfeffer würzen und 3 bis 4 Minuten kochen lassen. Sollte die Flüssigkeit zu schnell verkochen, noch etwas von dem Wein zugießen.

4 Nun die Pfanne an den Herdrand ziehen und 2 TL Butter darin verrühren; die Sauce wird sämig. Noch einmal abschmecken: Wenn etwas Säure fehlt, vorsichtig einige Tropfen Rotweinessig in die Pfanne spritzen. Nun ist es genug: Die Leberscheiben in die Pfanne legen, wenden und auf die Teller legen. Darüber die Sauce ...

Hauptgerichte

Kalbsnieren in Senfsauce

Die Versorgung mit Kalbfleisch ist besser geworden. Das verdanken wir gleichermaßen den hartnäckigen Feinschmeckern wie den gesundheitsbewussten Konsumenten. Beiden ist es gelungen, den Handel davon zu überzeugen, dass es sich lohnt, artgerecht und ohne Medikamente aufgezogene Kälber anzubieten. Das ermöglicht es, die Kalbsniere, eine der großen Delikatessen der feinen Küche, wieder in unser kulinarisches Programm aufzunehmen.

Viele Zeitgenossen schrecken vor Innereien zurück. Wenn sie Nieren, Bries, Leber oder Kutteln in einer Schmuddelkneipe gegessen haben, ist das verständlich. Denn gerade Innereien brauchen einen Könner, der sie in die Delikatesse verwandelt, welche Feinschmecker lieben. Bei Kalbsnieren kann zweierlei schiefgehen: Entweder werden sie zu lange gebraten, dann verwandeln sie sich in zähe Gummischeiben; oder der Koch verwechselt sie mit Rinderfilet und serviert sie blutig. Der richtige Garzustand ist allerdings das einzige Problem. Ansonsten sind sie schnell und mühelos zubereitet.

Für 4 Personen:

2 Kalbsnieren,
gesalzene Butter,
1 Glas Weißwein,
Zitronensaft,
1 Becher Sahne,
Salz,
schwarzer Pfeffer,
(1–2 EL Fleischfond; falls vorhanden),
scharfer Senf

(Karotten, Kartoffeln, Petersilie)

1 Die Kalbsniere (eine reicht für 2 bis 3 Personen) wird sorgfältig von Fett und den dünnen Häutchen befreit. Je heller die Niere, desto zarter und delikater schmeckt sie. Sie wird in höchstens 1 cm dicke Scheiben geschnitten, welche eventuell noch einmal geteilt werden. Dabei lässt sich auch der innere Fettkern entfernen, was aber nicht unbedingt notwendig ist.

2 In einer Pfanne, in der alle Stücke nebeneinander Platz haben (unbedingt wichtig, da sie sonst ihren Saft verlieren und zäh werden!), eine größere Menge salziger Butter erhitzen. Wenn sie braun zu werden beginnt, die Nierenscheiben hineinlegen. Diese nicht bewegen, aber die Pfanne leicht schwenken, damit die Butter sich verteilt.

3 Nach nur 1 bis 1½ Minuten die Nierenscheiben salzen und sorgfältig umdrehen, ohne eine zu vergessen. Das ist etwas mühsam, aber unerlässlich. Dabei auf die Butter achten! Sie darf nicht verbrennen, also die Hitze kontrollieren und eventuell neue Butter in die Pfanne geben. Natürlich gäbe es diese kleine Schwierigkeit nicht, wenn man Öl statt Butter zum Braten nähme. Aber hier ist Butter für den Geschmack unverzichtbar. Die fertigen Nierenscheiben leicht salzen, 2 TL frisch gemörserten schwarzen Pfeffer darüberstreuen und schütteln.

4 Wenn die an der Oberfläche beim Braten sichtbar werdenden Blutspuren verschwunden sind, die Nierenscheiben mit einem Schaumlöffel herausnehmen und in einem tiefen Teller zugedeckt an einen warmen Ort stellen. Insgesamt sind seit dem Wenden nicht mehr als 2 Minuten vergangen.

5 Nun einen Teil der Bratbutter weggießen, die Pfanne wieder aufs Feuer stellen und ein Glas trockenen Weißwein hineinschütten. Bei großer Hitze einkochen, dabei die Bratrückstände mit einem Holzlöffel losschaben. 2 TL scharfer Senf, etwas Zitronensaft und neue Butter werden in der Pfanne vermischt und dann wird nach und nach ein halber Becher süße Sahne angegossen und immer wieder eingekocht. Die doppelte Menge Sahne schadet auch nicht, wenn sie entsprechend gründlich reduziert wird. Immer wieder abschmecken und eventuell nachwürzen.

6 Inzwischen hat sich im Teller unter den Nieren eine Menge Fleischsaft angesammelt. (Wenn nicht, waren sie zu lange in der Pfanne.) Diesen Saft in die Sauce gießen, alles zusammen noch einmal aufkochen lassen und beides, Nieren und Sauce, in eine angewärmte Servierschüssel geben.

Die Sauce hat vom Senf und Zitronensaft ein leicht säuerliches Aroma angenommen; die Nieren werden vom Aroma des frischen Pfeffers dominiert. Beides ergänzt sich aufs schönste mit ihrem sanften Eigengeschmack.

Zusätzlich 1 ½ EL eingedickter Fleischsaft, also steifer, dunkler Fond, machen aus dieser Sauce eines jener Kunstwerke, deretwegen wir in Feinschmecker-Restaurants gehen.

Als Gemüse zu dieser Delikatesse passen hervorragend glasierte Karotten (Seite 363), deren Süße den Nieren endgültig das Prädikat »köstlich« verleiht. Dazu Petersilienkartoffeln.

> **Vorschlag für ein sommerliches Festmenü:**
> Salade Niçoise (Seite 25),
> Knoblauchsuppe (Seite 48),
> Kalbsnieren,
> Zitronenschaum (Seite 451)

> Zu den Kalbsnieren passt gut eine trockene Riesling-Auslese (Pfalz) oder ein Riesling Smaragd (Wachau), aber auch ein Nuits-Saint-Georges Premier Crû.

Hauptgerichte

Kalbsragout mit Oliven

Die Zeit der Ragouts ist wiedergekommen, die Zeit der Schmortöpfe und des geduldigen Bratens. Die halbgaren Fleischlappen der Nouvelle Küsinerei haben ihre Schuldigkeit getan, sie haben uns zurückgeführt zu den traditionellen Werten des Kochens und Bratens, sie haben uns das mürbe Fleisch in seinem aromatischen Saft wieder schmackhaft gemacht.

Deshalb geht es hier auch nicht um den sensiblen Rücken vom Kalb und nicht um das glatte Schnitzel. Ein Ragout von der Schulter, mit mediterranen Gewürzen in eine unkomplizierte und gleichzeitig unwiderstehliche Delikatesse verwandelt: Alltagsküche mit Festanspruch.

Böse Menschen (sprich: skrupellose Züchter) haben das Kalbfleisch in Verruf gebracht, doch das ist nicht seine Schuld. Wo es unbehelligt von Sex und Crime (Hormone und Käfighaltung) aufwächst, gehört es wie eh und je zur Feinschmeckerküche. Dazu muss man nur den richtigen Metzger haben, mehr nicht. Denn das Angebot an Kälbern aus artgerechter, biologisch-dynamischer Aufzucht ist sehr viel größer geworden. Da kann es – wie bei den Hühnern – keine Ausrede mehr geben.

Für 4 Personen:

800 g Kalbfleisch aus der Schulter,
200 g kleine Schalotten oder Frühlingszwiebeln,
1 kl. Stück Sellerie,
5 dicke Knoblauchzehen, Olivenöl,
15 große schwarze Oliven (entsteint),
2 dicke Tomaten,
8 mehligkochende Kartoffeln,
1 ungespr. Zitrone,
1 rote Cayenneschote,
1 Lorbeerblatt,
Petersilie,
getrockneter Thymian,
trockener Weißwein,
Butter, Salz

1 In einem Topf von 24 cm Durchmesser Salzwasser zum Kochen bringen und zuerst die Tomaten darin blanchieren, nicht länger als 1 Minute. Herausnehmen, die Haut abziehen und das übliche Tomatenkonkassee bereiten: die Tomaten halbieren, ausdrücken und die äußere Fleischschicht in nicht zu kleine Stücke schneiden.

2 Die Schale der ungespritzten Zitrone mit einem scharfen Messer so dünn abschälen, dass das weiße Unterfutter an der Zitrone bleibt. Die Schale in feine Streifen schneiden und 2 Minuten im wieder kochenden Salzwasser blanchieren, herausfischen.

3 Die Kalbsschulter notdürftig parieren – Fettstücke können dranbleiben: sie werden nicht mitgegessen, verbessern aber das Aroma – und in grobe Würfel oder Stücke schneiden. Das Fleisch für 5 Minuten ins kochende Wasser legen, herausnehmen und etwas abtrocknen.

4 Knoblauchzehen und Schalotten schälen, die Sellerie schälen und in Stücke schneiden, die Oliven entsteinen (falls nicht schon so gekauft).

5 In einem Schmortopf 2 EL Olivenöl heiß werden lassen. Dahinein die Fleischstücke und die Schalotten legen, leicht angehen lassen, ohne dass Fleisch und Schalotten braun werden. Dann Tomatenkonkassee, Sellerie, 3 Knoblauchzehen, Oliven, Cayenneschote, Lorbeerblatt, die Zitronenschnitzel sowie den Saft einer halben Zitrone und 1/4 l trockenen Weißwein hinzufügen. Salzen, Deckel drauf und in den 180 Grad heißen Ofen schieben. 60 Minuten sanft schmoren lassen; nach 30 Minuten auf 150 Grad gehen.

6 Eine halbe Stunde vor Ende der Bratzeit die Kartoffeln mit der Schale aufsetzen und kochen. Sie werden ungefähr zusammen mit dem Ragout gar sein.

7 Nach insgesamt 1 Stunde Bratzeit zur Probe ein Stück Fleisch aus dem Topf fischen und durchschneiden: Ist es innen noch leicht rosa und relativ glatt, dann wird's ein Festessen: Alles Fleisch aus dem Topf nehmen und warmstellen.

8 Im Topf mit den Schalotten und Oliven ist ein konzentrierter Schmorsaft entstanden. Etwas einkochen und nachwürzen: Vor allem Zitronensaft wird nötig sein, obwohl die Zesten von der Schale herauszuschmecken sind. Auch Salz mag fehlen, Pfeffer wahrscheinlich nicht, weil eine der kleinen roten Schoten für vier Portionen ausreicht. Die Schalotten sollten sich nicht zu sehr aufgelöst haben, sonst war die Hitze zu groß.

9 Jetzt die Fleischstücke sorgfältig parieren (alles Fett wird abgeschnitten), bevor sie wieder in den Topf mit der Sauce kommen. Bei kleinster Hitze warmhalten.

In einem kleinen Pfännchen 100 g Butter zur Vorbereitung für die Kartoffeln schmelzen lassen.

10 Wenn die Kartoffeln gar sind (die Haut platzt dann auf), abgießen, noch heiß pellen, in Scheiben schneiden und sofort auf Tellern anrichten und zwar so, dass sie nicht zu dicht aufeinander liegen. Die 2 restlichen Knoblauchzehen mit Salz zerdrücken und auf die Kartoffelscheiben streichen sowie mit gehackter Petersilie und zerbröseltem Thymian bestreuen.

11 Das Ragout inzwischen wieder erhitzen, die Kartoffelscheiben mit der geschmolzenen Butter beträufeln, 2 EL Olivenöl über das Ragout gießen und beides sofort servieren.

Menüvorschlag:

Bohnensalat mit Champignons (Seite 12), Kalbsragout mit Oliven, Vanilleparfait (Seite 423)

Zum Ragout passt Tokay d'Alsace oder Ruländer Spätlese.

Hauptgerichte

Kalbsrücken mit Safran-Blumenkohl

Für 4 Personen:
600 – 800 g Kalbsrücken (Kalbslende),
200 g Salzbutter zum Braten,
1 großer Blumenkohl,
1 Zitrone,
Safranpulver,
Butter,
Pfeffer, Salz

Menüvorschlag:
Gurkensuppe mit frischem Lachs (Seite 44),
Kalbsrückenbraten mit Safran-Blumenkohl,
Crème Caramel (Seite 409)

Zum Kalbsrücken passt z.B. eine trockene Riesling Spätlese von der Nahe.

Ein Kalbsrücken ist das, was übrigbleibt, wenn das Fleisch aus einer Kotelettreihe ausgelöst wird. Schneidet man es in bratfertige Scheiben, heißen diese Kalbssteaks. Und wenn es heute wieder Bauern gibt, die ihr Vieh artgerecht und ohne Medikamente aufziehen, dann ist Kalbfleisch wieder, was es früher war: eine große Delikatesse.

Dazu gehört, dass der Rücken mindestens acht Tage abgehangen ist. Also beginnt dieses Rezept mit einer ernsten Unterhaltung beim Metzger. Überdies ist es ein Beispiel für die simple und geniale Niedrigtemperaturmethode, welche bereits die Bäuerinnen vor vielen hundert Jahren anwandten.

1 Der Kohl wird dermaßen zerteilt, dass nur die einzelnen Röschen von der Größe einer Haselnuss übrigbleiben und auch die kleinen Strünke restlos weggeschnitten werden.

2 Dem salzigen Kochwasser den Saft von 1 Zitrone beigeben und die Röschen 10 Minuten kochen. Sofort abgießen und mit kaltem Wasser abbrausen, damit der kohlige Geschmack völlig verschwindet. Abtropfen lassen. Das kann Stunden vorher geschehen.

3 Das Kalbfleisch von allen Häuten etc. befreien. Der Rücken bzw. die Lende ist eher flach als rund, die Höhe beträgt immer ungefähr 5 Zentimeter. Zum Braten benötigt man eine flache Bratform, die nicht viel größer sein darf als das Fleischstück.

4 Den Backofen auf 80 Grad vorheizen. In der Bratform auf dem Herd die Salzbutter heiß werden lassen. Das von allen Seiten gesalzene und gepfefferte Fleisch hineinlegen und rundherum anbraten. Die Bratform mit dem Fleisch in den Ofen schieben und 4 Stunden vergessen. Novizen, die der 80-Grad-Methode nicht trauen, dürfen das Fleisch nach 2 Stunden einmal in der Butter wenden.
Die Butter hat während der Bratzeit etwas Fleischsaft aufgenommen und ist ohne Zutun zu einer köstlichen Sauce geworden, die den Salzkartoffeln gibt, was sie schon immer haben wollten: Delikatesse.

5 Kurz vor dem Anrichten in einer Kasserolle, die groß genug sein muss, um die Röschen nebeneinander aufzunehmen, ein eigroßes Stück Butter schmelzen und darin 1 Messerspitze Safranpulver auflösen. Die Röschen dazugeben, schüttelnd heiß werden und Farbe annehmen lassen: Das Resultat ist verblüffend! Das nicht gerade feine Gemüse ist zu einer überraschend leckeren Angelegenheit geworden.

Kalbsschnitzel mit Zitronensauce

Für 4 Personen:

4 Kalbsschnitzel, mindestens 1 cm dick,
5 EL Butterschmalz,
0,2 l Fleischbrühe,
2 unbehandelte Zitronen,
schwarzer Pfeffer aus der Mühle,
wenig Mehl,
Salz

(schmale Bandnudeln)

Menüvorschlag:

Rucola mit Rosinen und Pinienkernen (Seite 24),
Kalbsschnitzel mit Zitronensauce,
Weintraubensabayon (Seite 403)

Dazu passt Sauvignon bianco aus dem Veneto.

Kaum einem Fleisch widerfährt ständig eine so brutale Behandlung wie dem Kalbfleisch, vor allem, wenn es von dicker Panade umgeben seinem ledernen Schicksal entgegenbrutzelt.

So wie beim Wiener Schnitzel – dessen Rezeptur übrigens wie das der Kalbshaxe ursprünglich aus Mailand stammt – kommt es auch beim Kalbsschnitzel pur nicht nur auf die Qualität des Fleisches an, sondern ebenso auf die schonende Art der Zubereitung und die angemessene Würzung.

1. Die Kalbsschnitzel auf ein Holzbrett legen, mit Klarsichtfolie abdecken und mit der Klinge eines Küchenbeils möglichst breit klopfen oder drücken. Die Schnitzel salzen, pfeffern und mit Mehl leicht bestäuben.

2. Die Zitronen halbieren, drei Hälften in sehr dünne Scheiben schneiden, die vierte Hälfte auspressen.

3. In einer Pfanne 5 EL Butterschmalz zerlassen. Die Schnitzel auf beiden Seiten 2 Minuten braten, bis sie zartbraun sind. Auf einen Teller legen.

4. Alles Fett aus der Pfanne bis auf einen dünnen Film abgießen. 2 Drittel der Fleischbrühe eingießen und unter Rühren rasch aufkochen lassen, dabei den Bratensatz losschaben. Die Schnitzel zurück in die Pfanne legen und mit Zitronenscheiben bedecken. Den Deckel auflegen und die Schnitzel bei niedrigster Hitze 10 – 15 Minuten schmoren lassen. Das Fleisch sollte beim Hineinstechen weich sein. Auf vorgewärmte Teller legen.

5. Die restliche Fleischbrühe in die Pfanne gießen und aufkochen, bis die Brühe sämig wird. 1 EL Zitronensaft hinzufügen und noch 1 Minute köcheln lassen. Vom Feuer nehmen, noch 2 EL weiche Butter einrühren und die Schnitzel mit der Sauce übergießen.
Dazu passen schmale Bandnudeln.

Hauptgerichte

Kaninchen mit Backpflaumen

*Als ich dieses Rezept vor mehr als drei Jahrzehnten zum ersten Mal veröffentlichte, schrieb ich dazu: »Eine Schwierigkeit vorab: Das Originalrezept verlangt, dass das Kaninchenblut zur Sauce verwendet wird. Doch das können nur die Leute, die das Kaninchen selber schlachten ... Doch ich habe es ausprobiert: Auch ohne Blut schmeckt es wunderbar! (Selbstschlachter müssen das Kaninchenblut mit Essig verdünnen, weil es sonst gerinnt). ... Viele Menschen grausen sich vor dem Kopf. Wenn es auch die Qualität der Sauce verbessert, wenn man ihn mit schmort (ohne Augen), so sollten sensible Naturen ihn besser gar nicht mit nach Hause nehmen. ... Die ausgefallenste Variation ist die nicht alltägliche Kombination von Backpflaumen und Kaninchen, die ich deshalb anderen Marinaden vorziehe, weil die Geschmacksveränderung durch die Rotweinpflaumen eine kleine kulinarische Sensation bewirkt.«
Daran hat sich bis heute nichts geändert.*

Für 4 Personen:

2 Keulen, 2 Rücken (und Leber; so vorhanden) eines Kaninchens,
250 g Backpflaumen mit Kern,
1/2 l Rotwein,
125 g Räucherspeck,
4–6 Schalotten,
250 g Champignons,
1 Stck Ingwerwurzel,
Öl/Butter,
Pfeffer, Salz

Für die Marinade:

1 Fl. tr. Weißwein,
1/4 l roter Weinessig,
2 Lorbeerblätter,
1 große Zwiebel,
6 Wacholderbeeren,
1 EL Senf,
1 TL Pfefferkörner

1. Die große Zwiebel schälen und in Scheiben schneiden. Die Pfefferkörner und die Wacholderbeeren werden zusammen im Mörser geschrotet. Zwiebelscheiben und Gewürze mit 1 Fl. trockenem Weißwein mischen, 1/4 l roten Weinessig, 2 Lorbeerblätter und 1 EL Senf hinzufügen und gut durchrühren.

2. Die Kaninchenteile in einer passenden Schüssel mit der Marinade (früher hieß sie Beize) begießen, so dass alle Teile bedeckt sind. Für 24 Stunden marinieren, ab und zu einmal umrühren und dabei darauf achten, dass alle Fleischteile bedeckt bleiben.

3. Am nächsten Tag die Kaninchenteile aus der Marinade nehmen und sorgfältig mit Küchenpapier oder einem Küchentuch abtrocknen.

4. In einer Öl-und Butter-Mischung bei mittlerer Hitze in einer Pfanne behutsam anbraten, bis die Fleischteile von allen Seiten goldbraun sind. Falls die Butter dunkel wird oder gar anbrennt, abgießen, neue Butter nehmen und bei geringerer Hitze weiterbraten. Dabei salzen und pfeffern. Danach alles in einen Schmortopf legen, aber die Bratpfanne nicht ausspülen.

5. Die Schalotten enthäuten, in winzige Partikel schneiden und im Bratensatz der Pfanne anschwitzen. Den Satz mit etwas durchgesiebter Marinade ablöschen, aufkochen lassen und dabei mit dem Holzlöffel alle Bratrückstände vom Pfannenboden losschaben. Alles über die Fleischteile im Schmortopf gießen.

6. Den Räucherspeck in nicht zu kleine Würfel schneiden (damit man sie später leicht wieder herausfischen kann).

7. Die Champignons putzen (möglichst nicht waschen, sondern nur Schmutz und unansehnliche Stellen entfernen), die Stiele abschneiden und die Pilze ganz lassen (nur die großen halbieren). Auch die Ingwerwurzel schälen und ungefähr 1 – 2 TL raspeln.

8 Räucherspeck und Champignons in den Schmortopf geben und mit der durchgesiebten Marinade so weit auffüllen, bis die Fleischstücke zu 2/3 bedeckt sind. Am Ende der Schmorzeit werden die Champignons so viel Wasser an die Sauce abgegeben haben, dass das Fleisch fast ganz damit bedeckt ist.

9 Entweder im auf 180 Grad vorgeheizten Backofen oder auf dem Herd auf kleiner Flamme zugedeckt in 1 1/2 bis 2 Stunden garschmoren lassen.

10 Inzwischen die Backpflaumen in 1/2 l Rotwein kurz aufkochen und danach noch 5 Minuten darin ziehen lassen. Herausnehmen und mit Messer und Gabel entkernen (weil man sich sonst die Finger verbrennt).

11 Nach dem Ende der Schmorzeit die Fleischstücke herausnehmen und warm stellen, die Räucherspeckwürfel herausfischen und die Sauce auf großer Flamme auf etwa 1 Drittel der ursprünglichen Menge einkochen. Dann die Pflaumen und wenig Rotwein in die Sauce geben sowie die Leber durch ein Haarsieb hineintreiben und verrühren (wer das Blut aufgehoben hat, gibt es erst jetzt hinzu). Mit dem geraspelten Ingwer, Salz und Pfeffer abschmecken, das Fleisch hinzufügen und mit Nudeln servieren.

Eine geeignete Gemüsebeilage dazu habe ich nicht gefunden. Dafür ist die Sauce zu eigenwillig und zu kräftig. Wichtig ist hingegen ein kräftiger, feuriger Rotwein.

Menüvorschlag:

Rucola mit Walnüssen und Parmesan (Seite 24), Kaninchen mit Backpflaumen, Bananensalat (Seite 407)

Zum Kaninchen mit Backpflaumen passen Syrah aus dem Wallis, Côte Rotie, Pinot Noir aus dem Napa Valley.

Hauptgerichte

Kaninchen mit Oliven

Es gibt drei Sorten von Kaninchen: Große, respekteinflößende Tiere, die sechs Essern genügen. Diese sind auf deutschen Märkten, wo auch die Bohnen groß und die Kohlköpfe riesig sind, eher die Regel; ich liebe sie nicht besonders. Die sehr kleinen – meist importierten – Exemplare sind zwar weitaus zarter und saftiger, aber oft nicht zu haben. Inzwischen gibt es auch junge mittelkleine Kaninchen; diese meine ich in meinen Zutatenlisten und Rezepten.

Einen eigenen Geschmack hat das Kaninchen kaum. In seiner kulinarischen Verwertbarkeit allerdings gleicht es dem Huhn. Das Fleisch ist weiß und mager, und es ist variationsfähig wie kein anderes Fleisch. Es bleibt sogar zart, wenn es nicht ganz sachgemäß behandelt wird (der empfindliche Rücken ausgenommen, aber von dem ist hier nicht die Rede). Bei diesem Rezept geht es nur um die Keulen des Kaninchens, welche wir heute sogar in den Kleinstädten einzeln kaufen können.

Von allen Methoden des Garmachens halte ich das Schmoren für die beste. Zwar kann man ein Kaninchen auch füllen und im Ganzen braten, aber da das Fleisch sehr mager ist, wird es beim Braten leicht trocken. Für völlig ungeeignet halte ich übrigens das Grillen. Ich habe noch nie erlebt, dass ich nicht anschließend die trockenen Fasern aus meinen Zähnen stochern musste.

Meistens werden die Keulen als zusammenhängendes Paar verkauft; ich schneide sie auseinander. Pro Person brauche ich eine Keule.

Für 4 Personen:

4 Kaninchenkeulen,
16 schwarze Oliven,
4 Knoblauchzehen,
1 unbehandelte Zitrone,
100 g Räucherspeck,
1 Glas Weißwein,
1 Stück Ingwerwurzel,
1 Zweig Thymian,
Olivenöl,
Salz

1. In einer länglichen, flachen Bratform, die man anschließend in den Ofen schieben kann, 1 bis 2 EL Olivenöl heiß werden lassen. Darin den in Stücke geschnittenen Räucherspeck auslassen. Darunter versteht man je nach Region weißen, fetten oder durchwachsenen Schinken; wenn sie stark geräuchert sind. Die Keulen salzen und in dem ausgelassenen Fett sorgfältig rundherum hellbraun anbraten. Das dauert ungefähr 15 Minuten.

2. Nun die schwarzen Oliven und die ungeschälten Knoblauchzehen in den Bräter geben, sowie einen Zweig frischen Thymian. Statt Pfeffer – der wäre wieder einmal schwarz und grob – diesmal mit frischer Ingwerwurzel würzen. Diese wird geschält und feingehackt; davon kommt für vier Keulen 1 gehäufter Esslöffel in den Bräter.

3. Mit 1 Glas trockenem Weißwein ablöschen, die unbehandelte Zitrone in Scheiben schneiden und diese auf die Kaninchenkeulen legen. Die Bratform mit Alufolie abdecken und in den 100 Grad heißen Ofen schieben.

4. Von nun an wird ganz langsam geschmort, nicht mehr gebraten. Die niedrige Temperatur verhindert das Austrocknen, dennoch wird das Fleisch gar; dafür wird man die längere Zeit gern in Kauf nehmen.

5 Nach 50 bis 60 Minuten (auf eine halbe Stunde mehr kommt es bei dieser Garmethode nicht an) wird das Fleisch gar sein. Man bemerkt es daran, dass es sich am Unterschenkel leicht vom Knochen löst. Zwischendurch den Bräter einmal herausnehmen, den Schmorsaft probieren und mit dem Finger über eine Keule fahren: Dies ist die letzte Chance, noch nachzuwürzen! Also Salz und Ingwer bereitstellen.

6 Am Ende der Garzeit die Keulen aus dem Bräter nehmen und warmstellen. Thymian, Zitronenscheiben und Speckstücke herausfischen; Knoblauch und Oliven dürfen drin bleiben. Sollte es nötig sein, wird der Schmorsaft auf dem Herd in einer Kasserolle reduziert, bis er die richtige Konsistenz bekommt; er sollte leicht sämig und nicht suppig sein. Dabei ein letztes Mal abschmecken und einen Guss Olivenöl in die Kasserolle geben.

Ob man die fertigen Kaninchenkeulen im Ganzen serviert oder das Fleisch zunächst von den Knochen löst, ist eine Stilfrage. Beides ist möglich; am köstlichen Geschmack dieses Gerichts ändert sich nichts.

Puristen essen die Kaninchenkeulen ohne jede Beilage – außer ab und zu eine der milden, heißen Oliven. Wer eine Beilage braucht, kann dazu junge Erbsen oder ›haricots verts‹ – in etwas Butter geschwenkt – essen, oder auch junge, kleine Pellkartoffen, die mit ein wenig Meersalz bestreut werden.

Vorschlag für ein sommerliches Festmenü:

Winzersalat (Seite 37),
Fischcurry mit Äpfeln (Seite 66),
Kaninchenkeulen,
Erdbeerparfait (Seite 424)

Zum Kaninchen geht beides, rot oder weiß; z.B. ein Merlot von der Peloponnes (Griechenland) oder Chardonnay aus dem Pénedes (Spanien).

Hauptgerichte

Kaninchen in Senfsauce

Als Sonntagsbraten der Kleingärtner wird der Stallhase zu Unrecht belächelt. Er ist nichts weniger als eine Delikatesse und ein Klassiker, wenn er in einer Senfsauce geschmort wird. Weil aber ein Kaninchen ein bürgerliches Gericht ist, das nicht zur feinen Küche zählt, wird es sehr häufig in Gaststätten gekocht, wo die Köche sich mehr für Fußball interessieren als für die Regeln der Kochkunst. Das Resultat sind dann harte Keulen und trockene Rücken. Vor allem, wenn die Stallhasen im Ganzen gebraten oder geschmort werden, ist die Katastrophe fast unvermeidlich. Deshalb wird dort, wo man etwas vom Kochen versteht, das Kaninchen nie im Ganzen in den Ofen geschoben.

Auch ein kleineres Kaninchen reicht für 4 Personen. Ich lasse es mir vom Händler in 6 Teile zerschneiden: je zwei Keulen und Läufe, Vorder- und Hinterrücken (den Kopf darf er behalten). Die Feinarbeit mache ich zu Hause: Aus dem Vorderrücken schneide ich das Rückgrat heraus, so dass ich die beiden Rückenseiten einzeln habe; auch die am Filetteil hängenden Bauchlappen trenne ich ab. Dann löse ich die Filets vom Rücken ab, öle sie ein und lege sie beiseite. Die werden später gesondert gebraten. Geschmort werden demnach nur die Läufe, die Keulen, die beiden Brusthälften und die Bauchlappen.

Für 4 Personen:

1 mittelkleines Kaninchen (in 6 Teile zerlegt), Butter/Öl-Mischung, 1/4 l Sahne, 2 große Schalotten, 1 dicke Knoblauchzehe, kräftige Hühnerbrühe, 1 Glas Weißwein, scharfer Senf, getrockneter Estragon, 1 EL frischer Estragon, Pfefferkörner, 1 TL Senf, Salz

(Salzkartoffeln; glasierte Karotten)

1 In einer Pfanne werden die Kaninchenteile nacheinander in einer Mischung aus Öl und Butter langsam und geduldig angebraten. Dabei bereits kräftig salzen. Die angebratenen Stücke mit Senf bestreichen und in einen passenden Schmortopf oder Bräter legen.

2 Die Schalotten und die Knoblauchzehe feinhacken, das Fett aus der Bratpfanne weggießen, neue Butter nehmen und Schalotten und Knoblauch darin leicht angehen lassen. Mit 1 Glas Weißwein ablöschen, etwas einkochen lassen und über die Kaninchenstücke im Schmortopf gießen. 1 TL Estragon mit dem Handballen zerreiben und zum Fleisch streuen. Frischer Estragon wäre jetzt nicht besser; erst kurz vor dem Servieren gebe ich noch 1 EL frische, gehackte Estragonblätter zu.

3 1 TL Pfeffermischung (schwarze und graue Körner) im Mörser zerstoßen und ebenfalls über das Fleisch streuen. Mit der Hühnerbouillon soweit auffüllen, dass die Fleischstücke zur Hälfte in der Flüssigkeit liegen. Auf den Boden des auf 200 Grad vorgeheizten Backofens stellen und für ungefähr 60 Minuten schmoren. Das ist keine präzise Angabe; aber jeder, der nicht immer die gleichen Kaninchen im gleichen Herd zubereitet, weiß, welche Schwankungen hier möglich sind. Sogar 2 Stunden Schmorzeit sind nicht ungewöhnlich. Nun ist das nicht weiter tragisch, das fertige Essen muss ja nicht gleich auf den Tisch, sondern kann bedenkenlos warmgehalten oder wieder aufgewärmt werden. Durch die regelmäßigen Kontrollen lässt sich leicht feststellen, ob das Fleisch nun langsam gar wird oder nicht.

4 Während der Schmorzeit werden die Fleischstücke alle 15 Minuten gewendet. Dabei den Saft probieren: Wie immer, wenn wie hier die Sauce abschließend mit Sahne montiert wird, muss sie jetzt eindeutig zu stark gewürzt sein, also etwas zu salzig. Auf die Wichtigkeit dieses Details kann gar nicht oft genug hingewiesen werden! Denn jetzt entscheidet sich, wie das Fleisch hinterher schmeckt, während man die Sauce auch noch eine Minute vor dem Servieren verbessern kann.

5 Während des Schmorens werden auch die Beilagen zubereitet. Am besten passen Salzkartoffeln und glasierte Karotten: in kleine Stücke geschnitten (nicht Scheiben), in Bouillon gar gedünstet und mit Zucker glaciert. Auch Bandnudeln ergeben eine schöne Beilage, dann allerdings passen Erbsen oder Champignons – oder beides gleichzeitig – besser.

6 Wenn das Fleisch gar ist, 1/4 Liter süße Sahne in den Bräter gießen; das ist nicht viel für ein Schmorgericht, das 4 Personen sättigen soll. Wenn bisher nach Rezept gekocht wurde, müsste das Fleisch in ziemlich viel kräftig schmeckender Sauce schwimmen, die man nicht sonderlich einkochen muss (das Einkochen soll ja in erster Linie nicht die Sauce eindicken, sondern ihren Geschmack intensivieren). Also ein zwar relativ dünner, aber sehr aromatischer Schmorsaft. Nur wenn die Würzung zu stark schmeckt, noch etwas Sahne oder Crème fraîche zugeben. Jetzt den Bräter aus dem Ofen nehmen und – nun auf dem Herd – der Sauce den letzten Schliff geben: mit frischem Estragon, vielleicht noch 1 TL Senf und/oder etwas Pfeffer.

7 Als amuse gueule werden vor dem Servieren die ausgelösten Filets kurz für drei Minuten in Butter gebraten, gesalzen und gepfeffert und in so viele Stücke geteilt, wie Esser am Tisch sitzen: Davon bekommt jeder eines.

> **Menüvorschlag:**
> Feldsalat mit Champignons (Seite 15), Kaninchen in Senfsauce, Mousse-au-Chocolat (Seite 420)

> Versuchen Sie zum Kaninchen in Senfsauce einmal einen Pinot noir aus der Bündner Herrschaft oder einen Pinot blanc von ebendort.

Hauptgerichte

Königsberger Klopse

Königsberger Klopse sind zwar keine originelle, aber doch recht erfreuliche Erscheinung in der Deutschen Küche. Gleichzeitig sind sie jedoch ein deprimierendes Beispiel für den Niedergang unserer Qualitätsansprüche. Sogar in der Schmalhans-Küche meiner Kindheit war es selbstverständlich, dass Königsberger Klopse ausschließlich aus Kalbfleisch zubereitet wurden. (Meine Großmutter stammte aus Ostpreußen, und wenn ihre Verwandten zu Besuch kamen, war die ostpreußische Küche ein beliebtes Gesprächsthema.)

Aber in den unzähligen Kochbüchern, die in den letzten zwanzig Jahren geschrieben wurden, habe ich nicht ein einziges Rezept gefunden, dass von diesem Umstand ausging. Stattdessen die üblichen Hackbratenmischungen; halb Rind- und halb Schweinefleisch ist die gebräuchlichste Formel.

Damit aber nicht genug. Die deutsche Vorliebe für Zwiebeln sorgt für weiteres Unheil: »Zwiebeln hacken und unter das Fleisch mischen«. Was die Autoren da, rülps–rülps, zusammenmischen lassen, sind Buletten, die üblicherweise in billigem Fett gebraten werden und danach tagelang auf den Theken west- und norddeutscher Wirtshäuser herumliegen. Mit Königsberger Klopsen haben sie so wenig zu tun wie ein Fußball mit einem Golfball. Das betrifft auch die Größe. Königsberger Klopse sind keine deftigen Fleischkugeln, sondern kleine, zarte Klößchen. Sie sind, wenn sie richtig hergestellt werden, und das heißt ausnahmsweise: auf die alte, ostpreußische Art, ein Gewinn für die deutsche Alltagsküche.

Für 4 Personen:

500 g Kalbfleisch (Filet o. Schnitzel),
2 Eigelb, Milch,
1 l klare Kalbsbrühe,
2 Semmeln o. Rinde,
20 Sardellenfilets,
1 TL abgeriebene Zitronenschale,
Muskat, Pfeffer, Salz

Für die Sauce:

1/4 l Sahne,
100 g kleine (!) Kapern, Zitronensaft

Dazu passt Riesling.

1 Das magere Fleisch sorgfältig von allen Häuten säubern und zweimal durch die feinste Scheibe des Fleischwolfes drehen. Die Semmeln kurz in Milch einweichen, ausdrücken und ebenfalls durch den Wolf drehen. Die Sardellenfilets mit Küchenkrepp abtupfen, in sehr kleine Stückchen schneiden und mit Fleisch, Eigelb, Semmeln und Zitronenschale vermischen. Leicht salzen, pfeffern und mit Muskat würzen.

2 Die Kalbsbrühe zum Kochen bringen. Aus der Fleischmasse sehr kleine Klößchen formen, in zwei Partien in die simmernde Brühe legen und 8 Minuten ziehen lassen. Herausnehmen und warmstellen.

3 In einer tiefen großen Pfanne oder in einem Sautoir 1/4 l der Brühe mit der Sahne bis fast auf die Hälfte einkochen lassen. Die abgetropften Kapern einstreuen, mit Salz und Zitronensaft abschmecken. Dazu passt Reis.

Hauptgerichte

Kohlrouladen – aus Wirsing und Lamm

Hackfleisch spielt in der Deutschen Küche eine überproportional große Rolle, führt jedoch selten zu einem delikaten Ergebnis. Ausnahmen sind neben den Königsberger Klopsen vor allem die Kohlrouladen. Ich sage absichtlich ›die‹ Kohlrouladen, obwohl in der Praxis nur eine Kohlroulade existiert: mit Hackfleisch gefüllte Weißkohlblätter. So entsteht aus der üblichen Mischung von Rind- und Schweinefleisch zusammen mit rohen Zwiebelstücken und Weißkohl ein typisches Produkt der deutschen Plumpsküche. Ein anderes Ergebnis bringt hingegen die Verwendung von Wirsing und Lammfleisch: ein Leckerbissen! Das gilt allerdings nur dann, wenn auch für diese Rouladen die Regeln der Feinen Küche angewandt werden.

Für 4 Personen:

600 g Lammfleisch
(aus der Schulter),
geräucherte
Speckscheiben,
2 kleine Wirsing-
köpfe,
2 Eigelb,
3 Semmeln o. Rinde,
Milch, Butter,
4 Schalotten,
Thymian,
1/4 l Sahne,
Pfeffer, Salz

Menüvorschlag:

Matjestatar
(Seite 87),
Wirsing-Rouladen,
Käsekuchen
(Seite 416)

1. Die Wirsingköpfe in ihre einzelnen Blätter zerlegen, sämtliche Strünke herausschneiden, die dunkelgrünen äußeren und die weißen inneren Blätter entfernen und die übrigen in sprudelnd kochendem Salzwasser für 3 Minuten blanchieren und anschließend in kaltem Wasser abschrecken und zwischen Handtüchern etwas abtrocknen.

2. Das Lammfleisch (kann auch Keule sein; ist aber teurer) sorgfältig auslösen und von Häuten und Sehnen befreien. Durch die mittlere Scheibe des Fleischwolfs drehen. Die Semmeln kurz in Milch einweichen, ausdrücken und ebenfalls durch den Wolf drehen.

3. Die Schalotten enthäuten, in winzige Partikel schneiden und vorsichtig in Butter anschwitzen, bis sie fast gar sind; das kann 15 Minuten dauern. Sie dürfen dabei nicht braun werden!

4. Das durchgedrehte Fleisch und die Semmeln mit den Eigelb und den Schalotten vermischen; mit Pfeffer, Salz und Thymian würzen.

5. Für 8 kleinere Rouladen jeweils 2 bis 3 Wirsingblätter so aufeinander legen, dass man daraus eine Roulade zusammenrollen kann. Die Fleischmasse entsprechend aufteilen und mit dem Wirsing zu Rouladen formen.

6. Eine passende Reine oder Gratinform mit dünnem, geräuchertem Speck auslegen, die Rouladen nebeneinander daraufsetzen, mit Alufolie (oder Deckel) abdecken und für 1 bis 1 1/2 Stunden in den auf 180 Grad vorgeheizten Ofen schieben. In der letzten halben Stunde Deckel abnehmen, mit Sahne übergießen und im oberen Drittel des Ofens fertiggaren. Dazu kann man Reis servieren, muss aber nicht; der Speck wird nicht mitgegessen.

Hauptgerichte

Kutteln

Wie es sich für eine Nation gehört, die in dem Bewusstsein ihrer kulturellen Überlegenheit noch die ärmlichste Brotsuppe ihrer Vorfahren für Kochkunst hält, fühlt die deutsche sich vom Bösen unmittelbar bedroht. Das Böse in unseren Küchen hat einen Namen. Es heißt Kutteln. Bei ihrer Erwähnung beweist ein kollektiver Aufschrei des Ekels den Grad der Voreingenommenheit, den wir (und nicht nur wir) den Essgewohnheiten der Fremden entgegenbringen. Dabei werden im Schwäbischen seit jeher Kutteln gegessen, allerdings in einer wirklich nicht delikaten Version, deren Hauptmerkmal billiger Essig ist. Ich bilde mir ein, zwei Versionen der Kaldaunen zu kennen, die das verleumdete Gericht zu einem Leckerbissen machen.

Kutteln sind Teile des Rinder- oder Kälbermagens. Sie werden in unseren Metzgereien bereits gereinigt und vorgekocht angeboten. Und fast immer auch vorgeschnitten. Deshalb sehen sie aus wie krause Bandnudeln. Und ein fertiges Kuttelgericht hat tatsächlich etwas von einem Nudeleintopf. Einen wie auch immer gearteten Eigengeschmack dichten den Kutteln nur ihre Feinde an. Ich habe Kutteln schon in Spitzenrestaurants gegessen. Und so gut wie dort schmecken sie auch bei den folgenden Rezepten.

Für 4 Personen:

1 kg Kutteln

Tripes à la niçoise:

1 große Tomate,
16 grüne Oliven,
3 Knoblauchzehen,
3 Stengel Thymian,
Weißwein, Portwein,
Zitronensaft,
Pfefferkörner,
Olivenöl, Salz
(Salzkartoffeln)

Kutteln mit Morcheln:

1 kg Speckkartoffeln,
50 g getr. Morcheln,
1/2 l Sahne,
Vin jaune (oder Weißwein/Sherry),
Zitrone, Pfeffer,
Salz

Tripes à la niçoise

1 Die Kutteln unbedingt in schmale Streifen schneiden, auch wenn der Metzger sie schon vorgeschnitten hat: 4 bis 5 cm lang und 1/2 cm breit sind die idealen Maße. Nur ein bißchen zu breit oder zu lang, also zu grob, und das Resultat wird selber grob sein. Die Kuttelstreifen in einer großen, flachen Kasserolle oder Pfanne in Olivenöl leicht anbraten. Braun werden sollen sie dabei nicht. Sie enthalten viel Feuchtigkeit, deshalb wird aus dem Braten mehr ein Dünsten. Dabei salzen und kräftig pfeffern: Entweder 2 zermörserte Chilis oder weiße und schwarze Pfefferkörner, im Mörser frisch zerstoßen – also nicht feingemahlen aus der Mühle – und davon für 500 Gramm Kutteln ein gehäufter Teelöffel, das muss schon sein.

2 Sodann eine dicke Tomate (oder 2 normal große) enthäuten, entkernen, kleinschneiden und das Fleisch bis auf 2 EL in die Kutteln geben. Pro Portion zusätzlich 4 grüne Oliven entkernen und in kleine Stücke schneiden. Zusammen mit 3 Stengeln Thymian und 3 gehackten Knoblauchzehen ebenfalls in die Kasserolle geben. Mit Weißwein soweit aufgießen, dass die Kutteln fast bedeckt sind. Der Wein sollte eine betonte Säure haben, andernfalls mit Zitronensaft nachhelfen. Deckel drauf und 1 1/2 Stunden simmern lassen.

3 In dieser Zeit die Kartoffeln kochen. Die Kutteln köcheln derweil in ihrer suppigen Sauce still vor sich hin, wobei sich die Tomatenstücke auflösen. Eine Viertelstunde vor dem Ende der Garzeit das aufgesparte Tomatenfleisch hinzugeben; eventuell nachsalzen. Jetzt ohne Deckel weiterköcheln lassen, vielleicht noch ein Glas Wein anschütten, das hängt von der Menge der Sauce ab. Diese soll zum Schluss noch ziemlich suppig sein, nicht eingedickt. Trotzdem wird sie kräftig schmecken, und nicht nur nach Pfeffer.

4 Den Thymian herausfischen und einen guten Schuss fruchtiges Olivenöl in die heißen Kutteln geben und servieren. Allein der Anblick ist geeignet, Kuttelgegner zu bekehren: die hellen Streifen, die grünen Oliven und die roten Tomaten, vereint in der hellrosa Sauce, auf der das Olivenöl seine Spuren hinterlassen hat – die Kartoffeln haben sich noch nie so wohl gefühlt wie bei diesem Gericht.

Kutteln mit Morcheln

1 In dieser feineren Variante bestimmen statt Olivenöl Butter, Sahne sowie getrocknete Morcheln den Ton. Von diesen ebenso delikaten wie teuren Edelpilzen mindestens 1 EL pro Portion einige Stunden in warmem Wasser einweichen. Danach unter fließendem Wasser gründlich waschen. Morcheln können sehr sandig sein! In wenig Butter in einer kleinen Pfanne andünsten, salzen sowie Portwein, Zitronensaft und etwas vom Einweichwasser sehr vorsichtig (Achtung Sand) dazugießen. Dann 1/2 Stunde sanft köcheln lassen.

2 Die in schmale Streifen geschnittenen Kutteln in einem Topf in Butter anschwitzen und mit *Vin jaune* aufgießen. Das ist ein rarer Wein aus dem Jura, den man durch 2 Gläser Weißwein und 1 Glas trockenen Sherry ersetzen kann. Mit Salz und Pfeffer würzen; aber nicht so scharf wie bei der provençalischen Variante. Wegen der fehlenden Tomaten mindestens den Saft einer halben Zitrone zugeben.

3 Die Speckkartoffeln schälen, halbieren und in Würfel schneiden, kleiner als Würfelzucker. Davon 15 Minuten vor Ende der Garzeit pro Portion 2 bis 3 EL in die Kutteln geben sowie (ebenfalls pro Portion) 1/8 l Sahne. Jetzt garen die Kartoffeln in einer Wein-Sahne-Mischung. Da hierbei die Aromen vergleichsweise sanft sind, ist sorgfältiges Abschmecken und Nachwürzen notwendig. Wenn die Kartoffelwürfel gar sind, die Morcheln in den Topf geben und alles noch einmal aufkochen. Dabei zum letzten Mal würzen und mit Wein und Sahne verfeinern, sofern das nötig ist.

Was für ein leckerer Eintopf ist hier entstanden! Wer da immer noch zögert, dem ist nicht zu helfen. Wir anderen aber danken der Schöpfung, weil sie dafür gesorgt hat, dass ein Rind nicht nur aus langweiligen Rumpsteaks besteht.

Menüvorschlag 1:

Linsensalat mit Schafskäse (Seite 22), Tripes à la niçoise, Apple Crumble (Seite 386)

Menüvorschlag 2:

Lachs-Forelle-Terrine (Seite 81), Kutteln mit Morcheln, Quarksoufflé (Seite 400)

Weintipp zu Tripes à la niçoise:

Sancerre, Savennières oder Grüner Veltliner

Weintipp zu Kutteln mit Morcheln:

Frische, trockene Weißweine oder ein Vin jaune

Lammcurry mit Zitronenreis

Für 4 Personen:

1 kg Lammkeule (ohne Knochen),
1 saurer Apfel,
150 g Sahne,
150 g Fleischfond,
2 Tassen Basmati,
3 Tassen Hühnerbrühe,
3–4 TL Indian Curry,
2 Zitronen, Öl, Salz

Menüvorschlag:

Linsensuppe (Seite 54),
Lammcurry,
Pflaumenquark (Seite 398)

Dazu passt roter Cahors.

Das Fleisch für diesen Lammcurry stammt aus der Keule. Er lässt sich auch mit dem Fleisch der preiswerteren Schulter herstellen. Das muss jedoch geschmort werden, was sehr viel länger dauert als das kurzgebratene Fleisch aus der Keule. Überdies wäre das Resultat ein anderes Gericht, exotischer und weniger leicht.

Also Lammkeule. Für 4 Personen kaufe ich 1 Kilo ohne Knochen. Nachdem ich es sehr sorgfältig von jeglichen Häuten, Fett und Sehnen gesäubert habe, sind höchstens 800 Gramm mageres Fleisch übrig. Das schneide ich in Würfel, die später auf dem Teller noch einmal geteilt werden müssen, damit sie auf die Gabel passen.

1 Zwei Tassen Basmati-Reis mit dem Saft von 2 Zitronen beträufeln und vermischen. Einige Stunden ziehen lassen. Dann, wie immer, mit 3 Tassen Brühe aufsetzen und, wenn diese verkocht ist, bei geschlossenem Deckel gar ziehen lassen und warmstellen.

2 Währenddessen die Sauce vorbereiten. Dazu einen halben Apfel reiben und ihn zusammen mit 1 Becher Sahne und der gleichen Menge konzentriertem Fleischfond in einer Sauteuse aufs Feuer setzen. 3 bis 4 TL Indian Curry einstreuen; das ist die gelbbraune, scharfe Sorte.

3 Diese Mischung zugedeckt auf mittlerer Hitze köcheln lassen, bis der geriebene Apfel sich aufgelöst hat. Durch ein Sieb treiben und abschmecken. Wie scharf die Sauce wird oder wie sanft, hängt vom Geschmack ab; vielleicht noch etwas Sahne oder Fond?

4 Die Fleischwürfel in wenig sehr heißem Öl braten. Sie müssen unbedingt nebeneinander Platz haben; sonst lieber in Etappen braten. Vorher salzen und dann unbeweglich 2 Minuten in der Pfanne anbraten, wenden und noch einmal 2 Minuten braten. Das genügt! Mit einem Schaumlöffel aus der Pfanne heben und in die vorbereitete Sauce geben. Zusammen mit dem Reis servieren.

Lammfrikassee

Für 4 Personen:

600 g mageres Lammfleisch (Keule/Schulter),
125 g Butter,
1½ große weiße Zwiebeln,
4 Nelken,
1 Lorbeerblatt,
3 TL Kapern,
2 EL Zitronensaft,
8 Sardellenfilets (Anchovis),
1 Prise Muskat,
Salz

Menüvorschlag:

Fenchelsalat mit Ziegenkäse (Seite 16),
Lammfrikassee,
Rhabarbertorte (Seite 434)

Zu diesem Lammfrikassee passt gut ein Spätburgunder von der Ahr.

Frikassee ist die feinere Bezeichnung für Gulasch. Letzteres stammt vom ungarischen ›gulyás‹ und identifiziert die Herkunft von Schwein und Rind, während mit Frikassee ein Gulasch vom Kalb oder Huhn gemeint ist. Da von allen Tieren das Schaf das saftigste und außerdem ein ungemein delikates Fleisch liefert, halte ich die Bezeichnung Lammfrikassee für nicht unerlaubt. Ich nehme das Fleisch von der Lammkeule. Wenn es gut abgehangen ist, dauert die ganze Braterei knapp 20 Minuten. Natürlich geht es auch mit dem Fleisch aus der Schulter. Das muss allerdings ziemlich mühsam pariert werden, die Garzeit dauert länger und man kann es innen nicht rosa halten. Gemeinsam ist beiden aber das Aroma und die Bekömmlichkeit.

1 Das Fleisch sorgfältig von allen Häuten, Fett und Sehnen säubern und in mundgerechte – also kleinere als beim Gulasch – Stücke schneiden. In einer tiefen Pfanne die Butter auslassen und die Fleischwürfel dazugeben. 125 g Butter bilden keinen dünnen Film auf dem Pfannenboden, der leicht verbrennt, sondern kochen vergnügt vor sich hin, ohne Schaden zu nehmen. Das ist hier auch beabsichtigt, denn in dieser Butter wird das Fleisch mehr gekocht als gebraten: daher die Leichtigkeit eines Frikassees.

2 Wenn das Fleisch von allen Seiten geschlossen ist (braun wird es nie), salzen und die übrigen Zutaten hinzugeben (bis auf die Sardellenfilets): Die in dünne Scheiben geschnittenen Zwiebeln, Nelken, Lorbeerblatt, Kapern, 2 EL Zitronensaft sowie die Prise Muskat. Deckel drauf. Bei Fleisch aus der Keule dauert es jetzt nur noch ca. 15 Minuten (man muss das probieren!), bis die Fleischwürfel gar sind, was hier bedeutet, dass sie innen noch rosa sind. Die Zwiebelringe sind, wenn es wirklich weiße Zwiebeln waren, in der kurzen Zeit ebenfalls gar geworden, ohne dass sie deshalb mitgegessen würden. Wichtig ist, dass sie den Geschmack und die Konsistenz der Sauce beeinflusst haben. Die Sardellenfilets werden, kleingehackt, erst in den letzten Minuten zum Fleisch gegeben.

3 Beim Abschmecken sollte man bedenken, dass hier keine wuchtige, sondern eine sehr sanfte Sauce entstanden ist. Die Butter ist vom Fleischsaft zwar verdünnt worden, beweist aber immer noch ihre feine, aromatisierende Kraft.

Als Beilage passen sehr gut Spargel, Blumenkohl oder geschmorte Gurken. Aber keine Kartoffeln und keinen Reis, sondern Weißbrot.

Hauptgerichte

Lammkeule mit und ohne Knochen

Ein Stück Hammelfleisch konnte einmal schrecklich schmecken, wenn es alt und dick mit Fett besetzt war. So entstand in Deutschland sogar eine Aversion gegen Lammfleisch, das bei erfahrenen Goumets seit langem als delikateste Fleischsorte gilt. Erst nach und nach, nicht zuletzt durch Feinschmecker-Restaurants, errang Lammfleisch den Platz, der ihm gebührt.

Lammfleisch lässt sich auf verschiedenste Weise zubereiten: Eine Keule zum Beispiel kann man am Spieß vor dem Feuer, ohne Knochen im Brattopf, gefüllt oder in Stücke geschnitten mit Gemüse, gar werden lassen. Die traditionellste Art der Zubereitung ist die als ›gigot d'agneau‹ (Seite 322) im sehr heißen Backofen – sie ist aber auch die riskanteste, weil das Ergebnis ziemlich unvorhersehbar zwischen zart und saftig oder zäh und faserig liegen kann – abhängig von Alter und Vorbehandlung.

Die sicherste Methode ist – neben dem Pochieren – die Niedrigtemperatur-Methode: Bei 80 Grad im Backofen kann sich das Proteinnetzwerk in aller Ruhe entfalten und ergibt einen wunderbar mürben Braten. Eine Keule mit Knochen braucht dazu rund 5 Stunden, ohne Knochen ist sie nach 3 Stunden gar.

Für 4 Personen:

1 Lammkeule (mit oder ohne Knochen),
Olivenöl,
grober schwarzer Pfeffer, Salz,
1 EL Butter,
4 Tomaten,
4 Schalotten,
2 Karotten,
8 Knoblauchzehen,
2 Zweige Thymian,
2 Zweige Rosmarin,
1/2 Tasse Weißwein oder Fleischbrühe,
1/2 l Rotwein,
1–2 TL Tomatenmark,
1 kl. Gl. Noilly Prat,
Muskat, Salz

(Kartoffelgratin; Seiten 370–373)

Lammkeule mit Knochen

1 Die Karotten schälen und in dünne Scheiben schneiden, die Tomaten vierteln oder achteln, die Schalotten schälen und kleinhacken, die Knoblauchzehen ungeschält zerdrücken.

2 Die Lammkeule sorgfältig von allem Fett und allen Häuten säubern. In einem schweren Schmortopf oder Bräter etwas Olivenöl erhitzen und darin die Keule sanft und geduldig von allen Seiten hellbraun anbraten. Das dauert ungefähr 15 bis 20 Minuten. Dabei gründlich salzen und mit grob gemörsertem schwarzen Pfeffer bestreuen.

3 Die Keule herausnehmen, das Brotöl weggießen, 1 EL frische Butter in den Schmortopf geben und das vorbereitete Gemüse darin andünsten. Umrühren und mit Salz und Pfeffer sehr kräftig abschmecken.

4 Die Rosmarin- und Thymianzweige auf das Gemüse legen und darauf die Lammkeule betten. Mit 1 Tasse heißen Weißwein oder Fleischbrühe angießen und ohne Deckel in den auf 80 Grad vorgeheizten Ofen schieben.

Da fast jeder Ofen anders heizt als auf dem Temperaturregler angegeben, empfiehlt sich dringend die einmalige Anschaffung (um die 10 Euro) eines geeichten Bratthermometers, das man zur Kontrolle seitlich in den Backofen stellt. Die 80 Grad sollten möglichst genau eingehalten werden.

5 Die ›Bratzeit‹ beträgt rund 5 Stunden – dabei kommt es auf eine Stunde nicht an. Erst nach 2 bis 3 Stunden treten aus den Poren ein paar Tröpfchen aus und signalisieren den Garprozess.

6 Die Keule herausnehmen, in Alufolie gewickelt bei 50 Grad im Ofen warmhalten. Das Gemüse im Schmortopf auf dem Herd erhitzen, mit 1/2 Liter Rotwein ablöschen und etwas Lammfond oder 1 Tasse Fleischbrühe zugeben. 10 Minuten köcheln lassen, dann durch ein Sieb in einen anderen

Topf abgießen – dabei das Gemüse mit einem Holzlöffel ausdrücken – und anschließend auf dem Herd reduzieren und zur Sauce abschmecken: Vielleicht etwas frischen Thymian zugeben, 1 bis 2 TL Tomatenmark, 1 kleines Gläschen Noilly Prat – wieder einkochen und wieder abschmecken. Eine prächtige leichte Sauce ist entstanden.

Lammkeule ohne Knochen

1 Das Entbeinen der Keule sollte man unbedingt dem Metzger überlassen. Die übrige Arbeit macht man selber: Sehnen und Knorpelstücke herausschneiden, zu dickes Fett ebenso.

2 Im Mörser 1½ EL schwarze Pfefferkörner, 2 TL grobes Meersalz und 1 TL Pimentkörner grob zerdrücken, 2–3 EL Thymianblüten sowie mindestens 2–3 zerdrückte Knoblauchzehen unterrühren und mit dieser Mischung alle offen liegenden Innenseiten der Keule bestreuen. Die Fleischlappen mit Küchengarn zu einem festen Paket zusammenbinden, mit Olivenöl bestreichen und mit dem Rest der Gewürzmischung einreiben.

3 Von nun an verfährt man wie bei »Lammkeule mit Knochen« angegeben. Also rundherum hellbraun anbraten, herausnehmen, das Gemüse andünsten und würzen, die Keule obenauf legen, eine Tasse heißen Weißwein oder Fleischbrühe angießen und den Bräter ohne Deckel für 3 Stunden in den 80 Grad heißen Ofen schieben. Sodann die Sauce fertigstellen, wie unter Punkt 6 beschrieben.

Zur Lammkeule gehören traditionell die dünnen haricots verts – bei uns Keniabohnen genannt. Aber auch glasierte Karotten passen ausgezeichnet (siehe Seite 363).

Zusätzlich oder als alleinige Beilage eignet sich immer ein Kartoffelgratin. Dafür gibt es in diesem Buch fünf Rezepte (Seiten 371–375).

Vorschlag für ein festliches Menü:

Lachshäppchen Outhier (Seite 83), Spargelcreme (Seite 60), Lammkeule, Crème caramel (Seite 409)

Zur Lammkeule passt am besten ein Bordeaux (Haut Médoc oder Margaux).

Lammkeule pochiert – mit Sommersauce

Die moderne Züchtung bemüht sich, möglichst magere, fast fettlose Lämmer zu züchten: Ich bedaure das. Denn was dabei herauskommt, sehen wir an dem tiefgefrorenen, neuseeländischen Lammfleisch, das bei uns angeboten wird: Es hat kaum noch Eigengeschmack. Wenn man aber nur noch die Zähne braucht, um zu unterscheiden, ob etwas Fleisch ist oder Fisch, wenn also alle anderen Sinne überflüssig würden, dann hätte die feine Küche ihren Sinn verloren: Anstatt die spezifischen Unterschiede und die natürlichen Geschmacksnuancen zu unterstreichen und herauszustellen, wäre es ihre Aufgabe, solche Kriterien erst einmal künstlich zu schaffen. Der Koch würde zum Chemiker.

Das brächte mich dann auch um eines meiner Lieblingsgerichte: die feine, pochierte Lammkeule, ein sommerlicher Schmackofatz für genusssüchtige Kulinariker. Ich brauche dazu eine Lammkeule. Der Metzger muss sie mir entbeinen und das Fett und die Häute wegschneiden. Was übrigbleibt, wiegt meistens nicht mehr als 2 Kilo. Das reicht für 4 Personen, weil ja noch etwas für morgen übrigbleiben soll. Diese 2 Kilo haben keine Ähnlichkeit mehr mit einer Keule. Stattdessen liegt vor mir auf dem Küchentisch eine dicke Fleischtüte.

Für 4 Personen:

1 Lammkeule (entbeint),
Lorbeerblätter,
je 1 Zweig Thymian und Rosmarin,
3 Knoblauchzehen,
Pfeffer, Salz

Für die Brühe:

Lauch, Zwiebel, Sellerie, Karotte, Chilischote, Salz, Thymian, Butter, Weißwein

Für die Sauce:

1/2 l saure Sahne,
4 EL Crème fraîche,
1 Schalotte, 1 TL Senf,
4 Knoblauchzehen,
Schnittlauch, Salz,
Cayennepfeffer

1 Die Innenseite der entbeinten Keule mit 1 EL im Mörser grob geschrotetem schwarzen Pfeffer und mit Salz bestreuen. Darauf das Lorbeerblatt legen sowie je 1 Zweig Thymian und Rosmarin; darüber 3 dicke Knoblauchzehen auspressen. Das Fleisch zusammenklappen und gründlich mit Küchengarn umwickeln, so dass ein längliches Fleischpaket entsteht.

2 Das Gemüse für die Brühe kleinschneiden: Das Weiße und Hellgrüne der Lauchstange, eine große weiße Gemüsezwiebel sowie eine Karotte. Alles zusammen mit 4 Lorbeerblättern, der Chilischote und 1 TL getrocknetem Thymian und reichlich Salz in Butter andünsten, mit 1 Glas Weißwein ablöschen, mit Wasser auffüllen und mindestens 30 Minuten auskochen.

3 In diese *Court bouillon* genannte kräftige Gemüsebrühe wird das Fleisch eingelegt. Nach einigen Minuten die Hitze herunterschalten, so dass das Wasser nicht mehr kocht. Nur gelegentlich kündet ein zaghaftes ›Blupp‹ davon, dass die Temperatur bei 90 Grad liegt. So wird Fleisch pochiert, so bleibt es innen saftig.

4 Die Garzeit beträgt zwischen 60 und 90 Minuten. Das ist sehr vage; aber die Fingerprobe verrät den Zeitpunkt, an dem das Fleisch gar ist. lässt es sich leicht eindrücken, ist es noch zu roh und muss noch einmal ins Kochwasser. Lässt es sich dagegen nicht mehr eindrücken, dann war es zu lange im Wasser, und wahrscheinlich war die Temperatur zu hoch. Es muss auf Fingerdruck nachgeben, aber nicht sehr

5 In der Zwischenzeit wird die Sommersauce gemacht. *Die Sauce für gekochtes Fleisch!* Sie ist kalt und besteht aus saurer Sahne, Crème fraîche, Schalotte, scharfem Senf, Knoblauch, Salz, Cayenne und Schnittlauch.

Die Sauce ist, das sagt schon ein Blick auf die Zutaten, weiß. Ziemlich dickflüssig, fast cremig ist sie außerdem.

Und scharf. Nicht vom Cayenne, von dem verwendet man nur eine Prise, sondern vom Knoblauch. Denn mindestens 3 Knoblauchzehen – es können auch dreimal so viele sein! – werden mit der Knoblauchpresse in die Sahne gedrückt. Auch die Schalotte, geschält und geviertelt, wird durch diese Presse gepresst. Noch einmal mit Salz abschmecken und dann den kleingehackten Schnittlauch darüberstreuen.

Das Resultat ist überwältigend. Diese weiße Sauce kann man sogar aufs Brot schmieren, aber erfahrungsgemäß bleibt davon nichts übrig. Sie kommt nämlich nicht nur beim gekochten Fleisch zu schöner Geltung, sondern auch bei dem dazu servierten Gemüse.

6 Diesmal sind es nicht die feinen Keniabohnen, sondern etwas breitere, bäuerliche Stangenbohnen, die auch bei uns wachsen. Sie werden geputzt, gewaschen und in stark gesalzenem Wasser ungefähr 15 bis 20 Minuten gekocht, bis sie gar sind, aber noch etwas Biss haben. Abgießen, abschrecken und abtropfen lassen.

7 Gleichzeitig mit den Bohnen kleine Kartoffeln kochen, pellen, in etwas Butter wälzen und mit Salz bestreuen. Die Lammkeule auf einem Tranchierbrett in nicht zu dicke Scheiben schneiden. Sie sind innen noch schwach rosa und haben ein wunderbares Aroma!

Der berühmte Paul Bocuse pochiert seine gekochte Lammkeule ebenfalls in einer Court Bouillon, aber er setzt diese nicht mit Leitungswasser (»zu viel Chlor«) auf, sondern in 4,5 Liter stillem Mineralwasser! Und legt außer dem üblichen Gemüse wegen des Aromas noch 1 Kilo Ochsenschwanz und 250 g Ochsenbacken in den Topf! So sieht sie aus, die ›einfache Küche‹, wenn sie gut sein soll.

Vorschlag für ein sommerliches Menü:

Matjestatar (Seite 87), Lammkeule, Caramelparfait (Seite 425)

Zur Lammkeule passen Chianti classico; Madiran; Pomerol.

Hauptgerichte 321

Lammkeule mit weißen Bohnen

Für 4 Personen:

1,5 kg Lammkeule (mit Knochen),
400 g kleine weiße Trockenbohnen,
Wurzelwerk,
8 Knoblauchzehen,
4 Schalotten,
2 EL Tomatenmark,
1 l Fleischbrühe,
1/2 l Rotwein,
1 Bund Petersilie,
Butter, Olivenöl,
Pfeffer, Salz

Zur Lammkeule mit weißen Bohnen passt ein Madiran oder Galliac rot.

Die traditionellste Art der Zubereitung einer Lammkeule ist die als ›gigot d'agneau‹ im sehr heißen Backofen, aber es ist auch die riskanteste. Falls Sie jedoch das Glück haben, vom Ihrem Metzger eine wirklich gut abgehangene Keule zu beziehen, sollten Sie dieses aus der Bretagne stammende Rezept mit einer Bratzeit von nur einer Stunde ausprobieren.

Traditionell bretonisch sind in diesem Rezept vor allem die kleinen weißen Bohnen, die zum Lammfleisch hervorragend passen.

1 Die Bohnen in kaltem Wasser aufsetzen, zum Kochen bringen, abgießen und kalt abschrecken. In der Fleischbrühe erneut aufsetzen, die Hälfte der Knoblauchzehen hinzufügen und in 1 Stunde fast gar kochen, abgießen und beiseite stellen.

2 Den Backofen auf 220 Grad vorheizen. Die Lammkeule vom Fett befreien (bis auf eine dünne Schicht), kräftig mit grobem schwarzen Pfeffer einreiben und die restlichen Knoblauchzehen in die Keule drücken.

3 Das Wurzelwerk (1 Stück Sellerie, Lauch, Karotte, 1 Zwiebel) schälen, waschen und kleinschneiden.

4 Die Lammkeule in 2 EL Olivenöl in einem eng passenden Schmortopf rundherum hellbraun anbraten, salzen, das Wurzelwerk hinzufügen und ebenfalls anbraten, mit etwas Rotwein ablöschen und den Topf offen in den heißen Backofen schieben und für eine knappe Stunde braten lassen. Ab und zu mit dem heißen Sud überlöffeln, bei Bedarf etwas Rotwein nachgießen.

5 Inzwischen die Schalotten schälen, halbieren und in einem Topf in Butter glasig dünsten. Tomatenmark, 1/8 l Rotwein und die Bohnen zugeben, mit Salz und Pfeffer würzen, umrühren und alles etwa 20 Minuten mit Deckel dämpfen lassen. Abschmecken. Die Hälfte Petersilie einrühren, den Rest später über die Bohnen streuen.

6 Die Keule herausnehmen und 10 Minuten ruhen lassen. Bratensatz und Gemüse mit etwas Wein aufkochen, durchsieben und abschmecken. Die Keule aufschneiden und zusammen mit den Bohnen servieren. Etwas Bratensaft übers Fleisch träufeln.

Lammkeule mit Schafskäsefüllung

Für 5 – 6 Personen:

1,5 kg Lammkeule (ohne Knochen),
300 g Schafskäse aus der Salzlake,
4 – 8 Knoblauchz.,
12 Schalotten,
1 große Tomate,
1/4 l Sahne,
wenig Sellerie,
Rosmarinpulver,
Cayennepfeffer,
Olivenöl,
Kalbs(Hühner)brühe,
Salz
(Bandnudeln)

Menüvorschlag:

Bunte Gemüsesuppe (Seite 40),
Lammkeule,
Summer Pudding (Seite 437)

Dazu passt Shiraz aus Australien.

Wer als Feinschmecker an Lamm denkt, dem fallen sicher zuerst Begriffe ein wie ›Carré d'agneau‹ oder die Lämmer von den Salzwiesen am Atlantik oder von den Bergwiesen der Südalpen – dabei wird in den östlichen und südöstlichen Ländern Europas und darüber hinaus sicher mehr und häufiger Lamm gegessen als in Frankreich.

Wo es Lamm gibt, gibt es auch Schafskäse, also eine logische Verbindung. In Griechenland und Bulgarien heisst er Féta, in der Türkei Beyaz Peynir und in den Geschäften liegt er in Blöcken in Salzlake. Vermischt mit Knoblauch und Rosmarin ergibt er eine wunderbare Füllung für die Lammkeule.

1 Die Knoblauchzehen enthäuten und durchpressen. Den Schafskäse und den Knoblauch mit nicht wenig Rosmarinpulver vermengen. Die auseinandergeklappte Keule zuerst innen, wo der Knochen gesessen hat, mit weiterem Rosmarinpulver und etwas Cayennepfeffer bestreuen. Dann den zubereiteten Käse einfüllen und die Keule zusammenklappen. Mit einem langen Bindfaden (keine Kunstfaser!) die Keule gründlich umwickeln, so dass sie zu einem strammen Paket wird.

2 Das Fleischpaket in einer passenden Bratform (Reine) in heißem Olivenöl von allen Seiten anbraten. Salzen und mit der enthäuteten, geviertelten Tomate und den enthäuteten, ganzen Schalotten sowie den Selleriestücken für knapp zwei Stunden in den auf 200 Grad vorgeheizten Ofen stellen. Eine halbe Tasse Brühe dazu und nach 20 Minuten auf 120 Grad heruntergehen. Ab und zu wenig Brühe angießen, damit das Fleisch nicht anbrennt.

3 So fest das Paket auch geschnürt war: Etwas von der Füllung gerät während des Bratens doch nach außen, und das gibt dem Bratensaft einen herrlichen Geschmack. Nach beendeter Bratzeit die Sauce separat einkochen, Sahne angießen, und, falls vorhanden, etwas Kalbsfond einrühren; den Rest besorgt die würzige Basis. Das Fleisch soll kaum rosa sein, trotzdem aber saftig. Also Vorsicht vor zu großer Hitze!

Dazu passen am besten Bandnudeln.

Hauptgerichte

Lammkoteletts

Für 2 Personen:

Zutaten für im Ofen gegrillte Lammkoteletts:

6 – 8 Lammkoteletts,
2 oder mehr Knoblauchzehen,
Olivenöl,
Pfeffer,
Thymian,
Meersalz

Für die Beilage:

Keniabohnen,
Butter

Menüvorschlag:

Gambas flambiert (Seite 71),
Lammkoteletts,
Schokoladenparfait (S. 428)

Weintipp zu den Lammkoteletts aus dem Ofen:

Bordeaux (St. Estèphe)

Ich nehme an, dass es nicht mehr nötig ist, die Vorzüge des Lammfleischs zu beschreiben. Wer heute noch Einwände gegen Lammfleisch geltend macht (»ist penetrant, ist fett, es hammelt«), weiß einfach nicht, wovon er redet.

Alte Hammel werden den empfindlichen Kartoffel-Apologeten nicht mehr zugemutet, sie sind vom deutschen Markt praktisch verschwunden.

Als bestes Stück des Lamms gilt der Rücken, welcher auf den Speisekarten der feinen Gastronomie als ›carré d'agneau‹ ganz oben rangiert. Er besteht aus den zusammenhängenden Koteletts, welche wiederum die Freude der Gartengriller sind. Um diese (die Koteletts) geht es hier.

Lammkoteletts – im Ofen gegrillt

1 Als erstes ist der Metzger gefragt. Er soll die Koteletts gleichmäßig dick schneiden. Sollten sie dabei sehr dünn ausfallen, handelt es sich um ein jüngeres Lamm, das wie alle Jungtiere noch kein ausgeprägtes Eigenaroma besitzt. Ich ziehe deshalb ältere Lämmer vor, deren Koteletts daumendick sein dürfen.

2 Das Zurichten (Parieren) der Koteletts sollte man dem Metzger überlassen, sofern er Franzose ist. Das Ende des Rippenknochens sollte penibel sauber geschabt und auch die pergamentartige Außenhaut entfernt werden; nicht aber die darunter sitzende Fettschicht. Dieses Fett ist äußerst schmackhaft und gehört einfach zu einem guten Lammkotelett.

3 Zum Grillen (im Ofen) werden die Koteletts durch Olivenöl gezogen, dem durchgepresster Knoblauch, Thymian und Pfeffer beigegeben wurde. Auf den Bratrost legen und auf die oberste Schiene unter den heißen Grill schieben. Es empfiehlt sich, auf den Boden des Backofens eine Alufolie zu legen. Nach 3 Minuten den Rost herausziehen, die Koteletts mit grobem Meersalz bestreuen, umdrehen und für weitere 2 Minuten zurück unter den Grill schieben. Dann ist das Fleisch noch ziemlich rot und saftig. Wer die Koteletts lieber durchgebraten mag, kann die Grillzeit um weitere 3 Minuten verlängern. Was natürlich zur Folge hat, dass die Koteletts weniger saftig sind und damit einen großen Teil ihrer Qualität einbüßen.

4 Freunde des Knoblauchs können jetzt noch weitere Zehen auf die Koteletts pressen. Frisch gepresster Knoblauch gehört zusammen mit einem Klumpen Butter auch auf die ideale Gemüsebeilage – Keniabohnen.

Lammkoteletts vom Holzkohlengrill

Kulinarisch gesehen ist das Grillen über offener Glut ein Notbehelf und stammt aus Zeiten, als unsere Vorfahren noch keinen Kochtopf kannten. Aber auch dies ist wahr: Grillen macht Spaß! Es erfordert allerdings einige Sorgfalt, wenn man nicht fades, trockenes oder gar angekohltes Fleisch auf dem Teller haben möchte.

1 Die möglichst gleichmäßig und dick geschnittenen Koteletts analog der Beschreibung in den Schritten 1 und 2 auf der linken Seite vorbereiten.

2 Es gibt spezielle Grillgewürze, die ich für absolut überflüssig halte. Für die Lammkoteletts vermengen Sie Olivenöl mit grob im Mörser zerstoßenem Pfeffer, einer großzügigen Menge frischem oder getrocknetem Thymian, 2 – 3 zerbröselten Lorbeerblättern, etwas Rosmarin (frisch oder getrocknet) sowie mit mehreren durchgepressten Knoblauchzehen. Die Koteletts damit bestreichen, in Folie einwickeln und für einen Tag in den Kühlschrank legen.

3 Am Grilltag die Koteletts Zimmertemperatur annehmen lassen und rechtzeitig im Grill eine genügend dicke, gleichmäßig verteilte Menge Holzkohle durchglühen lassen, bevor Sie mit dem Grillen beginnen. Das kann – je nach Belüftung – 1 bis 2 Stunden dauern.

4 Die Koteletts auf mittlerer Ebene direkt auf den Grillrost (oder auf eines dieser durchlöcherten Edelstahlbleche) legen und den Grill nicht mehr verlassen! Nach 2–3 Minuten – je nach Dicke der Koteletts – diese mit grobem Meersalz bestreuen, umdrehen, weitere 2 Minuten grillen, nochmals leicht salzen und servieren.

Dazu empfehle ich ein Kartoffelgratin (siehe Seiten 371–375), und als ersten Gang Gambas »Butterfly« (Seite 70). Zu beidem würden auch grüne Bohnen passen.

Für 6 Personen:

18 – 24 Lammkoteletts,
6 oder mehr Knoblauchzehen,
Olivenöl,
Pfeffer,
Thymian,
Rosmarin,
Lorbeerblätter,
Meersalz

Für das Gratin:

siehe Seiten 371–375

Bei einer Grillparty passt zu den Lammkoteletts ein gekühlter Beaujolais.

Hauptgerichte

Lammragout mit weißen Bohnen

Für 2 Personen:

500 g mageres Lammfleisch von der Keule,
1 gr. Fleischtomate,
600 g kleine weiße Bohnen,
6 Frühlingszwiebeln,
1 Schalotte,
3 Lorbeerblätter,
3 getr. Tomatenstücke,
2 Knoblauchzehen,
1 Karotte,
Hühnerbrühe,
1 Zweig frischer Rosmarin,
Olivenöl, Rotwein,
schwarzer Pfeffer,
Salz

Menüvorschlag:

Winzersalat (Seite 37),
Lammragout mit weißen Bohnen,
Crêpes Grand Marnier (Seite 392)

Zum Ragout passt ein kühler Côte-du-Rhône.

Zu meinen Lieblingsgemüsen gehören weiße Bohnen, die in Frankreich »Haricots de coco« genannt werden. Im Sommer, wenn es sie frisch gibt, essen wir sie bei jeder sich bietenden Gelegenheit. Zum Beispiel zu den kleinen Kalmaren (siehe Rezept Seite 65), oder zu einem Lammragout.

Dafür setze ich mich gern mit 600 g Bohnen an einen Tisch im Garten und enthülse sie Bohne für Bohne. Das kann dauern, lohnt aber die Mühe. Da es frische Bohnen in Deutschland leider nur selten gibt, kann man dieses Gericht auch mit getrockneten weißen Bohnen herstellen.

Für Feinschmecker gehört Lamm ohnehin zum Besten, und ein feines oder deftiges Ragout schenkt vielen Gourmets die Wonnen, die sie in dieser Form auch in Spitzenrestaurants kaum erleben können.

1 Die Tomate kurz überbrühen, enthäuten, entkernen und in kleine Stücke schneiden. Die Schalotte feinwürfeln. Die getrockneten Tomaten in feine Streifen schneiden, die Knoblauchzehen enthäuten und die geschälte Karotte in kleine Würfel schneiden.

2 Das Lammfleisch parieren: Haut, Fett und Sehnen sorgfältig entfernen und das Fleisch in mundgerechte Stücke schneiden.

3 Die Bohnen in kaltem Wasser aufsetzen, einmal sprudelnd aufkochen, abgießen und mit kaltem Wasser abschrecken. Dieser Schritt entfällt bei frischen weißen Bohnen.

4 Tomatenkonkassee, Schalotte, getrocknete Tomaten, Knoblauch und Karotte zusammen mit 3 Lorbeerblättern sowie Pfeffer und Salz in wenig Olivenöl anschwitzen. Die Bohnen hinzufügen und mit Hühnerbouillon auffüllen, so dass sie gerade bedeckt sind. Ungefähr 40 Minuten köcheln lassen, bis die Bohnen gar sind. Dann sind die gemüsigen Aromaten zum größten Teil verkocht. Noch einmal kräftig abschmecken. Vom Herd nehmen, einen Guss Olivenöl darüber und warm stellen.

5 6 Frühlingszwiebeln kleinhacken und in einer großen Pfanne in Olivenöl an-, aber nicht braunbraten. Die vorher gesalzenen Fleischwürfel hineinlegen und vorsichtig von allen Seiten braten. Mit frischem Rosmarin und gemörsertem schwarzen Pfeffer würzen, etwas Rotwein anschütten und zwecks Saucenbildung wieder reduzieren. Schon ist das Fleisch fertig. Da es von der Keule und daher zart ist, genügt eine kurze Bratzeit, wenn es innen noch rosa sein soll.

Abschließend die Bohnen mit dem Fleisch in der Pfanne vermischen.

Lammschulter

Wie bei allen Vierbeinern gilt auch beim Lamm die Schulter im Vergleich zur Keule oder gar zum Rücken als der weniger edle Teil – weil sie mehr Sehnen hat und aus unterschiedlichen Muskelstücken zusammengesetzt ist. Ein weiterer, scheinbarer Nachteil ist die Anreicherung mit kleineren Fettnestern. Dieser Umstand wirkt beim Schmoren einer Schulter aber positiv, da das Fleisch dadurch nicht so leicht austrocknet. Überdies ist eine lange geschmorte Lammschulter wunderbar mürbe und produziert eine köstliche Sauce, was beim Rücken nicht möglich ist und wozu die Keule nur mühsam überredet werden kann.

Ein Hindernis auf dem Weg zum perfekten Braten wäre wiederum der deutsche Metzger, falls er sich weigert, den schaufelartigen Knochen aus dem Schultergelenk herauszuoperieren, was sein französischer Kollege automatisch macht. Auch das Parieren der pergamentartigen Außenhaut wird in Deutschland meist großzügig den Kunden überlassen.

Für 3 – 4 Personen:

1 Lammschulter à 1000 – 1500 g,
2 Tomaten,
1 Karotte,
1 Selleriestange,
600 g grüne Bohnen,
2 Scheiben Bauchspeck,
Thymian,
Rosmarin,
Salz,
1 EL schwarzer Pfeffer,
Olivenöl, Balsamico,
Knoblauchzehen nach Belieben,
10 Schalotten,
1 große Tomate,
Weißwein

(Salzkartoffeln)

Menüvorschlag:

Fischsalat (Seite 17),
Lammschulter,
Ananaskompott mit Ingwer (Seite 404)

Zur Lammschulter passt Côte-du-Rhône oder Barolo.

1 Schmorgemüse: Schalotten, Tomaten und Knoblauchzehen enthäuten; Schalotten halbieren, Tomaten vierteln. Karotte schälen und in Scheiben schneiden. Pfefferkörner mörsern. Die äußeren Fäden der Selleriestange entfernen und diese halbieren.

2 Die parierte und gesalzene Schulter in einer passenden Reine oder in einem Schmortopf auf dem Herd in Olivenöl gründlich von beiden Seiten anbraten. Dabei den geschroteten Pfeffer anstreuen. Das vorbereitete Schmorgemüse, Thymian und Rosmarin dazugeben und alles ebenfalls kurz anbraten. Das Gemüse extra salzen. Mit einem großen Glas Weißwein ablöschen.

3 Die Bratform in den auf 180 Grad vorgeheizten Ofen schieben. Alle 20 Minuten den Bratvorgang kontrollieren; eventuell Wein nachgießen. Schon jetzt den Bratensaft probieren und gegebenenfalls nachwürzen. Während des Bratens die Schulter nach Bedarf mehrmals umdrehen. Nach 75 Minuten sollte das Fleisch mürbe und saftig sein. Herausnehmen und die Gemüse in der Bratform auf dem Herd mit wenig weiterem Wein und einem Schuss Balsamico gründlich durchkochen lassen und somit den Bratensaft in eine aromatische Sauce verwandeln.

Die gekochten grünen Bohnen mit kleingewürfeltem, ausgelassenen Bauchspeck anrichten. Dazu gibt es Salzkartoffeln.

Hauptgerichte

Ochsenbacken nach Paul Bocuse

Für 2 Personen:

1 Ochsenbacke à 600 g, Olivenöl, schwarzer Pfeffer, Salz

Für die Marinade:

2 Flaschen kräftiger Rotwein (Barbera),
1 Gemüsezwiebel,
1 Karotte,
1 Stück Sellerie,
6 Wacholderbeeren,
1 EL schwarze Pfefferkörner,
4 Knoblauchzehen,
2 Lorbeerblätter,
2 Thymianzweige

Für die Sauce:

Balsamicoessig, Portwein, Tomatenmark, eiskalte Butterstückchen

(Pellkartoffeln; glasierte Karotten)

Dazu passt ein schwerer Rotwein wie Barbera, Gigondas oder Barolo.

Paul Bocuse befolgte die kulinarischen Grundregeln konsequenter als die meisten seiner Kollegen: Das Essen sei einfach, aber von bester Qualität. Ein typisches Beispiel ist sein Rezept für Ochsenbacken. In der Durchschnittsgastronomie traut man sich nicht, sie den Gästen anzubieten. Will man sie zu Hause zubereiten, muss man sie beim Metzger vorbestellen. Ein Stück von 600 Gramm reicht für zwei Personen und sieht unansehnlich aus. Fett ist nicht dran, aber auf der einen Seite eine ziemlich dicke Haut wie bei einem Rehrücken. Die schneide ich ab. Außerdem wird das dunkelrote Fleisch wie beim Tafelspitz von glasig-grauen Streifen durchzogen, die sich beim Schmoren auflösen.

1 Zunächst die dicke Haut von der Ochsenbacke entfernen und das Fleisch in so große Würfel schneiden, dass man sie später auf dem Teller noch einmal teilen muss.

2 Zwiebel, Karotte und Sellerie schälen und kleinschneiden, die Knoblauchzehen enthäuten und halbieren. Zusammen mit den Fleischwürfeln und den Gewürzen in eine Schüssel geben und mit dem Rotwein auffüllen, bis alles bedeckt ist. 48 Stunden marinieren; ab und zu umrühren.

3 Die Fleischwürfel herausfischen und mit Küchenpapier so gut es geht trockentupfen. In einer Pfanne in etwas Olivenöl rundherum anbraten, dabei salzen und pfeffern; mit etwas Marinade ablöschen.

4 In einen Schmortopf umfüllen und so weit mit der Marinade und den Gemüsen aufgießen, dass Fleisch und Gemüse knapp bedeckt sind. Im Ofen zugedeckt bei 110 Grad 5 Stunden leise schmoren lassen. – Am Ende der Schmorzeit sind die Fleischwürfel etwas zusammengeschrumpelt, aber trotzdem nicht hart und trocken!

5 Die Fleischwürfel herausfischen und warmstellen. Die Schmorflüssigkeit mit dem Rest der durchgesiebten Marinade einkochen, bis kaum mehr als 1/4 Liter übrigbleibt.

6 In eine kleine Stielkasserolle umfüllen und die Sauce fertigstellen: Erst mit Salz und Pfeffer abschmecken, dann ein bisschen Hexerei mit Essig, Tomatenmark, Portwein und zum Schluss mit eingerührten kalten Butterstückchen – das Ergebnis ist eine kräftige, äußerst köstliche Sauce, mit welcher die Fleischwürfel ›nappiert‹ werden. Dazu passen glasierte Karotten und/oder in Butter geschwenkte und mit Salz bestreute kleine Pellkartoffeln.

Ochsen-Zwiebelfleisch – bœuf miroton

Für 6 Personen:

1 kg Ochsenfleisch (oder Rindfleisch),
2 kg Gemüsezwiebeln (davon 1 Zwiebel für die Brühe),
1 Karotte,
1 Stange Lauch,
1 kl. Stück Sellerie,
1 Lorbeerblatt,
Thymian,
Weißweinessig,
Butter, Olivenöl,
Pfeffer, Salz

(Langkornreis)

Menüvorschlag:

Selleriesalat mit Nüssen (Seite 33),
Zwiebelfleisch,
Thymian-Apfel-Kompott (Seite 444)

Zum Zwiebelfleisch passt Gaillac; Cahors.

Früher gehörte dieses Rezept wahrscheinlich in die Kategorie ›Resteverwertung‹, damals, als für eine gute Suppe das Ochsen- oder Rindfleisch noch kiloweise ausgekocht wurde. Bei den Suppen von heute fällt als Rest höchstens ein Plastikbeutel an. Das Fleisch für ein ›bœuf miroton‹ kaufe ich speziell für diesen Zweck. Also Kochfleisch. Gekocht ist ohnehin meistens besser als gebraten, nämlich leichter und bekömmlicher.

Wieviel Fleisch und von welchem Stück, das hängt oft vom Zufall ab. Rinderfilet – nein, das wäre zu fein und zu teuer (obwohl es gut schmeckt!). Mager muss es sein, das Fleisch, darf aber nicht faserig werden. Also kaufe ich beim Metzger das beste Stück, das er hat: vielleicht Tafelspitz oder ein Stück aus der Oberschale, der oberen Keule.

1 Für die Gemüsebrühe eine Zwiebel, die Karotte und das Weiße und Hellgrüne der Lauchstange schälen bzw. putzen und kleinschneiden und mit so viel Wasser aufsetzen, dass es später auch für das Fleisch reicht. Das Lorbeerblatt und 2 TL Thymian zufügen, kräftig salzen, pfeffern und mindestens eine halbe Stunde kochen lassen.

2 Das Stück Fleisch von möglichen Häuten säubern und in die kochende Gemüsebrühe hängen (in einem Sieb) oder legen. Die Brühe darf dann auf keinen Fall weiterkochen: 80 Grad Celsius sind genug! Die Garzeit hängt von der Qualität des Fleisches ab; von 20 Minuten (beim Filet) bis zu 3 Stunden ist alles möglich. In der Brühe (auch über Nacht) erkalten lassen.

3 Inzwischen die Gemüsezwiebeln vorbereiten: Enthäuten und in sehr dünne Scheiben schneiden, welche ruhig auseinanderfallen dürfen, da das beim Dünsten sowieso geschieht. In einer sehr großen Pfanne zu gleichen Teilen viel Butter und Olivenöl heiß werden lassen. Dahinein die Zwiebeln geben, gut salzen, pfeffern und ohne Deckel langsam garen lassen. Das wird, je nach Alter der Zwiebeln, 20 Minuten bis eine Stunde dauern. Irgendwann zwischendurch einen Schuss Weißweinessig dazugeben. Wenn sie gar sind – wirklich richtig weich! –, die Zwiebeln aus der Pfanne nehmen und in einem Sieb abtropfen lassen.

4 Das kalte Fleisch in sehr dünne Scheiben schneiden – 3 bis 5 mm. Davon eine Schicht auf den Boden einer feuerfesten Form legen, darauf eine Schicht Zwiebeln, und so weiter. Die Form ohne Deckel für 20 Minuten in den heißen Ofen schieben – fertig. Dazu Langkornreis und sonst nichts.

Hauptgerichte

Pichelsteiner

Im Küchenalltag der Deutschen spielten verständlicherweise nicht der Rehrücken oder der Sauerbraten die große Rolle, sondern Eintöpfe mit wenig Fleisch, meistens vom Schwein, und viel Gemüse. Dass solche Gerichte keine größere Begeisterung erwecken, lag und liegt an der Qualität des mitgekochten Fleisches, am Fett und an der Kochtechnik. Stimmt alles drei nicht, ist das Resultat eine Katastrophe. dass sie einmal anders, nämlich viel besser geschmeckt haben müssen, lernte ich erst durch die Lektüre alter Kochbücher. Noch um die Jahrhundertwende sahen die Rezepte für einen Pichelsteiner Topf geradezu erstaunlich aus. Kein Schweinefleisch, sondern Rinderfilet wurde empfohlen, und zum Anbraten Rindermark oder Butter! Das entspricht schon unseren Erwartungen von besserer Qualität und war damals ein ungewöhnlich leichtes Essen.

In einer modernisierten Version, die sich automatisch ergibt, wenn man die alten Zöpfe abschneidet und durch eine neue, zeitgemäße Frisur ersetzt, ist es von geradezu japanischer Leichtigkeit und zudem eine überzeugende Antwort auf die Tiefkühl- und Mikrowellenküche: In einer halben Stunde, einschließlich der Vorarbeiten, steht der Topf auf dem Tisch, und das Ergebnis ist einfach unwiderstehlich!

Für 2 Personen:

300 g Rinderfilet,
100 g Butter,
1 dicke Karotte,
1 tennisballgroßes Stück Sellerie,
1 Stange Lauch,
2 große Salatkartoffeln,
1 Lorbeerblatt,
Pfeffermischung (schwarze und graue Pfeffer- und einige Pimentkörner im Mörser gestampft),
Salz

1 Alle Gemüse schälen bzw. putzen und in dünne, mundgerechte Scheiben schneiden. Darauf achten, dass es nicht tropfnass ist! Also erst schälen, dann waschen und eventuell abtupfen, dann erst in Scheiben schneiden.

2 Das völlig magere Rinderfilet ebenfalls in mundgerechte Stücke schneiden, 1/2 bis 1 cm dick, nicht mehr. Das ist gefährlich dünn für so ein zartes Fleisch. Aber wunderbarerweise hält es das Schmoren aus, sofern man die Zeit nicht überzieht.

3 Die Gemüse reagieren unterschiedlich. Am schnellsten gar werden Lauch und Sellerie, während die Karotten am längsten brauchen. Entsprechend dünn werden sie geschnitten: Die Karotten hauchdünn, wenn man weiß, wie dünn ein Hauch ist. Dann die Kartoffeln so dünn wie 20-Cent-Stücke, dann doppelt so dick der Sellerie, und noch ein wenig dicker der Lauch. Diese Unterschiede sind ungeheuer wichtig! Denn weil es sich bloß um preiswertes Gemüse für einen Eintopf handelt, wird hier meistens mit der linken Hand gekocht. So einfach ist ein Pichelsteiner keineswegs! Schließlich soll er nicht mehlig sein, aber trotzdem gar, er darf keine Flüssigkeit haben und dennoch nicht anbrennen. Und das verlangt höchste Sorgfalt beim Kochen! Für 2 Personen lassen sich die Gemüse noch bequem und schnell mit dem Messer schneiden, für die doppelte Menge ist ein – einstellbarer – Gemüsehobel empfehlenswert.

4 In der größten Pfanne 100 Gramm Butter – nicht weniger! – heiß werden lassen. Sämtliche Gemüse und das Lorbeerblatt in die Butter geben, kräftig salzen und mit der Mischung aus Pfeffer und Piment würzen. Die Hitze so regulieren, dass der Pfanneninhalt tatsächlich brät, aber nicht anbrennt. Ab und zu vorsichtig umwenden.

Hauptgerichte

5 Insgesamt 5 Minuten braten, dann auf dem Pfannenboden etwas Platz freischieben für die leicht gesalzenen Fleischstücke. Diese kurz angehen lassen und alles zusammen in einen gut schließenden, vorgewärmten Schmortopf umfüllen. Deckel drauf und auf kleiner Flamme schmoren lassen (dabei ab und zu umheben), und zwar nicht länger als 10 Minuten, so dass der Pichelsteiner insgesamt nur 15 Minuten auf dem Feuer zugebracht hat. Das muss genügen, weil dann der Auflösungsprozess einsetzt, der aus diesem klaren und eleganten Gericht eine vermatschte Angelegenheit macht, die genau das ist, was nicht sein darf, wenn man die Begeisterung für diesen feinen Eintopf teilen will.

Den gleichen Topf nach dem gleichen Rezept kann man auch mit Rehfleisch machen, und das bedeutet hier: mit dünnen Stücken aus dem Rehrücken! Das macht allerdings nur dort einen Sinn, wo der Hausherr selbst zur Jagd geht und ein Rehrücken deshalb nichts Außergewöhnliches ist.

Soll der Topf hingegen weniger kostspielig sein, so lässt sich verständlicherweise nur am Fleisch sparen. Also kein Rinderfilet, sondern ein Stück vom Schwein. Geht auch. Aber das Resultat sollte man dann nicht Pichelsteiner nennen, sondern ›Gemüsetopf mit Schweinefleisch‹.

Vorschlag für ein sommerliches Menü:

Chicorée mit Vinaigrette (Seite 360)
Pichelsteiner, Soufflé Glace au Café (Seite 428)

Zum Pichelsteiner passt Kaiserstühler Spätburgunder.

Rehragout mit Apfelgratin

Rehpfeffer oder Hirschragout nannte man es früher in der bürgerlichen deutschen Küche – und in vielen Gaststätten wohl auch heute noch –, wenn aus den anderweitig nicht mehr verwertbaren Teilen eines Rehs oder Hirsches eine Art Gulasch fabriziert wurde – mit meistens eher unansehnlichen, von Sehnen und Fett durchzogenen Fleischstücken von oft strengem Maggi-Aroma, das durch eine tiefbraune Mehlsauce mit Nelken und Wacholderbeeren noch verschlimmert wurde.

Heute wird in den besseren Lokalen ein Reh- oder Hirschragout meist aus der Schulter hergestellt, ein durchaus zulässiges Verfahren, wenn die vielen Sehnen und Häute sorgfältig entfernt werden. Ich nehme dafür allerdings die Keule, die nach landläufiger Ansicht für ein Ragout viel zu schade ist. Die Keule darf weder eingefroren noch etwa in Buttermilch eingelegt gewesen sein. Will man sie mehrere Tage lagern, so legt man sie vollständig in Öl ein. Für das Ragout werden nur die schönsten Fleischstücke verwertet, also nur zusammenhängende, feste und feinfaserige Muskelstücke, die vollständig von allen Häuten gesäubert sein müssen, also pur und makellos wie bestes Filetfleisch.

Für 4 – 5 Personen:
1 Rehkeule 1,5 – 2 kg

Für Fond und Sauce:
1 Lauchstange,
1 Zwiebel, 1 Karotte,
1 kl. St. Sellerie,
1 Knoblauchzehe,
50 g Rauchschinken,
Lorbeer, Wacholder-
und Preiselbeeren,
Pfefferkörner,
Rotwein, Weinessig,
Tomatenmark,
Senf, Madeira,
250 g Butter,
Thymian, Pfeffer,
Salz

Für das Apfelgratin:
4 große Boskop,
Zitronensaft,
Crème fraîche,
Sahne, Zucker

1 Am Vortag von der Keule erst einmal die einzelnen Muskeln bzw. Muskelpartien so auslösen, dass die Häute möglichst nicht verletzt werden (nicht einfach das Fleisch heruntersäbeln). Die kleineren und größeren Muskelnpartien dann von allen Häuten und Sehnen befreien, rundum einölen und in einem Topf mit Folie abgedeckt im Keller oder im Kühlschrank lagern.

2 Die Knochen samt anhaftenden Fleischresten mit einem Küchenbeil und/oder schweren Messer in möglichst kleine Stücke zerhacken und zusammen mit den Häuten etc. beiseite stellen.

3 Lauchstange (nur das Weiße und Hellgrüne), Karotte, Zwiebel und Sellerie schälen und in Scheiben bzw. Stücke schneiden. Die Knoblauchzehe in der Schale zerdrücken.

4 In einem Bräter ein wenig Olivenöl erhitzen und darin alle Knochen und Fleischabfälle rundum braun anbraten. Aufpassen, dass nichts anbrennt. Angebrannte Knochen machen die Sauce bitter.

5 Wenn die Knochen schön braun sind, das Gemüse und 1 EL Tomatenmark dazugeben und anrösten. 2 Lorbeerblätter, 1 Prise Thymian, den zerrupften Schinken sowie je 1 TL Wacholderbeeren und Pfefferkörner dazugeben, salzen, mit 1 großem Glas Rotwein ablöschen, mit Wasser auffüllen, bis alles bedeckt ist, und vier Stunden mit Deckel leise kochen lassen.

6 Den Inhalt des Bräters durch ein Sieb in eine andere Kasserolle passieren, dabei das Gemüse so gut wie möglich ausdrücken und auf starkem Feuer auf etwa 1/2 Liter einkochen; in ein Einmachglas umfüllen. Erkaltet sollte der Fond – am nächsten Tag – so steif sein wie Pudding; so kann man ihn auch gut entfetten.

7 Für das Apfelgratin werden geschälte und ausgestochene Äpfel in dünne Ringe gehobelt und in eine ausgebutterte, feuerfeste Form so gelegt, dass sie dachziegelartig dicht an dicht nebeneinander liegen. Mit Zitronensaft beträufeln und mit einer Mischung aus Sahne und Crème fraîche und einer Prise Zucker fast bedecken. Im Ofen bei mittlerer Hitze zirka 20 Minuten backen lassen, bis sie oben goldgelb werden.

8 Die Fleischwürfel werden in einer Pfanne nacheinander und mit gutem Abstand nebeneinander (nie übereinander!) nur in Butter angebraten; das bedingt eine zwangsläufig nicht zu hohe Temperatur. Auch hier, wie beim Fisch, wäre ein knusprig gebratenes Äußeres ein böses Missgeschick. Andererseits sollten die Würfel nicht in der Butter kochen; dann ziehen sie leicht Wasser; man muss deshalb mit der Hitze etwas laborieren. Die Stücke einzeln umwenden. Nach wenigen Minuten aus der Pfanne nehmen, kaum salzen und in einer Schüssel sammeln und – z.B. im Ofen bei 50 Grad – warmstellen.

9 Nun vollendet man die Sauce: Den Fond entfetten, erwärmen (dabei wird er wieder flüssig), 1/2 Glas Rotwein zugeben, aufkochen, wieder reduzieren, 1 EL Weinessig, 1 TL scharfen Senf zufügen, dann erst salzen und pfeffern (schwarz), abschmecken, wenige Preiselbeeren und 1 Schuss Madeira drangeben, dann mit dem Schneebesen pro Person zirka 50 g kalte Butterstücke einmontieren. Dabei und danach darf die Sauce nicht mehr kochen.

Beim Durchschneiden der Fleischwürfel müssen diese innen noch rosa sein. Dazu das lauwarme Apfelgratin, in dem die Sahne leicht geflockt ist, sowie die kräftige Wildsauce – ein Hochgenuss!

Vorschlag für ein Festessen (z.B. Weihnachtsessen):

Seezungenrouladen mit Lachs (Seite 91), Rehragout mit Apfelgratin, Printencrème mit Orangensauce (Seite 430)

Zum Rehragout passt ein großer roter Burgunder.

Hauptgerichte

Rehrücken à la minute

Der Reichtum an Wild in allen deutschen Landschaften brachte es mit sich, dass Hasen, Fasane und Rehe auch in der bürgerlichen Küche nicht unbekannt waren. Billig waren sie zwar nie, aber auch nicht unerschwinglich, und wollte man das Lieblingsessen der Deutschen steigern, so lautete die Reihenfolge wahrscheinlich: Sonntagsbraten – Weihnachtsgans – Rehrücken. Tatsächlich ist der Rehrücken wohl das zarteste und feinste Fleisch, das uns zur Verfügung steht. Kein deutsches Kochbuch der letzten 150 Jahre, das ihm nicht die entsprechende Reverenz erwiesen hätte. Und alle Kochbücher empfehlen eine Zubereitung, die eine echte Katastrophe ist: Der Rehrücken soll gespickt werden! Dabei ist Spicken nur sinnvoll, wenn es sich um mageres Fleisch handelt, das sehr lange geschmort werden soll.

Nun wurde früher auch ein Rehrücken wohl lange gebraten (warum, ist mir unerfindlich), und durch langes Braten wird ein Rehrücken tatsächlich strohtrocken. Daraus zogen die Köchinnen wohl den irrigen Schluss, dieses edle Stück Fleisch sei von Natur aus trocken, und griffen zu Speck und Spicknadel. Die einmalige Zartheit eines Rehrückens geht jedoch sofort verloren, wenn er länger als 8 bis 12 Minuten brät, nicht 45 Minuten – mag das graue Resultat auch Baden-Baden heißen oder Metternich.

Für 4 – 6 Personen:
1 halber oder ganzer Rehrücken,
1 Karotte,
1 gr. Zwiebel,
1 Lauchstange,
1 Stück Sellerie,
Schinkenreste,
2 Lorbeerblätter,
Thymian, Öl,
1 Knoblauchzehe,
1 TL weiße Pfefferkörner und Wacholderbeeren,
1 Petersilienwurzel,
Tomatenmark,
Senf, Weinessig,
100 g Salzbutter,
schwarzer Pfeffer,
Madeira, Rotwein
(frische Bandnudeln)

1 Vom Rehrücken vorsichtig und sorgfältig alle Häute, Sehnen, Fleischfetzen entfernen, bis links und rechts vom Rückgrat je ein makelloses, dunkelrotes Stück Fleisch zu sehen ist. Diese beiden Hälften vom Knochen lösen, indem man mit dem Messer dicht am Rückgrat entlang einschneidet und dann das Fleisch über den Rippen mehr schabt als schneidet. Das ergibt zwei magere Fleischwürste, die zum Braten noch einmal halbiert werden.

2 Die ausgelösten Fleischstücke mit Öl einpinseln und mit 1 EL zerdrückten Wacholderbeeren und grob geschrotetem, schwarzen Pfeffer einreiben. Die so präparierten Fleischstücke in Alufolie einwickeln und in einem kühlen Raum oder im Kühlschrank lagern. Ein Tag, zwei oder drei Tage – das spielt keine Rolle.

3 Den Rückenknochen mit Hilfe eines Küchenbeils oder eines schweren Messers in Stücke hacken. Karotte, Zwiebel, Lauchstange, Petersilienwurzel und Sellerie kleinschneiden und die Knoblauchzehe zerdrücken.

4 In einem großen Bräter werden die Knochenstücke und alle Haut- und Fleischfetzen in ganz wenig Öl rundum angebraten. Wenn die Knochen schön braun sind, 1 EL Tomatenmark kurz mitrösten und dann die kleingeschnittenen Gemüse sowie die Schinkenreste, 2 Lorbeerblätter, 1 Prise Thymian, je 1 TL weiße Pfefferkörner und Wacholderbeeren und die Knoblauchzehe hinzugeben und unter Rühren anschwitzen lassen. Mit 1 großem Glas Rotwein ablöschen, einkochen lassen und mit Wasser auffüllen, bis alles bedeckt ist. Zugedeckt 4 Stunden leise kochen lassen, im Ofen oder auf dem Herd, das ist egal. Von Zeit zu Zeit etwa verkochte Flüssigkeit durch Rotwein ersetzen.

5 Nach 4 Stunden den Inhalt des Bräters durch ein großes Haarsieb in eine Kasserolle gießen und auf lebhaftem Feuer so lange einkochen, bis nur noch höchstens 1/2 Liter übrig ist. Das ist der Fond. Kaltstellen, damit sich das Fett oben wie ein harter Deckel absetzt. Erst abnehmen, wenn am nächsten Tag die Sauce hergestellt wird.

6 Am Tage des Essens zunächst die Fleischstücke in die Küche legen, damit sie Zimmertemperatur annehmen. Bei ihrer kurzen Bratzeit würden sie im Inneren nicht einmal warm werden, wenn sie eiskalt in den Ofen kämen. Diesen auf 200 Grad vorheizen. In einer Reine oder ähnlichen Bratform, die nicht größer sein sollte, als es nötig ist, damit die vier Fleischstücke nebeneinander liegen können, 100 Gramm salzige Butter heiß werden lassen. Sie darf dabei nicht braun werden! Falls doch, weggießen und neue Butter nehmen. In diese Butter die Rückenstücke legen. Schon nach zwei Minuten herumdrehen, vorsichtig salzen und nach abermals 2 Minuten wieder wenden, diesmal ohne zu salzen. Den Braten dauernd beobachten; das Fleisch soll nicht richtig braun werden. Nach 4 Minuten prüfen, ob das Fleisch auf Fingerdruck noch leicht nachgibt; dann ist es fertig. Herausnehmen und 10 Minuten – in doppelte Alufolie gewickelt – auf einem warmen Teller ruhen lassen.

7 Den Fond erwärmen, 1 TL Senf einrühren, 1 kleines Glas Madeira, vielleicht auch 1 EL Weinessig, pfeffern (schwarz, aus der Mühle), salzen und abschmecken. Eine gelungene Sauce ist das Resultat ständigen Abschmeckens! Sollte es an Volumen fehlen, eiskalte Butterstückchen mit dem Schneebesen hineinschlagen und wieder abschmecken.

Dazu passen schwäbische Nudeln oder Kartoffelpüree; bloß nicht diese unsäglichen Kroketten oder Schlosskartoffeln.

> **Vorschlag für ein Festmenü:**
> Jacobsmuscheln mit Zitronenbutter (Seite 79), Rehrücken, Crêpes Suzette (Seite 391)

> **Zum Rehrücken passen Pomerol oder Shiraz.**

Hauptgerichte **335**

Rehrücken à la Oma Kempchen

Ihr Rezept klingt so richtig nach dem Förster aus dem dunklen Tann. Mit der Nouvelle Cuisine hat es nicht das Geringste zu tun. Es ist die Uraltküche, an die schon Heine in seinen schlaflosen Nächten gedacht haben wird. Der Rücken wird eine Woche lang am Knochen in Rotwein mariniert. Da das Fleisch vollkommen bedeckt sein muss, kostet das, wenn der Topf nicht genau die passende Größe hat, bis zu drei Flaschen des Rotweins, den Sie sich aus dem Piemont mitgebracht haben.

Zum Rehrücken gibt es traditionsgemäß Rotkohl und, je nach Region, Thüringer Klöße, Hamburger Kartoffelpüree, Stuttgarter Spätzle. Die Rezepte für Spätzle und Konsorten erspare ich mir. Aber zum Rotkohl ist ein Wort zu sagen. Ich weiß, dass für den größten Teil der Deutschen der Rotkohl etwas ist, das sich in einer Blechdose befindet und nur aufgewärmt wird. Doch wie die römischen Mammas am Feiertag ihre Fettucine selber machen, so wollen wir es heute mit dem Rotkohl halten.

Der Rehrücken wird nicht gebraten, sondern geschmort. Weil er schon seit einer Woche in der Marinade liegt, entwickelt er jenen deftigen Wildgeschmack, den unsere Müslifreunde vielleicht nicht mögen. Aber Bismarck, da gehe ich jede Wette ein, hat Reh nur so gegessen.

Für 6 Personen:

1 ganzer Rehrücken,
150 g Frühst.speck

Für die Marinade:

1 – 3 Fl. Rotwein,
1 Karotte, 1 Zwiebel,
1 Petersilienwurzel,
1 Lorbeerblatt,
1 EL Pfefferkörner
u. Wacholderbeeren

Für den Rotkohl:

ca. 1,7 kg Rotkohl,
1 Gl. Rotweinessig u.
2 GL Rotwein,
1 Apfel,
frischer Ingwer,
1 Cayenneschote,
1 TL Honig, Lorbeerblatt, Nelkenpulver,
1 EL Butter

1. Den 1 Woche in der Marinade eingelegten Rehrücken herausnehmen, mit Küchenkrepp trockentupfen und für mindestens eine Stunde Zimmertemperatur annehmen lassen.

2. Den Backofen auf 220 bis 250 Grad vorheizen (je nach Qualität des Ofens), einen passenden Bräter mit dem Frühstücksspeck auslegen und in den Ofen schieben und heiß werden lassen.

3. Den Rehrücken mit dem Knochen nach unten in den Bräter setzen. 15 Minuten bei starker Hitze im Ofen lassen, dann den Bräter herausnehmen, den Rücken auf der Fleischseite salzen, das Gemüse aus der Marinade fischen und um den Rücken herumlegen, soviel Marinade anschütten, dass der Rücken zu einem Drittel in der Flüssigkeit liegt, wieder zurück in den Ofen schieben und alles zum Köcheln bringen.

4. Den Deckel auflegen und die Temperatur auf 180 Grad herunterschalten. Nach einer Stunde den Rücken auf eine der beiden Fleischseiten drehen und die Hitze auf knapp 100 Grad reduzieren. Nach ungefähr 40 Minuten den Rücken auf die andere Fleischseite legen und weitere 30 bis 40 Minuten schmoren. Insgesamt soll der Rücken rund 2 1/2 Stunden im Ofen sein.

5. Während dieser Zeit (neben Klößen, Püree oder Spätzle) den Rotkohl zubereiten. Für vier Personen braucht man 1 Kilo geschnittenen Rotkohl. Deshalb sollte der Kopf beim Einkauf nicht unter 1,7 Kilo wiegen. Der wird halbiert. Den Strunk herausschneiden und die äußeren Blätter wegwerfen. Nun auf dem Gemüsehobel so fein wie möglich hobeln. Den feuchten Kohl in einen großen Topf geben, mit 2 Gläsern Rotwein und einem Glas Rotweinessig bester Qualität aufsetzen, zum Köcheln bringen, salzen. Dazu: die zerriebene

Cayenneschote; drei große Scheiben frischen Ingwer; 1 TL Honig; den in Stücke geschnittenen Apfel; das Lorbeerblatt; etwas Nelkenpulver. Ungefähr 1½ Stunden zugedeckt garen lassen. Abschmecken, Ingwer und Lorbeerblatt herausfischen.

6 Aus dem Ofen zieht ein ungeheurer Duft durchs Haus. Dieser wird verstärkt, da man jetzt die restliche Marinade in einem großen, flachen Topf auf den Herd setzt und sie einkochen lässt, bis kaum mehr ein halber Liter übrig ist. Sorgfältig durchsieben und in einer kleinen Sauteuse bereithalten; daraus wird die Sauce gemacht. Das geschieht, wenn das Fleisch so weich geworden ist, dass es sich mühelos mit einem Löffel vom Knochen lösen lässt. Es sieht dann sehr dunkel aus und duftet kräftig.

7 Den Rücken herausnehmen und im ausgeschalteten Ofen warmstellen. Den Schmorsaft aus dem Bräter durch ein Haarsieb in die Sauteuse mit der reduzierten Marinade gießen und alles noch einmal bei großer Hitze einkochen lassen. Die so entstehende Sauce hat einen sehr intensiven Geschmack: So hat Wild in der deutschen Vergangenheit immer geschmeckt! Die Sauce ist zwar stark, aber ziemlich dünn. Das ist jedoch beabsichtigt. Wer sie dennoch gern sämig hat, kann entweder konzentrierten Fleischextrakt (Glace; gibt es fertig zu kaufen) bzw. einen eigenen Wild- oder auch Kalbsfond einrühren, oder aber eiskalte Butterstückchen mit dem Schneebesen einmontieren. Von Sahne ist abzuraten; sie verschandelt die Farbe der Sauce und schwächt ihren Geschmack. Vor dem Servieren das Fleisch vollständig vom Knochen lösen, in dicke Scheiben schneiden und mit den Beilagen auf Tellern anrichten.

> **Vorschlag für ein Festessen:**
> Krebssuppe (Seite 50), Rehrücken, Pflaumen mit Zimt-Sabayon (Seite 399)

> Zum Rehrücken passt Vosne-Romanée oder Côte Rotie.

Hauptgerichte

Rinderfilet in Blätterteig

Eigentlich ist es eine dumme Idee. Warum Fleisch mit Teig umwickeln, damit es aussieht wie Brot? Entweder Fleisch oder Brot, sagen die Puristen, alles andere ist Firlefanz. Die Puristen haben Recht. Aber wenn es immer nach ihnen gegangen wäre, gäbe es die Hochküche nicht, gäbe es nicht die unendlich verschiedenen und unendlich dummen Ideen, die uns Feinschmeckern so viele raffinierte Köstlichkeiten beschert haben. Das Fleisch im Teigmantel gehört dazu.

Das ›Filet Wellington‹ ist ein klassisches Gericht der Hochküche; Rinderfilet mit foie gras und Duxelles belegt und in Blätterteig eingewickelt. Ich habe mir eine sparsame Version ausgedacht. Anstelle der Stopfleber nehme ich Schinken und statt des Pilzbreis Rotweinzwiebeln.

Selbstgemacht schmeckt der Blätterteig besser und geht zudem auch noch schöner auf als die tiefgefrorenen Pakete aus dem Supermarkt. Die Herstellung aber ist recht aufwendig und lohnt sich für ein einziges Essen nicht. Also auf zum Supermarkt. Ich streiche übrigens noch Butter zwischen die Teigscheiben. Beim Fleischeinkauf sollte man darauf achten, ein gleichmäßig dickes Stück aus der Mitte der Lende zu bekommen; pro Person ungefähr 5 Zentimeter.

Für 6 Personen:

1500 g Rinderfilet,
6 Scheiben roher Schinken,
1/2 Flasche Rotwein,
2 Pakete Blätterteig,
12 – 18 mittelkleine Zwiebeln (etwa wie kleine Pfirsiche),
2 Eigelbe,
Zitronensaft,
Koriander,
Butter, Öl, Zucker,
Pfeffer, Salz

(als Beilage: Rotweinzwiebelgemüse oder junge Erbsen)

1 Die Zwiebeln schälen und halbieren. Mit der Schnittfläche nach unten auf ein Brett legen (so können sie nicht wegrutschen) und in Streifen schneiden. Nicht so dünn wie Juliennes, aber auch nicht in grobe Scheiben oder Stücke, sondern in kurze Streifen von ca. 2 cm Länge.

2 In einer großen, flachen Kasserolle Butter heiß werden lassen und die Zwiebeln darin anschwitzen. Sie sollen nur leicht glasig werden, mehr nicht. Dann mit Rotwein aufschütten, bis sie gerade bedeckt sind. Der Wein muss dunkelrot sein, denn er soll seine Farbe an die Zwiebeln abgeben können. Mit Salz und weißem Pfeffer würzen sowie mit einem TL Zucker, dem Saft einer halben Zitrone und einem TL Koriander. Zugedeckt gar kochen lassen. Das kann je nach Zwiebelsorte und -alter bis zu einer Stunde dauern! In den letzten 5 Minuten den Deckel abnehmen und den Wein auf großer Flamme verkochen lassen, bis die Zwiebeln ein wenig glaciert sind. Abschmecken ist in dieser letzten Phase immer wichtig und notwendig. Zucker, Salz, Zitrone, Koriander – mit allem lässt sich jetzt noch nachwürzen, und nicht zu zaghaft, bitte!

3 Inzwischen das Stück Fleisch parieren: das heißt, auch die kleinsten Reste von Haut und Fett wegschneiden. Dann schwarzen Pfeffer im Mörser sehr grob schroten und ins Fleisch drücken. Auch hier nicht zu zaghaft; denn schwarzer Pfeffer ist eher ein Aromaproduzent als schweißtreibendes Brennmaterial! Also das Fleisch furchtlos mit grobem Pfeffer einreiben.

4 In einer Pfanne Öl und Butter heiß werden lassen und das Fleisch nur kurz hineinlegen. Es sollen sich jetzt nur die Poren schließen; gegart wird das Fleisch später im Ofen. Würde man es roh in den Teig wickeln, liefe der Saft aus, was Fleisch und Blätterteig gleichermaßen ruinieren würde. Also von allen Seiten zubraten und dann erst großzügig salzen. Abkühlen lassen. Auch die Zwiebeln sollen beim nächsten Arbeitsgang nicht mehr heiß sein.

5 Den Blätterteig auf einer glatten, bemehlten Unterlage überlappend auslegen, die Schnittstellen andrücken und den Teig mit einem Nudelholz gleichmäßig etwas ausrollen. Es empfiehlt sich, ein der Größe des späteren Backblechs angepasstes Stück Backpapier unter den Teig zu legen, weil man damit das fertige Paket besser auf das Backblech und in den Ofen trägt. In die Mitte des Teigs kommen jetzt nebeneinander die Schinkenscheiben und darauf das abgekühlte Stück Fleisch. Mit einer Schicht Rotweinzwiebeln belegen und den Teig mit den Schinkenscheiben über das Fleisch schlagen. Die überstehenden Ränder wegschneiden, die Schnittstellen anfeuchten und zusammendrücken. Dann den Teig mit Eigelb bepinseln, das Paket auf das Backblech setzen und auf die untere Schiene des auf 220 bis 250 Grad vorgeheizten Ofens schieben.

6 Das eingewickelte Fleisch muss im Ofen mindestens 40 Minuten backen. Erst dann wird der Teig aufgehen und hellbraun werden, erst dann ist das Fleisch innen nicht mehr rot, sondern rosa. Das Paket vor dem Anschneiden noch 10 Minuten in der offenen Ofentür ruhen lassen. Dabei verteilt sich der Fleischsaft und läuft beim Anschneiden nicht aus.

Wenn alles normal verläuft, hatte der Blätterteig unter dem Fleisch kaum eine Chance, aufzugehen. Das gelingt auch einem Profikoch nur selten. Aber schmecken tut es trotzdem.

Eine Sauce ist nicht vorgesehen; man kann den Rest der Rotweinzwiebeln dazu essen oder kleine junge Erbsen.

Vorschlag für ein Festessen:

Lachshäppchen à la Outhier (Seite 83), Hühnersuppe mit Morcheln (Seite 45), Rinderfilet im Teigmantel, Caramelparfait (Seite 425)

Zum Rinderfilet passt Pinot Noir Carneros (Napa Valley)

Hauptgerichte 339

Rindfleisch mit Salsa verde

Für 4 Personen:

1 kg Tafelspitz,
4 Markknochen,
1 Lauchstange,
4 Karotten,
1 Stck. Sellerie,
Pfeffer, Salz

Für die Sauce:

2 Bund glatte Petersilie,
1 Bd. Basilikum,
2 Knoblauchzehen,
1 – 2 Schalotten,
4 Anchovis,
2 EL Kapern,
1 EL Zitronensaft,
Balsamico, Olivenöl,
schwarzer Pfeffer,
Salz

Dschingis Khans Tataren sollen das Fleisch unter dem Sattel weich geritten haben – nun ja, sie müssen vor allem mit guten Zähnen bewaffnet gewesen sein. Für unsere Groß- und Urgroßmütter war es hingegen selbstverständlich, dass sogar zähes Fleisch einigermaßen essbar gemacht werden konnte, indem sie es langsam in heißem Wasser gar ziehen ließen. Um wieviel mehr trifft das zu, wenn es sich um edleres Rindfleisch handelt wie ein Stück Tafelspitz oder Lende!

Die grüne Sauce stammt aus Italien und bezieht ihren typischen Geschmack aus kleingehackten Sardellenfilets, Kapern, Zitronensaft und Kräutern.

1 Die Gemüse putzen und waschen. Das Hellgrüne und Weiße der Lauchstange, die Karotten und den Sellerie kleinschneiden.

2 In einem größeren Topf die Markknochen und die Gemüse mit Pfeffer und Salz in kaltem Wasser aufsetzen und zum Kochen bringen. 1 Stunde simmern lassen. Den Tafelspitz hineinhängen und die Hitze sofort auf 80 Grad reduzieren. 2 Stunden ziehen lassen.

3 Die Kräuter waschen, von dicken Stielen und Stengeln befreien und klein hacken. Die Schalotten schälen und in winzige Partikel schneiden. Die Kapern abtropfen und wie die Sardellenfilets feinhacken.

4 Die Knoblauchzehen schälen und mit Salz zu einem Brei zerdrücken. Die Kräuter, Schalotten und Kapern sowie die Anchovis hinzufügen, durchrühren und mit je 1 EL Zitronensaft und weißem Balsamico sowie ca. 1/2 Tasse Olivenöl zu einer Sauce verarbeiten. (Das geht auch im Mixer; schöner wird die Sauce aber in Handarbeit.) Mit grobem schwarzen Pfeffer abschmecken, und evtl. mit etwas Salz nachwürzen.

5 Inzwischen immer wieder prüfen, ob das Fleisch weich ist; es sollte auf Fingerdruck leicht nachgeben. Das Fleisch noch warm in Scheiben schneiden und mit der grünen Sauce servieren. Dazu passen grüne Bohnen und Röst- oder Bratkartoffeln.

Dazu passt Chianti.

Rindfleisch mit Vinaigrette

Für 4 Personen:

1 kg Tafelspitz,
4 Markknochen,
1 Lauchstange,
4 Karotten,
1 Stck Sellerie,
Pfeffer, Salz

Für die Vinaigrette:

4 Schalotten,
2 TL kl. Kapern,
Estragonessig,
Olivenöl, Senf,
Zucker, Salz,
schwarzer Pfeffer,
Weißwein

Menüvorschlag:

Gemüsebouillon mit Klößchen (S. 42), Rindfleisch mit Vinaigrette, Mousse-au-chocolat (Seite 420)

Dazu passt ein Lagen-Beaujolais wie Julienas oder Brouilly.

Dieses Rezept ist eine Variante des vorhergehenden mit dem Unterschied, dass das Fleisch kalt gegessen wird. Also ein wahres Sommerrezept, dessen Leichtigkeit und Feinheit durch die leichte Vinaigrette betont wird.
Es kann sowohl als Vorspeise (dann ohne Kartoffeln) serviert werden als auch als Hauptgericht. Ein erfreulicher Aspekt ist die dabei zwangsläufig entstehende würzige Rinderbrühe, die man für die Vorspeise verwendet.

1 Die Gemüse putzen und waschen. Das Hellgrüne und Weiße der Lauchstange, die Karotten und den Sellerie kleinschneiden.

2 In einem größeren Topf die Markknochen und das Gemüse mit Pfeffer und Salz in kaltem Wasser aufsetzen und zum Kochen bringen. 1 Stunde simmern lassen. Den Tafelspitz hineinhängen und die Temperatur sofort auf 80 Grad reduzieren. Weitere 2 Stunden ziehen lassen.

3 Prüfen, ob das Fleisch weich ist – eine Fleischgabel sollte ganz leicht einzustechen sein. Das Fleisch in der Brühe erkalten und einige Stunden ruhen lassen, auch über Nacht im Keller oder im Kühlschrank. Dann aber rechtzeitig vor dem Essen herausnehmen, damit das Fleisch Zimmertemperatur annehmen kann.

4 Zur Herstellung der Vinaigrette die Schalotten häuten, in winzige Partikel schneiden und in Olivenöl weich dünsten. Wenig Senf mit einem Schuss Estragonessig und Weißwein mischen, mit einer Prise Zucker sowie Pfeffer und Salz würzen. Kapern und Schalotten hinzufügen und mit Olivenöl zu einer Vinaigrette rühren.

5 Das Fleisch in Scheiben schneiden, auf Tellern oder einer Platte anrichten und mit der Vinaigrette begießen. Dazu passen Bratkartoffeln (S. 358, 359) oder/und Erbsen.

Hauptgerichte

Rumpsteak im Senfmantel

Die wegen ihrer Fast-Food-Kultur von Feinschmeckern oft belächelten oder gar bemitleideten Amerikaner haben jedoch eine Rindfleischkultur, um die sie jeder Europäer nur beneiden kann. Wer je drüben in einem guten Restaurant ein ›Filet Mignon‹, ein ›New York Steak‹ oder ein ›Porterhouse Steak‹ gegessen hat, weiß, wovon ich rede. So zartes, mürbes, makelloses Fleisch bekommt man hier selten. Eine Ausnahme bilden die französischen Charolais- und die schottischen Angus-Rinder.

Aber auch das teuerste Rinderfilet nützt nichts, wenn es ein frisch geschlachtetes Rind war, das bleibt zäh und faserig. In noch stärkerem Maße gilt das für die weniger zarten Stücke des Rindes, die meistens schon 8 Tage nach dem Schlachten in eine Einkaufstasche und von da zwischen die Zähne der Familie wandern, von wo sie nur mit Hilfe eines Zahnstochers wieder zu entfernen sind. Deshalb sollte der Metzger beim Leben seiner Mutter schwören, dass das Rumpsteak mindestens zwei Wochen abgehangen ist; andernfalls brate ich lieber eine Ente.

Ein Stück Rumpsteak von 800 g reicht für 4 bis 5 Personen. Da ein deutscher Metzger es kaum über sich bringt, nur das pure Fleisch auf die Waage zu legen, wird es nicht sauber pariert sein. Die restlichen Hautfetzen oder Fettstücke schneide ich deshalb zu Hause ab.

Für 4 – 5 Personen:

800 g Rumpsteak,
250 g Butter,
200 g scharfer,
körniger Senf

Für die Karotten:

600 g Karotten,
Hühner- oder
Kalbsbrühe,
Zucker, Butter

Für das Püree:

8 normal große,
mittelfeste
Kartoffeln,
Olivenöl, Salz,
Muskat,
4 Knoblauchzehen

1 800 Gramm Rumpsteak, das ist ein relativ flaches, fast quadratisches Stück Fleisch. Es wird von allen Seiten dick mit dem Senf bestrichen, bis er aufgebraucht ist (die Körner im Senf sind logischerweise Senfkörner; zur Not könnte man die Mischung auch selbst herstellen). Sonst kein Salz, kein Pfeffer! Das Fleisch eine Stunde ruhen lassen.

2 Den Backofen auf 220 Grad vorheizen. 250 Gramm Butter (jawohl, ein halbes Pfund!) in eine offene Bratform geben, die nicht viel größer sein sollte als das Stück Fleisch. Die Form in den heißen Ofen stellen und die Butter schmelzen lassen. Wenn sie zu kochen beginnt, das Fleisch mit einem breiten Pfannenmesser von seiner Unterlage heben (möglichst wenig Senf zurücklassen!) und in die heiße Butter legen. Den Ofen schließen. Nach 12 Minuten von der flüssigen Butter etwas über das Fleisch löffeln und die Temperatur auf 90 Grad reduzieren. Da das nicht schlagartig geht, die Ofentür offen lassen, bis der Thermostat die richtige Temperatur anzeigt. (Hier empfiehlt sich wieder einmal ein geeichtes Bratthermometer, das man seitlich in den Backofen stellen kann; gibt's preiswert in guten Haushaltswarengeschäften.) Die Tür schließen und das Fleisch eine knappe Stunde ruhen lassen. Während dieser Phase kann sich das Proteinnetzwerk in aller Ruhe entfalten (so sagt der Bio-Chemiker), das Fleisch entspannt und die Säfte verteilen sich. Wenn man mit der Gabel auf das Fleisch drückt, soll es noch ein wenig nachgeben, dann ist es fertig.

3 In der Zwischenzeit werden die Karotten und das Kartoffelpüree zubereitet: Die Karotten schälen, der Länge nach vierteln und in 3 cm lange Stücke schneiden. In einer großen Pfanne in etwas Hühnerbrühe (gekörnte Brühe, warum nicht?) ohne Deckel weichko-

Hauptgerichte

chen. 1 schönes Stück Butter dazu, salzen nicht vergessen, mit Zucker bestreuen und auf sehr großer Hitze die Brühe verkochen lassen, bis die Karottenstücke von der Butter und dem geschmolzenen Zucker ein glänzendes Aussehen bekommen; sie sind glasiert.

4 Die Kartoffeln schälen, kochen, abgießen, zerteilen und im heißen Kochtopf zerstampfen. Ein wenig Olivenöl hinzugeben, damit sich die Kartoffeln leichter verarbeiten lassen. Dann salzen, etwas geriebenen Muskat dazu und mit dem Elektroquirl unter Hinzufügung von weiterem Olivenöl zu einer homogenen Masse verquirlen. Abschmecken (Salz?) und je nach den Bedürfnissen der Esser eine bis fünf frische, geschälte und durchgepresste Knoblauchzehen hineinrühren. Ganz ohne geht's nicht. Der Knoblauch sorgt gleichzeitig auch für die nötige ›Pfeffrigkeit‹, ohne die ein Kartoffelpüree nicht vollkommen wäre.

5 Bei Ende der Garzeit die Bratform aus dem Ofen nehmen, das Fleisch herausheben und auf eine vorgewärmte Platte legen. Die Sauce, die sich in der Bratform gebildet hat aus der vielen Butter, den abgerutschten Senfkörnern und etwas Fleischsaft, ist praktisch fertig. Mehr als ein Viertelliter wird es nicht sein, aber sie hat es in sich! In eine Sauciere füllen und zusammen mit dem aufgeschnittenen Fleisch, den Karotten und dem Kartoffelpüree servieren.

Da das Fleisch mit der Butter-Senf-Sauce nur etwas angefeuchtet wird, kommt der flüssige Rest in den Kühlschrank. Am anderen Tag liegt eine feste Schicht Butterschmalz auf einem wunderbaren Saucenextrakt zur weiteren Verwendung.

> **Menüvorschlag:**
> Rote-Rüben-Suppe (Seite 57), Rumpsteak im Senfmantel, Tarte Tatin (Seite 442)

> **Zum Rumpsteak passen rote Burgunder; Côtes-du-Rhône; Côte Rotie; Chianti.**

Sauerbraten

Das Sauerkraut ist weit über die deutschen Grenzen hinaus bekannt und wird nicht nur bei uns gern gegessen. Sogar in Asien ist die Säure des Gemüses kein Grund zur Ablehnung. Unbegreiflicherweise ist hingegen der Sauerbraten eine rein innerdeutsche Angelegenheit geblieben. Ich halte ihn für eine der schönsten Eigentümlichkeiten der deutschen Küche.

Man kann der Meinung sein, dass die rheinische Version (die Originalversion?) ein bißchen zu exotisch sei mit ihren Rosinen, dem Honigkuchen und dem Apfelkraut. Das muss nicht jedermanns Sache sein. Aber auch in einer gemäßigten und entschärften Variante schmeckt ein Sauerbraten wunderbar und völlig anders als andere Schmorbraten. Ich ziehe ihn jedenfalls vielen Schmorbraten vor; in meiner Kindheit gehörte er zu meinen Lieblingsspeisen und hat seitdem kaum Sympathie eingebüßt. Für die kochende Hausfrau hat er zwei zusätzliche Vorteile: Er ist, wie alles marinierte Fleisch, ziemlich unverwüstlich, und er lässt sich, wie die meisten Schmorbraten, aufwärmen.

Wichtig ist wie immer die Qualität der Zutaten, speziell des Fleisches: Die Oberschale vom Rind ergibt das beste Stück. Und keine Sparsamkeit beim Essig – der Sauerbraten heißt nicht umsonst so.

Für 4 – 5 Personen:

1 – 1,2 kg Rindfleisch,
Rotweinessig,
12 Nelken, 1 TL Wacholderbeeren,
2 Lorbeerblätter,
je 1 TL Pfeffer-, Piment- und Senfkörner,
1 kg Karotten,
1 Lauchstange,
3 große Zwiebeln,
1 große Tomate,
1 kl. Stück Sellerie,
100 g Butter,
Rotwein,
1 Scheibe Pumpernickel,
je 1/8 l süße und saure Sahne,
1 TL Fruchtgelee,
1 kl. Glas Madeira,
Salz

1 Ein Gefäß auswählen, in welches das Stück Fleisch und rund 1 Liter Marinade passen. Für diese werden in einem Topf Essig und Wasser im Verhältnis 3:1 zum Kochen gebracht, gerade so viel, dass es ausreicht, damit das Fleisch zu bedecken. Mit aufgekocht werden 1 TL zerdrückte Wacholderbeeren, je 1 TL Pfeffer-, Piment- und Senfkörner sowie die 2 Lorbeerblätter und 12 Nelken.

2 Die kochende Marinade so über das Fleisch im Gefäß gießen, dass sich an allen Seiten die Poren schließen, was an der weißlichen Verfärbung zu erkennen ist. In dieser Marinade bleibt das Fleisch 4 Tage. Bei einem größeren Stück (für 6 oder mehr Personen) dürfen es ruhig 1 oder 2 Tage länger sein. Das Fleisch täglich wenden.

3 Zum Braten das Fleisch herausnehmen und trockentupfen. In einem größeren Schmortopf die Butter heiß werden lassen und das Fleisch vorsichtig von allen Seiten anbraten. Falls die Butter braun wird, weggießen und neue nehmen. Dann sämtliche Gemüse dazugeben, alle kleingewürfelt (die Hälfte der Karotten für die Beilage zurücklegen). Kräftig salzen und die Marinade angießen. Sollte das Fleisch mit den Gemüsen davon nicht halb hoch bedeckt werden, mit Rotwein ergänzen. Aus rheinischer Tradition kann man noch eine Scheibe Pumpernickel darüberkrümeln. 2 1/2 Stunden Bratzeit, bei geschlossenem Deckel im Backofen, genügen, wenn es ein 1000 Gramm-Stück von der abgehangenen Oberschale ist, Ofentemperatur 175 Grad. Sollte es ein Stück von der Unterschale oder gar ein Nackenstück sein, braucht es doppelt so lang – ohne ein gleich gutes Resultat. Das Fleisch sollte nach 2 1/2 Stunden so weich sein, dass man es mit dem Löffel zerteilen könnte; dennoch zerfällt es nicht und ist auch nicht grobfaserig. Herausnehmen und warmstellen.

4 Im Schmortopf ist jetzt viel Flüssigkeit und eine große Menge mehr oder weniger weich gewordenes Gemüse. Alles durch ein großes Sieb in einen Sautoir (oder eine große Pfanne) gießen und dabei das Gemüse mit dem Holzlöffel kräftig ausdrücken. Die gewonnene Flüssigkeit auf dem Herd bei größter Hitze sprudelnd einkochen lassen. Das kann 15 Minuten und länger dauern, bis die Sauce sich auf höchstens ein Drittel reduziert hat. Dabei wird sie wunderbarerweise immer sämiger. Im übrigen ist sie sehr sauer und nicht dunkel-, sondern hellbraun. So bleibt sie auch, weil jetzt, da sie durchs Einkochen immer intensiver schmeckt, 1/8 Liter Sahne – und vielleicht auch ebenso viel saure – hineinkommt; das hängt vom persönlichen Geschmack ab. Ganz sicher kommt noch ein kleines Gläschen Madeira hinzu, das ist ja von den Rosinen nicht allzuweit entfernt. Und vielleicht noch etwas Nelkenpulver? Oder Pfeffer? Oder Salz? Oder ein Teelöffel Fruchtgelee? Fast alle vorausgegangenen Versäumnisse lassen sich jetzt noch regulieren.

5 Zum Sauerbraten gehören neben Salzkartoffeln oder kleinen Klößen aus gekochten Kartoffeln (keine Nudeln!) unbedingt glasierte Karotten (was ist schon eine Karotte, die nur in Wasser gekocht wurde?), die auf einem Extrateller serviert werden; denn alles, was mit der deftigen Sauce in Berührung kommt, gibt widerstandslos seine Eigenart auf. Die Karotten schälen, der Länge nach vierteln und in 3 cm lange Stücke schneiden. Mit wenig Hühnerbrühe (gekörnte, warum nicht?) in einer Pfanne köcheln. 1 schönes Stück Butter dazu, salzen nicht vergessen, mit Zucker bestreuen und die Brühe schnell verkochen lassen, bis die Karottenstücke ein glänzendes Aussehen bekommen, aber noch Biss haben.

Menüvorschlag:

Champignons gegrillt (S. 96), Sauerbraten, und zum Abschluss vielleicht etwas Roquefort, Gorgonzola oder Ziegenkäse als Gegensatz zum süßsauren Braten

Zum Sauerbraten passt ein deutscher Weißwein mit Restsüße.

Hauptgerichte 345

Schweinebraten mit Kartoffelgratin

In meinen bisherigen Veröffentlichungen fehlten stets Rezepte mit Schweinefleisch. Die Gründe sind bekannt. Für die Rehabilitierung der hübschen Schweine hat die Öko-Bewegung gesorgt. Die immer zahlreicher werdenden Bio-Bauern, bei denen die Schweine nicht mehr gefoltert und gedopt werden, ermöglichen es uns Verbrauchern, ein Stück Schweinefleisch wieder mit Lust und Genuss zu essen.

Auf meinem sommerlichen Weg vom Dorf in die Stadt komme ich an einem Schild vorbei, worauf »Cochons en plein air« zu lesen ist, ein Pfeil weist auf einen Feldweg. Ihm folgend erreiche ich nach kurzer Zeit ein liebliches Tal, in dem es vielversprechend stinkt und in dem Schweine aller Größenklassen das Wort »Schweinsgalopp« auf anschauliche Weise illustrieren. Eine Idylle.

Der Bruder des Züchters ist Metzger und hat ein gutes Stück von der Schulter zusammengebunden, wie es bei französischen Metzgern üblich ist. Es liegt als kompaktes Paket vor mir. Dieser Schweinebraten wird nach der Niedrigtemperatur-Methode gegart, welche verhindert, dass der Braten trocken wird (siehe dazu auch Seite 465).

Für 4 Personen:

1 kg Bio-Schweinefleisch von der Schulter (zu einem Paket geschnürt),
6–8 Schalotten,
1–2 Tomaten,
1 EL schwarze Pfefferkörner,
1 EL Kümmelkörner,
grobes Meersalz
(evtl. 1–2 Knoblauchzehen,
1–2 Lorbeerblätter,
3 Nelken,
Ingwerjulienne)

Für das Gratin:

800 g halbfestkochende Kartoffeln,
250 g Zucchini,
1/2 l Sahne,
Muskat, Butter, Pfeffer, Salz

1 Den Backofen mit Ober- und Unterhitze (keine Heißluft!) auf exakt 80 Grad vorheizen. Zur Kontrolle nimmt man am besten das auch bei verschiedenen anderen Rezepten empfohlene Ofenthermometer.

2 Die Schalotten häuten und vierteln. Die Tomaten kurz mit kochendem Wasser überbrühen, enthäuten, entkernen und kleinschneiden. Die Knoblauchzehen enthäuten und bereitlegen.

3 In einem Mörser 1 EL schwarze Pfefferkörner und 1 EL Kümmel zerstoßen. Diese Mischung gründlich von allen Seiten in das Fleisch einmassieren und beherzt mit grobem Meersalz einreiben. Auch hier gilt die Grundregel: Abschließendes Nachwürzen eines fertigen Bratens nützt nur der Sauce. Fleisch muss bereits beim Anbraten so gewürzt werden, dass Pfeffer und Salz später nicht mehr benötigt werden. Das bedingt in den meisten Fällen eine abenteuerliche Menge Pfeffer und Salz, weil dazu später noch die Gemüse kommen. Und die sollen ja auch vom Gewürz profitieren.

4 Eine Gratinform oder einen Schmortopf wählen, in dem kein Platz mehr ist, wenn es sich Fleisch und Gemüse darin gemütlich gemacht haben. In dieser Form oder diesem Topf mit Butterschmalz oder Öl das Fleisch langsam rundherum anbraten, bis es auf allen Seiten hellbraun ist.

5 Nun die geviertelten Schalotten in die Form geben, und sobald diese etwas Farbe angenommen haben, die Tomatenstücke hinzufügen. Ob man jetzt auch noch den frischen Knoblauch darüber hobelt, vielleicht noch 1 bis 2 Lorbeerblätter und 3 Nelken hinzufügt oder 1 TL Ingwerjulienne, bleibt dem persönlichen Geschmack überlassen. Mit einem Glas Rotwein ablöschen und das Gemüse vorsichtig umrühren.

6 Dies alles spielt sich bei angemessener Hitze auf dem Herd ab. Nun aber kommt die Form in den auf 80 Grad vorgeheizten Ofen. Dort darf der Schweinebraten 4 Stunden ruhig vor sich hin garen. Während dieser Zeit ein- oder zweimal wenden.

7 Inzwischen das Kartoffelgratin vorbereiten. Da man auch dazu den Backofen braucht, empfehle ich ein leichtes Kartoffel-Zucchini-Gratin, welches schon in 30 Minuten gar wird. So lange kann man den Braten in Alufolie warmhalten (siehe Pkt. 10).
Die Kartoffeln schälen und in 3 mm dünne Scheiben schneiden. Von den Zucchini die Enden abschneiden und ebenfalls in dünne Scheiben hobeln.

8 Die Kartoffelscheiben in 1/2 l kräftig gesalzener und gepfefferter Sahne unter Rühren kurz aufkochen und 5 Minuten köcheln lassen – Vorsicht, brennen schnell an! Vom Feuer nehmen und in einem Sieb abtropfen lassen – dabei die Sahne auffangen – und wieder zurück in den Kochtopf geben. Die Zucchinischeiben hinzufügen, mit Muskat würzen und Kartoffeln und Zucchini gut vermischen.

9 Eine feuerfeste Form mit Knoblauch ausreiben und gut ausbuttern. Die Kartoffel-Zucchini-Masse einfüllen und soviel von der aufgefangenen Sahne angießen, dass die oberste Lage nicht bedeckt ist. In den auf 180 Grad aufgeheizten Ofen schieben und für ungefähr 30 Minuten garen lassen.

10 Inzwischen den Braten aus dem Topf nehmen und in Alufolie einwickeln. Den Bratensaft mit 1 Glas Rotwein noch einmal kurz aufkochen lassen. Wenn das Gratin fertig ist, das Fleisch in nicht zu dicke Scheiben schneiden. Es ist saftig, aber nicht butterzart wie ein Lammbraten. Die Schalotten sind weich geworden und bilden zusammen mit den Tomaten einen rassigen Bratensaft.

Menüvorschlag:

Gebratener Spargel (Seite 106), Schweinebraten mit Kartoffel-Zucchini-Gratin, Rote Grütze mit Vanillesauce (Seite 436)

Weintipp zum Schweinebraten:

Blaufränkisch aus dem Burgenland.

Hauptgerichte

Tafelspitz mit Apfelkren

Für 4-6 Personen:

1,5 kg Tafelspitz,
1 l Rindfleisch-
brühe,
1 Lorbeerblatt,
1 EL schwarze
Pfefferkörner,
300 g Wurzel-
gemüse (Karotte,
Knollensellerie,
Petersilienwurzel)

Für den Apfelkren:

3 Äpfel,
1/2 Zitrone,
1 EL Öl,
1 Prise Zucker,
1 Stück frischer,
scharfer Meerret-
tich (rote Schale),
Salz

Menüvorschlag:

Rote Bete-Suppe
(Seite 57),
Tafelspitz,
Topfenknödel mit
Zwetschgensauce
(Seite 402)

Dazu passt
Grüner Veltliner.

Wenn die österreichische und speziell die Wiener Beisl-Küche eine kulinarische Bedeutung hat, dann in erster Linie wegen der Tafelspitz, Schulterscherzel, Hüferschwanzl und Kavalierspitz genannten Stücke vom Rind, die sanft und schonend in einer würzigen Brühe gekocht werden.

Diese wunderbare Technik schließt die Existenz von schweren, buttrigen Saucen aus. Wie immer, hängt die Zartheit eines Tafelspitz nicht nur von der Zubereitung, sondern ebenso von der Qualität des Fleisches ab.

Traditionell gibt es dazu »Apfelkren« – geriebener Meerrettich mit Äpfeln vermischt – und »Gröstel«. Ich würde den Röstkartoffeln ein Kartoffelgratin vorziehen.

1 Die Rindfleischbrühe (notfalls aus Würfeln) mit Lorbeerblatt, Pfefferkörnern und 2 TL Salz aufkochen und das Fleisch in die kochende Brühe legen. Die Hitze sofort auf kleinste Stufe stellen und das Fleisch zugedeckt 2-3 Stunden gar ziehen lassen (es soll nicht kochen!)

2 Das Wurzelgemüse waschen, schälen, in kleine Stücke schneiden und in die Brühe zum Tafelspitz geben.

3 Die Äpfel schälen und entkernen, in kleine Stücke schneiden und mit Zitronensaft beträufeln. In einer Pfanne 1 EL Öl erhitzen und die Apfelstücke in wenigen Minuten weich dünsten. Mit ein klein wenig Zucker bestreuen.

4 Das Stück Meerrettich schälen, fein reiben und mit den zerdrückten Apfelstücken vermengen; mit wenig Salz würzen.

5 Den Tafelspitz aus der Brühe nehmen und quer zur Faser in dünne Scheiben schneiden. Auf vorgewärmten Tellern mit etwas würziger Brühe begießen und servieren; den Apfelkren daneben oder getrennt dazu reichen. Dazu passen Röstkartoffeln oder ein Kartoffelgratin.

348 Hauptgerichte

Wiener Schnitzel

Für 4 Personen:

4 flache Kalbsschnitzel à 150 g,
3 EL Mehl,
4 EL feine Semmelbrösel (Panier),
2 geschlagene Eier,
Pfeffer, Salz,
100 g Butterschmalz

(Kartoffelsalat oder Petersilienkartoffeln)

Menüvorschlag:

Bohnensalat mit Champignons (Seite 12),
Wiener Schnitzel,
Rote Grütze (Seite 436)

Dazu passt Grüner Veltliner.

Bisher fehlte das berühmte Wiener Schnitzel in meinem Repertoire, weil ich es lieber im Restaurant aß, als es selber zu braten. Doch dann konnte ich die perfekte Zubereitung im Wiener Hotel Sacher beobachten.
Wie immer, beginnt alles mit der Produktqualität. Also ein makelloses Stück von der Kalbsnuss. Sie soll zwei Wochen abgehangen sein, nicht mehr und nicht weniger. Von der Nuss werden weniger als 1 cm dicke Scheiben quer zur Faser abgeschnitten. Dickere Fleischscheiben sind nicht etwa besser, sondern nachteilig. Denn sie bedingen eine längere Bratzeit. Die wiederum verträgt das Panier nicht. Es wird braun. Und ein braun gebratenes Wiener Schnitzel ist ein misslungenes Schnitzel.
Es muss auch nicht breit geprügelt werden, damit es über den Tellerrand hängt. Ein gutes Schnitzel ist nie größer als eine mittlere Seezunge.

1 Zuerst werden die Fleischscheiben gesalzen und gepfeffert. Das ist bereits entscheidend für den Geschmack. Sodann legt man das Schnitzel auf einen Teller mit Mehl, dreht es auf die andere Seite, hebt es hoch und klopft es sanft ab, damit von der Mehlschicht möglichst viel wieder abfällt. Nun zieht man das Schnitzel durch die geschlagenen Eier und danach wird es beidseitig leicht im Panier gewälzt.

2 Währenddessen ist in einer tiefen Pfanne reichlich Butterschmalz heiß geworden. Dahinein lege ich das panierte Schnitzel. Es zischt etwas, und an diesem Geräusch erkenne ich, ob das Butterschmalz die richtige Temperatur besitzt. Das bedarf einer gewissen Routine. Dass das Schmalz nicht zu heiß sein darf, merkt man an der Verfärbung der Brösel. Die dürfen nämlich auf keinen Fall braun oder goldbraun werden – goldgelb ist die richtige Farbe, mit eventuell einem Hauch von hellbraun. Braune Schnitzel haben zu lange in der Pfanne gelegen und Fett aufgesaugt, oder – noch schlimmer – sie waren sogar schon vorgebraten (was in der einfachen Gastronomie durchaus vorkommt).

3 Das hellgoldgelbe Schnitzel wird aus der Pfanne gehoben und kurzfristig auf einem Küchentuch abgelegt. Vor dem Servieren kann man es mit etwas grobem Meersalz bestreuen. Die Zugabe einer Zitronenscheibe erscheint mir überflüssig, und ob dazu nun Erdäpfelsalat mit Kürbiskernöl und Feldsalat oder in Butter geschwenkte Petersielienkartoffeln serviert werden, darüber streiten sich die Wiener Köche seit hundert Jahren. Ich will mich da raushalten. Im Zweifelsfall geht es auch ganz ohne Kartoffeln.

An dieser Stelle folgt die Sparfrage: Wie oft kann ich das Butterschmalz in der Pfanne benutzen? Sagen wir es brutal: Im Idealfall nimmt der Hofkoch für jedes neue Schnitzel frisches Butterschmalz. Aber nach meiner Schätzung reicht ein Schmalzbad für vier Schnitzel, wenn die Pfanne so groß ist, dass gleichzeitig zwei darin braten können.

Hauptgerichte

Wildschweinkeule – mit Rotkohl und Kastanien

Die wilden Schweine, die ich in früheren Jahren auf dem Teller hatte – vorzugsweise in den rauhen Ardennen und den südlichen Ausläufern der Vogesen – waren wie legitime Nachfahren der NS-Pimpfe: hart wie Kruppstahl, zäh wie Leder. Doch die Wildschweine gleichen sich den Bären in Alaska an: Sie kommen in die Vororte und machen Randale. Und Bären isst man schließlich nicht. Oder doch? Hat nicht Old Shatterhand von Bärentatzen geschwärmt, die tage- oder wochenlang in die Erde eingegraben werden müssen, damit Maden sie schön mürbe kauen?

Vielleicht musste man früher auch Wildschweine tagelang vergraben oder, wie in alten Kochbüchern nachzulesen ist, mindestens eine Woche in Rotwein marinieren, damit sie einigermaßen essbar wurden. Die Zeiten haben sich offenbar auch für die Wildschweine geändert. Die Monokultur Mais in deutschen Landen macht es ihnen leicht, sich ohne die früher übliche, lästige Lauferei gleich an Ort und Stelle zu mästen. Das bekommt ihrem Fleisch gut, so dass man sich heute wieder daran trauen kann; das Tier sollte allerdings höchstens ein Jahr alt sein. Zusätzlich empfiehlt sich besonders in diesem Fall das schonende Garen mit der Niedrigtemperaturmethode bei 80 Grad.

Für 4 Personen:

1 – 1,2 kg entbeinte Wildschweinkeule

Für die Marinade:

2 Flaschen Rotwein,
10 Wacholderbeeren,
Essig, 2 Schalotten,
1 EL Pfefferkörner,
3 Gewürznelken,
2 Lorbeerblätter,
3 Zweige Thymian

Für den Fond:

Kalbsknochen, Abfälle der Keule, 100 g Räucherspeck,
1 Zwiebel, 1 Karotte,
Senfkörner, Thymian,
Tomatenmark,
Rotwein

(Rotkohl;
Esskastanien)

1 Die Wildschweinkeule großzügig parieren, das heisst, alle Häute und andere unansehnlichen Teile wegschneiden. (Dieses Abfallfleisch nennt man Parüren. Vorsichtshalber kauft man davon zusätzlich ca. 200 g, das braucht man für den Fond.)

2 Die Schalotten häuten und in Scheiben schneiden, die Pfefferkörner und die Wacholderbeeren im Mörser grob zerdrücken und alles mit 1 Tasse Essig sowie dem Rotwein mischen. Gewürznelken, Lorbeerblätter und Thymianzweige hinzufügen, die Keule in eine passende Schüssel legen und mit der Marinade übergießen, so dass die Keule ganz bedeckt ist. Sie sollte nun mindestens 24 Stunden in der Marinade ziehen. Ein weiterer Ruhetag schadet ihr auch nicht. Ab und zu in der Marinade umdrehen.

3 Auch der Fond wird schon einen oder zwei Tage vor dem Kochtag zubereitet: Die Karotte und die Zwiebel schälen und in Scheiben bzw. Stücke schneiden. Die Fleischabfälle zusammen mit den zerhackten Kalbsknochen in einem Schmortopf in Räucherspeck anbraten, bis sie gut gebräunt sind. Dann die zerschnittenen Gemüse dazugeben sowie Thymian, 1 EL Tomatenmark und 1 TL Senfkörner. Auch die Gemüse etwas angehen lassen, dann mit Rotwein ablöschen und kochen lassen, bis der Wein fast verdunstet ist. Mit Wasser auffüllen, so dass alles bedeckt ist, Deckel drauf und für 3 Stunden leise köcheln lassen. Falls der Deckel nicht fest schließt, von Zeit zu Zeit etwas Wasser nachfüllen. Nach ungefähr 3 Stunden alles durch ein Sieb gießen und kaltstellen. Am nächsten Tag das abgesetzte Fett abschöpfen.

4 Am Vormittag des Kochtags das Fleisch aus der Marinade nehmen, gründlich abtrocken und mit Küchengarn zu einem Paket zusammenbinden. Mit Salz und schwarzem Pfeffer aus dem Mörser oder der Mühle rundherum kräftig einreiben.

5 Den Backofen auf 80 Grad vorheizen, die Keule in einem passenden Bräter (er sollte kaum größer sein als das Fleisch) in einem Butter-Öl-Gemisch vorsichtig rundum anbraten. Das dauert mindestens 20 Minuten, denn es sollte wirklich vollkommen zugebraten sein. Nun den Bräter in den Ofen schieben, wo er vier oder fünf Stunden vergessen werden kann. Die Temperatur darf auf keinen Fall höher sein!

6 Die Marinade durch ein Sieb in den entfetteten Fond gießen und alles einkochen lassen. Dabei wird der Fond trüb, was aber nur ein Schönheitsfehler ist. So weit reduzieren, bis nur noch 1/8 l übrigbleibt. Mit Senf, eventuell Essig und Salz würzen. Die Sauce sollte sehr kräftig schmecken! Portwein oder ein Schuss Cognac könnten deshalb nötig sein (der Alkohol verfliegt durchs Kochen vollständig), ein paar Preiselbeeren oder etwas Johannisbeergelee runden den Geschmack ab. Kurz vor dem Servieren noch 3 EL kalte Butterstücke mit dem Schneebesen einrühren. Darf nicht mehr kochen!

7 Als Beilage gibt es den für alle Wildgerichte klassischen Rotkohl und Esskastanien. Wie frischer Rotkohl zubereitet wird, steht auf Seite 336; man kann aber auch den aus der Dose nehmen. Aber Kastanien werden relativ selten gegessen, deshalb hier das Rezept: Pro Person braucht man 6 bis 8 Esskastanien. Die werden wenige Minuten unter dem Grill oder bei sehr heißer Ofenhitze im Backofen erhitzt, bis die Schale schwarz wird oder sogar platzt. Nun lassen sie sich leicht schälen. Auch die feine Haut wird abgezogen. Die Kastanien werden jetzt glasiert: Butter heiß werden lassen, 1 TL Zucker dazu und darin die Kastanien leicht anrösten. Dann mit Wasser knapp bedecken und auf starker Hitze kochen, bis alle Flüssigkeit verdunstet ist und sich ein feiner Zuckerfilm um die Kastanien bildet.

Vorschlag für ein Festmenü:

Gambas flambiert (Seite 71), Spargelcreme (Seite 60), Wildschweinkeule, Thymian-Apfel-Kompott (Seite 444)

Zur Wildschweinkeule passen Barbera; Gigondas; Madiran.

Hauptgerichte

Wildschwein-Ragout

Bauern und Gartenbesitzer hassen Wildschweine, Jäger übersehen sie, und Feinschmecker rümpfen bei ihrem Anblick die Nase. Tatsächlich kann man ganz fürchterlich mit diesen ungehobelten Burschen reinfallen. Hat man Ihnen einen alten Keiler angedreht, dann gehen Sie besser ins Gasthaus. Ein mürber Wildschweinbraten ist so selten wie ein Hecht ohne Gräten. Deshalb muss es eine Keule vom Frischling sein. Die Keule wiegt ungefähr 3 Kilo. Vorsichtshalber mariniere ich sie in kräftigem Rotwein – 12 oder 24 Stunden, das genügt. Der Rotwein sollte kein Spätburgunder sein, sondern etwas ruppiges Italienisches oder ein Cahors oder ein Gigondas aus der Provence. Dadurch wird das Resultat ziemlich sauer. Deshalb schmore ich noch Pflaumen mit – siehe Rezept –; zusammen mit anderen Zutaten wird das dieser Frischlingskeule einen Platz in den kulinarischen Erinnerungen der beteiligten Esser sichern.
Die zweite Vorsichtsmaßnahme besteht im pingeligen Anbraten und ebenso sanften Schmoren. Im Ergebnis kann sich dieses Ragout aus der Frischlingskeule mit der Zartheit einer Lammkeule messen, während die Konsistenz eines ausgewachsenen Wildschweins eher an die eines Autoreifens erinnert.

Für 4 Personen:

Für die Marinade:

3 kg Wildschweinkeule,
1 Fl. Rotwein,
1 Tasse Balsamico,
1 St. Staudensellerie,
1 große Karotte,
1 große Zwiebel,
2 Lorbeerblätter,
12 Wacholderbeeren,
2 Gewürznelken,
1 Str. Thymian,
5 cm Zimtstange,
1 TL Pfefferkörner

Ferner:

16 Trockenpflaumen,
3 EL Rosinen,
2 EL Orangeat,
1 gr. Schalotte,
Butterschmalz,
Rosmarin, Pfeffer,
Salz

1 Am Vortag das Fleisch parieren: Zuerst die dünnen äußeren Häute entfernen, sodann die einzelnen Muskelstränge vom Knochen lösen und alle weiteren Häute und Sehnen entfernen. Das schiere Muskelfleisch dann in so große Würfel schneiden, dass sie später auf dem Teller noch einmal geteilt werden müssen.

2 In einen passenden Topf die Flasche Rotwein gießen, eine Tasse Balsamico-Essig hinzufügen und beides zusammen aufkochen lassen. Hinzu kommen jetzt 1 kleingehackte Stange Staudensellerie, eine große Karotte in Scheiben, 1 große Zwiebel, geviertelt, 2 Lorbeerblätter, 1 Sträußchen Thymian, 12 Wacholderbeeren, 2 Gewürznelken, 5 cm Zimtstange, 1 TL schwarze Pfefferkörner und je eine Prise Zucker und Salz. Alles zusammen zugedeckt 5 Minuten kochen, vom Feuer nehmen und abkühlen lassen. Auf diese Weise entfalten sich die Aromen stärker, als wenn die Marinade wie üblich kalt angesetzt wird.

3 Die Fleischwürfel in eine passende Porzellanschüssel legen und die Marinade darüber gießen. Während der Ruhezeit – 12 bis 24 Stunden an einem kühlen Ort – mehrmals durchmischen.

4 Am Brattag das Fleisch mit dem Schaumlöffel herausnehmen und auf Küchenkrepp (oder -tuch) trocknen lassen oder trockentupfen.

5 Die Marinade durchsieben und in einen kleinen Teil davon 16 Trockenpflaumen sowie insgesamt 3 EL Rosinen einlegen und beiseite stellen.

6 Die Fleischwürfel müssen so trocken wie möglich sein, wenn sie ins heiße Fett kommen. (Trotzdem spritzt es.) Vor allem brauchen sie viel Platz. Die Kunst besteht darin, die Würfel nicht stark anzubraten (dann würden sie verkrusten), sondern sie nur sanft zu bräunen, ohne dass sie dabei Saft verlieren und darin mehr kochen als braten. Deshalb sollten jeweils nur wenige Fleischwürfel in der Pfanne sein, ohne sich zu berühren. Butterschmalz und/oder Öl heiß werden lassen und die Fleischwürfel Portion für Portion unter Wenden bei ständig kontrollierter Hitze schön braun werden lassen. Während des Bratens salzen und mit geschrotetem schwarzen Pfeffer würzen.

7 Alle Fleischwürfel in einen Schmortopf füllen, durch ein Sieb etwas von der Marinade hinzugießen und das Ragout zugedeckt auf dem Herd ganz leise vor sich hin schmurgeln lassen. Es hängt vom Alter und der Konsistenz des Fleisches ab, wie lange es noch braucht, um gar zu werden. Das können 10 Minuten oder eine Stunde sein; das muss man selbst probieren.

8 2 EL kleingewürfeltes Orangeat (kandierte Orangenschale) bereit stellen. Die Trockenpflaumen aus der Marinade in feine Streifen schneiden. 1 große Schalotte schälen und fein hacken. 2 TL Butter in einer Pfanne erhitzen und darin die Schalotte glasig dünsten. Die Pflaumenstreifen zusammen mit den abgetropften Rosinen sowie 1 Zweig Rosmarin und dem Orangeat in die Pfanne geben, salzen, mit grobem schwarzen Pfeffer bestreuen und alles kurz durchbraten. Dann die Pflaumen/Rosinen-Marinade angießen, durchkochen und den Pfanneninhalt zum Ragout in den Schmortopf befördern.

9 Zu dieser eher ins Mittelalter zurückführenden Aromabombe bieten sich breite Nudeln, Spätzle und ähnliche teutonische Mehlprodukte an, ein Kartoffelpüree wäre noch besser. Theoretisch – zum dunkel gebratenen Wild – müsste ein Rotwein passen, tatsächlich passt ein kräftiger Weißwein besser, weil die gepfefferten Früchte durstig machen.

Menüvorschlag:

Spinatsuppe mit Knoblauch (Seite 62), Wildschweinragout, Vanilleparfait mit Himbeersauce (Seite 423)

Zum Wildschweinragout passt sehr gut ein Grüner Veltliner.

Wirsingeintopf mit Lamm

Der Wirsing verhält sich zum Weißkohl wie die Seezunge zur Scholle. Sie sind miteinander verwandt, aber welch ein Unterschied im Geschmack! Für mich ist Wirsing eines der leckersten Gemüse überhaupt. Delikat ist er auch; aber zuerst und vor allem: lecker. Das heißt, sein Wohlgeschmack ist von jener Sorte, die mich zum Vielfraß macht. Bei folgendem Rezept – wage ich zu behaupten – passiert das allen, die es nachkochen.

Das Lamm ist das Lieblingsfleisch der Feinschmecker. Wird beides – Wirsing und Lamm – zusammen in einem Topf gegart, verwandelt sich die Deftigkeit des Eintopfs in einen himmlischen Schmackofatz und der Appetit der Esser in Heißhunger.

Gehen Sie zu Ihrem Metzger, wenn er gerade nicht viel zu tun hat, oder bestellen Sie das Gewünschte ein paar Tage im Voraus; denn was Sie von ihm wollen, ist etwas ungewöhnlich. 500 Gramm Lammfleisch von der Schulter soll er Ihnen schneiden, ohne Haut und möglichst ohne Fett. Dieses Fleisch soll er durchdrehen. Als nächstes wünschen Sie von ihm große und dünne Scheiben von fettem Räucherspeck – um Fasane darin einzuwickeln, sagen Sie ihm. Also keine schmalen Streifen, und mit kräftigem Rauchgeschmack. In Wirklichkeit legen Sie mit dem Speck den Schmortopf aus; aber wenn Sie das sagen, werden die Scheiben womöglich zu dick.

Für 4 Personen:

500 g Lammhackfleisch,
1 kg Wirsing
(1 großer oder
2 kleine Köpfe),
einige Scheiben fetten Räucherspecks,
1 Semmel,
1/4 l Sahne, Milch,
1 ganzes Ei
und 1 Eigelb,
2 EL Crème fraîche,
2 große Schalotten,
3 Knoblauchzehen,
1 Zitrone, Butter,
Weißwein,
Thymian,
Pfeffer, Salz

1 Den Wirsing in die einzelnen Blätter zerlegen, die äußeren dunklen und die inneren weißen wegwerfen, aus allen übrigen die Strünke ausschneiden und die Blätter 3 Minuten in kochendem Salzwasser blanchieren. Dadurch werden sie weich und geschmeidig, und damit sie ihre schöne Farbe behalten, werden sie nach dem Blanchieren in Eiswasser abgeschreckt. Abschütteln und zwischen zwei Handtüchern etwas abtrocknen.

2 Die Schalotten enthäuten, in winzige Partikel schneiden und in einer kleinen Pfanne in Butter glasig werden lassen. Mit 1 Glas trockenem Weißwein ablöschen und reduzieren, bis die Flüssigkeit verkocht ist. – Den Backofen auf 200 Grad vorheizen.

3 Die Semmel kurz in Wasser oder Milch einweichen, ausdrücken und mit einem ganzen Ei und einem Eigelb sowie 1 TL Thymian verquirlen. Drei durchgepresste Knoblauchzehen und die glasierten Schalotten zusammen mit der Semmelmasse im Lammhack verkneten; dabei salzen und pfeffern. Zur Kontrolle des richtigen Würzens einen kleinen Kloß formen, in Butter braten und probieren.

4 Den Boden des Schmortopfes mit den Speckscheiben auslegen; sie dürfen auch an den Seitenwänden hochgezogen werden, was aber nicht ausschlaggebend für das spätere Resultat ist. Auf den Speck eine Lage Wirsingblätter legen, leicht salzen und pfeffern, noch eine Lage Blätter, wieder leicht salzen und pfeffern, und dann eine dritte und vierte Lage. Nun das vorbereitete Hackfleisch als dicken Fladen auf die vier Schichten Wirsing in den Schmortopf legen. Darauf die restlichen Wirsingblätter schichten – jede einzelne Lage wieder leicht salzen und pfeffern – und hoffen, dass es noch für vier, fünf oder sechs Lagen reicht – je

mehr Gemüse, um so besser! Das Ganze mit dem Saft einer Zitrone begießen und mit weiteren Speckscheiben abdecken.

5 Deckel drauf und auf die untere Schiene des auf 200 Grad vorgeheizten Ofens schieben und sofort auf 150 Grad herunterschalten. Die niedrige Temperatur verhindert, dass der Speck schmilzt und das Fleisch austrocknet. Erst nach einer Stunde die Temperatur auf knapp 200 Grad erhöhen. Zum gleichen Zeitpunkt die Sahne mit der Crème fraîche verrühren und über den Speck gießen, der jetzt nicht mehr so glatt und dicht auf dem Wirsing liegt. Der Speck dient übrigens nur der Geschmacksverbesserung; er wird später nicht mitgegessen.

6 Nach weiteren 40 Minuten den Deckel abnehmen – im Topf muss es nun leise brodeln. Es versteht sich von selbst, dass man den Schmorprozess nicht nur diese zwei Mal kontrolliert. Also ab und zu den Deckel lüften und nachsehen, wie das da schmurgelt. Irgendwann nach dem Sahnezusatz muss man den Saft probieren; ist er zu fade, kann man das jetzt noch korrigieren. Insgesamt kann man mit einer Garzeit von 2 Stunden rechnen, aber 20 Minuten mehr schaden nicht, solange der Ofen nicht zu heiß ist: Lieber sanft und langsam garen als Vollgas geben. Wenn hier Saft genannt wird, was eigentlich Sauce sein sollte, so deshalb, weil es kaum Sauce im eigentlichen Sinne gibt. Aber von welcher Köstlichkeit! Um diese richtig zu genießen, bedarf es nur noch halbmehliger Salzkartoffeln, die hier einzig passende Beilage.

Menüvorschlag:

Feldsalat mit Champignons, (Seite 15), Wirsingeintopf mit Lamm, Birnen in Rotwein (Seite 408)

Zum Wirsingeintopf passt ein Beaujolais; z.B. Moulin-a-Vent.

Hauptgerichte

Baskische Gemüsepfanne – Pipérade

Für 4 Personen:

1 grüne, rote und gelbe Paprikaschote,
500 g Tomaten,
1 Handvoll frisches Basilikum,
4 – 6 Frühlingszwiebeln,
2 – 3 Knoblauchzehen,
6 Eier,
Olivenöl, Butter, schwarzer Pfeffer, Salz

Wer viel Hunger hat, brät kleine Schinkenstücke in Butter und streut sie über das fertige Gericht.

Dazu passen leichte, trockene Weißweine wie Jurançon, Vouvray, Saale-Unstrut.

Dieses Gericht ist in Frankreich unter dem Namen ›Pipérade‹ bekannt. Ob als Beilage zu einem Stück Fleisch oder als selbstständiges, sättigendes Gericht, der Wohlgeschmack dieser Gemüsepfanne steht und fällt mit der Qualität der Zwiebeln und Tomaten. Dient sie als Beilage, kann auf die Eier verzichtet werden.

Mit Brot serviert und einem leichten, trockenen Weißwein (es muss nicht unbedingt ein Jurançon sein, wie er im Baskenland getrunken wird) ist die ›Pipérade‹ ein frisches, sommerliches Gericht der einfachen Küche.

1 Die Paprikaschoten halbieren, das Weiße und die Kerne entfernen, in kurze Streifen schneiden.

2 Die Tomaten überbrühen, enthäuten, entkernen und das Fleisch in grobe Stücke schneiden. Zwiebeln und Knoblauch enthäuten, fein hacken und mehrere Minuten im mäßig heißen Olivenöl angehen lassen, ohne dass sie braun werden. Die Paprikastücke hinzugeben und gegen Ende auch die Tomaten. Mit Thymian, Salz und Pfeffer würzen und zugedeckt ca. 6 - 8 Minuten garen lassen. Die Pfanne, in der das geschieht, muss so groß sein, dass die Gemüse nicht hoch übereinander liegen müssen. Sie würden sonst zu viel Wasser ziehen, der Eintopf würde zu suppig.

3 Währenddessen die Eier miteinander verquirlen. In einer zweiten Pfanne Butter heiß werden lassen und die Eier hineinschütten. Sobald sie zu stocken beginnen, mit der Gabel einmal gut durchrühren und sofort das fertige Gemüse hineingeben. Kurz erhitzen, bis die Eier die Konsistenz von Rührei erreicht haben. Mit Brot servieren. Wenn Basilikum als Gewürz verwendet wird: mit der Schere nicht zu klein schneiden und erst unmittelbar vor dem Servieren untermischen.

Gemüse als Beilage, Vor- oder Hauptgericht

Bohnen-Tomaten-Gratin

Für 4 Personen:

750 g breite grüne Bohnen,
4 große Tomaten,
150 g Fetakäse oder 1–2 Büffelmozzarella,
1 Schalotte,
1 Knoblauchzehe,
getr. Thymian,
2 EL Balsamico,
1 TL Tomatenmark,
Olivenöl,
Zucker, Salz,
schwarzer Pfeffer

Dieses Gratin ist ein leichtes Einzelgericht für fleischlose Tage oder eine Beilage z.B. zu einer Lammkeule.

Zum Gratin passt beides, weiß oder rot, nur kräftig sollte es sein.

Auch bei diesem quasi-vegetarischen Gemüsetopf hängt es wie immer von der Qualität der Zutaten und der richtigen Würzung ab, damit daraus kein langweiliges Gemüse-Einerlei entsteht. Deshalb beim Einkauf darauf achten: Die grünen Bohnen müssen breit, knackig und fadenlos sein; die Tomaten sollten nach Tomaten und nicht nach Watte schmecken; der Mozzarella muss fein-säuerlich sein, sonst sollte man lieber zum Feta greifen. Wer anschließend nicht zu zaghaft würzt, freut sich über ein leckeres Gemüsegratin.

1 Die Bohnen waschen, die Enden abzwicken und in Stücke brechen. In Salzwasser ca. 15 Minuten kochen, abgießen, kurz unter kaltem Wasser abschrecken, damit sie ihre grüne Farbe behalten.

2 Die Tomaten mit kochendem Wasser überbrühen, enthäuten, das Innere mit den Kernen entfernen und das Fleisch in kleine Stücke schneiden. Die Schalotte schälen und in winzige Partikel schneiden. Die Knoblauchzehe enthäuten und mit Salz zu einem Brei zerdrücken.

3 Zuerst die Schalottenwürfel in einer Pfanne in wenig Olivenöl weichdünsten, die Tomatenstücke hinzufügen, mit 1 TL Tomatenmark, dem Knoblauch, Pfeffer, Thymian, 2 EL Balsamico und einer Prise Zucker würzen und kräftig abschmecken.

4 Eine feuerfeste Gratinform ausbuttern, die Bohnen flach einfüllen und darauf das gewürzte Tomatenkonkassee verteilen.

5 Den Käse in einer Schüssel zerbröckeln bzw. kleinwürfeln und leicht pfeffern. Mit fruchtigem Olivenöl begießen, einige Tropfen Balsamico darüber träufeln, mit wenig Thymian bestreuen und alles mischen und abschmecken. Über dem Gemüse verteilen und im vorgeheizten Backofen bei 200 Grad überbacken, bis der Käse leicht geschmolzen ist.
Dazu passt Stangenbrot.

Gemüse als Beilage, Vor- oder Hauptgericht

Bratkartoffeln (vorgekocht)

Für 4 Personen:

1 kg festkochende Kartoffeln,
100 g dünne Scheiben stark geräucherter Schinkenspeck,
50 g Butter,
1 TL Kümmel,
1 TL schwarze Pfefferkörner,
1 TL Meersalz

Menüvorschlag:

Als Beilage z.B. zu Tafelspitz mit Apfelkren (Seite 348)

Zu den Bratkartoffeln passt Cidre brut.

Ihren schlechten Ruf verdanken Bratkartoffeln vor allem der Tatsache, dass sie meistens als überzählige Salzkartoffeln zerschnitten und in die Pfanne geworfen werden. Und wenn dann noch rohe, grobe Zwiebelstücke mitgebraten werden, sind sie für die feine Küche rettungslos verloren.
Ich scheue mich nicht, dieses der Arme-Leute-Küche zugeordnete Gericht bei den Delikatessen einzureihen, wenn sie zum Beispiel nach folgendem Rezept aus am Tag zuvor gekochten Pellkartoffeln zubereitet werden.
Ein Wort noch zur Pfanne. Sie sollte eine Weiterentwicklung der alten Teflonpfanne sein, also mit mattschwarzem Belag, auf welchem die Kartoffeln nicht anbrennen wie so häufig in den zünftigen Pfannen aus Massiveisen.

1 Die – festkochenden – Kartoffeln am Vortag in der Schale kochen.

2 In einem schweren Mörser je 1 TL schwarze Pfefferkörner, Kümmel und Meersalz zerstoßen.

3 Die Scheiben Schinkenspeck (Frühstücksspeck) übereinander legen und in kurze, dünne Streifen schneiden. Die Kartoffeln pellen und in Scheiben schneiden.

4 Die Butter bei mittlerer Hitze in der Pfanne schmelzen lassen und die Schinkenstreifen darin anbraten. Bevor die Butter braun wird, dürfen auch die Kartoffelscheiben in die Pfanne, werden durchgemischt und mit der Kümmel-Salz-Pfeffer-Mischung gewürzt. Die Kartoffeln während des Bratens mehrmals wenden und darauf achten, dass nicht eine einzige Scheibe schwarz verbrennt. Nicht nur, weil das ungesunde Giftstoffe freisetzt, sondern weil die Bitterstoffe von Verbrennungen (Brot! Fisch! Fleisch! und gegrillte Wurst!) schlichtweg undelikat sind.

Wegen der Beschaffenheit der Pfannenoberfläche verteilt sich das Fett übrigens nie gleichmäßig, so dass ein Teil der Pfanne fettlos bleibt. Den Kartoffeln macht das nichts aus, sie verbrennen dennoch nicht. Sie werden bei mittlerer Hitze – und häufigem Wenden – langsam hellbraun.

Bratkartoffeln (roh)

Für 4 Personen:

600 g kleine, festkochende Kartoffeln, Pflanzenöl oder Butterschmalz, Pfeffer, Salz

Menüvorschlag:

Rote-Rüben-Suppe (Seite 57), Rindfleisch mit Salsa Verde und Bratkartoffeln, Rote Grütze mit Vanillesauce (Seite 436)

Zu den rohen Bratkartoffeln passt Grauburgunder.

Auch aus rohen Kartoffeln lassen sich vorzügliche Bratkartoffeln zubereiten. Sie besitzen einen eigenen, unverwechselbaren Geschmack, den viele den aus vorgekochten Kartoffeln hergestellten noch vorziehen.

Leider neigen die hauchdünnen, rohen Kartoffelscheiben dazu, trotz Zugabe von reichlich Öl oder Butterschmalz zusammenzukleben, und es gliche einer Sisyphusarbeit, sie immer wieder auseinanderzuzerren, ohne dass einzelne Scheiben inzwischen schon anbrennen.

Doch wenn man die rohen Kartoffelscheiben gründlich in viel kaltem Wasser wäscht, bleibt die das Kleben verursachende Kartoffelstärke als milchige Brühe im Ausguss. Anschließend trocknet man die Scheiben so gut es geht zwischen zwei Küchentüchern ab, damit es in der Pfanne kaum spritzt. Für das Braten braucht man bei dieser Zubereitung nur wenig Fett.

1 Die Kartoffeln schälen und auf dem Gemüsehobel oder in der Küchenmaschine in dünne Scheiben schneiden.

2 Die Scheiben in viel kaltem Wasser gründlich von der Kartoffelstärke befreien. In einem Durchschlag abtropfen lassen und zwischen zwei Küchentüchern halbwegs abtrocknen.

3 In einer antihaftbeschichteten Pfanne wenig Butterschmalz oder eine Mischung mit Öl heiß werden lassen, eine Handvoll Kartoffelscheiben hineinwerfen und mit einem Holzlöffel so gut es geht ausbreiten. Weitere Scheiben zugeben, die Pfanne immer wieder schütteln und die Scheiben häufig umwenden, damit sie nicht anbrennen. Salzen und pfeffern. Größere Mengen brät man am besten in zwei oder mehreren Partien.

Chicorée-Gratin

Zutaten pro Person:

1 bis 1 1/2 Chicorées, dünne Scheiben mageren Rauchspecks, Butter, Zitronensaft, schwarzer Pfeffer, Salz

Ein Chicorée-Gratin passt gut zu Schmorbraten und Wild.

Dazu schmeckt ein Silvaner aus Franken.

Zutaten pro Person:

2 kleine Chicorées, 1 Zitrone, Olivenöl, schwarzer Pfeffer, Essig, Senf, Salz, 1- 2 Eier

Als Vorspeise oder als Beilage zu aufgeschnittenem Tafelspitz.

Dieses eigentümliche Gärtnerprodukt wird meist roh als Salat gegessen. Die dicken, weißen Spindeln geben aber eine vortreffliche Gemüsebeilage ab, wenn man sie schmort: im folgenden Gericht mit Speck und Zitrone. Letztere eliminiert die Bitterkeit; der Rauchgeschmack des Specks verbindet sich damit auf delikate Weise.
Mit einer Eier-Vinaigrette ist Chicorée eine erfrischende Vorspeise.

1 Die Chicorées längs halbieren; die äußeren, dicken Blätter entfernen, den keilförmigen Stielansatz herausschneiden.

2 In einer gusseisernen Gratinform auf dem Herd dünne Scheiben mageren Rauchspecks in reichlich Butter erhitzen. Sie sollen nicht knusprig braun werden, sondern nur ihren Geschmack an die Butter und an das Gemüse abgeben.

3 Darauf die halbierte(n) Chicorées setzen, mit der Schnittfläche nach oben, und etwas anbraten lassen. Salzen, pfeffern und großzügig mit Zitronensaft beträufeln. Einige Butterflöckchen obenauf, mit Alufolie abdecken und in den 220 Grad heißen Ofen schieben. Nach 15 Minuten die Folie entfernen und die Hitze etwas reduzieren. Die Chicorées haben genug Feuchtigkeit, um nicht auszutrocken. Sie sind fertig, wenn ihre Oberfläche braun ist, was bis zu 45 Minuten dauern kann.

Chicorée mit Eier-Vinaigrette

1 Das harte Ende der Chicorées abschneiden, mit einem scharfen Messer den Stielansatz kegelförmig ausschneiden, die äußeren Blätter entfernen.

2 Die Chicorées in Salzwasser zusammen mit dem Saft einer Zitrone für 8 Minuten kochen.

3 1-2 Eier hartkochen und würfeln. Aus Essig, Öl, Salz, Pfeffer und 1 TL Senf eine Vinaigrette herstellen, die Eiwürfel untermischen.

4 Die Chicorées abkühlen lassen, halbieren und mit der Vinaigrette übergießen. Dazu Stangenbrot.

Courgetten-Gratin

Für 4 Personen:
800 g Courgetten (Zucchini),
250 g gekochter Schinken (zwei dicke Scheiben),
3 Eier,
200 g geriebener Gruyère,
1/4 l Sahne,
2 EL Crème fraîche,
schwarzer Pfeffer,
Muskat, Salz

Menüvorschlag:
Champignon-Pfannkuchen (Seite 97),
Courgetten-Gratin,
Heiße Banane mit Pinienkernen und Marc (Seite 393)

Zum Gratin passt Weißburgunder aus Baden.

Courgetten sind bei uns mehr als Zucchini bekannt; es sind hübsche Gurken, die nach nichts schmecken. Das liegt nicht daran, dass sie zum größten Teil aus europäischen Treibhäusern stammen, sondern an ihrem Naturell: hübsch und nichtssagend. Dennoch sind sie in der leichten Küche willkommen, weil sie einfach zu bearbeiten und problemlos zu kochen sind. Und für den fehlenden Geschmack habe ich meine Gewürze. Ein Maximum an Delikatesse erreichen sie in überbackenem Zustand, ähnlich der Kartoffel. Dass sie viel weniger deftig sind als diese, ist sogar ein Vorteil.

1 Die Courgetten waschen, die Enden wegschneiden und ungeschält in 5 mm dünne Scheiben hobeln.

2 Die Eier und die Sahne in einer Schüssel verquirlen, die so groß ist, dass auch noch die Gurkenscheiben hineinpassen. Die Sahne-Eier-Mischung salzen und pfeffern. Pfeffer je nach Geschmack; beim Salzen daran denken, dass die Courgetten ziemlich viel Salz brauchen, um ihre Fadheit zu verlieren. Etwas Muskat kommt auch hinein, und wenn die Sahne ein deutliches Aroma hat, die Gurkenscheiben dazuschütten.

3 Eine ovale Gratinform von 32 cm Länge ausbuttern. Eine rechteckige Form darf etwas kürzer sein. Das Gemüse soll nicht hoch übereinander liegen; je flacher ein Gratin, um so besser. (Das gilt auch für Kartoffeln.) Die Fettränder der Schinkenscheiben wegschneiden, den Rest würfeln. Die Hälfte der Courgetten aus der Sahne fischen und auf den Boden der Form legen. Darauf die Schinkenwürfel streuen, darauf den Rest der Courgetten. Auf diese kommt der auf der Käsereibe geriebene Gruyère als ziemlich dicke Schicht. Über diese die verbliebene Eier-Sahne-Mischung gießen. Sie soll sichtbar werden, die Courgetten aber nicht bedecken. Auf der Käseschicht die Crème fraîche verteilen.

4 Die Form auf die unterste Sprosse des heißen Backofens schieben. Die Garzeit beträgt ca. 60 Minuten. Wird der Käse frühzeitig braun, mit Alufolie abdecken. Ohne jede Beilage servieren.

Gemüse als Beilage, Vor- oder Hauptgericht

Dicke Bohnen ohne Schale

Für 2 Personen:
300 g junge dicke Bohnen,
Zitronensaft,
1 EL Crème fraîche,
schwarzer Pfeffer,
Butter, Salz

Als Beilage zu Hummer, Jacobsmuscheln, Kalbsbries, Hühnerbrust oder Fischen mit festem Fleisch (Lotte, Steinbutt, Petersfisch)

Dazu passen:
Savennière (Chenin blanc); Jurançon sec

Wenn es einen Beweis für die Phantasielosigkeit der deutschen Küche gibt, dann sind es Dicke Bohnen. Unseren Gemüsebauern ist nichts anderes eingefallen, als sie groß und dick werden zu lassen, und viele Hausfrauen servieren sie, wie sie sind: dickschalig und mehlig, größtenteils nicht einmal mehr grün, sondern bereits hellbraun! Kein Wunder, dass sie in einigen Landstrichen Saubohnen genannt und an die Namensgeber verfüttert werden. Da nicht zu hoffen ist, dass sie auf unseren Märkten im jugendlichen Alter auftauchen (wenn sie nämlich noch nicht größer als ein kleiner Fingernagel sind), müssen Feinschmecker sich auf etwas Mehrarbeit einrichten.

Aber das Resultat ist sensationell! Die Bohnen werden blanchiert und die Kerne flutschen dann wie von selbst aus der Schale. Den dünnen Halbkernen fehlt die dumpfe Bitterkeit völlig, so dass kein vernünftiger Mensch mehr auf die Idee käme, sie mit Bohnenkraut und Geräuchertem zusammenzubringen. Statt dessen sind sie zart und fein – ein neues Bohnengefühl stellt sich ein.

1 Die enthülsten Bohnen werden in Salzwasser je nach Größe 4 bis 6 Minuten blanchiert. In einen Durchschlag schütten, abtropfen lassen und die Kerne aus ihren Häuten drücken.

2 In einer Pfanne in heißer Butter dünsten. Wenig salzen und pfeffern, mit reichlich Zitronensaft aromatisieren. Sie sind bereits nach wenigen Minuten gar. Zum Schluss 1 EL Crème fraîche in die Pfanne geben und verrühren, ohne dass es kocht: fertig ist ein deutsches Gemüse in nie gesehener Verfeinerung.

Sie bilden eine ideale Beilage zu Hummer und Jacobsmuscheln und werden überhaupt in der anspruchsvollen Küche oft verwendet, wenn es auf den Tellern fein und edel zugehen soll. Um die Reinheit ihres Eigenaromas zu erhalten, serviere ich sie gern auf einem Extratellerchen. So werden die Bohnen nicht durch irgendwelche Fleisch- oder Bratensäfte verfälscht.

Leider gibt es Dicke Bohnen in ihrem jugendlichen Zustand nur wenige Wochen im Juni/Juli.

Gebratener Weißkohl

Für 2 Personen:

1 junger, kleiner Weißkohl,
50 g Räucherspeck,
2 TL Wacholderbeeren
Weißweinessig, schwarze Pfefferkörner, Zucker, Butter, Sahne, Salz

Zu feinen Fleischgerichten – oder zu einem Fischfilet: 5 Minuten auf dem Kohl mitdünsten!

Wie immer bei Gemüse sind die jugendlichen Exemplare deutlich zarter und delikater. Mein Rezept für diesen jungen Weißkohl – einer reicht für nicht mehr als zwei Portionen – ist ganz simpel und schmeckt sehr lecker.

1. Die äußeren Blätter entfernen, den Kohl vierteln, den Strunk herausoperieren und die Viertel in möglichst feine Streifen schneiden. Den Räucherspeck kleinwürfeln. Die Wacholderbeeren zusammen mit einigen Pfefferkörnern im Mörser zerstampfen.

2. Die Speckwürfel in einer großen Pfanne in heißer Butter auslassen. Wacholder und Pfeffer dazugeben, anrösten lassen. Den Kohl hinzufügen, salzen und unter ständigem Rühren 5 bis 10 Minuten braten lassen. Dabei fällt er zusammen, so dass man in der zunächst übervollen Pfanne ungehindert rühren kann. Aufpassen: nicht anbrennen lassen! 1 oder 2 EL Essig sowie 1 Prise Zucker unterrühren, Deckel drauf und bei kleiner Flamme ungefähr 15 Minuten garen lassen. Kurz vor dem Servieren etwas Sahne einrühren.

Glasierte Karotten

Pro Portion:

1 – 2 Karotten, Hühner- oder Gemüsebrühe, Butter, Zucker, Pfeffer, Salz

Die Karotten passen besonders gut zu Gerichten mit einer feinsäuerlichen Sauce: Lammkeule, Sauerbraten, Kaninchen in Senfsauce, Poulet au Vinaigre und ähnlichem.

Als Beilage zu feinen Braten – Wild, Lamm, Geflügel – passen Karotten oft besser als andere Gemüse. Aber was ist schon eine Karotte, die nur in Wasser gekocht wurde? Sie müssen deshalb glasiert sein; denn erst der buttrige, süße Film unterscheidet sie vom üblichen Wassergemüse.

1. Karotten schälen, der Länge nach vierteln und in 3 cm lange Stücke schneiden.

2. Die Karotten in einer Pfanne in etwas Hühnerbrühe (gekörnte, warum nicht?) ohne Deckel weichkochen. 1 großes Stück Butter dazu, salzen nicht vergessen, mit Zucker bestreuen und auf großer Hitze die Brühe verkochen lassen, bis die Karotten von der Butter und dem geschmolzenen Zucker rundum glänzen; sie sind glasiert.

Gemüse als Beilage, Vor- oder Hauptgericht

Gefüllte Gurken mit Safranlamm

Für 4 Personen:

400 g Lammfleisch von der Keule oder Schulter,
4 kurze, dicke Gärtnergurken,
3 Schalotten,
1 Ei, 2 EL Kapern,
1 EL Sardellenfilets,
150 g Schafskäse (aus der Lake),
Sahne,
Safranpulver,
frischer Thymian,
schwarzer Pfeffer,
Weißwein,
Salz, Butter

(kleine junge Kartoffeln; Küchengarn)

Menüvorschlag:

Als leichtes Vorgericht halbieren Sie die Mengen und servieren anschließend ein Fischfilet Grenobler Art (Seite 95).

Zu den Gurken passt gut ein Rheingauer Riesling.

Im Prinzip ist dies nichts Neues. Gurken, dieses zunächst wässerige und eher nichtssagende Gemüse, werden häufig mit einer Füllung gekocht, damit sie überhaupt nach etwas schmecken. Die Füllung, beziehungsweise die darin enthaltenen Gewürze, entscheiden über Banalität oder Delikatesse des Essens. Wirklich zur Feinen Küche avancieren Gurken eigentlich nur in Verbindung mit Fisch.

Hier besteht die Füllung aus Lammfleisch, welches auf nicht alltägliche Weise gewürzt wird. Die ganze Geschichte ist ein wenig arbeitsaufwändig, aber nicht kompliziert.

1 Zuerst werden die Gurken vorbereitet (Schlangengurken gehen auch, aber die kürzeren und an beiden Enden gleich dicken Gärtnergurken sind besser). Die Gurken schälen, der Länge nach halbieren und das wässerige Innere mitsamt den Kernen mit einem Löffel gründlich herauskratzen.

2 Das von Häuten und Sehnen gesäuberte Fleisch gleich vom Metzger haschieren lassen oder zu Hause durch den Fleischwolf drehen. Mit dem verquirlten Ei, dem zerbröselten Käse, den zerhackten Kapern, den ebenfalls zerkleinerten Sardellen (Anchovis) sowie 1 TL Thymian vermengen. Leicht salzen und pfeffern (aus der Mühle).

3 Die kleingehackten Schalotten in 1 EL Butter andünsten, bis sie weich, aber nicht braun geworden sind. 1 kleines Glas Weißwein in die Kasserolle gießen, darin eine Messerspitze Safran auflösen und umrühren. Alles mit dem Hackfleisch gründlich vermischen.

4 Die Hackmasse in die ausgehöhlten Gurken füllen, diese zusammenklappen und mit einem Küchengarn umwickeln. Die Gurken von außen leicht salzen und in eine gebutterte, feuerfeste Form legen. Auf die mittlere Schiene des auf 180 Grad vorgeheizten Ofens schieben und dort ungefähr eine Stunde garen lassen (das kann zwischen 40 Minuten und über 1 Stunde dauern). Von Zeit zu Zeit herumdrehen.

5 Die garen Gurken herausnehmen und warmstellen. Aus Gurken- und Fleischsaft ist zusammen mit dem geschmolzenen Käse eine dünne, aber intensive Sauce entstanden. Je nach ihrer Menge einkochen lassen und etwas frische Sahne angießen. Eventuell mit Salz und Pfeffer nachwürzen.

Die aufgeklappten Gurken auf Tellern anrichten, mit der Sauce übergießen und mit in Butter geschwenkten Pellkartoffeln servieren.

Gefüllte rote Paprika »Istanbul«

Für 4 Personen:

8 rote Paprikaschoten,
400 g Langkornreis,
2 EL Rosinen,
2 EL Pinienkerne,
2 Fleischtomaten,
2 große Schalotten,
2 dicke Knoblauchzehen, Minze,
2 TL Koriander,
frischer Thymian,
Curry, Olivenöl,
Salz

Menüvorschlag:

Gefüllte rote Paprika,
Besoffene Kirschen in Eierkuchen
(Seite 388)

Zu den Paprika passt ein trockener Gewürztraminer.

Hackfleisch spielt auch eine wichtige Rolle bei einem Gericht, das aus der Deutschen Küche nicht wegzudenken ist, obwohl es dort noch nicht lange heimisch ist: Gefüllte Paprikaschoten. Sie gehören zum festen Bestand der Kantinen und leiden dort unter dem gleichen Schicksal wie Königsberger Klopse: Lieblos und nur mit billigsten Zutaten hergestellt, sind sie fast zu einem Symbol für die Unkultur in unseren Altölverwertungsstätten geworden. Doch das muss nicht sein. Die übliche Vermischung von Hackfleisch mit Reis finde ich ohnehin nicht empfehlenswert, weil der Reis im Fleisch verdünnend wirkt wie Wasser im Wein. In der folgenden Version verzichte ich auf das Hackfleisch und nehme stattdessen Tomaten. Die Grundidee ist orientalisch, der Curry asiatisch; doch die Exotik dieses sommerlichen Essens hält sich in Grenzen.

1 Die Schalotten feinhacken, im Öl anschwitzen, dann die Pinienkerne, die gewaschenen Rosinen, den Thymian und den Koriander dazugeben, den Knoblauch hineinpressen, salzen. Den Reis hinzufügen und mit anschwitzen lassen. Je nach Geschmack 1/2 bis 2 TL milden oder scharfen Curry unterrühren. Mit Wasser so weit aufgießen, dass es 1 cm über dem Reis steht. 2 Minuten sprudelnd kochen lassen, dann zugedeckt auf kleinster Flamme 40 Minuten ziehen lassen.

2 Die Tomaten kurz überbrühen, enthäuten, entkernen, ausdrücken, in kleine Würfel schneiden und unter den fertigen Reis mischen. Von den Paprika den Deckel abschneiden, ausputzen. Den fertigen Reis einfüllen. Eine flache, feuerfeste Form 1 cm hoch mit Wasser füllen, dahinein die Paprika stellen. Mit Alufolie abdecken und in den sehr heißen Ofen schieben.

Insgesamt brauchen die Paprika zirka 40 Minuten, um gar zu werden. Dazu brauchen sie eine starke Hitze, welche andererseits den Reis nicht austrocknen oder gar die Paprika verbrennen darf. Also von Zeit zu Zeit kontrollieren und die Hitze entsprechend regulieren. Sind die Paprika gar, herausnehmen und auf jede etwas gehackte Pfefferminzblätter streuen.

Dazu gibt's nichts; sogar Brot ist angesichts des Reises überflüssig.

Gemüse als Beilage, Vor- oder Hauptgericht

Gemüsereis

Manche Menschen fürchten sich vor dem Reiskochen. Tatsächlich können dabei zwei Dinge schief gehen, auch wenn mehr als eine Milliarde Asiaten täglich Reis kochen, ohne hinzusehen. Die beiden Dinge heißen »nicht gar und trocken« sowie »nass und matschig«. Beides lässt sich zwar leicht korrigieren, aber die Hasenfüße sagen vorsichtshalber: »Ach, essen wir doch lieber Nudeln.«

Ich bin gegen Nudeln als Hauptmahlzeit, wie jeder weiß. Nudeln bedeuten Verzicht. Verzicht aufs Kauen und Verzicht auf Gemüse. Da ist der Reis aus anderem Holz geschnitzt, wenn dieses schiefe Bild einmal gestattet ist. Ich verarbeite Reis nach folgender Regel: Mit Fleisch = selten. Mit Fisch: oft. Mit Gemüse: immer. Reis ist keine Beilage zu Fleisch mit Sauce wie Nudeln oder Kartoffeln. Ich vermische ihn mit kleingeschnittenem Gemüse, würze mit Curry oder Safran, mit Rosinen oder Ingwer oder was da sonst alles möglich ist – fertig. Eine Sauce braucht er nicht.

Hier ist eine Basisversion, die alle Vorzüge hat, die ich von einem einfachen und preiswerten Reisgericht erwarte. Sie gelingt ohne Risiko, enthält viel »gesundes« Gemüse, schmeckt hervorragend, und man kann sie endlos variieren.

Doch wer gibt sich beim Auto mit der Standardversion zufrieden? Ein paar Extras will eigentlich jeder, vom Zentralverschluss über die Ledersitze bis zur Klimaanlage. Nicht anders beim Kochen. Das nächstliegende Extra ist Schärfe. Und da bietet sich vor allem Curry an. Ich habe verschiedene Sorten Curry, nicht selbst gemacht. Ich nehme jedes Mal eine andere, die Wahl überlasse ich oft dem Zufall.

Für 2 Personen:

2 Stangen Lauch,
1 rote Paprika,
1 Stück Sellerie,
1/2 l Weißwein oder Bouillon,
1 EL Öl,
1/2 Tasse Basmatireis,
1 Stück Ingwer,
1 EL Korianderkörner,
Pfeffer, Salz

Zur Anreicherung:

1 EL Curry (Sorte nach Geschmack),
2 EL Rosinen,
1 Handvoll Pinienkerne, Sojasauce, etc.

Gemüsereis sanft

1 Der Reistopf beginnt mit der Vorbereitung der Gemüse. Nichts macht so viel Spaß, wie Lauch herzurichten. Vorausgesetzt, man hat das richtige Messer, ca. 20 cm lang, mit breiter Klinge und sehr scharf. Damit wird der Bart am weißen Ende abgeschnitten und ebenfalls die dunkelgrünen Blätter. So landen schon mal gut 50 Prozent der Lauchstange in der Komposttonne. Auch die beiden äußeren Häute des Lauchs werden entfernt. Sie sind immer etwas weicher und weniger frisch als der innere Rest. Der wird von der hellgrünen Seite her zweimal bis kurz vor dem Ende eingeschnitten. Jetzt sieht der Lauch aus wie ein Pinsel mit hellgrünen Borsten. Er kommt unter den Wasserstrahl, damit alle noch haftende Erde herausgewaschen wird. Sauber, wie er nun ist, legt man den Lauch auf ein Brett und schneidet ihn mit dem Messer in kleine Würfel. Der Lauch ersetzt bei mir häufig die museumsreife Zwiebel; ausgenommen Schalotten und Frühlingszwiebeln.

Als nächstes wird der Sellerie geschält und davon so viel in kleine Würfel geschnitten, dass sie eine Tasse füllen.

Von der Paprika darf es etwas mehr sein. Sie ist rot, denn das sieht zum grünweißen Lauch schöner aus als eine grüne oder gelbe. Sie wird geviertelt und es wird alles herausgeschnitten, was nicht tiefrot ist. Dann – wieder mit dem großen Messer – werden die vier Teile in dünne Streifen geschnitten und in kleine Würfel zerteilt.

Auch das etwa walnussgroße Stück Ingwer wird geschält, halbiert, in Streifen und dann in kleine Würfel geschnitten. In einem Mörser werden je ein knapper

EL voll Koriander- und Pfefferkörner zerstoßen. (Das Aroma sitzt in den ätherischen Ölen, die beim Zerstoßen frei werden und schnell verfliegen.)

2 Der Rest ist einfach: In einer großen Pfanne mit hohem Rand etwas Öl heiß werden lassen und darin unter ständigem Rühren alle Gemüseteile für 5 bis 10 Minuten andünsten. Dabei salzen, pfeffern und den Koriander zufügen. Wenn die Feuchtigkeit fast verdunstet ist, mit etwas Weißwein oder Bouillon ablöschen, eine gute halbe Tasse Reis darüberschütten, einrühren und mit Flüssigkeit so weit auffüllen, dass alle Teile gerade im Nassen liegen. Deckel drauf und bei kleinster Hitze ziehen lassen, bis der Reis gar ist. Das geht sehr schnell. Gelegentliches Umrühren sorgt für gleichmäßiges Garen, und ca. 15 Minuten später kann man den Reistopf servieren. Droht der Reis zu trocken zu werden, etwas Flüssigkeit nachgießen, im umgekehrten Falll einfach den Deckel abnehmen und etwas abdampfen lassen. Ganz trocken sollte der Reis aber nicht werden.

Gemüsereis scharf

1 Zur Anreicherung gibt es viele Möglichkeiten: Man kann 1 EL Curry einrühren und es dabei bewenden lassen. Man kann aber auch 2 EL Rosinen zugeben. Curry ergänzt sich gut mit süßen Trockenfrüchten, aber auch mit säuerlichen Aromen wie getrockneten Sauerkirschen, Zitronensaft oder süßsaurer Sojasauce; von letzterer aber nur 1 TL. Auch eine Handvoll Pinienkerne passt sehr gut.

Deckel drauf und ziehen lassen. Beim Abschmecken wird klar, dass dies eine ziemlich scharfe Sache ist. Wird es zu scharf: kurz vor dem Servieren einen Becher Joghurt einrühren. So machen es die Inder auch. Joghurt löscht pfeffrige Schärfe sofort. Nicht Wasser, nicht Bier, sondern Joghurt.

Sehr gut passen in diese Mischung auch gewürfelte Zucchini oder Gurken oder auch Erbsen; die müssen aber vorher extra gekocht werden.

Das Gericht ist fertig, wenn der Reis gar ist. Trocken kann und sollte er nicht sein.

> Soll dies ein Gericht für 4 Personen werden, besser gleich zwei Pfannen oder Töpfe nehmen.

> Zum Gemüsereis passt sehr gut ein trockener Gewürztraminer oder ein Moscato.

Gemüsereis mit Paprika und Pilzen

Für 2 Personen:

1 – 2 rote Paprika,
150 g Basmatireis,
1 Tasse Hühnerbrühe o. Weißwein,
150 g Champignons,
Zitronensaft,
Olivenöl,
Koriander, Thymian,
2 Knoblauchzehen,
1 1/2 EL Estragonessig,
1 TL Lavendelhonig,
1 Lorbeerblatt,
schwarzer Pfeffer,
Tomatenmark, Salz

(Pinienkerne)

Verdoppeln Sie die Mengen und Sie haben ein köstliches Abendessen zu viert.

Dazu passt Riesling halbtrocken oder Bergerac.

Gerade nach Festtagen mit anstrengender Völlerei gibt es nichts Schöneres als ein leichtes und sanftes Reisgericht. Das darf auch gut gewürzt sein, ja sogar pfefferscharf – es ist ein Genuss und eine Labsal für die malträtierten Organe. Auch bei diesem Gemüsereis mit Paprikaschoten und Champignons ergeben die Gewürze ein ziemlich exotisches und scharfes Aroma.
Fast immer röste ich eine Handvoll Pinienkerne in der Pfanne an und mische sie unter den Reis. Wenn es passt, gebe ich etwas Olivenöl in die Pfanne, worin ich eine Prise Curry auflöse, bevor ich die Pinienkerne röste. Sie werden gelb, sehr aromatisch und genügen fast schon allein, um aus dem ungesalzenen Reis ein Essen zu machen.

1 In einem Topf 2 EL Olivenöl heiß werden lassen, den Reis zugeben und glasig schwitzen, dann 1 Tasse Hühnerbrühe oder Weißwein hineinschütten, umrühren, aufkochen und bei kleiner Hitze 15 Minuten köcheln lassen, bis der Reis gar und nur noch feucht ist.

2 Paprika halbieren, Stege und Körner entfernen; das Fleisch in grobe Stücke schneiden. In Olivenöl anbraten, salzen, 1 EL Koriander und groben schwarzen Pfeffer zugeben, mit 1 TL Thymian bestreuen. 2 geviertelte Knoblauchzehen, 1 TL Lavendelhonig und 1 Lorbeerblatt dazu. Mit 1 1/2 EL Estragonessig ablöschen. Abschmecken. Den Saft der Paprikas soweit einkochen, dass er fast zum Karamell wird.

3 Champignons in Stücke schneiden und in Olivenöl anbraten, salzen und mit Zitronensaft beträufeln. 1 TL Tomatenmark zugeben und, wenn die Pilze keinen Saft ziehen, 1 kleines Glas Weißwein hinzufügen.
Champignons und Paprika mit dem fertigen Reis vermischen und servieren.

Gemüse als Beilage, Vor- oder Hauptgericht

Glasiertes Zwiebelgemüse

Für 3 Portionen:

3 dicke Gemüsezwiebeln,
1 EL Butter,
1 EL Zucker,
2 EL Estragonessig,
2 EL trockener Weißwein,
1 Prise Thymianblüten,
1 Messerspitze Safran,
Pfeffer, Salz

Eine Zwiebelsorte gleicht der anderen so wenig, wie alle Kartoffeln gleich schmecken. Leider gehören viele der schönen, goldgelben Zwiebeln zur bitteren, stinkenden und tränentreibenden Sorte. Deshalb gebietet es die kulinarische Vorsicht, wo das nur möglich ist, Zwiebeln durch die zarteren und delikateren Schalotten zu ersetzen.

Ich kenne nur eine Version, in der die Tränenknolle einen ganz unerwarteten Genuss vermittelt. Es handelt sich um eine Gemüsebeilage der französischen Küche, die auf der wunderbaren Kombination von Zwiebeln, Essig und Zucker basiert. Am besten eignen sich dafür milde, weiße Gemüsezwiebeln.

1 Die Zwiebeln enthäuten, halbieren und in *sehr, sehr* dünne Scheiben schneiden, die entweder sofort oder bei der späteren Verarbeitung in die gewünschten kleinen Streifen zerfallen.

2 In einem Schmortopf oder in einer großen Pfanne mit schwerem Boden 1 gehäuften EL Butter schmelzen und darin die Zwiebeln anschwitzen, aber nicht braun werden lassen. Salzen, leicht pfeffern (aus der Mühle), 1 EL Zucker hinzufügen und rühren. Dann 2 EL Estragonessig und ebensoviel Weißwein angießen. Die Zwiebeln sollen nicht von Flüssigkeit bedeckt sein, aber auch nicht im Trockenen liegen. Deshalb eventuell noch etwas Wasser hinein. 1 Prise Thymianblüten einstreuen, Deckel drauf und gar köcheln lassen. Je nach Zwiebelsorte und Alter dauert das 1 bis 1 1/2 Stunden.

3 Technisch ist dieses Zwiebelgemüse ein Kinderspiel. Das Problem besteht darin, den richtigen Geschmack und die richtige Konsistenz zu erreichen. Wieviel Salz, wieviel Essig; wie süß, wie pfeffrig: Das muss man beim ständigen Abschmecken entscheiden, sonst hat man am Ende nur labberige, weichgekochte Zwiebeln. Wenn sie gar sind – nicht zerkocht –, Deckel abnehmen und die Flüssigkeit verkochen lassen, bis die Zwiebeln nur noch mit einem feuchten Film überzogen sind.

Zum Schluss eine Messerspitze Safran darüberstreuen (nicht mehr!) und gut verrühren. Nochmals abschmecken: Wenn es nur gut schmeckt und nicht unglaublich gut, ist das Gemüse noch nicht perfekt!

Version II: Das gleiche, mit Rotwein, Rotweinessig, aber ohne Safran. Passt wunderbar zu Hühnerbrust, Ente und dergleichen.

Version III: Diese Version ist kalt und als sommerliche Vorspeise geeignet. Basis ist die Weißwein-Safran-Variante, aber statt Butter Olivenöl; statt Estragon- Sherryessig; dazu 1 TL Koriander und 1 Stück kleingehackter Ingwer.

Als Beilage zu jeder Art von gebratener Leber, Blutwurst (ohne Speckstücke!), aber auch zu Hasenrücken, Rehpfeffer und dergleichen sind glasierte Zwiebeln unübertrefflich.

Weintipp zu den Zwiebeln:

Eine trockene Grauburgunder Spätlese von der Nahe.

Gemüse als Beilage, Vor- oder Hauptgericht

Gratin »Adrienne«

Für 2 Personen:

1 kleiner Blumenkohl,
1 große oder 2 mittlere Fenchelknollen,
100 g magerer Schinkenspeck,
1 Tasse frisch geriebener Parmesan,
200 g Sahne,
1/2 Tasse Milch,
1 EL Crème fraîche,
2 Eigelb,
1 Zitrone,
Muskat,
schwarzer Pfeffer,
Butter, Salz

Eignet sich sehr gut auch als einfaches Hauptgericht.

Dazu passt Grüner Veltliner (Wachau); Weißburgunder (Pfalz).

Ich liebe Gratins. Ein Gratin besteht bei mir entweder ausschließlich oder zum größten Teil aus Gemüse. Und ich esse sehr gern Gemüse – vorausgesetzt, es ist nicht Bestandteil einer fett- und fleischlosen Diät. Das Fleisch kann fehlen, Fett jedoch nicht. In neun von zehn Gratins besteht das Fett aus Sahne. Kartoffeln, Lauch, Chicorée, Blumenkohl – erst ein gehöriger Guss Sahne verwandelt den mutmaßlichen Vegetarismus in eine Delikatesse.
So auch beim Gratin Adrienne. Adrienne hieß eine alte Pariser Bistroköchin, die ihre Gäste mit Deftigkeit liebevoll umsorgte. An deren Gratin lehnt sich mein Rezept an. Es besteht aus einer Lage Fenchel, Schinkenspeck plus Parmesan und aus einer Lage Blumenkohl. Mehr nicht. Einfach, aber lecker!

1 Die Fenchelknollen der Länge nach halbieren, den keilförmigen Strunk herausschneiden, das äußere, manchmal etwas angegilbte Deckblatt entfernen. Gesalzenes Wasser mit dem Saft einer halben Zitrone versetzen, zum Kochen bringen und die Fenchelhälften hineinlegen. Das Wasser muss deutlich salzig und gleichzeitig säuerlich schmecken. 20 Minuten kochen lassen, den Fenchel herausnehmen und abtropfen. Das Wasser wieder zum Kochen bringen, eventuell nachsalzen, und den in kleine Röschen ohne Stiele zerlegten Blumenkohl 15 Minuten kochen lassen. Herausnehmen.

2 Inzwischen eine nicht zu kleine Gratinform ausbuttern. Den Fenchel in mundgerechte Stücke schneiden und auf den Boden der Form legen. Darauf die mageren Räucherspeckscheiben, dicht an dicht. Mit dem Parmesan bestreuen. Als letzte Schicht die kleinen, halbgaren Blumenkohlröschen darauf legen und mit gemörsertem schwarzen Pfeffer großzügig bestreuen.

3 Die Sahne mit Milch, Eigelb und Crème fraîche verrühren und mit Salz, dem Saft einer halben Zitrone und mit Muskat würzen. Diese Mischung über das Gemüse gießen. Es wird nicht vollständig bedeckt sein, das würde die ganze Sache auch zu feucht machen. Aber im Trockenen sollen die Röschen auch nicht liegen. Hier gilt es wie beim Salzen, mit Gefühl zu arbeiten – und natürlich abschmecken. Die Form in den 200 Grad heißen Ofen schieben und 40 Minuten garen lassen. Wie immer bei Gratins von Zeit zu Zeit nachsehen, was sich da im Ofen tut. Wird die Oberfläche braun, mit Alufolie abdecken. Ersäuft alles in der Sahne, ohne zu garen, Hitze erhöhen.

Die Menge scheint sehr viel zu sein; aber wenn sie sonst nichts essen, futtern zwei Personen das ratzekahl auf, weil es so leicht und so lecker ist!

Kartoffelgratin »Dauphinois« 1

Für 4 Portionen:
800 g halbfestkochende Kartoffeln,
1/4 l Bouillon,
1 Knoblauchzehe,
Muskat,
125 g Butter,
Pfeffer, Salz

Passt perfekt zu Lamm, aber auch zu anderen Fleischgerichten.

Der passende Wein hängt vom jeweiligen Gericht ab. Für sich allein gegessen, passt zum Gratin sowohl Weiß- als auch Rotwein.

Ein Kartoffelgratin halte ich für eine der köstlichsten Beilagen zu vielen Fleischgerichten. Die klassische Grundversion aller Kartoffelgratins ist das Gratin Dauphinois. Auch von diesem gibt es mehrere Varianten; zwei davon stelle ich Ihnen vor: Bei Version 1 wird Bouillon verwendet, bei Version 2 Milch und Crème double oder Sahne.

Diese Gratins gelingen trotz der scheinbar simplen Zubereitung keineswegs auf Anhieb. In den Restaurants werden sie nur noch selten angeboten, weil eigentlich der Chef das Würzen übernehmen müsste, was er aus Personalmangel aber nicht kann. Seinen Jungköchen fehlt meistens der Mut zum Würzen.

Außerdem spielt noch die richtige Kartoffelsorte eine Rolle. »Überwiegend festkochend« wird sie bei uns genannt. Also weder mehlig noch La Ratte.

1 Die Kartoffeln schälen, waschen, abtrocknen und auf dem Gemüsehobel in 3 mm dünne Scheiben schneiden. Eine feuerfeste Gratinform mit einer angeschnittenen Knoblauchzehe ausreiben und anschließend gut ausbuttern. Eine erste Schicht Kartoffelscheiben – dachziegelartig dünn – in die Form legen. Salzen, pfeffern, und mit Muskat würzen. Darauf eine zweite Schicht legen, wieder salzen, pfeffern und darauf abschließend eine dritte Schicht Kartoffelscheiben.

2 Mit einer leichten Bouillon aufgießen, welche die Kartoffeln nicht vollständig bedecken darf. Mit Butterflöckchen besetzen und im 180 Grad heißen Ofen 50 Minuten backen lassen. Bei dieser Version backen die Kartoffeln auf dem Boden gern an, und die Oberfläche wird ziemlich braun – viele Genießer schätzen gerade das.

Kartoffelgratin »Dauphinois« 2

Für 4 Portionen:

800 g halbfestkochende Kartoffeln,
1 Knoblauchzehe,
0,4 l Milch,
100 g Crème double,
50 g Butter,
Muskat,
Cayennepfeffer,
Pfeffer, Salz

Die Savoyen benachbarte Dauphiné zeigt eine ähnlich bergige, bäuerliche Landschaft. Der Wildreichtum bewog den Kronprinzen – den Dauphin – dazu, hier häufig auf die Jagd zu gehen. Daher der Name der Provinz.
Er muss von dem dort genossenen Kartoffelgratin so begeistert gewesen sein, dass man dieses fortan Gratin Dauphinois nannte. Da die Kartoffel in Frankreich erst relativ spät eingeführt wurde und zudem als Arme-Leute-Kost galt, wurde die Kartoffel auf diese Weise quasi geadelt und fand so ihren Eingang in die Grande Cuisine.
Die nachfolgend vorgestellte Version 2 wird mit Milch und Crème double hergestellt – ersatzweise Sahne, die man in Frankreich so nicht kennt. Welche Version der Dauphin nun gegessen hat, ist nicht bekannt. Lecker sind sie beide. Die Version 2 überrascht durch ihre cremige Konsistenz.

Als Beilage zu jeder Art von saucenarmem Fleisch, wie zum Beispiel einer Lammkeule.

1 Die gewaschenen Kartoffeln schälen und in 3 mm dünne Scheiben schneiden. Nicht mehr waschen, da sie sonst ihre Bindefähigkeit verlieren!

2 Die Knoblauchzehe schälen, fein hacken und unter die Kartoffelscheiben mischen.

3 Die Kartoffeln in einen größeren Topf geben, mit der Milch gut vermengen; die Kartoffeln sollten gerade mit Milch bedeckt sein. Mit wenig Cayennepfeffer, schwarzem Pfeffer, Salz und frisch geriebener Muskatnuss würzen.

4 Auf dem Herd bei größerer Hitze aufkochen und dabei ständig rühren, damit die Milch nicht anbrennt. Nach wenigen Minuten wird die Milch durch die Kartoffelstärke sämig; jetzt die Crème double zugeben, gut verrühren und noch einmal aufkochen. Die Flüssigkeit abschmecken.

5 Den Backofen auf 130 Grad aufheizen. Die Kartoffelmasse mit aller Flüssigkeit flach in einer großen Gratinform verteilen (kaum mehr als 2 cm hoch). Zuletzt ein paar Butterflöckchen draufsetzen und bei 120 Grad für 1½ Stunden garen.

Der passende Wein hängt vom jeweiligen Gericht ab. Für sich allein gegessen, passt zum Gratin sowohl Weiß- als auch Rotwein.

Kartoffelgratin »Savoyarde«

Für 6 Portionen:

1 kg Kartoffeln, halbfestkochende Sorte,
300 g Beaufort oder Gruyère gerieben,
1/4 l Sahne,
1 Knoblauchzehe,
Muskat, Butter,
Pfeffer,
Salz

Als Beilage zu jeder Art von saucenarmem Fleisch, wie zum Beispiel einer Lammkeule.

Mein Weintipp zum Gratin als Hauptmahlzeit:
Savignin (Jura)

Als ›à la savoyarde‹ bezeichnet man in der französischen Küche ein Gericht, dass mit Hartkäse zubereitet wird. Savoyen ist eine Voralpenlandschaft, deren wichtigste Produkte von der Kuh stammen. Der bekannteste Hartkäse ist der Beaufort. Er ähnelt dem schweizerischen Gruyère, ist jedoch nicht ganz so rassig. Verwendung findet er unter anderem im ›gratin savoyarde‹; das ist eine um Käse angereicherte Version des ›gratin dauphinois‹.

Die Qualität des Käses ist entscheidend für das Ergebnis. Ist es kein echter Beaufort oder Gruyère, ist es ratsam, ihn mit geriebenem Parmesan zu vermischen, damit er überhaupt Geschmack hat.

1 Die Kartoffeln schälen und in 3 mm dünne Scheiben hobeln. Eine feuerfeste Gratinform mit einer angeschnittenen Knoblauchzehe ausreiben und anschließend ausbuttern.

2 Die Kartoffeln schichtweise in die Form legen. Jede einzelne Schicht – insgesamt nicht mehr als drei! – salzen, pfeffern, mit Muskat würzen und mit dem geriebenem Käse bestreuen. Die oberste Kartoffelschicht bekommt eine extra dicke Käseauflage. Dann so viel Sahne in die Form gießen, dass die Kartoffeln fast bedeckt sind; 1/4 Liter ist meistens ausreichend. Die oberste Käseschicht dicht mit Butterflöckchen besetzen und das Ganze in das untere Drittel des 180 Grad heißen Ofens schieben und 50 Minuten backen lassen. Falls der Käse zu braun wird, mit Alufolie abdecken.

Das Gratin Savoyarde ist nicht nur eine wunderbare Beilage zu saucenarmen Fleischstücken. Sogar ohne Fleisch, nur mit Salat gegessen, ist es eine herzerwärmende Hauptmahlzeit.

Gemüse als Beilage, Vor- oder Hauptgericht

Kartoffel-Sellerie-Gratin

Für 4 Personen:

Dünne Scheiben Lammkeule oder -schulter (oder andere Bratenreste),
1 Sellerieknolle,
8 große Kartoffeln,
5 große Tomaten,
1 Zitrone,
4 Knoblauchzehen,
4 EL Crème fraîche,
1 EL Butter,
1 TL Tomatenmark,
Pfeffer, Salz

Das Kartoffel-Sellerie-Gratin mit Einlage eignet sich gut als eigenständiges, leichtes Mittag- oder Abendessen.

Dazu passt Bergerac.

Sellerie und Kartoffeln spielen bei Gratins eine wichtige Rolle. Die Kartoffel – halbfest oder mehlig – integriert die Flüssigkeit und die Butter, während Sellerie für das Aroma sorgt.

Die Selleriestücke bilden nicht nur geschmacklich einen Kontrast zu den Kartoffelscheiben; sie sorgen durch ihre andersartige Konsistenz auch für ein delikates Gegengewicht zur Kartoffel. Nun genügen die beiden Gemüse nur im Notfall, wenn nichts anderes zur Hand ist. Schöner wird das Gratin durch zusätzliche Elemente, und das können die verschiedensten Dinge sein: geriebener Käse, geschnetzelte Fleischreste, eingeweichte Trockenpilze oder Tomaten. Hier ein Beispiel für eine Resteverwertung: das kalte Fleisch einer Lammkeule oder einer Lammschulter, in dünne Scheiben geschnitten, als Einlage.

1 Die Kartoffeln schälen, in Scheiben schneiden und 15 Minuten in Salzwasser kochen, abgießen.

2 Den Sellerie schälen, halbieren und in Scheiben schneiden. 10 Minuten in Wasser kochen, dem der Saft von mindestens 1 Zitrone beigegeben wurde. Herausnehmen; vom Kochwasser eine große Tasse aufheben.

3 Die Tomaten mit kochendem Wasser überbrühen, enthäuten, Kerne ausdrücken, das Fleisch in Stücke schneiden.

4 Die Knoblauchzehen enthäuten und kleinhacken. Tomaten und Knoblauch in 1 EL Butter anbraten, 1 TL Tomatenmark dazugeben, salzen und pfeffern. 5 bis 10 Minuten dünsten lassen. Die Tasse Selleriewasser sowie 4 EL Crème fraîche dazugeben und zugedeckt 5 Minuten köcheln lassen und beiseite stellen.

5 Eine Gratinform gut ausbuttern, eine Schicht der halbrohen Kartoffelscheiben einlegen. Leicht pfeffern. Darauf die in sehr dünne Scheiben geschnittenen Fleischreste schichten, darauf eine Lage Selleriescheiben, salzen, pfeffern. Dünn mit Kartoffelscheiben abdecken.

6 Die Tomaten-Knoblauch-Mischung darüberstreichen und im vorgeheizten Ofen bei mäßiger Hitze ungefähr 40 Minuten garen lassen. Zum Schluss die Oberhitze oder den Grill einschalten und leicht gratinieren.

Kartoffel-Zucchini-Gratin

Für 4 Personen:

800 g halbfestkochende Kartoffeln, ungefähr 250 g Zucchini, 1/2 Liter Sahne, 1 Knoblauchzehe, Muskat, Butter, Pfeffer, Salz

Passt zu allen saucenarmen Fleischstücken vom Lamm, Rind, Huhn, aber auch zu Fisch.

Die Wahl des Weines hängt vom Hauptgericht ab.

Theoretisch und praktisch kann man nach dem Grundprinzip des Gratins (siehe Gratin Dauphinois) unzählige Variationen herstellen.
Die nachfolgende Version ist wohl die leichteste aller Kartoffelgratins. Das Kartoffel-Zucchini-Gratin vermag auch solche Feinschmecker zu begeistern, denen andere Gratins als Beilage – wegen des Käses – zu mächtig sind oder die Fenchel oder Sellerie wegen ihres Eigengeschmacks zusammen mit Kartoffeln nicht so gern mögen. Den Zucchini kann man Eigengeschmack kaum nachsagen, dafür lockern sie ein Kartoffel-Sahne-Gratin wunderbar auf.

1 Die Kartoffeln schälen und in 3 mm dünne Scheiben hobeln. Von den Zucchini die Enden wegschneiden und ebenfalls – mit der Schale – in dünne Scheiben hobeln. Kartoffeln und Zucchini getrennt halten.

2 Die Kartoffelscheiben in 1/2 Liter kräftig gesalzener und gepfefferter Sahne unter ständigem Rühren einmal aufkochen und 5 Minuten köcheln lassen – Vorsicht, brennen schnell an! Vom Feuer nehmen und in einem Durchschlag abtropfen lassen – dabei die Sahne auffangen – und wieder zurück in den Kochtopf geben. Die Zucchinischeiben hinzufügen, mit Muskat würzen und so umrühren, dass Kartoffeln und Zucchini sich gut vermischen.

3 Eine feuerfeste Gratinform mit Knoblauch ausreiben und ausbuttern. Die Kartoffel-Zucchini-Masse einfüllen und soviel von der aufgefangenen Sahne zugießen, dass die oberste Lage der Kartoffel-Zucchini-Scheiben nicht bedeckt ist. Die Form in den 180 Grad heißen Ofen schieben und für ungefähr 30 Minuten backen. Falls die Oberfläche zu braun wird, mit Alufolie abdecken.

Das Gratin wird noch lockerer, wenn man zusätzlich 2 geschlagene Eiweiß unter die Kartoffel-Zucchini-Masse mischt, bevor man sie in die Form gibt.

Gemüse als Beilage, Vor- oder Hauptgericht

Provençalisches Gemüsegratin

Für 2–3 Personen:

3 große halbfest-kochende Kartoffeln,
1 gr. rote Paprika,
1 Aubergine,
2 kleinere Zucchini,
4 Schalotten,
3 Knoblauchzehen,
3 große Fleischtomaten,
Thymian, Olivenöl, schwarze und weiße Pfefferkörner

(Baguette)

Ein leichtes Sommergericht für fleischlose Tage

Grundlage des folgenden Gemüsegratins sind Kartoffeln; Grundlage aber nur im wörtlichen Sinn: Sie liegen auf dem Grund der Gratinform. Im Übrigen sind es die bunten Gemüse, die dem Gratin Geschmack und Charakter geben. Und beide sind eindeutig südlicher Provenienz; denn die Zutaten bestehen, neben den Kartoffeln, aus Zucchini, Aubergine, Paprika, Tomaten, Schalotten und Knoblauch sowie Thymian und Olivenöl.

Ja, wenn unsere Tomaten so schmecken wie die im Süden! Ja, wenn. Manchmal tun sie es sogar. Aber daran wird dieses Gemüsegratin nicht scheitern. Auch in Südfrankreich schmecken die Tomaten zeitweilig nicht anders als die in München. Und trotzdem handelt es sich um ein ungemein aromatisches Gratin, dessen mediterrane Herkunft sich eindeutig und appetitanregend bemerkbar macht.

1 Kartoffeln schälen und in 5–6 mm dicke Scheiben schneiden. Schalotten und Knoblauch enthäuten und in dünne Scheiben schneiden, die übrigen Gemüse gründlich waschen, aber nicht schälen: die Zucchini in Scheiben, die Aubergine in Scheiben und weiter in Viertel schneiden, das rote Fleisch der entkernten Paprika in nicht zu kleine Stücke. Alles – außer den Kartoffeln – miteinander vermischen.

2 Eine hohe Gratinform einölen; die Kartoffelscheiben dachziegelartig auf den Boden der Form legen, salzen und mit zerriebenem Thymian bestreuen. Die Hälfte des vermischten Gemüses auf die Kartoffelscheiben legen und kräftig mit im Mörser geschrotetem Pfeffer, Salz und Thymian würzen. Einige Tropfen Olivenöl dazu, die restlichen Gemüse darauflegen und wieder würzen. Oben auf das Ganze dicht an dicht die kurz überbrühten, enthäuteten und in Scheiben geschnittenen Fleischtomaten legen, salzen und mit einer Prise Thymian bestreuen. In die Mitte des auf 200 Grad vorgeheizten Ofens schieben, etwas herunterschalten und für zirka 1 Stunde backen. Die Tomaten dürfen nicht austrocknen oder anbrennen – rechtzeitig abdecken!

Auf dem Teller mit aromatischem Olivenöl beträufeln; dazu Baguette.

Dazu passt alles – weiß, rosé oder rot; nur kalt muss es sein!

Petersiliengemüse

Für 4 Personen:

600 g krause Petersilie (gewogen ohne Stängel),
2 Schalotten,
50 g Butter,
200 g Crème double oder Sahne,
Pfeffer, Salz

600 g Kalbsfilet am Stück,
30 g Butter,
1-2 EL Öl,
Pfeffer, Salz,
1/2 Tasse Weißwein,
100 g Sahne,
Senfkörner

Menüvorschlag:

Geflügellebermousse (Seite 107),
Kalbsmedaillons mit Petersiliengemüse,
Käsekuchen (Seite 416)

Dazu passt Weißburgunder oder Chardonnay.

Neben Thymian, Estragon, Basilikum und Rosmarin gehört die Petersilie zu den häufigsten Würzkräutern in unserer Küche. Als glatte Petersilie ist sie Bestandteil eines bouquet garni, man streut sie über Suppen und Kartoffeln, man schneidet sie in Saucen und kocht sie als Stängel mit in Fleisch- und Fischfonds.

Gekocht und zusammen mit gedünsteter Schalotte und Sahne ergibt die krause Petersilie ein würzig-sahniges Gemüse als Beilage zum Beispiel zu Kalbsmedaillons oder einem gebratenen Fischfilet.

1. Die Petersilie waschen, alle Stängel entfernen, die Röschen kleinzupfen.

2. In einem größeren Topf stark gesalzenes Wasser zum Kochen bringen und die Petersilie darin unter gelegentlichem Umrühren 6-8 Minuten kochen lassen. In ein Sieb geben, abtropfen lassen und kräftig ausdrücken.

3. Die Schalotten schälen und in winzige Würfelchen schneiden.

4. In einer größeren Pfanne die Butter schmelzen lassen und darin die Schalottenwürfelchen bei milder Hitze andünsten, bis sie weich sind.

5. Währenddessen das Kalbsfilet im Butter-/Ölgemisch rundherum hellbraun anbraten, salzen und pfeffern, das Fett aus der Pfanne abgießen, den Bodensatz mit dem Weißwein ablöschen und bei niedrigster Hitze und aufgelegtem Deckel noch ca. 8 Minuten schmoren lassen. Herausnehmen und in Alufolie einwickeln. Die Sahne zum Schmorsaft in die Pfanne geben, etwas einkochen, nach Belieben Senfkörner einstreuen, abschmecken.

6. Die Petersilie zu den Schalotten geben, mit zwei Gabeln auseinander zupfen. Die Crème double oder Sahne zugeben, kurz aufkochen lassen. Mit Pfeffer und Salz abschmecken und zusammen mit dem aufgeschnittenen Kalbsfilet sofort servieren.

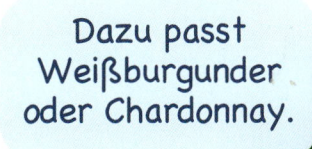

Ratatouille

Zutaten pro Person:

4 – 6 Frühlingszwiebeln,
1 große rote Paprika,
1 mittelgroße Aubergine,
1 große Tomate,
1 EL Rosinen,
1 EL getrocknete Sauerkirschen,
2 TL Orangenmarmelade,
Olivenöl, Salz,
Balsamicoessig,
1 Chilischote,
Koriander,
Madrascurry,
1/2 Tasse Basmatireis

Diese Ratatouille ist ein leckeres Vorgericht oder eine Beilage.

Eine Ratatouille ist eigentlich die klassische Beilage zum Lammrücken. Die nachfolgende Version eignet sich jedoch mehr als Beilage zu einer Entenkeule in Honig (Seite 229), zur Entenkeule mit Balsamico und Portwein (Seite 226) oder auch als leichtes Gericht ohne Fisch oder Fleisch.
Zusammen mit Reis ist diese Ratatouille ein richtiger Leckerbissen, und wie nebenbei machen wir bei einem solchen Gericht die Entdeckung, dass eine gewisse Süße dort, wo man sie sich bisher nicht hat vorstellen können, außerordentlich delikat sein kann. Beim Fleisch ist uns das durchaus nicht ungewohnt – Beispiele sind Rehrücken, Orangenente oder Sauerbraten –, beim Gemüse war dies bisher eher der Chinesischen Küche vorbehalten.

1 Das weiße Ende und ein Teil des grünen Teils der Frühlingszwiebeln in dünne Scheiben schneiden. In einem kleinen Bräter Olivenöl erhitzen und die Zwiebeln dazugeben. Mit der zerstampften Chilischote und 1 TL Salz würzen. Die rote Paprika halbieren, alles herausschneiden, was nicht rot ist, in Streifen und danach in Würfel schneiden. Zu den Zwiebeln geben. 1 TL Koriander mörsern oder mahlen und in den Bräter streuen. Die Aubergine halbieren und in Streifen und diese wiederum quer in nicht zu kleine Würfel schneiden. Die Tomate kurz überbrühen, enthäuten, entkernen und ihr Fleisch in grobe Stücke schneiden. In den Gemüsetopf geben und nachsalzen.

2 Des Weiteren kommen in den Topf: 1 EL Balsamicoessig, 1 EL Rosinen, 1 EL getrocknete Sauerkirschen, 1/2 TL Madras-Curry, 1 EL Olivenöl sowie 2 TL Orangenmarmelade. Alles durchrühren und abschmecken. Wenn es gefährlich scharf schmeckt – es muss, andernfalls nachwürzen! –, Deckel drauf und bei kleiner Hitze ungefähr 30 Minuten garen lassen. Das Gemüse soll nicht zermatschen, und sein Saft sollte eher klar als trüb sein. Dazu Basmatireis servieren.

Dazu passt Banyuls oder Maury.

Gemüse als Beilage, Vor- oder Hauptgericht

Rosenkohlpüree

Für 4 Personen:

ca. 500 g Rosenkohl

Für das Püree:

1 Becher Crème fraîche, Cayennepfeffer, Zitronensaft, Muskat, Salz

Menüvorschlag:

Das Rosenkohlpüree eignet sich gut als Beilage zu allen Wildgerichten und zu rotem Fleisch.

Weintipp:

Siehe jeweiliges Gericht.

Der Rosenkohl gilt als schwerverdauliches Wintergemüse. Das ist schade; denn er ist besser als sein Ruf. Gewiss gehört er, wie der Wirsing, zu den Kohlsorten, aber wie dieser ist er ein untypischer, ja durchaus delikater Außenseiter. Er verlangt nur eine etwas feinere Behandlung, revanchiert sich dann aber mit einem Wohlgeschmack, der mich angenehm überrascht.

Das Pürieren von Gemüse ist normalerweise nicht mein Fall. Aber hier verwandelt es den Rosenkohl nicht, wie fast alle anderen Gemüse, in labbrige Babykost, sondern gibt ihm einen ungewöhnlichen Reiz. Denn er wird in Wahrheit nicht richtig püriert: die gekochten Röschen werden nicht im Mixer atomisiert, sondern mit dem Kochmesser kleingehackt. Zwar soll die Konsistenz sich ändern, nicht aber der typische Biss verschwinden.

1 Die äußeren, dunkelgrünen Blätter des Rosenkohls entfernen und die kleinen Strünke unter jedem Röschen so weit wie möglich wegschneiden.

2 Salzwasser in einem Topf zum Kochen bringen, den Saft einer Zitrone hinzufügen und die Röschen darin garkochen. Das dauert ungefähr 15 Minuten (Bißprobe machen).

3 Die abgekühlten Röschen mit dem Kochmesser kleinhacken. Mit Crème fraîche mischen und mit Cayennepfeffer, Muskat, Salz und Zitronensaft mischen. Es geht auch mit normaler Sahne; nur soll der Kohl nicht suppig werden. Auch wird man bei süßer Sahne etwas mehr Zitronensaft brauchen. Das muss man je nach Geschmack ausprobieren.

Gemüse als Beilage, Vor- oder Hauptgericht

Safranisierter Chicorée

Für 2 Personen:

4 Chicorées,
1 EL salzige Butter,
1 Prise Safranpulver,
Salz,
Saft von 1/2 Zitrone,
1 Chilischote (Cayenne),
1/2 Stück Würfelzucker
(evtl. Zitronen- oder Orangenzesten)

Als Beilage zu jeder Art von gekochtem oder gedünstetem Fisch, aber auch zu weißem Fleisch; oder auch als Beigabe zu einem kalt-warmen Vorspeisen-Buffet.

Weintipp:
Siehe jeweiliges Gericht.

Gemüse als Beilage zu Fisch ist kulinarisch stark aufgewertet worden. Dazu zählen vor allem Chicorée, Fenchel, Gurken, Lauch, Sauerampfer und Wirsing. Weil die jungen Köche lieber mit Fischen als mit Fleisch experimentieren, verdanken wir der Neuen Küche ungewohnte und vorzügliche Neuerungen.

Der Chicorée gehört zu meinen Lieblingsgemüsen. Als Beilage zu Jacobsmuscheln und zu Steinbutt ist er unübertrefflich, kräftig im Aroma und wunderbar im Geschmack. Auch zu selbst gemachten Fischklößchen passt er hervorragend (Seite 172).

Neben Chicorée-Gratin (Seite 100) und Chicorée mit Eier-Vinaigrette (S. 360) hier eine weitere Version: mit Safran und Chili.

1 Die äußeren und welken Blätter des Chicorée entfernen. Die Chicorées der Länge nach halbieren und die harten Strünke am Ende kegelförmig herausschneiden. In Juliennes schneiden, die allerdings nicht die sonst übliche Streichholzgröße haben müssen, sondern deutlich größer sein dürfen. Die Streifen waschen und abtropfen lassen.

2 In einer Kasserolle 1 EL salzige Butter heiß werden lassen und darin 1 Prise Safranpulver auflösen. Die gewaschenen, also noch feuchten Chicorée-Streifen dazugeben. Salzen, den Saft einer halben Zitrone, ein halbes Stück Würfelzucker und die Chilischote – im Ganzen – hinzufügen und vermischen. Zugedeckt 4 Minuten köcheln lassen, dann ohne Deckel fertig garen und gleichzeitig so weit einkochen, dass das Gemüse zwar noch feucht, aber nicht mehr nass ist. Die Chilischote vorzeitig herausfischen, da sie sonst den Chicorée zu sehr verpfeffert; andererseits ist die spezifische Schärfe des Cayennes unerläßlich. Es geht zweifellos auch mit gemahlenem Cayennepfeffer; aber erst der scheinbar geringfügige Unterschied zwischen ihm und der intakten Schote bewirkt die Verfeinerung. 1 EL Zitronen- oder orangenzesten steigert noch den raffinierten Reiz dieses Gemüses.

Gemüse als Beilage, Vor- oder Hauptgericht

Sauerkraut-Varianten

Für 4 Personen:

500 – 750 g Sauerkraut

Grundversion:

1 – 2 säuerliche Äpfel, Butter,
1 – 2 Schalotten,
2 Lorbeerblätter,
16 Wacholderbeeren,
1 Glas Weißwein,
Zitronensaft,
Zucker, Salz

Version 2 zusätzlich:

getrockn. Ingwer,
Korianderkörner

Version 3 zusätzlich:

500 g Zanderfilets,
1/4 l süße Sahne,
1/8 l saure Sahne,
Rosenpaprika,
2 – 3 Knoblauchz.,
Zitronensaft, Salz

Passt zu allem mit kräftigem Geschmack, aber auch zu Fisch.

Zum Sauerkraut passt ein kräftiger Riesling.

Beim Sauerkraut stellen sich gleich zu Anfang zwei Fragen: Wässern oder nicht wässern? Und darf es aus der Dose sein? Natürlich esse ich Sauerkraut meistens aus der Dose oder dem Glas, weil frisches Sauerkraut nur eine kurze Saison hat. Geschmack und Konsistenz sind je nach Hersteller etwas verschieden, das muss man selbst herausfinden. Aber gewässert wird das Kraut bei mir nicht, weil es dadurch leicht fad wird. Sollte der Saft von brutaler Säure sein, dann drücke ich es gut aus. Die Grundzubereitung ist die gute, alte Art der Witwe Bolte. Das ist lecker, aber es gibt noch Besseres.

1 Die Schalotten häuten und in kleine Partikel schneiden. Den oder die Äpfel schälen und kleinwürfeln. Apfelstücke und gehackte Zwiebeln im Verhältnis 3:1 in wenig Butter andünsten. Bei 4 Portionen 2 Lorbeerblätter und 16 Wacholderbeeren hinzufügen. Dahinein kommen zwei Drittel des Sauerkrauts. 1 Glas Weißwein angießen und so lange schmoren lassen, bis Äpfel und Zwiebeln verkocht sind. Dann das restliche Sauerkraut untermischen, abschmecken, und fertig. Abschmecken kann Salz bedeuten, und, wenn das Sauerkraut gewässert wurde, etwas Zitronensaft. Aber auch Zucker, eine kleine Prise, tut dem Sauerkraut gut. Das ist die magere Grundversion, die am besten zu einem kräftig mit Sahne und Butter angereicherten Kartoffelpüree schmeckt.

2 Mit Ingwer und Koriander kann man dem biederen Kraut zu einem aufregenden Raffinement verhelfen: Vom getrockneten Ingwer mit der Nussmühle 1 oder 2 TL voll ins Kraut geben, 1 EL im Mörser zerriebener Korianderkörner untermischen; schon wünscht man sich gebratene Tauben oder Fasan; das würde ganz vorzüglich passen!

3 Eine andere Art ist die Kombination mit Fisch (Zander oder Hecht): Hier wird das Sauerkraut zwar auch nach der unter 1 dargestellten Methode zubereitet, dann aber mit einer Mischung aus süßer und saurer Sahne im Verhältnis 2:1 übergossen. Nun kommt 1 EL Rosenpaprika dazu und noch zwei oder drei durchgepresste Knoblauchzehen. (Es schmeckt auch ohne Knoblauch sehr gut.) Alles vermischen und für eine knappe Stunde köcheln lassen. Die Fischfilets mit Zitronensaft beträufeln, salzen, auf eine Schicht heißes Sauerkraut legen und mit einer weiteren Schicht bedecken. In den heißen Ofen schieben. Sind die Filets klein, werden sie in weniger als 10 Minuten gar sein. Das lässt sich sogar auf Tellern anrichten, die man in den Ofen schiebt.

Gemüse als Beilage, Vor- oder Hauptgericht

Schalottenmus

Zutaten:

ca. 20 Schalotten,
Olivenöl,
kräftiger Rotwein
(Côte-du-Rhône),
Cayennepfeffer,
Senf,
Balsamicoessig,
Salz

Variationen mit:

Rosinen;
Curry;
Portwein;
Koriander
(siehe Rezept)

Ein Schalottenmus eignet sich je nach Variation als Auflage auf Rinderfilets, Kalbsleber oder Fischfilets von Mittelmeerfischen.

Es gibt in unserer Küche keine Tricks – und schon gar keine Geheimnisse –, die allein für das Gelingen eines Gerichts entscheidend sind. Die Wahrheit ist eher simpel: Das Geheimnis der Delikatesse eines Gerichts besteht aus der Kompromisslosigkeit des Kochs bei der Suche nach Produkten höchster Qualität sowie aus der Arbeit am Detail.

Ein überzeugendes Beispiel für letzteres ist der Zwiebelbrei, mit dem Frank Cerutti vom Louis XV in Monte Carlo das Rindersteak aus dem Simmental bestreicht. Es ist zunächst einmal kein Zwiebelbrei, sondern es sind weich gedünstete Schalotten. Sie werden in Olivenöl angebraten, in Rotwein gedünstet und mit Gewürzen verfeinert. Die Ähnlichkeit mit Rotkohl ist zufällig, der köstliche Geschmack beabsichtigt. Die Menge sollte so groß sein, dass man damit Filets dick belegen kann. Es können Filets vom Rind sein, aber auch von Fischen aus dem Mittelmeer, welche mit kräftigen Aromen besser fertig werden als ihre sensiblen Verwandten aus unseren Flüssen.

1 Die Schalotten enthäuten und in sehr dünne Scheiben schneiden.

2 In einer großen Pfanne 2 EL fruchtiges Olivenöl erhitzen und die Schalotten darin anbraten. Wie immer, wenn es um die verfeinerte Küche geht, bedeutet »anbraten« auf keinen Fall, dass die Schalotten braun werden dürfen. Also die Hitze gering halten und abwarten, bis die Schalotten weich zu werden beginnen; das kann zwischen 5 und 10 Minuten dauern.

3 Mit 1/2 l Rotwein ablöschen, salzen und mit Cayenne pfeffern. Einen Klacks Senf verrühren und etwas Balsamico angießen. Deckel auf die Pfanne und weiter köcheln, bis die Schalotten fast zerfallen. Auch der dunkelblaue Sud sollte dann fast verkocht sein.

Es ist ratsam, von diesem Mus auf Vorrat zu kochen. Denn es lässt sich gut aufheben und abwandeln: indem man z.B. in Rotwein eingeweichte Rosinen mitkochen lässt oder 1 TL Curry unterrührt. Wohl dem, der einen Portwein griffbereit stehen hat! Wird der Rotwein zur Hälfte oder völlig durch Portwein ersetzt, schmeckt das Resultat natürlich ganz anders. Es wäre dann auf der gebratenen Kalbsleber eine wunderbare Ergänzung.

Trotzdem kommt die gewonnene Süße nicht ohne den Essig aus; auch wenn ich statt Portwein Banyuls verwende. Nicht selten kommt dabei meine Pfeffermühle zur Geltung, welche mit Korianderkörnern gefüllt ist. Diese werden erst abschließend über die Schalotten gemahlen, denn viele Gewürze halten längeres Köcheln nicht aus.

Schalotten in Portwein

Zutaten:

z.B.
500 g kleine Schalotten,
3 EL Zucker,
4 EL Olivenöl,
2 EL Balsamico,
Portwein,
8 Bl. frischer Salbei oder
1 EL getrocknete Salbeiblätter,
Pfeffer, Salz

Schalotten in Portwein passen als Beilage zu Entenbrust, Kalbsleber und Wildgerichten sowie zu einem Picknick, und sehr gut auch zu einer kräftigen Paté Maison als Vorspeise.

Dazu passt ein Rotwein aus dem Languedoc oder auch ein Banyuls.

Im Vergleich zu den milden Schalotten ist die gewöhnliche Zwiebel geradezu ordinär. Deshalb spielt sie in der Feinen Küche kaum eine Rolle. Für Saucen, Pilzgerichte, Salate und als Saucenbasis in Schmortöpfen und als Bratenbeigabe ist dagegen die Schalotte unverzichtbar.

Gedünstete und in Portwein karamellisierte Schalotten sind eine wunderbar würzige Beilage für alles, was sich von der Alltagsküche unterscheiden soll. Sogar Fischen verhelfen sie zur Aromasteigerung (Karpfen, Seeteufel, Aal, Drachenkopf; Steinbeißer, Schwertfisch). Ideal sind sie zum rosa gebratenen Brustfleisch der Ente (Margret de Canard).

1. 500 g Schalotten zu enthäuten ist eine Mordsarbeit. Deshalb blanchiert die pfiffige Hausfrau sie 1 Minute in kochendem Salzwasser. Danach kalt abschrecken und abtrocknen. Nun lassen sie sich fügsam aus ihrer äußeren Schale drücken.

2. In einem größeren Topf, in dem alle nackten Schalotten nebeneinander Platz haben, 3 EL Zucker hellbraun karamellisieren lassen, ohne umzurühren.

3. 4 EL Olivenöl dazugießen, die Schalotten hineinlegen und bei häufigem Wenden von allen Seiten Farbe annehmen lassen (5 bis 10 Minuten.)

4. Mit 2 EL Balsamico ablöschen und mit soviel Portwein auffüllen, dass die Schalotten etwas mehr als zur Hälfte bedeckt sind. Salzen, leicht pfeffern, die 4 Salbeiblätter beifügen und ohne Deckel so lange köcheln lassen, bis die Schalotten weich sind, aber möglichst nicht zerfallen.

5. Die Schalotten herausnehmen, den Salbei entfernen, und, falls nötig, den Fond noch etwas einkochen, bis er eine sirupartige Konsistenz hat.

6. Die übrigen 4 Salbeiblätter kleinschneiden und unter den Fond rühren. Die inzwischen abgekühlten Schalotten in einer Schüssel mit dem Fond begießen und servieren.

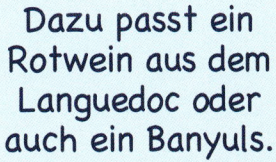

Tomaten-Zucchini-Gratin

Für 2 Personen:

500 g Tomaten,
2 Zucchini,
1/4 l Olivenöl,
100 g bulgarischer Schafskäse,
100 g Frischkäse (Magerquark bzw. Schichtkäse),
schwarzer Pfeffer,
Thymian (frisch o. getrocknet),
Salz

Als Vorgericht reicht die Menge für 4-5 Personen. Danach könnten Nudeln ›Merenda‹ folgen (Seite 131) und als Dessert ein Orangengratin (Seite 397).

Zum Gratin passt weißer Côtes-de-Provence.

Gratins können sehr leicht sein, wenn man Olivenöl statt Butter und Sahne verwendet und auch noch auf Kartoffeln verzichtet. So auch bei dieser Anleihe bei der mediterranen Küche: dem Tomaten-Zucchini-Gratin.
Seine Zubereitung könnte nicht einfacher sein. dass das Gratin trotzdem sehr unterschiedlich ausfällt, liegt an den Qualitätsunterschieden bei den Tomaten. Denn ob diese zu den mehligen Riesen gehören, deren Inneres wattig und hellrosa ist, oder aber einer dunkelroten, fruchtigen Sorte (meistens relativ klein) entstammen, ist entscheidend für das Resultat.

1 Die Tomaten kurz mit kochendem Wasser überbrühen, enthäuten und in 1 cm dicke Scheiben schneiden. Die Zucchini waschen und ungeschält in etwas dünnere Scheiben schneiden. Alle Scheiben leicht salzen und immer abwechselnd eine Tomatenscheibe und eine Zucchinischeibe hochkant in eine Gratinform stellen. Dabei großzügig Thymian dazwischenstreuen. Natürlich bleiben die Scheiben nicht auf ihren schmalen Rändern stehen, sondern kippen in die Schräglage. Und damit es hinterher auch schön scharf ist, werden die geschichteten Scheiben mit grobem schwarzen Pfeffer bestreut und danach mit Käse.

2 Zu diesem Zweck wird der bulgarische Schafskäse mit dem Frischkäse vermengt. Der Käse – auch Feta genannt –, ist ein wenig trocken und schmilzt eventuell schlecht. Deshalb der feuchte Frischkäse, dessen leichte Säure ebenfalls willkommen ist. Diese Mischung auf der Oberfläche verteilen. Darüber 1/2 Tasse hocharomatisches Olivenöl träufeln und bei 180 Grad im oberen Teil des Ofens garen lassen. 45 bis 60 Minuten dauert das, aber schon vorher dringt ein herrlicher Duft aus der Küche; der Duft der Provence.

3 Die Form aus dem Ofen nehmen und mit sehr fruchtigem Olivenöl beträufeln. Dazu gibt's Baguette.

Zucchini-Kürbis-Ragout

Für 4 – 6 Personen:

5 Zucchini
(ca. 600 g),
2 ungespritzte
Zitronen,
1 fingergroßes Stück
frischer Ingwer,
2 große weiße
Zwiebeln
(ca. 250 g),
300 g Kürbis,
Weißwein,
3 TL Zucker,
1 TL geschroteter
schwarzer Pfeffer,
1 Prise Salz,
2 Stengel Thymian,
2 Gewürznelken

Passt als Beilage zu kräftigen Fleischgerichten mit Leber, Taube oder Ente; aber auch zum Picknick.

Dazu passt Sauvignon blanc oder Cabernet Franc aus dem Veneto.

Wie bei anderen südlichen Gemüsen ist auch bei den Zucchini – französisch: Courgettes – der Eigengeschmack gleich null. In der Regel sorgen Olivenöl, Knoblauch und Gewürze für den beliebten Duft der mediterranen Küche. Ebenso häufig werden Auberginen und Zucchini mit Fleisch oder Käse gefüllt im Ofen überbacken – als Vorgericht oder auch als Hauptmahlzeit.

Das nachfolgende Rezept ist eine Möglichkeit, die Zucchini in eine fast exotische Beilage zu kräftigen Fleischgerichten wie Leber, Taube oder Ente zu verwandeln. Ein Gemüseragout, das sich gut aufheben und aufwärmen lässt, und das sogar kalt, bei einem Picknick zum Beispiel, eine schöne Abwechslung vom Üblichen darstellt.

1 Die gelbe Schale und das weiße Unterfutter der Zitronen abschälen. Die Zitronen in sehr dünne Scheiben schneiden und die Kerne entfernen.

2 Den Ingwer ebenfalls schälen und in feinste Partikel schneiden, da er als einzige Zutat nicht weich wird. Den Kürbis und die Zucchini schälen und in kleine Würfel schneiden.

3 Die Zwiebeln enthäuten, halbieren, mit der Schnittseite nach unten auf ein Brett legen (damit sie nicht wegrutschen können), quer zum Brett mehrmals einschneiden, dann von oben nebeneinander mehrmals einschneiden und anschließend von oben quer in kleine Würfel schneiden.

4 Alles zusammen in eine Kasserolle geben, 2 Stengel Thymian, 2 Gewürznelken, 3 TL Zucker, 1 Prise Salz und 1 flachen TL im Mörser geschroteten schwarzen Pfeffer hinzufügen und so weit mit Weißwein auffüllen, dass alles bedeckt ist. Leise vor sich hin köcheln lassen und von Zeit zu Zeit kontrollieren, dass das Gemüse nicht ansetzt; eventuell noch etwas Weißwein angießen.

Es handelt sich hierbei um nichts anderes als um das Marmeladen-Prinzip, nur dass das Gemüse nicht süß ist und länger kochen muss: eine bis anderthalb Stunden. Dann hat das Ragout die Konsistenz einer dicken Marmelade. Wenn nötig, in den letzten Minuten noch Feuchtigkeit bei offenem Topf verdunsten lassen. Das fertige Ragout soll sehr scharf schmecken sowie leicht säuerlich-süßlich. Der Thymian und die Nelken werden herausgefischt. Und wer das Ragout aufs Brot schmiert, weiß auch, was gut schmeckt.

Apple Crumble

Für 4 Personen:

1 kg säuerliche Äpfel,
2 EL Zucker,
1 TL Zimt,
80 g Rosinen,
1 Glas Weißwein oder Apfelmost,
Saft einer Zitrone,
1 Prise Nelkenpulver

Für die Streusel:

100 g Mehl,
50 g Butter,
50 g Zucker

200 g Crème fraîche

Zum Apple Crumble passt ein gut gekühlter Cidre.

Als einem Liebhaber der französischen und mediterranen Küche kommen bei mir englische Rezepte so gut wie nicht vor. Ich muss auch gestehen, dass die Aussicht auf Fish'n Chips, Yorkshire Pudding oder Haferschleim in mir keine Begeisterung weckt – aber wahrscheinlich sind dies nur die üblichen, liebevoll gepflegten kontinentalen Vorurteile.

Apple Crumble ist ein englisches Rezept, fast primitiv einfach und auch geschmacklich irgendwie normaler Hausmannskost verwandt. Doch spätestens, wenn sich verwöhnte Feinschmecker mit dieser Hausmannskost den Teller zum dritten Mal füllen, wird klar, dass sich hinter dem scheinbar rustikalen Apfelgratin doch mehr verbirgt als der obere Teil eines Apfel-Streuselkuchens.

1 Die Äpfel schälen, vierteln, das Kerngehäuse herausschneiden und die Viertel noch einmal halbieren. Mit Zucker, Zimt, Nelkenpulver, Zitronensaft und dem Wein aufsetzen und zugedeckt leicht köcheln lassen, bis die Äpfel gerade gar, aber noch nicht sehr weich sind. Die Flüssigkeit sollte so gut wie verkocht sein.

2 Die angegebene Menge Mehl, Zucker und Butter miteinander verkneten, wobei sich die Streusel fast automatisch bilden.

3 Die Rosinen mit heißem Wasser übergießen und ungefähr 5 Minuten ziehen lassen. Durchsieben, abtropfen und unter die Äpfel mischen. Die Apfel-Rosinen-Masse in eine flache Gratinform geben, mit den Streuseln bestreuen und unter der Oberhitze im Ofen bei ca. 180 Grad (Umluft 150 Grad) langsam im Ofen backen. Abschließend unter dem Grill oder bei verstärkter Oberhitze leicht anbräunen.

Zum warmen Apple Crumble serviert man – das ist der Pfiff – gut gekühlte Crème fraîche. Diese leicht säuerliche, dicke Sahne bringt einen herrlichen Kontrast zum süßen Obst. Man kann auch ein nicht zu kleines Glas Calvados in die Crème einrühren.

Warme Desserts

Arme Ritter

Für 2 – 4 Portionen:

4 Scheiben Brioche,
3 – 4 Eier,
Milch,
Zimt, Zucker,
Salz,
1 – 2 EL Butter

Zusätzlich für Erwachsene:

1 Handvoll Rosinen,
1 Glas Rum,
1/2 Tasse Sahne

Vorschlag für ein Festmenü:

Nudeln mit Radicchio-Sauce (Seite 133),
Lachs mit Walnüssen (Seite 188),
Arme Ritter

Zu den Armen Rittern passt halbsüßer, fruchtiger Rieslaner; oder auch Sauternes.

Warum Arme Ritter Arme Ritter heißen, weiß ich nicht. Gewiss ist diese Süßspeise nicht in reichen Häusern erfunden worden, denn es handelt sich dabei eindeutig um eine Resteverwertung. Man machte die Armen Ritter aus trockenen Weißbrotscheiben. Heute sind wir nicht mehr so bescheiden. Außerdem ist Weißbrot oft so miserabel, dass es nicht einmal mehr für dieses Dessert taugt. Deshalb nehme ich Brioche (französisches Weißbrot vom Bäcker; kann man aber auch gut selber backen: siehe Seite 413).
Simpel sind die Armen Ritter, aber ganz so einfach zu machen sind sie nicht. Das heißt, sie gelingen wahrscheinlich jedem; doch werden sie jedesmal anders schmecken. Abwiegen und abmessen ist sinnlos. Solche Sachen macht man mit Gefühl.

Für Kinder

1 3 Eier schaumig schlagen und etwa die gleiche Menge Milch unterrühren. Zucker und Zimt je nach Geschmack hinzufügen sowie eine kleine Prise Salz. In einer Pfanne 1 bis 2 EL Butter heiß werden lassen.

2 4 Scheiben Brioche oder Zwieback in diese Mischung für 1 Minute einlegen. Mit einem Schaumlöffel vorsichtig in die Pfanne heben und auf jeder Seite 2 bis 3 Minuten braten. Dabei darf die Butter nicht anbrennen.

Für Erwachsene

1 Die Rosinen für 1 bis 2 Stunden in Rum einweichen, danach etwas Sahne hinzufügen.

2 Die Brioches entrinden und in Würfel schneiden. 4 Eigelb und 3 Eiweiß schaumig schlagen und mit Zimt und Zucker abschmecken. Die eingeweichten Rosinen hineinrühren und in dieser Mischung die Briochewürfel einweichen.

3 Portionsförmchen ausbuttern, mit der Masse füllen und im Wasserbad garen, bis die ganze Ritterschaft gestockt ist.

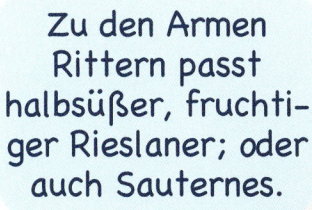

Warme Desserts

Aufläufe als Dessert

Besoffene Kirschen in Eierkuchen

Für 6 Personen:

750 g Süßkirschen (oder auch große Sauerkirschen),
180 g Mehl,
120 g Zucker,
6 Eier, Salz,
1/2 l Milch,
80 g Butter,
Saft und Schale einer halben Zitrone,
Kirschwasser

Der schockierende Zustand der Kirschen wird durch den nach ihnen benannten Obstschnaps hervorgerufen, welcher bei dieser Süßspeise großzügig verwendet wird. Sonst aber handelt es sich um einen recht braven Kirschenauflauf, der sich zur Not auch ohne Alkohol herstellen ließe. Aber wie käme dann das wunderbare Parfüm in den Pamp?

Die süßen Kirschen sollten unbedingt frisch und nicht aus dem Glas sein. Statt der süßen Knorpelkirschen eignen sich übrigens sehr gut auch die großen, halbdunklen Sauerkirschen, wobei man dann auf den Zitronensaft teilweise oder auch ganz verzichten kann.

Menüvorschlag:

Lauch-Kartoffelsuppe mit Frischkäse (Seite 52),
Besoffene Kirschen in Eierkuchen

1. Mehl, Zucker und eine Prise Salz in einer Schüssel mit der Milch zu einem glatten Teig verrühren und nacheinander die ganzen Eier dazugeben.

2. Die abgeriebene Zitronenschale und die flüssig gemachte Butter untermischen. Schließlich ein Weinglas Kirschwasser zugeben und alles anderthalb Stunden ruhen lassen.

3. Die gewaschenen und entsteinten Kirschen in einer großen Pfanne in Butter anbraten, mit 2 EL Zucker bestreuen und schütteln. Wenn sie nicht nebeneinander Platz haben, muss dies in zwei Schichten geschehen. Mit dem Zitronensaft und einem kleinen Gläschen Kirschwasser ablöschen, leicht karamelisieren lassen. Abkühlen und in eine ovale oder eckige Auflaufform legen. Mit dem Teig übergießen. Die Form in die Mitte des heißen Ofens stellen und 30 Minuten backen lassen, bis die Oberfläche hellbraun wird. Warm servieren.

Zum Dessert passt ein fruchtiger Weißwein mit Restsüße; z.B. Baumes de Venice

Auflauf mit Rum-Pflaumen

Eine der verlässlichsten Früchte für Süßspeisen ist die Trockenpflaume. Jeder weiß, dass sie nicht wirklich trocken ist, sondern feucht. Was aber kaum jemand weiß, ist die Antwort auf die Frage: Stein drin lassen oder nicht? Ich weiß sie auch nicht. Theoretisch bin ich für »Stein drin«, das ist wie Knochen im Fleisch oder Gräten im Fisch: Mit ist immer besser.

1 Die Trockenpflaumen für eine Stunde in sehr starkem schwarzen Tee einweichen. In eine Auflaufform legen und mit Rum beträufeln. Öfter umschichten. Das Mark der Vanilleschote in Milch aufkochen und ziehen lassen.

2 Die Eier mit Zucker aufschlagen, bis die Masse hell und cremig ist. Nach und nach das durchgesiebte Mehl dazugeben, eine Prise Salz, und dann, unter ständigem Schlagen mit dem Schneebesen, die lauwarme Milch. Sobald die Masse glatt ist, in eine gebutterte Auflaufform gießen. Die Pflaumen werden, gleichmäßig verteilt, als letzte dazugegeben. Nun ab damit in den heißen Backofen, nach 10 Minuten die Hitze auf 180 Grad reduzieren und 40 Minuten backen lassen.

Für 4 Personen:

300 g Trockenpflaumen,
schwarzer Tee,
Rum,
1 Vanillestange,
1/2 l Milch,
5 Eier,
130 g Zucker,
100 g Mehl,
1 Prise Salz

Je mehr Obst, um so aromatischer, je mehr Reis, um so sättigender.

Reisauflauf mit Trockenfrüchten

Nein, die Reispuddings der Kindheit mit ihrer undifferenzierten Süße sind hier nicht gemeint. Die erwachsene Zunge ist anspruchsvoller. Deshalb nehme ich für dieses Reis-Dessert nicht den pappigen Rundkornreis, sondern Langkornreis, und zwar die einfache, gebleichte Sorte.

1 Aprikosen und Rosinen 5 Stunden, Pflaumen 2 Stunden in Weißwein mit Nelken und Orangenschale einweichen (Aprikosen zu Pflaumen 2:1).

2 Den Reis in der Milch zum Kochen bringen und bei 70 Grad 2 Stunden im Backofen quellen lassen.

3 Pflaumen entkernen und, wie auch die Aprikosen, kleinschneiden. Mit Rosinen und Nelken im Wein aufkochen und mit 1/2 TL Honig ca. 20 Minuten köcheln lassen, bis Sirup entsteht.

4 Eigelb und Sahne verrühren. Kleine Portionsschalen ausbuttern, etwas Zimt und Zucker einstreuen, Reis, Obst und Eiersahne mischen, in die Förmchen füllen, in eine Reine mit heißem Wasser stellen und im heißen Ofen ca. 10 Minuten stocken lassen.

Für 4 Personen:

Nach Belieben:
getr. Aprikosen,
Trockenpflaumen,
helle Rosinen;
Weißwein,
4 Gewürznelken,
1 kl. St. Orangenschale,
1/2 TL Honig,
2 Eigelb, Zimt,
4 EL Sahne,
Zucker,
2 Tassen Langkornreis,
1 1/2 Tassen Milch

Warme Desserts

Blaubeerpfannkuchen

Für 4 Personen:

500 g Blaubeeren,
125 g Mehl,
2 Eier,
25 g Vanillezucker,
200 g Sahne,
1 EL Cognac,
Zitronensaft,
Puderzucker,
Butter, Salz

Menüvorschlag:

Kürbiscrème
(Seite 49),
Lachsforelle mit
Limonen
(Seite 190),
Blaubeerpfann-
kuchen

Dazu passt ein süßer Wein mit deutlicher Restsäure, damit die doppelte Süße nicht den Mund verklebt.

Das klingt nach Kinderküche; ist es wohl auch. Aber was sonst soll man mit diesen herrlichen Beeren anfangen? In einer Quarkspeise sind andere Früchte ebenso lecker. Aber in ihrem Element sind die Blaubeeren auf einem dicken, fetten Pfannkuchen.

Fett – wie er im Märchen beschrieben wird – bedeutet bei einem Pfannkuchen nichts anderes als viele Eier. Und etwas Sahne. Aber ich will nichts übertreiben. Hier ist eine manierliche Version, die auch in einem feinen Menü nicht unangenehm auffällt.

Wie wichtig es ist, eine Pfanne nur für Pfannkuchen zu haben, merkt man, wenn der erste anklebt, der zweite zerreißt und was sonst noch alles bei diesem simplen Kinderdessert passieren kann.

1 Das Mehl mit den Eiern, dem Vanillezucker und der Sahne mit dem Schneebesen zu einem glatten Teig verrühren. Mit wenig Zitronensaft beträufeln. 1 Prise Salz und 1 EL Cognac untermengen und den Teig, der eine Konsistenz wie dicker Rahm haben sollte, einige Stunden ruhen lassen.

2 Die Blau- (Wald-, Heidel-) beeren waschen und die Hälfte von ihnen mit der Gabel etwas zerdrücken und mit ein wenig Zitronensaft beträufeln.

3 In einer kleinen Eisenpfanne 1 TL Butter auslassen. Den Teig in die heiße Butter gießen und warten, bis er an der Unterseite fest geworden ist. Da man das nicht sehen kann, braucht man dazu ein bißchen Gefühl. Dann die Blaubeeren – die noch ganzen und die angedrückten – auf der noch rohen Oberfläche verteilen und mit Puderzucker bestreuen. Irgendwann – das kann 30 Sekunden oder 1 1/2 Minuten später sein; wieder ist hier das Gefühl gefragt und nicht die Uhr – den Deckel auf die Pfanne legen. Auch das nur für eine kurze Zeit; denn die Beeren sollen zwar vom Zucker leicht glasiert, aber nicht zu matschig werden.

Crêpes Suzette

Für 4 Personen:

Für den Crêpe-Teig:

300 g Mehl,
1/2 l Milch,
1/2 Vanillestange,
3 Eier, Salz,
40 g Butter,
2 TL Curaçao,
2 EL Olivenöl

Für die Mandarinenbutter:
1 ungespritzte Mandarine (oder Orange),
50 g Butter,
1 EL Curaçao,
50 g Puderzucker

(Curaçao zum Flambieren)

Menüvorschlag:

Winzersalat (Seite 37),
Rumpsteak im Senfmantel (S. 342),
Crêpes Suzette

Zu den Crêpes passt eine Rieslaner-Auslese.

An den bretonischen und anderen Stränden Frankreichs findet man die kleinen Stände, wo die dünnen Crêpes marktschreierisch angeboten werden. »Arrosez-vous-même!« heißt die Aufforderung, sich je nach Geschmack mit Zucker und Aromen für seine ›crêpe‹ zu bedienen.

Auch in französischen Haushalten werden Crêpes recht häufig gebacken. Die aufwendigste Version heißt ›Crêpes Suzette‹. Sie war in der feinen Gastronomie immer ein Schaustück: Der zuständige Maître hing sich eine dicke Kette um den Hals, rollte einen Spezialwagen an den Tisch und ließ die Flammen zur Decke lodern.

1 In 1/2 l Milch eine halbe aufgeschlitzte Vanillestange aufkochen und abkühlen lassen. Die Vanillestange entfernen.

2 300 g Mehl durchsieben und mit 3 ganzen, geschlagenen Eiern und 1 Prise Salz verquirlen. 40 g flüssige Butter dazugeben und alles mit der Vanillemilch mischen.

3 In den Pfannkuchenteig 1 TL Curaçao und 2 EL Olivenöl verrühren. 2 Stunden warmstellen.

4 50 g Butter mit dem Saft einer Mandarine und ihrer geriebenen Schale sowie 1 EL Curaçao und 50 g Puderzucker verschlagen. (Statt der geriebenen Schale kann man auch Zesten – dünne Streifen von der Schale – nehmen.)

5 In einer schweren Pfanne die Crêpes sehr dünn in Butter braten, eigentlich weniger braten, sondern in reichlich Butter eher kochen.

6 Die fertigen Pfannkuchen mit der süßen Mandarinenbutter bestreichen und nacheinander in die Pfanne zum Erhitzen geben. Von dort fächerförmig auf eine warme Platte platzieren, mit Curaçao übergießen und flambieren.

Warme Desserts

Crêpes Grand Marnier mit Kumquat-Orangensauce

Für 3 – 4 Personen:
(12 kleine Crêpes)

Für den Crêpeteig:

3 Eier,
10 g Zucker,
1 Prise Salz,
80 g Mehl,
25 g Butter,
1/4 l Milch,
1 unbehandelte Orange;
Puderzucker

Für die Füllung:

2 Eier,
55 g Zucker,
150 g Quark,
5 cl Grand Marnier,
1 unbeh. Orange,
25 g Maizena,
etwas hausgemachte Vanillemilch

Für die Sauce:

25 Kumquats,
100 g Zucker,
0,1 l Wasser,
8 Orangen,
0,2 l Grand Marnier

Zu den Crêpes passt ein Jurançon molleux.

Das Rezept für diese soufflierten Crêpes Grand Marnier mit einer Kumquat-Orangensauce stammt vom Meisterkoch Hans Stucki aus der Schweiz. Es ähnelt vom Geschmack her zwar den klassischen Crêpes Suzette, ist aber durch die Füllung und die raffinierte Sauce doch ganz anders und von erheblicher Verfeinerung.

Statt der halbierten kleinen Kumquats kann man notfalls auch Orangenstücke nehmen; damit geht allerdings ein Gutteil der Raffinesse verloren.

1 Mit einem Zestenschneider aus der unbehandelten Orange hauchdünne Streifen (Zesten) schneiden. Aus den 3 Eiern, 10 g Zucker, 1 Prise Salz, 80 g Mehl, 1/4 l Milch und 25 g Butter (erhitzt, bis sie braun wird) sowie den Zesten der Orange einen Teig rühren und diesen 1 Stunde ruhen lassen.

2 Die 2 Eier aufschlagen und trennen. Die Eigelb mit 30 g Zucker schaumig rühren. 150 g Quark mit 5 cl Grand Marnier und der geraspelten Schale der unbehandelten Orange glatt rühren. Unter die Eigelbmasse ziehen. 2 Eiweiß mit 25 g Zucker zu steifem Schnee schlagen, 25 g Maizena unterziehen. Mit der Quarkmasse mischen.

3 In einer kleinen Pfanne mit wenig Butter ungefähr 15 Crêpes sehr dünn ausbacken. Die Quarkmasse auf die Crêpes streichen, diese zusammenrollen und dicht nebeneinander in eine feuerfeste Form setzen. Mit wenig Vanillemilch umgießen und bei 180 Grad im Ofen garen, mit Puderzucker bestreuen und auf Tellern anrichten.

4 Dazu eine Kumquat-Orangensauce (nach Hans Stucki) herstellen: Die Kumquats waschen und halbieren. In einer Pfanne 100 g Zucker karamelisieren, die Kumquats zugeben, mit 0,1 l Wasser ablöschen und einkochen lassen. Sodann den Saft von 8 Orangen und 0,2 l Grand Marnier einkochen lassen. Dadurch verdunstet der Alkohol. Zu den Kumquats geben und warm um die Crêpes gießen. Manchmal wird die Sauce von selbst sämig, falls nicht, schadet's auch nicht.

Heiße Banane mit Pinienkernen

Für 4 Personen:

2 – 4 Bananen,
1 – 2 EL Pinienkerne,
1 – 2 EL Süßrahmbutter,
1 – 3 TL Zucker,
1 – 2 Gläschen Marc oder Grappa

Vorschlag für ein fast fleischloses Festmenü:

Champignon-Pfannkuchen (Seite 97),
Hühnersuppe mit Morcheln (Seite 45),
Courgetten-Gratin (Seite 361),
Heiße Banane mit Pinienkernen

Dazu passt eine Scheurebe.

Wichtig ist hier die Qualität der Banane. Die weitverbreitete Hartholzbanane wird bei allen Bemühungen kein erstklassiges Dessert werden. Es muss schon eine sein, die nicht mehr makellos und womöglich noch hellgrün, sondern deren Schale schon fleckig ist, die innen aber noch nicht matschig oder angefault sein darf. Und süß sollte sie sein. Am besten finde ich die kleinen, dicken, krummen Bananen aus Afrika oder von den Kanaren, die man aber leider nicht immer bekommen kann.

Bei zurückhaltenden Gourmets reicht eine Banane für zwei Personen. Hemmungslose Genießer essen spielend auch zwei für sich allein.

1 In einer trockenen Pfanne bei starker Hitze die Pinienkerne leicht anrösten. Dabei ständig beobachten: Zunächst tut sich gar nichts, und dann werden die Kerne blitzschnell schwarz. Dann die hellbraunen gerösteten Kerne auf ein Tellerchen schütten und die Pfanne etwas abkühlen lassen, bevor man die Butter und den Zucker hineingibt. Andernfalls würde die Butter in der heißen Pfanne sofort anbrennen.

2 Die Butter und den Zucker in die Pfanne geben; wenn die Zuckerbutter Farbe annimmt, also leicht karamellisiert, die Pinienkerne wieder zugeben und die einmal längs und einmal quergeteilten Bananen in den heißen Karamel legen. Kurz braten lassen und herumdrehen.

Auch wenn hier von ›braten‹ die Rede ist, sollten weder die Bananen noch die Pinienkerne wirklich gebraten werden. Dabei würde die karamellisierende Butter hart werden, und das soll nicht geschehen. Also Vorsicht mit der Hitze.

3 Je nach Menge der Bananen 1 bis 2 Gläschen Trester (Marc, Grappa o.ä.) angießen. Deren Alkohol soll verkochen und die Flüssigkeit den zäh werdenden Karamel wieder flüssig machen und den Bananen die besondere Delikatesse geben. Heiß servieren.

Honigquarksoufflé mit Zitrone

Für 2 Personen:

250 g Schichtkäse,
1 Zitrone
(unbehandelt),
100 g Honig,
3 Eiweiß,
1 Prise Salz,
Zucker,
Puderzucker

(evtl. 6 TL Rosinen in Rum)

Menüvorschlag:

Selleriesalat mit Nüssen (Seite 33), Hühnerbrust in Wirsing (Seite 242), Honigquarksoufflé

Zum Soufflé passt eine feine Riesling-Auslese.

Vor einem Soufflé fürchten sich die meisten, weil es so empfindlich ist und meist just in dem Augenblick in sich zusammenfällt, wenn man es aus dem Ofen nimmt und stolz zu Tisch tragen will. Das nachfolgende Rezept gilt deshalb einem Soufflé, das garantiert zusammenfällt bzw. gar nicht erst richtig aufgeht: Das liegt an der Masse. Die besteht aus Schichtkäse; andere Sorten sind zu feucht, da geht gar nix. Wer es gern süß mag und nichts gegen Schnaps hat, weicht pro Portion einen Teelöffel Rosinen in Rum ein und vermischt sie mit der Soufflémasse; vor dem Backen natürlich.

Ein Soufflé ist übrigens immer einfacher, wenn man es in Portionsförmchen herstellt; je größer die Form, um so leichter fällt es zusammen.

1 Den Schichtkäse mit einem Holzlöffel oder einem Spachtel durch ein Sieb drücken.

2 Von der unbehandelten Zitrone mit einem sehr scharfen Messer – oder einem ›Zestenschneider‹ – die Schale ohne das weiße Unterfutter so dünn abschälen, dass sie fast durchsichtig ist. Diese Schale wiederum in lange, nur 1 mm dicke Fäden zerlegen. 2 Minuten in kochendem Wasser blanchieren und abtropfen lassen.

3 Honig, Wasser und Zitronensaft verrühren und aufkochen, bis ein Sirup entsteht. Die Zesten hinzufügen. Droht der Sirup karamelartig hart zu werden, weiteres Wasser zugeben. Mit dem Quark vermischen. Für jede Portion einige besonders lange Zesten beiseitelegen.

4 6 Portionsförmchen von ca. 9 cm Durchmesser ausbuttern und mit Zucker ausstreuen. Die Eiweiß mit einer Prise Salz sehr fest schlagen. Das Eiweiß vorsichtig unter den Quark heben und die Masse in die Förmchen füllen, welche nur 3/4 voll sein dürfen. Obendrauf die Dekorationsfäden legen. Im sehr heißen Ofen im oberen Drittel 20 Minuten backen lassen, bis die Oberfläche zu bräunen beginnt. Mit Puderzucker bestreuen und servieren.

Milchreis mit Aprikosen

Für 4 Personen:

100 g Milchreis,
0,5 l Milch,
1 Vanillestange,
70 g Zucker,
150 g getrocknete Aprikosen,
2 EL Zucker,
2 Zitronen
(1 unbehandelte),
3 EL trockener Weißwein,
100 g Sahne,
3 EL Kirschwasser

Menüvorschlag:

Heringssalat mit Nüssen (Seite 19),
Milchreis mit Aprikosen

Ob getrocknet oder frisch – fast jedes Obst eignet sich für einen leckeren Milchreis. Dass er bei Feinschmeckern keinen guten Ruf hat, liegt daran, dass er fast immer schwer, klebrig und auf eine plumpe Weise süß ist. Das liegt zum einen an der Qualität – nur die beste Sorte ist geeignet – und zum anderen daran, dass es nicht damit getan ist, die Reiskörner mit Milch aufzusetzen und zu kochen. Nein, der Milchreis wird erst einmal für wenige Minuten in kochendes Wasser geschüttet, durch ein Sieb abgegossen und unter fließendem kalten Wasser gewaschen. Dadurch wird das trübende und klebende Reismehl entfernt! Dann erst kommt die Milch ins Spiel. Nach diesem Reis wird niemand mehr verächtlich von ›Kinderfutter‹ reden.

1 Die Aprikosen in lauwarmem Wasser rund 1 Stunde quellen lassen. Den Reis kurz in Wasser sprudelnd kochen lassen, in ein Sieb abgießen, unter fließendem kaltem Wasser waschen.

2 Die Milch mit der aufgeschlitzten und ausgekratzten Vanillestange sowie zwei fingergroßen Streifen Zitronenschale aufsetzen und zum Kochen bringen. Dann erst den Reis in die Milch geben, aufkochen lassen, Deckel drauf und in dem auf 100 Grad vorgeheizten Ofen 50 Minuten quellen lassen. Bitte nicht umrühren! Nach der Garzeit Zitronenschalen und Vanillestange herausfischen. Jetzt erst den Zucker in den Reis streuen und umrühren. Der Zucker schmilzt sofort, sorgt aber nicht für unerwünschte chemische Reaktionen, wie wenn er mitgekocht wäre.

3 Inzwischen die Aprikosen in vier Teile schneiden. In einer Kasserolle mit schwerem Boden 2 EL Zucker heiß werden lassen, den Saft der Zitronen und 3 EL trockenen Weißwein dazugießen (ein Teil des Zuckers wird sofort hart, löst sich aber wieder auf), die Aprikosenstücke hineingeben und für 10 Minuten köcheln lassen, dabei öfter umrühren. Wenn der Sirup dicklich wird, 3 EL Kirschwasser angießen, kurz aufkochen lassen (damit der Alkohol verschwindet) und vom Feuer nehmen.

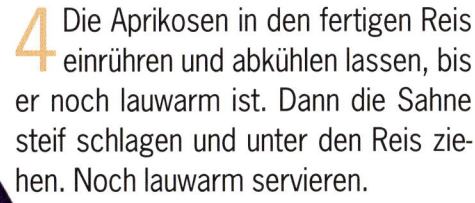

4 Die Aprikosen in den fertigen Reis einrühren und abkühlen lassen, bis er noch lauwarm ist. Dann die Sahne steif schlagen und unter den Reis ziehen. Noch lauwarm servieren.

Omelette Surprise

Für 4 Personen:

8 – 12 Kugeln Fruchteis,
Biskuitböden,
6 Eiweiß,
4 TL Zucker,
Puderzucker

Vorschlag für ein festliches Menü:

Geflügellebermousse (Seite 107),
Dorade mit Fenchelherzen (Seite 168),
Omelette Surprise

Zum Omelette passt halbtrockener Winzersekt.

Überraschend an diesem Omelett ist, dass es überhaupt kein Omelett ist, sondern so etwas wie Salzburger Nockerln. Doch das hatten die Namensgeber nicht im Sinn, als sie es tauften. Sondern die wirklich überraschende Entdeckung, dass sich unter dem Berg von heißem Eierschnee ein kaltes Speiseeis verbirgt.

Das Eis mache ich nicht selber. In meiner Nachbarschaft gibt es einen Konditor, der stellt sein eigenes Eis her. Es ist so lecker, wie Eis nur sein kann. Vor allem hat es keine Ähnlichkeit mit der Künstlichkeit der Eissorten weltbekannter Großproduzenten. Das genügt mir. Ich kaufe einige Kugeln Fruchteis und lege sie ins Eisfach. Beim Konditor kaufe ich auch Biskuitböden. Gerade genug, um damit eine flache und feuerfeste Gratinform auszulegen.

1 Die Eiweiß mit dem Zucker so fest schlagen, dass es steife Spitzen bildet. Das kann man mit einem elektrischen Rührgerät machen. Man sollte damit sehr langsam beginnen und die Geschwindigkeit des Rührers erst zum Schluss steigern.
Ein richtiger Hobbykoch schlägt Eierschnee jedoch mit einem großen Schneebesen. Damit dauert es zwar länger als mit einem Elektrorührer, aber der Schnee wird lockerer, luftiger.

2 Den Boden der Gratinform mit Biskuitböden auslegen und darauf die Eiskugeln platzieren. Waren diese nicht im Eisfach des Kühlschranks, sondern in der Tiefkühltruhe, muss man sie rechtzeitig herausnehmen und im Kühlschrank langsam auf Esstemperatur bringen. Über die Eiskugeln mit einem Spachtel den Eischnee häufen und glattstreichen. Mit Puderzucker bestreuen und auf die oberste Schiene im sehr heißen Ofen schieben. Schon nach wenigen Minuten beginnt die Oberfläche braun zu werden. Herausnehmen, mit einem heißen, nassen Messer aufschneiden und servieren.

Orangen-Gratin

Für 4 Personen:

4 – 6 Blutorangen,
1 Becher Sahne,
4 cl Grand Marnier,
4 EL gehackte Pistazien,
Zucker,
Vanillezucker,
4 cm frischer Ingwer

Menüvorschlag:

Gratinierter Chèvre (Seite 114),
Rotbarsch in Rotweinsauce (Seite 198),
Orangen-Gratin

Dazu passt Cava demi sec.

Orangen oder Apfelsinen gibt es fast das ganze Jahr. Danach schmecken sie denn oft auch: mehr oder weniger süßlich und fade. Es stimmt zwar, dass Orangenbäume das ganze Jahr über gleichzeitig Blüten und Früchte tragen, aber guten Geschmack entwickeln sie nur zur Haupterntezeit im späten Herbst und frühen Winter.

Kurz vor Weihnachten kommen aus Sizilien und Griechenland die Blutorangen auf den Markt: Sie sind klein mit dünner Schale – oft rötlich angehaucht –, und in ihrem Inneren haben sie ein saftiges, gelb- bis dunkelrotes Fleisch mit einem kräftigen, süßsauren Aroma. Das Orangen-Gratin schmeckt auch mit anderen Apfelsinen, aber am besten geeignet sind diese kleinen Blutorangen.

1 Die Orangen schälen, die weiße Haut entfernen, in Scheiben schneiden. In eine große Gratinform oder in Portionsformen legen (nebeneinander oder auch dachziegelförmig), zuckern und großzügig mit Grand Marnier beträufeln. Ungefähr eine Stunde ziehen lassen.

2 Die Pistazien kleinhacken und über die Orangenscheiben streuen; ebenfalls der geschälte und geriebene Ingwer. Die Sahne zuckern und steif schlagen und damit die Orangenscheiben bedecken. Mit Vanillezucker bestreuen und unter den heißen Grill im Backofen schieben, bis die Oberfläche hellbraun wird. Die Orangenscheiben werden dabei kaum erwärmt.

Es besteht die Gefahr, dass die Sahne durch die Hitze flüssig wird. Man kann das Gratin durch Eigelb festigen, wodurch es aber schwerer wird. Dem persönlichen Geschmack bleibt auch überlassen, wie stark dabei gesüßt wird, wie dick die Sahneschicht ist und ob man Orangensirup mit Rum nimmt anstelle des Orangenlikörs. Nur sollte man nicht zu wenig machen!

Warme Desserts

Pflaumenquark

Für 4–6 Kinder:

1 kg frische Pflaumen,
1000 g Quark,
200 g Mehl,
125 g Butter,
2 Semmeln,
4 Eigelb, Zucker,
2 Eiweiß,
1 EL Puderzucker,
1/8 l Sahne,
Saft v. 1/2 Zitrone

Der Pflaumenquark – kann auch mit frischen Aprikosen gemacht werden – ist ein Super-Schmackofatz für den Kindergeburtstag oder für den Fall, dass die Mama mit dem Hausfreund ausgegangen ist und der Papa den Kindern beweisen muss, dass auch er lecker kochen kann.

Da Mama immer auf die Kalorien achten muss, kann Papa einmal richtig aus dem Vollen schöpfen, ohne dass es unangenehm auffällt. Die Kinder werden es ihm danken!

1. Die trockenen Semmeln einweichen und ausdrücken. Eine flache, feuerfeste Form ausbuttern und mit rohen, halbierten Pflaumen belegen und gut zuckern.

2. Quark, Mehl, Butter, Eigelb, Eiweiß, Puderzucker, Sahne, Zitronensaft und Semmeln verquirlen und auf die Pflaumen löffeln. Bei 200 Grad im Ofen backen, bis die Oberfläche goldgelb wird. Zum eventuellen Nachsüßen den Zuckertopf auf den Tisch stellen.

Portweinpflaumen

Für 4 Personen:

300 g große, halbtrockene Dörrpflaumen,
1 größere Prise Zimt,
4 Gewürznelken,
1 kl. Stück frischen Ingwer,
Portwein (Tawny),
Rotwein (z.B. Côte-du-Rhône)

(evtl. Vanilleeis)

Das Entscheidende bei diesen Portweinpflaumen ist die nur dezente Süße, welche zusammen mit den Gewürzen aus den Trockenpflaumen ein frisches und erfrischendes Dessert macht. Deshalb probiere ich die Pflaumen (bevorzugte Sorte: Pruneaux d'Agen), bevor ich sie verarbeite; je nach Herkunft sind sie sehr unterschiedlich süß. Je süßer sie sind, um so weniger Portwein nehme ich. Unter den Portweinsorten ist Tawny Port die geeignetste, weil er nicht so süß ist wie ein Ruby und nicht so dünn wie ein Doloroso. Wer auf die Leichtigkeit dieser Nachspeise pfeift, isst sie mit Vanilleeis.

1. Die Dörrpflaumen in einen Kochtopf legen und mit Portwein aufgießen, ohne die Pflaumen ganz zu bedecken. Eine größere Prise Zimt, 4 Gewürznelken und ein haselnußgroßes, sehr fein gehacktes Stück frischen Ingwer dazugeben. Zum Kochen bringen und 5 Minuten köcheln lassen. Mit einem kräftigen Rotwein auffüllen (Côte-du-Rhône, Madiran), bis die Pflaumen bedeckt sind. Noch einmal 5 Minuten köcheln, dann etwas abkühlen lassen.

Pflaumen mit Zimtsabayon

Für 4 Personen:

300 g frische, große Pflaumen (oder auch halbtr. Pflaumen),
30 g Zucker,
Saft von 1 Zitrone,
3 – 4 Eigelb,
1/8 l Weißwein,
1 1/2 EL Zucker,
1 TL Zimt,
Puderzucker

(evtl. Zwetschgenwasser)

Vorschlag für ein Festmenü:

Pellkartoffeln mit Kaviar (Seite 142),
Spinatsuppe mit Knoblauch (S. 62),
Pot-au-feu Royal (Seite 259),
Pflaumen mit Zimtsabayon

Zu diesem Dessert passt ein Champagner.

Für dieses Rezept eignen sich am besten frische und große Pflaumen von hoher Qualität. Die besitzen Kurpflaumen, auch Römer- oder Karlsbader Pflaumen genannt. Es geht auch mit halbtrockenen Pflaumen, aber da wären nur noch die großen ›Pruneaux d'Agen‹ zu empfehlen: Über Nacht in Wasser einweichen, entkernen, halbieren und eine Stunde in starkem schwarzen Tee ziehen lassen. Danach wie ab Schritt 2 behandeln.

1 Die Pflaumen in kochendem Wasser kurz brühen und durch ein Sieb abgießen; anschließend die Haut abziehen. Das Brühen darf nur sehr kurz sein, damit das Innere der Pflaumen nicht schon weich und matschig wird. Geschieht es allerdings zu kurz, lässt sich die Haut nur schwer abziehen. Die Pflaumen halbieren und entkernen.

2 Feuerfeste Portionsformen (eine große Gratinform tut's auch) ausbuttern und mit Zucker ausstreuen. Die Pflaumen einlegen, mit Zitronensaft beträufeln und leicht zuckern.

3 Die Eigelb mit dem Weißwein und dem Zucker sowie dem Zimt mit einem Schneebesen solange schlagen, bis die Masse schaumig steif wird. Über die Pflaumen gießen und bei starker Hitze oben im Backofen (oder unter dem Grill) kurz gratinieren. Es dauert nur ein paar Minuten, bis die Masse auf den Pflaumen stockt. Dabei bleiben die frischen Pflaumen natürlich roh; das ist auch so gewollt.

4 Herausnehmen, mit Puderzucker bestreuen und servieren. Wer nichts gegen Schnaps hat, darf die Pflaumen mehr oder weniger großzügig mit Zwetschgenwasser parfümieren.

Warme Desserts

Quarksoufflé

Für 4 – 6 Personen:

700 g Schichtkäse,
200 g Zucker,
4 Eigelb,
4 Eiweiß,
3 EL Crème fraîche,
Saft einer Zitrone,
1 EL Stärkemehl,
1 Prise Salz,
Puderzucker

Leichter und delikater als alle Käsekuchen und -torten ist ein süßes Quarksoufflé. Es handelt sich dabei im Prinzip um nichts anderes als die Füllmasse einer Quarktorte. Allerdings ist sie immer noch kräftiger im Geschmack als das, was bei vielen Konditoren wie ein Produkt der Parfümindustrie schmeckt. Wegen des Quarks geht das Soufflé nur wenig auf, dazu ist der Quark zu schwer. Andererseits kann das Soufflé auch nicht so erschreckend zusammenfallen wie häufig bei reinen Eierschnee-Soufflés.

1 Den Backofen auf 220 bis 250 Grad vorheizen (je nach Alter des Ofens). Schichtkäse, Zucker, Eigelb, Crème fraîche, Zitronensaft, Stärkemehl sowie eine Prise Salz mit dem Mixstab verquirlen, bis alles aufgelöst ist. Am besten nur portionsgroße Gratinförmchen ausbuttern. Die Eiweiß steifschlagen und unter die Quarkmasse heben; in die Förmchen füllen. Im oberen Drittel des sehr heißen Ofens überbacken. Wenn die Oberfläche braun wird, herausnehmen, mit Puderzucker bestreuen und sofort servieren.

Dattelsoufflé

Für 4 Personen:

15 frische Datteln,
1 TL Zimt, 1 EL gemahlene Haselnüsse,
Saft von 1 Zitrone,
2 Eigelb,
Zucker,
4 Eiweiß,
1 Prise Salz
(evtl. Cognac)

Weinempfehlung zu den Soufflés:

Scheurebe Auslese

Je frischer die Datteln, um so weniger süß sind sie und für dieses Soufflé besser geeignet. In jedem Falle ist die ausgleichende Säure durch die Zitrone wichtig.

1 Den Backofen auf 200 Grad vorheizen. 5 feuerfeste Portionsförmchen ausbuttern und mit Zucker ausstreuen. Datteln enthäuten, entkernen und pürieren. Zimt, gemahlene Haselnüsse und den Zitronensaft mit dem Dattelpüree vermischen. Eigelb mit 1 EL Zucker schaumig rühren, bis der Zucker sich auflöst. Mit der Dattelmasse vermischen. Eiweiß mit 1 Prise Salz sehr steif schlagen; 2 EL davon unter die Masse ruhren, das restliche Eiweiß vorsichtig unterheben.

2 In die Förmchen füllen, welche nur zu 2/3 gefüllt sein dürfen, glattstreichen. In ein heißes Wasserbad stellen, im Ofen garen lassen, bis die Masse aufgeht und an der Oberfläche braun wird, was ungefähr 20 Minuten dauert. Sofort servieren und nach Belieben mit etwas Cognac beträufeln.

Soufflé Grand Marnier

Für 4 Personen:

Butter,
2–3 EL Zucker,
5 Eigelb,
7 Eiweiß,
100 g Zucker,
1/2 Weinglas Grand Marnier,
1 EL frisch geriebene Orangenschale,
1 Messerspitze Weinstein,
Puderzucker

Das Soufflé passt zu fast jedem Festmenü; vielleicht nach dem Hauptgang ein Sorbet servieren, um die Wartezeit bis zum Soufflé zu überbrücken.

Nur wer ein Soufflé ohne Mehl hinkriegt, kann vor den Augen anspruchsvoller Feinschmecker Anerkennung finden. Soufflés haben außerdem den Nachteil, dass man sie nicht vorbereiten kann. Aber wem ein Soufflé Grand Marnier einmal gelungen ist, wird auch das in Kauf nehmen, weil er weiß, dass er ein Meisterstück fertig bringt, das ihm so schnell keiner nachmacht.

1 Eine feuerfeste Porzellanform mit geraden Wänden und 1 1/2 l Inhalt gut ausbuttern und mit 2 bis 3 EL Zucker ausstreuen.

2 In einer Schüssel im heißen Wasserbad schlägt man nun mit dem Schneebesen die Eigelb, gibt nach und nach den Zucker hinzu und schlägt so lange weiter, bis die Eigelb dick und hell geworden sind. Langsam weiterrühren, bis die Masse noch dicker und heißer wird. Fingerprobe machen!

3 Den Grand Marnier und die Orangenschale unterrühren und alles in eine reichlich bemessene Schüssel gießen, die man in einen Topf mit Eiswasser stellt. Dort unter weiterem Rühren völlig erkalten lassen. Nun schlägt man das Eiweiß, zusammen mit dem Weinstein, bis es feste Spitzen bildet. Davon 1 EL unter die Eiermasse rühren und dann den Rest vorsichtig unterheben. Die Masse mit einem Gummispachtel in die ausgebutterte Form füllen. Da das Soufflé im Ofen hoch aufgehen wird, darf die Form nur bis 5 cm unter dem Rand gefüllt sein. Die Oberfläche glatt streichen und parallel zum Rand eine 2 cm tiefe Furche ziehen. So kann sich auf dem Soufflé eine dekorative Kappe bilden.

4 In die Mitte des auf 220 – 250 Grad vorgeheizten Ofens schieben und nach 2 Minuten die Hitze um 20 Grad reduzieren und weitere 20 – 30 Minuten backen, bis das Soufflé hoch aufgegangen ist und eine schöne, goldbraune Farbe angenommen hat. Mit Puderzucker bestreuen und sofort servieren. Viel Glück!

Weinstein ist ein weißes Pulver (aus der Apotheke). Es übernimmt hier die bindende Rolle des Mehls. Das Soufflé fällt weniger leicht zusammen, wenn man es in kleineren Portionsformen backt.

Warme Desserts

Topfenknödel mit Zwetschgensauce

Für 4 Personen:

500 g Toastbrot,
100 g Butter,
5 EL Zucker,
1 Vanillestange,
4 Eier,
375 g Magerquark,
1 unbehandelte Zitrone,
Zimt,
1 Tüte Dörrpflaumen,
Portwein,
Nelkenpulver,
Zwieback,
Salz

Topfen ist Österreichisch und bedeutet Quark; Quark ist Norddeutsch und bedeutet Frischkäse. Einige Unterdialekte verfügen über weitere Synonyme und wirklich verwirrend wird die Angelegenheit, wenn man die Gondeln der Supermärkte mit den Milchprodukten mustert. Was für diese Knödel gebraucht wird, ist ein ziemlich trockener Quark, der auch schon mal Schichtkäse heißt und als Magerstufe den Kalorienfexen ans Herz gewachsen ist.

1. Am Vorabend die Dörrpflaumen in Portwein einweichen, am nächsten Tag entkernen und zusammen mit etwas Zimt, Nelkenpulver und Zitronensaft leise kochen lassen, bis die Pflaumen zu einem dünnen Brei werden. Nach Geschmack zuckern.

2. Das Toastbrot entrinden und das Innere in einem Mixer zerkleinern. Die Brösel auf einem Backpapier ausbreiten und bei ungefähr 50 Grad im Backofen trocknen lassen.

3. Das Mark der Vanillestange auskratzen. In einer Kasserolle 100 g Butter schmelzen lassen und mit 3 EL Zucker und dem Mark der Vanillestange schaumig rühren. 1 Prise Salz dazu. Von 1/2 Zitrone die Schale abreiben und mit den ganzen Eiern und dem Magerquark in die Butter einrühren. Mit einem Holzlöffel behutsam die getrockneten Toastbrösel unter die Masse heben und diese mindestens 1 Stunde bei Zimmertemperatur ruhen lassen.

4. 2–3 Zwiebacke zerreiben und mit 1 TL Zimt und 2 EL Zucker vermischen.

5. Aus der Masse kleine Klößchen formen, in kochendes Wasser geben und ungefähr 10 Minuten garen lassen. Mit einem Schaumlöffel herausnehmen, auf Küchenkrepp ablegen, im Zwiebackmehl wälzen und heiß mit der fertigen Zwetschgensauce servieren.

Vorschlag für ein Festmenü:

Lauch-Kartoffelsuppe mit Trüffeln (Seite 53),
Rehrücken à la minute (Seite 334),
Topfenknödel mit Zwetschgensauce

Zu Topfenknödeln passt eine Riesling-Auslese mit feiner Süße.

Weintraubensabayon

Für 4 Personen:

800 g kernlose helle Weintrauben,
100 g Rosinen,
1 Glas Trester (Marc, Grappa o.ä.),
Zitronensaft,
6 Eigelb,
60 g Zucker,
1 Vanillestange,
1/8 l Sahne,
1 EL Zucker,
Puderzucker

Menüvorschlag:

Linsensalat mit Wachtelbrüsten (Seite 23),
Lachsforelle mit Limonen (Seite 190),
Weintraubensabayon

Weil es eine unglaublich leckere und doch so leichte Süßspeise ist, habe ich die Zutaten für dieses Dessert reichlich gewählt: 200 g Weintrauben pro Person. Außerdem müssen sie geschält werden. Das allerdings hört sich schlimmer an, als es ist: Die Weintrauben werden kurz mit kochendem Wasser überbrüht. Danach lässt sich die Haut leicht abziehen.

Hoch oben im Backofen verwandelt sich das Ganze in kurzer Zeit in ein Dessert von wahrhaft himmlischer Qualität! Sogar die Schwiegermutter, die sonst ihre Weihnachtsplätzchen für das Nonplusultra hält, wird beim ersten Löffel anerkennend sagen: Das habe ich aber noch nie gegessen! Und zum zweiten Mal nehmen.

1. Mindestens 2 Stunden vorher die Rosinen in dem Trester einweichen (oder in Traubensaft).

2. Die Weintrauben kurz mit kochendem Wasser überbrühen, die Haut abziehen und halbieren. In eine Schüssel legen und mit etwas Zitronensaft beträufeln. Ca. 1/2 Stunde Saft ziehen lassen, durch ein Sieb abtropfen und den Saft auffangen.

3. Feuerfeste Portionsformen im Backofen vorwärmen (bei 100 Grad). 6 Eigelb und 5 EL Flüssigkeit (zu gleichen Teilen Saft der Trauben und Rosinentrester) mischen. Diese Mischung mit 60 g Zucker und dem Inneren der halbierten Vanillestange verrühren und in einer Schüssel im heißen Wasserbad mit dem Schneebesen so lange schlagen, bis die Masse cremig wird. (Vorsicht: Wenn die Masse zu heiß wird, stockt die Eiercreme und man muss von vorn anfangen.) In eine Schüssel mit Eiswasser stellen und weiterschlagen, bis die Creme erkaltet ist.

4. Die Sahne mit 1 EL Zucker steif schlagen, die Weintrauben in die Förmchen legen und mit den Rosinen bestreuen, die Sahne unter die Eiercreme heben und die Masse über die Trauben gießen. Mit Puderzucker bestäuben und für 5 bis 8 Minuten oben im heißen Ofen backen, bis die Oberfläche hellbraun wird.

Warme Desserts

Ananaskompott mit Ingwer

Für 4 Personen:

1 mittelgroße Ananas,
1 mindestens walnussgroßes Stück frischer Ingwer,
1/2 TL Orangenmarmelade,
evtl. Zitronensaft und/oder Zucker

Genießer gießen noch einen doppelten Marc oder Grappa über das Kompott.

Menüvorschlag:
St.-Peters-Fisch mit 2 Saucen (Seite 92),
Quiche mit Steinpilzen (Seite 145),
Ananaskompott mit Ingwer

Für dieses Dessert brauche ich die dritte, weitgehend unbekannte Ananassorte. Die erste tritt in gleichmäßig dicken und gleichmäßig gelben Scheiben ohne Rinde auf, welche ein Loch in der Mitte haben. Das ist die beliebteste Sorte, was auf ihren raffinierten Metallgeschmack zurückzuführen ist.

Die zweite Sorte ist von der Hausfrau mühsam aus der frischen Ananas herausgeschnitten worden und landet kleingeschnitten zusammen mit Erdbeeren, Kirschen, Kiwis und anderem in der Salatschüssel.

Meine Ananas war auch frisch. Doch dann habe ich sie zusammen mit frischem Ingwer gekocht. Ein Kinderspiel. Doch vorher müssen sie geschält werden, die Ananas und der Ingwer, und das hat seine Tücken.

1 Am praktischsten ist es, die Ananas mit einem schweren Messer oder einer Küchensäge quer in fingerdicke Scheiben zu schneiden. So lässt sich die Rinde – mitsamt den Augen! – besser entfernen. Die Scheiben halbieren oder vierteln und das harte Mittelstück halbrund ausschneiden. Anschließend in mundgerechte, aber nicht zu kleine Stücke zerteilen.

2 Von der frischen Ingwerwurzel ein walnußgroßes Stück abschneiden, vorsichtig schälen, in sehr feine Scheiben schneiden und die wiederum in dünne Späne.

3 Den Ingwer mit den Ananasstücken vermischen, eine 1/2 Tasse Wasser und 1/2 TL Orangenmarmelade dazugeben, zum Kochen bringen und ungefähr 30 Minuten zugedeckt köcheln lassen. Es kann sein, dass man eine ziemlich unreife Ananas erwischt hat, eine saure Jungfer, die den langen Transport verschlafen hat, anstatt nachzureifen. In diesem Fall noch 1 TL Zucker zugeben. Und sollte sie überhaupt wenig Geschmack haben, etwas Zitronensaft. Nach der halben Stunde ist die Ananas noch genauso fest wie vorher; das macht nichts, weil nur die Aromen sich gegenseitig durchdringen sollen. Etwas abgekühlt servieren.

404 *Desserts*

Aprikosenkuchen mit Ingwer

Zutaten:

4–6 große, reife Aprikosen,
2 EL weich kandierter Ingwer (Reformhaus),
4 Eier sowie die gleiche Gewichtsmenge an Mehl, Butter und Zucker,
1 Prise Salz

Menüvorschlag:

Karottencreme (Seite 46),
Entenbrust in Portwein (Seite 220),
Aprikosenkuchen mit Ingwer

Zum Aprikosenkuchen passt ein Sauternes oder eine deutsche Trockenbeerenauslese.

Dies ist ein weiterer Kuchen von berückender Schlichtheit. Er wird in einer Kastenform gebacken und enthält Aprikosen. Mehr noch als bei Äpfeln machen sich bei diesen Früchten Qualitätsunterschiede folgenschwer bemerkbar. Um es klar zu sagen: Die nicht ausgereiften, harten und nur minimal süßen Früchte, mit denen wir meistens abgefunden werden, taugen so wenig, dass es nicht ratsam ist, mit ihnen diesen Kuchen überhaupt zu versuchen. Also reif, weich und süß müssen sie sein, die großen Aprikosen, die ich für den Aprikosenkuchen mit Ingwer brauche. Ja, natürlich mit Ingwer, wenn auch nicht frisch von der Wurzel, sondern weich kandierte Stücke. Wie sonst sollte mein Kuchen seinen raffinierten Geschmack bekommen?

1 Die 4 Eier und die Butter rechtzeitig aus dem Kühlschrank nehmen, damit sie Zimmertemperatur annehmen können.

2 Eine Kastenform (ca. 1 l Inhalt) mit Alufolie auskleiden.

3 Die Aprikosen entkernen und grob würfeln. Den Ingwer in kleinere Stücke schneiden. Beides miteinander vermengen.

4 Die 4 Eier wiegen und jeweils die gleiche Menge Mehl, Butter und Zucker abwiegen.

5 Butter, Zucker und Eier schaumig rühren. Das Mehl und 1 Prise Salz einrühren. Die gewürfelten Aprikosen und den kleingehackten Ingwer in den Teig mischen und die Masse in die Kastenform füllen.

6 Den Backofen auf 180 Grad vorheizen und den Kuchen für ca. 1 Stunde backen. Die Oberfläche darf nicht zu braun werden – deshalb eventuell in den letzten 10 Minuten mit Alufolie abdecken.

Der Kuchen ist herrlich saftig, und das bleibt er auch tagelang, wenn man ihn fest in Folie wickelt.

Baba au Rhum

6–8 Portionen:

150 g Mehl,
0,1 l Milch,
20 g Hefe,
2 Eier,
80 g weiche Butter,
1 EL Zucker,
1 TL Vanillezucker,
1 Prise Salz

Für den Sirup:

200 g Zucker,
0,2 l weißer Rum,
1/4 l Wasser,
Saft einer Zitrone

evtl. Schlagsahne und kandierte Früchte

Dieses auch ›Savarin‹ genannte saftige Dessert wird aus einem sehr leichten Hefe-Rührteig gebacken und noch heiß mit einer Mischung aus Zuckerwasser und Rum getränkt. Der geflohene polnische König Stanislas Leszinsky pflegte Guglhupf mit Malaga zu tränken und nannte dieses Dessert als begeisterter Leser von »Tausendundeine Nacht« nach Ali Baba.
Anfang des 19. Jahrhunderts wurde das Dessert in Paris große Mode; es wurde nun in Ringform gebacken, statt mit Malaga tränkte man es mit Rumsirup, fügte Schlagsahne mit kandierten Früchten hinzu und nannte es fortan Brillat-Savarin und später nur noch Savarin.

1 Die zerbröckelte Hefe in der leicht angewärmten Milch auflösen und mit dem Mehl in einer angewärmten Schüssel zu einem glatten Teig rühren.

2 Die Eier schaumig schlagen und unter den Teig mischen. Weiter (mit dem Schneebesen oder einem Handrührgerät) schlagen, bis der Teig Blasen wirft. An einem warmen Ort zugedeckt gehen lassen, bis er in 20 bis 30 Minuten sein Volumen verdoppelt hat.

3 80 g Butter mit 1 EL Zucker, 1 Prise Salz und 1/2 Päckchen Vanillezucker schaumig rühren. Mit dem aufgegangenen Teig vermengen und so gut es geht 5 Minuten durchkneten. Eine große oder mehrere kleine Baba-Formen ausbuttern und mit Mehl bestäuben. Den Teig dreiviertelhoch einfüllen und noch einmal 15 Minuten gehen lassen.

4 Im vorgeheizten Backofen bei 200 Grad ungefähr 20 Minuten backen; wenn die Oberfläche braun wird, Hitze etwas reduzieren.

5 Inzwischen den Zucker in 1/4 l warmem Wasser auflösen, etwas einkochen und abkühlen lassen; dann den Rum und den Zitronensaft hinzufügen.

6 Die fertigen Kuchen sofort stürzen und reichlich mit dem Rumsirup begießen; der sofort verschwindet. Richtig saftig ist ein Baba erst, wenn man ihn mit dem Löffel essen muss. Kühl servieren. Man kann, muss aber nicht, den Baba mit Schlagsahne und kandierten Früchten verzieren.

Bananensalat mit Ingwer

Für 4 Personen:

4 Bananen,
1 unbehandelte Orange,
frische Ingwerwurzel,
Zucker, Rum

Vorschlag für ein sommerliches Festmenü:

Lachshäppchen à la Outhier (Seite 83),
Sommerliche Gemüseplatte (Seite 149),
Entenbrust mit Datteln (Seite 219),
Bananensalat mit Ingwer

Zum Bananensalat mit Ingwer passt eine Rieslaner-Beerenauslese.

Es ist schade, dass Bananen, wie wir sie kaufen können, so wenig Geschmack haben. Denn sie sind nicht nur gesund; Bananen haben im Idealfall ein sehr eigenes Fruchtaroma, ohne übermäßig süß zu sein. Hin und wieder gibt es die kleinen Bananen von den Kanaren oder gefleckte aus Afrika oder Costa Rica, die im reifen Zustand dem Ideal sehr nahekommen. Ziemlich ungeeignet für Süßspeisen sind die unreifen, noch grünen Riesen.

Damit aber auch die faden großen Gelben noch einen interessanten Geschmack entwickeln, nutze ich zusätzlich das Aroma von Orangenschalen und Ingwer.

1 Aus der Schale der unbehandelten Orange mit einem Zestenschneider kurze Streifen ritzen. Diese Zesten zunächst kurz in kochendem Wasser blanchieren, um ihre Bitterkeit zu reduzieren. Dann mit wenig Wasser und Zucker aufsetzen und köcheln lassen, bis das Wasser zähflüssig wird wie ein Sirup.

2 Ein 5 Zentimeter langes, daumendickes Stück Ingwerwurzel schälen und auf einer Gemüsereibe reiben. Den so entstandenen Ingwerbrei zu den köchelnden Orangenzesten geben.

3 Die geschälten Bananen in dünne Scheiben schneiden und mit Rum beträufeln. Danach mit dem Orangen-Ingwer-Sirup übergießen und für eine gute Stunde durchziehen lassen. Der Ingwer, der eigentlich in keinem Früchtedessert fehlen sollte, ist es letztlich, der diesem Bananensalat die ungewöhnliche Delikatesse mitgibt. Er verwandelt eine harmlose Süßspeise in eine Leckerei für Erwachsene.

Birnen in Rotwein

Für 4 Personen:

8 kleine oder
4 große Birnen,
3/4 l Rotwein,
200 g Zucker
(oder nach
Belieben),
1 Stück Zimtstange
oder 2 TL Vanille-
zucker,
2 EL Zitronensaft

Die Reinheit des Geschmacks wird auch durch einen Löffel Crème fraîche oder Crème double nicht beeinträchtigt.

Neben dem Käse bildet vollreifes Obst in den Mittelmeerländern den häufigsten Abschluss einer Mahlzeit. Ein reifer Pfirsich, eine vollsaftige Birne, ein paar süße Weintrauben – da braucht es keine kunstvollen Desserts, die eher unter regentrüben Himmeln in nördlichen Gefilden ›erfunden‹ wurden.

Die Birnen in Rotwein stellen in zweifacher Hinsicht ein typisch französisches Bindeglied dar: Die eher nördlich wachsenden Birnen vereinen sich wunderbar mit Rotweinen aus den südlicheren Landesteilen, und der Weinliebhaber muss auch beim traditionellen Tafelobst nicht auf sein Lieblingsgetränk verzichten.

1 In einem größeren Topf 3/4 l Rotwein (Côtes-du-Rhône; Côte-de-Provence; Languedoc-Roussillon) erwärmen, den Zucker darin unter Rühren auflösen, 2 EL Zitronensaft sowie je 1 Stange Zimt und Bourbon-Vanille zugeben und alles zusammen bei mäßiger Hitze ungefähr 10 Minuten köcheln lassen.

2 Die Birnen ganz dünn schälen und halbieren, dann die Kerngehäuse vorsichtig entfernen. In den Topf mit dem köchelnden Rotwein geben und bei niedrigster Hitze ungefähr 15 bis 20 Minuten sanft ziehen lassen, bis sie weich, aber noch nicht matschig sind (mit einer Gabel prüfen). Falls sie vom Rotwein nicht ganz bedeckt sind, ein bis zweimal vorsichtig wenden.

3 Wenn man die Birnen warm servieren möchte, hebt man sie mit einem Schaumlöffel heraus, legt sie auf Dessertteller und gießt etwas von dem Sirup darüber.

Wenn man sie kalt servieren möchte, nimmt man Zimt- und Vanillestange heraus, legt die Birnen in eine tiefe Schüssel, übergießt sie mit dem Sirup und läßt sie im Kühlschrank kalt werden. Man kann sie einige Tage zugedeckt im Kühlschrank aufbewahren; der Geschmack wird dabei immer besser.

Crème Caramel

Für 6 Portionen:

1/2 l Milch,
100 g Zucker,
2 ganze Eier,
3 Eigelb,
1/2 Stange Vanille

Für den Caramel:

125 g Zucker,
1 EL Rotweinessig,
1 EL Butter

Menüvorschlag:

Aalrettich
(Seite 94),
Ossobuco
(Seite 292),
Crème Caramel

Dazu passt eine Beerenauslese.

Wenige Nachspeisen sind so bekannt und werden so selten gegessen. Das ist bedauerlich, weil nämlich die Crème Caramel einen sehr reinen Geschmack hat, nicht übermäßig süß ist und auch nach einem großen Essen noch angenehm leicht wirkt – sofern man sie selbst herstellt. Eine hausgemachte Crème ist einer konfektionierten haushoch überlegen. Das ist wie mit den Weihnachtsplätzchen von der Oma und jenen aus der Großbäckerei.

1 Die halbe Vanilleschote der Länge nach mit der Schere teilen, damit das Innere sein Aroma an die Milch abgeben kann. Mit dieser und den 100 g Zucker kurz aufkochen und etwas abkühlen lassen. Die ganzen Eier und die Eigelbe verquirlen. Die noch warme Milch durch ein Sieb (wegen der Schote) in die Eier gießen, dabei rühren.

2 In einem Topf mit schwerem Boden die 125 g Zucker mit nur wenig Wasser zum Kochen bringen. So lange köcheln lassen, bis der Zucker zu Sirup wird und eine hellbraune Farbe hat – die sprichwörtliche Karamellfarbe. Dann mit einem Guss Rotweinessig ablöschen, das stoppt den Kochvorgang.

3 Den Karamell in ausgebutterte Portionsförmchen gießen, so dass der Boden dünn bedeckt ist. Die Eiermilch in die Formen gießen, diese in eine feuerfeste Form stellen und mit heißem Wasser auffüllen, so dass die Formen gut zur Hälfte im Wasser stehen. In den auf 200 Grad vorgeheizten Ofens stellen, wo die Crème langsam stockt. Nach ungefähr 45 Minuten ist die Oberfläche dunkelgelb bis hellbraun geworden, und wenn man mit einem Messer hineinsticht, darf nichts mehr kleben bleiben.

4 Der Rest Karamell ist inzwischen im Topf steinhart geworden. Mit etwas Wasser aufsetzen, bis der Zucker wieder geschmolzen ist. 1 EL Butter darin auflösen. Nun ist der Karamell dünnflüssig, und so bleibt er auch: er ist zur Sauce geworden.

5 Die Förmchen aus dem Wasserbad nehmen und auskühlen lassen. Auf Dessertteller stürzen und mit Karamellsauce übergießen: lecker, locker, fein und leicht!

Desserts

Erdbeer-Tiramisu

6–8 Personen:

1 Paket Löffelbiskuits (ca. 20 St. franz. Sorte),
500 g reife Erdbeeren,
1 Miniprise Salz,
Zucker,
Saft von 2 großen Zitronen,
5 cl Kirschwasser,
ca. 125 g Zucker,
500 g Mascarpone,
250 g Magerquark,
200 g Sahne,
4 Eigelb,
Saft u. abgeriebene Schale einer unbehandelten Zitrone,
1 TL Vanillezucker

Menüvorschlag:

Lachs-Forelle-Terrine (S. 81),
Hühnerbrust mit Estragon (Seite 235),
Erdbeer-Tiramisu

Das modische Tiramisu – auf kaffeegetränkten Löffelbiskuits eine dicke Schicht Mascarpone, bedeckt mit Kakaopulver und Schokoladenkrümeln – kennt natürlich jeder, der schon »beim Italiener« gegessen hat. Ich finde es nicht überzeugend, da mir der kalte und oft wässerige Kaffeegeschmack zusammen mit dem bitteren Amaretto als wenig delikat erscheint.
Eine leichtere und zudem dank der süßsauren Erdbeersauce köstliche Version ist das folgende Erdbeer-Tiramisu – allerdings wegen des verwendeten Kirschwassers nichts für Kinder.

1 Die von den Stielen befreiten Erdbeeren mit dem Mixstab pürieren. Den Saft von 2 großen Zitronen hinzufügen, mit einer Miniprise Salz und mit Zucker nach Geschmack würzen. Die Erdbeeersauce sollte eine frische Säure haben.

2 Die Eigelb mit ca. 125 g Zucker hellgelb schaumig rühren. Mascarpone und Quark sowie die abgeriebene Schale und Saft der unbehandelten Zitrone unterrühren. Die sehr steif geschlagene Sahne mit 1 TL Vanillezucker vorsichtig unterziehen. Abschmecken, vielleicht fehlt weiterer Zucker.

3 Eine rechteckige Form mit ungefähr 5 cm hohen Rand flach mit Löffelbiskuits auslegen und diese kräftig mit Kirschwasser beträufeln; mit einer dünnen Schicht Erdbeersauce begießen. Darauf die Hälfte der beschriebenen Creme verteilen und diese mit einer weiteren Schicht Löffelbiskuits belegen. Mit Kirschwasser beträufeln und alles mit der restlichen Creme bedecken.

4 Die Form mit Folie abgedeckt für einige Stunden in den Kühlschrank stellen und das Tiramisu durchziehen lassen. Mit der Erdbeersauce erst vor dem Servieren be- und umgießen.

Feigen-Dessert

4 Personen:

500 g getrocknete Feigen (möglichst dicke und nicht so flache und zerfledderte),
1/2 l Rotwein,
3 EL Lavendelhonig,
3 Stengel Thymian (oder 1 TL Pulver),
3 Gewürznelken,
1 EL Bitterorangenschale,
1 Messerspitze Safran

Vorschlag für ein Festmenü:

Salat von Keniabohnen (Seite 29),
Minestrone (Seite 55),
Kalbsrücken mit safranisiertem Blumenkohl (Seite 304),
Feigen-Dessert

Zu den Feigen passt ein Sauternes oder eine deutsche Beerenauslese

Die Süßspeisen der südlichen Küche heißen Obst. Das ist einerseits einleuchtend, weil die Früchte unter südlicher Sonne besonders gut gedeihen, es hat aber auch einen Nachteil. Denn originelle Süßspeisen hat die mediterrane Küche nicht hervorgebracht. Sieht man vom Speiseeis einmal ab, dieser international beliebten Kinderdroge, wurden alle unwiderstehlichen Verführungen wohl unter wolkenverhangenem Himmel erfunden.

Man sollte meinen, dass wenigstens eine so ungewöhnliche Frucht wie die Feige auch ein ungewöhnliches Dessert ergeben könne. Ehrlich gesagt: mir ist nichts Derartiges gelungen.

Doch es gibt eine Ausnahme: getrocknet. Die getrocknete Feige hat mit der rohen eigentlich wenig gemein. Sie sieht nicht nur anders aus, sie schmeckt auch anders. Und man kann allerlei mit ihr anstellen, wie in diesem Rezept.

1 Die getrockneten Feigen mit 3 EL Honig in 1/2 l Rotwein aufsetzen und zugedeckt ganz langsam 90 Minuten oder länger köcheln lassen. Den Rotwein mit 3 Stengeln Thymian (oder 1 TL getrocknetem Thymian) und 3 Nelken würzen. Nach Ende der Kochzeit alles durch ein Sieb gießen.

2 Von den weich gewordenen Feigen einzeln die harten, kleinen Stiele abzwacken. In den durchgesiebten Wein 1 EL Bitterorangenschale geben (aus einer englischen *marmalade* fischen und in kleine Stücke schneiden). Nun den Wein so weit offen einkochen lassen, bis er süß genug erscheint (je nach Geschmack). Man kann jetzt eine Messerspitze Safranpulver hineinrühren; das verändert den Geschmack entscheidend, macht ihn zugleich milder und auch exotischer. Das ist allerdings nicht jedermanns Sache; man muss das mit einem EL Saft und einem Stäubchen Safran probieren.

Zum Schluss die Feigen in eine Servierschale legen und den Saft darübergießen. Man kann die Feigen heiß, warm oder kalt genießen.

Desserts 411

Feigen-Marmelade

Zutaten:

1 kg reife Feigen,
750 g Gelierzucker,
30 g Ingwerwurzel,
3 TL Zimt,
2 unbehandelte Zitronen

Die Feigen-Marmelade passt zum Sonntagsfrühstück mit Brioche (siehe nächste Seite).

Rezepe für Torten und Nachspeisen auf Feigenbasis sind – bis auf solche mit getrockneten Feigen – alle nicht sonderlich attraktiv. Weil die frischen Feigen keine Säure haben, wird man sie bald leid. Bleibt also nur die Verabeitung der blau-violetten Früchte zu Marmelade.

Durch die kräftige Beigabe von Zitrone bekommen die eigentlich platt-süßen Früchte ein Rückgrat, und Ingwer und Zimt bewirken ein Aroma, das man den Feigen nicht zugetraut hätte. Leider behält die Marmelade ihr wildes Aroma nicht lange. Im Oktober gekocht, ist sie Weihnachten schon kein attraktives Geschenk mehr.

1 Die Feigen waschen, zerteilen und dabei die harten Stielansätze entfernen.

2 Die unbehandelten Zitronen abraspeln und den Saft ausdrücken. Die Ingwerwurzel schälen und und kleinhacken.

3 In einem hohen Topf mit 1/8 l Wasser die Feigen zum Kochen bringen, herunterschalten und bei schwacher Hitze köcheln lassen, bis die Feigen zerfallen und dadurch leicht matschig werden.

4 Den Gelierzucker, den gehackten Ingwer, 3 TL Zimt sowie den Zitronensaft und die abgeriebene Schale hinzufügen und unter ständigem Rühren sprudelnd kochen lassen.

5 Nach 7 bis 10 Minuten die Gelierprobe machen: 1 TL Marmelade auf einen Porzellanteller geben und diesen schräg halten. Wenn die Marmelade nur noch zäh läuft, ist sie fertig. Sofort in heiß gespülte Gläser füllen und gut verschließen.

Französische Brioche

Zutaten:

500 g Mehl,
400 g Butter,
6 Eier,
60 g Zucker,
30 g frische Hefe,
1/8 l Milch,
1 Prise Salz

(abgeriebene Schale einer unbehandelten Zitrone)

Vorschlag:

Belegen Sie Brioche einmal mit dünnen Scheiben Gänseleberpastete als Häppchen zum Empfang.

Brioche gehört zum Besten, was Sie Ihrer Familie statt Brötchen oder Semmeln zum Frühstück servieren können. Es gibt Brioches als kunstvoll geformte Torteletten, aber zumeist wird eine Brioche als weiches, kastenförmiges Weißbrot gebacken. Man könnte es für einen Kuchen halten, ist es aber nicht. Es enthält Eier und Butter und ist unter den Weißbroten das feinste. Es kann leicht gesalzen sein – bei Bocuse wird es mit eingebackener Wurst als amuse gueule serviert – oder leicht gesüßt. Brioche ist das klassische Backwerk zur Gänseleber. Aber auch zum Frühstück mit Butter und selbstgemachter Marmelade ist sie ein Hochgenuss. Zu den Wochenenden bekommt man Brioches vielleicht auch beim Bäcker.

1 Die Butter 2 Stunden vorher aus dem Kühlschrank nehmen, damit sie weich wird. Die Milch in einem Topf auf dem Herd leicht anwärmen.

2 Den Hefeansatz vorbereiten: Das Mehl in eine Schüssel geben, in die Mitte eine Mulde drücken. Die Hefe einbröckeln, etwas von dem Zucker zugeben. Die lauwarme Milch dazu gießen und alles verrühren. Diesen Hefeansatz leicht mit Mehl bestäuben und ungefähr 10 bis 15 Minuten gehen lassen, bis sich auf der Oberfläche Risse zeigen.

3 Den restlichen Zucker, die 6 Eier, 1 Prise Salz und – nach Geschmack – die abgeriebene Zitronenschale einrühren. Dann erst Stück für Stück die weiche Butter hinzufügen; der Teig soll weich und klebrig werden. Zugedeckt an einem warmen Ort für 1 Stunde gehen lassen und noch einmal, so gut es geht, durchkneten.

4 Den Backofen auf 200 Grad vorheizen. 1 – 2 passende Kastenformen (je nach Größe) gut ausbuttern oder mit Alufolie auskleiden. Dahinein den Teig füllen und bei 180 Grad knapp 1 Stunde backen.
Brioche läßt sich gut im Voraus backen und hält sich z.B. in einem Brotkasten ein, zwei Tage frisch.

Zur Gänseleber passt eine Rieslaner-Auslese.

Gâteau Berbelle

Zutaten:

100 g Bitterschokolade (70% Kakaoanteil),
140 g Butter,
120 g Zucker,
90 g Mehl,
1 Messerspitze Backpulver,
3 Eier,
2 ½ EL weißer Rum,
2 EL gestiftelte Mandeln,
Salz,
150 g süße Sahne zum Bestreichen

Menüvorschlag:

Gebratenes Fischfilet mit Weißweinsauce (Seite 72), Rührei mit schwarzen Trüffeln (Seite 148), Gateau Berbelle

Zum Gâteau Berbelle passt ein Gewürztraminer.

Dieser flache Kuchen ist die ultimative Torte für emanzipierte Feinschmecker. Kaum dicker als ein männlicher Daumen, von Schlagrahm zurückhaltend gekrönt und feinstes Schokoladenaroma verströmend, dabei so schwach gesüßt, dass die lieben Kleinen abgehalten werden, sich ameisenhaft darüber herzumachen.

Bei den Zutaten kommt es vor allem auf die Schokolade an: 70 Prozent Kakaoanteil muss sie haben. Wie delikat der flache Kuchen ist, sollte man erst einen Tag später überprüfen; denn der ›gateau berbelle‹ schmeckt am besten, wenn er mindestens 24 Stunden durchziehen kann. Dann aber humpeln die Kalorienbomben aus der Konditorei weit abgeschlagen übers Feld.

1. Das Stück Butter und die 3 Eier eine Stunde vorher aus dem Kühlschrank nehmen, damit beides Zimmertemperatur annimmt. Dann die Eier aufschlagen, das Eiweiß beiseite stellen, und die 3 Eigelb mit der Butter, dem Rum und dem Zucker schaumig rühren.

2. In einer kleinen Kasserolle mit schwerem Boden auf schwachem Feuer die in Stücke gebrochene Schokolade schmelzen lassen und darauf achten, dass sie nicht anbrennt. Ist sie flüssig, in die Eigelb-Butter gießen und gründlich verrühren. Durch ein Sieb Mehl und Backpulver einstreuen und auch dies verrühren. Den Backofen auf 180 Grad vorheizen.

3. Die 3 Eiweiß mit einer Prise Salz sehr steif schlagen, davon zuerst 2 EL unter den Teig rühren, dann den Rest vorsichtig unterheben, möglichst ohne den Eischnee zu zerstören.

4. Eine Springform ausbuttern oder das Papier unter dem Tortenring – Durchmesser 18 cm – mit Butter bestreichen. Den Teig einfüllen und auf dem mittleren Rost 15 Minuten backen, dann die Mandeln aufstreuen und weitere 20 Minuten backen lassen. Auskühlen, in eine Alufolie wickeln und 24 Stunden (oder länger) ziehen lassen. Vor dem Servieren dünn mit leicht gesüßter Schlagsahne bestreichen.

Ingwerkuchen

Zutaten:

200 g Butter,
3 Eier,
1 Eigelb,
1 steifgeschlagenes Eiweiß,
180 g Zucker,
200 g Mehl,
1 Prise Salz,
100 g kandierter Ingwer

Menüvorschlag:

Fischterrine tricolor (S. 68),
Brathähnchen mit Zitrone und Lauch (Seite 212),
Ingwerkuchen

Dazu passt eine Beerenauslese.

Während kandierte Zitrusfrüchte wie Orangeat und Zitronat sowie Rosinen beim Kuchenbacken zu den altbekannten Zutaten zählen, gehört kandierter Ingwer immer noch zu den Exoten. Dabei ist er ein unverzichtbares Gewürz, um vielen Kuchen (und anderen Süßspeisen) zu einem Raffinement zu verhelfen, das man einer bürgerlichen Mehlspeise nicht zugetraut hätte.
In diesem Fall ist er nicht nur Gewürz, sondern Hauptbestandteil eines Kuchens, dessen Schlichtheit in krassem Gegensatz zu seinem Wohlgeschmack steht. Ingwer ist auch in kandiertem, bonbonähnlichem Zustand sehr bekömmlich für die Verdauung.

1 Die Eier und die Butter rechtzeitig aus dem Kühlschrank nehmen, damit beides Zimmertemperatur annehmen kann.

2 Den kandierten Ingwer grob in nicht zu kleine Stücke schneiden. Die sehr weiche Butter mit dem Zucker, den zimmerwarmen ganzen Eiern und dem Eigelb schaumig rühren.

3 Das Mehl unterrühren. Das Eiweiß sehr steif schlagen und zusammen mit einer Prise Salz unter den Teig ziehen. Den grob zerteilten Ingwer ebenfalls untermischen.

4 Eine Kastenform mit Alufolie auskleiden, den Teig einfüllen und im auf 180 – 200 Grad vorgeheizten Ofen ungefähr 50 Minuten backen. Mit einer Stricknadel einstechen: Beim Herausziehen darf nichts mehr kleben bleiben. Mit dem kandierten Ingwer kann man noch viel großzügiger umgehen; auch 200 g vertragen Kuchen und Leckermäuler spielend.

Käsekuchen

Zutaten:

Für den Mürbeteig:

250 g Mehl,
180 g Butter,
1 Eigelb,
2 EL Puderzucker,
1 - 2 EL Wasser,
1 Prise Salz

Quarkmasse:

500 g Schichtkäse,
200 g Zucker,
150 g Crème fraîche,
3 ganze Eier + 1 Eigelb,
1 EL Speisestärke,
2 EL Zitronensaft
(evtl. Kirschwasser)

Menüvorschlag:

Minestrone (Seite 55),
Lammragout mit weißen Bohnen (Seite 326),
Käsekuchen

Dazu passt Gewürztraminer.

Im Quarkverbrauch sind Bundesbürger Weltspitze. Ob die bei uns so beliebten Quarktorten und -kuchen dafür verantwortlich sind, weiß ich nicht. Ich könnte es jedoch verstehen; denn ich bekenne, dass ich Käsekuchen lieber esse als all die aufwendigen Schoko-Butter-Sahne-Bomben.
Vor allem einer Abart kann ich nicht widerstehen. Das ist eine eher ländlich-deftige Version eines Käsekuchens – im Gegensatz zu den städtisch-luftigen Käse-Sahne-Torten. Obwohl auch in ihm eine Menge Butter, Mehl, Eier und Crème fraîche versteckt sind, macht er einen eher harmlosen Eindruck, weil er nur 3 cm flach ist. In schmalen Stücken ist er ein wunderbares Dessert.

1 Die Zutaten für den Mürbeteig mit den Fingern (oder mit den Knethaken) schnell zu einem Teig verreiben, zu einer Kugel kneten und etwas ruhen lassen (es geht auch ohne Ruhepause; siehe Seite 472). Den Backofen auf 200 Grad vorheizen.

2 Den Teig mit einem Nudelholz sehr dünn ausrollen und eine flache Tortenform damit auslegen. Den Teig am geriffelten Rand der Form gut andrücken, überhängenden Teig wegschneiden. Den Boden mit einer Gabel einige Male einstechen und im heißen Ofen 8 Minuten vorbacken.

3 Den Schichtkäse mit einem Rührgerät oder dem Schneebesen glatt rühren. 200 g Zucker, 2 EL Zitronensaft, 150 g Crème fraîche und 1 EL Speisestärke einrühren und dann 3 ganze Eier und 1 Eigelb. Auf den vorgebackenen Teigboden streichen, so dass die Gesamthöhe nicht mehr als 3 cm beträgt, und auf dem Boden (!) des Ofens bei 180 Grad 45 Minuten backen. Die Ofentemperatur richtet sich nach der Güte des Herdes. Der Kuchen sollte nach 45 Minuten hell- bis mittelbraun sein, nicht hellgelb und auch nicht verbrennen. Dieser Quarkkuchen muss nicht kalt werden, lauwarm schmeckt er ebenso gut. Einige Tropfen Kirschwasser können der Quarkmasse nicht schaden; doch das ist Ansichtssache.

Kokoskuchen Calypso

Zutaten:

Für den Mürbeteig:

180 g Mehl,
140 g Butter,
70 g Zucker,
1 Eigelb,
1 Prise Salz

Für den Belag:

100 g Kokosflocken,
2 Eier,
100 g Zucker,
70 g Sahne,
0,1 l Milch,
100 g kandierte Ananasstückchen,
1 Zitrone,
weißer Rum

Menüvorschlag:

Salat mit heißen Kartoffeln und Ziegenkäse (Seite 28), Kaninchen mit Oliven (Seite 308), Kokoskuchen Calypso

Diesen Kuchen backen die Bäcker in der Region von Saint Tropez, und ich wundere mich, dass er nicht auch woanders populär ist. Es handelt sich um einen Mürbeteigboden mit einem Belag aus Kokosraspel und Ananas. Was mir schon deshalb so gut gefällt, weil dazu ein Banyuls oder ein Portwein und überhaupt Süßweine so wunderbar schmecken.

›Calypso‹ heißt der Volkstanz der Schwarzen auf Trinidad und wurde 1957 zum Modetanz in Europa – so ungefähr um die Zeit, als die ‹jeunesse dorée› sich im Sommer am Tahiti-Strand von Saint Tropez auszutoben begann.

Auf Trinidad wachsen übrigens Kokospalmen und Ananasstauden, und eine Spezialität rund um Nizza ist das Kandieren von Früchten ... Soviel zur ethnologischen und etymologischen Herkunft dieses Kokoskuchens.

1 Mehl, Butter, Zucker, Eigelb und Salz mit den Fingern verreiben und zu einer Teigkugel verkneten und diese etwas ruhen lassen (siehe S. 472).

2 Zuerst die Ananasstücke sehr fein hacken und in dem Saft der Zitrone und 4 EL Rum 1 Stunde marinieren. Ab und zu umrühren. Die Milch warm werden lassen und die Kokosflocken darin 20 Minuten einweichen.

3 Die Eier aufschlagen; die Eigelb mit dem Zucker schaumig schlagen und mit der ungeschlagenen Sahne und den Kokosflocken vermischen. Die Eiweiß steif schlagen und unter die Masse ziehen.

4 Den Mürbeteig mit einem Nudelholz ausrollen und in eine flache Tortenform von 24 cm Durchmesser legen und andrücken. Überstehende Ränder mit dem Nudelholz abrollen. Den Boden mehrfach mit einer Gabel einstechen. Die Ananasstückchen darauf verteilen und die Kokosmasse darübergießen. Auf dem Boden (!) des Backofens bei 180 Grad 35 Minuten backen. Auskühlen und 12 Stunden durchziehen lassen: Unwiderstehlich!

Mahlberger Schlosskuchen

Zutaten:

400 g Butter,
200 g Zucker,
6 ganze Eier,
1 unbehandelte Zitrone,
1 Tütchen Vanillezucker,
200 g helle Rosinen,
100 g Orangeat- u. Citronatwürfel,
75 g Walnusskerne,
400 g Mehl,
Backpulver,
100 g Milchschokolade,
50 g gehobelte Mandeln,
Milch, Salz

Menüvorschlag:

Pochierter Lachs (Seite 85),
Brathuhn mit Gemüse (S. 214),
Schlosskuchen mit Walnussparfait (Seite 427)

Dazu passt Muskateller- oder Gewürztraminer Spätlese.

Es gibt Gelegenheiten – zum Beispiel wenn am Sonntagnachmittag die Verwandtschaft unangemeldet zu Besuch kommt –, da braucht man zum eilends gekochten Kaffee schnell eine Leckerei, um nicht noch zum Konditor laufen zu müssen. Doch die beste Konditorei macht dann Betriebsurlaub. Wer jetzt meinen ›Mahlberger Schlosskuchen‹ in Reserve hat, ist aus dem Schneider. Er sieht aus wie ein normaler Napf- oder Rodonkuchen, ist es aber nicht; er ist frisiert, wie das bei Autos heißt. Und abgesehen von der besseren Leistung (in diesem Fall: Volumen, Geschmack) hat er den Vorteil, dass ich ihn mehrere Tage vorher backen muss und er sich ebensolange hält.

Dass man davon, obwohl er toll schmeckt, nur ein Stück isst, verlangt die Vernunft. Dass er schließlich auch jedes kunstvolle Dessert ersetzt und spielend mit dem Weihnachtsstollen konkurrieren kann, das wissen Sie, wenn Ihnen der erste Brocken auf der Zunge zergeht.

1 Butter und Eier 1 Stunde vorher aus dem Kühlschrank nehmen, damit sie warm werden. Die Rosinen 1 Stunde in warmem Wasser einweichen. Die Schale der Zitrone abreiben; Walnusskerne grob hacken; Milchschokolade in kleine Stückchen zerbrechen.

2 Die Rosinen abgießen und auf einem Tuch abtrocknen. Die ganzen Eier mit der Butter und dem Zucker schaumig rühren; die Zitronenschale, den Vanillezucker und 1 Prise Salz zugeben. Rosinen, Orangeat, Citronat, Schokolade und Walnüsse hineinrühren. Mehl mit 1 gehäuften TL Backpulver vermischen und mit der übrigen Masse zu einem Teig rühren; gegebenenfalls mit einem Schuss Milch etwas geschmeidiger machen.

3 Eine Napfform gut ausbuttern, Boden und Seiten mit Mandelsplittern ausstreuen, den Teig einfüllen und in der unteren Hälfte des Ofens bei 180 Grad 60 Minuten backen. Der Kuchen soll dunkelgelb, aber nicht braun werden. 3 Tage ruhen lassen, damit alle Ingredienzen gut durchziehen.

Mascarpone-Crème

Zutaten:
500 g Mascarpone,
5 Eier,
ca. 5 EL Zucker,
1 Prise Salz,
Cognac oder Rum

Die Mascarpone-Crème passt sehr gut zu Sand- und Marmorkuchen sowie zu allen Arten von reifen Beeren.

Dazu passt Madeira.

Dies ist die Anleitung zur Herstellung einer Kalorienbombe. Ihre Wirkung übertrifft die der gesüßten Schlagsahne um das Fünffache, ihr Wohlgeschmack ist zehnmal größer. Wer einmal davon nascht, ist dem süßen Seim für immer verfallen.

Das Grundprodukt ist italienisch, hat 80 Prozent Fett i.d.Tr. und wird auf der Packung als Frischkäse bezeichnet. Wieso, weiß ich nicht. Es sieht nicht aus wie Käse und schmeckt nicht wie Käse. Es ist ein dicker, fester, weißer Rahm. Auch in der italienischen Küche wird Mascarpone oft anstelle von Sahne verwendet.

Dieser dicke Rahm wird auf die nachfolgend beschriebene Weise angerichtet und auf oder neben Sandkuchen serviert. Sodann braucht man ihn, um das beliebte Tiramisu herzustellen, und er passt überall dort, wo normale süße Sahne zu fettarm, zu leicht und nicht lecker genug erscheint. Also oft. Vor allem in der Beerensaison verwende ich mit Zucker gesüßte Mascarpone statt geschlagener Sahne. Feinschmecker sollten es einmal mit der Mascarpone nach folgendem Rezept versuchen.

1 Die Eier trennen, das Eigelb mit dem Zucker verschlagen, bis eine weißliche, homogene Masse entsteht. Diese mit der Mascarpone vermischen.

2 Nun das Eiweiß sehr fest schlagen (eine Prise Salz nicht vergessen!) und unter die Eier-Creme ziehen. Anders als bei einer Soufflémasse muss man das Eiweiß hier nicht vorsichtig unterheben, sondern kann das mit dem Elekroquirl machen.

3 Abschließend mit Cognac oder Rum aromatisieren. Wieviel Rum (oder Cognac), das ist Geschmackssache. Ein doppelter oder dreifacher, also ein kleines Weinglas voll, erscheint durchaus als angemessen.

Die Angabe »5 EL Zucker« ist bewusst ungenau gehalten. Der Esslöffel kann, je nach Geschmack, gestrichen oder gehäuft voll sein. Hinterher nachzuzuckern ist nicht empfehlenswert, da der Zucker sich dann nicht mehr auflöst und zwischen den Zähnen knirscht.

Mousse-au-chocolat

Für 6 Personen:

300 g Bitterschokolade (mind. 70% Kakaoanteil),
600 g Sahne,
8 Eigelb,
2 Eiweiß,
140 g Zucker,
1 EL Pulverkaffee (Espresso),
3 EL Cognac

(Orangengelee; Butter)

Vorschlag für ein Festmenü:

Hühnersuppe mit Morcheln (Seite 45), Rehrücken à la minute (Seite 334), Mousse-au-chocolat

Für eine leichtere Version der Mousse weniger Eigelb verwenden.

Möglicherweise ist die ›mousse-au-chocolat‹ der Bestandteil der französischen Küche, welcher bei uns am populärsten ist. Verständlich, denn sie ist so lecker, dass Kinder wie Erwachsene, Männer wie Frauen, Kranke wie Gesunde, sie mit gargantualischem Appetit verschlingen. Außerdem ist sie leicht herzustellen.

Es gibt unzählige Variationen der Zubereitung, von süß und fett bis schaumig und luftig. Meine Version ist in der oberen Mitte angesiedelt. Ich glaube auch nicht, dass es eine Originalversion gibt, von der sich alle anderen ableiten. Entscheidend für den Geschmack aber ist in jedem Fall die Qualität der Schokolade: Es muss eine Bitterschokolade von feinster Qualität sein mit mindestens 70 Prozent Kakaoanteil.

1 Die Schokolade in Stücke brechen und in einem Topf mit schwerem Boden auf sehr schwacher Hitze zum Schmelzen bringen. Ab und zu umrühren, damit die Schokolade sich nicht festsetzt oder gar anbrennt.

2 Die Sahne steif schlagen und in den Kühlschrank stellen.

3 In einem Wasserbad werden die Eigelb, die ganzen Eier und der Zucker miteinander verrührt und so lange geschlagen, bis der Zucker sich aufgelöst hat und die Masse schaumig und cremig wird.

4 Den Pulverkaffee in Cognac auflösen und in die Eiercreme schütten (wer eine Espressomaschine hat, nimmt statt des Pulvers zwei Tässchen starken Espresso). Die flüssige Schokolade in die Masse einrühren und etwas abkühlen lassen.

5 Die steif geschlagene Sahne unter die Masse ziehen, diese in eine Servierschüssel füllen und einige Stunden im Kühlschrank fest werden lassen. Zum Servieren einen Löffel in heißes Wasser tauchen; nur so lassen sich glatte Portionen herausstechen.
Dazu passt eine Orangenbutter: Orangengelee erwärmen, bis es flüssig ist, und kalte Butterstückchen einrühren.

Nusskuchen

Zutaten:
300 g gemahlene Haselnüsse,
250 g Zucker,
7 Eier, Salz,
1 TL Zimt,
1 Zitrone,
1 EL Rum,
Puderzucker

Menüvorschlag:
Feldsalat mit Champignons und Walnüssen (Seite 15), Zander mit Gurkenwürfeln (Seite 210), Nusskuchen

Dazu passt Gewürztraminer.

Ein Kuchen, der kein Mehl enthält und keine Butter, ist des Fundamentalisten Freude. Nur Eier, Haselnüsse und Zucker, das klingt schon fast wie Diät, und wäre da nicht der Rum in der Glasur, könnte man den Kuchen frugal nennen. Aber er ist nichts dergleichen, sondern saftig, locker und lecker.

Die Nüsse wird man selbstverständlich selber mahlen, weil bei backfertig gemahlenen Nüssen fast immer auch ein paar ranzige Nüsse unter die Räder gekommen sind. Deshalb schmeckt ein Nusskuchen in der Vorweihnachtszeit mit den dann frisch geernteten Nüssen am besten.

1 Eine Kastenform mit Alufolie auskleiden; sie ist noch schmiegsamer als Backpapier.

2 Die Eier trennen. Die Eiweiß zusammen mit einer Prise Salz steif schlagen und in den Kühlschrank stellen.

3 Die Eigelb mit dem Zucker und 1 TL Zimtpulver zu einer dicken, gelben Masse schaumig rühren.

4 Die gemahlenen Haselnüsse im Wechsel mit dem geschlagenen Eiweiß unter die Eigelb-Zucker-Masse heben.

5 Die Masse in die Kastenform füllen und im vorgeheizten Ofen bei 180 Grad eine knappe Stunde backen und dann erkalten lassen.

6 Den Saft der Zitrone und 1 EL Rum mit so viel Puderzucker vermischen, dass ein streichfähiger Seim entsteht. Damit den Nusskuchen bestreichen, bis die Glasur die gewünschte Dicke erreicht. Diese Glasur wird man als raffinierte Veredelung empfinden, weil ihr feinsäuerliches Aroma hervorragend zu dem süßen Nussgeschmack kontrastiert.

Orangenmarmelade

Zutaten:

1,5 kg Bitterorangen,
1 kg Gelierzucker,
2 Zitronen,
1 daumengroßes Stück Ingwer

Orangenmarmelade eignet sich auch sehr gut zur Herstellung von Orangenparfait und zur Verbesserung von Saucen. In gut verschlossenen Gläsern an einem kühlen Ort hält sie sich über viele Monate.

Wie wär's mit einem feinen Jasmintee aus dem Asienshop?

James Keiller aus dem schottischen Dundee erwarb 1770 im Hafen eine preiswerte Ladung Orangen, um sie in seinem Laden günstig anzubieten. Leider waren es Bitterorangen, die niemand kaufte. Er wollte sie schon wegwerfen, doch seine geizige Frau fabrizierte aus den Früchten die berühmte »Dundee Marmalade«. Es ist die einzige Marmelade, die ihren authentischen Fruchtgeschmack auch über längere Zeit behält. Achtung: Die Navelorangen der Weihnachtszeit sind keine Bitterorangen.

Es gibt sehr viele Möglichkeiten, eine Bitterorangenmarmelade herzustellen. Meine Version enthält zusätzlich feingehackten Ingwer, auf den ich bei gekochten Früchten ungern verzichte.

1 Die Früchte werden gebürstet und im Ganzen in reichlich Wasser weichgekocht (1/2 Stunde). Das Wasser weggießen und die Orangen vor der Weiterverarbeitung abkühlen lassen. Danach halbieren, den Saft vorsichtig ausdrücken und auffangen, das Innere auskratzen und wegwerfen.

2 Die weiche Schale der gekochten Orangen in wunschgemäß grobe oder feine Stücke schneiden. Zusammen mit dem aufgefangenen Saft und 1/4 l Wasser mit Gelierzucker aufkochen. Die Zuckermenge darf nicht ganz dem Gewicht der übrigen Masse entsprechen, wie das in traditionellen und obsoleten Anweisungen gefordert wurde. Ihnen verdanken wir die viel zu süßen Marmeladen.

3 Zusätzlich gehört in die Fruchtmasse der Saft von 2 Zitronen und 2 EL feingehackte Ingwerwurzel. Alles zusammen ca. 20 Minuten kochen. Die übliche Gelierprobe machen: 1 TL der Marmelade auf einen schräg gehaltenen Teller geben, wo sie kleben bleiben sollte. Sofort in heiß ausgespülte Gläser füllen und gut verschließen.

Vanilleparfait mit Himbeersauce

Die Internationale der Freunde süßer Sachen ist sich einig, dass Parfaits zu den schönsten Süßspeisen der Welt gehören. Das Ergebnis ist so köstlich und die Herstellung so einfach, dass ich mich wundere, wie selten ein Parfait auf den Tisch kommt, das schon am Vortag hergestellt werden kann (und muss) und selbst nach einem ausgiebigen Essen immer noch begeisterte Abnehmer findet.

Es gibt zahlreiche Parfait-Variationen, von denen ich nachfolgend die für mich schönsten in loser Reihenfolge vorstellen werde, aber das Grundprinzip ist immer gleich: Eigelb und Zucker werden zu einer cremigen Masse verrührt, dazu kommen die verschiedenen Aromen, dann wird die Masse mit geschlagener Sahne vermischt und im Kühlschrank über Nacht eingefroren.

Das Vanilleparfait ist sozusagen die Urform des Parfaits, was das Aroma angeht. Die Herstellung macht etwas mehr Arbeit als die der meisten übrigen Parfaits, weil hier zunächst die Vanilleschote in Milch aufgekocht und diese dann zusammen mit der Eiermasse im Wasserbad aufgeschlagen wird. Wegen des relativ schwachen und neutralen Geschmacks passen zu diesem Parfait Fruchtsaucen aller Art besonders gut; hier eine Fruchtsauce aus frischen Himbeeren.

Für 4 Personen:

Für das Parfait:

6 Eigelb,
175 g Zucker,
100 g Sahne,
1/2 l Milch,
1/2 Vanilleschote

Für die Sauce:

200 g Himbeeren,
Zucker, Zitronensaft
(Himbeergeist, Kirschwasser)

Menüvorschlag:

Matjestatar (Seite 87),
Huhn mit Käsesauce (S. 236),
Vanilleparfait mit Himbeersauce

1 Die Milch zusammen mit der halben aufgeschlitzten Vanilleschote erhitzen und einige Minuten köcheln lassen, damit das Innere der Schote ihr Aroma an die Milch abgeben kann. Die Milch etwas abkühlen lassen und die Schote herausfischen.

2 Die Eigelb mit dem Zucker im Wasserbad schaumig schlagen, bis eine dickliche Creme entsteht. Dann die abgekühlte Milch hinzugeben und unter ständigem Rühren so weit erhitzen, dass die Masse wieder dick wird. Danach endgültig abkühlen lassen.

3 Die Sahne steif schlagen und unter die angedickte Eiermilch ziehen. In eine Servierschüssel füllen und über Nacht im Gefrierfach einfrieren. 1-2 Stunden vor dem Servieren in den Kühlschrank stellen.

4 Die Himbeeren pürieren, durch ein Sieb drücken, je nach Geschmack zuckern und mit Zitronensaft würzen. Zusätzlich kann man die Sauce noch mit einigen Tropfen Himbeergeist oder Kirschwasser aromatisieren.

Erdbeerparfait

Für 4 Personen:

Für das Parfait:

400 g Erdbeeren,
1/2 l Sahne,
4 Eigelb,
250 g Zucker,
2 EL Kirschwasser

Für die Sauce:

150 g Erdbeeren,
1/4 l Weißwein,
Saft einer Zitrone,
Zucker

Vorschlag für ein Festmenü:

Spinatsuppe mit Knoblauch (S. 62), Fischcurry mit Äpfeln (Seite 66), Pichelsteiner (Seite 330), Erdbeerparfait

Dazu passt eine Scheurebe-Auslese.

Während ihrer kurzen Saison sind Erdbeeren unbestritten die Nummer Eins. Ich meine natürlich einheimische Erdbeeren. Nicht weil es deutsche sind, sondern weil sie nur über kurze Strecken transportiert werden und deshalb erst in reifem Zustand gepflückt werden müssen. Am besten pflückt man sie selber in einem der vielen Erdbeerfelder.
Ideal zum Erdbeerparfait wäre eine Sauce aus Walderdbeeren. Doch mit normalen Erdbeeren, Weißwein, Zucker und Zitronensaft geht es auch.

1 Die Erdbeeren mit dem Mixstab oder im Mixer pürieren und durch ein Sieb streichen. Die 4 Eigelb in einer Schüssel schlagen, bis sie cremig sind, dann die 250 g Zucker hineinrühren. Weiter schlagen, bis der Zucker sich aufgelöst hat; dabei wird die Masse immer heller und dicker. Das Kirschwasser dazugießen, alles mit den pürierten Erdbeeren und dem Saft einer Zitrone verrühren. Abschmecken!

2 Die Sahne steif schlagen und unter das Erdbeerpüree ziehen. Zum Einfrieren in die Form oder die Förmchen füllen, die man am nächsten Tag auf den Tisch stellen oder aus denen man sie auf Dessertteller stürzen will. Über Nacht einfrieren. Vor dem Servieren für 2 Stunden ins Gemüsefach stellen.

3 Für die Sauce 150 g Erdbeeren zerschneiden und in Weißwein zu einem dickflüssigen Kompott kochen. Durch ein Sieb passieren und mit Zucker und nicht wenig Zitronensaft (abschmecken) so weit einkochen, bis eine sirupartige Konsistenz entsteht. Zum Stürzen die Förmchen kurz in heißes Wasser halten.

Eine Sauce aus wirklich reifen rohen Erdbeeren schmeckt sogar noch besser: mit reichlich Zitronensaft und Zucker pürieren und immer wieder abschmecken.

Kaiserstühler Caramelparfait

Für 6 Personen:

Für die Crème:

4 Eigelb,
50 g Zucker,
400 g l Sahne,
6 EL Milch

Für den Caramel:

150 g Zucker,
1/8 l Weißwein,
1 EL Butter

Mögliche Zugabe:

1 Handvoll heller Rosinen in Marc-de-Gewurztraminer

Menüvorschlag:

Linsensalat mit Schafskäse (S. 22), Kalbsragout mit Oliven (Seite 302), Caramelparfait

Dazu passt ein Gewürztraminer.

Den Beinamen ›Kaiserstühler‹ hat das Caramelparfait dann, wenn ich es mit einer Handvoll heller Rosinen anreichere, welche ich vorher in Marc-de-Gewurztraminer eingelegt habe. Das ist ein Gewürztraminer-Trester, der im Kaiserstuhl in sehr kleinen Mengen produziert wird, weshalb er im Allgemeinen nur als elsässisches (ebenso gutes) Produkt zu haben ist.

Statt der Rosinen in Gewurztraminer-Trester kann man das Caramelparfait zum Beispiel auch mit kleingewürfelten Pistazien bestreuen; das Parfait schmeckt in jedem Falle sündhaft gut!

Entscheidend für den guten Geschmack ist das Abpassen des richtigen Zeitpunkts beim Karamellisieren des Zuckers: Löscht man zu früh mit dem Weißwein ab, bleibt der Geschmack zu sanft; lässt man den Zucker allzu dunkel karamellisieren, kann der Geschmack bitter werden.

1 Die Eigelb mit dem Zucker glattrühren und mit der Milch aufgießen. im Wasserbad unter ständigem Rühren mit dem Schneebesen langsam so weit erhitzen, bis eine schaumig-cremige Masse entsteht (Sabayon), ohne dass das Eigelb stockt. Die Masse in einen Topf mit eiskaltem Wasser stellen, und, weiter rührend, abkühlen lassen.

2 Den Zucker in einem Topf mit 1 EL Butter karamellisieren lassen, mit dem Weißwein ablöschen und noch etwas einkochen. Die dickflüssige Masse noch warm in die Sabayon gießen.

3 Die vorbereiteten Rosinen dazugeben und die steif geschlagene Sahne unterziehen. In eine Servierschüssel füllen und über Nacht ins Gefrierfach stellen.

Desserts

Eisenkrautparfait mit Pfirsichbrioche

Für 4 Personen:

Pfirsich-Brioche:

4 Scheiben Brioche,
4 Pfirsiche,
Cognac, Butter,
Vanillezucker

Für das Parfait:

1 Handvoll
Eisenkraut,
1/2 l Milch,
5 Eigelb,
150 g Zucker,
100 g Sahne

Brioche-Rezept
siehe Seite 413.

Passt gut als Abschluss zu einem Festmenü.

Zum Dessert passt Champagner.

Brioche ist das weiche, kastenförmige Weißbrot, das man für einen Kuchen halten könnte. Es enthält Eier und Butter und ist unter den Weißbroten das feinste. Es kann leicht gesalzen oder leicht gesüßt sein. Leicht getoastet ist es das klassische Backwerk zur Gänseleber. Brioche schmeckt am besten noch lauwarm und ist auch selbst herzustellen (siehe Seite 413).
Das Eisenkraut sollte möglichst frisch sein. Getrocknet ist sein Aroma längst nicht so fein säuerlich wie die grünen, schmalen Blätter, aber es geht auch. Das Kraut gibt es als Tee in Drogerien (Verveine).

1 Eine Handvoll Eisenkrautblätter in 1/2 l Milch aufkochen und für 10 Minuten köcheln lassen; herausfischen; die Milch etwas abkühlen.

2 Die 5 Eigelb mit den 150 g Zucker in einer Konditorschüssel (Halbkugel) schaumig und cremig rühren, die Milch hineinrühren und im Wasserbad unter ständigem Schlagen langsam erhitzen, bis die Masse wieder dicklich ist. Dann in Eiswasser unter Rühren abkühlen lassen. Die 100 g Sahne steif schlagen, unter die Masse ziehen, in eine Servierschüssel umfüllen und über Nacht einfrieren. 1–2 Stunden vor dem Servieren in den Kühlschrank stellen.

3 Die Pfirsiche mit kochendem Wasser überbrühen, die Haut abziehen, halbieren, entsteinen und in dünne Scheiben schneiden.

4 Den Ofen auf 220 Grad vorheizen. 4 Scheiben Brioche einseitig mit Butter bestreichen und mit der Butterseite auf ein Backblech legen. Die Pfirsichscheiben auf den Brioche arrangieren, mit Cognac beträufeln und eine kleine Prise Vanillezucker darüber streuen. 10 Minuten bei 220 Grad im Ofen backen und kurz unter dem Grill glasieren lassen.

Orangenparfait mit Mandelkuchen

Für 4 Personen:

Für das Parfait:

5 Eigelb,
100 g Zucker,
4 EL Grand Marnier,
3 EL Orangenmarmelade
Saft von
1/2 Zitrone,
1/2 l Sahne,
Schokostreusel

Mandelkuchen:

125 g Butter, 7 Eier,
200 g Zucker,
300 g gemahlene
Mandeln, 4 Zwiebäcke, 200 g
Bitterschokolade,
4 EL Kirschwasser

In diesem Parfait geht es nicht um frische Orangen, sondern um das Aroma aus dem Orangenlikör Grand Marnier und Orangenkonfitüre. Ich empfehle keine ›Old English Marmelade‹, sondern Marmelade in Dosen aus Südafrika, weil sie bitterer ist.
Der Mandelkuchen dazu muss nicht sein, stellt aber zusammen mit dem Parfait eine delikate Kombination dar.

1 Zuerst die Eigelb cremig und weißgelb rühren, dann mit dem Zucker zu heller Creme schlagen. Grand Marnier und die mit dem Saft einer halben Zitrone verrührte Marmelade dazugeben. Die Sahne steif schlagen, unter die Masse ziehen. In eine Terrinenform füllen, mit geriebener Schokolade bestreuen und über Nacht ins Gefrierfach stellen. Vor dem Servieren 1 bis 2 Stunden im Kühlschrank antauen lassen.

2 Die sehr weiche Butter mit den Eigelb und Zucker schaumig rühren. Mandeln, Schokolade, den geriebenen Zwieback und das Kirschwasser untermischen. Die Eiweiß steif schlagen, 1 EL mit der Masse verrühren, den Rest vorsichtig unterziehen. Eine 25-cm-Kastenform ausbuttern, die Masse einfüllen. Bei 180 Grad ungefähr 1 Stunde backen.

Rumparfait und Walnussparfait

Für 4 Personen:

4 Eigelb,
150 g Zucker,
400 g Sahne

4 EL weißer Rum
oder
80 g Walnusskerne

Das Rumparfait passt ausgezeichnet zum Schottischen Rosinenkuchen (Seite 447), während das Walnussparfait hervorragend zum Mahlberger Schlosskuchen schmeckt (Seite 418).

1 Die Eigelb im Wasserbad schaumig schlagen, nach und nach Zucker und 4 EL weißen Rum unterrühren, bis eine dicke Creme entsteht. In Eiswasser abkühlen, ab und zu durchrühren.

2 Die Sahne möglichst mit der Hand steif schlagen. Die abgekühlte Creme in eine Servierschüssel umfüllen und mit 1 EL steifer Sahne geschmeidig rühren, dann die restliche Sahne unterziehen. Ins Gefrierfrach stellen.

3 Für das Walnussparfait statt des Rums die frisch gemahlenen Walnüsse in die Creme einrühren. Vor dem Einfrieren 1 EL grob gehackter Walnüsse obenauf streuen.

Schokoladenparfait

Für 6 Personen:

300 g Bitterschokolade
(70 % Kakaoanteil),
300 g Sahne,
4 Eigelb,
140 g Zucker,
1 Tütchen Vanillezucker,
1 Glas Cognac

Dazu passt Orangenbutter: Orangengelee erwärmen und kalte Butterstückchen einrühren.

Das Schokoladenparfait ist eigentlich nichts anderes als eine halbgefrorene Mousse-au-Chocolat, wobei allerdings kein geschlagenes Eiweiß verwendet wird, sondern stattdessen mehr geschlagene Sahne. Wie auch zur Mousse-au-chocolat (Seite 420), passt zu diesem Parfait sehr gut eine Orangenbutter.

1. Die Schokolade in Stücke brechen und in einem Topf mit schwerem Boden auf sehr schwacher Hitze oder in einer Schüssel im heißen Wasserbad zum Schmelzen bringen. Ab und zu umrühren.

2. Die Eigelb mit dem Zucker schaumig schlagen, bis eine dickliche Masse entsteht. Den Vanillezucker und das Glas Cognac zufügen, dann die flüssige Schokolade einrühren.

3. Die Sahne (möglichst per Hand) steif schlagen, davon 2 EL in die Eier-Schoko-Masse einrühren, damit sie geschmeidig wird, dann die restliche Sahne unterheben. In eine Terrinenform füllen und über Nacht ins Gefrierfach stellen. Zwei Stunden vor dem Servieren im Kühlschrank antauen lassen.

Soufflé Glace au Café

Für 6 Personen:

4 Eigelb,
180 g Zucker,
30 g Rosinen,
1/2 l Sahne,
2 EL Pulverkaffee,
weißer Rum

Es heißt Soufflé, ist aber keines, sondern ein Parfait, welchem durch einen Trick das Aussehen eines Soufflés gegeben wird. Dazu wird die runde Schüssel mit den geraden Wänden mit einer Manschette aus Backpapier nach oben verlängert. Vor dem Servieren wird die Manschette entfernt, und das Parfait ragt wie ein Soufflé über den Schüsselrand empor.

1. Die Rosinen im Rum einweichen. Die Eigelb mit dem Zucker schlagen, bis sie hellgelb und dick werden.

2. Den Rum von den Rosinen abgießen und davon 2 EL mit dem Pulverkaffee verrühren. Zusammen mit den Rosinen unter die Eigelb mischen.

Die Sahne steif schlagen und unterziehen. In eine Schüssel mit der Manschette umfüllen, mit etwas Pulverkaffee bestreuen und einfrieren. Vor dem Servieren Schüssel in heißes Wasser tauchen und Manschette herausziehen.

Zimtparfait mit Burgunderpflaumen

Für 6 Personen:

Für das Parfait:

3 Eigelb,
125 g Zucker,
1/2 EL Zimt,
2 EL Zwetschgenwasser,
1/2 l Sahne

Für die Pflaumen:

ca. 36 Trockenpflaumen,
4 EL Honig,
1 TL bittere Orangenmarmelade,
1/2 l kräftiger Rotwein

Weihnachtsmenü:

Lachshäppchen à la Outhier (S. 83),
Zander-Filet (Seite 95),
Rehrücken (Seite 332),
Zimt-Parfait mit Burgunderpflaumen

Pflaumen zu Zimt, das ist logisch, weil die Geschmackskomposition an Weihnachten erinnert. Bei den dazu benötigten Trockenpflaumen – pro Portion genügen 6 Stück; aber warum nicht mehr machen, sie halten sich gut! – ist, wieder einmal, auf beste Qualität zu achten. Dazu gehören die Römer- oder Karlsbader Pflaumen sowie die französischen ›Pruneaux d'Agen‹, die nicht wirklich trocken, sondern noch leicht feucht sind.

1 Die Pflaumen (mit Kern) nicht zu dicht nebeneinander in eine flache Form legen. Ungefähr 1/2 l Wasser mit 4 EL Honig aufsetzen und so lange offen kochen lassen, bis die Mischung zu einem süßen Sirup wird. Über die Pflaumen gießen.

2 In ungefähr 1/2 l kräftigen Rotwein 1 TL bittere Orangenmarmelade verrühren; besser noch: 1 TL in feinste Streifen geschnittene Schale einer ungespritzten Bitterorange. Die Pflaumen mit dem Rotwein bedecken und 2 Tage im Kühlschrank ziehen lassen.

3 Die Eigelb schaumig rühren, nach und nach den Zucker und das Zimtpulver zugeben und weiterrühren, bis die Masse cremig und dicklich wird. 2 EL Zwetschgenwasser unterrühren.

4 Die Sahne steif schlagen, davon 2 EL unter die Masse rühren, dann die restliche Sahne vorsichtig unterziehen. In eine Servierschüssel füllen und mindestens 3 Stunden ins Gefrierfach und 1 – 2 Stunden vor dem Servieren in den Kühlschrank stellen. Zum Servieren einen Löffel in heißes Wasser tauchen. Statt der ganzen Pflaumen kann man auch eine Pflaumensauce zubereiten: Die entsteinten Pflaumen in Portwein einweichen, mit Zimt, Nelkenpulver und etwas Zitronensaft kochen lassen, bis die Pflaumen zu einem dünnen Brei werden. Nach Geschmack zuckern.

Printencreme mit Orangensauce

Für 4 Portionen:

200 g Aachener Printen,
0,1 l Rotwein,
1 EL Akazienhonig,
1 EL gehackte Mandeln,
200 g Sahne,
200 g Sahnequark,
3 Blatt Gelatine,
40 g Preiselbeerkonfitüre,
4 Orangen,
1 Zitrone (unbehandelt),
gehobelte Mandeln,
Minzeblätter

Zimt, Honig, Mandeln, Orangen: Das gehört zur Weihnachtszeit wie Aachener Printen, Nürnberger Lebkuchen und Lübecker Marzipan. Kommt noch Rotwein und Sahne hinzu, so ist es der Versuch, quasi als Essenz aus alledem ein sehr weihnachtlich anmutendes Dessert zu machen, das durch saftige Frische überrascht.

1 Die Printen in kleine Würfel schneiden. Mit dem Rotwein und dem Honig vermischen und gut 10 Minuten ziehen lassen.

2 Vier Förmchen mit Butter auspinseln und mit gehackten Mandeln ausstreuen.

3 Die Printenmasse mit dem Quark und der Preiselbeerkonfitüre vermengen.

4 Die Sahne steif schlagen, die Hälfte mit der aufgelösten Gelatine vermengen und unter die Printenmasse heben. Nun auch die zweite Hälfte untermengen. Die Masse in die Förmchen füllen und für mindestens 5 Stunden kalt stellen.

5 3 Orangen auspressen, den Saft mit dem Saft der Zitrone und der abgeriebenen Zitronenschale mischen. Die verbliebene Orange schälen und filetieren.

6 Die Förmchen aus dem Kühlschrank nehmen, kurz in heißes Wasser tauchen und auf Desstteller stürzen. Mit Orangensauce an- und umgießen, mit gehobelten Mandeln bestreuen und mit den Orangenfilets und Minzeblättchen verzieren.

Vorschlag für ein Weihnachtsmenü:

Gebratene Gambas mit Safran (Seite 74),
Lammkeule mit Kartoffelgratin (Seite 318),
Printencreme mit Orangensauce

Zum Menü passt ein Blauburgunder aus der Pfalz.

Pflaumen-(Rhabarber-, Aprikosen-) Kuchen

Zutaten:

200 g Mehl,
200 g Butter,
200 g Zucker,
6 ganze Eier,
500 g nicht zu feuchte Früchte (Rhabarber, Aprikosen, Pflaumen), Zitronensaft

(Crème double)

Dies ist ein flacher, schwammiger Kuchen mit eingebauten frischen Früchten, den man sogar zum Frühstück essen kann, denn er ist nur schwach gesüßt.

Die Früchte können Pflaumen sein oder Rhabarber (sehr lecker!) oder Aprikosen (ebenfalls köstlich) oder was sonst gerade frisch auf dem Markt und nicht zu feucht ist. Das Backprinzip ist so primitiv, als wäre diese Art von Kuchen schon von den Pharaonen gebacken worden.

Der Teig ist eine unter Klosterbrüdern Vierviertel-Teig genannte Mischung. Das heißt, er besteht aus 4 Eiern (können auch 3 oder 6 sein), welche ohne Schale gewogen werden. Nun wiege ich die jeweils gleiche Menge Mehl, Zucker und Butter ab und verrühre alles miteinander. Die Menge der Früchte kann man unbedenklich weiter erhöhen, wenn sie nicht zu feucht sind.

1 200 g Mehl, 200 g Butter, 200 g Zucker und 6 ganze Eier werden ohne viel Federlesens und möglichst lange miteinander verrührt. Butter und Eier müssen unbedingt Zimmertemperatur haben, sonst gelingt's nicht.

2 500 g Früchte kleinschneiden und mit Zitronensaft beträufeln. Unter die Mehl-Butter-Zucker-Eier-Masse mischen.

3 Eine 28-cm-Springform ausbuttern. Den Teig einfüllen. Im auf 180 Grad vorgeheizten Ofen auf mittlerer Höhe ca. 45 Minuten backen. Die Oberfläche sollte appetitlich hellbraun aussehen, wenn die Form herausgenommen und geöffnet wird.

Dazu kann man noch dicke Sahne (Crème double) reichen.

Menüvorschlag:

Chicorée mit Vinaigrette (Seite 360),
Gemüserisotto mit Oliven (Seite 109),
Früchtekuchen

Zum Früchtekuchen passen alle leckeren Süßweine, die die Oktobersonne uns beschert.

Pflaumentorte

Zutaten:

500 g Trockenpflaumen ohne Stein,
1 großes Glas Rotwein,
2 Zitronen, Zimt

Für den Mürbeteig:

220 g Mehl,
100 g Butter,
1 Ei,
100 g Zucker,
1 Prise Salz

90 g Puderzucker,
Crème double

Menüvorschlag:

Spinatgratin (Seite 153),
Lammcurry mit Zitronenreis (Seite 316),
Pflaumentorte

Dazu passt ein Prosecco.

Gäbe es die Crème double nicht, dieses Spitzenprodukt der Bio-Landwirtschaft, würde ich die Pflaumentorte vermutlich nicht in meine Rezeptsammlung aufgenommen haben. Diese Torte ist zudem so einfach, dass Kinder sie spielend fabrizieren, wenn sie sich in den Ferien langweilen.
Die Pflaumen sind entsteinte Trockenpflaumen, wie es sie in Bio-Qualität gibt. Sie werden mit einem fruchtigen Rotwein übergossen. Bei der fertigen Torte wäre etwas Slivowitz denkbar, mit einer Kugel Vanilleeis daneben. Und sogar ein Prosecco hätte hier endlich einmal Gelegenheit, seinen Kritikern seine Existenzberechtigung zu demonstrieren.

1 Die Pflaumen in eine Porzellanschüssel legen. Den Rotwein mit 1/2 l Wasser und einer Prise Zimt aufkochen, mit dem Saft von 2 Zitronen mischen und über die Pflaumen gießen. Ungefähr 3 Stunden ziehen lassen.

2 Aus Mehl, Butter, Ei, Zucker und einer Prise Salz einen Mürbeteig kneten. Mit ein paar Tropfen Wasser wird er noch geschmeidiger. Den Teig für 1 Stunde in den Kühlschrank stellen. (Siehe dazu auch Seite 472.)

3 Eine Springform ausbuttern, den Mürbeteig dünn ausrollen und in die Springform platzieren. Dabei den Teigrand an den Seiten hochdrücken. Mit einer Gabel an vielen Stellen einstechen. Mit Alufolie abdecken, um zu verhindern, dass die Teigränder einbrechen. Im vorgeheizten Backofen bei 180 Grad ca. 15 Minuten vorbacken. Das Vorbacken empfiehlt sich in Anbetracht der sehr feuchten Pflaumen.

4 Inzwischen die eingelegten Pflaumen durch ein Sieb schütten. Den Einweichsaft mit 80 g Puderzucker so lange einkochen, bis ein Sirup entsteht.

5 Die Pflaumen dicht nebeneinander auf dem vorgebackenen Teigboden verteilen und mit dem Sirup übergießen. 1 EL Puderzucker darüber streuen. Nochmals für 10 Minuten im heißen Ofen backen. Lauwarm oder kalt zusammen mit Crème double servieren.

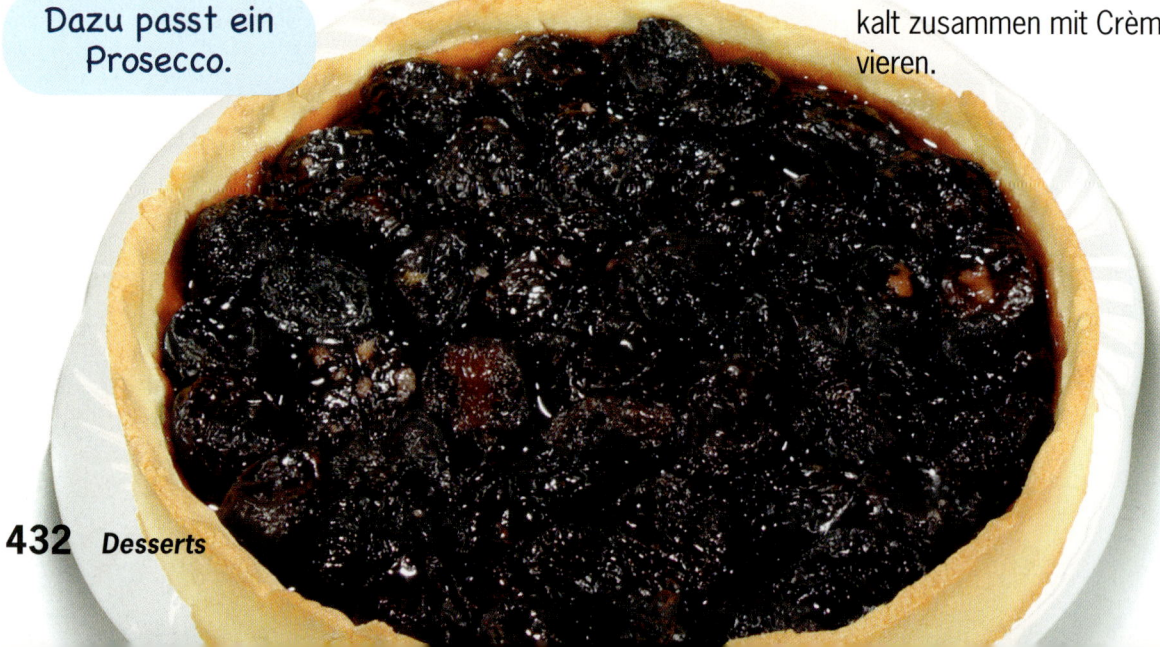

Quark und Melone

Für 4 Personen:

500 g Frischquark (Schichtkäse aus der Lake), 1 Cavaillon-Melone, 1 Becher Crème fraîche, Zucker

Vorschlag für ein sommerliches Festmenü:

Salade Niçoise (Seite 25), Krebssuppe (Seiten 50), Kalbsnieren in Senfsauce (Seite 300), Quark und Melone

Zu Quark und Melone passt ein Prosecco.

Wie bei einem Salat geht es nur darum, dass der Wein nicht stört. Da empfiehlt sich zweifellos ein Prosecco; weder trocken noch süß.

›Faiselle‹ heißt in Frankreich jener Quark, der in seiner eigenen Lake steht und weder cremig noch geschlagen noch entsäuert ist. Also Frischquark im Naturzustand. In den Bauernküchen hing er früher zum Abtropfen in einem Leinensack an einem Bindfaden über dem Ausguss.

In Frankreich gibt es diesen Quark in Bechern zu 125 Gramm; in Deutschland muss man das gewünschte Stück vorsichtig aus der 500-Gramm-Packung ausstechen und auf die Teller bugsieren.

Theoretisch lassen sich für dieses Dessert alle Früchte des Sommers verwenden. Aber ich kann mir nicht helfen: Mit Erdbeeren, Himbeeren oder Waldbeeren erinnert diese Portion an die Quarkspeisen der Großküchen. Außer der Melone bringt nur noch der Pfirsich jene Feinheit zuwege, die einen bei diesem Dessert erwartet.

Auch die für dieses Rezept erwünschte Cavaillon-Melone wird man bei uns wohl nur im Freiburger Raum bekommen. Stattdessen sollte man dann eine kleine Honigmelone nehmen.

1. Den Frischquark bzw. Schichtkäse in die Mitte der Dessertteller stürzen. Drumherum Stücke von Cavaillon-Melonen legen. Das sind die kleinen, gelbgrünen mit dem gelbroten Fruchtfleisch, wie sie im Tal des Luberon und im Departement Drôme angepflanzt werden.

2. Beide, Quark und Melone, sollten sehr kalt sein. Darüber löffelt man auf Zimmertemperatur erwärmte Crème fraîche und stellt einen Zuckerstreuer dazu, mit dem sich jeder sein Dessert nach Geschmack süßen kann.

Es ist so simpel, dass man nicht glaubt, wie raffiniert der Nachtisch schmeckt. Das bewirken die Gegensätze säuerlich-süß und kalt-warm. Darüber hinaus ist es trotz der sahnigen Basis ein sehr erfrischendes Dessert, das auch zum Frühstück Freude macht!

Rhabarber-Ingwer-Quark

Für 6 Personen:

500 g Rhabarber,
100 g 20%iger Quark,
100 g Crème fraîche,
200 g Sahne,
5 EL Zucker,
1 gehäufter TL frisch geriebener Ingwer,
1/2 Vanillestange,
Zitronensaft

Quarkspeisen genießen in der deutschen Küche eine verblüffende Popularität. Die Regale in den Supermärkten sind voll von diesem plump-süßen und meist chemisch aromatisierten Labberzeug. Dass es auch mit einer Quarkspeise anders geht, beweist das Beispiel dieses Rhabarber-Ingwer-Quarks (geht auch mit anderem Obst).

1 Den Rhabarber putzen, in Stücke schneiden, mit der aufgeschnittenen halben Vanillestange in wenig Wasser weich kochen, bis alle Flüssigkeit verdunstet ist. Die Vanille entfernen und den Rhabarber pürieren. Das Püree so lange einkochen, bis es die Konsistenz von dickem Apfelmus hat. Dann 3 EL Zucker und den Ingwer unterrühren. Umfüllen und abkühlen lassen.

2 100 g 20-prozentigen Speisequark mit 100 g Crème fraîche und 2 EL Zucker schaumig rühren und mit etwas Zitronensaft abschmecken. 200 g Sahne steif schlagen. Den Rhabarber mit dem Quark vermischen und die steife Sahne unterziehen. In kleine Schälchen füllen.

Rhabarbertorte

4 – 6 Personen:

Für den Mürbeteig:

200 g Mehl,
100 g Zucker,
125 g Butter,
1 Eigelb,
1 Prise Salz

Für die Auflage:

500 g Rhabarber,
2 Eigelb,
4 EL Zucker,
100 g Sahne,
100 g Crème fraîche

Dünne, noch warme Obsttorten sind ein Dessert, welches nicht aufwändig ist, aber dennoch raffiniert sein kann, dessen Süße gering ist und zusätzlich durch die Fruchtsäure zivilisiert wird. Außerdem ein sehr saftiges Dessert.

1 Mehl, Butter, Zucker, Eigelb und Salz mit den Fingern verreiben und zu einer Teigkugel kneten und beiseite legen (siehe dazu auch Seite 472).

2 Rhabarber schälen, in 3 – 4 cm lange, dünne Streifen schneiden, in einer flachen Schüssel mit 3 EL Zucker bestreuen, 20 – 30 Minuten ziehen lassen. In einem Sieb abtropfen lassen.

3 Den Mürbeteig mit dem Nudelholz 3 mm dünn ausrollen, einen Tortenring damit auslegen, den Rhabarber darauf verteilen. Ganz unten im vorgeheizten Ofen bei 200 Grad 20 Minuten backen. Eigelb, Sahne und Crème fraîche mit dem restlichen 1 EL Zucker schaumig schlagen, über den Rhabarber gießen und noch 15 – 20 Minuten auf der mittleren Schiene weiterbacken. Dann wird die Masse gestockt sein und eine goldgelbe Farbe haben. Herausnehmen, etwas abkühlen lassen und noch warm servieren.

Rhabarberkompott

Für 4 Personen:

4 dicke Stangen Rhabarber,
4 kleine Bananen,
1 Limette,
1 Stck. Ingwerwurzel,
1–2 TL Orangenmarmelade,
Zucker

Vorschlag für ein Frühlingsmenü:

Gebratener Spargel (S. 106),
Lammkeule 5 Stunden (Seite 318),
Rhabarberkompott

Dazu passt Rieslaner- oder Gewürztraminer-Auslese.

Ein Fruchtkompott, das sich nur im Frühjahr realisieren lässt, enthält vermutlich Rhabarber. Dieser Säuerling mit der limitierten Laufzeit wird, anders als der gleichzeitig mit ihm auftretende Spargel, nie mit dem ihm gebührenden Respekt behandelt. Zu mehr als zur Rhabarbertorte und Rhabarberquark – siehe nebenstehende Seite – schafft er es fast nie. Dabei kann er auf dem Tisch der Leckermäuler eine spektakuläre Hauptrolle spielen.

Dazu braucht man außer vier dicken Rhabarberstangen vier kleine Bananen. Das sind jene Mini-Bananen, die aus Madeira stammen oder wo sonst die United Fruit Company keine Ländereien besitzt. Also bloß keine Chiquita Bananen mit dem Aroma protestantischer Bügelwäsche. Rhabarber, Bananen, Ingwer und Limette ergeben zusammen mit der Orangenmarmelade eine herrliche österliche Nachspeise, die jedes Verlangen nach Erdbeeren mit Schlagsahne augenblicklich ersterben lässt.

1 Den Rhabarber waschen und in kleine Stücke schneiden (man kann ihn schälen, muss aber nicht). Die Ingwerwurzel schälen und davon ca. 1 EL feinhacken. In einer Kasserolle 1 gehäuften EL Zucker bei mittlerer Hitze schmelzen, ohne ihn braun oder gar hart werden zu lassen.

2 Die Rhabarberstücke waschen und tropfnass in die Kasserolle legen. Zu diesen Stücken gesellen sich Bananenwürfel im Verhältnis 3 : 1 (z.B. 600 g Rhabarber, 200 g Bananen). Den Saft einer Limette darübergießen und 1 EL gehackten Ingwer untermischen. Zum Schluss noch 1 – 2 TL Orangenmarmelade hineinrühren. Deckel drauf und alles 10 Minuten leise köcheln lassen. Kein Wasser, kein Wein.

3 Fertig ist diese Nachspeise, wenn die Rhabarberstücke weich geworden, aber noch nicht zerfallen sind. Abkühlen lassen und servieren.
Dazu passen herrlich ein Stück Sandkuchen und eine Rieslaner- oder Gewürztraminer-Auslese.

Rote Grütze mit Vanillesauce

Für 4 Personen:

Rote Grütze:

400 g Rhabarber, 750 g Erdbeeren

oder:

400 g Johannisbeeren, 750 g Pfirsiche

sodann:

150 g Zucker, die abgeriebene Schale einer Zitrone, 1 Vanilleschote, 1/2 TL frisch geriebener Ingwer, 1/8 l Weißwein, 20 g Speisestärke

Vanillesauce:

200 g Sahne, 200 g Milch, 60 g Zucker, 3 Eigelb, 1 Vanilleschote

Dieser Hausfrauenstolz wird leider häufig mit viel zu viel Sago oder Mondamin mit einem bunten Früchtegemisch zu einem puddingsteifen Geleebrocken gekocht. In einer natürlicheren Form ist Rote Grütze ein Obstkompott, das nach meiner Meinung je nach dem Marktangebot entweder aus Rhabarber und Erdbeeren oder Johannisbeeren und Pfirsichen bestehen sollte. Bei allen anderen Beeren wäre es schade, würde man ihnen den Charakter nehmen, indem man sie wie eine Vierfruchtmarmelade verkochte. Und Erdbeeren müssen es zwangsläufig sein, weil gleichzeitig mit dem Rhabarber kein anderes Obst reif wird; während Pfirsiche einfach besser zu Johannisbeeren passen als anderes Obst.
Ob Rote Grütze lauwarm oder kalt serviert wird, ist Geschmackssache. Ich mag sie gern lauwarm, die Vanillesauce jedoch gut gekühlt. Zur Vanille ist zu sagen, dass die fast schwarze, feuchte Bourbon-Vanille die beste ist.

1 Sahne, Milch, Zucker und die halbierte Vanilleschote aufkochen. Vom Feuer nehmen und abkühlen lassen. Die verquirlten Eigelb zugeben. Unter ständigem Rühren wieder erhitzen, bis eine cremige Bindung ensteht. Die Vanille herausfischen, die Sauce abkühlen lassen und kalt stellen.
Falls sich beim zweiten Erhitzen Klümpchen bilden: Die Sauce einfach durch ein Haarsieb gießen.

2 Rhabarber (Pfirsiche) schälen und in Stücke schneiden. Mit dem Zucker, der abgeriebenen Zitronenschale, der aufgeschlitzten Vanilleschote und einem TL frisch geriebenem Ingwer in dem Achtelliter Weißwein kochen, bis der Rhabarber (die Pfirsiche) 1/2 oder 3/4 gar ist (sind). Die geviertelten Erdbeeren (die Johannisbeeren; zur Hälfte zerdrückt) dazugeben und weiterkochen. Die Stärke in 3 EL Wein glatt rühren und zu den leicht kochenden Früchten geben. (Man kann die Stärke auch weglassen, dann bleibt die Grütze flüssiger.) In eine Glasschüssel umfüllen und etwas abkühlen lassen.

Summer Pudding

Für 4 Personen:
500 g verschiedene Beeren,
30 g Zucker,
4 Scheiben Weißbrot
(Schlagsahne)

Vorschlag für ein sommerliches Festmenü:
Geeiste Buttermilchsuppe (Seite 43),
Krebse im Sud (Seite 80),
Königsberger Klopse (Seite 312),
Summer Pudding

Zum Summer Pudding passt Winzer Sekt demi sec.

Was für die deutsche Rote Grütze gilt, ist für dieses Dessert englischer Herkunft nicht maßgebend: Da werden alle Beerenfrüchte des Sommers in einem Topf vereint. Also Erdbeeren, Himbeeren, Stachelbeeren, Johannisbeeren und was sonst alles mühsam zu pflücken ist.

1. Die Früchte ohne Wasser, aber mit 30 g Zucker (auf 500 g Früchte) zerkochen. Mehrmals durchsieben, damit der Saft sich von den Früchten trennt.

2. Trockene, entrindete Weißbrotscheiben in Stücke schneiden und mit dem Saft der Beeren tränken, bis sie matschig sind. Den Boden und die Seitenwände von kleinen Portionsförmchen damit auslegen.

3. Die durchgesiebte Beerenpampe in die Förmchen füllen, etwas zusammenpressen und obenauf wieder eine Schicht saftdurchtränkter Weißbrotscheiben legen. Mit einem leichten Gewicht beschweren und mindestens 3 Tage im Kühlschrank durchziehen lassen.

4. Vor dem Servieren eine Form zur Probe stürzen: geht es gut, auch die anderen auf Dessertteller stürzen. Bricht die Masse jedoch auseinander, den Summer Pudding in den Förmchen servieren. (Manchmal klappt's, manchmal nicht.)

Leckermäuler essen gern geschlagene Sahne dazu, aber eigentlich sollte man die Leichtigkeit dieses Desserts nicht mutwillig zunichte machen. Noch besser würde die Mascarpone-Crème dazu passen (Seite 419), aber das wäre denn nun wirklich der Gipfel!

Desserts 437

Tarte au Citron

Für 8–12 Portionen:

Für den Teig:

280 g Mehl,
180 g Butter,
100 g Zucker,
2 Eigelb, 1 Eiweiß,
1 TL Wasser,
1 Prise Salz

Für die Füllung:

4 Eier,
150 g Zucker,
2 Zitronen (davon
1 unbehandelt),
1 unbehandelte
Limette,
1 Vanillestange,
200 g Mascarpone,
100 g Crème double

Menüvorschlag:

Fischsalat (S. 17),
Knoblauchhuhn
(Seite 252),
Tarte au citron

Saftige Obsttorten mit einem superdünnen, knusprigen Mürbeteigboden sind eine typisch französische ›Erfindung‹, da solche Torten fast ausschließlich als leichtes Dessert nach einem Essen genossen werden.
Auch bei der Mehrzahl anderer französischer Desserts spielt die Saftigkeit eine bevorzugte Rolle, wie beim nachfolgenden Rezept: Während die außerhalb Frankreichs übliche Version eines Zitronenkuchens (siehe Seite 447) mit Kaffee oder Tee befeuchtet werden muss, braucht die ›tarte au citron‹ als dünner Mürbeteigboden mit einer köstlichen Cremefüllung aus Zitronen, Limetten und Crème double solche Vehikel nicht. Meine Zugabe von Mascarpone erhöht den Genuss noch um ein Weiteres.

1 Aus Mehl, Butterstückchen, Zucker und Eigelb/Eiweiß mit 1 Prise Salz zwischen den Fingern einen Mürbeteig reiben (statt mit den Fingern geht das einfach auch mit den Knethaken eines Rührgeräts), rasch zu einer glatten Kugel kneten und beiseite stellen.

2 Die Eier mit dem Zucker schaumig schlagen. Mascarpone, Crème double, das Ausgekratzte der Vanillestange, den Saft der Zitronen und Limetten (davon 1 Scheibe zurücklegen) sowie die abgeriebene Schale der Zitrone hineinrühren. Kalt stellen.

3 Den Backofen auf 180 Grad vorheizen. Den Teig auf 5 mm ausrollen, über eine Kuchenform mit 28 cm Durchmesser (oder 2-3 kleinere Formen, wie im Bild) ausbreiten, mit dem Nudelholz abrollen und die Teigränder fest an die Wandung drücken. Etwas Eiweiß mit wenig Wasser gemischt auf den Teigboden streichen; dann bleibt der fertige Boden weniger durchlässig. Teig und Ränder mit Alufolie abdecken, andrücken, mit Bohnen, Erbsen oder Kieselsteinen beschweren (damit der Teig keine Blasen wirft) und 10 Minuten im Backofen bei 180 Grad vorbacken. Alufolie samt Beschwerung herausnehmen und weitere 5 Minuten backen.

4 Die Füllung auf den Teigboden gießen und die Tarte bei 150 Grad 15–20 Minuten backen. Vor dem Servieren auskühlen lassen, damit die Füllung fester wird und beim Anschneiden nicht ausläuft.

Tarte aux Fraises

Für 4–6 Portionen:

Für den Teig:

125 g Mehl,
70 g kalte Butter,
50 g Zucker,
1 Eigelb, Salz

Für die Füllung:

150 g Mascarpone,
2 EL Crème double,
1 TL Vanillezucker,
1 TL Zucker,
2 EL Zitronensaft

750 g sehr reife Erdbeeren,
Johannisbeergelee

Menüvorschlag:

Gazpacho (S. 41),
Pfannkuchen mit Spinat und Parmesan (S. 139),
Tarte aux Fraises

Wer kennt sie nicht, die gute alte Erdbeertorte: Halbierte Beeren auf einem dicken, weichen Biskuitboden, versteift mit rotem Tortenguss aus der Tüte! Waren wenigstens die Beeren gut, konnte man sie vom Boden herunterschieben, vom Tortenguss befreien und mit der Gabel einzeln aufspießen. Wenn die Zeit der deutschen Erdbeeren kommt – nicht weil sie besser sind, sondern weil sie reif gepflückt nur kurze Transportwege haben –, sollten Sie diese Erdbeertorte probieren: Auf einem dünnen Mürbeteigboden liegen die ganzen Erdbeeren auf einer Schicht aus Crème double und Mascarpone, glasiert mit aromatischem Johannisbeergelee.

1 Aus Mehl, kalten Butterstückchen, dem Zucker und den Eigelb mit 1 Prise Salz zwischen den Fingern einen Mürbeteig reiben, rasch zu einer glatten Kugel formen und beiseite stellen (statt mit den Fingern geht es gut auch mit den Knethaken eines Rührgeräts).

2 Den Backofen auf 180 Grad vorheizen. Den Teig auf 5 mm ausrollen, über eine Kuchenform mit 18 cm Durchmesser ausbreiten, mit dem Nudelholz abrollen und die Teigränder fest andrücken. Etwas Eiweiß mit wenig Wasser gemischt auf den Teigboden streichen; dann bleibt der fertige Boden weniger durchlässig. Teig und Ränder mit Alufolie abdecken, diese andrücken, mit Hülsenfrüchten oder Kieselsteinen beschweren (damit der Teig keine Blasen wirft) und 10 Minuten vorbacken; Alufolie samt Beschwerung entnehmen und den Boden in 15 Minuten fertigbacken. Erkalten lassen.

3 Mascarpone, Crème double, Zitronensaft, Zucker (nach Geschmack) und Vanillezucker zu einer dicklichen Creme verrühren und auf den erkalteten Teigboden streichen.

4 Die von Stielen befreiten ganzen Erdbeeren mit dem Stielansatz nach unten dicht auf der Creme verteilen. Das Johannisbeergelee leicht erwärmen und über die Erdbeeren löffeln.

Tarte Normande

Der elementare Unterschied zwischen verfeinerten Essgewohnheiten und dem Vollstopfen des Bauches wird deutlich bei der Konstruktion und der Bestimmung der Torten. Dort, wo es voluminöse, mehrstöckige Kalorienbomben sind, die am Nachmittag zum Kaffee verdrückt werden, dort ist es mit der Esskultur nicht weit her. Dort jedoch, wo sich kulinarische Sehnsüchte nicht auf Freßberge richten, sind Torten ein integrierter Bestandteil mehrgängiger Menüs: die Torte als Dessert.

Letzteres bedeutet nicht mehr und nicht weniger, als dass Kaffeehaustanten wie auch die Gäste von Kindergeburtstagen solche Torten nicht so toll finden. Da klebt kein Zucker, da türmt sich keine Schlagsahne, da tropft kein Sirup.

Bei uns gilt sie deshalb nicht als Torte, die Tarte Normande, aber es ist die klassische französische Apfeltorte. Wie verräterisch für beide Seiten! Bekannt ist sie bei uns wohl auch weniger wegen ihres köstlichen Geschmacks, sondern eher wegen der als Kuriosum angesehenen Tatsache, dass sie so dünn ist. Sie sollte es jedoch unbedingt sein, weil das die erste Voraussetzung für eine Dessert-Torte ist: so dünn wie möglich! Der Teigboden nicht einmal einen halben Zentimeter dick!

Für 8–12 Portionen:

4 große säuerliche Äpfel (Boskop o.ä.),
Zitronensaft,
Zucker
(zum Bestreuen),
2 EL Butter

Für den Teig:

150 g Mehl,
1 gehäufter EL Puderzucker,
75 g salzige Butter,
1 Eigelb

evtl. Aprikosenmarmelade oder Apfelgelee;
Calvados

1 Zuerst das Mehl aufs Backbrett häufeln; mit der gewürfelten Butter, dem Eigelb und dem Puderzucker zu einem Mürbeteig verkneten (das geht gut auch mit den Knethaken eines Rührgeräts). Die Teigbrösel rasch zu einem Teig verkneten, zu einer glatten Kugel formen und am besten gleich 3 mm dünn ausrollen (nach alter Tradition kann man den Teig auch erst einmal für 1 Stunde im Kühlschrank ruhen lassen; siehe dazu auch Seite 472).

2 Den Backofen auf 180 Grad vorheizen. Einen Tortenring von 26 Zentimeter Durchmesser auf ein Backblech legen, welches mit Backpapier ausgelegt ist. Solche niedrigen Tortenringe sind praktischer als die bei uns üblichen kompakten Tortenformen, weil sich der exrem dünne Teigboden leichter freilegen lässt. Den vorbereiteten Teig 3 mm dick ausrollen, ums Nudelholz wickeln und auf dem Tortenring abrollen. Die überhängenden Teigränder mit dem Nudelholz durch Druck von oben abschneiden, den jetzt kreisförmigen Teig innen ringsum an den Rand des Rings drücken.

3 Die Teigreste entfernen und das Backblech auf die unterste Schiene des Backofens schieben (besser noch auf den Boden). Den Teigboden bei 180 Grad ungefähr 15 Minuten vorbacken. So unbestimmt diese Zeitangabe ist, so unverbindlich auch die Temperatur. Sie hängt vom Alter und von der Qualität des Ofens ab. Der Teig sollte jedenfalls in dieser Zeit nicht braun werden, sondern nur ganz wenig Farbe annehmen.

4 Das Backblech herausnehmen und eventuell aufgeworfene Blasen mit einer Gabel einstechen. Das macht man beim Vorbacken normalerweise früher, wenn sich die ersten Blasen zu bilden beginnen. Aber wenn der Teig so dünn ist wie hier, kann es passieren, dass sich die Einstiche beim Backen vergrößern und später den Obstsäften als unvorhergesehene Ausgänge dienen.

5 Inzwischen 4 große Äpfel schälen, vierteln, entkernen und in 3 mm dünne Halbmonde schneiden. Diese wie Dachziegel sehr sorgfältig (damit es auch schön aussieht) im Kreis auf den Tortenboden legen, mit etwas Zitronensaft beträufeln und leicht mit Zucker bestreuen. Falls es keine säuerlichen Äpfel sind, mehr Zitronensaft und mehr Zucker nehmen.

6 In einem Töpfchen 2 EL Butter schmelzen lassen und mit einem Pinsel über die Apfelscheiben streichen. Das Backblech wieder in den Ofen schieben, diesmal wird allerdings nicht unten, sondern im oberen Drittel des Ofens gebacken, ungefähr 30 Minuten. Herausnehmen, nur wenig abkühlen lassen und warm servieren. Zuvor träufeln Genießer ein wenig Calvados auf die warme Apfeltorte.
Bei der klassischen Version der Tarte Normande werden die Äpfel nicht mit Zucker bestreut, sondern nach dem Backen mit Aprikosenmarmelade oder Apfelgelee dünn bestrichen. Und wenn Marmelade bzw. Gelee schon vor dem Backen aufgestrichen werden, geschieht kein Unglück. Der Aufstrich hat auch eine schützende Wirkung: Er verhindert, dass die Äpfel trocken werden.

Vorschlag für ein Festmenü:

Rucola mit Walnusskernen und Parmesan (Seite 24), Muschelsuppe (Seite 56), Lammkeule pochiert (Seite 320), Tarte Normande

---

Zur Tarte Normande passt ein Sauternes oder eine deutsche Beerenauslese.

Warme Desserts

Tarte Tatin

Süßmäuler leben in einer anderen Welt als die Patissiers der Sternerestaurants. Zuckerige Verrenkungen werden zu Hause nicht so bewundert wie in den Hochburgen der Kochkunst. Auch wenn Gäste kommen, begnügen wir uns gern mit einer saftigen Tarte Tatin.

Diese Torte ist nach den Schwestern Tatin aus der Normandie benannt, die diese Apfeltorte ihren Gästen servierten. Sie unterscheidet sich von anderen Apfeltorten zum einen dadurch, dass es eine Pfannengeburt ist, welche gestürzt wird, wenn sie fertig ist. Das sieht ziemlich effektvoll aus, und geht leichter, als man denkt. Wenn beim Stürzen der ganze Kladderadatsch dennoch einmal ungeordnet aus der Pfanne auf den Teller purzelt, ist es immer noch effektvoll: Bei den Gästen bricht die Schadenfreude durch. Der entscheidende Unterschied zu anderen Apfeltorten liegt jedoch in ihrer unglaublichen Saftigkeit: Beim Backen saugen sich die Äpfel mit Butterkaramell voll, verlieren dennoch nicht ihre Form und lassen auch den Mürbeteig nicht matschig werden, da dieser oben auf den Äpfeln liegt.

Ganz wichtig ist auch der Topf mit der dicken Crème double, die unbedingt auf dem Tisch stehen sollte. Der hoffentlich knusperige Teig, die heißen süßen Äpfel und die kalte, säuerliche Sahne vereinen sich zu einem Hochgenuss, der es rechtfertigt, auf die Schwestern Tatin das Glas zu erheben.

Für 8 Portionen:

6 – 8 mittelgroße, säuerliche Äpfel,
100–150 g Puderzucker,
100 g Butter,
Zitronensaft,
Aprikosenmarmelade
(evtl. Calvados)

Für den Teig:

125 g Mehl,
60 g Butter,
1 EL Zucker,
1 Prise Salz

1 Topf Crème double

---

1 125 g Mehl, 60 g kalte Butterstückchen, 1 EL Zucker und eine Prise Salz mischen und zwischen den Fingern so zerreiben, dass sich Mehl und Butter verbinden (das geht auch mit den Knethaken eines Rührgeräts). Aus den entstehenden Krümeln mit Hilfe von ein paar Tropfen kalten Wassers rasch einen Teig kneten, zu einer glatten Kugel formen und beiseite stellen. (Früher musste ein Mürbeteig erst im Kühlschrank ruhen; aber das ist wohl eine Tradition aus Zeiten, in welchen das Mehl keine künstlichen Beigaben hatte. Siehe dazu auch Seite 472). Damit ein Mürbeteig nicht zäh wird, sollte er nur kurz geknetet werden.

2 Die Äpfel schälen und mit einem runden Durchstecher die Kerngehäuse entfernen. Im überlieferten Rezept der Demoiselles Tatin werden die geschälten Äpfel nur halbiert und dann seitlich und an den Enden so zurechtgeschnitten, dass sie kopfüber dicht nebeneinander die Pfanne ausfüllen. Das ergibt beim fertigen Kuchen ein dekoratives Muster, macht aber etwas Mühe. Man kann sie deshalb auch vierteln und nur die Enden etwas kappen. So lassen sie sich dachziegelartig in die Pfanne schichten, was allerdings später das Stürzen erschwert.

3 Wer nicht glücklicher Besitzer des Spezialgeschirrs von Le Creuset ist – vermutlich die Mehrzahl – sucht eine Pfanne oder eine Gratinform passender Größe (die abgebildete Apfeltorte wurde in einer Edelstahlpfanne mit 23 cm Durchmesser und flachem Deckel gebacken).

4 Den Backofen auf 220 Grad vorheizen und 100 g Butter in einem Pfännchen schmelzen lassen.

5 Den Pfannenboden ungefähr 1 cm hoch (!) mit Puderzucker bedecken und die Apfelhälften dicht an dicht überkopf hineinlegen und mit ein paar Spritzern Calvados besprenkeln. Das ist

Warme Desserts

nicht unbedingt nötig und auch nicht Teil des Originalrezepts, entspricht aber meiner Mentalität. Die Pfanne erwärmen, die flüssige Butter über die Äpfel träufeln und noch einmal mit etwas Puderzucker bestreuen. Die Äpfel für ungefähr 15 Minuten braten lassen, bis sie halb gar sind; dabei ein Apfelstück vorsichtig herausheben und mit einem Löffel den Butterkaramell immer wieder über die Äpfel löffeln.

6 Den Mürbeteig 5 mm dünn ausrollen. Die Pfanne vom Feuer nehmen und den Teig als Deckel über die Pfanne legen und die Ränder in die Pfanne bzw. die Form eindrücken, so dass daraus ein kleiner Wulst entsteht.

7 Die Pfanne oder Form in den auf 220 Grad vorgeheizten Backofen schieben und die Tarte knapp 30 Minuten backen lassen. Aufpassen, dass der Teigdeckel nicht zu dunkel wird oder gar verbrennt!

8 Ist der Deckel gar, wird die Tarte aus dem Ofen geholt, etwas abgekühlt und mit Hilfe eines möglichst flachen Pfannendeckels gestürzt. Das erfordert ein wenig Geschick und Mut, gelingt aber in der Regel gut.
Die Torte wird noch heiß oder auch lauwarm gegessen. Nicht vergessen, den Topf mit der dicken Crème double auf den Tisch zu stellen!
Wie auch bei der Tarte Normande lässt sich vor allem bei relativ faden Äpfeln der Geschmack verbessern, wenn man die Tarte mit in Zitronensaft angerührter Aprikosenmarmelade bestreicht.
Diese Obsttorte kann mit der gleichen Technik auch mit anderen Früchten wie zum Beispiel Birnen hergestellt werden. Nur das Stürzen wird dann schwieriger.

> **Vorschlag für ein Festmenü:**
>
> **Chicorée mit Aprikosen (Seite 99), Saiblingsfilets in Folie (Seite 89), Taubenbrust mit Safran (Seite 266), Tarte Tatin**

> Ein süßer Dessertwein ist zur Tarte Tatin immer richtig.

Warme Desserts

Thymian-Ingwer-Apfelkompott

Für 4 Personen:

4 mittelgroße Äpfel (grüne Delicious),
1/2 l Weißwein,
1 EL Lavendelhonig,
4 Gewürznelken,
Zitronensaft,
1 EL feingehackter, frischer Ingwer,
1 Prise Thymianblüten,
1 Messerspitze Safranpulver

(Calvados; Crème fraîche)

Menüvorschlag:

Winzersalat (Seite 37),
Pichelsteiner (Seite 330),
Thymian-Ingwer-Apfelkompott

Die Herstellung eines Apfelkompotts zu beschreiben, wäre Zeitverschwendung, wenn es sich um die traditionelle Zubereitung handelte. Doch diese Version schmeckt nicht nur anders als gewohnt, sie wird auch etwas anders gekocht. Zunächst gilt es, ein Vorurteil gegenüber den Delicious-Äpfeln abzubauen: Vor allem die von der grünen Sorte sind saftiger als die traditionellen Boskop und haben auch genügend Säure. Deshalb werden sie von Köchen und Konditoren seit langem bevorzugt.

Ich gebe zu, dass der ungewohnte Geschmack der exotischen Gewürze nicht jedermanns Sache ist. Damit meine ich vor allem Kinder. Die haben es gern eindeutig süß und sind gegen Experimente. Ihretwegen würde ich einen Teil des Kompotts ohne Safran und ohne Thymian lassen. Doch der Anteil für die übrigen soll nicht schmecken wie gewohnt. Deshalb auch beim Abschmecken eher etwas Zitronensaft zugeben als weiteren Honig.

1 Die Äpfel schälen, vierteln, entkernen, in dünne Scheiben schneiden und würfeln. Mit etwas Zitronensaft beträufeln, damit sie nicht zu schnell oxidieren. In einer Kasserolle zusammen mit 1/2 l Weißwein, 1 EL Lavendelhonig, 4 Gewürznelken, 1 EL feingehacktem frischen Ingwer sowie 1 Prise Thymianblüten aufsetzen. 1 Messerspitze Safranpulver unterrühren und langsam garen lassen. Dabei abschmecken. Lavendelhonig eignet sich deshalb so gut, weil dessen Süße das spezifische Blütenaroma nicht kratzig überdeckt. Aber man muss das selbst ausprobieren.

2 Da die Äpfel nicht in großen Stücken, sondern in kleinen Würfeln gekocht werden, sind sie sehr schnell gar, ohne dass sie wie üblich zu Brei werden. Das sollen sie nicht. Auch die beim Kompott entstehende Feuchtigkeit darf nicht suppig werden. Im Idealfall lassen sich aus diesem Kompott auf den Tellern kleine runde Inseln bilden, welche man mit Calvados oder Crème fraîche einkreisen darf. Oder man verzichtet auf beides und trinkt dazu einen leicht süßen Weißwein.

Weiße Mousse mit Birnensauce

Für 6 Personen:

Für die Mousse:

2 Tafeln weiße Schokolade,
100 g Butter,
4 Eigelb,
3/8 l Sahne,
1 1/2 TL (oder 1 Briefchen) Lebkuchengewürz

Für die Sauce:

1/3 l Rotwein,
3 Birnen,
1 EL Rosinen,
6 Nelken, Zucker,
1/2 TL abgeriebene Zitronenschale

Vorschlag für ein Festmenü:

Quiche mit Räucherlachs (Seite 86),
Spinatsuppe mit Knoblauch (Seite 62),
Taubenbrust pur (Seite 265),
Weiße Mousse mit Birnensauce

Zur Mousse passt Monbazillac.

In den Restaurants der Feinen Küche ist es üblich, verschiedenfarbige Mousses anzubieten. Das nennt sich dann ›Dialog‹ oder ›Dreiklang‹ oder so ähnlich.

Ich halte solches nur dann nicht für modischen Firlefanz, wenn sich daraus auch eine geschmacklich passende und interessante Komposition ergibt, wie bei dieser weißen Mousse mit Lebkuchenaroma und einer Birnensauce. Weiße Schokolade unterscheidet sich übrigens von brauner nicht nur in der Farbe: Sie ist viel süßer und hat die tückische Eigenschaft, beim Erkalten im Kühlschrank nicht so steif zu werden. Deshalb nehmen Köche fast immer Gelatine. Ohne geht's aber auch, und es schmeckt besser.

1 Die Eier und die Butter 1 Stunde vorher aus dem Kühlschrank nehmen, damit beides zimmerwarm wird. Die Eigelb mit dem Gewürz weißlichcremig rühren. Die Schokolade in Stückchen in einem Topf mit schwerem Boden unter ständigem Rühren langsam schmelzen lassen. Nach und nach die Butter unterrühren. Mit dem Eigelb vermischen und immer weiter rühren, damit die Masse geschmeidig bleibt und sich nicht separiert. In ein Gefäß mit Eiswasser stellen und unter Rühren abkühlen lassen.

2 Die kühlschrankkalte Sahne in einer gekühlten Schüssel sehr steif schlagen; die erkaltete Creme unter die Sahne mischen. Über Nacht in den sehr kalten Kühlschrank oder ins Gefrierfach stellen.

3 Die Birnen schälen, vierteln und entkernen. Zusammen mit den Nelken, den Rosinen und der abgeriebenen Zitronenschale im Rotwein gar kochen. Die Birnen und die Nelken herausfischen, pürieren und löffelweise wieder in den Wein geben. Jetzt erst vorsichtig zuckern.

Nur so viel Birnenpüree in den Wein geben, dass kein Brei entsteht. Auch die Rosinen sehr sparsam verwenden: Die Mousse sollte mit ihrem feinen Lebkuchenaroma von der Sauce nur unterstützt und nicht übertrumpft werden.

Desserts

Weihnachtskuchen

Wie viele meiner Leser wissen, habe ich etwas gegen die sonntagnachmittäglichen Kuchenschlachten, die eigentlich nur beweisen, dass das Mittagessen entweder unzureichend oder nicht lecker genug war. Dabei esse ich Kuchen als Dessert sehr gern! Ich könnte mir sogar vorstellen, dass der böse Wolf es eigentlich auf den Kuchen abgesehen hatte, den Rotkäppchen zur Oma trug, und die naive Göre eher zufällig gefressen hat. Für mich jedenfalls sind englische Kuchen mit Tee, Gugelhupf mit Gewürztraminer oder Obsttorten mit Sauternes Verlockungen, denen ich selten widerstehe.
Das gilt ganz besonders zur Weihnachtszeit, wo ich meiner Lust auf Süßes hemmungslos frönen kann.

Gewürzter Weihnachtskuchen

Zutaten:

250 g Mehl,
200 g Butter,
180 g Zucker,
6 frische Eier,
1 Tütchen Vanillezucker,
1 abgeriebene Zitronenschale,
40 g gestiftelte Mandeln,
60 g Sultaninen,
20 g Lebkuchengewürz,
20 g geriebene Edelbitter-Schokolade,
2 EL Sahne,
1 Prise Salz

Er sieht aus wie ein Marmorkuchen der herkömmlichen Sorte. Doch nichts trifft weniger zu: Es ist ein edler Teekuchen, ein weihnachtlich inspiriertes, aber ganzjährig delikates Backwerk – fait à la maison!

1 Die Eier und die Butter rund 1 Stunde vorher aus dem Kühlschrank nehmen, damit sie Zimmertemperatur annehmen. Die Butter in einer Schüssel im Wasserbad cremig, aber nicht flüssig werden lassen. Aus dem Wasserbad nehmen und schaumig rühren wie eine Sabayon. Zucker und Vanillezucker hinzufügen, nochmals gründlich rühren. Die ganzen Eier eins nach dem anderen hineinquirlen. Mehl mit Salz vermischen und nach und nach in die Sabayon sieben und glattrühren. Je länger der Teig gerührt wird, um so lockerer wird hinterher der Kuchen.

2 Den Teig auf zwei Schüsseln verteilen. In die eine Schüssel die abgeriebene Zitronenschale und die gestiftelten Mandeln einrühren; in die zweite das Lebkuchengewürz, die Schokolade, die Sultaninen und die Sahne.

3 Eine Gugelhupfform (Rodonform) von 24 cm Durchmesser gut ausbuttern. Die Teige schichtweise einfüllen: zuerst eine Schicht hellen Teig, dann den braunen, dann wieder eine helle Schicht. Bei 180 Grad in der Mitte des Backofens 45 Minuten backen. 10 Minuten später auf eine Unterlage stürzen und auskühlen lassen.

Zu den Kuchen passt Gewürztraminer-Spätlese.

Schottischer Rosinenkuchen – Dundee Cake

Dieser Kuchen ergänzt sich wunderbar mit einem Rum-Parfait. Ohne dieses serviert, ist er wiederum ein herrlicher Anlass, einen Dessertwein zu trinken, also eine Beerenauslese oder Portwein. Und Arbeit macht er Weihnachten keine, weil er schon mehrere Tage in Folie eingepackt durchzieht.

1 Die Orangen waschen und trocknen. Die Schalen mit einem Zestenschneider in kurze, dünne Streifen schneiden. Butter und Zucker schaumig rühren. Die Orangenschalenstreifen und danach die Eier, eins nach dem anderen, unterrühren. Nach jedem Ei 1 EL Mehl einrühren. Sodann die geriebenen Mandeln, die Kirschen, das Zitronat, die Rosinen und Korinthen, das Salz und das restliche Mehl zugeben.

2 Eine 18 cm-Springform ausbuttern, den Teig einfüllen, dicht mit den halbierten Mandeln belegen und mit Backpapier abdecken. Im auf 140 Grad vorgeheizten Backofen ungefähr 1 Stunde backen. Messerprobe machen (die Klinge muss sauber bleiben). Einige Minuten warten, bevor die Springform geöffnet wird. In Alufolie packen und mehrere Tage durchziehen lassen.

Zutaten:
Je 225 g Mehl, Butter und Zucker,
1 Prise Salz,
2 ungespritzte Orangen,
4 Eier,
80 g gemahlene Mandeln,
1 EL Zitronat,
je 100 g Korinthen, blonde und braune Rosinen,
6 ganze kandierte Kirschen,
40 g geschälte und halbierte Mandeln

Zitronenkuchen

Wer Weihnachten nicht schon zum Frühstück mit den Plätzchen beginnen will, sollte stattdessen einmal diesen Zitronenkuchen versuchen.

1 Eier, Zucker, Vanillezucker und 1 Prise Salz schaumig rühren. Den Saft von 2 Zitronen sowie die abgeriebene Schale von 1 Zitrone einrühren.

2 Mehl, Gustin und Backpulver mischen und mit dem Elektroquirl löffelweise zügig in die Masse einarbeiten. Das muss schnell gehen, weil der Teig sonst wegen des fehlenden Fetts zäh wird. Zum Schluss die zerlassene, aber nicht kochende Butter in den Teig einquirlen.

3 Eine passende Kastenform entweder ausbuttern oder mit Alufolie auslegen, den Teig einfüllen und bei 175 Grad im vorgeheizten Ofen ca. 40 Minuten backen. Mit einer Nadel einstechen; bleibt sie trocken, ist der Kuchen gar. Auskühlen lassen.

4 Aus Puderzucker und etwas Zitronensaft eine Glasur herstellen und den Kuchen damit bestreichen. Einen Tag ruhen lassen.

Zutaten:
4 Eier,
250 g Zucker,
1 Tütchen Vanillezucker;
125 g Mehl,
125 g Gustin,
abgeriebene Schale von 1 Zitrone,
Saft von 2 Zitronen,
1 TL Backpulver,
250 g zerlassene Butter,
Puderzucker

Weihnachtsplätzchen

Wenn Weihnachten naht, dann ist es soweit. Die Plätzchenbäckerei beginnt. Aber damit habe ich so meine Schwierigkeiten. Sobald man mir eine Schüssel Mehl vor die Nase stellt, werde ich nervös. Nicht dass mir alles misslänge, was mit Mehl, Butter und Zucker beginnt. Aber auf eine geheimnisvolle Weise ist das Verhältnis zwischen dem Mehl und mir gestört. Das Wort Mürbeteig hörte ich jahrelang nicht gern, weil es mir lange nicht gelang, einen perfekten Boden für zum Beispiel eine Quiche zu fabrizieren. Meist war zu viel Butter drin, davon wird der Teig fettig-matschig, oder er wurde nicht richtig gar. Ich habe ihn auch vorgebacken, wie die Perfektionisten es tun. Aber das war mir dann bald zu umständlich für einen blöden Mürbeteig, den alle meine Tanten Sonntag für Sonntag mit einer geradezu widerlichen Gleichmäßigkeit hinkriegten. Inzwischen habe ich es dann doch gelernt.

Vor allem das Plätzchenbacken ist eigentlich ganz einfach. Ich wiege die Zutaten ab, Barbara vermischt sie, ich heize den Ofen vor, sie formt die Plätzchen, ich gehe in mein Zimmer und lese Robert Gernhard. Nach einiger Zeit duftet es, ich schlendere wie absichtslos in die Küche und falle über die noch warmen Wunderwerke her.

> **Weihnachtsmenüvorschlag:**
>
> Rührei mit schwarzen Trüffeln (Seite 148), Gambas flambiert (Seite 71), Wildschwein-Ragout (Seite 352), Schottischer Rosinenkuchen (Seite 447)

> Die Plätzchen sind eine gute Gelegenheit, Beerenauslesen, Gewürztraminer oder Portweine zu probieren.

1 Immer beginnt das Plätzchenbacken mit einem Mürbeteig. Eine bestimmte Menge durchgesiebtes Mehl (stets Weizenmehl No. 405) wird mit einer bestimmten Menge feinen Zuckers sowie mit einer bestimmten Menge Butterstückchen auf einem Backbrett (oder einer Marmorplatte) mit den Fingern fein zerrieben, mit den Händen geknetet, zur Kugel gerollt und erst einmal kühl gelagert. (Das ist die alte Tradition; ohne Kühlen lässt sich der Teig leichter ausrollen, und die Teigherstellung geht einfacher und schneller mit den Knethaken eines Rührgeräts; siehe Seite 472.)

2 Jetzt gibt es mehrere Möglichkeiten: Die einfachste Methode ist es, den Teig in zwei, drei Stücke zu teilen und daraus jeweils eine dicke Rolle von der Stärke einer dünnen Gurke zu formen und diese in knapp 1 cm dicke Scheiben zu schneiden und auf Backpapier zu backen. Das ist nicht superelegant, schmeckt aber ebenso gut und hat den Vorteil, dass die Plätzchen schön mürbe bleiben.

Man kann den Teig aber auch teilen und zu langen Zigarren rollen (Vorsicht, ein Teig ohne Eier bricht sehr leicht), davon ca. 8 cm lange Stücke schneiden, diese zu halbmondförmigen Kipferln biegen und formen und diese mit Geschick auf das Backpapier auf dem Backblech bugsieren.

Man kann den Teig auch mit dem Nudelholz vorsichtig auf 5 mm ausrollen und mit verschiedenen Förmchen alle möglichen Herzchen und Kringel ausstechen (damit es mehr weihnachtet) und diese dann aufs Backpapier schieben.

3 Der Ofen ist auf 160 Grad vorgeheizt, das Backblech schiebt man auf den Boden (bei Heißluft in die Mitte) des Ofens. Passieren kann nur etwas, wenn aus irgendeinem Grund der Ofen zu heiß ist. Dann schmelzen Butter und Zucker zu schnell, die vielleicht kunstvoll zusammengelegten kleinen Figuren oder Würstchen zerfließen, und anstelle mürber Kipferl kratzt man breite, knusprige Fladen vom Backpapier. Die schmecken auch gut, entsprechen aber wohl nicht der Vorstellung von Weihnachtsgebäck.

Nach der ersten Partie, wenn der Ofen richtig durchgeheizt ist, genügen auch 130 Grad. Lieber mit zu wenig Hitze backen als zu heiß. Es ist schließlich egal, ob die Plätzchen in 20 oder in 35 Minuten fertig sind. Hauptsache, sie zergehen auf der Zunge. Wenn sie jedoch braun werden und zwischen den Zähnen krachen wie Spekulatius, ist etwas schiefgegangen.

4 Nach dem Herausnehmen des Backblechs einige Minuten warten, damit die Plätzchen abkühlen und etwas fester werden. Manche Sorten kriegen noch etwas Puderzucker aufgesiebt, andere geriebene Schokolade – beides schmilzt auf den Plätzchen gerade so viel, dass es haften bleibt. Dann ab in die Blechkiste: Die Plätzchen sollten einige Tage luftdicht ruhen, damit sie ›innerlich reifen‹ können.

5 Hier nun einige Beispiele, die ähnlich in der Zubereitung sind, dennoch aber sehr unterschiedlich im Geschmack:

Vanillekipferl

Die angegebenen Zutaten mit den frisch abgezogenen und gemahlenen Mandeln vermischen und backen wie zuvor beschrieben. Danach 2 EL Puderzucker und 1½ Tütchen Vanillezucker vermischen und aufsieben.

Zimtkipferl

Die nebenstehenden Mengen mischen und wie zuvor beschrieben backen.

Schokoladenkipferl

Die angegebenen Mengen vermischen und wie zuvor beschrieben backen. Nach dem Backen mit geriebener Schokolade bestreuen.

Zutaten:

Vanillekipferl:

280 g Mehl,
210 g Butter,
80 g Zucker,
100 g feingemahlene Mandeln,
2 EL Puderzucker,
1 ½ Tütchen Vanillezucker

Zimtkipferl:

180 g Mehl,
160 g Butter,
70 g Zucker,
70 g gemahlene Haselnüsse,
1 TL Zimt,
½ TL Nelkenpulver,
1 ½ TL abgeriebene Zitronenschale

Schokoladenkipferl:

210 g Mehl,
180 g Butter,
80 g Zucker,
50 g Bitterschokolade,
100 g geriebene Haselnüsse

Zitronencreme – Crema Catalana

Für 4 Personen:

5 Eigelb,
1 Vanillestange,
1/2 l Doppelrahm
(Crème double;
keine normale
Sahne, oder auch
Crème fraiche),
1 unbehandelte
Zitrone,
120 g Zucker,
1 Prise Zimt,
2 EL brauner
Zucker

Vorschlag für ein ›spanisches‹ Menü:

Weiße Bohnen
mit Calamares
(Seite 65),
Kaninchen
mit Oliven
(Seite 308),
Crema Catalana

Dazu passen
Süßweine wie
Banyuls; Maury.

Dieses für Katalonien typische Dessert ist eine mit Zitronenschale und Zimt hergestellte Vanillecreme. Um die Zuckerschicht auf der Creme schnell karamellisieren zu lassen, verwenden Köche spezielle gasbetriebene Brenner. Unter dem sehr heißen Grill funktioniert das Karamellisieren aber auch. Man muss die Creme einen Tag im Voraus herstellen, was die Hausfrau freut. Übersteigt die Zahl der Gäste die der Förmchen, nimmt man für die Crema Catalana stattdessen eine flache, große Tongutform.

1 Das Mark aus der Vanillestange herauskratzen und die Zitronenschale abreiben. Die Eigelb zusammen mit dem Vanillemark, der Prise Zimt, der abgeriebenen Schale und 120 g Zucker mit dem Schneebesen verrühren, bis die Masse weißlich wird.

2 Den Doppelrahm (Crème double; keine normale Sahne!) mit der ausgekratzten Vanillestange aufkochen und 15 Minuten auf dem Herd ziehen lassen. Noch heiß durch ein Sieb in die Eiermasse gießen und rühren. Die Masse in Portionsförmchen füllen und gut abkühlen lassen. Danach über Nacht in den Kühlschrank stellen.

3 Kurz vor dem Servieren mit weißem oder braunem Zucker bestreuen und im Ofen dicht unter dem heißen Grill karamellisieren lassen.

Für die Crema Catalana bringen Touristen aus Spanien gern spezielle elektrische Brenneisen mit; leider sind sie für das Karamellisieren völlig ungeeignet: Sie kleben sofort am Zucker fest, der sich zischend in schwarze Klumpen verwandelt. Profiköche verwenden stattdessen eine Art Bunsenbrenner.

Zitronenschaum

Für 6 Personen:

2 ungespritzte Zitronen,
150 g Zucker,
4 Eier,
300 g Sahne,
1 Prise Salz

(Zitronenmelisse)

Vorschlag für ein Festmenü:

Frühlingszwiebeln mit Sauce Gribiche (Seite 104),
Vitello tonnato (Seite 160),
Lachs mit Meersalz und Olivenöl (Seite 186),
Zitronenschaum

Zum Zitronenschaum passt Champagner.

Das luftigste und wohl leichteste aller Desserts steht folgerichtig ganz am Schluss meiner Rezeptsammlung: der Zitronenschaum. Selbst nach einem ausgiebigen Mahl mit vielen Gängen wird dieses erfrischende Dessert Ihre Gäste noch begeistern.

Im Gegensatz zu mancher Creme wird dieser Schaum ohne Gelatine hergestellt. Dadurch wird er leichter und luftiger, hält allerdings nicht lange.

1 Eigelb und Eiweiß trennen. Die Eigelb mit dem Zucker, dem Saft und der abgeriebenen Schale der Zitronen im Wasserbad aufschlagen und unter ständigem Rühren warm werden lassen, bis die Masse cremig wird. Wenn man einen Holzlöffel eintaucht und dann auf seine Rückseite bläst, muss dort ein Ornament entstehen, das an eine Rose erinnert. In eine vorgekühlte Schüssel umfüllen und abkühlen lassen.

2 Die Sahne steif schlagen. Das geht am besten in einer ebenfalls vorgekühlten Metallschüssel mit dem Schneebesen. Da dies bei diesem Rezept in Leistungssport ausarten würde, schlägt man zunächst mit dem Elektroquirl und nimmt dann den Schneebesen für die letzten Meter vor dem Ziel. Die Sahne wird dadurch luftiger und fester zugleich.

3 Genauso verfährt man mit dem Eiweiß, welches eine Prise Salz mit auf den Weg bekommt. Sahne und Eiweiß müssen sehr steif sein. Dann werden sie nacheinander mit der Eiermasse vermischt. Kurz kühl stellen und bald servieren. Man kann – muss aber nicht – ein paar Blättchen Zitronenmelisse obenauf legen.

Kochseminar

Sauce oder Soße

Wenn es etwas gibt, das unsere mitteleuropäische Küche von allen anderen Küchen unterscheidet, so sind es die Saucen. Ihre Herkunft verdanken sie der Logik, ihren Charakter der Butter oder der Sahne. Sie und nichts anderes sind das Lustobjekt jedes wahren Feinschmeckers; an ihnen erkennt er, ob in der Küche ein Handwerker oder ein Künstler arbeitet.

Aber auf ihnen lastet ein schrecklicher Fluch: Man kann sie nach deutschem Sprachgebrauch auch Soßen nennen. Und meistens werden sie auch so gekocht. Der Weg von der Soße zur Tunke ist nur scheinbar ein Weg, die beiden sind identisch: Die Soße ist die Tunke ist die Soße. Für immer aneinandergeleimt, um Angst und Schrecken über die Welt der Feinschmecker zu bringen, bescheren sie uns diesen dicken, braunen Sumpf, in dem der Ruf unserer Gastronomie ertrunken ist und immer wieder neu ertrinkt. Was da tagtäglich zum zarten Filet, zum Huhn, übers Kalbssteak oder den Rinderbraten geschüttet wird, was da ans Gemüse schwappt, die Kartoffeln durchnässt und die Augen beleidigt, ist Soße. Muss ein Rehrücken, schon von der Spicknadel umgebracht, auch noch von der Soße geschändet werden? Müssen Pommes frites mit einer braunen Tütentunke verkuppelt werden?

Dabei sind Soßen nicht immer braun. Es gibt sie auch in einer relativ klaren Version, Bratensaft genannt; besonders häufig sucht diese den Esser in England unter der Bezeichnung *gravy* heim. Ihr Horror besteht in der unendlichen Langeweile, die sie verbreitet, mag ihr auch die elende braune Mehlschwitze fehlen.

Die schrecklichste von allen aber ist die Weiße Soße. Sie besteht aus Mehl und sonst gar nichts. Sadistische Mütter schütten sie mit Vorliebe über Blumenkohl, Reis und andere Viktualien und wundern sich, wenn die Kinder das Elternhaus vorzeitig verlassen und der Vater hemmungslos der Midlife Crisis frönt.

Man kann Soßen natürlich auch mit Hilfe von Brühwürfeln machen oder fertig in Flaschen kaufen. Man kann auch mit Margarine kochen statt mit Butter, und Wasser nehmen statt Wein. Zwiebeln und Knoblauch braucht man nicht mehr mühsam zu schälen; es gibt sie getrocknet und pulverisiert in kleinen Dosen. In großen Dosen oder aus der Tiefkühltruhe schließlich gibt es fertige Gerichte, die nur noch aufgewärmt werden müssen. Mit einem Wort, beim Kochen braucht man sich kaum noch Mühe zu geben.

Natürlich ist es keiner Hausfrau zuzumuten, tagtäglich so zu kochen, als hätte sie die Inspekteure des Guide Michelin zu Gast. Aber wenn sie Gäste hat, wenn sie sich und ihrer Familie etwas Besonderes vorsetzen möchte, dann darf es die Ausrede nicht geben, es sei zu mühsam und zu teuer. Gutes Essen ist nun mal teuer, und Arbeit kostet es auch.

Das mag sich ziemlich unmodern anhören, besonders für Leute, die meinen, es gäbe wichtigere Dinge im Leben. Gibt es auch. Es gibt aber auch Menschen, die Dinge nicht danach beurteilen, ob sie wichtig sind, sondern danach, ob sie Freude machen. Und was das angeht, so gibt es auf die Dauer wenig Sachen, die mehr Freude machen als ein erlesenes Essen.

Und damit sind wir wieder bei der Sauce. Ihr Sinn liegt nicht darin, die Kartoffel zu ertränken, sondern das Fleisch oder den Fisch oder das Gemüse zu verfeinern. Dabei geht man logisch vor: Eine Wildsauce wird aus Knochen und Fleischabfällen vom Wild hergestellt, für Fischsaucen dienen Gräten und Häute vom Fisch als Basis – das ist logisch. Ebenso ist es bei Saucen zu Hühnern, Wildgeflügel oder Kalbfleisch. Die jeweilige Basis, mehr oder weniger lange aus den Knochen und Abfällen herausgekocht, nennt man Fond. Das ist die häufigste Grundlage für eine erstklassige Sauce. Er kann ein ›kleiner‹ Fond sein, den man während der Zubereitung eines Gerichts als Basis für die Sauce herstellt, oder aber ein ›großer‹ Fond, den man schon Tage oder Wochen vor dem jeweiligen Gebrauch produziert. Es geht auch ganz ohne Fond, wie es bei der Mehrzahl der in diesem Kochbuch vorgestellten Rezepte der Fall ist und dort auch jeweils beschrieben wird.

Wer sich nur auf die Rezepte in diesem Kochbuch verlassen möchte, braucht die Anmerkungen über die Grundregeln der Saucenherstellung nicht zu lesen.

Der Kalbsfond

Ich habe in den Küchen meiner Freunde nach Fonds gefragt. Es sind allesamt ziemlich hungrige Menschen, wenn auch keine Hungerleider, was man daran erkennt, dass sie schon mal einen Tageslohn im Gourmetrestaurant verfressen. »Wieviele verschiedene Fonds habt ihr«, habe ich gefragt. Sie gestanden, dass sie überhaupt keine Fonds besäßen. »Zu umständlich. Es geht ja auch ohne.«

Klar geht es auch ohne. Aber mit geht es besser. Zwei- oder dreimal im Jahr einen Fond kochen ist ja keine Zumutung, wenn man dafür zu jeder Zeit in der Lage ist, eine Supersauce zu produzieren.

In Restaurantküchen haben sie verschiedene Fonds. Einen Wildfond, einen weißen Fond, einen Hühnerfond, einen braunen Fond sowie Fisch- und Pilzfond. Dort sind Fonds die Saucenbasis, bei mir dienen sie lediglich zur Verbesserung der Sauce. Deshalb brauche ich nur einen vom Kalb. Ich benötige dafür:

4 Kilo Knochen vom Kalb (Sandknochen, Schwanz, Stücke vom Bauch und einen Fuß), Olivenöl, eine große halbierte braune Zwiebel, eine halbierte Karotte

Die beschriebenen 4 Kilo kosten nicht viel. Ich bestehe dennoch darauf, dass er mir alles in sehr kleine Stücke zersägt, was bei dem Preis fast eine Zumutung ist. Aber ich habe keine Großküche mehr, und die riesigen Töpfe haben auch eine neue Heimat gefunden. Ich nehme den Bräter. Ein Guss Olivenöl kommt rein, dann wird alles in den auf Höchsttouren laufenden Backofen geschoben (280 Grad). Da ich beim Einkauf wieder einmal übertrieben habe, wird's im Bräter eng. Also die Knochen zuerst. Einfach rein und nach circa 40 Minuten umschichten. Weiterbraten lassen, wieder wenden und so weiter, bis die furchtbaren Knochen nicht mehr furchtbar weiß sind, sondern hellbraun. Dann den zerhackten Kalbsschwanz und den halbierten Kalbsfuß obenauf legen. Immer bei 280 Grad! Wegen seiner einmaligen Gelierfähigkeit gehört ein Kalbsfuß in jeden Fond. Beim Metzger gibt es ihn auf Bestellung. Er ist dann bereits blanchiert und halbiert.

Am Ende der Anbratphase – nach gut 90 Minuten – lege ich noch eine große halbierte Zwiebel und eine halbierte Karotte in den Bräter. Keine weiteren Kräuter oder Gewürze.

Bevor sich das appetitliche Braun in verbranntes Schwarz verwandelt, stelle ich den Bräter auf den Herd, gieße mit kaltem Wasser auf, so dass der Inhalt völlig bedeckt ist und lasse ihn 5 Stunden bei geschlossenem Deckel köcheln.

Wenn die 5 Stunden rum sind, fische ich mit dem Schaumlöffel die nicht sehr appetitlich aussehenden Einzelheiten aus dem Bräter und werfe sie weg. Nun wird die Hitze erhöht und der Fond soll sprudelnd kochen, damit er verdampft. Weil der sich ausbreitende Dampf Fett und Klebstoffe enthält, empfiehlt sich eine wirksame Abzugshaube oder ein Propangaskocher auf dem Balkon. Die hellbraune Flüssigkeit sollte auf weniger als die Hälfte eingedampft werden. Danach ist Feierabend. Die Flüssigkeit wird durch ein Haarsieb in einen Topf umgefüllt und kühlt über Nacht aus. Dabei bildet sich auf der Oberfläche eine dicke Fettschicht, die ich am nächsten Morgen sorgfältig abhebe und entsorge. Der restliche Fond hat die Konsistenz von Wackelpudding. Ich koche ihn auf und lasse ihn weiter reduzieren, bis seine Menge in meinen Jogurtbechern Platz hat. Während dieser letzten Etappe bildet sich immer wieder Schaum auf der Oberfläche, den ich sorgfältig abschöpfe. Dann endlich haben wir fertig. Ich fülle den heißen Fond durch einen Trichter in die Plastikbecher, lasse abkühlen, verschließe mit Folie und verstaue sie im ewigen Eis.

Verwendet wird der Fond erst in der Endphase einer Saucenherstellung: Nachdem ein Stück Fleisch im Fett gar gebraten ist, wird das Fett abgegossen und der Bratensatz in der Pfanne mit Wein abgelöscht, eingekocht und mit 2 oder 3 EL Fond aufgefüllt. Das Gelee löst sich in der heißen Pfanne sofort auf, aber schon die geringste Abkühlung, zum Beispiel, wenn sie vom Ofen auf den Tisch getragen wird, gibt der Sauce die gewünschte Sämigkeit ohne Mehl! Natürlich muss nachgeschmeckt und eventuell nachgesalzen werden.

Es versteht sich von selbst, dass dieser Kalbsfond nicht nur bei Kalbsbraten Verwendung findet, sondern für jede Art von brauner Sauce geeignet ist.

Saucen mit Fondbasis

Nun gibt es aber Braten, deren Saucen man nicht verbessern kann, weil sie überhaupt keine Sauce abgeben, wie jedes kurzgebratene Stück Fleisch oder auch beim Braten mit der Niedrig-Temperatur-Methode (siehe Seite 465). Um dennoch eine gute Sauce dazu reichen zu können, braucht man sämtliche Häute und andere Abfälle des Bratfleisches außer dem Fett. Man nennt diese Abfälle Parüren. Wenn das nicht ausreicht – eine kleine Handvoll sollte es schon sein – kauft man die entsprechende Menge dazu. Beim Fleischkauf kann man ja erkennen, ob genügend Parüren anfallen. Also Wildragout, wenn es sich um einen Rehrücken handelt; oder ein Stückchen mageres Rindfleisch, und zwar diesmal nicht von der besten Sorte! Alles in kleine Stücke schneiden und in Öl oder heißem Butterschmalz kräftig anbraten. Sodann

> 1 kleine gehackte Zwiebel, 1/2 gehackte Karotte, 1 Lorbeerblatt, 1/2 TL getrockneten Thymian

hinzugeben und kurz mitbraten. Dann mit 1 Glas Rotwein ablöschen und so viel Wasser aufgießen, dass alles gut bedeckt ist. Ungefähr 2 Stunden auf kleiner Flamme kochen, zum Schluss ohne Deckel einkochen lassen. Durch ein Sieb in eine Pfanne gießen, das Fleisch und Gemüse mit dem Rücken eines Löffels gut ausdrücken, bevor man es wegwirft. Was jetzt in der Pfanne ist, nennt man einen Fond, den man mit Salz und Pfeffer, vielleicht etwas Tomatenmark und Basilikum, vielleicht mit wenig Knoblauch abschmeckt und mit Jus auffüllt.

Diese Art, einen kleinen Fond herzustellen, gewährleistet auch dann eine natürliche und erstklassige Sauce, wenn kein Kalbfond vorrätig ist.

Solche Fonds lassen sich gut auf Vorrat und auch in größeren Mengen herstellen, damit man nicht jedes Mal vor der Zubereitung einer Sauce mit dem zuvor beschriebenen kleinen Fond anfangen muss. Dazu nimmt man jeweils eine größere Menge kleingehackter Knochen und Fleischabfälle, brät diese in einer Reine im Backofen rundherum goldbraun an, fügt grobgehackte Gemüse hinzu – Lauch, Zwiebel, Karotte, Sellerie, Tomaten – löscht mit Rotwein ab, füllt mit Wasser auf und lässt alles für 3 – 5 Stunden im Backofen vor sich hin köcheln. Für einen Rehfond nimmt man Rehpfeffer (das sind die nicht sehr ansehnlichen Teile vom Hals und von der Brust) und fügt den Gemüsen eine Handvoll Wacholderbeeren und Schinkenstückchen zu, für einen Hühnerfond nimmt man die kleingehackte Karkasse, löscht mit Weißwein ab, lässt Wacholderbeeren und Schinken weg und verkürzt die Köchelzeit auf 1 1/2 Stunden.

Danach wird alles durch ein Haarsieb in einen Topf gegossen, ausgedrückt und auf starker Flamme so weit eingekocht, dass aus den ursprünglichen 2 bis 3 Litern vielleicht nur noch 1/2 oder 1/4 Liter übrigbleibt. Dieser Extrakt wird kalt gestellt. Er ist jetzt so stark reduziert, dass er fest wird. War Fett dabei, setzt es sich an der Oberfläche ab, wo man es wie einen Deckel abnehmen kann. Im Kühlschrank lässt sich so ein Fond eine gute Woche, in der Tiefkühltruhe sicher Monate aufheben.

Die Basis für eine Fischsauce, ein Fischfond also, darf nur 20 Minuten kochen, andernfalls würde der Fond zu konzentriert, das heißt, zu klebrig, was zwar den Weindurst enorm fördert, die Sauce aber zu plump geraten ließe. Diesen Fond sollte man auch nur von Fall zu Fall frisch herstellen, weil er nicht wie ein Fleischfond eingekocht wird.

Auf solchen Fonds lässt sich eine Sauce leicht aufbauen. Hier ein bißchen Madeira, dort etwas trockener Vermouth; Tomatenmark ist möglich oder Senf, auch Safran oder eine kleine Prise Ingwer – dabei immer wieder abschmecken, abschmecken, abschmecken! Abschließend wird Butter oder Sahne bzw. Crème fraîche einmontiert. Eigelb, das früher gern zum Binden benutzt wurde, gibt es nur noch als Sauce Hollandaise, die in der Fischküche (vor allem im Elsass) gerne unter die fast fertige Sauce gerührt wird.

Meist ist ein Fond jedoch nicht die Basis einer Sauce, sondern dient der Verbesserung der jeweiligen Sauce. Oft genügen schon 2 oder 3 EL eines Fonds, um eine Sauce zu kräftigen und zu aromatisieren, wie zum Beispiel bei einer Sahnesauce: Den Bratsatz in der Pfanne, in der der Braten gegart wurde, löscht man mit wenig Sahne ab und schabt dabei alle Bratrückstände in der Pfanne los. Bei 1500 g Fleisch braucht man fast 1/4 l Sahne. Diese gießt man in mehreren Etappen in die Pfanne, die nächste Menge immer erst, wenn die in der Pfanne befindliche Sahne schon um die Hälfte eingekocht ist und eine braune Farbe angenommen hat.

Das Geheimnis aller guten Saucen heißt: einkochen lassen!

Erst wenn die Sahne vollständig verbraucht ist, den fertiggestellten Fond zugeben. Ist er sehr fest, wird man noch etwas Sahne nachgeben müssen und anschließend wieder einkochen. Das erst gibt die richtige Konsistenz. Das klingt ein wenig kompliziert, ist es aber keineswegs. Nach dieser Grundtechnik werden die meisten guten Saucen hergestellt. Mehl und Wasser sind überflüssig.

Je stärker eine Sauce einkocht, um so besser wird sie. Experten warten mit dem Nachgießen der jeweiligen Flüssigkeit (Sahne, Wein, Fond) so lange, bis die einkochende Sahne fast nicht mehr vorhanden ist und anzubrennen droht. Erst dann weitere Flüssigkeit zugeben und wieder einkochen lassen. Dabei ständig mit dem Holzlöffel rühren und immer wieder abschmecken.

Jedoch gehören stark eingekochte Knochenfonds auch ohne Mehl immer noch zu den schweren Saucen. Deshalb hat sich – jenseits der Kalorienhysterie der Diätisten – der Begriff der ›Neuen Küche‹ gebildet. Es ist dies eine leichte, fettarme Küche, die von französischen Köchen eingeführt wurde. Deren Übertreibungen – winzige Portionen pürierter Gemüse, blutige Entenbrüste etc. – sind längst wieder verschwunden, aber die Grundprinzipien der ›Neuen Küche‹ sind geblieben: frische und beste Produkte, Hervorhebung des jeweiligen Eigengeschmacks, Beschränkung auf wenige Zutaten und schonendste Zubereitung.

Teilweise arbeiten Köche nicht einmal mehr mit einem Fond aus Fleisch und Knochen, sondern nehmen als Saucenbasis folgende Reduktion: 20 kg Zwiebeln grob zerschneiden, mit durchwachsenem Speck leicht andünsten, großzügig Knoblauchzehen dazugeben, mit 50 Liter Rotwein aufgießen und so lange auf kleiner Flamme einkochen lassen, bis ungefähr nur noch 10 Liter Flüssigkeit übrig sind. Für die verschiedensten Verwendungsarten wird diese Saucenbasis entsprechend variiert (mit Tomaten, mit Thymian etc.). Im Privathaushalt lassen sich selbstverständlich auch kleinere Mengen dieser Reduktion herstellen.

Bei Sahnesaucen wird in der ›Neuen Küche‹ die Sahne erst ganz am Schluss hinzugegeben und fast nicht mehr eingekocht. Dabei ist allerdings zu bedenken, dass es sich bei der Sahne um Crème double oder um Crème fraîche handelt, also um eine Sahne mit viel höherem Fettgehalt als üblich.

Eine leichte Sauce herzustellen, die ebenso gut schmeckt wie eine schwere Sauce, ist gar nicht so einfach. Solange jemand nicht täglich so kocht, wie es hier beschrieben wird, ist meiner Meinung nach gegen eine Sauce auf einer Basis von Knochenfond, die bei der Zubereitung reduziert wird, nichts einzuwenden. Schließlich ist diese Saucentechnik ja bereits erheblich gesünder und leichter, als es die Saucen des seligen Monsieur Escoffier waren.

Doch wie man eine Sauce letzten Endes auch montiert (›zusammenbaut‹), vorher muss sie entfettet werden. Niemals, darauf möchte ich ausdrücklich hinweisen, niemals darf Bratfett in der Sauce verarbeitet werden! Die Butter, in der sie ein Rinderfilet gebraten hat, mag mancher Hausfrau zum Wegwerfen zu schade sein. Dennoch: Sie darf nicht in die Sauce! Und zwar aus geschmacklichen wie aus gesundheitlichen Gründen. Einfach den Bratensatz in der Pfanne ablöschen und zum Montieren frische Butter nehmen – so entsteht eine Sauce.

Bei einem Schmorbraten, der in Bouillon oder Wein gegart wurde, gießt man die Bratenflüssigkeit in eine Kasserolle. Man lässt sie sich etwas setzen und schöpft dann vorsichtig das oben schwimmende Fett ab. Erst danach beginnt man mit der Verfeinerung durch einen Fond oder Sahne oder Jus.

Bei gründlichem Entfetten einer Sauce, die später keine Sahne, sondern nur Fond und/oder Jus zugesetzt bekommt, kann die Sauce auf diese Weise sogar mager werden. (Trotzdem: Das ursprüngliche Bratfett muss weg!) Deshalb gibt man ganz zum Schluss 1 EL Butter hinzu. Der geschmackliche Gewinn ist überraschend, auch wenn man nicht besonders frische Bauernbutter dafür findet, obwohl diese unvergleichlich besser schmeckt.

Saucen ohne Fond

Nun muss ich gestehen, dass ich nur noch selten mit Fonds arbeite. Das bedeutet nicht, dass ich sie für entbehrlich hielte, es liegt vielmehr an meinen Essgewohnheiten. Mageres, rotes Fleisch produziert aus eigener Kraft fast keine Sauce (es sei denn, es wird im geschlossenen Topf geschmort), dafür ist ein Fond unerlässlich. Aber abgesehen von Wild brate ich selten mageres, rotes Fleisch. Wohl Lamm, das zwar auch rot, aber nicht mager ist. Hühner, vor allem als Frikassee, und Kaninchen, Kalbsbries, Lammragout – alle diese Produkte haben so viel Gelierfähigkeit, dass ich dazu keinen Fond brauche. Gewiss ergibt eine im Ganzen gebratene Lammkeule nicht viel Sauce, eigentlich gar keine. Aber die brauche ich auch nicht, da ich dazu ein sahniges Kartoffelgratin esse; die nach meiner Meinung leckerste Beilage zur Lammkeule. Aber sogar Salzkartoffeln sind kein Grund, zur Lammkeule eine auf einem Fond basierende Sauce zu servieren. Weil die Keule nämlich die Hauptsache ist, und die hat so viel Eigengeschmack (hoffentlich!), dass jede kräftige Sauce diesen nur abschwächen oder verfälschen würde. Dieses Grundprinzip jeder vernünftigen Küche lässt sich natürlich nur durchsetzen, wenn die Qualität von Fleisch und Geflügel höheren Ansprüchen genügt.

Wenn vom Eigengeschmack kaum die Rede sein kann, wie bei Tieren aus der unseligen Massentierhaltung, erst dann ist es berechtigt und sogar notwendig, durch eine kräftige Sauce Leben auf den Teller zu bringen. Das ist nicht schwer; allein zum Huhn lassen sich so viele leckere Saucen machen, dass es eigentlich trotz seiner Farblosigkeit viel populärer sein müsste, als es ist. Eine hocharomatische, sahnige Morchelsauce gehört ganz oben an die erste Stelle, ebenso die leichtere, aber nicht weniger intensive Essigsauce (Poulet au vinaigre); das Huhn in Rotwein mit Speck und Champignons (Coq au vin) oder in Vin jaune (ein sherryähnlicher Wein aus dem französischen Jura). Das sind kräftige Weinsaucen, die die Misere der Massenzucht fast vergessen lassen. Die gleichen Saucen passen auch zum Kaninchen, welchem außerdem eine Senfsauce sehr gut bekommt, und das sogar mit Trockenpflaumen (plus Rotwein) geschmort werden kann.

Bei Kalbfleisch, vor allem bei Ragouts sind derart verfremdende Ingredienzen nicht notwendig, um eine Verfeinerung zu erreichen.

Für die langweiligen Kalbsschnitzel weiß ich keinen Rat, außer sie als Saltimbocca mit Salbei und Schinken zu essen. Olivenöl, feingehackte Schalotten und frischer Thymian, eine, zwei Tomaten und

Weißwein wirken beim Kalbfleisch schon Wunder. Bei Ragouts ist ein Fond generell überfüssig. Sie sind im Prinzip ja nichts anderes als winzige Schmorbraten, und wie dieser produzieren sie einen schönen, aromatischen Schmorsaft aus den verschiedenen Zutaten, der zum Schluss nur noch durchgesiebt, abgeschmeckt und mit Butter oder Sahne/Crème fraîche verfeinert werden muss.

Gemüsesaucen

Schließlich gibt es auch fleischlose Tage, da esse ich nur Gemüse (dann mit Kartoffeln oder Reis). Auch aus Gemüse lassen sich logische und delikate Saucen ziehen, wenn auch nicht aus jedem. Bei Blumenkohl muss ich passen; wie überhaupt die meisten Kohlarten wenigstens eine Hackfleischeinlage brauchen, damit ihr Schmorsaft, mit Sahne verbessert, Sauce genannt werden kann. Aber Lauch und Gurken vor allem, sowie Karotten, Fenchel und Chicorée, von südlichen Gemüseragouts wie Ratatouille ganz zu schweigen, produzieren aus eigener Kraft schöne Saucen.

Auch dafür gibt es ein Grundprinzip: Das zerschnittene Gemüse in Butter anschwitzen, ohne dass es Farbe annimmt, mit wenig Weißwein gar dünsten, den Saft reduzieren und mit Sahne verfeinern. Neben Salz und Pfeffer können die verschiedensten Gewürze verwendet werden, wie Estragon, Rosmarin, Schnittlauch, Thymian, Curry – aber natürlich nicht alle gleichzeitig!

Unterstützt werden solche Gemüsesaucen durch mitgedünstete, frische Champignons. Sie geben sehr viel Saft ab und aromatisieren die meisten Gemüse auf eine diskrete und nie unpassende Weise. Als selbständiges Gemüse sind sie, wie jede Pilzart, unübertreffliche Saucenproduzenten. Wem es nicht gelingt, aus ihrem Saft mit Hilfe von Schalotten, Sahne, Zitronensaft, Knoblauch, Salz, Pfeffer und Petersilie eine der gleichzeitig einfachsten und köstlichsten Saucen zu machen, der sollte sich zum Geburtstag ein einschlägiges Kochbuch schenken lassen.

Weiße Saucen

Viele Köche fürchten sich – unnötig, wie ich meine – vor einem Misslingen von weißen Saucen (Beurre Blanc, Hollandaise, Sauce Mousseline, etc.). Natürlich passiert das leichter bei einer Sauce, die mit Eigelb oder frischer Butter montiert wird als bei Saucen auf Fleischjus-Basis. Eigelb kann stocken, Butter gerinnen. Aber besonders schwierig ist das Herstellen einer weißen Sauce deshalb noch lange nicht.

Die Ängstlichkeit erklärt sich eher durch fehlende Übung. Nur die Übung aber macht den Meister, wie wir wissen, und tatsächlich gelingen derartige Saucen mühelos, wenn man sie häufiger herstellt und das Gefühl hat: Ich kann's!

Nehmen Sie sich deshalb vor, die nächsten vier Fischgerichte mit einer weißen Sauce zu servieren. Zum Beispiel mit der bereits erwähnten

Sauce Beurre Blanc:
Pro Portion (Person):
4 EL weißer Weinessig
4 EL trockener Weißwein
4 EL Fischfond (mit Salz und Cayennepfeffer abschmecken)
2 EL feingehackte Schalotten

Alle Zutaten in einer Kasserolle aufsetzen und langsam so lange köcheln lassen, bis die Flüssigkeit um die Hälfte reduziert ist. Abkühlen. Das sollte man lange vor dem Essen vorbereiten, wie auch 200 g Butter in kleine Portionen von ungefähr 1/2 TL zerpflücken und ins Eisfach stellen.

Für den letzten Arbeitsgang braucht man kurz vor dem Servieren etwa 7 Minuten Zeit und ruhige Nerven: Die reduzierte Saucenbasis erneut erhitzen. Die Schalotten mit ihrem Saft durch ein Sieb pressen. Darin 2 EL Butter auflösen. Nun bei sehr schwacher Hitze die kalten Butterflöckchen nach und nach unter ständigem, aber nicht zu hastigen Schlagen mit dem Schneebesen unterziehen. Die Buttersauce bekommt nun einen weißlichen Farbton und ist von einer überraschenden Sämigkeit;

überraschend, weil ja weder Eigelb noch Mehl dabei verwendet wird. Abschmecken nicht vergessen!

Misslingen kann sie nur, wenn man die Butter zu stark erhitzt (nie mehr als 60 Grad!), dann gerinnt sie. Das ändert zwar ihren köstlichen Geschmack nicht, sieht aber nicht so perfekt aus wie eine ordnungsgemäß montierte Beurre Blanc.

Voraussetzung für das Gelingen dieser Sauce ist wieder einmal die richtige Kasserolle. Diese muss einen sehr schweren Boden haben, der sich gleichmäßig erhitzt. Ein dünner Topf wird an irgendeiner Stelle heißer sein als alle anderen und damit die Sauce gefährden.

Garantiert gelingt eine Beurre Blanc, wenn sie im Wasserbad zubereitet wird. Ich halte diese Vorsicht jedoch für übertrieben, sofern man auf die beiden wichtigen Bedingungen achtet: schwerer Topf und schwache Hitze.

Die fertige Beurre Blanc wird in einer Sauciere zu pochiertem Fisch (Hecht, Zander o.ä.) serviert. Wenn man vorher einen fruchtigen, jungen Sancerre, einen Elsässer Riesling eines guten Winzers oder einen Chablis Premier Crû kalt gestellt hat, ist man der kulinarischen Vollkommenheit schon einen schönen Schritt näher gekommen.

Neben der Beurre Blanc gibt es noch eine Sauce, deren Zubereitung man kennen sollte, um vor allem während der Spargelzeit nicht auf die übliche, zerlassene Butter angewiesen zu sein. Es ist die

Sauce Hollandaise:
Für 4 Portionen (Personen):
3 Eigelb, 180 g Butter, 1 TL Zitronensaft, Cayennepfeffer, Salz

Auch diese Sauce darf nie stark erhitzt werden, weil sonst das Eigelb stockt und die Butter gerinnt. Die notwendige schwache und gleichmäßige Hitze erreicht man am sichersten im Wasserbad.

Also zuerst eine große, hochwandige Pfanne mit Wasser aufsetzen. Daneben in einem kleinen Pfännchen 180 g Butter schmelzen lassen. In eine schwere Kasserolle 1 TL Butter, 1 EL Wasser, 1 EL Zitronensaft und die 3 Eigelb geben. Die Kasserolle in die Pfanne mit dem heißen Wasser stellen und langsam, aber ständig mit dem Schneebesen schlagen. Hat sich die Masse auf ungefähr 40 Grad erwärmt (das kann ein Finger gerade noch aushalten), gießt man die inzwischen flüssig, aber nicht heiß gewordene Butter portionsweise in das Eigelb, wobei man ständig weiter schlägt. Die weiße Molke auf dem Boden des Butterpfännchens verwendet man nicht. Zwischendurch mit Salz und weißem Pfeffer abschmecken, eventuell noch etwas Zitronensaft hinzufügen. Nach rund 15 Minuten wird die Masse wunderbar sämig. Sie wird in eine Sauciere umgefüllt und z.B. zu Spargel oder zu Fisch serviert.

Zum Schluss noch eine der für mich schönsten Erfindungen einer leichten, aromatischen Küche, die

Sommersauce:
Für 4 – 6 Portionen (Personen)
1/2 l saure Sahne, 3 EL Crème fraîche,
1 TL scharfer Senf, 1 Schalotte, Knoblauch,
Salz, Pfeffer, Schnittlauch

Schalotte und (beliebig viel) Knoblauch durch eine Presse in die Sahne drücken, Senf und Crème fraîche hinzufügen, salzen und pfeffern. Zum Schluss etwas Zitronensaft und gehackten Schnittlauch unterrühren. Diese Sommersauce passt hervorragend zu gekochtem Fleisch (z.B. einer Lammschulter), schmeckt aber auch am nächsten Tag sehr gut zu Gemüse oder als Aufstrich auf ein Landbrot.

Butter und Öl

Geschmacklich reicht bei der Butter die Skala von dem, was eine gewisse Industrie beschönigend «neutral» nennt und nichts anderes als geschmacklos bezeichnet, bis zu jenem typischen Buttergeschmack, der so lecker ist, dass man die Butter mit dem Löffel essen möchte. Bloß, die zuletzt beschriebene Sorte zu finden, ist genauso unwahrscheinlich wie eine Alm ohne Skilift. Sie ist fast immer französischer Herkunft, aber auch in Frankreich ziemlich selten und – wen wundert's – viel teurer als die normal schmeckende.

Nun gibt es einen weiteren Unterschied von Butter zu Butter, der geschmacklich nicht so leicht festzustellen, der aber sehr wichtig ist, wenn die Butter für Buttersaucen verwendet wird: Es gibt Süßrahm- und Sauerrahmbutter. Süßrahmbutter ist seltener, aber nur sie garantiert, dass eine Buttersauce gelingt; Sauerrahmbutter hat weniger Bindungskraft und flockt leichter aus. Wem zum Beispiel eine Sauce Béarnaise schon bei mäßiger Temperatur geronnen ist, hatte vermutlich die falsche Butter.

Schon in geringen Mengen ist Butter ein willkommener Geschmacksverbesserer bei vielen Saucen, in Gemüsegerichten und Gratins, und unverzichtbar ist sie immer noch bei den meisten Backwaren. Viel häufiger aber wird heute Olivenöl verwendet: Es schont die Cholesterinwerte, gehört zu fast allen mediterranen Gerichten und schmeckt wunderbar, wenn es kalt geschlagen aus der ersten Pressung stammt und einen intensiven Geschmack besitzt. Aber da gibt es sehr große Unterschiede, die sich leider nicht aus dem Etikett ergeben und oft auch nicht aus dem Preis. Da sollte man so lange herumprobieren, bis man »sein« Öl gefunden hat und davon immer einen Vorrat halten kann.

Fisch

Fischeinkauf

Im Gegensatz zum Besuch einer Metzgerei ist der Einkauf in einer Fischhandlung geradezu archaisch: Beim Metzger mit all seinen Würsten und Fleischstücken ist kaum noch etwas von der ursprünglichen Form der Vierbeiner zu sehen. Fische hingegen sehen aus, als seien sie soeben von der Angel auf die Theke gesprungen.

Vielleicht wird schon deshalb bei uns viel weniger Fisch als Fleisch gegessen, obwohl jeder weiß, dass Fisch viel gesünder ist. Er hat viel Eiweiß, wenig Fett und ist leicht verdaulich. Vielleicht liegt die Zurückhaltung aber auch am mangelnden Angebot. Außer in wenigen Großstädten und bestimmten Supermärkten sind frische Fische auf dem Land noch immer eher eine Rarität.

Nicht zu leugnen ist außerdem, dass Fische, obwohl praktisch Schnellgerichte, viel sorgfältiger zubereitet werden müssen als Fleisch und mehr Können, zumindest mehr Fingerspitzengefühl vom Koch verlangen als ein Kotelett. Dabei sind Fische grundsätzlich einfacher zu garen als irgendeine Fleischsorte. Bei Fischen spielt es beim Einkauf auch fast keine Rolle, ob es ein junger oder alter Fisch ist, den Sie da in den Topf werfen; ob er mit der Angel (Süßwasserfische) oder mit dem Netz (Meeresfische) gefangen wurde. Die Art der Ernährung des Fisches entscheidet hingegen über seine Farbe und seine Konsistenz, wodurch Zuchtfische mit ihrem Pharmafutter deutlich benachteiligt werden.

Der Fischkauf wird von einem Mythos bestimmt: frisch muss er sein, fangfrisch, frisch gewaschen und frisch gekämmt. Sehr, sehr frisch. Jede Hausfrau hat den Casablanca-Rat im Ohr: Schau mir in die Augen, Hering! Möglichst hell und klar sollen sie sein und nicht stumpf.

Dazu ist zu sagen, dass nur ein Fisch, den ich selbst vor wenigen Minuten aus dem Wasser gezogen habe, wirklich frisch ist. In der Regel werden Fische im Nordatlantik gefangen, liegen viele Tage auf Eis und werden erst, wenn das Boot voll ist, in den Heimathafen transportiert. Von dort geht es per Flug oder Lastwagen in die verschiedenen Städte, wo die Kundschaft auf die fangfrische Ware wartet. (Dann geht sie nebenan zum Bäcker, um ofenfrisches Brot zu kaufen, das dem Bäcker in der Nacht geliefert wurde, worauf er es zum Aufbacken in den heißen Ofen geschoben hat.)

Warum Forellen und andere Flussfische mehr oder weniger ausgerottet sind, ist bekannt. Das verdanken wir der Industrie, die unsere Flüsse in giftige Abwässer verwandelt. Der eine lebende Lachs, der im Sommer zusammen mit der Seeschlange von Loch Ness im Rhein und den Schlagzeilen auftaucht, ändert daran wenig. Was auf den Markt kommt, stammt fast ausschließlich aus Zuchtbassins und schmeckt entsprechend langweilig.

Der Raubbau auf den Meeren hat seine Ursache nicht in dem Hunger der japanischen und europäischen Feinschmecker, sondern in der industriellen Verwandlung der Fische in Mehl. Auch das ist nützlich, wenn auch wieder einmal nicht für anspruchsvolle Esser.

Deshalb möchte ich an dieser Stelle wieder eine Lanze für den Rotbarsch bzw. dessen Filets brechen. Sie sind zudem relativ billig und auch schon mal auf dem Lande außerhalb der Tiefkühltruhe zu finden. Ich schätze Rotbarschfilet deshalb, weil es, im Gegensatz zu anderen Filets, viele Zubereitungsarten zuläßt, wie die Rezepte in diesem Kochbuch zeigen. Nur frisch muss es sein, frisch und dick. Ein frisches dünnes Rotbarschfilet oder ein dickes Filet, dem man an seiner gelblichen Verfärbung die lange Reise ansieht, das lassen Sie bitte liegen! Aber wie dick und warum dick? 3 Zentimeter sind ideal, 2 Zentimeter die unterste Grenze, weil, wie beim Rinderfilet, nur bei einem dicken Stück Saftigkeit und damit Zartheit garantiert sind. Deshalb sollten alle dünnen Ränder weggeschnitten werden. Ich weiß, das kostet Überwindung. Unsere Hausfrauen halten es für Verschwendung, unsere Fischhändler sind es nicht gewohnt. Ein Rotbarschfilet soll nicht nur dick sein, es soll gleichmäßig dick sein, weil es nur dann gleichmäßig gar werden kann. dass die oft fischig schmeckenden Hautreste vollständig entfernt sein sollten, ist auch nicht für alle Fischverkäufer selbstverständlich.

Die beiden Haupteinwände gegen Fisch, dass man nämlich wie der dicke Schmöck in der »Frommen Helene« an einer Fischgräte ersticken kann und dass Fisch teurer sei als gutes Fleisch, sind beim Fischfilet gegenstandslos. Die zwei, drei Gräten, die da noch drinstecken können, fühlt man schon beim Abwaschen und kann sie herausziehen.

Rotbarschfilets sind nur deshalb besser als die vom Kabeljau, weil sie fester im Fleisch sind. Ebenso dankbar sind Filets oder Koteletts vom Lachs, der zwar fast nur noch aus Zuchtfarmen stammt, sich aber dennoch seinen unverwechselbaren Wohlgeschmack erhalten hat. Es ist ein robuster Geselle, mit dem ein auch nur halbwegs bemühter Koch eigentlich nichts falsch machen kann.

Der wahre Fischfreund wird einen ganzen Fisch immer vorziehen. Das gilt nicht nur für die kleineren Edelfische, sondern ebenso – oder sogar noch mehr – für die größeren Exemplare. Es macht mir einfach Spaß, einen großen, silbrig glänzenden Fisch auf den Tisch zu stellen. Von der Folie befreit und appetitlich duftend, ist er der Inbegriff eines gelungenen Leckerbissens.

Fischzubereitung

Wie die Fische zubereitet werden, geht aus den Rezepten in diesem Kochbuch hervor. Ich möchte deshalb hier nur auf die verbreitete Furcht vor großen Fischen eingehen. Die Garzeit verlängert sich, das ist klar; aber nach meiner Erfahrung sind sie alle nach 20 bis 30 Minuten gar.

Am einfachsten gart man einen großen Fisch luftdicht in der Folie auf dem Backblech. Den abgewaschenen und abgetupften Fisch von innen und außen salzen und mit 1 EL Zitronensaft und doppelt soviel Olivenöl befeuchten. Seine Frische verbietet jedes andere Gewürz. Kein Pfeffer und schon gar keine Kräuter, nur Salz und Zitrone. Davon lege ich ihm noch 3 oder 4 Scheiben auf den Rücken.

Dermaßen in Alufolie eingewickelt, kommt er in den auf 210 Grad vorgeheizten Ofen. Das Backblech war schon vorher drin, ist also heiß und bewirkt keinen Temperatursturz, wenn es das kalte Paket aufgebürdet bekommt. Wenn das Fleisch auf Fingerdruck gerade noch leicht nachgibt, ist der Fisch fertig. Herausnehmen, vorsichtig filetieren und die Filetstücke mit der Brühe aus Olivenöl, Fischsud und Zitronensaft übergießen. Das ist alles! Die bei diesem Verfahren beliebten Dillzweige sind überflüssig, weil nur Dekoration und meist unpassend, weil zu penetrant im Geschmack.

Schalentiere

Austern

Wenn ich beschreiben sollte, wie der außergewöhnliche Geschmack dieser Muschel beschaffen ist, so geriete ich in Schwierigkeiten. Der delikate Geschmack einer frisch gefangenen Bachforelle ist eindeutiger und für jeden einleuchtend, der diesen Fisch auch nur einmal mit geschmolzener Butter gegessen hat. Das Gleiche gilt für einen Fasan mit Madeirasauce oder für Parmaschinken. Bei Austern aber ist es wie beim Kaviar: Wer zum ersten Mal davon probiert, wird eventuell enttäuscht sein. Austern sind glibberig und schmecken höchstens nach Meer. Erst zusammen mit dem richtigen Wein und in vollkommenem Zustand serviert, werden sie ihrem Ruf gerecht: Es gibt kaum etwas Essbares, das so großen Genuss verschafft ohne zu sättigen; keine andere Speise bietet sich in solcher Natürlichkeit dar und vermittelt uns dennoch das Gefühl höchster Raffinesse.

Das müssen schon die Steinzeitmenschen herausgekriegt haben; denn zwischen ihren Küchenabfällen fand man in Dänemark Austernschalen. Die erste Austernzucht legte dann ungefähr um 100 v.Chr. der für seine Liebe zum Luxus und seinen Geschäftssinn gleichermaßen berühmte Cojus Sergius Orata an (Orgien en gros und en detail). Eine Austernzucht besteht darin, dass man den Austern die Bedingungen schafft, unter denen sie am besten gedeihen. Viel mehr kann man kaum tun. Austern siedeln in Massen und am liebsten dort, wo Süß- und Salzwasser zusammenfließen, also an Flussmündungen. Ferner brauchen sie einen steinigen Boden, auf dem sie anwachsen können. Sie ernähren sich von Plankton, dessen Zusammensetzung sowie die Beschaffenheit des Bodens, der ihnen als Bank dient, ihren Geschmack und ihre Farbe beeinflusst. Man unterscheidet vor allem zwei Austernformen: die länglichen Portugaises mit dicken und stark zerklüfteten Schalen, die in Frankreich Claires genannt werden, und die edleren und glatten Belons. Von beiden Sorten gibt es viele Variationen, die meist nach dem Ort ihrer Herkunft benannt werden. Da die Austern nicht gleich groß sind, wird ihre Größe in Frankreich durch Nullen gekennzeichnet: So ist eine ›00000‹ die größte französische Auster, die im Handel ist.

Etwas Feines wie Austern isst man selbstverständlich nicht einfach so, wie es am bequemsten geht; etwa ausgelöst auf einen Teller gehäuft; dabei ginge ja auch etwas Kostbares verloren: das Meerwasser. Es gehört ein Ritual dazu. Aber auch wer noch nie Austern gegessen hat und in einem Pariser Restaurant sieht, wie sich am Nebentisch vier Austernfreunde über einige Dutzend Belons oder Claires hermachen, wird anerkennen, dass Austernessen viel mit Leidenschaft und Hingabe zu tun hat. Wem sich beim Anblick einer Austernplatte nicht der Puls beschleunigt, wem nicht das Wasser im Munde zusammenläuft, der hat von den wahren Wonnen des Lebens noch nicht alle kennengelernt.

Die geöffneten Austern werden auf einer Platte serviert, die mit Seealgen und vor allem mit Eisstückchen belegt ist. Sehr oft steht die Platte auf einem Drahtgestell, unter dem ein Teller mit dünnem Graubrot und Butter Platz hat. Die Austern werden einzeln höchstens mit einem Tropfen Zitronensaft gewürzt. Wenn man die Auster zum Munde hebt, sie mit der kleinen Austerngabel vom Boden der Schale löst, auf jede zweite oder dritte einen Spritzer Zitronensaft gibt, die Schale an die Lippen setzt, die Auster zusammen mit dem köstlich-kühlen Meerwasser herausschlürft, zerkaut und schließlich schmeckend hinunterschluckt, dann erlebt man mit jeder Auster einen der Momente, die für den Feinschmecker gleichbedeutend sind mit höchster Lebensqualität. Dazu der Weißwein – mit fast jeder Auster einen kleinen Schluck – und zwischendurch ein kleines Stückchen Graubrot mit Butter – ich gestehe, dass ich dafür fast alle Wunderwerke der feinen Küche hergebe.

Vollkommen aber ist ein Austernessen erst mit dem richtigen Wein. Das sind trockene Weißweine, und zwar möglichst Entre-deux-Mers. Das sind nicht einmal große, teure Weine, eher handfeste Landweine. Aber sie wachsen nahe bei den Austernbänken und sind als Begleiter zu einem Austernessen mindestens so ideal wie ein Chablis, der dort wächst, wo der Boden mit Muschelkalk geradezu durchzogen ist.

Deutsche Rieslinge passen wegen ihrer großen Fruchtigkeit nicht zu den rohen Meeresfrüchten.

Flusskrebse

Ein Krebsessen wird immer etwas Besonderes sein. Nicht nur, weil es kostspielig ist, sondern auch, weil Krebse einen hohen Geselligkeitswert haben. Damit meine ich, dass Leute, die zusammen an einem Tisch Krebse essen, im Allgemeinen besserer Laune sind als – sagen wir – Fleischesser. Neben der Gewissheit, eine seltene Delikatesse serviert zu bekommen, liegt es wohl vor allem daran, dass man Krebse mit den Händen isst.

Ein Krebsessen ist allerdings auch kompliziert. Zwar ist die Gefahr gering, dass es missrät, denn Krebse haben einen unverwüstlich guten Geschmack. Aber wenn man mit zwei oder drei Dutzend lebenden Krebsen nach Hause kommt, ist das Leben nicht mehr so einfach, wie wenn man einen Rehrücken in der Tasche hätte. Bei zwei oder drei Dutzend rechne ich mit 6 Personen; je nachdem, wie groß die Krebse sind.

Ein erstes Problem sind die Kinder, die nicht mehr aus dem Badezimmer zu vertreiben sind, wo die Krebse in der Badewanne schwimmen. Schon bald wird ein unvorsichtiger Kinderfinger in eine Krebsschere geraten und bluten. Geschrei!

Sodann wird die immer wieder gestellte Frage »Wollt ihr die wirklich totmachen und aufessen?« bei den Erwachsenen Nervosität und bei den Kindern Opposition hervorrufen.

Schließlich ist es die eigene Hemmung vor dem Töten, die einkalkuliert werden muss. Krebse sind nämlich keine Austern, die wir zwar lebendig essen, denen man es aber nicht ansieht. Krebse zeigen es deutlich, dass sie es nicht mögen, wenn man sie hochnimmt, um sie in kochendes Wasser zu werfen.

Bevor man aber so weit ist, sollte man gewisse Vorbereitungen getroffen haben, die für ein gutes Krebsgericht unerlässlich sind.

Wer aber noch nie Krebse gegessen und selber gekocht hat, sollte erst einmal folgendes tun – zur Übung: Einen Krebs sauber bürsten – z.B. mit einer Haushaltsbürste – und in den kochenden Sud werfen. Er färbt sich sofort rot und ist nach 8 Minuten gar. Man nimmt ihn heraus, lässt ihn etwas abkühlen und entfernt dann den Darm. Den wird man zunächst vergeblich suchen; denn das ist nur ein kleines, unscheinbares Därmchen am Schwanzende. Dreht man die mittlere Schuppe am Schwanzende vorsichtig heraus, wird damit gleichzeitig der Darm entfernt.

Essbar an einem Krebs sind eigentlich nur der Schwanz und die Scheren. Große Feinschmecker oder ganz Verfressene – was oft das Gleiche ist – knabbern auch noch an den Füßen herum und lutschen das aus, was noch zu finden ist.

An das köstliche Krebsfleisch kommt man auf die barbarischste Art, indem man den Krebs in beide Hände nimmt und brutal auseinanderbricht. Die Scheren darf man auch mit den Zähnen aufbeißen. So kann man an diesem einen Krebs die Erfahrung sammeln, die man hinterher an die Gäste weitergeben wird. Die Schalen dieses ersten Krebses wirft man nicht etwa weg, sondern zerhackt sie und wirft sie in den Sud zurück (siehe Rezept Seite 80).

Hummer

Zum Thema Hummer ist bei den Rezepten in diesem Buch eigentlich alles Notwendige gesagt. Deshalb hier nur eine kurze Wiederholung:

Hummer sehen aus wie Krebse und schmecken auch so ähnlich. Wie diese kauft man sie lebendig, doch genügt meistens ein halber Hummer pro Person, jedenfalls wenn man ihn als Vorgericht isst. Mit 600 – 800 g haben sie die ideale Größe; die besten Hummer stammen aus der Bretagne. Größere Hummer kommen meist aus Gebieten mit weniger kaltem Wasser, was ihrem Fleisch nicht so gut bekommt. Vor allem große ›Oldies‹ haben oft ein etwas schwammiges oder auch faseriges Fleisch.

Die Zubereitung ist denkbar einfach: Man wirft den abgebürsteten lebenden Hummer in sehr stark gesalzenes, kochendes Wasser, lässt ihn 5 Minuten sprudelnd kochen und danach weitere 5 Minuten ziehen. Fertig. (Je nach Rezept gibt es auch andere Zubereitungsarten.)

Vor dem Servieren muss man den Hummer zerteilen. Auch das ist einfach: Man dreht die Scheren und Beine heraus, drückt den Körper fest auf ein Holzbrett und sticht ein schweres Messer von oben hinter den Rückenpanzer in die Körpermitte. Von dort aus halbiert man Schwanz und Kopf; man kann aber auch den Kopf quer abtrennen und nur den dicken Schwanz halbieren.

Um an das Fleisch der Scheren zu kommen – es ist das Beste vom Hummer – braucht man eine Hummerschere, eine Art Nussknacker, aber es geht auch anders: Man zerschlägt die Scheren – vorher in der Küche – mit einem Hammer.

Garnelen, Scampi

Diese populären Meerestiere haben einen weichen schuppenartigen Panzer, nur kleine Beine und keine Zangen. In Frankreich heißen sie ›Crevettes‹, in Italien ›Scampi‹, in Spanien ›camarônes‹ und in Katalonien ›Gambas‹. Größere Exemplare heißen bei uns Hummerkrabben.

Sie werden überwiegend in Südostasien gezüchtet mit den üblichen Nebenerscheinungen. Ihre Schalen sind graublau bis leicht rosa angehaucht. Rote Garnelen sind immer vorgekocht und nur als kalte Vorspeise mit Mayonnaise interessant.

Languste, Langustinen

Eine Languste ist ein Hummer ohne Scheren. Im Mittelmeer sind sie inzwischen rar geworden; sie stammen wie die Hummer vorwiegend aus der Bretagne, aber immer häufiger auch aus Afrika und anderen wärmeren Gewässern.

Lebende Langusten sollten beim Kauf – wie Hummer – noch agil sein; hebt man sie an, schlagen sie mit dem Schwanz. Zubereitet wird eine Languste nach den gleichen Rezepten wie Hummer.

Langustinen sind keine kleinen Langusten, sondern ähneln mit ihren Scherchen den Hummern. Sie werden ebenso zubereitet wie die Garnelen.

Muscheln

Am verbreitetsten bei uns sind die Miesmuscheln, die von Muschelbänken aus nördlichen Gewässern stammen. Bekanntermaßen aß man sie früher wie Austern wegen des Transports nur in den kühlen Wintermonaten mit ›r‹; das moderne Transportgewerbe beschert sie uns jetzt ganzjährig.

Größer und besser im Geschmack sind Jacobsmuscheln. Früher gab es sie in Massen, heute sind sie leider sehr teuer geworden. Zur Zubereitung verweise ich auf die Rezepte in diesem Kochbuch.

Geflügel
Hühner

Auch heute noch sollte man sich einmal davon überzeugen, wie Qualitätshühner in Frankreich aufwachsen, um das begehrte Siegel des ›label rouge‹ tragen zu dürfen. Dieses Siegel tragen nicht nur die berühmten Hühner aus der Bresse, sondern auch viele andere aus den verschiedensten Landschaften Frankreichs: ›poulet noir‹ und ›poulet jaune‹ aus Challans in der Vendée, welche ebenso wie die Hühner aus Houdan, Gers, Landes und Louée im Freiland aufwachsen und nur mit Getreide gefüttert werden.

Kleine, aber wichtige Unterschiede in der Aufzucht gibt es jedoch überall, und die sind entscheidend für die Qualität. Deshalb haben anspruchsvolle

Köche ihre speziellen Züchter, bei denen sie ausschließlich kaufen. Der Normalverbraucher hat diese Möglichkeit nicht, er richtet sich daher nach dem Herkunftszertifikat.

Ob ein Huhn nach dem Schlachten nicht wassergekühlt wurde – das verschlechtert die Fleischqualität –, erkennt man an einer trockenen Haut.

Ein Huhn, das geschmort werden soll, muss vorher unbedingt enthäutet werden, weil seine Haut sehr viel Fett enthält und in der Sauce aufgeweichte Hautstücke keine Empfehlung für den Koch sind! Nur wenn ein Huhn im Ganzen gebraten werden soll, also nicht mit Sauce in Berührung kommt, belässt man ihm die Haut, die dann knusprig braun werden kann.

Die verschiedenen Rezepte für ein geschmortes Huhn beginnen alle gleich: Das Huhn wird in 6 oder 8 Teile geschnitten. Von diesen Teilen lässt sich die Haut sehr leicht abziehen.

Enten

Da man heute die Brüste einzeln und frisch kaufen kann, an den Beinen meist nicht viel dran ist und beides sehr verschiedene Garzeiten braucht, lohnt das Braten einer ganzen Ente kaum noch, auch wenn eine Ente im Backofen unvergleichlich duftet.

Wildgeflügel

Ob nun Rebhuhn, Taube oder Wachtel – sie alle werden heute gezüchtet wie Hühner und werden wild kaum angeboten. Damit ist auch der Wildgeschmack weitgehend verloren gegangen. Das gilt auch für den Fasan, selbst wenn er scheinbar frei aufwächst, weil er unter der sorgsamen Pflege der Förster groß und stark wird und schon aus Bequemlichkeit die einseitige Kraftnahrung zu sich nimmt, die diese ihm vorlegen.

Dennoch gehört dieses ›Wildgeflügel‹ immer noch zu den kulinarischen Glanzlichtern der Privatküche. Das gilt für mich vor allem für die Tauben mit ihrem unvergleichlich aromatischen Brustfleisch. Wie bei allem Geflügel kommt es allerdings auch bei ihnen darauf an, dass sie jung sein müssen und möglichst groß mit deutlichen Fettpolstern. Sie sind ein idealer Fleischgang in einem größeren Essen, weil sie kaum sättigen und sich vorbereiten lassen. Lassen Sie sich von einem der Rezepte in diesem Kochbuch überzeugen.

Fleisch

Fleischeinkauf

Bei meinen Lesern hieße es ›Eulen nach Athen tragen‹, wollte ich ihnen etwas über den ›richtigen‹ Fleischeinkauf erzählen. Sie alle haben in den letzten Jahrzehnten dazu beigetragen, dass aus den wenigen kritischen Stimmen angesichts wässeriger Koteletts und schrumpfender Braten eine Protestbewegung wurde. Wenn die bio-dynamische Landwirtschaft derartig zugenommen hat, dann auch deshalb, weil vielen Konsumenten die Produkte der herkömmlichen landwirtschaftlichen Methoden nicht mehr gut genug waren.

Zubereitung

Dass man Fleisch besser kocht als schmort und besser schmort als brät, ist vielen von uns durchaus bewusst. Aber dennoch: Wie gern hören wir es zischen, wenn wir ein Stück Fleisch in die heiße Pfanne legen! Wie ist das Grillen beliebt, wo glühende Roste den Steaks schwarze Muster ins Fleisch brennen. Die verbrannte Haut gegrillter Fische gehört zur Grundausstattung im Strandrestaurant, die Fritteuse ist *mother's little helper*, und überhaupt ist es ein Wunder, dass in unseren Küchen nicht ständig die Sprinkler loslegen.

Irgend jemand hat den Irrglauben in die Welt gesetzt, wenn die Poren von Fleischstücken sich bei der Berührung mit dem Pfannenboden nicht sofort schlössen, liefe der kostbare Fleischsaft aus. Deshalb werfen wir Koteletts ins rauchende Fett. Aus Angst vor dem halb Trockenen akzeptieren wir das Verbrannte. Es ist eine barbarische Methode aus der grauen Vorzeit der Menschen.

Nicht nur barbarisch, auch unsinnig. Denn es läuft nix aus, wenn wir ein Steak sanft anbraten. Zweitens ist karamellisiertes Eiweiß unkulinarisch. Manche mögen es, wenn sich eine dunkelbraune, harte Kruste bildet. Vielleicht lässt sich ein bayerischer Schweinsbraten nur auf diese Weise essen; ich habe wenig Erfahrung mit Schweinefleisch. In der feinen Küche gibt es kaum knusprig Gebratenes.

Dass es dennoch überall in der Welt von verbratenen Fischen und Fleischstücken wimmelt, lässt sich nur mit den mangelnden Kochkenntnissen der jeweiligen Feuerteufel erklären, wenn nicht gar die Mythologie eine Rolle spielt. Wer einmal in einer amerikanischen Kleinstadt einen *ox grill* erlebt hat, wo Menschen Schlange stehen, um steinharte, schwarz verbrannte Rinderstücke glückstrahlend in Empfang zu nehmen, wundert sich über gar nichts mehr.

Niedrigtemperatur-Methode

Gewöhnen wir uns also die hohen Temperaturen ab. Auch wer das Fleisch lieber braten als kochen oder schmoren will, sollte – von den in diesem Buch aufgeführten Ausnahmen abgesehen – die sanfte 80-Grad-Methode wählen. Schon Anfang der achtziger Jahre habe ich in einem Kochseminar eine 5-Stunden-Lammkeule beschrieben, damals allerdings noch mit verhältnismäßig hoher 150-Grad-Backofentemperatur. Inzwischen haben Wissenschaftler herausgefunden, was sich im Inneren des Fleisches bei dieser Methode tatsächlich abspielt: Wenn die Temperatur höher ist als 68° C, können sich die Proteine entfalten, das Fleisch beginnt zu garen, aber die Fleischsäfte bleiben, wo sie sind. Die Wärmeleitung sorgt dafür, dass die Wärme auch nach innen dringt. Das dauert bei 80 Grad zwar mehrere Stunden, hat aber den großen Vorteil, dass das Garen für das Fleisch keinen Schock bedeutet und das Proteinnetzwerk sich in aller Ruhe entfalten kann. Erst nach 3 oder 4 Stunden zeigen kleine Fettperlen auf der Oberfläche, dass überhaupt ein Garprozeß stattfindet. Das Ganze funktioniert ganz ähnlich wie beim Pochieren in einer 80 Grad heißen Brühe. Da aber Wasser sehr viel dichter ist als Luft, dringt die Wärme beim Pochieren sehr viel schneller ein.

Wichtig bei dieser Methode ist, dass die Poren des Fleisches vor dem Garen ganz sanft in Öl oder Butter zugebraten werden. Ganz langsam und vorsichtig lässt sich so jedes Stück Fleisch rundherum zubraten, bevor es in den auf 80 Grad vorgeheizten Ofen geschoben wird. Sogar das Salzen geschieht nach neuesten Erkenntnissen vor dem Braten, ohne dem Fleisch zu schaden! Rohes Salz schmeckt aggressiv; Salzen vor oder während des Bratens (oder Gardünstens) uterstützt den Geschmack, hebt ihn hervor.

Das Braten bzw. Garen mit der Niedrig-Temperatur-Methode setzt keine technischen Tricks voraus, nur Geduld und einen präzis arbeitenden Backofen. Mit der 80-Grad-Methode gelingen nicht nur größere Braten oder Fleischkeulen, sondern auch zum Beispiel ganze Enten, bei denen es bei normaler Brattemperatur schier unmöglich ist, Keulen und Brust gleichermaßen zart hinzukriegen. Aber auch bei kleineren Stücken wie Tauben oder einer Entenbrust ist das Garen bei 80 Grad sehr zu empfehlen: Da genügen dann schon 2-3 Stunden und das Fleisch bleibt garantiert zart, was beim Braten in der Pfanne oft reine Glücksache ist.

Ein klarer Nachteil der 80-Grad-Methode ist, dass man keine Saucenbasis erhält, weil sich weder ein Bratensatz bildet noch die eventuell mitgegarten Gemüse weichgekocht sind. Eine Sauce lässt sich dennoch herstellen, indem man zum Beispiel die Gemüse mit Wein aufkocht, durchsiebt, den Sud einkochen lässt und mit einem vorbereiteten Fond und/oder Sahne oder Butter verbessert.

Kochseminar 465

Basisgemüse

Auch dieses Kapitel richtet sich nicht an die Vielzahl gestandener Hobbyköche, die das alles schon wissen, sondern an die wissbegierigen Novizen unter meinen Lesern.

Gemüse haben für die verfeinerte bürgerliche Küche mindestens die gleiche Bedeutung wie Fisch oder Fleisch. Und zwar in dreierlei Hinsicht – von ihrem gesundheitlichen Wert einmal ganz abgesehen: Ihre herkömmliche Funktion ist die als Beilage oder Hauptgericht, aber ebenso wichtig sind Gemüse als Bestandteil einer leckeren Sauce und/oder als Basis für deren Herstellung. Nur von dieser Aufgabe soll hier kurz die Rede sein.

Zu diesen Gemüsen gehören Zwiebeln, Lauch, Champignons, Knoblauch und Tomaten.

Zwiebeln

Ein Schmorbraten ohne Zwiebeln ist ebenso undenkbar wie eine zwiebellose Fleischbrühe. In beiden – wie in unzähligen ähnlichen – Fällen ist die tränentreibende Knolle Gewürz. Als Gemüse (glasierte Zwiebelringe süßsauer) oder als Bestandteil einer Quiche (Elsässer Zwiebelkuchen) behauptet sie sich ebenso, wie sie roh im Salat die Weintrinker in die Flucht schlagen kann. Eine Zwiebelsorte gleicht der anderen so wenig, wie alle Kartoffeln gleich schmecken; die Unterschiede zu berücksichtigen, sollte für einen gewissenhaften Koch selbstverständlich sein.

Darüber hinaus gebietet die kulinarische Vorsicht, Zwiebeln durch Schalotten zu ersetzen, wo das nur möglich ist. Meine persönliche Auswahl ist sehr einfach: Im Normalfall nehme ich Schalotten, weil sie würzig und dennoch mild sind, brauche ich größere Mengen, nehme ich weiße, ebenfalls milde Gemüsezwiebeln, und, wenn es solche nicht gibt, verwende ich stattdessen lieber Lauch als eine dieser goldgelben, ordinären Stinker. Hinzu kommen dann – je nach Verfügbarkeit – junge Frühlingszwiebeln und kleine, frische Perlzwiebeln.

Als Anfänger sollte man üben, wie man eine Schalotte in möglichst kleine Partikel schneidet: Mit dem Office-Messer enthäuten, halbieren und mit der Schnittfläche auf ein Holzbrett legen, das eine Ende der Zwiebelhälfte so festhalten, dass man an den Fingerknöcheln entlang schneiden kann, ohne sich zu verletzen, und dann eng nebeneinander waagerechte und senkrechte Schnitte anbringen. Zum Schluss von oben, quer zu den vorherigen Einschnitten, kleinste Würfelchen schneiden. Das klingt schwieriger als es ist. Wenn nur das Kochmesser sehr scharf ist!

Auf keinen Fall sollte man einen elektrischen oder sonstigen Zwiebelhacker verwenden, der die Zwiebeln eher zerquetscht, wodurch der Zwiebelsaft seine Bitternis freigibt.

In den meisten Fällen wird man die Schalottenwürfel anschließend in Butter oder Öl anschwitzen, und dabei wird aus Ungeduld oder Unkenntnis der häufigste Fehler gemacht: Nimmt man sich zuwenig Zeit, bleiben die Zwiebelwürfel hart – es kann durchaus 15 Minuten dauern, bis sie weich sind –, stellt man die Hitze zu hoch ein, werden sie braun, und dann war alle vorherige Mühe umsonst: Der bittere Geschmack in der späteren Sauce oder im späteren Gericht ist nicht mehr wegzukriegen, und man kann wieder von vorn anfangen.

Champignons

Der Champignon gehört zu den verkanntesten Delikatessen. Wäre er so teuer wie die Trüffel, würde man ihn mit Ehrfurcht wie eine Königin behandeln. Neben seiner Eignung als eigenständiges Gemüse oder roh im Salat hat er aber noch weitere Qualitäten: So verhilft er unzähligen Gerichten wie auch Fleisch- und Fischsaucen zu einem höheren Grad an raffiniertem Wohlgeschmack, wie das in vielen Rezepten dieses Buchs demonstriert wird.

Es gibt noch eine weitere Verwendungsart, die ich besonders herausstellen möchte: als Püree. Es wird nach seinem französischen Erfinder, dem Marquis d'Uxelles, benannt: Wo die Duxelles einem Stück Fleisch von ihrem Geschmack abgibt, darf man mit Recht eine außergewöhnliche Delikatesse erwarten. Man verwendet sie für Kalbskoteletts oder -filets, die man damit bestreicht und dann überbackt; oder im Filet Wellington, jenem Pracht- und Staatsbraten, bei dem ein ganzes Rinderfilet in Blätterteig eingebacken wird.

Auch als Bestandteil vieler Aufläufe eignet sich die Duxelles hervorragend. Eine Schicht Champignonpüree in einem Auflauf von rohen, dünnen Kartoffelscheiben, der mit einer Mischung aus Milch, Eigelb und geriebenem Gruyère übergossen und im Ofen braun gebacken wird, das macht jedes Fleisch überflüssig und ist trotzdem etwas Besonderes. Als Omelettfüllung ist eine Duxelles geradezu sensationell. Vermischt man sie dagegen mit der gleichen Menge bulgarischen Schafskäse, so hat man eine Füllung für Tauben, Wachteln und Stubenküken, die nach meiner Meinung kaum zu übertreffen ist.

Und so wird eine Duxelles gemacht:

Man rechnet ungefähr 125 g Champignons pro Portion. Man wäscht sie nur im Notfall, sondern wischt die Köpfe mit Küchenpapier ab und entfernt restliche Schmutzstellen mit dem Messer. Die Stiele schneidet man ab; man verwendet nur die Köpfe. Dann dreht man diese durch eine Mühle. Das kann die feinste Scheibe des Fleischwolfes sein, eine Nussmühle oder sonst eine Küchenmühle. Man kann die Pilze auch mit dem Messer fein – sehr fein! – hacken, aber das dauert natürlich ganz schön lange. Danach legt man die durchgedrehten Champignons auf ein sauberes Küchentuch, dreht es zusammen und presst alle Flüssigkeit heraus. Übrig bleibt ein grauer, unansehnlicher Klumpen. Nun nimmt man 1 oder 2 Schalotten – je nach deren Größe und Menge der Champignons. Diese nun sehr fein würfeln und in reichlich Butter auf kleiner Flamme unter öfterem Umrühren mit einem Holzlöffel gar schwitzen lassen. Die Zwiebeln dürfen dabei nicht braun, sondern nur glasig werden. Wenn sie soweit sind, kommen die ausgepressten Champignons dazu. Jetzt merkt man, dass man immer noch nicht genug Butter genommen hat, denn die durchgedrehten, trockenen Pilze saugen die Butter auf wie Löschpapier. Also nochmals Butter dran. Sollten die Pilze dagegen zu feucht oder zu fett sein, was vorkommen kann, lässt man sie in einem Sieb abtropfen, wobei man eventuell mit einem Löffel nachhilft.

Die Hitze jetzt größer stellen und die Champignons ungefähr 5 Minuten braten. Einige Tropfen Zitronensaft darüberträufeln und mit Salz, Pfeffer und ein wenig Tomatenmark würzen (bei 250 g Champignons genügt ein knapper Teelöffel). Das war's. Die Duxelles ist fertig.

Knoblauch

In den Gerichten der Sterne-Restaurants kommt Knoblauch so gut wie gar nicht vor. Wahrscheinlich ist den Köchen der Feinen Küche der Geschmack zu ordinär. Sie essen Knoblauch zu Hause, wenn sie für sich selbst kochen.

Ich liebe Knoblauch, vor allem dann, wenn er im Juni frisch auf den Markt kommt. Dann esse ich ihn sogar, hauchdünn geschnitten, auf dem Butterbrot. Eine Lammkeule halte ich für missraten, wenn der Koch sie nicht mit Knoblauchzehen gespickt hat. Die provençalische Fischsuppe gehört nicht zuletzt dehalb zu meinen Lieblingssuppen, weil ich sie mit Knoblauchmayonnaise essen kann; und wenn ich in einem Kochbuch lese, ich soll eine Salatschüssel vorsichtig mit einer Zehe Knoblauch ausreiben, kann ich nur lachen.

Selbstverständlich hat alle Lust ihre Grenzen. Vor der Visite beim Zahnarzt, vor Kino- oder Theaterbesuchen enthalte ich mich des Knofels, das ist klar. Darüber hinaus aber ist mir die Aversion vieler Menschen gegen den süßlichen Knoblauchduft unverständlich. Erst recht die Weigerung, ihn selber zu essen. Denn neben seinem Aroma hat er noch den Vorzug, äußerst gesund zu sein.

Ein Einsteigerrezept für knoblauchscheue Esser sind die *gousses d'ail en chemise*, wie das so romantisch auf französisch heißt: Knoblauchzehen im

Hemd. Es handelt sich dabei um eine Beilage zu Fleischgerichten wie Hühner, Tauben, Kalbsnieren, Schmorbraten usw. Im Hemd bedeutet, dass die einzelnen Zehen nicht geschält sind, also noch in der sie umgebenden Haut stecken. Und so lege ich sie für eines meiner Lieblingsgerichte um die Taube herum, wenn ich diese in den Ofen schiebe (siehe Rezept Seite 264). Pro Taube mindestens sechs, lieber aber doppelt so viele Zehen. Und wenn die Taube nach einer guten halben Stunde gar ist, sind es die Knoblauchzehen ebenfalls. Sie sehen jetzt ein wenig faltig aus in ihrer bräunlichen Haut, weil ihr Inneres geschrumpft ist. Weichgekocht hat der Knoblauch seine Schärfe verloren. Der weiche Brei, den man mit der Gabel aus der Haut herausdrückt (oder aber ungeniert aussaugen kann), erinnert kaum noch an die durchdringende Zwiebel, die er im rohen Zustand war. Diese Behandlung von Knoblauchzehen ist so einfach, wie sie klingt: Dazulegen, weich werden lassen, auszuzeln.

Während roher Knoblauch – ebenso wie rohe Zwiebeln; und eine Art Zwiebel ist er ja – einigen Menschen nicht so gut bekommt, ist gekochter Knoblauch allgemein sehr gut verträglich, auch 10 oder 20 Zehen auf einmal, wie etwa beim Knoblauchhuhn, bringen das Haus nicht zum Einsturz.

Im übrigen wird die Rolle des Knoblauchs auch in der provençalischen Küche häufig überschätzt. Er ist zwar vorhanden, wird aber meistens als Gewürz verwendet, das heißt, eine oder zwei Zehen werden mitgekocht oder mitgeschmort. Das nenne ich noch keine Knoblauchküche; so kochen auch bei uns viele, die nach Möglichkeiten jenseits der Knorr- und Maggitüten suchen. Das gilt in der Regel auch für meine Rezepte in diesem Kochbuch. Wenn hingegen der schwere, süßliche Geruch des Knoblauchs durch die Straßen zieht, befinden wir uns wahrscheinlich auf dem Balkan.

Bei alten, angegilbten Exemplaren, die wir ohnehin nicht gern verwenden, schrecken uns die grünlichen Keime. Unbekömmlich seien sie und bitter, und es wird geraten, sie aus den Zehen herauszuschneiden. Was wir, angstgeschüttelt, auch alle praktizieren. Aber bewiesen ist das nicht. Ich habe sogar ein Rezept gefunden, darin werden ausdrücklich diese Keime als Gemüse empfohlen.

Bei Schmorbraten halbiere ich oft eine komplette Knolle (nicht Zehe, Knolle!) und lege die beiden Hälften auf die Schnittflächen neben das Fleisch – ohne dass dieses seinen Geschmack wesentlich verändert. Es ist der weiche Inhalt der angeschnittenen Knoblauchzehen, der mich und meine Gäste entzückt.

Lauch

Auch der Lauch zählt zu den Gemüsen wie Zwiebeln, Champignons, Knoblauch und Tomaten, deren Verwendungsfähigkeit über ihre Rolle als Beilage oder eigenständiges Gericht hinausgeht: als wichtiger Bestandteil oder/und als Basis bei der Herstellung einer leckeren Sauce. Ob Fleisch-, Fisch-, Geflügel- oder Gemüsefond – kleingeschnittener Lauch ist fast immer dabei.

Unumgänglich ist bei der Vorbereitung das Säubern der Lauchstangen von Sand- oder Erdrückständen in den äußeren Blättern. Deshalb dazu hier eine zeitsparende und zugleich sichere Methode: Man schneidet das Ende mit den kleinen weißen Wurzeln ab und entfernt den dunkleren grünen Teil des anderen Endes, so dass nur das Weiße und das Hellgrüne der Lauchstange übrigbleiben. Sodann schneidet man die Stange an der grünen Seite zweimal bis in das weiße Ende hinein, ohne sie ganz zu zerteilen. Was man in der Hand hält, gleicht einem struppigen Pinsel. Diesen wäscht man unter fließendem kalten Wasser aus, und damit ist sämtlicher Schmutz beseitigt.

Tomaten

Auch hier hieße es nur Bekanntes wiederholen, wenn ich die unterschiedlichen Qualitäten und Verwendungsmöglichkeiten von Tomaten noch einmal beschreiben würde.

Aber beim unentbehrlichen Tomatenkonkassee

handelt es sich wieder um eine in der Feinen Küche selbstverständliche Präparation, die wegen der gewissen Mühe, die sie macht, und wegen des großzügigen Umgangs mit der Tomate in der Deutschen Küche immer noch wenig angewandt wird.

Die Tomate wird kurz in sprudelnd kochendem Wasser abgeschreckt, danach lässt sich ihre Haut leicht abziehen. (Die Haut der Tomaten wird wegen ihrer ledrigen Konsistenz nie mitgegessen.) Sodann halbieren und alle Kerne sowie die wässerigen Innereien ausdrücken, da nur das feste, äußere Tomatenfleisch verwendet wird. Dieses schneide ich in Streifen und dann in Würfel. Das Ergebnis nennt man Konkassee.

Die weitere Verwendung ergibt sich aus dem jeweiligen Rezept – oft werden die Würfel in etwas Butter angebraten, aber nicht so lange, bis sie gar sind und zerfallen. Sie sollen noch etwas Biss haben und besitzen auch einen dekorativen Wert. Eine Prise Zucker tut immer gut, um die natürliche Säure der Tomaten etwas abzumildern.

Meistens wird das Konkassee gesondert gesalzen; denn Tomaten sind ganz wild auf Salz und entziehen es sogar ihrer Nachbarschaft.

Gewürze

Das Wort Geschmack hat in der deutschen Sprache zwei Bedeutungen. Einmal ist er das, was wir empfinden, wenn wir etwas Saures oder Süßes, Salziges oder Bitteres auf der Zunge haben. Zum anderen bezeichnet Geschmack die Fähigkeit, das Schöne vom Hässlichen, das Echte vom Falschen zu unterscheiden. Beim Kochen, sollte man meinen, komme es vor allem auf die erste Definition an. Der gute Geschmack, den jemand hat, der sich mit Kunst und nicht mit Kitsch umgibt, spielt hier eine geringere Rolle.

Das trifft auf die Hochküche jedoch nicht zu. Dort, wo so gekocht wird, wie man in Salzburg musiziert, dort sind Kriterien jenseits der Süß-sauer-Wahrnehmung oft wichtiger als diese. Im Extremfall – und der ist in der feinen Gastronomie nicht selten – interessiert den Koch nur die Ästhetik des Gekochten. Das Schöne und das Feine, im entsprechenden Rahmen präsentiert, wird zum Inhalt; der eigentliche Geschmack zur Banalität degradiert. Das Resultat ist geschmäcklerisch.

Wenn der Geschmack einer Speise als selbstverständlich vorausgesetzt wird, als etwas, worüber nicht viele Worte gemacht werden müssen, dann wird auch der Vorgang, der den Geschmack bewirkt, mit verminderter Aufmerksamkeit bedacht: Gewürzt wird mit der linken Hand. Deshalb sind die teuren Menüs in den berühmten Restaurants oft unbefriedigend. Die Küchenchefs kochen wie die Juweliere: prächtig, prunkvoll, prätentiös. Aber mit dem Geschmack hapert es.

Auch in der Alltagsküche hapert es mit dem Geschmack häufig. Das liegt zum einen Teil an Unkenntnis oder mangelnder Übung, zum anderen an der schlechten Qualität der Produkte.

Die subtilen Unterschiede zwischen den verschiedenen Pfeffersorten oder zwischen einem grünen, süßlich-fruchtigen Olivenöl und einem gelben Öl leichterer Bauart, derartige Nuancen spielen kaum eine Rolle. Wer weiß denn schon die Verschiedenheit von Sahne, Crème fraîche und Crème double richtig auszunutzen? Wer macht sich die Mühe, Kartoffeln nach Arten zu unterscheiden und je nach Verwendungszweck die eine oder andere Sorte zu kaufen? Wer reagiert darauf, dass Sellerie oft nur noch eine vornehme Blässe des Geschmacks aufweist, die nur als fade bezeichnet werden kann? Wo beschwert sich denn jemand, wenn die Radieschen auf dem Markt, frisch und knackig, nur nach Wasser schmecken und von ihrer früheren Schärfe auch nicht mehr die Spur besitzen?

Leider ist es immer noch die Realität auf unseren Märkten, dass wir zwar vieles kaufen können, dass aber der größte Teil davon – vor allem, wenn es auf deutschem Mist gewachsen ist – geschmacksbehindert ist. Zwar gibt es hin und wieder Lichtblicke – vor allem bei kleinen Spezialisten – aber im Allgemeinen hat sich der Normalverbraucher, auch

König Kunde genannt, mit dem genormten Supermarkt-Niveau zu begnügen, basta.

Der spürbare Rückzug aus der gastronomischen Mittelklasse in die häusliche Küche hat ein verändertes Essverhalten bewirkt, an der erfreulicherweise die junge Generation stark beteiligt ist.

Kein Wunder also, dass sich beim Würzen eine neue Auffassung von Freiheit breitgemacht hat. Zudem der asiatische Einfluss in unseren Küchen überraschend wirksam ist. Der dürftige Dreiklang von Lorbeerblatt, Sellerie und Karotte ist einem manchmal zu wilden Catch-as-catch-can gewichen.

Salz

Das Kapitel ›Richtig salzen‹ ist scheinbar banal, weil ja jeder, der zum Frühstück schon mal ein Ei gegessen hat, über den salzigen Geschmack im Bilde ist.

Nach meinen Beobachtungen wird gerade in anspruchsvollen Küchen eher zu zaghaft gesalzen. Es gehört zu den Irrtümern vieler Köchinnen, dass feine Küche gleichbedeutend sei mit wenig Salz. Da versucht man dann vor allem mit Kräutern Geschmack an ein Gericht zu bringen, das eigentlich nur unter zu wenig Salz leidet.

Tatsächlich gehört richtiges Salzen zu den schwierigsten Dingen. Wie schnell verwandelt sich zum Beispiel Spinat aus einem faden in ein versalzenes Gemüse! Deshalb muss man sich beim Würzen immer wieder durch Probieren vergewissern.

Einige Spitzenköche schwören auf den besseren Geschmack des Meersalzes, zum Beispiel *Sel de Guérande*, und würzen ausschließlich damit. Auf ein im Dampf gegartes Stück Fisch streue ich oft nur etwas grobes *Fleur de sel* zum Olivenöl – das ist nicht weniger köstlich als Trüffelscheiben auf grauem Toastbrot!

Pfeffer

Pfeffer, das verkannte Gewürz. Pfefferigscharf, assoziieren viele Hausfrauen, wenn sie ihn in die Hand nehmen. Und stäuben ganz vorsichtig ein wenig Pulver aus dem Pfefferstreuer ins Essen. Dazu ist zu sagen:

1. Der Pfefferstreuer gehört in den Müll. Fertig gemahlener Pfeffer taugt nichts. Er hat außer seiner Schärfe tatsächlich nichts zu bieten. Das Aroma des Pfeffers wird durch seine ätherischen Öle transportiert, die rasch verfliegen, wenn die Körner erst einmal gemahlen sind. Pfeffer also nur in ganzen Körnern kaufen.

2. Weißer Pfeffer hat nur wenig Aroma; er vor allem ist für den schlechten Ruf des Pfeffers verantwortlich. Ich benutze ihn fast nie. Dann und wann bei Fischgerichten, zu denen Cayennepfeffer nicht passt; manchmal im Gemüse.

Schwarzer Pfeffer aber ist wunderbar! Nicht sehr scharf, dafür voll Aroma. Und bei mir kommt er auch nicht in die Mühle. Gegen eine Pfeffermühle ist grundsätzlich nichts einzuwenden, wenn sie grob eingestellt ist. Da jedoch auch eine grob eingestellte Mühle die Körner für meinen Geschmack nicht grob genug mahlt, vor allem aber zu gleichmäßig, schrote ich sie im Mörser. Da dürfen dann einige Körner nur halbiert sein, das macht nichts. Ein Biss auf ein halbes, schwarzes Pfefferkorn hinterlässt auf der Zunge keineswegs eine Brandblase.

Cayennepfeffer (Chili)

Die zweitwichtigste Pfeffersorte ist für mich Cayenne. Ich verwende meist die ganzen Schoten. Sie sind klein und rot und sehr scharf; deshalb nicht für alle Speisen geeignet. Will ich Gemüse pfeffern, nehme ich gemahlenen Cayenne. Er hat nicht das Aroma des schwarzen Pfeffers, also macht es wenig, wenn ich ihn fertig gemahlen kaufe. Die Schoten benutze ich vor allem für Schmorbraten und sonstige Speisen, die lange vor sich hin köcheln. Dabei heißt es aufpassen! Zwei Schoten haben – zusammengenommen – eine beträchtliche Schärfe, vier Schoten sind etwas für fortgeschrittene Pfefferfresser. Dennoch nehme ich die nicht leichte Dosierbarkeit in Kauf. Und wenn es dann einmal zu scharf wird, habe ich einen zweifachen Trost: Einmal vergeht die Schärfe im Mund relativ schnell, zum anderen fördert sie den Durst.

Andere, bunte Pfeffersorten benutze ich kaum. Sie sind oft unmäßig parfümiert und eignen sich nur für Gerichte wie Terrinen oder einmal auf einem Fischsalat (auch wegen der schönen Farbe).

Safran

In unseren Breitengraden eigentlich nur als Relikt aus Omas Backzeit bekannt (»Safran macht den Kuchen gel«), ist dieses feine Gewürz völlig unterschätzt. Seine Anwendungsmöglichkeiten sind außerordentlich vielfältig. Sie reichen von der Suppe bis zum Dessert, von der Bratensauce zu glasierten Zwiebeln – es ist jedesmal eine Wonne.

Das Safranaroma ist fein und wird erst bei Überdosierung aufdringlich. Davor schützt eigentlich der Preis, denn Safran ist sehr teuer, fast so teuer wie Gold. Es handelt sich um die Blütefäden einer bestimmten Krokusart – crocus sativus –, deren winzige Narben eine unglaubliche Färbekraft und ein typisches Aroma besitzen. Sie müssen mühsam gesammelt werden. Deshalb wird Safran in kleinsten Portionen verkauft, entweder als intakte Fäden mit ihren Narben oder als Pulver. Das Pulver ist selten reiner Safran (oft wird Kurkuma beigemischt, das zwar färbt, aber kein gleichwertiges Aroma besitzt). Dennoch verwende ich auch das viel billigere Pulver, wenn etwa Suppen damit gefärbt werden sollen. Bei Fischsaucen nehme ich sowohl das Pulver als auch einige Fäden mit ihren Narbenköpfen (deren reines Aroma und Färbekraft entscheidend wichtig ist).

Curry

Curry ist eine der schönsten Bereicherungen unserer europäischen Küche. Ich habe verschiedene Sorten Curry, fertige Mischungen, nicht selbst gemacht. Auch eine Currypaste ist dabei, und alle sind verschieden scharf, und bei jeder Currymischung dominiert ein anderes Gewürz. Hier Zimt, dort Safran, Lorbeer taucht auch auf und Nelken und was weiß ich.

Es soll Völker geben, die genau wissen, was ihr Curry enthält und wie er schmecken soll, wenn er einem Huhn, einem Lammragout oder einem Fischgericht beigefügt wird. Sie bewundere ich.

Ich habe keine Ahnung. Von den vielleicht sechs verschiedenen Currysorten benutze ich manchmal einfach blindlings eine und hoffe, einen Treffer gelandet zu haben. Denn ich benutze Curry wegen seiner Schärfe. Ausgenommen bei gewissen Suppen unserer Küche (Linsensuppe; Bohnensuppe; Kürbissuppe etc.); dann streue ich nur eine Prise ins Essen, so wenig, dass die Tischgenossen zwar ein interessantes Aroma entdecken, aber nicht wissen, woher es stammt.

Ingwer

Meine Vorliebe für Ingwer hat sich unter meinen Lesern längst herumgesprochen. Tatsächlich verleiht kaum ein Gewürz so vielen Speisen einen so raffinierten Geschmack, ohne jemals aufdringlich zu wirken. Und wo er dies tut, ist es auch nicht schlimmer als der Biss auf ein intaktes Pfefferkorn.

Kräuter

Wenn von Gewürzen die Rede ist, sind Kräuter nicht fern. Sie spielen in der deutschen Küche traditionell eine große Rolle und werden meist völlig überschätzt.

Als die Luftverschmutzung noch keine Bedeutung hatte, mochte der Vitamingehalt der Kräuter ein Argument darstellen. Doch heute scheinen mir die bunten Salatsaucen, in die Gartenkräuter händeweise hineingeschnitten werden, wenig sinnvoll. Schnittlauch, Petersilie, Borretsch, Minze, Kerbel, Melisse, Liebstöckel und Majoran, sie alle können ja von Fall zu Fall einmal nützlich sein; ihre großzügige Verwendung in der Küche ist jedoch kein Zeichen für verfeinertes Kochen, eher das Gegenteil.

Kochseminar

Besonders der Dill erfreut sich hierzulande großer Beliebtheit. Doch hat er die Eigenart, dass alles, was mit ihm in Berührung kommt, nach Dill schmeckt. Er ist einfach penetrant. Ich benutze ihn bei rohen Tomaten und geschmorten Gurken, in Kartoffelsuppen, und ich kann auch der Dillsauce zum Aal etwas abgewinnen. Aber damit hat sich's.

Für mißglückt halte ich die in der Gastronomie gerne geübte Kombination von Dillzweigen mit Räucherlachs. Das sieht zwar hübsch aus, passt aber geschmacklich überhaupt nicht zusammen.

Ich selber verwende die meisten Kräuter eher selten oder überhaupt nicht. Das in meiner Küche am häufigsten verwendete Kraut ist Thymian. Die Mehrheit der Fleischsaucen kommt ohne ihn nicht aus. Fast immer, wenn ich zur Olivenölflasche greife, brauche ich auch Thymian. Man sollte ihn nie mit Estragon zusammenbringen – den ich ebenso wie Basilikum relativ häufig verwende. Thymian kann Majoran oder Oregano fast immer ersetzen; umgekehrt funktioniert das nicht.

Der Thymian kann einem deutschen Gewächshaus entstammen oder in der Provence aufgewachsen sein. Im ersteren Fall ist er sehr grün, zart und buschig; die südländische Art ist hart, grau und dürr – aber entschieden aromatischer.

Gegen getrocknete Kräuter ist vor allem bei den Kräutern der Provence – wie auch bei italienischen – in der Regel nichts einzuwenden; oft haben sie sogar das stärkere Aroma. Bei einem Schmorbraten zum Beispiel füge ich nur etwa die Hälfte des vorgesehenen Krauts von Anfang an bei, die andere Hälfte erst zum Ende der Garzeit, weil sich das Aroma während des Schmorens zu sehr verflüchtigt.

Vanille

Beim Backen und bei der Herstellung vieler süßer Desserts ist die Vanille unverzichtbar. Man kauft sie als Vanillinzucker in Tütchen oder als Schoten, deren Mark man herauskratzt oder auskocht. Sehr gut ist die echte Bourbon-Vanille.

Vanillinzucker in Tütchen enthält oft künstliches Vanillin-Aroma. Echter Vanillezucker lässt sich auf Vorrat relativ preiswert leicht selbst herstellen: Man kauft zum Beispiel 4 möglichst dicke und feuchte Bourbon-Stangen, schneidet diese mit der Schale in kleinere Stücke und wirft sie zusammen mit 500 g Zucker in die Küchenmaschine. Nach 1 Minute bei hoher Drehzahl pinselt man den an der Innenwand gebildeten Staub nach unten und mahlt von neuem. Nach ein paar Minuten hat man hellgrauen, aromatischen Vanillezucker, den man fest verschlossen in einem Marmeladenglas gut aufbewahren kann.

Zitrone

Zitrone ein Gewürz? Für mich eines der wichtigsten überhaupt. Fischsaucen ohne Zitrone kann ich mir so wenig vorstellen wie ein Obstkompott oder eine Marmelade ohne Zitrone. Sie ist dort genauso unverzichtbar wie auf Austern. Aber auch dem Hühnerfleisch dient die Zitrone nicht selten als Gewürz; bei Pilzen – bei allen Pilzen! – geht nichts ohne sie. Ganz wichtig ist Zitrone auch bei allen Kohlsorten. Der dumpfe, bittere Kohlgeschmack, der ja nicht gerade delikat zu nennen ist, wird durch einen Guss Zitronensaft zivilisiert. Darüber verhilft die Zitrone auch anderen Gemüsen wie Sellerie, Chicorée oder Spargel zu ungewohnter Verfeinerung.

Zum Räucherlachs und zum Tee ist Zitrone eine Frage des persönlichen Geschmacks, auf Kaviar barbarisch.

Vom Segen der Backkunst

Männern ist Kuchenbacken so wesensfremd wie Babypflege. Wir können es lernen, notgedrungen, so wie wir Babys, sofern es unsere eigenen sind, aus- und einwindeln können.

Es gibt mehr Teige zwischen Himmel und Erde als sich die Firma Oetker träumen ließe. Das sind die Teige, von denen wir sagen, sie gefallen uns sehr – wenn wir das aus ihnen entstandene Endprodukt auf dem Teller haben. Doch was vorher passiert, ist eine Fahrt mit dem Messbecher durch die Milchstraße der Backtechniken.

Da ist zunächst die Wahl der richtigen Hefe. Es gibt Bäckerhefe und es gibt Trockenhefe. Es gibt auch Hefe im Supermarkt zu kaufen, und um die Verwirrung komplett zu machen, lauert irgendwo auch noch die Bierhefe. Welche soll man nehmen? Ich weiß es bis heute nicht. Eigentlich funktionieren wohl alle gleich.

Oder der Mürbeteig. Er wird nach alten Anweisungen aus den Zutaten mit den Fingern gerieben, sodann zu einer Kugel geformt und in den Kühlschrank gelegt, wo er sich ausruhen soll. Schon nach einer halben Stunde Siesta ist die Teigkugel so hart geworden, dass man den Teig kaum noch – wie gewünscht – flach ausrollen kann, ohne ihn in Stücke zu brechen. So bin ich denn nach vielen missratenen Versuchen zu der Erkenntnis gelangt, dass der Mürbeteig nicht in den Kühlschrank und nicht einmal ruhen muss! Ungekühlt und auch ganz frisch lässt er sich wunderbar dünn ausrollen.

Man braucht den Mürbeteig auch nicht zwischen den Fingern zu reiben, was eine ganz schön matschige Angelegenheit sein kann. Meine Abneigung gegen überflüssige Küchenmaschinen ist bekannt; aber mit den Knethaken eines elektrischen Handrührgeräts ist ein Mürbeteig in drei Minuten fertig, man braucht ihn nur noch zu einer Kugel walken, und die Knethaken sind schnell abgespült.

Oft verdrängen künftige Torten soviel notwendigere Dinge wie Lammkoteletts, Schmortöpfe und Ähnliches aus dem Backofen – eigentlich alles, was nicht in Spring- oder Kastenformen gegart wird. Die Backwaren okkupieren den Ofen, als wäre er für sie erfunden worden. Deshalb installieren vorsichtige Wirte ihre Bäckerei in einem Nebenraum zur eigentlichen Küche. Doch in einem normalen Haushalt gibt es keinen solchen Nebenraum, also bedrängt der Kuchen den Sonntagsbraten, wie das vor der Französischen Revolution undenkbar war. Damals verschwand schon mal eine Hexe im Backofen, welcher in der Regel für Wildschweine und Fasane reserviert war.

Deshalb mache ich allen Männern, die bis jetzt mitgelesen haben, den Vorschlag, das Backen den routinierten Frauen oder dem stadtbesten Konditor zu überlassen.

Umluft, Ober- und Unterhitze

Ich bin schon häufiger gefragt worden, warum bei meinen Rezepten Angaben über Umluft, Ober- und Unterhitze fehlen. Der wesentliche Grund dafür lautet: Weil Öfen in Ausstattung und Wirkungsweise sehr verschieden sind.

Die Öfen der Profiköche sind mit Schamottsteinen oder Ähnlichem ausgekleidet, sind absolut dicht und produzieren eine so gleichmäßig verteilte Strahlungswärme, dass sie mit hohen Temperaturen sehr kurze Garzeiten erreichen.

Die Öfen in Amateurküchen sind dagegen sehr unterschiedlich: Manche erreichen Profiqualität und sind sowohl mit getrennt einstellbarer Ober- und Unterhitze als auch mit reiner Umluft zu betreiben und werden so den verschiedenen Anforderungen gerecht: Braten und Schmoren mit Ober-Unterhitze, Backen mit Umluft.

Sehr viele Öfen aber verfügen nur über Ober-Unterhitze, einen relativ schwachen Grill und zuschaltbare Umluft, wobei sie die gewünschte Temperatur in kürzerer Zeit nur mit gleichzeitiger Ober-, Unterhitze und Umluft erreichen.

Meine Empfehlung lautet daher, zunächst einmal mit einem Ofenthermometer den eigenen Ofen zu testen, bei welcher Einstellung er welche tatsächliche Temperatur erreicht.

Für alle Schmorgerichte bei niedriger Temperatur würde ich nur die Ober- und Unterhitze als Strahlungshitze verwenden, für alles übrigen Braten und Backen Ober- und Unterhitze plus Umluft. Mit diesem Kompromiss werden die Gerichte in der Regel gelingen.

Alphabetisches Rezeptregister

A

Aal in Dill	162
Aal und Rettich (Tatar von)	94
Aalragout mit Speck und Champignons	163
Ananaskompott mit Ingwer	404
Apfelgratin (Rehragout mit)	332
Apple Crumble	386
Aprikosenkuchen mit Ingwer	405
Aprikosen-(Pflaumen-, Rhabarber-)Kuchen	431
Arme Ritter	387
Auflauf mit Rum-Pflaumen	389

B

Baba au Rhum	406
Bananensalat mit Ingwer	407
Baskische Gemüsepfanne – Pipérade	356
Besoffene Kirschen in Eierkuchen	388
Birnen in Rotwein	408
Blanquette de Veau – Kalbsfrikassee –	288
Blaubeerpfannkuchen	390
Blumenkohlsuppe	38
Bœuf miroton – Ochsen-Zwiebelfleisch	329
Bohnen-Creme, Weiße	64
Bohnen, Dicke	362
Bohnensalat mit Champignons	12
Bohnen-Tomaten-Gratin	357
Bouillabaisse	164
Brathähnchen mit Zitrone und Lauch	212
Brathuhn mit Gemüse	214
Bratkartoffeln (vorgekocht)	358
Bratkartoffeln (roh)	359
Brioche, Französische	413
Bunte Fischsuppe	39
Bunte Gemüsesuppe	40
Burgunderpflaumen, Zimtparfait mit	429
Burgundischer Rinderschmorbraten	272
Buttermilchsuppe, Geeiste	43

C

Calamares mit weißen Bohnen	65
Calamaretti, Spaghetti mit	93
Caramelparfait, Kaiserstühler	425
Carré d'Agneau	274
Champignons, Gratin von	113
Champignons gegrillt	96
Champignon-Pfannkuchen	97
Champignons provençalisch	98
Champignonsalat	13
Chateaubriand m. Gemüsen und S. Béarnaise	276
Chèvre, Gratinierter	114
Chicorée, Safranisierter	380
Chicorée mit Sherry und Aprikosen	99
Chicorée-Gratin mit Gruyère	100
Chicorée mit Eier-Vinaigrette	360
Chicorée-Gratin mit Speck und Zitrone	360
Coq au Vin	216
Courgetten-Gratin	361
Crema Catalana – Zitronencreme	450
Crème Caramel	409
Crêpes mit Duxelles	101
Crêpes Suzette	391
Crêpes Grand Marnier	392
Curryhähnchen mit Reis	218

D

Dattelsoufflé	400
Daube provençale	278
Dicke Bohnen ohne Schale	362
Dorada »mallorquin«	166
Dorade mit Curry-Gurken	167
Dorade mit Fenchelherzen	168

E

Edel-Ratatouille	102
Eierkuchen, Besoffene Kirschen in	388
Eintopf mit Kohl und Hammel – Irish Stew	281
Eisenkrautparfait mit Pfirsichbrioche	426
Elsässer Fischtopf	169
Ente mit Äpfeln und Orangensauce	222
Ente mit Essigkaramelsauce	224
Ente mit Pflaumen	221
Entenbrust mit Datteln und Curryreis	219
Entenbrust in Portwein	220
Entenkeule mit Balsamico und Portwein	226
Entenkeulen à la Barbara	227
Entenkeule in Court Bouillon	228
Entenkeule in Honig	229
Erbsen mit Artischocken und Morcheln	103
Erbsen-Creme (Weiße Bohnen-, Linsen-)	64
Erbsensuppe	280
Erdbeerparfait	424
Erdbeer-Tiramisu	410
Erdbeertorte – Tarte aux Fraises	439
Essighuhn – Poulet au Vinaigre	230

F

Fasan mit Rosenkohlpüree	232
Fasan mit Weinkraut und Kartoffelpüree	234
Feigen-Dessert	411
Feigen-Marmelade	412
Feldsalat mit Geflügelleber	14
Feldsalat mit Champignons und Walnüssen	15
Fenchel, Loup-de-mer auf	191
Fenchelherzen, Dorade mit	168
Fenchelsalat mit Ziegenkäse	16
Fisch auf Gemüsebett	170
Fischfilets, gebratene mit Weißweinsauce	72
Fischcurry mit Äpfeln	66
Fischklößchen mit Safransabayon	172
Fischsalat	17
Fischsuppe, Bunte	39
Fischsuppe, Provençalische	58
Fischterrine tricolor	68
Fischtopf, Elsässer	169
Fisch- und Zwiebelnudeln	67
Französische Brioche	413
Frühlingszwiebeln mit Sauce Gribiche	104

G

Gambas »Butterfly«	70
Gambas flambiert	71
Gambas, Gebratene	74
Gänseleberterrine	105
Garnelen mit Coulis	174
Garnelen provençalisch	176
Gâteau Berbelle	414
Gazpacho	41
Gebratene Fischfilets mit Weißweinsauce	72
Gebratene Gambas mit Safran	74
Gebratene Sardinen	75
Gebratener Spargel	106
Gebratener Weißkohl	363
Geeiste Buttermilchsuppe	43
Geflügellebermousse	107
Geflügelpastete	110
Gefüllte Gurken mit Safranlamm	364
Gefüllte rote Paprika »Istanbul«	365
Gefüllte Tomaten	108
Gemüsebouillon mit Klößchen	42
Gemüsegratin, Provençalisches	376
Gemüseplatte, Sommerliche	149
Gemüsereis scharf	367
Gemüsereis sanft	366
Gemüserisotto mit Oliven	109
Gemüsereis mit Paprikaschoten und Pilzen	368
Gemüsesalat	18
Gemüsesuppe, Bunte	40

Alphabetisches Rezeptregister

Glasierte Karotten 363
Glasiertes Zwiebelgemüse 369
Gnocchi mit Salbeibutter 112
Gratin Adrienne 370
Gratin Dauphinois 1 371
Gratin Dauphinois 2 372
Gratin Savoyarde 373
Gratin von Champignons 113
Gratinierter Chèvre 114
Grünkernrisotto mit Cidrekürbis 115
Gugelhupf à l'Alsace 116
Gurken, Gefüllte mit Safranlamm 364
Gurkensuppe mit frischem Lachs 44

H

Hasenrücken mit Rosenkohl und Karotten . 282
Hecht gebraten 179
Hechtragout 178
Hecht unter Sahne 177
Hecht mit Senfsauce 179
Heiße Banane mit Pinienkernen 393
Heringssalat mit Nüssen 19
Honigquarksoufflé mit Zitrone 394
Hühnerbrust mit Estragon 235
Hühnerbrust, Paprika und Kartoffelpüree 238
Hühnerbrust mit Spargel 240
Hühnerbrust mit Tomatensugo 241
Hühnerbrust in Wirsing 242
Hühnereintopf mit Gemüse und Morcheln 244
Hühnerfrikassee mit Sherry 254
Hühnersalat mit Oliven und Tomaten 20
Hühnersuppe mit Morcheln 45
Huhn mit Käsesauce 236
Huhn mit Morchelsauce 237
Huhn provençalisch 246
Huhn in Riesling 248
Hummer mit Basilikumöl 181
Hummer mit Spaghetti 76

Hummer mit Schalottenbutter 180
Hundert-Tomaten-Huhn 250

I

Ingwerkuchen 415
Irish Stew 281

J

Jacobsmuscheln mit Speckwürfeln 77
Jacobsmuscheln - Varianten 78

K

Kabeljau, Medaillons vom 88
Käsekuchen 416
Käsesoufflé 121
Kaiserstühler Caramelparfait 425
Kalbsbries in Estragon-Gemüse-Sauce 284
Kalbsbries »3 Musketiere« 285
Kalbsbrust mit Semmelknödel 286
Kalbsfrikassee – Blanquette de Veau . . 288
Kalbsfrikassee bürgerlich 290
Kalbshaxe – Ossobuco – 292
Kalbshaxe im Zwiebelbett 291
Kalbskopf mit Sauce Gribiche 294
Kalbskotelett gefüllt 296
Kalbskotelett mit Salbei 297
Kalbskotelett überbacken 298
Kalbsleber mit Rosinen 299
Kalbsleberterrine 118
Kalbsnieren in Senfsauce 300
Kalbsragout mit Oliven 302
Kalbsrücken mit Safran-Blumenkohl . . . 304
Kalbsschnitzel mit Zitronensauce 305
Kaninchen mit Backpflaumen 306
Kaninchen mit Oliven 308
Kaninchen in Senfsauce 310

Kaninchen mit Oliven	308
Karottencreme mit Ingwer	46
Karotten, Glasierte	363
Kartoffelgratin Dauphinois	371/372
Kartoffelgratin Savoyarde	373
Kartoffel-Sellerie-Gratin	374
Kartoffelsuppe (n)	47
Kartoffelgratin mit Trüffeln	120
Kartoffelsalat	21
Kartoffel-Zucchini-Gratin	375
Knoblauch eingelegt	122
Knoblauchhuhn	252
Knoblauchsoufflé	123
Knoblauchsuppe	48
Kochseminar	ab 452
Kohlrouladen – aus Wirsing und Lamm	313
Kokoskuchen Calypso	417
Königsberger Klopse	312
Korianderzwiebeln	124
Krautpizokel	125
Krebssuppe	50
Krebse im Sud	80
Kürbis-Chutney	126
Kürbiscreme – 2 Varianten	49
Kutteln – Tripes à la niçoise	314
Kutteln mit Morcheln	315

L

Lachs mit Blattspinat	183
Lachs mit Kartoffelpüree und Parmesan	182
Lachs mit Kräutern	183
Lachs mit Meersalz und Olivenöl	186
Lachs pochiert mit Rotwein-Vinaigrette	85
Lachs mit Sauerampfersauce	187
Lachs in Schalottensahne	184
Lachs mit Walnüssen	188
Lachsforelle mit Limonen	190
Lachs-Forelle-Terrine	81
Lachshäppchen à la Outhier	83
Lachsmousse mit Wachteleiern	84
Lachstatar – frisch und geräuchert	82
Lammcurry mit Zitronenreis	316
Lammfrikassee	317
Lammkeule – mit und ohne Knochen	318
Lammkeule pochiert (mit Sommersauce)	320
Lammkeule mit Schafskäsefüllung	323
Lammkeule mit weißen Bohnen	322
Lammkoteletts (aus dem Ofen)	324
Lammkoteletts (vom Grill)	325
Lammragout mit weißen Bohnen	326
Lammschulter	327
Lauch-Kartoffelsuppe mit Frischkäse	52
Lauch-Kartoffelsuppe mit Trüffeln	53
Lauch-Kartoffelsuppe – Vichyssoise	51
Lauchtorte – Tarte aux Poireaux	156
Lauchtorte mit Räucherlachs	86
Linsensalat mit Schafskäse	22
Linsensalat mit Wachtelbrüsten	23
Linsensuppe püriert	54
Lotte mit Speck und glasierten Zwiebeln	202
Lotte in Wirsing	203
Loup-de-mer auf Fenchel	191

M

Mahlberger Schlosskuchen	418
Mandelkuchen, Orangenparfait mit	427
Mangold mit Basmati-Reis	127
Mangold-Gratin	128
Mangoldstiele provençalisch	129
Mascarpone-Crème	419
Matjestatar	87
Medaillons vom Kabeljau	88
Milchreis mit Aprikosen	395
Minestrone	55
Morcheln unter Blätterteig	130

Alphabetisches Rezeptregister

Morchelsauce, Huhn mit 237
Mousse-au-chocolat 420

N

Normannische Muschelsuppe 56
Nudeln mit Gorgonzolasauce 132
Nudeln à la »La Merenda« 131
Nudeln mit Morchelsauce 136
Nudeln mit Radicchiosauce 133
Nudeln – Spaghetti – mit Tomatensauce 134
Nudeln mit Tomaten, Erbsen und Pilzen 135
Nudelteller mit Pilzpaprika 137
Nusskuchen 421

O

Ochsenbacken nach Paul Bocuse 328
Ochsen-Zwiebelfleisch – bœuf miroton . 329
Omelette Surprise 396
Orangen-Gratin 397
Orangenmarmelade 422
Orangenparfait mit Mandelkuchen 427
Ossobuco – Kalbshaxe – 292

P

Paella 192
Paprika, Gefüllte »Istanbul« 365
Paprika mit Anchovis, Kapern und Oliven 138
Paprikastreifen, Salat aus 30
Parfaits . . . . ab 423
Paté maison – Terrine Hausfrauenart . . 140
Petersiliengemüse 377
Pfannkuchen mit Spinat und Parmesan . 139
Pflaumen-(Aprikosen-, Rhabarber-)Kuchen . . 431
Pflaumenquark 398
Pflaumentorte 432
Pflaumen mit Zimtsabayon 399

Pellkartoffeln mit Kaviar 142
Perlhuhn mit Aprikosen 255
Perlhuhn mit Ingwer und Zwiebelkompott 257
Perlhuhn mit Kartoffelpüree und Erbsen 258
Perlhuhnfrikassee 256
Pfirsichbrioche und Eisenkrautparfait . . 426
Pichelsteiner 330
Pipérade – Baskische Gemüsepfanne . . 356
Portweinpflaumen 398
Pot-au-feu Royal 259
Poulet à l'Estragon 260
Poulet au Vinaigre – Essighuhn 230
Printencreme mit Orangensauce 430
Provençalische Fischsuppe 58
Provençalisches Gemüsegratin 376

Q

Quark und Melone 433
Quarksoufflé 400
Quiche mit Gemüse 144
Quiche Lorraine 143
Quiche mit Steinpilzen 145

R

Ratatouille 378
Ratatouille (Edel-) 102
Ravioli mit Champignonsauce 147
Ravioli mit Morcheln 146
Rebhuhn mit Weintrauben 262
Rehragout mit Apfelgratin 332
Rehrücken à la minute 334
Rehrücken à la Oma Kempchen 336
Reisauflauf mit Trockenfrüchten 389
Rhabarber-Ingwer-Quark 434
Rhabarberkompott 435
Rhabarbertorte 434
Rinderfilet in Blätterteig 338

Rindfleisch mit salsa verde	340
Rindfleisch mit Vinaigrette	341
Risotto mit Scampi	194
Rosenkohlpüree	379
Rosinenkuchen (Schottischer)	447
Rotbarschfilet mit Curryreis	197
Rotbarschfilet in Korianderwirsing	196
Rotbarschfilet provençalisch	197
Rotbarschfilet in Rotweinsauce	198
Rote Grütze mit Vanillesauce	436
Rote-Rüben-Suppe	57
Rucola mit Rosinen und Pinienkernen	24
Rucola mit Walnusskernen und Parmesan	24
Rührei mit schwarzen Trüffeln	148
Rumpflaumen, Auflauf mit	389
Rumpsteak im Senfmantel	342
Rumparfait	427

S

Safranisierter Chicorée	380
Saibling in Buttersauce	200
Saiblingsfilets in Folie	89
Salade niçoise	25
Salat mit Kartoffeln und Speckkrusteln	26
Salat mit gebackenen Kartoffeln	27
Salat mit heißen Kartoffeln und Ziegenkäse	28
Salat von Keniabohnen	29
Salat aus Paprikastreifen	30
Salat mit Roquefortkartoffeln	31
Salat mit weißen Bohnen	32
Sardinen, Gebratene	75
Sauce Gribiche, Frühlingszwiebeln mit	104
Sauce Gribiche, Kalbskopf mit	294
Saucen (Kochseminar)	ab 452
Sauerbraten	344
Sauerkraut-Varianten	381
Schalottenmus	382
Schalotten in Portwein	383

Schellfisch mit Senfsauce	201
Schokoladenparfait	428
Schottischer Rosinenkuchen	447
Schweinebraten	346
Seeteufel mit Gemüsevinaigrette	90
Seeteufel – Lotte – mit Speck und Zwiebeln	202
Seeteufel – Lotte – in Wirsing	203
Seezungenrouladen mit Lachs	91
Seezunge in Gewürztraminer	204
Selleriesalat mit Nüssen	33
Selleriesalat mit Pfifferlingen	34
Sommerliche Gemüseplatte	149
Soufflé Glace au Café	428
Soufflé Grand Marnier	401
Soupe au pistou	61
Spaghetti mit Safran und Calamaretti	93
Spargel, Gebratener	106
Spargel in der Folie	150
Spargel, Hühnerbrust mit	240
Spargel mit Morcheln	151
Spargelcreme	60
Spargelflan mit roter Paprikasauce	152
Spargelsalat mit Eiervinaigrette	35
Spinatgratin	153
Spinatknödel mit Butter und Parmesan	154
Spinat-Pfannkuchen mit Parmesan	139
Spinatsalat	36
Spinatsuppe mit Knoblauch	62
Steinbutt (Turbot) auf Spinat	205
St.-Peters-Fisch mit 2 Saucen	92
Summer Pudding	437

T

Tafelspitz mit Apfelkren	348
Tafelspitzsülzchen	155
Tarte au Citron	438
Tarte aux Fraises	439
Tarte Normande	440

Alphabetisches Rezeptregister

Tarte aux Poireaux 156
Tarte Tatin 442
Tatar von Aal und Rettich 94
Tauben mit Knoblauch 264
Taubenbrust pur 265
Taubenbrust mit Safran 266
Taubenbrust in Wirsing 268
Terrine Hausfrauenart – Paté maison .. 140
Thymian-Ingwer-Apfelkompott 444
Tintenfische mit weißen Bohnen 206
Tomaten, Gefüllte 108
Tomaten-Huhn (100-) 250
Tomatensuppe 63
Tomaten-Zucchini-Gratin 384
Topfenknödel mit Zwetschgensauce ... 402
Tripes à la niçoise – Kutteln 314
Turbot (Steinbutt) auf Spinat 205

V

Vanilleparfait mit Himbeersauce 423
Verlorene Eier in Rotweinsauce 157
Vichyssoise – Lauch-Kartoffelsuppe 51
Vitello tonnato 160

W

Wachtelpfanne 270
Walnussparfait 427
Waller mit Kapernbutter 207
Weihnachtskuchen 446

Weihnachtsplätzchen 448
Weintraubensabayon 403
Weiße Bohnen (Erbsen, Linsen)-Creme .. 64
Weiße Mousse mit Birnensauce 445
Weißkohl, Gebratener 363
Wiener Schnitzel 349
Wildschweinkeule mit Rotkohl/Esskastanien 350
Wildschwein-Ragout 352
Wildterrine mit Taubenbrüstchen 158
Winzersalat 37
Wirsingeintopf mit Lamm 354
Wirsing-Lasagne mit Lachs 208
Wirsingreis mit Garnelen 209

Z

Zanderfilet mit Champignons und Spinat 211
Zanderfilet mit Gurkenwürfeln 210
Zanderfilet Grenobler Art 95
Zimtparfait mit Burgunderpflaumen 429
Zimtsabayon, Pflaumen mit 399
Zitronencreme – Crema Catalana 450
Zitronenkuchen 447
Zitronentorte – Tarte au Citron 438
Zitronenschaum 451
Zucchini-Kürbis-Ragout 385
Zwiebelgemüse, Glasiertes 369
Zwiebelkuchen mit grünem Pfeffer 161